广州市天河区地方志编纂委员会 编

天河年鉴

天河年鉴

2024

方志出版社
Publishing House of Local Records

图书在版编目（CIP）数据

天河年鉴. 2024 / 广州市天河区地方志编纂委员会编. --北京 : 方志出版社, 2024. 11. -- ISBN 978-7-5144-6444-3

Ⅰ. Z526. 54

中国国家版本馆CIP数据核字第20240BB579号

责任编辑：高孟君
责任校对：张玉霞
责任印制：梅中英
出 版 者：方志出版社
地　　址：北京市朝阳区潘家园东里 9 号（国家方志馆4层）
邮　　编：100021
网　　址：http://www.zgfzcb.cn
发　　行：方志出版社图书营销中心（010-67110500）
印　　刷：广州市人民印刷厂股份有限公司
开　　本：889毫米×1194毫米　1/16
印　　张：18.75
字　　数：706千字
版　　次：2024年11月第1版
印　　次：2024年11月第1次印刷
定　　价：260.00元

天河区地方志编纂委员会

天河年鉴编辑部

地　址：广州市天河区天园街天府路 1 号机关大院 2 号楼 8 楼

邮　编：510655

电　话：（020）38622013

各单位年鉴撰稿和审校人员

未注明撰稿员的供稿单位

区“百千万工程”指挥办公室、区委办公室、区委组织部、区委统战部、区政府办公室、区贸促会、区司法局、区农业农村局、区商务金融局、区协作办、区文化广电旅游体育局、天河区文化创意产业协会、石牌街党政办

编辑说明

一、《天河年鉴》以马克思列宁主义、毛泽东思想、邓小平理论、“三个代表”重要思想、科学发展观、习近平新时代中国特色社会主义思想为指导，坚持辩证唯物主义和历史唯物主义的立场、观点和方法，全面、客观、系统地记录广州市天河区自然、政治、经济、文化和社会的基本面貌和发展情况，为社会各界了解和研究天河区情提供信息资料和基本数据，为天河区经济建设和社会发展服务。

二、《天河年鉴》是中共广州市天河区委员会、广州市天河区人民政府主持，广州市天河区地方志编纂委员会编纂的一部地方综合年鉴。2002 年首次出版，每年出版一卷，以出版年份作为卷号。

三、《天河年鉴（2024）》采用分类编辑法，以类目、分目、条目组成框架结构主体部分，在部分分目、条目中，增加子分目、子条目的层次。全书条目标题统一用黑体加【】表示，条目以下段落标题以楷体字表示。全书前有目录，后设索引，方便读者查阅。

四、《天河年鉴（2024）》设特载、专记、总述、大事记、重大发展片区、中共广州市天河区委员会、广州市天河区人民代表大会、广州市天河区人民政府、中国人民政治协商会议广州市天河区委员会、中共广州市天河区纪律检查委员会 广州市天河区监察委员会、民主党派与工商联、群众团体、法治、军事、经济管理、区域合作发展、乡村振兴、经济发展、城市建设与管理、生态环境、科学技术、教育、文化体育、卫生健康、社会生活、行政街、人物和荣誉、附录共 28 个类目。为保证事件完整性，本书内文记述个别事件突破年度性，适当上溯追记。

五、年鉴所用资料部分由年鉴编辑部选编，其余由各单位年鉴撰稿员提供，并经单位领导审阅。年鉴文稿由年鉴编辑部编纂、校正后，再由撰稿员复核。由于统计口径不一，各单位提供的数据可能不一致，使用时以天河区统计局编印的《天河区国民经济统计资料》为准。部分数据因四舍五入等原因，总数与分项之和之间存在合理范围内误差。本年鉴所指“党”是中国共产党，“团”是中国共产主义青年团，“省”是广东省，“市”是广州市，“区”是广州市天河区。

六、数字用法、标点符号用法分别采用国家标准《出版物上数字用法》（GB/T 15835—2011）和《标点符号用法》（GB/T 15834—2011），计量单位采用国家技术监督局 1993 年 12 月发布的《量和单位》系列国家标准。

数说天河 2023

▲ 天河区成立时间：1985 年 5 月。

▲ 行政区域面积：136.62 平方千米。

▲ 区划：21 个街道办事处、238 个社区。

▲ 人口：常住人口 223.80 万人，户籍人口 109.47 万人。

▲ 地区生产总值 6551.26 亿元，比 2022 年（下同）增长 5.1%。

▲ 第一产业增加值 2.77 亿元，增长 27.6%；第二产业增加值 470.52 亿元，增长 8.0%；第三产业增加值 6077.98 亿元，增长 4.8%。人均地区生产总值 29.38 万元，增长 5.0%。

▲ 现代服务业增加值 4672.90 亿元，增长 4.7%，占地区生产总值比重 71.3%。数字经济核心产业增加值 1454.51 亿元，增长 4.9%，占地区生产总值比重 22.2%。五大主导产业增加值 4523.15 亿元，增长 5.2%，占地区生产总值比重 69.0%。其中，金融业增加值 1326.22 亿元，增长 7.9%；新一代信息技术增加值 1220.74 亿元，增长 4.1%；现代商贸业增加值 903.42 亿元，增长 4.7%；高端专业服务业增加值 706.28 亿元，增长 2.4%；现代都市工业增加值 366.49 亿元，增长 6.5%。

▲ 规模以上工业总产值 1118.95 亿元，增长 9.3%。全年社会消费品零售总额 2152.79 亿元，增长 6.4%，占全市比重 19.5%。

▲ 天河中央商务区（建成区）实现规模以上工业总产值 1003.70 亿元，增长 11.6%；建筑业企业总产值 411.33 亿元，下降 7.5%；社会消费品零售总额 1078.15 亿元，增长 2.0%。天河智慧城实现规模以上工业总产值 202.23 亿元，增长 7.0%；建筑业企业总产值 64.69 亿元，下降 7.3%；社会消费品零售总额 119.69 亿元，增长 14.2%。天河科技园技工贸总收入 3290.61 亿元，增长 6.7%；软件园软件业务收入 1721.80 亿元，增长 8.2%。

▲ 税收收入 860.28 亿元，增长 1.5%。增值税、企业所得税、个人所得税分别实现收入 331.47 亿元、242.73 亿元和 142.15 亿元。

▲ 一般公共预算收入 82.77 亿元，增长 1.8%；一般公共预算支出（含市资金）180.19 亿元，增长 30.8%。

▲ 外贸进出口总额 660.2 亿元，增长 5.0%。其中，出口 276.7 亿元，增长 9.5%；进口 383.6 亿元，增长 2.1%。

▲ 专利授权量 1.93 万件，其中，发明专利授权量 9438 件，增长 29.6%。PCT 国际专利申请量 284 件，占广州市的 15.3%。商标申请量 7.52 万件，商标有效注册量 54.42 万件。

▲ 幼儿园 219 所，在园幼儿 50053 人；中小学 125 所（其中公办中小学 78 所、企事业办学校 9 所、社会力量办学 38 所），在校学生 185770 人。

▲ 医疗卫生机构 1075 个，包括：69 个医院，994 个基层医疗卫生机构，7 个专业公共卫生机构，5 个其他卫生机构。医疗卫生机构床位数 1.53 万张，在岗职工 3.93 万人。

▲ 环境空气质量综合指数 3.43；空气质量达标天数比例 89.3%。

▲ 城镇新增就业人数 8.7 万人，登记失业人员实现再就业 7522 人。

▲ 城镇常住居民人均可支配收入 94717 元，增长 1.2%。

经济发展

中国人工智能（广州）产业园
开工动员大会
中国人工智能（广州）产业园
开工
湾区科技核芯　平云汇聚未来
①

羊城晚报
面向未来的精品工程　引领湾区的文化地标
羊城晚报岭南数字创意中心开工现场会
羊城晚报岭南数字创意中心
项目开工
羊城晚报岭南数字创意中心项目开工活动
②

1. 2023 年 1 月 30 日，中国人工智能（广州）产业园开工动员大会在广州国际金融城西区举行

（区文化广电旅游体育局供稿）

2. 2023 年 2 月 1 日，羊城晚报岭南数字创意中心开工现场会在区辖内羊城创意产业园举行

（羊城晚报社供稿）

3. 2023 年 3 月 23—24 日，第四届中国电子竞技行业年会暨第六届文创产业大会 · 天河峰会在天河区举办

（区文化创意产业协会供稿）

4. 2023 年 3 月 24 日，第五届中国文旅新营销峰会在区辖内广州图书馆举办

（区文化创意产业协会供稿）

3

4

①

②

1. 2023年4月18日，“汇天河 筑未来”第九届中国广州国际投资年会暨福布斯中国创投高峰论坛天河平行分会在粤海金融中心举行（区科工信局供稿）
2. 2023年4月24日，广州市天河区2023年知识产权宣传周活动在广州（国际）科技成果转化天河基地举行，广州市天河区知识产权维权援助平台上线（区市场监督管理局供稿）
3. 建设中的广州国际金融城起步区（区融媒体中心摄于2023年5月）
4. 2023年6月，羊城创意产业园被评为全国版权示范园区（基地）、广东省文化和科技融合示范基地（羊城创意产业园供稿）
5. 2023年8月25—28日，天河区参加第31届广州博览会，以“质汇天河 智筑未来”为主题，设置“专精特新‘小巨人’”和“人工智能”两大展区（区协作办供稿）

③

国家级
科技企业孵化器
培育单位
国家文化
出口基地
粤港青年创新
创业基地
国家文化产业
示范基地
广东青年新媒体
创新创业基地
国家音乐创意
产业基地
广东省文化
和科技融合
示范基地
全国版权
Y-SPACE
羊城创意产业园

④

锦行科技
Jeeseen Technologies
专精特新“小巨人”
专精特新“小巨人”
2022年，“专精特新”首次写入政府工作报告，习近平总书记在全国专精特新中小企业发展大会作出重要指示。专精特新“小巨人”企业，兼具专业化、精细化、特色化、新颖化的明显特征，是所在行业的“单打冠军”“配套专家”，在关键领域发挥着“补短板”“填空白”的关键性作用，是保障产业链供应链稳定的重要支撑，为国家解决“卡脖子”技术问题、提升区域竞争力、推动天河区经济高质量发展均做出重要贡献。
天河区积极扶持并通过政企合力培育专精特新企业梯度成长，专精特新“小巨人”企业数量实现大幅增长，所属行业集中在制造业、信息传输、软件和信息服务业和科学研究和技术服务业。目前，天河区拥有国家级专精特新“小巨人”企业（广州锦行网络科技有限公司、广州威至智能机器科技有限公司等）16家、省级“专精特新”中小企业554家。

⑤

KUGOU
②

天河出海

2023 年 9 月 26 日，中国队在杭州第 19 届亚运会电竞项目王者荣耀（亚运版本）决赛中获得亚运历史上首枚电竞项目金牌。队员蒋涛来自天河智慧城趣丸科技旗下 TTG 电子竞技俱乐部（“浙江之声”微博供稿）

2023 年 10 月，广州酷狗计算机科技有限公司入选 2023—2024 年度“国家文化出口重点企业”名单，是唯一的数字音乐出海企业（羊城创意产业园供稿）

2023 年 11 月 9 日，“万物潮新 聚势而生”2023 天河出海联盟成立仪式暨“广州有服同享”出海政策分享会在棠下智汇 Park 举行，天河出海联盟为粤港澳大湾区服务贸易企业提供公共服务（区商务局供稿）

2023 年 11 月 21 日，珠江新城最大单体购物中心——广州太阳新天地购物中心更名为“广州天河领展广场”后正式开业（广州天河领展广场供稿）

2023 年 12 月 18 日，“开放融合 数智领航”2023 广州国际创新节在区辖内广州图书馆开幕（广州国际创新节组委会供稿）

2023 年 12 月 22 日，粤港澳大湾区（天河）理财资管服务中心启动仪式在天河区越秀金融大厦举行（羊城晚报社供稿）

④

⑤

③

⑥

夜间经济

2023年，天河区以“夜市、夜食、夜购、夜娱、夜游、夜秀”为主题举办超百场活动，打造夜间消费新地标，营造夜间消费新热点，玩转夜间消费新体验，发掘夜间美食新滋味。

①

②

1. 2023 年 3 月 24—26 日，广州太古汇举办“跳啤拍档”第三届广州精酿啤酒节 （区商务局供稿）
2. 2023 年 5 月 19—21 日，广百百货天河中怡店举办“粤光宝盒·广百之夜”大型歌舞橱窗剧场表演 （区商务局供稿）
3. 2023 年 7—9 月，天德广场与本地乐队、舞蹈厂牌合作，推出各类文化夜间体验活动 （区商务局供稿）
4. 2023 年 7 月 8—12 日，天汇广场西南门广场举办乐游市集 （区商务局供稿）

1. 2023年7月14日，东方宝泰购物广场举办2023年“YOUNG城YEAH市”夜间消费节天河分会场暨天河区诚信商圈系列活动亮灯仪式

（区商务局供稿）

2. 2023年7月21—23日，VT101维多利广场举办广州市首届潮流街头汉堡市集特色活动

（区商务局供稿）

3. 2023年7月15日至8月31日，正佳广场推出“正佳星球动漫狂欢节”，这是2023年夏季华南地区最大规模、最长时限的动漫文化盛事

（区商务局供稿）

1. 2023 年 9 月 29 日至 10 月 6 日，天河城举办首届城市微醺之夜活动

（区商务局供稿）

2. 2023 年 9 月 29 日至 10 月 15 日，万菱汇与 3 家年度热门动漫自媒体联合举办“在意 CARE”2023 全国巡回展首站活动

（区商务局供稿）

3. 2023 年 11 月 29 日，粤港澳大湾区首个 AI 创作星际之旅主题展“AI 无止境越无界”在天环广场启动

（区商务局供稿）

民生福祉

①

②

1. 2023年2月5日，天河公园儿童活动区对外开放

（广州园林建筑规划设计研究总院有限公司供稿）

2. 2023年2月5日，天河区图书馆汇景分馆（阅动空间）开馆运营　　（蔡淡银　摄）

3. 2023年2月16日，天河区2023年首个开工的住宅项目中建天投天河区育新街南侧AT0304011-1地块项目奠基仪式举行

（苏佩璇　摄）

4. 2023年3月，天河体育中心北门足球场外围空地升级为室外智能健身房

（天河体育中心供稿）

5. 2023年3月31日，“税惠千万家　共建现代化”——广东省税法进校园暨第32个全国税收宣传月启动活动在暨南大学举办，区税务局和暨南大学就业服务中心共同搭建的“大学生创业就业税费服务站”揭牌运行

（区税务局供稿）

3

4

5

1. 2023 年 5 月 10 日，广州市天河区少年宫新校区正式动工（刘颖颖 摄）
2. 2023 年 5 月 10 日，广州市天河外国语学校智慧城校区正式动工（丁宁远 摄）
3. 2023 年 5 月 10 日，天河区人民政府与南方医科大学第三附属医院共建的广东省骨科研究院（长兴院区）正式动工（刘颖颖 摄）
4. 2023 年 5 月 12 日，石牌村举行妈祖诞巡游祈福活动（周巍 摄）
5. 2023 年 9 月 11 日，华康小学海欣校区正式启用（区教育局供稿）

④

⑤

1. 2023年12月7日，天河区与中山大学共建的中山大学肿瘤医学科学中心（天河院区）、中山大学附属第六医院（珠吉院区）集中开工（区融媒体中心供稿）
2. 2023年12月27日，天河区退役军人就业创业联盟基地启动仪式在棠下街怡祥·盛达创新园举行（张涛 摄）

绿美天河

1. 花城广场月季花海 （唐谭敏摄于 2023 年 1 月）
2. 俯瞰广州珠江公园 （潘华焰摄于 2023 年 1 月）

1. 天河体育中心南门立体花坛
（区住房建设和园林局供稿
2. 位于猎德新村的紫花风铃木盛开
（何小茹 摄
3. 猎德涌两岸春色 （何小茹 摄
4. 2023年3月，天河区参加第30届广州园林博览会，图为获小园圃金奖的作品“璀璨天河耀湾区”
（张媛 摄
5. 2023年3月，天河区参加第30届广州园林博览会，图为获大型花境类团队奖铜奖的作品“鼓棹争流渡新湾” （蔡淡银 摄
6. 华南国家植物园景观温室群全景
（《瞭望东方周刊》供稿

⑤

④

⑥

1. 兴华街鸡颈坑口袋公园
（莫伟浓 摄）
2. 广州兆联智业968创意园将周边火炉山森林公园的自然景观融入园区办公楼宇中
（广州兆联智业968创意园供稿）
3. 火炉山森林公园健身步道
（区摄影家协会供稿）

目 录

中共广州市天河区委员会

广州市天河区人民代表大会

广州市天河区人民政府

中国人民政治协商会议广州市天河区委员会

中共广州市天河区纪律检查委员会 广州市天河区监察委员会

民主党派与工商联

群众团体

法治

军事

经济管理

区域合作发展

乡村振兴

经济发展

城市建设与管理

生态环境

科学技术

教育

文化体育

卫生健康

人物和荣誉

附录

索引

特 载

政府工作报告

——2024年3月19日在广州市天河区第十届人民代表大会第四次会议上

广州市天河区人民政府区长 陈建荣

各位代表：

现在，我代表天河区人民政府，向大会报告工作，请予审议，并请各位政协委员和其他列席人员提出意见。

一、2023年工作回顾

2023年是全面贯彻党的二十大精神的开局之年，是三年新冠疫情防控转段后经济恢复发展的一年。面对经济恢复波浪式发展、曲折式前进的新形势新挑战，我们牢记嘱托、感恩奋进，深入学习贯彻党的二十大精神，始终把学习贯彻习近平总书记视察广东重要讲话、重要指示精神作为重要政治任务，在省委省政府、市委市政府和区委的正确领导下，坚决扛起经济大区真正挑大梁的责任担当，全力以赴拼经济、抓项目、促发展，谋非常之策、聚非常之势、用非常之力，勇当广州高质量发展主阵地和动力源，经济总量位居全国各区（县）前六，荣获2023企业家幸福感最强区，连续3年位列赛迪全国创新百强区前三，第四次被评为“中国最具幸福感城区”。

过去一年，我们果断应对、精准施策，以前所未有的力度推动经济回升向好。

经济发展量质齐升。因时因势制定实施一系列稳增长具体举措，出台加快现代都市工业发展实施意见，成立7个重点产业高质量发展工作专班，融合一体抓好产业发展、企业服务和政策兑现，全年实现地区生产总值6551.3亿元、增长5.1%，占广州市比重达21.6%。新引入持牌金融机构21家，新增软件业百亿级企业1家、十亿级企业5家；现代服务业、数字经济核心产业增加值分别占地区生产总值71.3%、22.2%，占广州市比重分别达31.6%、37.3%。竭尽所能兑现各类惠企政策资金约14.4亿元，全区新增企业超10万家、占广州市27.3%，总数突破55万家；新增“四上”企业1279家、总数达8602家，均约占广州市五分之一。多措并举涵养税源，实现税收收入862.3亿元，一般公共预算收入82.8亿元。强化投资消费支撑，实现社会消费品零售总额2152.8亿元、增长6.4%；完成固定资产投资703.8亿元、增长20%，增速居广州市首位、创近5年新高，对广州市固定资产投资增长贡献率达38.9%。

平台建设加速推进。专班化、项目化推动重大平台高质量发展。天河中央商务区位列2023福布斯中国商务中心区前三。广州期货交易所碳酸锂期货成功上市，粤海天地正式开业。新增亿元税收楼宇2栋。国家数字服务出口基地实现数字服务出口额20.5亿美元、增长14.8%。天河路—珠江新城商圈新入驻首店71家，新增1家全国示范智慧商店，7家商店入选广州市首批离境退税“即买即退”试点商店、占广州市七成；商圈全年客流量超8亿人次、商品销售总额超1万亿元，稳居广东省第一、全国前列。广州国际金融城攻坚克难收储东区3宗国有土地，北区控规调整通过市规划委员会审议，澳门国际银行等10个项目开工，中国人寿等10个项目封顶，汇金中心等2个项目完成竣工验收，越秀财富大厦等13个项目启动招商，新增产业面积超110万平方米。天河智慧城和天河智谷片区新收储土地17.9公顷、出让地块5宗，新引进投资亿元以上项目33个，咏声、凡拓等2个重点产业项目开工，趣炫总部等4个重点产业项目竣工投产。谋划建设2112工园。启动中国软件名园申报。天河智慧城综合管廊全线贯通。印发环五山创新策源区三年行动计划，统筹推进“软件”优化和“硬件”升级。创新“揭榜挂帅”工作机制，征集创新需求75项、解决方案36个；加快梳理盘活高校科研院所、国有物业土地等空间资源，深入推进城中村改造前期工作，五山路人行天桥等10个项目完工，广州科技图书馆等21个在建项目加快实施。沙河片区文化振兴有序推进，龙洞凤凰片区启动规划，多点支撑、协同发展的空间格局逐步成型。

创新动能持续提升。强化企业创新主体地位，新注册科技类企业2.7万家、增长30.4%，国家科技型中小企业库入库企业增加948家、增长28.8%，增量均居广州市第一。12家企业被评为国家级专精特新“小巨人”企业，3家企业被评为2023中国互联网企业百强，3家企业入选胡润2023全球“独角兽”榜单。中望龙腾3D软件被评为国产工业设计软件领域首个“中国版权金奖”，羊城创意产业园被评为全国版权示范园区。赛意信息谷神、亿迅科技天翼云工业互联网平台入选国家级跨行业跨领域工业互联网平台。成功举办广州国际创新节，汇聚全球线上线下约150万人，湾区新药研究院（天河）等重大项目签约落地。在全国首创行政、仲裁、司法有机衔接知识产权协同保护机制，全区发明专利授权量9438件，总量广州市第一。

过去一年，我们勇立潮头、敢为人先，以前所未有的力度全面深化改革开放。

粤港澳大湾区建设走深走实。积极主动作为，全力推动港澳居民来往内地通行证和港澳居民居住证相互关联、拓展职业资格认可范围等建议事项纳入省行动方案。在广东省率先启动涉税事项“湾区通办”服务示范区建设，开设港澳“个转企”登记专窗和外资股东身份视频确认服务，新设立港澳企业634家、居广州市第一。与香港贸易发展局签订战略合作框架协议。粤港澳大湾区（天河）理财资管中心汇聚资管类金融机构446家、占广州市比重超四成。粤港澳大湾区国际商务与数字经济仲裁中心启动运营，亚太经合组织跨境商事争议在线解决平台（APEC—ODR平台）累计处置案件标的超20亿元，解决涉外纠纷案例入选司法部、商务部案例。累计集聚粤港澳大湾区律师76人、占广东省20%。出台深化支持港澳青年创新创业高质量发展实施办法，落地广州市首个港澳青年创新创业孵化基地公共法律服务工作站，港澳青年创新创业孵化基地新引进港澳项目97个、累计达967个。广州暨大港澳子弟学校获批成为广东省首批香港中学文凭考试（DSE）“与考学校”。持续扩大高水平对外开放，新增国际友好合作交流城区2个、合计达13个，新增外商投资企业1589家、增长65.7%，完成商品进出口总值660.2亿元、增长5%，文化出海公共服务平台入选全国国家文化出口基地创新实践案例。

重点领域改革稳步推进。实施营商环境6.0改革、数字政府2.0改革，被评为赛迪投资竞争力百强区全国第二。区政务大数据平台上线运行。天河中央商务区、天河智慧城获批纳入省数据要素集聚发展区，新增9家省数据经纪人、增量广东省第一。与87个地区实现720项高频事项多渠道“跨域通办”。天河“政企＋”服务平台投入使用，打造企业诉求收集、处理、反馈线上闭环，为全区超72万家市场主体提供精细化、个性化服务。发挥业态丰富、企业集聚优势，创新开展“企业跨界赋能行动”，政府搭台支持企业跨界合作、链接资源、拓展市场。启动天河中央商务区“信用园区”“信用楼宇”建设，“信用＋金融＋创新”体系建设成效显著，16个区级定制化金融产品累计投放较低成本贷款超100亿元。启动新一轮国有企业改革深化提升三年行动，国有资产总额增长36%。

过去一年，我们统筹兼顾、系统提升，以前所未有的力度优化城区功能品质。

“百千万工程”系统推进。健全指挥体系、出台实施方案，以头号工程力度推进“百千万工程”。“一村一专班”推进已批在建项目加快建设、前期谋划项目加快落地，完成城市更新投资274.4亿元；协议动迁、依法动迁协同推动冼村改造取得新突破，新分复建房1572套。完成老旧小区改造6个，惠及群众超1800户。保险赋能城中村安全共建共治共享，1082套房屋参保城中村消防安全责任险。巩固拓展脱贫攻坚成果同乡村振兴有效衔接，协助帮扶地区引进企业74家、销售农特产品约16亿元。

绿美天河生态格局加快构建。以华南国家植物园建设为引领，系统落实绿美生态建设省“六大行动”，华南国家植物园周边5个交通改善项目开工、3个水环境治理项目竣工。统筹推进四级公园体系建设，实施火炉山森林公园周边环境品质提升工程，完成森林质量优化提升115亩，新建公园6个，新增城市绿地466亩。全力抓好第二轮中央生态环境保护督察反馈问题整改。空气质量优良天数比率提高5.7个百分点。完成5平方千米排水单元达标创建，新建碧道7.2千米、海绵城市3.7平方千米。水功能区水质达标率100%，地表水环境水质指数改善幅度广州市第一。节能降碳稳步推进，中建四局科创大厦获全国首个超高层近零能耗建筑设计认证，5个项目获批广东省第一批碳达峰碳中和试点、占广州市比重超七成。

城区综合承载能力持续增强。完成区级国土空间总体规划编制，推动“沿江发展”走向“纵深织网”。市区合力加快市政基础设施建设，健明六路、悦景路等道路开工，水荫四横路等3个项目完工。优化道路交通组织，增设非机动车道36.3千米，完成3处港湾式公交站改造和5个交通拥堵点治理。持续提升城区环境品质，治理违法建设196.5万平方米，更新改造老化燃气管道16千米，新建、改建公厕16座，建成星级生活垃圾分类投放点65个，培育“无废细胞”282个、数量广州市第一。

过去一年，我们用心用情、久久为功，以前所未有的力度增进民生福祉。

社会保障基础不断夯实。十件民生实事全部兑现，民生领域财政支出占比超七成。多措并举持续稳定就业，城镇新增就业约8.8万人、登记失业人员再就业7522人，帮扶就业困难人员再就业3425人。兜牢民生底线，及时足额发放救助补助资金4554万元，发放失业金4.8亿元。社区颐康服务站实现社区全覆盖，区老人院被评为省五星级养老机构，天园街翠湖社区被评为全国示范性老年友好型社区。3个项目被评为广东省首批儿童友好城市建设示范点。2个户外劳动者工会爱心驿站被评为全国最美爱心驿站。建成退役军人就业创业联盟基地。新增保障性租赁住房一万余套。

教育医疗文化事业提质发展。教育强区建设加快推进，清华附中湾区学校二期校区、天河外国语学校智慧城校区、区少年宫新校区开工建设；新建、扩建公办学校和幼儿园11所，新增公办学位超7300个；被评为全国学校家庭社会协同育人实验区，1所学校被评为全国义务教育教学改革实验学校，2所学校被评为全国中小学科学教育实验学校。卫生健康事业取得新进展，顺利通过国家慢性病综合防控示范区和国家卫生城市复审；中山大学附属第六医院（珠吉院区）、中山大学肿瘤医学科学中心（天河院区）开工建设；广州医科大学附属中医院天河院区建成启用，全区三甲医院总数达9家。文化综合实力全面提升，举办首届天河龙舟文化季，开展文化惠民活动超7200场，区图书馆顺利通过国家一级图书馆评估定级，广州粤剧院新址开馆运营，刘氏家庙完成修缮并对外开放；天河湿地文化角被评为广州市唯一国家级最美乡村文化空间，新增1家国家AAA级旅游景区；8家企业（项目）入选国家文化出口重点企业（项目）。全区252个新时代文明实践中心（所、站）全部通过国家评估验收。

平安天河建设扎实有力。完成市域社会治理试点省级验收。构建“12345”热线工单与信访件、行政复议诉讼数据共享常态化对接机制，强化矛盾纠纷源头化解。常态化开展扫黑除恶斗争，全区案件类110警情同比下降16.5%。打造群防共治品牌3个，累计建成城中村最小应急单元553个。建成全国首个“产学研救”四位一体无人机应急救援中心。连续两年在广州市安全生产责任制及消防工作考评中被评为优秀等次，连续9年在平安广州建设考评中被评为优秀等次，获颁平安广东建设广东省唯一“二星平安鼎”。

过去一年，我们党建引领、以学促干，以前所未有的力度加强政府自身建设。

加强政府系统党的全面领导和党的建设，扎实开展学习贯彻习近平新时代中国特色社会主义思想主题教育，在以学铸魂、以学增智、以学正风、以学促干上取得扎实成效。加快推进法治政府建设，自觉接受人大依法监督和政协民主监督，办理各级人大代表建议362件、政协提案104件，连续4年在法治广州建设考评中被评为优秀等次，连续3年获市政府法治政府建设督查激励，天河南街、车陂街被评为市法治镇街。以钉钉子精神纠治“四风”，一体推进不敢腐、不能腐、不想腐，自觉接受纪律监督、监察监督和巡视巡察监督，加强审计监督、统计监督和财会监督。双拥、人民武装、供销、统计、保密、妇女儿童、对台、侨务、民族宗教、人防、残疾人、档案、地方志等工作取得新进步。

各位代表，艰难方显勇毅，磨砺始得玉成。过去一年，面对前所未有的发展压力和风险挑战，我们奔着问题去、迎着困难上、紧咬目标干，全面激活改革开放创新动力活力，形成一系列精准有力、行之有效的机制打法，汇聚起上下一心、团结奋斗的强大合力，全区“一盘棋”推动经济社会发展呈现质的提升、量的增长、好的态势，天河活力全面迸发、社会和谐稳定、底气更加充足。这些成绩的取得，是习近平总书记作为党中央的核心、全党的核心领航掌舵的结果，是习近平新时代中国特色社会主义思想科学指引的结果，是省委省政府、市委市政府正确领导和大力支持的结果，是区委团结带领全区人民奋发进取、顽强拼搏的结果，也是区人大、区政协和社会各界监督支持的结果。在此，我代表区政府，向在各个岗位上辛勤工作、无私奉献的全区人民，向给予政府工作大力支持的各位人大代表、政协委员，向驻区部队官兵、各民主党派、各人民团体以及所有关心和支持天河发展的社会各界人士，致以崇高的敬意，表示衷心的感谢！

我们也清醒认识到，前进道路上还面临不少困难和挑战：一是产业结构仍需优化调整，主导产业拉动力不够强劲，重大平台建设仍需进一步加快。二是营商环境对标国际一流仍有差距，科技创新资源富集优势尚未完全转化为高质量发展胜势。三是优质民生资源供给与群众期待还有差距，城市治理仍有薄弱环节。对这些问题，我们要加大工作力度，采取更加有效措施予以解决。

二、2024年工作安排

今年是中华人民共和国成立75

周年，是实现“十四五”规划目标任务的关键一年，做好政府工作意义重大、责任重大。政府工作的总体要求是：以习近平新时代中国特色社会主义思想为指导，全面贯彻落实党的二十大和二十届二中全会以及中央经济工作会议精神，深入学习贯彻习近平总书记视察广东重要讲话、重要指示精神，贯彻落实省委“1310”具体部署、市委“1312”思路举措和区委“在十个领域争当先锋”工作措施，细化落实区委十届七次全会暨区委经济工作会议部署要求，坚持稳中求进工作总基调，完整、准确、全面贯彻新发展理念，服务和融入新发展格局，着力推动高质量发展，全面深化改革开放，推动高水平科技自立自强，统筹扩大内需和深化供给侧结构性改革，统筹高质量发展和高水平安全，持续推动经济实现质的有效提升和量的合理增长，在发展中保障和改善民生，保持社会大局和谐稳定，为广州加快实现老城市新活力、“四个出新出彩”做出更大贡献，在推进中国式现代化建设的广州实践中勇当尖兵。

今年全区经济社会发展主要预期目标是：地区生产总值超7000亿元、增速不低于6%，在实际工作中争取更好结果；固定资产投资增长18%以上，一般公共预算收入与经济社会发展水平相适应，居民收入增长与经济增长同步。

做好今年工作，要深刻把握推进中国式现代化这个最大的政治，深刻把握坚持高质量发展这个新时代的硬道理，深刻把握改革开放这个关键一招，深刻把握思想大解放、能力大提升、作风大转变、工作大落实这个重要要求，围绕“稳”这个大局和基础，把握“进”这个方向和动力，坚持建指标、强对标、盯目标一体统筹，锻长板、补短板、固底板一体布局，稳存量、扩增量、防变量一体推进，以“二次创业”再出发的昂扬姿态，干出新业绩、展现新气象，坚决扛起经济大区真正挑大梁的责任担当，以天河之“稳”服务广州之“稳”，以天河之“进”支撑广州之“进”。重点抓好以下工作：

（一）砥砺奋进增活力、强动力，全面推进深层次改革和高水平开放。充分激发改革、开放、创新三大动力活力，为天河高质量发展注入源源不断的澎湃动能。

全力服务粤港澳大湾区“一点两地”建设。聚焦助力港澳青年创新创业就业，落实深化支持港澳青年创新创业高质量发展实施办法，推动香港离岸孵化服务中心年内投入使用；充分发挥粤港澳大湾区（广东）创新创业孵化基地龙头带动作用，全力争取更多机制政策在基地先行先试，强化要素资源供给，高标准构建“1＋1＋N”港澳青年创新创业支撑体系。聚焦打造港澳投资集聚优选地，发挥广州东站穗港往来首选交通优势，积极推动东站片区业态优化、品质提升，强化与香港贸易发展局等机构合作，吸引集聚一批港澳企业。聚焦与港澳规则衔接机制对接，推动辖区更多医疗机构纳入“港澳药械通”，引导更多港澳青年在穗参保，积极争取港澳居民来往内地通行证和港澳居民居住证相互关联、拓展职业资格认可范围等事项加快在我区落地。聚焦构建大湾区优质生活圈，有序拓展港澳姊妹学校规模，统筹推进国际化街区和港澳社区建设。

坚定不移推进全面深化改革。坚持树立“产业友好型”理念，全力营造安商、护商、稳商“暖环境”，以改革举措充分激发市场主体内生动力和创新活力。着力打造政策高地，充分发挥政策稳预期稳增长稳就业关键作用，紧盯产业链创新链堵点卡点和企业关心关切问题，修订出台新一轮高质量发展政策，以集成式创新、饱和式供给，引领带动更多产业“从0到1”突破、“从1到10”跃升。着力打造信用高地，做好企业合规经营指导，在监管审批、公共服务、融资贷款等领域探索开发更多“信易＋”应用场景，为守信企业降成本、增便利；深化“信用＋金融＋创新”体系建设，综合采取政府贴息等措施，多措并举提升中小企业融资可得性。着力打造服务高地，久久为功推动“个转企”“小升规”和创新主体梯度成长培育，依托“政企＋”服务平台，完善企业诉求直达快办、支持政策直达快享工作机制，常态化开展“企业跨界赋能行动”，助力优质企业乘风破浪、帮助困难企业披荆斩棘。全年力争新增市场主体10万家、上市企业3家，“四上”企业总数突破1万家。建好数据要素集聚发展区，力争落地广州市首家区级数据交易服务专区。坚持“两个毫不动摇”，细化落实国家和省、市促进民营经济发展政策措施，进一步强化政策兑现和要素供给，加大应用场景开发开放力度，支持民间投资参与重大项目建设，健全新业态新行业包容审慎监管机制，持续推进重点行业“白名单”管理，全力支持民营经济发展壮大；深化国企国资改革，整合重组区属国企下属企业，支持盘活存量物业建设专业楼宇、专业园区，组建天河产业母基金和并购基金，推动区属国企广泛参与城市建设、产业投资。

全力以赴建设创新强区。壮大科技创新主力军。强化企业科技创新主体地位，推动创新主体成链成群成势，力争新认定国家级专精特新“小巨人”企业10家、“独角兽”企业10家，规上高新技术企业突破1100家。针对单个企业创新投入大、抗风险能力弱等痛点，充分发挥各类创新主体数量多、链条全的集聚优势，鼓励引导企业牵头组建创新联合体，开展协同技术攻关，推动从“企业单点竞争”向“企业群链式竞争”转变。

抢占成果转化制高点。完善“揭榜挂帅”工作机制，常态化组织高校科研院所与企业间开展技术供需对接。针对企业在研发试验、研发设备、成果转化、知识产权、业务出海等各环节面临的不确定性和损失风险，探索建立“政府补贴＋科技保险＋银行融资”机制，出台政策激励保险公司扩大科技保险研发推广、金融机构加大科技企业融资力度。用好广州（国际）科技成果转化天河基地，探索盘活国企、高校科研院所和村集体低效闲置物业，打造一批平价转化平台，推动更多科技成果就地转化、更多首创性产品率先落地。完善创新创业生态圈。全面落实“广聚英才”工程，健全完善人才政策，加快构建“宜居宜业宜创”全链条人才服务体系。深入推进国家知识产权强县建设试点县建设，强化知识产权全链条保护，持续推进知识产权证券化。

（二）砥砺奋进提能级、优结构，全面构建现代化产业体系。坚持产业科技互促双强，扎实做好产业能级提升、结构优化调整两篇“文章”，既要广泛应用数智技术、绿色技术，聚力发展金融科技、人工智能、咨询设计、定制经济等新领域、新赛道，保持支撑性行业稳中有进的良好势头；又要坚持以颠覆性技术和前沿技术催生新产业、新模式、新动能，前瞻布局发展“大模型＋”、低空经济、银发经济等新兴产业、未来产业，加快形成新质生产力，全力巩固增强经济回升向好态势。

加快建设金融强区。聚焦天河中央商务区、广州国际金融城打造金融集聚发展区，依托广州期货交易所开展产业链招商，积极争取金融数据跨境流动、拓宽自由贸易账户适用范围等政策在特定领域、特定机构、特定业务先行先试，以创新举措支持法人金融机构做优做强、吸引持牌金融机构集聚发展，推动持牌金融机构总数达300家左右，助力广州建设金融强市。聚焦金融科技、数字金融、理财资管提升金融业发展能级。拓展隐私计算、区块链等金融科技应用场景，培育壮大一批金融科技龙头企业，招引一批金融机构科技子公司和金融软件企业，打造金融科技先行示范区。整合资源推动广东数字金融创新产业园建设，强化数字金融和普惠金融深度融合，拓展数字人民币应用场景，争取率先落地供应链金融创新试点，促进数字金融机构集聚发展。加快粤港澳大湾区（天河）理财资管中心建设，健全专业化服务体系，集聚优质理财资管机构，支持产品服务创新，聚力发展定制化资管服务等新业态。

巩固新一代信息技术发展优势。做大人工智能、信创软件、工业软件等新兴领域，出台人工智能大模型专项政策措施，开发“AI＋金融”“AI＋专业服务”等10个大模型示范应用场景，新引育3家大模型“独角兽”“小巨人”企业；加快中国工业互联网研究院广东分院“一中心两平台三基地”建设，充分发挥工业软件龙头企业和国家级跨行业跨领域工业互联网平台作用，以“两化融合”赋能制造业、建筑业等行业数字化、智能化转型升级；支持基础软件和应用软件研发应用，建设信创特色产业园区。做优数字文创产业，引导企业精品化、国际化发展，构建全链条游戏电竞产业生态圈。

打造高端专业服务业集聚发展示范区。推动高端专业服务业数字化、高端化、国际化发展，进一步扩大服务半径、提升服务能级。加快广告业数字化转型，制定数字广告专项政策措施，引育一批数字广告、互联网平台优质企业，力促广告业营收突破300亿元。加快人力资源、科研服务高端化升级，建立人力资源企业分级分类管理服务机制，提质发展高端猎头、人才测评与培训、人才数据分析应用等中高端业态；全力推动科研服务龙头企业总部项目落地，做大做强检验检测、技术推广、研究试验等细分领域，大力发展知识产权评估、商用化等高附加值服务。加快咨询调查、法律服务国际化发展，鼓励咨询机构拓展技术咨询、科创咨询等业态，发展新型智库，支持国际知名咨询机构设立区域总部或分支机构；鼓励会计师事务所拓展海外业务，新增2家亿元会计师事务所；提质发展广州湾区中央法务区天河高端片区，提升涉外法律服务能力水平，力争新增2家亿元律师事务所。

聚力壮大现代都市工业。以新型工业化为引领，全力推动现代都市工业发展实施意见落地见效。扩大发展规模，改造提升传统产业，支持能源工业龙头企业布局新型储能等业务，打造一批绿色食品、定制家居、高端日化美妆等都市消费知名品牌。培育壮大新兴产业、未来产业，加快湾区新药研究院（天河）项目建设，招引一批创新药、高端医疗器械等生命健康创新型企业；集聚一批低空经济、人形机器人等智能制造研发、生产一体化企业。拓展发展空间，完成2112工园工业产业区块修正及控规优化，全力推进土地收储整理和招商出让；支持工业专业园区优化规划指标、加快转型升级，引导高技术、高附加值制造企业“入园上楼”集聚发展。全年新增工业规上企业15家、专精特新企业10家。

培育建设广州国际消费中心城市核心承载区。“稳、拓、招”并举推进商贸业强链延链补链，紧盯国际形势做好政策措施储备，把握契机推动大宗商品贸易、多式联运顺势发展；增强大宗商品供应链联盟内生发展能力，持续补全上下游链条，促进“供应链＋物流＋金融”深度融合，支持行业互配互采，提升产业链韧性。大力发展电商经济，引育一批跨境电商、直播电商等新业态企业，推动传统商贸线上线下融合发展。高标准打造天河路—珠江新城世界级时尚地标商圈，市区合力推动SKP项目落地，支持太古汇、领展广场等扩容提升，引导商场商店数字化、智慧化转型；高水平建设金融城商圈，持续提升美林天地等商场业态，加快鹏瑞金融城等8个商业项目建设，市区合力建好岭南风情街，力促金融城广场开业运营。推动生活性服务业文、商、旅、体、医、娱、美、养融合发展，深化拓展智慧教育、智慧医疗等消费场景，发展沉浸式体验等新型文旅服务，加快太保家园等项目建设，培育数字消费、健康消费、银发经济、定制经济等新的消费增长点；聚力发展首店（首发）经济、夜间经济，重点发展品牌连锁总部经济，全年引进广州首店40家，打造都会级羊城夜市先行区2个；办好超300场主题促消费活动，全年实现社会消费品零售总额超2200亿元。

（三）砥砺奋进拓空间、增后劲，全面推动重大平台成势增效。坚持产城融合，采取差异化策略推进重大平台开发建设，做到谋划一片、推进一片、见效一片，不断提升重大平台综合承载力和辐射带动力。

推动天河中央商务区扩容提质。深入推进天河中央商务区“四个出新出彩”示范区建设，加快打造高质量发展先锋、高端资源配置枢纽、世界级城市客厅、多元文化融合典范。市区合力推动广州东站至新塘站五六线工程开工、马场地块更新改造；加快盘活中水广场，力促哥弟总部项目开工、合景悠活项目加快建设。高标准开展广州新中轴线（天河区段）品质提升，打造新中轴线“最精华段”。做大做强总部经济、楼宇经济，全力完成10栋存量楼宇数字化、智能化、绿色化改造，力争新引进总部型企业10家、新增亿元税收楼宇2栋。高质量建设国家数字服务出口基地、国家文化出口基地，充分发挥天河出海联盟全链条护航作用，支持企业强化数字赋能、品牌塑造，进一步开拓海外市场，实现数字服务出口额超22亿美元。

推动广州国际金融城积厚成势。突出规划引领，加快完成东区控规优化，提速推进西区城市设计及控规编制。市区合力加快起步区基础设施及商业配套项目建设，力争起步区临江大道和方城内规划道路一季度具备通车条件，东区创金路、横一路及早开工建设。攻坚完成东区剩余2宗国有土地收储，全力推动西区、北区土地收储取得实质性进展。加快起步区剩余8宗产业地块出让，推动广州农行大厦等3个产业项目封顶、广发银行总部大楼等5个产业项目竣工；政企合力加大建成楼宇招商引资和产业导入力度，精细做好项目投产、企业入驻服务保障，加快打造粤港澳大湾区金融合作示范区。

推动天河智慧城和天河智谷片区提速发展。坚持“连片收储、配套先行、滚动开发”，加快推动“两带两片”开发建设，全力打造粤港澳大湾区科技协同创新引领区、产城深度融合发展区。完成3宗土地收储，加快3宗土地出让，提速22个重点产业项目建设，推动中望龙腾等3个产业项目竣工投产。加快基础设施和公服配套项目建设，大力推进高压架空线下地迁改。优化提升天河软件园园区运营效能和产业竞争力，积极创建中国软件名园。

推动环五山创新策源区更新发展。强化市、区、高校科研院所协同联动，统筹抓好资源链接、产业导入等“软件”优化和更新改造、配套设施建设等“硬件”升级工作。市区合力加快规划编制，周密做好城中村改造各项工作，点线面结合推进五山路、东莞庄路片区交通优化、园区改造，支持高校科研院所改造提升低效用地，统筹建设更多创新载体，着力打造具有全国影响力的科技创新策源地和全过程创新生态圈。

推动沙河片区和龙洞凤凰片区落地起步。沙河片区坚持分区施策、分步实施，有序推动产业升级、文化振兴、交通优化、环境提升、空间提质。龙洞凤凰片区谋划推进更新改造，加快编制控规方案，着力发展生命健康产业、现代都市工业和国际教育园区，打造天河北部绿美门户、高品质居住社区。

推动重大项目加快建设。聚焦七大平台谋项目、抓投资，千方百计提升项目成熟度、优先度、储备度。攻城拔寨推进165个、总投资超6600亿元的重点项目建设，力促新开工项目38个，带动固定资产投资额超830亿元。强化项目谋划储备，坚持对外招引和对内挖潜并重，促进招商政策、活动、资源等协同优化，瞄准央企、外企、高精尖项目、产业链关键项目，积极开展链主招商、市场招商，全年新引进百亿级产业项目3个、500强企业投资项目10个。强化项目要素保障，加快规划、用地、环评、立项等审批手续，积极争取更多项目获得中央预算内资金、地方政府专项债券、特别国债等资金支持，鼓励社会资本参与新型基础设施等领域建设。

（四）砥砺奋进抓重点、破难点，全面推动“百千万工程”走深走实。学习运用“千万工程”经验，全力激活城中村这个“潜力板”，提升城区规划建设治理水平，在建设宜居韧性智慧城区上取得新进展。

扎实有序推进城市更新。坚持城市体检先行，深化实施城市更新行动。坚持“拆、治、兴”并举，压茬推进7个已批在建城中村改造项目形成更多实物工作量，冼村改造完成动迁收尾，金融城东区前进村改造项目开工。科学做好9个前期谋划城中村改造项目方案编制，启动吉山村集体物业清拆，力争大观村年内动迁；积极争取中央预算内资金补助、专项借款等支持，推动凌塘新村、柯木塱村（广汕路以南片区）复建安置房开工。推动老旧小区改造新开工16个、完工6个；完成3100户“双无”老旧用户共用用水设施改造。

全面提升城区功能品质。以第十五届全国运动会和全国第十二届残疾人运动会暨第九届特殊奥林匹克运动会赛事场馆周边为重点，实施市政基础设施功能完善及品质提升三年行动计划，推动奥体中心周边综合环境工程等3个项目及早完工。聚焦未列入改造计划城中村，扎实推进公共服务和社会治理基础设施补短板提效能，着力打造“和美社区”。实施市容环境卫生整治工作导则，深入开展“六乱”等市容环境卫生综合整治，全力打造高品质精致城区。治理违法建设195万平方米。全力服务推进广佛环线、穗莞深城际铁路和18号线后通段（冼村—广州东站）等轨道交通天河段建设，力促地铁11号线、13号线二期天河段完工，金融城站综合交通枢纽投入运营。聚焦保障重大平台、重点项目交通需求，加快市政道路项目建设，力争黄云路（奥体路—珠吉路）建设工程等13个项目年内开工，机场二高南段工程等8个项目年内完工。持续优化交通微循环，推进主次干道非机动车道改造，完成5个交通拥堵点整治。

深入推进对口帮扶协作合作。坚持“当地所需，天河所能”，深化东西部协作、对口合作和对口帮扶（产业）协作，加强驻镇帮镇扶村工作，擦亮“山海心连之家”、天河大方湾区中心、七星关区古树茶产业等帮扶品牌，深化结对互促帮扶，推动区域产业共兴、要素共用、服务共融。

（五）砥砺奋进优环境、增颜值，全面推动绿美天河生态建设。坚持绿色发展，协同推进降碳、减污、扩绿、增长，全面推进美丽天河建设，高水平打造“公园城区·绿美天河”，加快创建国家生态文明建设示范区。

擦亮“绿美”底色。坚持“改、建、治”并举，“点、园、带”结合，编制出台专项规划，构建绿核融城、翠环连山、公园体系、碧带通江的绿美天河空间格局。加快推动华南国家植物园火炉山城园融合示范区规划建设，完成5个交通改善项目和8个水环境治理项目。服务保障国家林草局穿山甲保护研究中心开工建设。优化林长制体系，编制火炉山森林公园总体规划，打造“火龙凤”三山翠环；市区合力推动马鞍山公园和燕岭公园规划建设，优化提升重点道路、轨道交通沿线绿化美化水平，完成森林质量精准提升485亩，新建口袋公园5个、城市绿地327亩。

夯实“绿美”根基。举一反三抓好中央和省生态环境保护督察反馈问题整改。坚决打好蓝天保卫战，巩固提升移动源污染防治、扬尘控制、餐饮业油烟整治等工作成效，确保空气质量稳居中心城区前列。坚决打好碧水保卫战，系统推进六大河涌流域片区治理，完成城市内涝点整治4个，新建海绵城市3.1平方千米、碧道7.8千米，力争在广州市率先基本完成排水单元达标建设。坚决打好净土保卫战，加强土壤污染源头防控和安全利用，筑牢土壤、地下水安全防护墙。

激活“绿美”动能。稳妥有序推进碳达峰碳中和，鼓励实施自愿减排项目，编制马场片区综合能源专项规划，提速推进金融城起步区综合能源项目建设，着力打造碳达峰碳中和试点示范。推动装配式建筑提质扩面，力促中型以上政府投资项目和居住建筑全面实施装配式建筑。深化无废城市建设，打造超100个“无废细胞”，倡导绿色低碳生活方式。

（六）砥砺奋进增福祉、暖民心，全面建设更高水平幸福天河。坚持在发展中保障和改善民生，把惠民生的事办实、暖民心的事办细、顺民意的事办好，让现代化建设成果更多更公平惠及全区人民。

兜牢民生保障底线。落实就业优先政策，打造“都市就业”服务品牌，健全“一街道一就业驿站”服务体系，推进零工市场建设，帮扶就业困难人员实现就业2800人以上，新增城镇就业5.5万人以上。强化“一老一小”服务保障，巩固提升颐康中心（站）服务水平，打造长者饭堂示范点2个，建设认知障碍（失智老人）照护床位200张以上；实施3岁以下婴幼儿照护服务三年行动计划，打造广州市首家区级托育综合服务中心。落实国家和省、市中长期青年发展规划，推动青年发展型城市街区（社区）建设。完善住房保障体系，建设筹集保障性租赁住房5000套。

办好人民满意教育。落实立德树人根本任务，加强中小学科学教育和心理健康工作，打造高素质专业化创新型教师队伍，引导公办教育与民办教育高质量协同发展，加快创建义务教育优质均衡区，擦亮“教育强区”品牌。大力实施普通高中学位攻坚计划和中小学校基础设施建设三年行动计划，推动清华附中湾区学校二期校区、天河外国语学校智慧城校区、广州中学凤凰校区加扩建工程（二期）加快建设；新开办2所公办中小学，新增基础教育优质学位超3600个，以高质量教育绘就幸福底色。

加快健康天河建设。织密卫生健康“服务网”，加快中山大学附属第六医院（珠吉院区）、中山大学肿瘤医学科学中心（天河院区）、广东省骨科研究院（长兴院区）建设，推动区属公立医院提质扩容；实施基层卫生健康服务能力提升五年行动计划，加快新塘街社区卫生服务中心建设，让健康天河更有“医”靠。持续深化医药卫生体制改革，探索推进紧密型城市医疗集团建设试点。创建全国基层中医药工作示范区，新建1个旗舰中医馆、3个三级名中医工作室。深入开展爱国卫生运动。

繁荣文化体育事业。以深入培育和践行社会主义核心价值观为引领，广泛开展群众性精神文明创建活动，擦亮“德润天河”精神文明建设品牌。扎实开展制度机制创新，鼓励社会力量参与公共文化设施建设和服务供给。深入实施文化惠民工程，持续擦亮广州户外艺术季、广州乞巧、天河龙舟、绚丽天河等文化品牌。加快广东文物保护科技中心、广州科技图书馆、区少年宫新校区等重点文化设施项目建设，新建新型公共文化空间2个，推动区档案馆新馆开馆、区图书馆提档升级，完成国家文物保护单位黄埔军校燕塘分校旧址修缮。全力做好第十五届全国运动会和全国第十二届残疾人运动会暨第九届特殊奥林匹克运动会属地保障。优化提升公共体育设施，新建和更新健身路径22条、增设儿童游乐设施16套，打造“10分钟健身圈”。

统筹发展与安全。落实耕地保护和粮食安全责任制，力争区储备粮库项目开工建设。严格落实安全生产责任制，切实加强食品药品、道路交通、建筑施工、消防、燃气等重点行业领域安全监管，广泛宣传引导、动员社会参与，打造安全生产共建共治共享新格局，坚决防止重特大事故发生。强化公共休闲场地安全管理。加快“平急两用”公共基础设施建设。建成燕塘消防站、可移动模块化森林消防站。全覆盖完成城中村安全评估，推动6.4万套出租屋参保消防安全责任险；探索制定全国首个高层高速电梯维护保养地方标准。常态化开展扫黑除恶斗争，推进公共安全与智能视频系统建设应用，严厉打击电信网络诈骗等突出违法犯罪。健全“1＋6＋N”基层社会治理工作体系，加快建设区级综治中心，深化“庭所共建”等矛盾纠纷多元化解机制推广应用，深入推进信访工作法治化。

我们坚持尊重民意、普惠共享、注重实效、量力而行，按照可感知、可落实、可支撑、可考核准则，广泛听取社会公众、人大代表、政协委员意见建议，形成了12件民生实事候选项目。将在本次大会票决具体项目后，全力推动落地落实，切实解决群众最期盼、最迫切的民生需求。

（七）砥砺奋进优作风、强能力，全面建设人民满意服务型政府。坚持党的全面领导，始终牢记“三个务必”，永葆赶考的清醒和坚定，在奋进新征程中努力向党和人民交出一份满意答卷。

加强政治建设。旗帜鲜明讲政治，深学笃用习近平新时代中国特色社会主义思想，深刻领悟“两个确立”的决定性意义，增强“四个意识”、坚定“四个自信”、做到“两个维护”，始终在思想上政治上行动上同以习近平同志为核心的党中央保持高度一致，不折不扣推动习近平总书记、党中央决策部署在天河落地落实。

加强法治建设。践行全过程人民民主，自觉接受人大依法监督、政协民主监督、纪检监察专责监督，主动听取民主党派、工商联、无党派人士和各人民团体意见，提高人大代表建议和政协提案办理水平。深入推进法治天河建设，扎实推进街道综合行政执法规范化建设，高标准创建“全国守法普法示范区”。强化审计监督和统计监督，加强财会监督。持续深化政务公开。

加强效能建设。扎实推进机构改革，调整优化街道机构设置和管理体制。深化数字政府智能集约建设。精准施策涵养优质税源，严格落实过“紧日子”要求，强化预算约束和绩效评价，切实提高财政资金使用效益。依法规范抓细抓实第五次全国经济普查工作，摸清摸准天河经济家底。

加强作风建设。坚决落实中央八项规定及其实施细则精神，持续深化纠治“四风”，推动作风建设常态化长效化。做好巡视、巡察、审计等发现问题整改。坚持“三不腐”一体推进，以零容忍态度反腐惩恶，建设风清气正的政治环境。紧盯信访线索、“12345”热线等热点问题，推动高频、共性问题标本兼治，切实解决好群众的操心事、烦心事、揪心事。加强政府系统干部思想淬炼、政治历练、实践锻炼、专业训练，在企业服务、科技创新等工作上大胆试、大胆干，打破框框束缚、拒绝自我设限，以科学的思维、创新的思路打通工作的堵点痛点，切实做到想干事、能干事、干成事。

各位代表，万里征程再起航，千钧重任又出发！让我们更加紧密地团结在以习近平同志为核心的党中央周围，在省委省政府、市委市政府和区委的正确领导下，在区人大、区政协的监督支持下，努力在目标上走前列、责任上挑大梁、任务上做贡献，奋力开创天河高质量发展新局面，为广州朝着中心型世界城市阔步前行，加快实现老城市新活力、“四个出新出彩”，继续在推进高质量发展方面发挥领头羊和火车头作用，在推进中国式现代化建设中走在前列做出新的更大贡献！

表 1　2023 年十件民生实事表

序号	民生领域	具体内容
1	公共交通	优化道路资源配置，在道路条件允许的路段加设机非隔离栏共 1.5 千米；在车陂路、冼村路、金穗路等 21 条道路增设非机动车道共 36.3 千米
2	公共医疗	（1）区人民医院通过深化与暨南大学附属第一医院紧密型医联体平台合作，将医院本部康复医学专科升级为康复医学中心，提升医院康复医疗服务水平 （2）区中医院老人院医护楼一期改造工程完工并投入使用，开设老年门诊等科室，满足区老人院入住长者医疗服务需求 （3）区妇幼保健院本部发热门诊升级改造工程完工并投入使用，有效提升医院医疗救治能力
3	公共教育	（1）完成广州市天河区智谷第一实验学校、华景小学北校区、华康小学海欣校区、龙口西小学太阳广场校区、中海康城小学、骏景小学等 6 所中小学的新建扩建工作，新增中小学公办学位 5790 个 （2）新开办四季幼儿园、智谷第二幼儿园、天晖幼儿园南园区、侨怡幼儿园时代园区、雅贝幼儿园北园区 5 所公办幼儿园，新增优质学位 1530 个
4	就业保障	全区城镇新增就业约 8.8 万人，登记失业人员再就业 7522 人。做好登记失业人员、就业困难人员等群体就业帮扶，组织职业指导活动和技能培训 38 场，培训 2730 人次。开展高校毕业生专场招聘会、就业创业指导进校园活动共计 141 场，提供就业岗位超 1.6 万个；开展创业指导活动 75 场、职业指导活动 38 场
5	医疗保障	为全区 1.84 万名 65 岁及以上常住老年人接种 23 价肺炎球菌疫苗
6	住房保障	完成 10214 套保障性租赁住房的筹集和认定
7	食品安全	在辖区 56 家农贸市场、27 家大型超市共完成食用农产品快检 29 万批次，完成率 116.2%，合格率 99.05%。完成食用农产品连锁企业总部仓库、预制菜网络配送平台、千人以上企事业单位食堂等食用农产品快检 1.06 万批次，任务完成率 105.65%，快检合格率 98.95%
8	燃气安全	完成棠德花苑保障性安居工程老化燃气管道更新改造，安装埋地燃气管道 9303 米
9	生态环境	完成碧道建设 7.2 千米，分别为棠下涌碧道（荷光路段）0.3 千米、天河公园碧道 2.2 千米、车陂横涌碧道 0.4 千米、深涌横支涌碧道 1.2 千米、车陂涌（广汕路至华南国家植物园段）碧道 1.9 千米、西边坑（柯木塱南路—省农业推广站段）碧道 1 千米、石路街涌碧道 0.2 千米
10	公共服务	区少年宫新校区已于 2023 年 11 月 24 日开工建设

名词解释

1. 2112 工园：按照“整体规划、产业集聚、特色鲜明”的思路，在广汕路以南、柯木塱南路以东、旧羊山以西、车陂涌北段生态廊道以北区域，整合用地资源，高起点、高标准、高水平规划建设天河区首个区级现代都市工业园。

2. 中国软件名园：指产业特色鲜明，规模效益和发展质量处于领先地位，在创新发展、产用协同、生态培育、环境优化等方面具有示范引领效应，积极开展创建工作，完成创建目标，达到创建标准后，由工业和信息化部授予称号的软件园区。

3. 国家级专精特新“小巨人”企业：指由工业和信息化部认定的，位于产业基础核心领域和产业链关键环节，创新能力突出、掌握核心技术、细分市场占有率高、质量效益好的专精特新中小企业。

4. 亚太经合组织跨境商事争议在线解决平台：2021 年 1 月 12 日，广州仲裁委员会正式上线全球首个亚太经合组织跨境商事争议在线解决平台（APEC—ODR 平台），集谈判、调解和仲裁于一体，为来自 21 个亚太经合组织成员经济体的商事主体提供高效、易用、低成本的一站式争议在线解决服务。

5. 香港中学文凭考试（DSE）“与考学校”：DSE 全称香港中学文凭考试（Diploma of Secondary Education Examination），是由香港考试局于每年 3—5 月间举行的公开考试，也是香港本地中学生的主流大学入学考试，考试成绩可用于申请国内外的高校，是全球唯一一个可以用中文作答的国际性考试。以往只有在香港本地学校就读的应届生才算作学校考生，其余考生都归为自修生，成绩 100% 按考试卷面分数来算。成为 DSE“与考学校”后，学校考生由学校统一报名，校内成绩也会折算进最终 DSE 分数、占总成绩约 20%。

6. 数据经纪人：指利用行业整合能力，通过开放、共享、增值服务、撮合等多种方式整合利用有关数据，尤其是促进行业数据与公共数据融合流通、进场交易的服务机构，旨在建立供需信任关系、挖掘数据要素价值、维护各方合法权益、活跃数据要素市场，促进数据可信有序流通和市场化利用。

7. 天河“政企＋”服务平台：基于移动互联网、大数据分析、人工智能、GIS 地图等技术搭建的政企共用、政企协作的数字化公共服务平台，为政府与企业之间构建快速、高效、便捷的联系纽带。

8.“信用＋金融＋创新”体系：天河区充分发挥金融资源集聚优势，通过公共信用数据资源市场化配置，以信用为纽带推动金融机构与科技企业紧密对接，为金融机构投放信贷产品提供有力支撑，促进区内中小企业特别是科技企业融资增量、扩面、降价，提高科技企业信贷融资的可得性、普惠性。

9.“百千万工程”：广东省委十三届二次全会审议通过《关于实施“百县千镇万村高质量发展工程”促进城乡区域协调发展的决定》，提出全面实施“百县千镇万村高质量发展工程”，旨在以推动高质量发展为主题，以乡村振兴战略、区域协调发展战略、主体功能区战略、新型城镇化战略为牵引，以城乡融合发展为主要途径，以构建城乡区域协调发展新格局为目标，壮大县域综合实力，全面推进乡村振兴，持续用力、久久为功，把县镇村发展的短板转化为广东高质量发展的潜力板。

10.绿美生态建设省“六大行动”：实施森林质量精准提升行动、城乡一体绿美提升行动、绿美保护地提升行动、绿色通道品质提升行动、古树名木保护提升行动、全民爱绿植绿护绿行动。

11.“无废细胞”：将生物学中的细胞概念引入城市固体废物治理，把城市看作人体，学校、机关、企业、酒店、展馆、景区等社会生产生活各组成单元看作细胞，通过建成一个个“无废细胞”，推动“无废城市”建设，促使“无废”理念深入人心、全民践行“无废行动”，最终打造“无废社会”。

12.香港离岸孵化服务中心：在香港设立天河区港澳青年之家离岸孵化服务中心，推动政府服务前移、项目对接前移，联动天河、香港、澳门三地资源助力港澳青年创新创业。

13.“1＋1＋N”港澳青年创新创业支撑体系：“1＋1”即粤港澳大湾区（广东）创新创业孵化基地和天河区港澳青年之家总部基地，“N”即区内其他港澳青年创新创业平台。

14.港澳药械通：经国务院授权，允许临床急需、已在港澳上市的药品，以及临床急需、港澳公立医院已采购使用、具有临床应用先进性的医疗器械，经广东省人民政府批准后，在粤港澳大湾区内地符合条件的医疗机构使用。

15.中国工业互联网研究院广东分院“一中心两平台三基地”：“一中心”指广东工业互联网产业数据中心，“两平台”指广东中小企业工业互联网服务平台、广东工业互联网产业链应链监测服务平台，“三基地”指广东工业互联网产业生态创新基地、广东工业互联网应用推广创新示范基地、广东工业互联网关键技术攻关及理论应用创新研究基地。

16.大宗商品供应链联盟：2023年10月17日正式成立，由天河区供应链龙头企业联合供应链上中下游企业、多式联运企业、相关金融服务机构等，按照平等、自愿的原则，发起并成立的合作平台，旨在促进大宗商品供应链企业高质量发展，带动供应链上下游企业强化供需对接与交流，优化资源布局，提升产业效率质量，共同促进成员单位做大、做强、做优。

17.天河出海联盟：2023年11月9日正式成立，以政府引导、企业为主、自愿参与、资源整合、合作共赢为原则，由汇量科技、钛动科技、博冠（网易）、洋葱集团、招商银行5家企业联合发起，27家企业成为首批成员单位，为企业出海提供供应链管理、技术支撑、市场推广等全链条服务和解决方案，帮助联盟内企业抱团出海，协力开拓国际市场。

18.“两带两片”：“两带”指华观路产城融合带、广汕路南产业带，“两片”指广棠产业片区、小新塘片区。

19.“双无”：指无物业管理、无加压设施。

20.“山海心连之家”：天河区融合粤黔特色，搭建“山海心连之家”服务平台，通过提供有组织的劳务输出、精细化的跟踪管理、针对性的技能培训、全方位多层次的关爱活动等暖心服务，更好地促进贵州籍务工人员稳岗就业。

21.“三山翠环”：沿火炉山、凤凰山、龙眼洞山脊打造山脊线首尾相连、总长约30千米的环状生态廊道。

22.“无废城市”：以创新、协调、绿色、开放、共享的新发展理念为引领，通过推动形成绿色发展方式和生活方式，持续推进固体废物源头减量和资源化利用，最大限度减少填埋量，将固体废物环境影响降至最低的城市发展模式。

23.紧密型城市医疗集团：在城市划定网格内有序整合有关医疗卫生机构资源，形成以三级综合性医院（含中医类医院）牵头，二级综合性医院或能够提供接续性医疗服务的医疗机构为支柱，基层医疗卫生机构为网底，以一体化管理为基础，以资源下沉共享为核心的医疗卫生服务联合体。

24.“1＋6＋N”基层社会治理工作体系：“1”指综治中心，“6”指综合网格及法院、检察院、公安、司法等基层政法力量和“粤平安”社会治理云平台等信息化支撑平台，“N”指其他综治力量。

专 记

天河区推动“百千万工程”高质量发展

一、建立健全推进实施“百千万工程”的工作机制

2023年，天河区持续完善上下贯通的指挥体系，成立由区委书记任总指挥，区长任第一副总指挥的区“百千万工程”指挥部，区领导班子成员分工负责抓好分管领域工作，推动“百千万工程”各项重点任务落地落实。构建区委书记、街道党工委书记、社区党组织书记“三级书记”联动责任体系，全区“一盘棋”推动任务落实。持续完善协同联动的工作机制，区指挥部召开6次会议，区指挥办、各工作专班分别召开6次和42次工作会议，定期开展调度、通报、汇报、总结，强化工作会商和谋划推进。建立督查督办机制，对省市会议精神、主要领导指示批示精神开展督查督办，对区年度重点工作任务开展多轮督办。建立信息宣传机制，编印28期工作信息刊物，制作4条“百千万工程”展示片和1份宣传手册，提炼“现代城区 活力天河”宣传展板素材。建立创先争优机制，深入推进典型培育，打造示范街道、示范社区。建立信息化工作机制，做好省“百千万工程”综合信息平台区、街、社区86项基础信息接入工作，拍摄制作区级纪实视频1条和街道纪实视频21条。持续完善科学精准的目标任务，制定2023年度重点任务，明确责任单位及时间节点，细化分工抓落实，制定重大突破性抓手、重点改革事项、重点典型培育“三张清单”。

二、推动“百千万工程”重点任务落地落实

（一）坚持重大平台集聚一流产业，壮大区域经济。深入实施大产业、大平台、大项目、大企业、大环境提升行动，制定落实重大平台高质量发展任务书和行动计划，推动天河中央商务区扩容提质、广州国际金融城提速增效、天河智慧城和天河智谷片区奋起成势、天河路商圈提档升级，集聚1个万亿元级商圈、5个千亿元级产业集群、37家百亿元级企业、18栋十亿元级、90栋亿元级税收楼宇。2023年，引进世界500强项目10个、总部型企业10家；新增企业10.06万家、同比增长21.9%；区主管的93个市“攻城拔寨”项目完成年度计划148.35%，支撑全区完成固定资产投资703.83亿元，增长20%；新建商品房销售面积累计完成124.23万平方米，同比增长34.02%；规上工业总产值增长9.3%。天河中央商务区2023年新增22家数字服务出口企业，数字服务出口额超20亿美元，成功举办第四届中国电子竞技行业年会、第六届文创产业大会·天河峰会，粤港澳大湾区国际商务与数字经济仲裁中心正式入驻。广州国际金融城已有6栋楼宇建成投入使用，其中2栋已成为亿元税收楼宇，中国人寿大厦、广发银行总部大楼封顶，新增完成3宗国有土地收储协议签订。天河智慧城和天河智谷片区新引进计划投资亿元以上项目33个，推动南部居住地块共计10.4公顷土地顺利出让。天河路商圈引进广州首店35家、国际品牌14个，高品质举办2023年广州国际购物节，广百百货天河中怡店被评为第二批全国示范智慧商店。聚焦重大平台，坚持“拆、治、兴”并举、“留、改、拆”并进，围绕“产业、政策、条件”，压茬推进城中村改造7个已批在建项目和9个前期谋划项目，提前超额完成城市更新投资年度计划。

（二）坚持绿色本底打造公园城区，提升人居环境。坚持“改、建、治”并举，围绕“一园三山六河”推进绿美天河生态建设，“公园城区·绿美天河”建设成效初显。全力服务保障华南国家植物园和国家林草局穿山甲保护研究中心建设，华南国家植物园周边道路交通条件和环境品质提升工程项目已开工4个。将国家林草局穿山甲保护研究中心建设项目纳入市、区在编国土空间规划，控规方案获市批复。打造“生态公园—城市公园—社区公园—口袋公园”四级公园

体系，积极推进第二批5个口袋公园建设。新建5.2千米森林步道、7.2千米碧道，提升天河公园、天河儿童公园绿道10千米，新增城市绿地面积466.25亩。全区6大河涌流域实现长制久清、秀水长清，珠江猎德断面水质稳定达到Ⅳ类水质，基本完成猎德涌北片示范区3.66平方千米海绵城市建设，完成天河公园水体周边约600平方米堤岸的提升改造。推进人居环境建设，持续做好环卫保洁、污水处理、垃圾分类等工作，打造6条环境卫生示范街和3条样本街。

（三）坚持同质同标均衡资源配置，优化公共服务。优化教育、医疗、养老、文化等公共服务资源配置，新开办5所幼儿园、2所小学（校区）、1所九年一贯制学校，完成3所小学改扩建，新增学位超7000个，清华附中湾区学校二期校区、天河外国语学校智慧城校区、广州中学凤凰校区二期、中山大学附属第六医院（珠吉院区）、中山大学肿瘤医学科学中心（天河院区）、广东省骨科研究院（长兴院区）加快建设。区老人院被评为“广东省五星级养老机构”。累计建成社区颐康服务站211个，实现社区居家养老服务全覆盖。天河南街颐康中心、长兴街颐康中心被评为“广东省四星级养老机构”。天河湿地文化角被评为“国家级最美乡村文化空间”。扎实推进健明六路、悦景路、天坤一路—棠陂路等项目加快建设，水荫四横路正式通车。强化城中村供水供电供气保障，完成花生寮老旧供水管网改造工程，各城中村周边道路及城中村红线范围内燃气管道已铺设约74千米。

（四）坚持共治共享创新社会治理，提高治理效能。按照“一个中心管平安”工作思路，全面推动21个街道综治中心提档升级，构建“1＋6＋N”基层社会治理工作体系，打造“综治中心＋综合网格＋最小应急单元＋智能化”模式，前进街道综治中心成为省、市示范点。完成市域社会治理试点省级验收，打造广州市首家来穗服务区级示范中心项目，荣获2020—2022年度广州市市域社会治理十大创新项目奖。2023年全区案件类警情同比下降16.5%。扎实推进城中村综合治理，深入实施党建引领城中村治理“1＋4＋6”系列方案，建立健全街道“大党工委”、社区“大党委”、城中村片区党建联席会议机制，向“村改居”社区全覆盖选派第一书记或书记（主任）助理，组建网格党组织971个、设置网格党小组1521个、划分党员责任区6071个，五级组织架构更加完善。持续推进车陂街、石牌街综合治理试点工作。探索“一格六员”“社区合伙人机制”“平急一体”“微网格治理”等治理创新模式，形成“一强五创新、猎德人家美”等“村改居”社区治理品牌。拓宽村集体经济发展路径，鼓励杨箕村改制公司委托具有国际先进管理经验的酒店管理集团参与集体物业外商酒店的经营管理，是年正式营业。

（五）坚持创新推进体制机制改革，激发动力活力。系统谋划推进营商环境6.0改革，2023年被评为企业家幸福感最强区。稳步推进第二轮土地承包到期后再延长30年试点。开展“信用园区”建设试点，印发实施《天河中央商务区建设信用园区工作实施方案》，选取广州环贸中心、珠江城大厦试点建设信用楼宇。深化党建引领“村改居”管理体制综合改革，相关改革做法被列入第三批全国农村集体产权制度改革试点典型经验在全国复制推广。在广东省率先启动税务事项“湾区通办”示范区建设。在广东省率先推进金融商事纠纷社会化有偿调解工作机制，被评为市法治建设创新项目二等奖、入选市推进政府职能转变和“放管服”改革100项可推广可借鉴改革举措。首创区街城市维护管养、“3＋X”矛盾纠纷化解机制、保险赋能的城中村安全共建共治共享新模式等小切口改革举措，提升群众的获得感、幸福感和满意度。

（六）坚持广泛动员抓好帮扶协作，凝聚社会力量。深化对口帮扶协作工作，与帮扶协作地区开展产业、消费、民生、人才全方位合作。强化产业帮扶，印发与肇庆市广宁县、怀集县对口产业协作总体方案，选派6名优秀干部组建驻兴宁、广宁、怀集产业协作工作队。联合举办广宁—天河投资环境推介会，现场签约重点项目8个，总投资19.74亿元。向帮扶地区提供《天河区乡村振兴专家库》，推荐优秀专家团队助推帮扶地区特色产业发展。驻兴宁市6个镇工作队帮助引进龙头企业5个，协助认定大湾区“菜篮子”生产基地及加工企业6个。强化消费帮扶，推进“电商＋帮扶”供销服务平台建设，打造了“供销心选”“供销安心优选”“天供鲜生”等平台品牌。举办“消费帮扶——味你而来”消费助农大集市推广活动，推动帮扶协作地区特色农产品进入广州市场。强化民生帮扶，积极开展教师培训、教学研究、研学实践以及医疗队伍培训、远程医疗等工作，邀请华南农业大学、广东省农科院等专家赴帮扶镇村开展现代农业生产技术、电商运营等农村实用技能培训，共举办培训班14期，培训脱贫人口511人次。强化人才帮扶，已派出挂职支教教师90名，接待帮扶地区180名骨干教师及10名干部到天河区跟岗学习。动员企业、团体等社会力量参与帮扶，“广东扶贫济困日”活动任务期内筹款893.33万元，超额完成筹款目标任务。

（区“百千万工程”指挥办公室）

总 述

区情概况

【地理位置】 天河区地处珠江三角洲腹地，广东省中南部，广州市东部，是广州市中心城区，其范围为北纬 23° 6′ 0″～ 23° 14′ 45″、东经 113° 15′ 55″～ 113° 26′ 30″。东到吉山岐山一带，与黄埔区广州科学城相连；南到珠江，与海珠区隔江相望；西到广州大道，与越秀区相接；北到筲箕窝，与白云区相邻。

【建置沿革】 天河地区历史悠久，最早可溯源至距今 4000 多年前的新石器时代，位于华南国家植物园的飞鹅岭新石器遗址曾出土大量的磨制石器、陶片、玉器等。天河地区在春秋时期属百越，战国时期属扬越，秦朝到清朝，天河地区由番禺、南海交替管辖。中华人民共和国成立前，天河地区基本上属番禺县。中华人民共和国成立后，辖区隶属也曾多次变更。1973 年 10 月至 1985 年 5 月建区前，辖区全部归属广州市郊区。1985 年 5 月 24 日，天河区经国务院批准成立，从广州市郊区分出，成为广州市辖行政区。建区时只有沙河街、五山街、员村街、车陂街以及沙河区（镇）（含同和乡、京溪乡）、东圃区（镇）。当时面积 102.5 平方千米，人口 20.04 万人。此后，辖区范围曾多次调整。1987 年 9 月，同和镇（由同和乡和京溪乡组成）划归广州市白云区管辖。1992 年 4 月，杨箕村从东山区划归天河区；1994 年 2 月，原市农工商联合总公司凤凰农工商公司属下的柯木塱和渔沙坦 2 个行政村划归天河区。1994 年 8 月，沙东村二队（自然村）从东山区划归天河区。2000 年 9 月，原属市新塘农工商公司的新塘、沐陂、凌塘、玉树 4 个行政村移交天河区。2005 年 6 月 7 日，登峰街和杨箕村划归越秀区，新塘街玉树村划归萝岗区（今黄埔区）。

【行政区划】 天河区辖有 21 个行政街：沙河街（1950 年 7 月成立，以行文批准为准，下同）、五山街（1950 年成立）、员村街（1960 年 7 月成立）、车陂街（1981 年 5 月成立）、石牌街（1987 年 3 月成立）、天河南街（1992 年 10 月成立）、林和街（1995 年 8 月成立）、沙东街（1995 年 8 月成立）、兴华街（1995 年 8 月成立）、棠下街（1997 年 11 月成立）、天园街（1999 年 9 月成立）、冼村街（1999 年 12 月成立）、猎德街（1999 年 12 月成立）、元岗街（1999 年 12 月成立）、黄村街（1999 年 12 月成立）、龙洞街（2002 年 12 月成立）、长兴街（2002 年 12 月成立）、凤凰街（2002 年 12 月成立）、前进街（2002 年 12 月成立）、珠吉街（2002 年 12 月成立）、新塘街（2002 年 12 月成立）。中共天河区委、区政府驻地为天园街道，天河区机关办公地址在天园街天府路 1 号。

【面积和人口】 天河区行政区域总面积约 136.62 平方千米，占广州市总面积的 1.8%。2023 年，全区常住人口 223.80 万人，比 2022 年（下同）增长 0.7%；户籍人口 109.47 万人，增长 2.1%；户籍人口出生 0.98 万人，出生率 9.5‰，死亡率 4.1‰，自然增长率 5.5‰。

【气候特点】 2023 年，天河区气候特点与广州市气候特点基本一致：旱涝急转开汛早，暴雨频繁；初台偏晚，台风多影响重；气温偏高，高温早且强，年尾寒潮来袭。

气温 2023 年，天河区年平均气温 23.7℃，比近十年平均（2013—2022 年，下同）高 0.6℃，比 2022 年高 0.6℃。4—10 月平均气温在 23.0℃以上，其余月份在 23.0℃以下；最高气温 38.5℃，比 2022 年高 0.2℃；最低气温 4.8℃，与 2022 年持平。全年有≥ 35℃高温日数 35 天，≤ 5℃低温日数 2 天。

降水 2023 年，天河区年降水量相对偏多。是年降水量 2699.7 毫米，为广州市最多，比 2022 年增多 628.6 毫米，比近十年平均偏多 34.2%。其中，7—9 月累计降水 1380.5 毫米，比近十年平均偏多 80%。龙舟雨期间（5 月 21 日至 6 月 20 日）累计雨量 660.2 毫米，为广州市最多，比近十年平均偏多 51.4%。全年有暴雨日数 14 天，比近十年平均多 4.8 天。

日照 023 年，天河区年日照时数 1640 ～ 1680 小时，比 2022 年偏少 110 ～ 120 小时，比近十年平均偏少 2.4% ～ 5.4%。

主要气候事件　2023 年 2 月 15 日至 3 月 23 日连续 37 天无降水，历史同期最长。雨少温高蒸发强导致广州气象干旱发展，2 月 27 日、3 月 12 日、3 月 18 日依次达到轻度、中度、重度气象干旱，3 月 22 日进入特旱。3 月 24—26 日出现暴雨到大暴雨，旱涝急转，气象干旱得到缓解。3 月 27 日正式入汛，较常年入汛日偏早 15 天。

年内受 4 个台风影响，分别是 2304 号“泰利”（台风级）、2309 号“苏拉”（超强台风级）、2311 号“海葵”（超强台风级）和 2314 号“小犬”（超强台风级）。除“小犬”外，其余 3 个台风都达到较重以上影响等级，较近十年平均偏多 1.2 个。初台“泰利”较常年偏晚 19 天；台风“苏拉”与珠江风暴潮相遇；台风“海葵”引发近十年第三强暴雨过程，是年影响最为严重。

是年 1 月出现两次严重等级低温过程。12 月 16—27 日出现年内最强低温过程，达到特别严重影响等级，为 2014 年以来 12 月最强低温过程，而且寒冷持续时间长、降温呈现“断崖式”特点。

【地形地貌】　天河区地势分 3 个区域：北部是以火成岩为主构成的低山丘陵区，海拔 222 ～ 400 米；中部是以变质岩为主构成的台地区，海拔 30 ～ 50 米；南部是冲积平原区，海拔 1.5 ～ 2 米。全区地势由北向南倾斜，形成低山丘陵、台地、冲积平原三级地貌。其中，丘陵 28.41 平方千米，占 20.72%；台地 21.85 平方千米，占 15.94%；平原 86.84 平方千米，占 63.34%。

中部台地区地质较为复杂。元岗天河客运站至石牌华南师范大学地下有花岗岩残积土层，遇水极易软化崩解。五山地下有孤石群，硬度非常高。瘦狗岭地下断裂带（广东省农业科学院幼儿园地下 16 米）有急流地下水。

北部低山大体以筲箕窝水库为中心分东西两面排列，并以此为天河区与黄埔区、白云区分界。全区最高处为大和嶂（391 米），山脊南北两侧分别为天河区渔沙坦村与白云区太和镇。以大和嶂为起点往东与黄埔区的分界主要有杓麻山（388 米）、凤凰山（373.3 米）、石狮顶（304 米）等海拔 261 ～ 388 米的 11 个山头，往西与白云区分界主要有洞旗峰(312 米）等海拔 147 ～ 312 米的 9 个山头。筲箕窝水库以南有火炉山（322 米）。中部台地从东到西分布有吉山台地和五山台地，五山台地中有地势较高的瘦狗岭（131 米）。南部冲积平原分布在广深铁路以南，前进、车陂、员村、石牌、猎德一带。有“七涌一湖”：“七涌”从东到西依次为深涌、车陂涌、棠下涌、程界涌、潭村涌、猎德涌、沙河涌，“七涌”均由北向南流入珠江；“一湖”是天河公园中心湖。南临珠江，江岸线 11 千米。

【自然资源】　土地资源　1991 年起，天河区城市化进程加快，耕地面积逐年减少。天河区尚有地形坡度大于 25 度且难以利用的低山丘陵土地 42 平方千米，主要集中在区东北部。

林木资源　2023 年，天河区森林覆盖率 23.73%，比 2022 年增加 0.05 个百分点。森林主要分布在北部、西北、东北、中部低山丘陵区。林地总面积 2026.59 公顷，其中有林地 1807.38 公顷，灌木林地 143.45 公顷，无立木林地 52.56 公顷，宜林地 14.03 公顷，苗圃地 8.19 公顷，未成林地 0.98 公顷。

地下水资源　天河区地下水资源主要集中在区东北部，主要有位于珠村东北处的珠村矿泉水，龙眼洞村洞旗峰南坡山腰的龙眼洞矿泉水，渔沙坦村以北的凤凰山矿泉水和柯木塱村的长寿村矿泉水。矿泉水类型绝大部分是单一偏硅酸型，矿化度低。此外，从天河北路到瘦狗岭一带地下有温泉水源，水温达 36℃，含丰富的偏硅酸、氟、铁等微量元素，有一定的医疗作用。沙河禺东西路军体院一带有矿泉水源。

矿物资源　铋、钨。分布于龙眼洞南社水冲岭、白虎窿一带，深窿、大窝、崩岗等处也有。1956 年，国家在此开办采矿场，开采有色金属，两年后停办。

铝。分布于马坑园村东侧，表土层 1 米以下的土壤是一种黑白混合泥，因其含铝量高达 23% ～ 28%，被称为铝质泥，储量不详。20 世纪 60 年代开采，加工成泥粉，出售给车陂水厂和郊区铝厂，数量超过 15000 吨。水厂用于沉淀水中杂质；铝厂则用于制取硫酸铝。20 世纪 80 年代停采。

河沙。1991 年前，尚有沙河涌等河涌上游的河沙可采用为建筑材料。后来由于环境污染，河水变浊，可利用的河沙逐渐减少。2000 年起，已无河沙可采。

岩石资源以花岗石为主，主要分布在北部岑村火炉山和龙眼洞洞旗峰一带。早在 20 世纪 50 年代，火炉山就有东升石矿场并开始采石。至 1991 年，火炉山下有市东升石矿场和凌塘、新塘等石材场，洞旗峰下主要有市派安石矿场和龙眼洞石场，加上元岗、长湴等石材场，大小石场共 44 个。1995 年以后，为保护生态环境，石场陆续关闭。

地下木材资源　长湴村往东一带有地下林木。长湴，古时是沼泽地，因泥湴过膝得名，据说地下六七米深处有古河道和林木。20 世纪 60 年代，很多村民挖掘至 2.5 米时发现泥层中尚有未腐透的乔木。

【自然地名简介】　瘦狗岭　位于广汕公路东侧。因地势形状略似瘦狗，故名。西北—东南走向，长 1 千米，宽 0.5 千米，面积 0.5 平方千米，海拔 131.3 米。由石炭纪石英岩组成，岭上岩石裸露，表层为红壤，坡地种有马尾松疏林。山有瓷土，在山南曾建有广州建筑陶瓷厂。

大和嶂　位于广汕公路东侧渔沙坦村，海拔391米，为天河区海拔最高处。山上有20世纪30年代侵华日军修建的大、小碉堡各1个，2004年被列入广州市文物保护单位。南麓于唐代建有石门古庙，“宝寺僧归”曾为清代龙洞八景之一。该寺于20世纪30年代被侵华日军拆毁。

火炉山　曾名火罗岭，位于广汕公路和银屏岭以南，岑村、凌塘以北，清代曾为龙洞八景之一——火罗夜月。山体面积6.25平方千米。因山体表层为红壤，加之以前山体绿化少，地表裸露，在太阳照射下呈现红光，故名。该山近东西走向，主峰海拔322米，次峰海拔235米。山顶有巨石，酷似昂首猪头，故名猪头石。南麓风化层薄，东升等石矿场曾在此采石。现坡地有马尾松，山下有泥窿水库、东大湖、南大湖等水体。

洞旗峰　位于龙洞西北部，沙太公路以东，是天河区与白云区分界线。山体面积2.25平方千米，近东北—西南走向，主峰海拔312.4米。山体由花岗岩组成，表层为红壤，坡地种有马尾松。因风化层薄，易采石料。

凤凰山　位于筲箕窝水库东南，东北—西南走向，主峰海拔373.3米，山体由花岗岩和页岩构成，植被为亚热带常绿阔叶林。山顶上有一大草窝，传为凤凰栖息之处，凤凰山由此得名。

天平架　位于沙河以北、瘦狗岭以西、沙河旧广从公路一带。相传有仙人秤白云山和瘦狗岭的重量，便在两山之间建造一座天平，遗留天平架子，故名。清代形成村落，现为城市居民区。

龙眼洞盆地　位于龙眼洞一带。由车陂涌侵蚀而成，四周环绕花岗岩山丘。北起旺岗，南至华南国家植物园，与车陂涌相连，东至广州林业学校，西至大坦岭，面积约9.3平方千米。盆地底部平坦，地面海拔30～40米，边缘为海拔40～60米的二级台地，车陂涌流经东部。水源充足，土壤肥沃，为砂壤土。曾出土新石器时代磨制石器、陶器。

瘦狗岭断裂　又称广州—罗浮山断裂。近东西走向活动性断裂，西起三元里，向东经瘦狗岭、黄埔区、增城区至博罗罗浮山，长达80多千米。断面南倾，倾角50°～60°，断裂带北部为隆起区，长期上升并遭受剥蚀，露出燕山期花岗岩和震旦纪变质岩，形成孤立残丘，如鸡笼岗、茶山等；南盘为沉降区，形成白垩纪红层低台地和第四纪组成的三角洲平原。断裂至今还在活动，特别在广从断裂和文冲断裂交界处，常诱发小地震，但没有造成过灾害。

五仙桥　位于白云山东麓、兴华街广从公路西侧，属银河村，现为居民区。古时，这里是北方进入广州的要道，曾有5块长石板铺砌的一座山溪小桥。相传古代有五位骑羊持穗的仙人降临广州时经过此处，故名。民间流传，“未有五羊城，先有五仙桥”。现溪水已无，石板桥填埋在地下。

【历史文化】近代的天河地区曾为广州东部军事重地，历史上著名的猎德炮台、天河机场等重要军事设施均设于此，辖内还有黄埔军校燕塘分校旧址、十九路军淞沪抗日阵亡将士陵园、新一军征缅阵亡烈士公墓等。天河机场建成于1930年，因机场建在天河村的土地上，故名。1984年，广州市在天河机场旧址建设天河体育中心，天河区因此而得名。

天河历来重视教育。清代，该地有6所社学和7所书院。其中，禺山书院发展演变为今广州市第十八中学。民国时期，广东军事政治学校和中山大学也在此选址创办。中华人民共和国成立初期，广东省有5所普通高校，天河地区就有其中3所：华南工学院、华南农学院、华南师范学院。而后，暨南大学在此复校，大批大中专学院和科研单位兴办。截至2023年，天河地区有普通专本科高等学校32所、省级以上科研院所43所。

天河崇尚体育文化。清代至天河建区前，该地民间盛行武术、醒狮、赛龙舟等体育活动。建区后，群众体育组织发展迅速，场地设施逐步增加，为国家输送大批优秀运动员，如国家击剑队队员董兆致、国家女子游泳队队员刘湘、国家男子跳水队队员陈艾森等。辖内天河体育中心、广东奥林匹克体育中心曾承办第六届、第九届全国运动会和第十六届亚洲运动会的多项赛事。近年，天河辖内多次举办广州马拉松、国际垂直马拉松、亚足联冠军联赛等国内外重大赛事。

【传统民俗】天河地区自宋代渐成村落，村民先祖皆从中原南迁而来，民俗与中原相似。数百年间，民俗历经传承、再造、消逝、复兴等演变，天河仍保留的民俗主要有扒龙舟、乞巧、迎春花市、摆中元、客家山歌等。

扒龙舟　龙舟竞渡即粤语中俗称的“扒龙舟”，是一项具有水乡特色的民间游艺娱乐活动，包括起龙、采青、赛龙、探亲、招景、趁景、吃龙船饭、唱大戏、藏龙、散龙等环节。中华人民共和国成立后，扒龙舟的风俗从禁止到恢复，几经波折。近年，龙舟竞渡得到发展弘扬，已经成为天河城市文化不可或缺的一部分。每年端午，天河区有河涌的村落都要举行龙舟竞渡，尤以车陂、珠村、猎德、棠下最负盛名。2017年5月，“车陂村扒龙舟”被列入广州市非物质文化遗产。2018年12月，广州首个非物质文化遗产文化传承保育展览馆——车陂“一水同舟”龙舟文化展览馆开馆。之后连年举办“一水同舟”国际龙舟文化艺术节。2023年，“车陂龙舟景”被列入广东省第八批省级非物质文化遗产代表性项目扩展项目名录。

乞巧　旧时乞巧节，天河珠村地区有祭拜织女的习俗，并举办

“乞巧会”，仪式繁复，包括“摆七娘”“拜七娘”“睇七娘”等活动。该民俗发展历程与扒龙舟相似，乞巧在消失半世纪之后，于1998年在珠村民间开始恢复，2005年珠村乞巧节被提升为广州乞巧文化节，而后年年举办，现已发展成天河乃至广州的民俗文化品牌。除开展传统民俗活动外，还打造乞巧竞技、文化论坛、乞巧传承成果展、当代女子成人礼、主题游园等衍生项目。2011年，“天河乞巧习俗”入选国家非物质文化遗产名录，天河珠村入选文化部“中国民间文化艺术之乡”。2014年，全国首个乞巧文化博物馆在珠村开馆。2019年，《天河区珠村历史文化名村保护规划》公布，乞巧等传统文化习俗被纳入保护范围。

迎春花市　迎春花市是岭南独特的春节习俗，迎合广府文化“讲意头”的传统。天河区于1986年举办第一届迎春花市，此后年年举办。按惯例，花市从农历十二月二十八持续至除夕，通过搭建花市牌楼、摆卖年花营造过年喜庆气氛。市民青睐于寓意美好的花卉，如金橘，粤语中“橘”和“吉”同音，象征大吉大利；桃花，象征大展宏图（桃）；兰花，象征富贵吉祥。

摆中元　“摆中元”是天河区车陂村沙美梁氏宗祠的传统祭祀活动，至今已百余年。农历七月十五，俗称中元节，是民间庆贺丰收、祭祀先祖的日子。仪式由沙美梁氏宗祠的“太婆”带领氏族中的女性后人，身穿汉服，在宗祠正厅进行传统祭拜。大厅内摆放手工艺品，祈求来年五谷丰登、风调雨顺，是为“摆中元”。随着时代发展，车陂村在传统基础上不断完善，逐渐成为中元节系列民俗活动，包括中元河灯祭、中元晚会、中元公益市集、车陂潮墟、汉服巡游等。

客家山歌　天河区凤凰街辖内的柯木塱村是山区，村民大多是客家人，喜唱客家山歌。2004年11月，凤凰街客家山歌协会成立，定期在不同歌墟点举行客家山歌歌墟活动，开设客家山歌文化、历史讲座和表演培训。参与者除本地居民外，还有来自增城区、白云区、惠阳市等外地的客家山歌爱好者。2010年10月，客家山歌曾被中央电视台新闻频道《亚运与我》栏目专题报道。同年，凤凰街因独具风格的山歌歌墟、客家祠堂、客家美食，被市委宣传部、第16届亚运会组委会宣传部等部门命名为“广州市十大特色街”。

【地方特产】　历史上天河地区盛产名优农业土特产。据同治《番禺县志》卷7《物产》记载，主要有东圃的糯米和葛、燕塘竹笋、石牌香芋、冼村和石牌的藿香、猎德的杨桃和蚬，以及黄村至珠村一带的各类水果等。中华人民共和国成立至天河建区前期，除上述特产外，天河地区蜚声国内的品牌还有岐山黄皮、宦溪妃子笑荔枝、沙东吊丝丹竹笋等。但随着城市化迅速推进，天河区至今尚存的特产主要有沙河粉和白云猪手。

沙河粉　沙河粉创始于清末民初的沙河镇，现已传遍全国。沙河粉是由山泉水浸泡的大米磨成的米浆蒸制而成的薄片粉，洁白透明，体薄柔韧，爽滑可口，烹调方便，可荤可素。既可作街头小食品，又可作正餐主食，可汤、可炒，或与调料生拌，若拌以肉丝之类，其味更佳。2011年5月，沙河粉制作工艺被列入广州市第三批市级非物质文化遗产名录。

白云猪手　白云猪手相传创始于白云山能仁寺，后在山下沙河墟声名远扬。天河建区之初，白云猪手是沙河食品厂的名牌产品，现已成为广州市的一道名菜。制作白云猪手最考究的一个环节是要将猪蹄浸泡在白云山水中，以保证其色泽亮丽，口味更佳。

【方言】　天河区辖内以使用粤方言为主，粤方言是现代汉语方言的七大方言之一。天河区所在的广州市区是粤方言的中心，是所有粤方言区的标准语。普通话有4个声调，粤语有9个。另外，在凤凰街的渔沙坦村和柯木塱村、沙河街少数地段等客家人聚居地，日常以使用客家方言为主。近年，客家方言使用人数和流行区域逐渐缩小。

【民族宗教】　2023年，天河区辖内56个民族族别齐全，少数民族约10万人，其中，非户籍人口约7.1万人。人数较多的是壮族、土家族、回族、苗族和满族。天河区登记开放的宗教活动场所有11处。其中佛教2处，分别是石门禅院、慈林寺；天主教2处，分别是天河区天主教活动点、露济亚堂；基督教7处，分别是天河堂、沙河堂渔沙坦聚会点、嘉逸国际酒店外国人宗教活动临时点、广州鸿德酒店外国人宗教活动临时点、员村临时活动点、石牌临时活动点、棠下临时活动点。

【华侨华人】　2023年，天河区海外华侨华人主要分布在北美、西欧、澳大利亚、新西兰、东南亚等地；归侨、侨眷主要集中在五山街、员村街、石牌街、车陂街、天河南街、棠下街、兴华街、龙洞街等街道，尤其是华南理工大学、暨南大学、华南师范大学、华南国家植物园等单位归侨、侨眷相对较多。

经济强区建设

【经济稳中有进】　2023年，天河区实现地区生产总值6551.3亿元，比2022年（下同）增长5.1%，占广州市地区生产总值的21.6%，经济总量位居全国各区（县）前六。财税收入基本稳定，实现税收收入862.28亿元，一般公共预算收入82.8亿元。实现社会消费品零售总额2152.8亿元，增长6.4%；完成固定资产投资703.8亿元，增长20%。是年，天河区出台实施系列稳增长具体举措，兑现各类惠企政策资金约 14.4 亿元。全区新增企业超 10 万家，占广州市的 27.3%，总数突破 55 万家；新增“四上”企业 1279 家，辖内累计 8602 家，均占广州市的五分之一。

【产业结构优化】 2023 年，天河区成立 7 个重点产业高质量发展工作专班，加快构建以实体经济为支撑的现代化产业体系。实现现代服务业增加值 4672.9 亿元，占天河区地区生产总值的 71.3%，占广州市的 31.6%。新落户持牌金融机构 21 家，创历年新高。现代商贸业提质发展，成立天河区大宗商品供应链联盟。广告业营业收入规模首次突破 200 亿元，数字广告、组织管理服务、工程技术与设计服务营业收入分别增长 40.8%、33.2%、11.0%。数字经济核心产业增加值占地区生产总值比重提升至 22.2%，占广州市比重提升至 37.3%。规模以上软件业营业收入突破 2000 亿元，新增软件业营收百亿元级企业 1 家、十亿元级企业 5 家，人工智能、信创软件营业收入分别增长 15.6%、10.7%。印发实施《关于加快发展现代都市工业的实施意见》，打造现代都市工业产业集群。

【推进科技创新】 2023 年，天河区在全国首创行政、仲裁、司法有机衔接知识产权协同保护机制，实现专利授权量 19298 件，其中发明专利授权量 9438 件，数量广州市第一，增长 29.6%。20 项专利获得第二十四届中国专利奖，2 项标准获中国标准创新贡献奖。新增国家级专精特新“小巨人”企业 12 家、创历史新高，新增科技类企业 2.7 万家、占广州市的 35.4%。3 家企业入选 2023 中国互联网综合实力百强，3 家企业入选胡润 2023 全球“独角兽”榜单，中望龙腾 3D 软件获得国产工业设计软件领域首个中国版权金奖，赛意信息谷神、亿迅科技天翼云工业互联网平台入选国家级跨行业跨领域工业互联网平台。湾区新药研究院（天河）、中国工业互联网研究院广东分院等重大项目落地。天河区连续 3 年排名赛迪全国创新百强区榜单前三。

【重大平台发展】 2023 年，天河中央商务区位列 2023 福布斯中国商务中心区前三，新增亿元税收楼宇 2 栋。国家数字服务出口基地实现数字服务出口额 20.5 亿美元、增长 14.8%。天河路—珠江新城商圈新入驻首店 71 家，新增 1 家全国示范智慧商店，7 家商店入选广州市首批离境退税“即买即退”试点商店、占广州市七成；商圈全年客流量超 8 亿人次、商品销售总额超 1 万亿元，稳居广东省第一、全国前列。广州国际金融城东区收储 3 宗国有土地，北区控规调整通过市规划委员会审议，澳门国际银行等 10 个项目开工，中国人寿等 10 个项目封顶，汇金中心等 2 个项目完成竣工验收，越秀财富大厦等 13 个项目启动招商，新增产业面积超 110 万平方米。天河智慧城和天河智谷片区新引进投资亿元以上项目 33 个，2 个重点产业项目开工，趣炫总部等 4 个重点产业项目竣工投产。推动 2112 工园建设。启动中国软件名园申报。天河智慧城综合管廊全线贯通。印发《天河区环五山创新策源区更新发展建设三年行动计划》。沙河片区文化振兴有序推进，龙洞凤凰片区启动规划。

【营商环境改革】 2023 年，天河区实施营商环境 6.0 改革，《行政、司法、仲裁有效衔接　助力知识产权协同保护》《建成大宗商品供应链联盟促成企业集聚协同发展》2 个案例入围 2023 年度广州市营商环境改革十大最佳实践案例候选名单。落实包容审慎监管，将 1827 户“四新经济”企业纳入“白名单”实施包容期监管和触发式监管，对 193 宗轻微违法经营行为免予处罚。天河中央商务区启动“信用园区”“信用楼宇”建设。继续开展“信用＋金融＋创新”多层融资服务体系建设，16 个区级定制化金融产品累计投放较低成本贷款超 100 亿元。创新政务服务便利化举措，企业登记注册、社保业务等 720 项高频事项实现在 20 个省 87 个地区“跨域通办”，政务服务“好差评”综合评分广州市第一。天河区连续三年被评为赛迪全国投资竞争力百强区前二，被新华社《瞭望东方周刊》评为 2023 企业家幸福感最强区。

【推进粤港澳大湾区建设】 2023 年，天河区开设港澳“个转企”登记专窗，推行外资股东身份视频确认服务，实现外资企业登记服务前移、离岸全程电子化 1 日内办结，并在广东省率先启动税务事项“湾区通办”示范区建设。与香港贸易发展局签订战略合作框架协议。新设立港澳企业 634 户、居广州市第一。大湾区科技成果转化板新增上板项目 160 项。设立广州市首个港澳创新创业孵化基地公共法律服务工作站。全区港澳青年创新创业孵化基地新引进港澳项目 97 个，累计 967 个。累计引进粤港澳大湾区律师 76 人，占广州市总数的 77.5%，占广东省的 20%。区内中小学与 12 所香港学校正式缔结为“姊妹学校”，广州暨大港澳子弟学校成为广东省首批香港中学文凭考试“与考学校”。广州希玛林顺潮眼科医院入选第二批“港澳药械通”指定医疗机构。

品质城区建设

【“百千万工程”建设】 2023 年，天河区把“百千万工程”作为推动高质量发展的头号工程，构建工程指挥体系和工作推进体系。推进城中村改造 7 个已批在建项目和 9 个前期谋划项目，城市更新投资 274.4 亿元。冼村改造取得突破，新分复建房 1572 套。

推进城中村综合治理，打造“一强五创新、猎德人家美”等“村改居”社区治理品牌。1082套房屋参保城中村消防安全责任险。实施党建引领城中村治理“1＋4＋6”系列方案，向“村改居”社区全覆盖选派第一书记或书记（主任）助理，组建网格党组织971个。完成鸿运伟诚小区等6个老旧小区改造，惠及群众1800余户。

【增强城区承载能力】 2023年，天河区编制《天河区国土空间总体规划（2021—2035年）》，推进“沿江发展”向“纵深织网”。持续优化交通网络，车陂南隧道、水荫四横路、广园快速路黄村立交桥大中修改造工程3个项目建成通车。增设非机动车道36.3千米，完成3处港湾式公交站改造和5个交通拥堵点治理。开通穗港高铁，广州东站至新塘站五六线工程推进前期工作。加快推进新基建，分布式光伏发电新增并网容量6.4兆瓦，新建充（换）电桩623个，5G基站1130座，光储充一体站2座。新建、改建公厕16座，打造6条环境卫生示范街和3条样本街，建成星级生活垃圾分类投放点65个，全区资源回收利用率42%。

【提升城市治理水平】 2023年，天河区推进“1＋6＋N”基层社会治理工作体系，打造“综治中心＋综合网格＋最小应急单元＋智能化”模式，累计建成城中村最小应急单元553个。区人民法院《创新金融纠纷诉源治理模式，推动金融服务高质量发展》和天河南街《首创“3＋X”多元解纷机制，打造枫桥经验“天河样本”》入选2023年广州社会治理现代化十大创新案例。《打造广州市首家来穗服务区级示范中心项目》入选广州市市域社会治理十大创新项目奖。治理违法建设196.5万平方米，完成5个专业批发市场业态升级。天河区获平安广东建设广东省唯一“二星平安鼎”，连续九年在平安广州建设考评中获“优秀”等次。

【绿美天河生态建设】 2023年，华南国家植物园引进3000余种新植物，启动建设植物多样性与特色经济作物全国重点实验室，广州市首例大气生态环境损害赔偿异地替代修复在华南国家植物园实施。推进四级公园体系建设，实施火炉山森林公园周边环境品质提升工程，建设环“火龙凤”健康翠环30千米。建成口袋公园5个，新建碧道7.2千米、森林步道5.2千米，新增城市绿地面积466亩，完成森林质量优化提升115亩，完成猎德涌北片示范区3.7平方千米海绵城市建设。全区水功能区水质达标率100%，地表水环境水质指数改善幅度广州市第一，13条一级支流水质全面达标；完成9条合流渠箱清污分流验收评定，完成5平方千米排水单元达标创建。空气质量优良天数比例89.3%，全区21个街道建成“一街一站”空气质量监测体系。中建四局科创大厦被评为全国首例超高层近零能耗建筑设计认证。5个项目入选广东省第一批碳达峰碳中和试点，数量占广州市71%。推进“无废城市”建设，建成10个类型282个“无废细胞”，数量居广州市首位。

幸福天河建设

【提高社会保障水平】 2023年，天河区新增就业约8.8万人，登记失业人员再就业7522人，帮扶就业困难人员再就业3425人，为4092名劳动者追回劳动报酬2576.6万元。发放救助补助资金4554万元，发放失业金4.8亿元。建成退役军人就业创业联盟基地。新增保障性租赁住房约1万套，盘活市场房源改造人才公寓94套。天河区老人院被评为“广东省五星级养老机构”，累计建成社区颐康服务站超200个，实现社区全覆盖，天河南街颐康中心、长兴街颐康中心被评为“广东省四星级养老机构”，天园街翠湖社区被评为全国示范性老年友好型社区。2个户外劳动者工会爱心驿站被评为全国最美爱心驿站。

【教育医疗均衡发展】 2023年，天河区新增5所公办幼儿园、2所小学新校区、1所九年一贯制学校，完成3所学校加扩建工程，增加公办学位超7300个。天河外国语学校智慧城校区、清华附中湾区学校二期校区、区少年宫新校区开工建设。广州医科大学附属中医医院天河院区正式启用，全区三甲医院累计9家。中山大学肿瘤医学科学中心（天河院区）、中山大学附属第六医院（珠吉院区）、广东省骨科研究院（长兴院区）南侧大楼开工建设，区人民医院、区中医院、区妇幼保健院提质扩容，通过国家慢性病综合防控示范区和国家卫生城市复审。

【文化体育事业进步】 2023年，天河区成立湾区元宇宙数字艺术研究创新基地，举办第六届文创产业大会·天河峰会和第四届中国电子竞技行业年会、2023中国数字文娱行业大会、2023天河龙舟文化季、2023广州乞巧文化节等活动。打造国际垂直马拉松赛广州系列赛等精品体育赛事，全民健身赛事参与超10万人次。举办文化惠民活动7200余场，服务群众超4000万人次。举办5000人以上大型演唱会39场，居广州市首位。刘氏家庙完成修缮并对外开放，区图书馆通过国家一级图书馆评估定级，广州粤剧院新址开馆运营。新增一家国家AAA级旅游景区，天河湿地文化角被评为国家级最美乡村文化空间，冼村街道、天河区一水同舟龙舟文化展览馆、天河区正佳自然科学博物馆被评为广东省首批儿童友好城市建设示范点。

大事记

1月

5日 中共广州市天河区第十届委员会第五次全体会议召开。全会总结分析2022年工作，研究部署2023年工作，审议区委常委会2022年传达学习贯彻落实习近平总书记重要讲话和重要指示批示精神情况以及抓党建工作情况的书面报告，审议通过关于递补区委委员和批准辞去区委候补委员职务有关事项。

15日 上午7时58分，区辖内广州东站前往香港西九龙站方向的高铁列车发车，时隔三年广深港高铁香港段恢复运营。

16日 南沙—天河深化科技创新产业合作暨工业数智化产业精准对接会举办。会上，两地科技成果转化战略合作签约、工业产业集群精准对接、粤港产学研项目签约，近40家传统工业及科技企业围绕数智化转型研讨。

17日 天河区龙凤消防救援站举行揭牌仪式，该站占地面积3860平方米，责任区面积约40平方千米，是广州市最新、功能最全的模块化消防站。该站旨在增强天河区东北部消防救援力量。

18日 车陂南隧道正式通车，该条隧道连通黄埔区、天河区、海珠区、番禺区，是全国内河首条单管节最长、全断面浇筑的沉管隧道。

19—21日 “多彩非遗迎新春 锦绣粤韵满天河”天河迎春花市非遗展示及嘉年华在天河体育中心南广场举行，集中展示国家级、省级、市级、区级26个非遗手工艺品及文创项目。

30日 中国人工智能（广州）产业园项目开工动员大会在广州国际金融城西区举行，项目是广州国资现代产业价值园区、天河区重点建设项目，规划总用地面积约10万平方米，总投资额约80亿元。

下旬至3月 天河区启动2023年“春风行动”，举办线上线下招聘会60余场，主要涉及餐饮、家政服务、教育培训、网络科技等行业。

2月

1日 羊城晚报岭南数字创意中心项目开工现场会在区辖内羊城创意产业园举行。该项目位于羊城创意产业园东侧地块，总建筑面积12万平方米，是2023年首个大型文化产业项目。

2日 天河区政企沟通服务中心揭牌成立。该中心位于天河北路888号，是广州市首家搭建政企联动实体空间的区级平台。

6日 天河区高质量发展大会召开，会议提出2023年天河区经济发展总目标，总结天河经济发展特点和优势，强调发展支柱产业、重大平台和重点项目建设。

9日 2023 Berlin Design Awards（柏林设计奖）获奖名单公布，区辖内广州环贸中心获商业建筑类别金奖。

13日 以“推进绿美广东生态建设，促进人与自然和谐共生”为主题的天河区推进绿美广东生态建设义务植树活动在执信四路西侧绿地举行，此次活动是贯彻落实《中共广东省委关于推进绿美广东生态建设的决定》的重要举措。

17日 天河区·兴宁市对口帮扶协作党政联席会议在天河区召开。双方围绕2023年对口帮扶、乡村振兴、产业帮扶、实施百县千镇万村高质量发展工程等工作开展交流。

22日 《广州市天河区卫生健康事业发展“十四五”规划》印发，规划明确2035年远景目标、“十四五”时期主要目标及七大发展任务，并指出重点加强天河东部、北部医疗资源配置。

24日 位于天河区办税服务厅的“湾区通办”服务示范区正式启用，这是广东省4个涉税事项“湾区通办”服务示范区之一，可为湾区跨区域纳税人提供“一站式”征纳互动服务。

27日 天河区行政复议咨询委员会专家委员聘书颁发仪式举行，天河区行政复议体制改革任务全面完成。该咨询委员会有24名委员，由专家学者、律师、行政机关专业人员组成。

28日 “新经济 她引领”高质量发展暨首届广州女性创新创业先锋揭榜大会在广州（国际）科技成果转化天河基地召开，广州市有40位女企业家获“首届广州女性创新创业先锋”称号，其中天河区有14位入榜，居广州市首位。

3月

2—3日 广州市天河区第十届人民代表大会第三次会议在区机关大院大会场开幕，会议表决通过天河区人民政府工作报告，天河区2022年国民经济和社会发展计划执行情况与2023年国民经济和社会发展计划、天河区2022年预算执行情况和2023年预算、天河区2023年民生实事候选项目。

4日 《广州市天河区文化发展“十四五”规划》印发，规划明确天河区文化发展五大发展目标，提出打造五大重点文化产业发展平台。

10日 区辖内广州大道北梅花园段红旗市场人行天桥正式投入使用，该桥采用单跨拱形钢桁架结构，主桥单跨37.7米，属广州大道快捷化系统改造（二期）——人行过街设施工程。

14日 广州老年大学天河分校揭牌成立，该校位于龙口中路203号，是广州老年大学首批区级分校之一。

17日 广州国际金融城双子塔之一中国人寿大厦项目主体建筑全面封顶，该项目是一栋总高度约230米的超甲级写字楼，总建筑面积约13.5万平方米。

22日 中国数字文娱行业大会暨中国文化娱乐行业协会数字文娱分会成立大会在天河区召开。会议以“数字技术引领文化娱乐行业高质量发展”为主题，成立中国文化娱乐行业协会数字文娱分会并发布《数字文娱行业自律公约》。

是日 天河区印发《关于全面推进“百县千镇万村高质量发展工程”促进区域协调发展的行动方案》《关于全面推进“百县千镇万村高质量发展工程”促进区域协调发展的工作方案》，构建“百县千镇万村高质量发展工程”指挥体系、工作体系、目标体系、配套政策体系、评价体系，明确主要目标和发展任务。

23—24日 第四届中国电子竞技行业年会暨第六届文创产业大会·天河峰会举办。电子竞技行业年会以“焕竞无界”为主题，主论坛围绕“电竞正向价值”“电竞出海战略”“青年文化力量”展开；文创产业大会·天河峰会以“探见元宇宙 驱动新文创”为主题，设置1场主论坛、1场中国数字文娱行业大会、6场分论坛，6场主题活动。

26—27日 天河区党政代表团到福建省龙岩市永定区开展对口合作。永定考察期间，天河·永定干部教育培训基地揭牌、农村党组织教育培训基地共建项目签约。

28日 赛迪顾问城市经济研究中心发布“赛迪创新百强区（2023）”，天河区在全国城区评比中位列第三。

是日 澳门青年乡村振兴协会湾区联络中心揭牌。该中心是澳门青年自发组织、在澳门注册成立的非营利综合性社会团体，旨在参与国家乡村振兴战略及中国式现代化发展，促进澳门与内地的经贸、文教、科技交流合作。

30日 元宇宙数字艺术节城市嘉年华活动在棠下智汇PAPK发布。发布会现场，天和数字创意产业创新孵化基地、粤港澳电竞发展研究院—国际人才培训中心、粤港澳电竞赛车高校联盟揭牌落地。本次嘉年华分为8个系列、35个项目，分别以产业、社区、学校、园区、商圈、众创空间为对象开展主题活动。

是日 天河智慧城地下综合管廊工程主线隧道全线贯通，该项目是国家综合管廊试点项目、广州市四大综合管廊项目之一，管廊全长19.4千米，其中盾构段全长8.6千米。

31日 广州市贸促会天河区RCEP服务站、广州市经贸摩擦预警中心天河区服务站授牌仪式暨外贸高质量发展政策培训在辖内总统大酒店举办，约150家外贸企业代表参加活动。

是月 区辖内华南农业大学园艺教授陈日远团队研发的南高丛系列大果蓝莓进入成熟采摘期，该品种果径可达18～35毫米，甜度在11～16之间，比传统蓝莓品种上市早、经济价值高。

4月

5日 由文化和旅游部全国公共文化

发展中心、新华网等单位联合主办的2022年乡村公共文化空间设计展示活动评审结果公布，天河湿地文化角被评为最美乡村公共文化空间（创新案例类）第一名、网络人气项目第三名。

6日 广州国际金融城双子塔之一广发银行总部大楼主体结构封顶，超高层办公塔楼总建筑面积为13.7万平方米，建筑高度230米。

7日 2023年广州天河汽车消费节在天河体育中心南广场开幕。展会持续3天，约30个国内外知名汽车品牌参加，是华南地区规模最大的户外汽车促销节。

13日 《广州市天河区数字政府改革建设“十四五”规划》印发，该文件分析天河区数字政府改革建设发展基础与形势，提出“数智政府、慧领天河”总目标及6个具体目标，明确五大架构和关系定位。

17日 《广州市天河中央商务区“十四五”发展规划》印发，该文件总结天河中央商务区“十三五”时期发展成就，指明未来五年发展机遇和挑战，提出6项主要目标，明确发展保障机制。

18日 “汇天河 筑未来”第九届中国广州国际投资年会天河平行分会在粤海金融中心举行，会上发布《天河区支持社会力量参与招商引资若干措施》《天河区支持重点产业企业落户入驻商务楼宇发展若干措施》促进天河区招商引资。

19日 《广州市天河区生态环境保护“十四五”规划》印发，该文件围绕天河区生态环境保护4条原则，明确5个具体目标，制定绿色发展、环境治理、生态保护、风险防控4个领域的24项指标。

21日 广园快速路黄村立交桥大中修工程（南引桥段）完成建设并通过竣工验收，24日正式通行。

24日 天河区知识产权维权援助平台正式上线发布，这是广州市首个专门针对知识产权领域开展维权援助服务的平台。同日天河区正式启动国家知识产权强县建设试点县的建设。

是日 五山路人行天桥开放通行。该桥连接华南师范大学附属中学高中部和初中部、天立大厦、广州市团校等单位，全长27.8米，共设置四处梯道。

是日 《天河区清华附中湾区学校二期校区地块及相关地块（AT0602、AT0304规划管理单元）控制性详细规划》和《天河区员村一横路1号地块（AT0805规划管理单元）控制性详细规划》经市政府批准生效，清华附中湾区学校二期校区选址天河智慧城核心区，员村一横路南侧新增一处二类居住用地兼容商业用地。

25日 “筑梦天河 扎根广州 拥抱湾区”台湾青年创业就业系列交流活动之一——台湾创业青年高峰对话论坛在天河区举办，来自台湾岛内中华创业育成协会、泛太平洋国际创新育成协会参访团及成都、重庆、泉州、厦门的台湾创业青年代表等共100余人参加。

26日 中央广播电视总台广东总站暨粤港澳大湾区总部运行揭牌仪式在区辖内海心沙亚运公园举行。

是日 《广州市天河区非物质文化遗产代表性传承人认定与管理办法》印发，这是广州市发布的首个支持代表性传承人开展传承、传播活动的区级管理办法。

27日 国家版权局公布2022年中国版权金奖获奖名单，区辖内企业广州中望龙腾软件股份有限公司的《中望3D软件》获“中国版权金奖”作品奖，这是国产工业设计软件领域第一款被授予该奖项的自主三维软件。

28日 中山大学肿瘤医学科学中心（天河院区）项目签订集体土地征收补偿协议。该项目位于天河区广河高速公路以南、华南快速路以东、广东食品药品职业学院以西地段。

是月 天河区四季幼儿园开园。该园坐落于天河区花间南四街5号，是区教育局直属全日制公办园，占地面积4287.77平方米，办园规模15个班。

5月

4日 香港创科青年大湾区（广州）创业就业交流座谈会在时代E—Park（天河）产业园区举行，会上首个穗港澳供应链人才发展服务站正式揭牌。该站由广东广州报关协会与共青团广州市委员会联合建设。

10日 广州市天河外国语学校智慧城校区、广州市天河区少年宫新校区、广东省骨科研究院（长兴院区）正式开工。

是日 位于广州国际金融城起步区的广州新华保险大厦项目封顶。

11日 区政协香港顾问委员、陈济棠的儿媳陈伟君女士将市值过亿元的财产通过公证遗嘱方式捐赠给国家，这是广州公证行业有史以来明确赠予国家用于公益慈善、财产数额最大的一份遗嘱公证。

12日 2023中国财富峰会上发布是年度市辖区（直辖市和副省级城市市辖区）高质量发展百强，天河区位列第六。

是日 《广州市天河区科技创新发展“十四五”规划》印发，该文件提出“国际科技创新枢纽核心区”“粤港澳大湾区科技成果转移转化示范区”“广深港澳科技创新走廊核心节点”三大目标和科技创新主体、原始创新能力、科技创新服务、创新效率效益等4方面12个目标。

是日 位于广州国际金融城起步区的广东华兴银行广州分行办公大楼项目、合力创兴集团旗下天财大厦主体结构封顶。

13日 天河区首届家庭教育节在广州天河购书中心举办。启动仪式上，天河区为城市管理人员子女推出综合素养教育公益项目，并正式推广实施家门口的“家校社”联动育人模式，在天河区5～7个街道社区举办艺术文化项目。

18—20日 “趣文博 遇见美好生活”2023国际博物馆日暨中国旅游日广州主会场系列活动在区辖内正佳广场举行，活动设4个主题展区和1个博物馆主题集市，同时举办趣漫游——文博数字体验展。

19日 广州市召开市域社会治理创新成果交流会，会上公布2020—2022年度广州市市域社会治理十大创新项目和13个优秀创新项目，“天河区打造来穗服务区级示范中心”获广州市域社会治理十大创新项目。

20—31日 2023年天河区科技活动周举办。活动周以“崇尚科学，热爱科学”为主题，涵盖航天航空、智能制造、人工智能等高科技类项目以及文化、艺术和生物医药等科普性项目。

22日 华南农业大学综合体育馆项目主体结构封顶，项目总建筑面积约5.25万平方米，总投资4.45亿元，是广东省内最大的高校体育馆。

27日 《天河区世界大观地块（AT1003、AT1006规划管理单元）控制性详细规划》经市政府批准生效，本次调整范围总用地面积30.27公顷，用地性质调整为二类居住用地、商业用地、中小学用地、服务设施用地、水域与道路用地等。

6月

10日 “加强非遗系统性保护 促进可持续发展”2023年天河区“文化和自然遗产日”系列活动在天河文化艺术中心等地举办，包括非遗主题展、非遗传统音乐保护及创新成果音乐会、非遗体验课及闭幕主题活动等。

13日 国家版权局公布2022年度全国版权示范单位、示范单位（软件正版化）和示范园区（基地）名单，区辖内羊城创意产业园被授予“全国版权示范园区（基地）”称号，这是广东省唯一一家上榜的园区（基地）。

17日 2023世界交通运输大会举行，区辖内海心桥获2023“世界人行桥奖”金奖。该奖项由国际道路联合会设立并主办，每两年评选一次，是世界人行桥领域的权威奖项。

23日 天河区龙舟文化节系列活动之赛龙夺锦暨天河龙舟嘉年华活动在车陂涌开幕，这是天河区首届区级龙舟赛，共有16支队伍参加，其中天河区车陂龙舟文化促进会参赛队伍夺得冠军。

24—26日 天河区党政代表团赴毕节市大方县、纳雍县、七星关区开展对口帮扶工作。

25日 天河区首次发布知识产权白皮书——《广州天河知识产权发展与保护状况（2022年）》，该文件从创造、运用、保护、管理服务以及文化建设5个方面展示2022年天河区知识产权工作情况。

26日 《广州市天河区现代商贸业“十四五”发展规划》印发，该文件提出天河区现代商贸业“十四五”时期以“开放协同，高端引领”“创新发展，提质升级”“以人为本，均衡发展”为发展原则，明确4项目标定位，提出九大主要任务。

30日 天河中央商务区中区联合党委成立揭牌仪式在星辉党群服务中心举行，这是天河中央商务区内继南区联合党委、北区联合党委、天河路商圈党委后成立的第四个区域性党组织。

7月

4日 华润置地以45.05亿元竞得位

于广园快速路以北，岐山路以西的岐山路AT1010008、AT1010010地块，用地面积11.14万平方米。

6日 广州中学启用天阳校区，该校区位于龙口东路339号，总建筑面积1.34万平方米。

14日 为期2个月的“创响湾区·就约盛夏”——粤港澳大湾区（广东）创新创业孵化基地首届暑期青创嘉年华系列活动启动。嘉年华期间开展“技能世赛冠军”走进基地、创业孵化项目集中展示、港澳青年“睇湾区”体验活动、粤港澳大湾区青年创新创业大赛、金融创投机构走进基地、央企国企走进基地等活动。

是日 2023年广州“Young城Yeah市”夜间消费节天河分会场系列活动在PO PARK东方宝泰开启，活动围绕打造夜间消费新地标、营造夜间消费新热点、玩转夜间消费新体验、发掘夜间美食新滋味4个方面开展百余场促销活动。

18日 “同在天河，爱在盛夏”2023年天河区来穗人员融合服务嘉年华暨来穗儿童夏令营启动仪式在区文化馆举办，现场成立天河区城中村儿童安全守护联盟。此次夏令营设置8大主题活动和5大特色主题营，为期七周。

是日 广宁—天河投资环境推介会在区辖内广州阳光酒店举行，有8个重点项目现场签约，总投资19.74亿元。

20日 粤港澳大湾区（广东）创新创业孵化基地公共法律服务工作站启用，这是广州市首个直接在港澳创孵基地内设立的公共法律服务工作站，集聚法律咨询、法律援助、法治体检、调解、公证、普法等法律服务资源和功能。

24日 天河区招商推进会（北京）在北京中关村软件园国际会议中心举办，推介会以“汇天河　筑未来”为主题，有50余家企业应邀参加。

28日 区市场监督管理局发布《关于规范城中村电费收费的提醒告诫函》，要求规范城中村电费收费行为，严格执行国家电价政策，不得擅自提高价格标准或变相加收电费。

31日 中国共产党广州市天河区第十届委员会第六次全体会议召开，会议落实省委十三届三次全会精神和“1310”具体部署，全面贯彻省委常委会在广州调研时的专题会议精神，落实市委十二届六次全会精神和“1312”思路举措。

是月 天河区火炉山森林公园周边环境品质化提升工程竣工。

是月 区委组织部以“头雁”工程为切入点，实施“百名书记抓项目”，开展社区党建“争创品牌、争当先锋”比武，培育社区党建十大品牌项目。

是月 国家税务总局广州市天河区税务局与中国电信广州分公司联合推出“智能咨询热线＋5G消息平台”，在广州市税务系统首创将智能应答机器人嵌入热线电话。

8月

8日 赛迪顾问从经济实力、增长动力、内生支撑、区域能级和共享发展5个方面综合评估并评选出2023赛迪百强区，天河区位列第三。

9日 《广州市天河区深化支持港澳青年创新创业高质量发展实施办法》印发并于9月8日起施行，有效期3年。该文件共13条，从载体建设、平台服务、企业培育、离岸孵化、交流融合等方面提出措施，鼓励港澳青年创新创业。

10日 天河区高塘石小学加入华阳教育集团并正式更名为“广州市天河区华阳教育集团高塘石小学”，同时启动高塘石小学升级改造。

15日 区人民法院与区司法局举行“庭所共建”总结推进会暨合作协议签约仪式，双方签署《深化“庭所共建”联动联调机制合作协议》，从“2个派出法庭＋7个司法所”拓展到“所有审判执行部门＋21个司法所”，推动全区实现“庭所联动联调”。

是日 越秀地产以68.32亿元竞得天河区黄云路AT1003011、AT1003072地块（即世界大观地块），总用地面积约15公顷。

16日 工业和信息化部办公厅公布2023年跨行业跨领域工业互联网平台名单，广东省有3家入选，其中天河区有2家，分别是赛意信息谷神工业互联网平台和天翼云工业互联网平台。

17日 2023年广州乞巧文化节在珠村七夕文化广场开幕。本届乞巧文化节以“七夕天河　出彩广州”为主题，设置7天7场主题系列活动。

20日 一批用于天河区正佳自然科学博物馆科普展示的进口陨石标本在广州通关入境，这是全国首票

"十四五"科普事业项目减免税货物，这批货物价值23万美元。

24日　福建省龙岩市永定区数字文旅招商（天河）推介会在天河区文化艺术中心举行。推介会上天河区4家文化和科技企业与永定振成网络文化科技有限公司签署数字文旅合作协议。

25日　《广州市儿童友好城市建设工作领导小组办公室关于确认第一批广州市儿童友好系列试点名单的通知》印发，天河区入列市儿童友好试点区，辖内2个街道为儿童友好试点街道，2个社区为儿童友好试点社区，11个基地为儿童友好试点基地。

25—28日　天河区参加第31届广州博览会，以"质汇天河　智筑未来"为主题，设置"专精特新'小巨人'"和"人工智能"两大板块，参展面积396平方米。

28日　天德街"乐活街区"开街仪式在天德广场举行，活动上天河商业价值创新院和美团正式签署战略合作框架协议，双方就城市文旅IP打造、消费场景创新、街区商户经营提档升级等领域开展合作。

29日　天河区与从化区落实广州市基础教育强基提质"2＋2＋1"结对帮扶行动学校签约会议举行，天河区有4所学校、6个教育集团与从化区10所学校结对签约。

是日　区检察院、区妇联、广州市巾帼社会工作服务中心、广州市购书中心和天河区来穗人员服务示范中心签署党支部结对共建协议，成立首个"天检少年未保议事团"，开辟"天检少年议事厅"及"儿童友好智慧＋"空间。

是月　科珠科林路隧道开通。该隧道全长853米，横跨天河区和黄埔区，是广州科学城往来天河东部的重要通道。

9月

2日　2023年中国国际服务贸易交易会开幕，会上公布11项2023广东省服务贸易优秀案例，广州钛动科技股份有限公司和汇丰软件开发（广东）有限公司2家天河企业入选。

4日　天河区智谷第一实验学校举行揭牌仪式和开学典礼，该校位于天河智谷片区迎宾街35号，占地面积1.89万平方米，是九年一贯制学校。

是日　天河区智谷第二幼儿园举行开园典礼，该校位于天河智谷片区大观街20号，占地面积4500平方米，办园规模为18个班。

7日　粤港澳大湾区技术转移研究院（筹）在广州（国际）科技成果转化天河基地揭牌，该研究院围绕粤港澳大湾区技术转移体系实际需要，开展技术转移政策研究、人才培养、基地建设等工作。

11日　天河区华康小学海欣校区启用，该校区位于石牌西路36号，占地面积5063平方米，提供学位540个。

15日　水荫四横路历经17年全线贯通，缩短广州大道中与先烈东路之间的绕行距离，改善沙河地区交通拥堵状况。

19日　2023企业家幸福感最强市（区）调查推选结果发布，天河区等20个城市和城区当选，是广州市唯一入选企业家幸福感最强市（区）的城区。

22日　天河区召开学习贯彻习近平新时代中国特色社会主义思想主题教育部署会议。会议深入学习贯彻习近平总书记关于开展主题教育的系列重要讲话和重要指示精神，落实党中央关于开展主题教育的重大决策部署和省委、市委关于开展主题教育的工作部署，部署全区主题教育工作。

是日　位于广州国际金融城东区的澳门国际银行（广州分行）大厦举行动工仪式，这是第一家进驻广州市的澳资银行营业性机构。

25日　平安广东建设工作会议召开并通报2022年度获得"平安鼎"的单位，天河区是广东省唯一获"二星平安鼎"的县（市、区）。

是日　广东省首个律师事务所博士后创新实践基地——广东广信君达律师事务所博士后创新实践基地在珠江新城启动。实践基地旨在推动重大复杂疑难法律问题的联合攻关，引领法律服务高端产品研发创新，加强律师行业高端人才建设。

26日　2023广州国际购物节在天河正佳广场启动，本次购物节持续至12月31日。天河区作为购物节主会场联动25家商业载体举办107场主题活动。

是日　中国队在杭州第19届亚运会电竞项目王者荣耀（亚运版本）决赛中获得亚运历史上首枚电竞项目金牌。夺金的中国队选手之一蒋涛（广州TTG阿豆）来自天河智慧城趣丸科技旗下TTG电子竞技俱乐部。

是日 2023广州国际城市论坛在天河区举办。论坛以“数字经济下的新消费新增长”为主题，邀请知名企业、专家学者、商业精英等，为天河路商圈发展及广州打造数字城市建言献策。

29日 水利部公布第六批节水型社会建设达标县(区)名单,天河区入选。

上旬 天河区龙口西小学第5个校区——天阳校区投用，该校区是太阳广场小区配套学校，是年5月竣工交付,教学楼总建筑面积1.35万平方米。

10月

5日 中国队在杭州第19届亚运会篮球项目女子决赛中夺得冠军，其主力队员、队长是由天河区培养输送的杨力维。

9日 《天河区打造现代化国际化营商环境典范城区争当高质量发展先锋行动方案》印发，旨在将天河打造为市场环境、政务环境、法治环境、开放环境“四个一流”的营商环境样板城区。

10日 广铁集团发布《新建广州铁路枢纽广州东站至新塘站五六线工程环境影响评价征求意见稿公示》，涉及天河区辖内的工程主要有广州东站升级为高铁站和改建广州东（石牌）动车所。

是日 天河区在广州市率先聘任首批10名“政务服务体验官”并安排在区政务服务中心就职，实际体验办事流程，为提升政务服务建言献策。

11日 中国铁建地产华南公司以59.78亿元摇号竞得天河区牛利岗北街168号AT0208111地块，该地块位于燕塘地块三西侧，地块出让面积4.73万平方米。

12日 《天河区助力广州市培育建设国际消费中心城市实施方案（2023—2025年）》印发，围绕广州市国际消费中心城市核心承载区的定位，提出4个重点任务。

是日 天河区文明单位与新时代文明实践所、爱心企业与好人工作室（站）共建签约仪式举行，天河海关等28家市级文明单位与辖内21个街道新时代文明实践所,广州复大肿瘤医院、广州简知信息科技等7家爱心企业与7个好人工作室（站）现场签订共建协议。

13日 中国少年先锋队广州市天河区第六次代表大会召开，大会选举产生少先队广州市天河区第六届工作委员会委员，并召开天河区第六届第一次全体委员会议。

14—21日 2023年天河区“羊城工匠”职业技能竞赛举办。竞赛以“匠心筑梦·展翅天河”为主题，设保育师、电子商务师2个比赛工种项目。决赛于10月21日举行。

15日 天河区升级并上线“一阅通晓”服务平台,该平台全面集成查阅、咨询、指南、解读、帮办等前置服务，实现办事好查、解读好看、咨询好问、领航好办的“四好”事前服务。

16日 天河区退役军人心理服务工作站举行揭牌仪式，这是广州市首个区级退役军人心理服务平台。

17日 天河区大宗商品供应链联盟在广州信息港举行成立大会，这是天河区首个大宗商品供应链合作平台。大会选举产生联盟第一届轮值主席、副主席单位。

25日 于是年8月修缮完成的刘氏家庙恢复对外开放。

11月

1日 天河区个私协会金融财税法律行业专业委员会成立，这是广东省首个为“小个专”打造金融财税法律服务的专委会。

是日 天河区成立广州市首个消费维权领域的公益律师团，聘请24名律师为天河区消费维权公益律师。

4日 《天河区金融城东区冷站地块（AT0914、AT1018规划管理单元）控制性详细规划》经市政府批准生效，本次调整旨在建设金融城东区冷站项目的同时确保该区域核心地段城市风貌统一，释放更多公共空间。

8日 商务部发布《关于第二批全国示范智慧商圈、全国示范智慧商店评审结果的公示》。区辖内广百百货天河中怡店入围第二批全国示范智慧商店名单。

9日 2023天河出海联盟成立，该联盟由辖内5家公司发起，27家成员单位共同组成，以政府引导、企业为主、自愿参与、资源整合、合作共赢为原则，为大湾区服务贸易出海企业提供全链条公共服务和解决方案。

10日 《广州市天河区应急管理

“十四五”规划》印发，首次实现应急管理领域专项规划（突发事件应急体系、安全生产、综合防灾减灾）“三规合一”，也是应急管理机构改革后的首个五年专项规划。

18—19 日 2023 自由职业嘉年华“首届数字游民峰会”在天河区召开，这是国内首次举办的数字游民峰会。以“多元、共创、前沿、探索”为主旨，讨论数字游民在国内发展的现状、问题与未来趋势。

21 日 珠江新城最大单体购物中心——广州太阳新天地购物中心更名“广州天河领展广场”后正式开业，这是领展房地产投资信托基金在内地推出的首间焕新版领展广场，以构建“友好型社区商业”为定位。

24 日 2023 中国幸福城市论坛发布 2023 中国最具幸福感城市系列榜单，天河区被评为 2023 中国最具幸福感城区。

28 日 福布斯中国发布 2023 福布斯中国商务中心区竞争力评选结果，其中天河中央商务区位列第三。

是月 珠江新城东区优化提升城市设计概念方案征集活动最终评审结果公布，清华大学建筑设计研究院有限公司（THAD）与波士顿国际设计 BIDG 联合体方案被评为中标方案，承担竞赛整合与设计深化工作。

12 月

6 日 研究机构赛迪顾问发布《赛迪投资竞争力百强区（2023）》榜单，广东共 19 区上榜，其中天河区位列第二。

7 日 由天河区与中山大学共建的中山大学肿瘤医学科学中心（天河院区）、中山大学附属第六医院（珠吉院区）两个项目集中开工活动举行。前者位于龙洞片区，后者位于天河智谷片区。

18 日 湾区新药研究院（天河）项目、中国工业互联网研究院广东分院分中心项目落地天河区，马大为院士团队、中国工业互联网研究院分别与天河区人民政府签约。

18—20 日 2023 广州国际创新节在区辖内广州图书馆举行。本届创新节以“开放融合　数智领航——数智融合产业生态大会”为主题，发布 2023 年广州市“独角兽”企业榜单、广州市隐形冠军企业榜单和广州标杆孵化器榜单。同时发布天河创新赋能产业——2112 工园、环五山创新策源区以及天英汇 2.0。

22 日 机器人智能与产业应用研讨会暨大湾区人工智能与产业发展院士论坛在区辖内粤港澳大湾区（广东）创新创业孵化基地举行，论坛上成立粤港澳大湾区 AI 创新应用开发实验室和粤港澳大湾区 AI 及网新人才实训中心。

是日 广州医科大学附属中医医院天河新院正式启用，该院位于天坤三路 95 号，由广州市重点公共建设项目管理中心建设管理，总建筑面积 12.2 万平方米，编制床位 800 张。

是日 粤港澳大湾区（天河）理财资管服务中心揭幕启动仪式在区辖内越秀金融大厦举行，该中心的设立旨在深化穗港澳金融合作，优化粤港澳大湾区金融资源配置。

是日 广州市公共交通集团有限公司与华为数字能源技术有限公司在天河区新能源产业园（燕岭）举办战略合作签约活动，天河区正式上线首批全液冷超充站。

24 日 由广东粤海天河城（集团）股份有限公司打造的粤海天地开业。该项目位于珠江西路 21 号，建筑面积超 3 万平方米，经营业态以高端餐饮业态为主，引进多家广州、华南、全国首店级别品牌。

27 日 天河区退役军人就业创业联盟基地启动仪式在棠下怡祥•盛达创新园举行，该基地构建“8 + 1”一站式服务体系（八项免费服务、一个赋能组织），有 10 家就业创业基地成员。

28 日 2023 第七届天河人才文化节主会场论坛在粤港澳大湾区（广东）创新创业孵化基地举行。本届文化节以“人才荟萃　魅力天河”为主题，围绕人力资源对接、政策咨询、项目对接、人才招聘、行业交流五大板块开展系列活动，为期 1 个月。

是日 天河区在广州市率先成立首个区级全民文化艺术普及联盟。该联盟首批成员单位有 30 家，主要任务是全民文化艺术知识普及、欣赏普及、技能普及和活动普及。

是日 越秀地产以 43.93 亿元竞得天河区黄云路 AT1003010、AT1003075、AT1003082 地块。该地块位于在建的世界大观一期项目西侧，用地性质为住宅兼容商业商务用地，总建筑面积约 10 万平方米。

重大发展片区

天河中央商务区

【概况】 广州市天河中央商务区（以下简称“天河 CBD”）是全国三大商务区之一，规划总面积 20 平方千米，包括由天河北和珠江新城组成的 12 平方千米建成区，以及正在开发建设的 8 平方千米的广州国际金融城，区域总体实现产城融合、职住平衡，形成“梯次开发”的科学布局。2011 年，广州市天河中央商务区管理委员会（以下简称“天河中央商务区管委会”）挂牌。2013 年，天河 CBD 举办世界商务区联盟年会暨中国商务区联盟年会。2015 年，商事登记改革试点正式在天河 CBD 珠江新城区域试行，同年挂牌“粤港澳服务贸易自由化省级示范基地”。2016 年，与英国国际贸易部合作开展中英金融人才教育培训项目。2017 年，编制《天河中央商务区整体提升行动纲要》，发布内地首个楼宇可持续发展指数，成为首个全国中央商务区知名品牌创建示范区，被评为中国最具活力中央商务区。2018 年，天河 CBD 出任全球商务区创新联合会副会长，被评为“中国最具幸福感城市发展·创新建立绿色 CBD”，再度被评为中国最具活力中央商务区。2020 年，天河 CBD 成为广东唯一入选区域也是唯一获批国家数字服务出口基地的中央商务区。2023 年，天河 CBD 位列 2023 福布斯中国商务中心区第三。

【天河中央商务区综合优势】 天河中央商务区是国家中心城市广州的总部中心、金融中心、创新中心、商贸中心和服务中心，对广州市经济社会发展产生重大示范和带动作用。

区位条件 天河 CBD 有时尚的现代都市环境，广州火车东站广场、花城广场、海心沙亚运公园和珠江公园坐落在新城市中轴线及其周边。传统文化和现代文明和谐统一，不仅有广东省博物馆、广州大剧院、广州图书馆、广州少年宫、红线女艺术中心、广州粤剧院等大型文化设施，还有历史悠久的岭南水乡——猎德。CBD 交通便利路网发达，有直达香港的广州火车东站、广州市最密集的地铁站点、快捷的 BRT、城市绿道，还有全球首个无人驾驶旅客运输系统（APM）。天河中央商务区文商旅资源丰富，配套设施齐全，是广州市的城市客厅和城市名片。

产业实力 2023 年，天河中央商务区（建成区）实现生产总值 3774.36 亿元，占全区的 57.6%，比 2022 年（下同）增长 5.6%，每平方千米实现生产总值 314.5 亿元。全年规模以上工业总产值 1003.70 亿元，增长 11.6%；建筑业企业总产值 411.33 亿元，下降 7.2%；社会消费品零售总额 1078.15 亿元，增长 2%。区域内集聚 124 家总部企业、262 家持牌金融机构以及四大会计师事务所、五大地产行、广州市营收前十的律师事务所和主要人力资源机构等企业；拥有 200 多个世界 500 强投资项目，广州市 97% 的外资银行，以及 80% 以上的外国领事机构。是年，天河中央商务区启动信用示范园区创建，建立信用楼宇示范标杆并配备信用管家。天河中央商务区形成以总部经济为引领，金融服务、商务服务、数字服务、现代商贸等为主导的现代服务业体系。

创新能力 天河 CBD 创新资源丰富，科教人才富集。有国家级孵化器 1 家、众创空间 6 家；市级以上孵化器 12 家、众创空间 19 家。寰图·办公空间、专创·众创空间等粤港澳青年创业基地被评为省级基地。有华南理工大学、暨南大学、华南师范大学、华南农业大学等国家知名院校和中国科学院广州能源研究所等科研院所，专业技术人员 20 余万人。辖内南方人才交流中心、前程无忧、智联招聘、仕邦等专业人才服务机构，为人才与企业搭建合作桥梁。

【《广州市天河中央商务区“十四五”发展规划》印发】 2023 年 4 月 17 日，《广州市天河中央商务区“十四五”发展规划》印发实施。该文件明确天河中央商务区在“十四五”期间的重点工作方向和任务，重点解决天河CBD在区域经济效率、主导产业结构、企业发展能级和区域创新活力等方面的问题。文件提出要活化天河北空间与业态环境，打造天河路—珠江新城世界级地标商圈，高标准布局广州国际金融城空间和产业。加大招商引资力度，推动总部经济和楼宇经济发展。巩固传统金融业，持续发展高端专业服务业，激发文化产业动能。推动建设粤港澳专业服务合作试验区，打造国际消费中心城市核心承载区，做强天河区国家文化出口基地。

【楼宇经济】 截至2023年年底，天河中央商务区建成区（包括天河北和珠江新城）拥有商务楼宇124栋，占全区楼宇总数的82%，是全区乃至广州市楼宇经济的核心承载区。其中，已投入使用的200米以上楼宇23栋，300米以上楼宇10栋，分别占广州市的55%、91%，是全国300米以上高楼最集中的区域之一。有20栋楼宇被市商务局评为超甲级写字楼，占广州市的70%；25栋楼宇被评为甲级楼宇，占广州市的39%。

124栋楼宇共有企业52857家，主要集中在租赁和商务服务业、批发和零售业、科学研究和技术服务业、软件和信息技术服务业和文体娱乐业等5个行业，企业数量占楼内企业总数的87.28%。其中，有持牌金融机构262家，占全区总量的94%；律师事务所275家，占全区总量的75%；人力资源服务机构301家，占全区总量的36%；会计师事务所45家，占全区总量的40%；外资企业177家，97%为港澳台资企业。楼宇共有国家高新企业387家，上市企业27家，专精特新企业99家（含5家国家级专精特新“小巨人”企业），“独角兽”7家。

天河区楼宇经济高度发达，有年税收超亿元楼宇92栋（含超10亿元楼宇14栋），天河CBD建成区有年税收超亿元楼宇83栋（含超10亿元楼宇13栋）。124栋楼宇内企业全年税收520.71亿元，占全区税收总额的82.64%，支撑作用显著；楼宇内有纳税企业19723家，占楼内企业总数的34.02%。

【招商引资】 2023年，天河CBD继续统筹协调全区招商引资工作。编制印发《天河区支持重点产业企业落户入驻商务楼宇发展若干措施》《天河区支持社会力量参与招商引资若干措施》。是年，天河区实际利用外资25.9亿元，新接洽项目395个，签约项目150个，注册项目167个，协议投资总额564.8亿元，协议达产年营收897亿元。是年，赴市外举办“汇天河 筑未来”天河区招商推进会（北京）等招商推介类活动10次，全年参加展会活动10次，区领导带队赴市外境外拜访企业112家。引进中建四局城市运营服务有限公司、科工发展（广州）科技有限公司等世界500强投资项目10个。引进首创证券、建信期货、五矿期货等21家持牌金融机构。引进广东一诚环保科技有限公司制造业总部和疆山新能源（广州）有限公司等现代都市工业项目。

【企业服务】 2023年，天河CBD继续统筹协调全区企业服务工作。印发实施《2023年天河区企业服务工作方案》，认定388家区重点企业，并配备“一对一”服务专员。为164家重点企业解决253个学位需求，向28家重点企业分配60套人才公寓，为22家企业43人取得紧缺急需人才入户资格。印发实施《关于做好2023年“四上”企业安商稳企的通知》。

【市场主体梯度培育】 2023年3月25日，《天河区实施市场主体梯度培育三年行动计划（2023—2025年）》印发实施，该文件提出深入推进放管服改革，积极推进“个转企”，大力推进“小升规”，稳步推进“规改股”、有序推进“股上市”，广泛培育高新技术企业，重点培育“专精特新”中小企业，精心培育“独角兽”企业，着力培育高成长性企业共9项任务。是年，天河中央商务区管委会统筹各责任部门研究确定“个转企、小升规、规改股、股上市”等8个梯度市场主体梯度培育库白名单，将1495家企业纳入培育库，推动制定“个转企”“小升规”激励政策措施，持续推进市场主体培育。全年天河区新增“四上”企业1289家；新增12家国家级专精特新“小巨人”企业；认定通过高新技术企业超870家；45家企业入选2023年广州市“独角兽”榜单，占广州市22.3%。个人独资企业转型为企业23家，个体工商户转型为企业47家。

【国家数字服务出口基地建设】 *搭建数字贸易公共服务平台* 2023年，天河区中央商务区搭建国家数字服务出口基地综合服务信息化平台（天河“政企+”服务平台），围绕商事登记、政策兑现、企业融资等服务场景，打造集宏观决策、精准招商、企业服务于一体的天河“产业大脑”。继续推动粤港澳大湾区国际商务与数字经济仲裁中心建设，全年仲裁中心受理互联网仲裁案件10240件，比2022年（下同）增长20%，标的额18.5亿元，增长16%，案件数量占五大国际仲裁中心一半以上。国家数字服务出口基地联合国家文化出口基地与钛动科技共同打造出海学院；组建天河区出海联盟，该联盟由27家出海服务企业构成，致力于为粤港澳大湾区数字贸易企业提供全链条公共服务和解决方案。天河中央商务区服务贸易系统新注册企业22家，数字服务出口额超20亿美元。

优化数字贸易营商环境 组织区内企业参加2023年中国国际服务贸易交易会、香港科技博览会、德国科隆游戏展、2023年粤港澳大湾区服务贸易大会等境内境外推介活动，助力企业拓宽市场。积极争取FT账户（自由贸易账户）向科创企业开放，打通数字服务企业境内外资金结算渠道。出台《天河区支持社会力量参与招商引资若干措施》和《天河区支持四类重点产业企业入驻商务楼宇发展的措施》，专门设置针对数字服务出口企业的支持条款。2023年，区辖内216家企业297个项目申报并获得中央、市、区服务贸易、文化出口相关政策奖励2334.39万元。

开展数字贸易专题活动 开展企业数字化转型对接活动，与市工业和信息化局、钉钉（中国）信息技术有限公司共同举办中小企业数字化转型发展大会。开展“数据合规与保护”专题培训，围绕数据合规、数据安全、出海路径开展专题分享，帮助企业应对数据安全工作中面临的合规性挑战。开展“企业出海的仲裁保障与知识产权纠纷应对及布局”专题活动，邀请粤港澳大湾区国际商务与数字经济仲裁中心、广州金鹏律师事务所作应对策略分享。联合粤港澳大湾区国际商务与数字经济仲裁中心、钛动科技开展“创新数智服务推动企业高质量出海”系列活动——游戏企业专场，分享游戏出海企业面临的跨国解纷困境、选择纠纷解决方式以及数智营销新场景。

【天河“政企+”服务平台】 2023年5月20日，天河“政企+”服务平台正式投入试运行。该平台由联通数字科技有限公司广东省分公司承建，通过建设招商服务一体化发布系统、服务专区、任务管理中心和数据中心等主要功能模块，整合招商引资、企业服务大数据资源，提高投资环境推介、招商线索挖掘、企业精准化服务、经济运行分析、政企联动协作等方面能力。平台汇聚全区374个园区（含村级工业聚集区、众创空间、孵化器等）、472栋商务楼宇等空间资源，以及国家、省、市、区各级惠企政策2000余条。

2023年3月22日，2023中国数字文娱行业大会暨中国文化娱乐行业协会数字文娱分会成立大会举行，会上发布《数字文娱行业自律公约》

（天河中央商务区供稿）

【2023中国企业出海高质量发展创新大会】 2023年9月22日，区辖内企业钛动科技联合琶洲实验室——人工智能与数字经济广东省实验室（广州）和华南理工大学未来技术学院共同举办的2023中国企业出海高质量发展创新大会开幕。会上，三方正式签约“人工智能出海营销战略合作”协议。钛动科技出海学院被授予“天河区国家文化出口基地、天河中央商务区国家数字服务出口基地出海学院”牌匾。同时钛动科技发布AIGC新产品——创意云。大会围绕创新技术驱动中国企业出海高质量发展，邀请来自学界前沿、全球头部媒体、前沿技术领域和游戏产业等各方代表进行探讨。 （井力群）

天河智慧城和天河智谷

【概况】 天河智慧城 位于天河区东北部，南接天河中央商务区，东邻广州科学城，北为帽峰山森林公园。在天河科技园、天河软件园高唐新建区基础上谋划建设，总面积约78.2平方千米，核心区规划面积20.69平方千米，是广州市第一个通过控规审批和付诸实施的重大战略性发展平台，是广深港、广珠澳科技创新走廊和广州科技创新轴的关键节点。区域内同时拥有国家级高新区（天河科技园）、省级高新区（广州天河高新技术产业开发区）及7个国家创新发展平台（国家网络游戏动漫产业发展基地、国家新型工业化产业示范基地、国家软件产业基地、国家火炬计划软件产业基地、国家出口软件创新基地、中国服务外包基地城市广州示范区、海外高层次人才创新创业基地），与天河中央商务区共同构成“一区双中心”的发展格局。

天河智谷　位于天河区东部，西起科韵路、东至珠吉路、北至北环高速与沈海高速公路、南至广园快速路，面积约15.2平方千米。天河智谷片区城市空间地位重要，是联结广州国际金融城、天河智慧城、广州科学城的重要节点。广州天河高新技术产业开发区南部片区与天河智谷的区域范围基本一致。

根据天河“政企＋”服务平台统计，2023年，天河智慧城核心区在营企业有6万余家，产业分布以批发和零售业，科学研究和技术服务业，租赁和商务服务业，信息传输、软件和信息技术服务业为主。产业园（包括孵化器和众创空间在内）有57家，楼宇23栋，会计事务所1家，律师事务所1家。天河智谷片区在营企业有5万余家，产业分布以批发和零售业，科学研究和技术服务业，租赁和商务服务业，信息传输、软件和信息技术服务业为主。产业园（包括孵化器和众创空间在内）有20家，楼宇17栋，律师事务所4家。

“十四五”期间，天河科技园管委会管理服务范围为天河智慧城核心区（含天河科技园、天河软件园及各分园、天河高新技术产业开发区北部和中部片区）、天河智谷片区（天河高新技术产业开发区南部片区）（上述区域以下简称“园区”）。2023年，天河智慧城规模以上工业总产值202.23亿元，比2022年（下同）增长7%；建筑业企业总产值64.69亿元，下降7.3%；社会消费品零售总额119.69亿元，增长14.2%；天河智慧城核心区企业营业收入约1341亿元，增长16.6%。天河科技园技工贸总收入3290.61亿元，增长6.7%；天河软件园实现软件业务收入1721.8亿元，增长8.2%。

【《广州市天河智慧城“十四五”发展规划》印发】 2023年9月1日，经区委、区政府同意，《广州市天河智慧城“十四五”发展规划》印发实施。文件指明天河智慧城在“十四五”时期的发展思路和发展原则，指出其发展定位是“功能布局合理、主导产业明晰、创新活力迸发、产城深度融合的高质量发展平台，成为广深港澳科技创新走廊和广州科技创新轴关键节点、粤港澳大湾区科技协同创新引领区、产城深度融合发展区”。文件还从产业结构及空间布局、科技创新、品牌打造和招商引资、企业服务和企业梯度培育、土地利用、基础设施及配套设施建设方面提出具体要求。

位于天河智慧城的网易总部　（曾嘉晟　摄）

【天河智慧城开发建设】 2023年，天河区编制《天河智谷片区与智慧城核心区重点区域开发建设三年行动计划》。完成天河区清华附中湾区学校二期校区及相关地块（AT0602、AT0304规划管理单元）控制性详细规划并核发建设用地规划条件。完成天河智慧城AT0307027、AT0307028地块（AT0307规划管理单元）、智慧城核心区广汕二路地块控制性详细规划和城市设计工作并核发建设用地规划条件。完成广东省广物控股集团有限公司天河区2宗产业地块控制性详细规划工作并核发规划条件。开展天河智慧城、天河智谷片区、广州国际金融城3个重点发展片区高压架空线下地迁改研究工作，形成高压架空线下地迁改方案、筹资模式分析、效益分析等研究成果。推动天河智慧城地上地下空间整体开发，进一步集约利用土地资源，赋能产业集聚，提升人居环境，改善城市景观界面。

【天河智谷片区开发建设】 2023年，天河区编制《天河智谷片区与智慧城核心区重点区域开发建设三年行动计划》。完成天河区世界大观地块（AT1003、AT1006规划管理单元）控制性详细规划调整并核发建设用地规划条件。完成广东省广物控股集团有限公司天河区1宗产业地块控制性详细规划并核发建设用地规划条件。优化广棠片区及小新塘南片区规划。印发《天河智谷广棠片区土地和房屋征收补偿安置方案》，与棠下街、棠东村商议补偿协议签订事宜。与棠下村沟通片区收储、控规调整、供电局柔直工程征收事宜，协助棠下村完成留岭留用地报批工作。成立大观村土地收储工作专班，推进大观村改造工作。

【重点道路交通项目建设】 2023 年，结合天河智慧城核心区、天河智谷片区开发建设及土地出让工作，推动重点道路交通项目开工建设。11 月 30 日，健明六路、悦景路（科韵路至车陂路北延线段）开工。10 月 13 日，天坤一路—棠陂路完成勘察设计施工总承包招标。推进北环高速—科韵路节点、科韵路—广园快速路节点、棠德路、天坤三路、中山六院（珠吉院区）周边道路等前期工作。

【推动 2112 工园建设】 2023 年 9 月 18 日，天河科技园管委会举办天河区现代都市工业园产业发展概念规划竞赛方案评审会，邀请城市规划、产业规划、园区规划运营领域专家对竞赛方案进行评审。竞赛有 5 家单位参赛，北京联东投资（集团）有限公司提交的《广州·天河现代都市工业园产业发展概念规划》获得一等奖。天河现代都市工业园即为 2112 工园。10 月 17 日，天河科技园成立 2112 工园规划建设工作专班，并印发实施工作方案。12 月 28 日，《广州市天河区现代都市工业“十四五”发展规划》印发实施，该文件正式提出 2112 工园，即天河区广汕路以南、柯木塱南路以东、旧羊山以西、车陂涌北段生态廊道以北区域，面积 2112 亩的现代都市工业园。该工业园以生命健康和智能制造为产业方向，实施政府收储为主、企业自主改造为辅的园区开发模式。天河科技园梳理园区可开发利用土地 24 宗，初步明确各地块开发建设模式，制定土地收储工作计划表，系统推进重点地块整备工作，加强与企业意愿洽谈协商，推动工业“入园上楼”发展。

【“两带”做地研究】 2023 年，天河智慧城核心区“两带”（华观路产城融合带和广汕路南产业带）纳入市首批重点做地范围。围绕城市更新片区做地政策研究、划定做地范围、明确做地模式与主体、编制做地方案、提出做地融资方案等 5 项核心工作，成立由区委主要领导任组长的工作领导小组，组建工作专班，制定工作机制，建立任务清单，明确关键事项及完成时限。明确原则上采取先做地后储备的模式，引入市属国企广州市城市建设投资集团有限公司，与广州高新技术产业集团有限公司、广州市天河投资管理有限公司 2 个区级做地主体合作开展“两带”做地。按照“整体谋划、分步实施”的工作思路，实行项目清单化管理，并指导做地主体积极申报城中村改造专项借款。深化研究论证，基本形成做地方案编制成果，推动土地成片连片集约利用。

【园区科技创新】 截至 2023 年年底，园区有市级及以上工程技术研究中心、重点实验室、新型研发机构、工业设计中心等科研机构 195 家，其中，国家级 8 家、省级 138 家。集聚市级以上孵化器、众创空间 67 家，其中，国家级科技企业孵化器 8 家、国家备案众创空间 9 家，省级科技企业孵化器 3 家，省级备案众创空间 5 家。集聚广州人工智能公共算力中心、三维家家居设计生产一体化平台等 7 家广州市“四化”赋能重点平台。园区企业参与制定形成的国家或行业标准 253 项，是年专利申请受理数 4541 件，其中发明专利 2657 件；企业当年专利授权 3621 件，其中授权发明专利 1767 件。网易、北明软件有限公司、广州酷狗计算机科技有限公司入选中国软件企业 100 强；广州极飞科技股份有限公司获 2023 年国家级制造业单项冠军。

【园区土地出让和收储】 2023 年，园区完成 2 宗地块出让和 5 宗地块收储。完成南部居住地块 10.4 公顷土地收储、净地、出让工作，落地百亿元级项目，实现出让金收入 44.39 亿元，配套建设 7.5 万平方米人才公寓。完成马鞍山北侧 AT0607019 地块约 1.94 万平方米出让，实现出让金收入约 3.43 亿元。按照“拿地即开工”原则，同步加大项目落地建设服务力度，推动育新街南侧地块等项目提速开工建设。推进智慧城站东南侧地块、中央科创地块三期 2 宗 16.26 公顷用地报批进度，重点加快华南活塞环地块、供水加压站北侧地块、中央科创区二期地块等 3 宗 10.99 公顷用地净地整理工作。

【园区招商引资】 2023 年，新洽谈入库（招商项目库）项目 160 个，签约项目 58 个，注册项目 80 个，协议投资总额 258.76 亿元，协议达产年产值或营收 468.9 亿元，推介活动 3 次，赴市外拜访企业 43 家，展会招商 2 次。推动网易有道分公司、网易电竞俱乐部、福林达（广东）消防科技有限公司、广东漫动者科技有限公司、广东省交投交通应急保障有限公司、维迈（广东）投资咨询有限公司等一批优质项目落户，园区平均载体空置率降至 8.4%。重点推进太保养老（广州）有限公司、中石化广州工程有限公司、中国石油化工集团第五建设公司、广州市佳福斯阀门制造有

表 2　　2023 年天河科技园重点建设项目情况表

项目名称	项目业主单位	产业类型
中科风投大厦	广东中科零壹创新发展有限公司	现代服务业
龙狮俱乐部	稳晟（广州）体育文化投资有限公司	现代服务业
省文投大楼	广东文投创工场投资管理有限公司	现代服务业
天河·生活智慧谷	（涅生科技大厦）涅生科技广州股份有限公司	现代服务业
中望龙腾大楼	广州中望智园有限公司	战略性新兴产业和先进制造业
小鹏科技园	广州小鹏汽车科技有限公司	战略性新兴产业和先进制造业
易兴科技大楼	广州易兴产业园有限公司	战略性新兴产业和先进制造业
咏声动漫总部	广州咏声东和产业发展有限公司	战略性新兴产业和先进制造业
亿侨智创中心	广州亿侨科技有限公司	战略性新兴产业和先进制造业
贪玩游戏大楼	广州市泽达新文创产业发展有限公司	战略性新兴产业和先进制造业
德生科技大楼	广州德岳置业投资有限公司	战略性新兴产业和先进制造业
百田科技大楼	广州百田文化发展有限公司	战略性新兴产业和先进制造业
联嘉置业大厦	广州汇铂科技有限公司	战略性新兴产业和先进制造业
凡拓数字创意项目	广州凡拓数字创意科技股份有限公司	战略性新兴产业和先进制造业
粤科天河智能制造产业园	广州天河智造产业园开发有限公司	战略性新兴产业和先进制造业
安泰化学大楼	广州泓泰科技投资服务有限公司	战略性新兴产业和先进制造业
益的科技大楼	广州益的产业投资有限公司	战略性新兴产业和先进制造业
南方数码空间大数据创新中心	广东南方数码科技投资有限公司	战略性新兴产业和先进制造业
品高大厦建设项目	广州晟忻科技有限公司	战略性新兴产业和先进制造业
趣炫总部办公大楼	广东桐悦网络科技有限公司	战略性新兴产业和先进制造业
联奕科技研发基地	联奕科技有限公司	战略性新兴产业和先进制造业
金税梦想大厦	广州金铮技术服务有限公司	战略性新兴产业和先进制造业
路通总部大楼	广东路通环境科技发展有限公司	战略性新兴产业和先进制造业
中国移动南方基地二期	中国移动通信集团广东有限公司	战略性新兴产业和先进制造业

限公司等项目招引工作。其中，太保养老（广州）有限公司项目落地。

【园区产业项目建设】 2023 年，园区主管的 28 个重点产业项目计划投资 18.51 亿元，完成年度投资 20.19 亿元，占年度投资计划的 109%。其中，建设项目 24 个，除路通总部大楼项目外均已开工纳统，推动中移动南方基地二期（第二阶段）、趣炫总部、联奕科技、金税梦想 4 个项目竣工。24 个项目自取得项目建设用地起，累计在天河区导入或新设企业 101 家，完成营收 337.83 亿元，占协议目标的 158%；纳税 9.9 亿元，占协议目标的 102%。理清增量载体空间资源底数，24 个项目载体空间合约 77.21 万平方米，其中可二次招商面积 16.37 万平方米，并提前对接 7 个年内竣工或封顶项目运营方开展联合招商。

【园区企业培育】 2023 年，园区梳理形成天河智慧城龙头企业、“四上”企业、“独角兽”企业等 8 个企业库，以及天河高新区上市企业、高新技术企业、专精特新企业等 10 个信息库。编制企业服务手册，研究建立优质企业分层分类培育体系，加快构建有基地、有人员、有机制、有系统的“四有”服务培育体系，精细化开展市场主体培育工作。推动 15 家企业入选广州“独角兽”等创新企业榜单，占广州市总数的 9.6%，其中广州极飞科技股份有限公司、广州中浩控制技术有限公司入选“全球独角兽”，广东浩云长盛网络股份有限公司入选“GEI 中国独角兽企业”。

【园区企业服务】 2023 年，天河科技园管委会领导分工服务 77 家软件业头部企业，完善重点企业“一对一”专员服务等工作机制。走访服务企业 297 家（次），协调解决佳都智慧交通人工智能支撑平台及产业化项目用地、景心公司涉税等头部企业面临的重难点问题。依托综合金融服务站、知识产权质押融资服务站等平台，发挥园区专属金融产品作用，累计实现融资授信 3.3 亿元，融资投放 2.8 亿元。组织召开政策申报、上市辅导、科技创新、人才服务等专题活动14场，精准滴灌企业发展壮大。全年为79家（次）企业兑现扶持资金3258万元。引导园区骨干企业与大湾区企业及南沙相关科研中心开展合作对接，强化资源跨区域高效配置。

（于德宪、潘泓瀚、刘婷）

广州国际金融城

【概况】 广州国际金融城位于天河区东南部，北起中山大道、黄埔大道，南临珠江，东至天河区界，西至华南快速干线，是广深港澳科技创新走廊、广州沿江经济带、广州科技创新轴的交会点。规划总用地面积约8平方千米，总建筑面积约1988万平方米。2020年，广州国际金融城整体纳入广州人工智能与数字经济试验区，与琶洲片区（含广州大学城）、鱼珠片区一同构建起“一江两岸三片区”空间格局。2021年，广州国际金融城片区纳入广州人工智能与数字经济试验区，重点发展数字金融，着力打造粤港澳金融合作示范区和金融科技先行示范区。

截至2023年，广州国际金融城起步区引进14家金融机构，主要有广发银行、广州银行、南粤银行、华兴银行、农业银行、光大银行6家银行机构的全国总部或区域总部；中国人保、中国人寿、中国太平洋保险、中国太平保险、新华人寿、平安保险6家保险机构的区域总部；广州金控（万联证券）、省产权交易集团2家机构。东区引进澳门国际银行、九江银行2家金融机构，酷狗音乐、尚品宅配、好莱客、诗悦网络4家科技创新总部，中建四局、景龙集团、省基础工程3家建筑领域总部企业，深圳鹏瑞集团、珠光集团等高端商贸业载体运营商。西区正在推进中国人工智能（广州）产业园、广州T.I.T智慧园等数字产业园建设。6月13日，位于北区的羊城创意产业园被授予“全国版权示范园区（基地）”称号，是全国获得该称号的18家园区（基地）中唯一一家广东园区。

【金融城发展定位】 广州国际金融城有起步区、东区、北区和西区4个功能片区。起步区占地面积1.32平方千米，定位为综合金融总部集聚区。以金融业为主导，其他业态总部融合发展，重点发展金融、商贸、商务服务业、总部经济和特色商业配套，推动形成金融领域重大资源配置中心，引领和赋能金融城产业发展。规划金融总部、总部办公、商业综合、滨水休闲和生活居住五大功能分区。东区占地面积1.31平方千米（不含水域），定位为科技创新总部集聚区，重点发展人工智能、金融科技、定制家居、科技装备等科技创新业态，以总部办公及配套功能为主。西区占地面积3.65平方千米，定位为产业生态融合发展区。着重发挥珠江新城与起步区之间的桥梁链接作用，近期重点发展人工智能和创意设计，远期重点发展金融、商贸和高端专业服务业，打造金融城西部核心。北区占地面积1.44平方千米，重点打造综合办公配套区。北区定位为文化创意发展引领区，重点布局“数字+”文化，推动音乐、游戏、动漫、直播、电竞等数字创意产业集聚发展，依托国家文化出口基地，推动数字文化贸易出口，中远期承接天河智慧城及科韵路软件业集聚区高端高质高新的新一代信息技术产业发展。

【金融城开发建设】 2023年，广州国际金融城推进32个重点产业和基础设施项目建设。平安财富大厦等5个项目竣工验收备案；绿地中心等3个项目建至控高线，120米以下完成验收并投入使用；广州金控总部大楼等13个项目主体结构封顶；广州国际金融交易广场等2个项目开展主体结构施工。

广州国际金融城起步区综合能源全区域供冷管网项目获批，市规划和自然资源局天河区分局核发项目建设工程规划许可证。完成广州国际金融城城市轨道交通详细规划研究，协调

2023年3月17日，中国人寿南方金融中心双塔楼之一——中国人寿大厦项目实现主体建筑全面封顶 （林嘉嘉 摄）

规划轨道交通与拟开发建设地块的空间关系，保障重点项目近期建设实施。起步区包括临江大道、花城大道、湾融路、春融路、水融路、绿融路等在内的地上、地下城市道路建设工程全面获批，市规划和自然资源局天河区分局核发相关项目建设工程规划许可证，区域立体交通体系初具雏形。

编制广州国际金融城东区市政园林基础设施建设工作专班方案，加快片区道路施工，协调解决产业项目临水、临电、车辆通行等问题。推动金融城综合管理服务中心建设，提升片区综合管理服务保障水平。推进金融城东区剩余5宗国有地块收储，是年签约3宗，剩余2宗地块（广东海警局地块、省环保集团地块）原则同意收储。广州国际金融城北区控规调整通过市规划委员会审议，草拟土地储备实施方案。广州国际金融城西区草拟石东村收储补偿安置方案。

【金融城招商引资】 2023年，广州国际金融城推动新落成楼宇尽早达产。金融城11栋待出租或出售楼宇总办公面积98.6万平方米，总去化面积60.2万平方米，去化率61%。起步区有5个项目共6栋楼宇投入使用，其中，保利金融大都汇（2栋楼）和绿地中心基本满租，平安财富大厦出租率超40%，汇金国际金融中心约有25%面积待售，汇金中心交付，有30%客户进驻。

【汇金中心CFC投入使用】 2023年6月，由中国建筑第七工程局有限公司承建的广州首座5G智能写字楼——广州金融城A塔项目（即汇金中心CFC）投入使用。汇金中心由世茂房地产、华润置地、合景泰富三大房企联手投资打造，是广州国际金融城建成面世的首个项目。该项目总建筑面积超40万平方米，由2栋甲级写字楼、1栋公寓和1座独立商业Mini mall组成，是广州国际金融城起步区在售体量最大的商业综合体。

【国内首座超150米近零能耗建筑封顶】 2023年12月26日，全国首座高度超150米的近零能耗建筑——中建四局科创大厦项目全面封顶。该项目位于广州国际金融城东区，始建于2022年4月17日。用地面积6745平方米，计容面积约8万平方米，高176米，地下3层，地上36层。该项目是广东省智能建造第一批试点项目，应用中建四局自主研发的双碳管控平台，开展施工全过程碳排放数据的统计及动态监测。采用可周转的光储直柔模块化临建，建筑外立面的光伏幕墙，减少施工过程碳排放。2023年10月，项目获得由中国建筑节能协会颁发的近零能耗建筑认证证书，推动广东省建筑业提质增效、转型升级。（井力群、潘泓瀚、刘婷）

环五山创新策源区

【概况】 环五山创新策源区更新发展规划范围东至华南快速路—岑村机场—科韵路—汇景北路—汇景路—枫叶路，西至广州大道北—环城高速—沙太南路—兴华路—广园快速路—天河东路，南至黄埔大道西—华南快速路—中山大道西，北至天河区和白云区分界—天源路—华南国家植物园，总用地面积约28平方千米。主要涉及华南理工大学、暨南大学、华南农业大学、华南师范大学等高校，以及中国科学院华南植物园、中国科学院广州能源研究所、中国科学院广州地球化学研究所、中科院广州化学有限公司、工业和信息化部电子第五研究所、广东省科学院、广东省农业科学院、广东省社会科学院等科研院所。2022年9月，《环五山创新策源区更新发展工作方案》印发实施，文件指出将环五山创新策源区打造成为粤港澳大湾区国际科技创新核心、国家科技成果转移转化中枢和世界级科技创新策源领地。

【《天河区环五山创新策源区更新发展建设三年行动计划》印发】 2023年10月4日，经区委、区政府同意，《天河区环五山创新策源区更新发展建设三年行动计划》印发实施。该文件提出环五山创新策源区构建高水平创新、高成长产业、高品质生活的“创＋产＋城”联动一体化发展格局，并从软件、硬件、公服配套三大方面细化任务，推进环五山创新策源区打造成为具有全球影响力的科技创新策源地和全过程创新生态圈。

【环五山创新策源区更新发展建设】 2023年，天河区配合市土地开发中心编制环五山创新策源区土地征收储备计划。明确华南理工大学五山校区西北侧地块由市、区联合收储。在环五山创新策源区整体规划的框架下，对接省科学院、华南工业大学、华南农业大学、华南师范大学等高校院所，了解其规划诉求，支持高校院所规划建设。就省科学院“一园三所”规划调整事项提供书面建议，核发省科学院插花地规划选址和规划条件。配合市规划和自然资源局编制《环五山创新策源区内高校院所城市风貌规划设计》《天河区环五山创新策源区高质量更新发展概念规划》。印发《天河区环五山创新策源区更新发展建设三年行动计划》，研究环五山“1＋N”项目库。

（蔡贞、潘泓瀚、刘婷）

天河路商圈

【概况】 天河路商圈西起天河立交，东至岗顶，北至天河北路，南至黄埔大道，以天河路为轴线，全长约2.8千米，总面积约4.5平方千米，商业面积约240万平方米，日客流量约150万人次。集聚正佳广场、太古汇等14家大型商业综合体、颐高广场等6家数字消费产品综合体、天河又一城等3家地下商业综合体、天河体育中心等2家文化体育活动载体。2023年，天河路商圈商品销售总额6296亿元，有千亿级销售能级商贸企业1家，百亿级能级企业5家。聚集1万多个商家品牌，其中包括1964个国内外知名品牌、883个国际品牌、305个网红店、325家首店。商圈业态经过12年提升发展，从改造前的零售业态占70%、餐饮占30%、文化艺术等业态基本空白的情况调整为零售业态占57%、餐饮占24%、商务配套9%、休闲旅游业态8%、文化艺术2%的业态比例。

【商圈荣誉】 天河路商圈的“政府＋商会＋企业”共建共治模式先后被评为国内贸易流通体制改革推广案例、“粤治——治理现代化”政府治理创新优秀案例。天河路商圈入选首批“广东省级特色示范步行街（商圈）”“全国示范智慧商圈”，正佳广场、友谊商店正佳店入选首批全国示范智慧商店。正佳广场入选第一批国家级夜间文化和旅游消费集聚区。太古汇是全球首个获得LEED（绿色能源与环境设计先锋奖）铂金级认证的室内购物中心，获得2022年德国iF设计奖“公共展览类大奖”。天环广场获得2017年ICSC（国际购物中心协会）中国购物中心金奖、CGLA2021第四届“金灯奖·奢华地标大奖”和2022年第九届亚洲—太平洋史蒂夫®奖品牌发展创新奖银奖、ICSC全球营销金奖。ICC环贸中心获得2023柏林设计奖金奖。2023年，广百百货天河中怡店被评为全国示范智慧商店。

【天河商业价值创新院成立】 2023年3月21日，天河路商会举办天河路商圈城市内容创新峰会暨天河商业价值创新院成立仪式。峰会以“城市内容创新”为主题，围绕中国城市商业战略、中国快时尚文化、城市内容消费模式创新、城市IP打造、城市文娱经济开发、城市虚拟生活、夜间消费新业态等议题进行研讨与交流。天河路商圈众多商业体联合发起的天河商业价值创新院成立，正式推出专注城市内容创新、商业项目孵化以及专业人才培训输出的创新孵化智库机构。天河路商会与无忧传媒、大事件科技、初心优品等10余家优质品牌签署战略合作协议。

【2023年广州天河汽车消费节】 2023年4月7日，此次消费节在天河体育中心南广场举办。展会持续3天，面积约2万平方米，吸引约30个国内外知名汽车品牌参加。2023年广州天河汽车消费节以“惠聚天河·品质购车”为主题，突出品牌联合、消费集群、商圈地标等效应，现场展销车辆150多台。开幕式上，SMART、沃尔沃、一汽大众、埃安等多家知名汽车销售企业与天河区重点商圈载体签订合作协议。 （房欣）

天河路商圈 （区融媒体中心供稿）

中共广州市天河区委员会

综述

【概况】 2023年，天河区以习近平新时代中国特色社会主义思想为指导，学习贯彻党的二十大精神和习近平总书记视察广东重要讲话重要指示精神，贯彻省委“1310”具体部署和市委“1312”思路举措，落实市委、市政府主要领导到天河调研时的工作要求，推动“在十个领域争当先锋”，天河各项事业取得新进展新成效。政治建设方面，完成区委第四、第五轮巡察，开展维护政治安全10个专项行动，全面落实意识形态工作责任制。经济建设方面，实现地区生产总值6551亿元，比2022年增长5.1%、占广州市21.6%，经济总量连续17年居广州市第一，2023年赛迪全国创新百强区位列第三。文化建设方面，建设国家文化出口基地，举办第四届中国电子竞技行业年会暨第六届文创产业大会，城区知名度和美誉度持续提升。社会建设方面，新增学位超7000个，新增就业7.6万人，完成3.6万套保障性租赁住房筹集认定，社区颐康服务站实现100%全覆盖，区老人院被评为“广东省五星级养老机构”，第四次被评为中国最具幸福感城区，获得广东省唯一“二星平安鼎”。生态文明建设方面，围绕天河全域打造华南国家植物园城园融合高质量发展示范区，森林质量优化提升115亩，新增城市绿地466亩，四级公园体系逐步健全，水环境质量指数提升幅度广州市第一。

【深化改革】 2023年，区委全面深化改革委员会组织召开3次区委全面深化改革委员会会议，审议6份改革文件，听取8项重点改革情况汇报，在12个领域部署开展33项改革工作。营商环境综合改革：制定《天河区打造现代化国际化营商环境典范城区争当高质量发展先锋行动方案》，推进营商环境6.0改革，全面提升“软环境”和“硬环境”。经济体制改革：设立广东港澳青年创业投资基金，推动粤港澳大湾区（天河）理财资管服务中心实体化运营，健全科技型企业全生命周期发展支持体系和创新主体梯度成长培育体系。行政管理体制改革：统筹优化重点领域机构设置和职能配置，完成国防动员体制改革，促进编外聘用人员规范有序管理。城市规划建设管理体制改革：持续推进区、街城市维护管养体制机制改革，创新推动镇街全域服务治理试点工作，完善生活垃圾收运处置一体化改革。“村改居”综合改革：建立健全“百县千镇万村高质量发展工程”指挥体系和工作体系，持续推进以党建为引领深化“村改居”管理体制综合改革，开展第二轮土地承包到期后再延长30年试点。民主与法治领域改革：推进广州湾区中央法务区天河高端片区建设，推动亚太经合组织企业间跨境商事争议在线解决机制建设项目落户天河。文化体制改革：出台《天河区社会力量参与公共文化设施运营指导意见》，成立天河出海联盟，推动文化事业和文化产业高质量发展。社会治理体制改革：完成市域社会治理试点省级验收，打造广州市首家来穗服务区级示范中心项目，连续九年在平安广州考评中获“优秀”等次，获颁广东省唯一“二星平安鼎”。重大民生领域改革：实施学前教育发展提升行动计划，持续巩固“5085”工作成果。完善分级诊疗体系，健全区、街、社区三级居家养老服务网络，建成区级综合养老服务中心。生态文明体制改革：推进生态环境损害赔偿制度落地，建成广州市首个生态环境损害赔偿与生态修复科普示范基地，推动生态环境损害赔偿工作常态化、制度化。党的建设制度改革：完善领导班子和领导干部考核评价机制，建立“部门—街道—用人单位”人才工作联动机制，推动党的组织网络延伸到新就业形态劳动者。纪检监察体制改革：强化“室组”联动监督、“室组地”联合办案，推动派驻监督与纪律监督、监察监督、巡察监督统筹衔接、贯通协调。

【档案管理】 2023年，天河区加强档案监督指导，对28家机关单位和国有企业开展档案执法检查，对6个街道73个社区居委会档案工作情况进行监督指导。指导区属有关单位做好重大战略、重大工程、重大项目、重大活动的档案移交，开展第二轮土地承包再延长30年档案监督指导工作。全年对49个档案中介公司开展备案，提高民营企业档案工作的规范化水平。开展国际档案日宣传周活动，组织区属各单位学习贯彻习近平总书记对档案工作重要批示精神。

【保密管理】 2023年，天河区召开区委常委会、区政府常务会议研究部署保密工作，将保密工作责任制落实情况纳入区委巡察工作内容并完成2轮10个单位巡察保密专项检查任务。组织召开2023年度区委保密委员会全体会议暨全区保密工作会议，制定实施《中共广州市天河区委保密委员会2023年工作要点》。开展行政执法67次（宗）。完成2次全区重要涉密会议保密服务保障任务，以及高考、中考等6次涉密考试监督检查工作。开展基层单位日常保密管理示范试点工作，研究制定17项制度规范，部分被采纳为市的试点成果。组织全区79个单位开展2023年全覆盖保密自查督查、非涉密计算机网上检查以及专项整治等，其中现场督查25个单位，指导相关单位落实整改。开展保密宣传教育月活动，结合全民国家安全教育日、国家宪法日开展保密普法宣传活动，举办2023年度全区保密干部岗位培训班，举办4期涉密人员保密教育轮训以及全区保密教育线上培训，在全区处级领导干部任职培训班上讲授保密主题党课。是年，区国家保密局获广州市保密宣传教育月优秀组织奖，区国家保密局和区税务局联合制作的保密微视频作品获广东省“人人话保密”微视频征集评选活动优秀奖。 （区委办公室）

重要会议

【中共广州市天河区委十届五次会议】 2023年1月5日，中国共产党广州市天河区第十届委员会第五次全体会议召开。会议落实中央经济工作会议、省委十三届二次全会、市委十二届五次全会部署，听取区委书记陈加猛代表区委常委会所作的工作报告，审议区委常委会2022年传达学习贯彻落实习近平总书记重要讲话和重要指示批示精神情况、2022年抓党建工作情况的书面报告，审议通过关于递补区委委员和批准辞去区委候补委员职务有关事项，审议通过《中国共产党广州市天河区第十届委员会第五次全体会议决议》。

【天河区高质量发展大会】 2023年2月6日，天河区高质量发展大会召开。会议明确2023年天河区高质量发展主要方向：全力构建现代化产业体系，持续培育高质量发展新势能；全力推动重大平台开发建设，持续扩展高质量发展新空间；全力加快项目引进和开发建设，持续稳固高质量发展基本盘；全力营造一流营商环境，持续激发高质量发展新动力。

区委副书记、区长陈建荣主持会议。会后举办9场有关领域高质量发展主题研讨活动：天河区高质量发展大会第一分会场会议、天河区高质量发展大会工信科技分会、全区高质量发展大会城中村治理主题研讨会、天河区高质量发展大会“聚集激发消费新动能，深入推进天河路全国智慧示范商圈建设，协同推动珠江新城和广州国际金融城商圈高质量发展”主题政企研讨活动、天河区高质量发展大会金融分会、天河区高质量发展大会“大招商、招大商”主题研讨会、天河区高质量发展大会市场主体梯度培育分会、天河区高质量发展大会“专精特新”主题研讨会、天河区高质量发展大会“拟上市企业”主题研讨会。

【天河区全面推进“百县千镇万村高质量发展工程”动员部署大会】 2023年3月24日，全区全面推进“百县千镇万村高质量发展工程”动员部署大会召开，并以电视电话形式开至各街道。

区委副书记、区长陈建荣主持会议，区委书记陈加猛作专题讲话。会议传达习近平总书记重要讲话精神和中央农村工作会议及省委农村工作会议暨全面推进“百县千镇万村高质量发展工程”促进城乡区域协调发展动员大会、市委农村工作会议暨广州市落实“百县千镇万村高质量发展工程”动员部署大会精神，并听取对《关于全面推进“百县千镇万村高质量发展工程”促进区域协调发展的行动方案》《关于全面推进“百县千镇万村高质量发展工程”促进区域协调发展的工作方案》的解读说明。区发展改革局、区委组织部、区住建园林局、区农业农村局、石牌街、车陂街围绕全面推进“百县千镇万村高质量发展工程”分别作表态发言。

【中共广州市天河区委十届六次会议】 2023年7月31日，中国共产党广州市天河区第十届委员会第六次全体会议召开。会议落实省委十三届三次全会、市委十二届六次全会部署要求，总结天河区2023年以来工作，研究部署当前和今后一段时期工作。

全会听取区委书记陈加猛代表区委常委会所作的工作报告，审议通过《中共广州市天河区委关于深入学习贯彻习近平总书记重要讲话重要指示精神争创新时代高质量发展典范奋力在推进中国式现代化建设中走在前列的实施意见》，审议通过《中共广州市天河区委 天河区人民政府关于加快发展现代都市工业的实施意见》，审议通过关于批准辞去区委委员和递补区委委员有关事项，审议通过《中国共产党广州市天河区第十届委员会第六次全体会议决议》。

【天河区委常委会会议】 2023年，天河区委常委会召开会议42次，安排学习议题58个，传达学习习近平总书记最新重要讲话重要指示批示精神85项。全年区委常委会主抓三件大事，分别是全面学习贯彻落实党的二十大精神、扎实开展主题教育以及深入学习宣传贯彻习近平总书记视察广东重要讲话、重要指示精神。审议通过《天河区科技创新发展"十四五"规划》《关于全面推进实施"百县千镇万村高质量发展工程"促进区域协调发展的工作方案》《天河区关于加强街道综合行政执法队伍建设激励担当作为的若干措施》《广州市天河区国土空间总体规划（2021—2035年）》等文件。 （区委办公室）

重要文件选录

【《关于全面推进"百县千镇万村高质量发展工程"促进区域协调发展的行动方案》】 2023年3月22日，中共广州市天河区委办公室、广州市天河区人民政府办公室印发《关于全面推进"百县千镇万村高质量发展工程"促进区域协调发展的行动方案》。该方案分为4个部分：第一部分是总体要求，包括指导思想和主要目标。以构建区域协调发展新格局为目标，着力推动基础设施、公共服务向"村改居"社区、东北部地区延伸，推动实现更高水平的区域协调发展。第二部分是推动区域协调发展向更高水平更高质量迈进，立足区情实际，从全力打造实现老城市新活力引领区、强化街道联城带村功能、推进"村改居"社区全面发展、强化区域一体化规划建设4个方面提出12条措施。第三部分是推动对口帮扶协作合作向更宽领域更深层次发展，从统筹开展对口帮扶协作合作工作，突出抓好产业协作、民生帮扶，发动社会力量参与等3个方面提出工作任务。第四部分是保障措施，包括加强组织领导、强化政策支持、汇聚工作力量、严格考核评估4个方面。

【《关于推进天河区水务高质量发展的实施方案》】 2023年3月22日，中共广州市天河区委、广州市天河区人民政府印发《关于推进天河区水务高质量发展的实施方案》。该方案主要包括三大部分。第一部分是明确总体要求：系统构建持久水安全、优质水资源、宜居水环境、健康水生态、先进水文化、绿色水经济体系，建设造福人民的幸福河湖。明确工作目标：到2025年，水资源配置持续优化、防洪排涝体系不断完善、水环境质量不断提升、生态碧道网络基本形成、美丽村居建设更有成效、智慧水务管理模式稳步推行、水资源利用效率和水务治理能力大幅提升；到2035年，城市水系统韧性显著增强，江河安澜、秀水长清、造福人民的幸福河湖愿景基本实现。第二部分是工作任务。主要通过打造、筑牢6张高质量骨干水网、提升两大关键能力等八大项重点任务，努力实现建成水务高质量发展先行示范区的目标。打造6张高质量骨干水网：构筑供水保障网、完善洪涝安全网、打造污水治理网、建设水美村居网、建设生态碧道网、构建智慧水务网等内容。提升两大关键能力，包括深入贯彻节水新发展理念，提升水资源集约节约利用能力；全面落实科学治理理念，强化依法治水管水，促进天河区水务理念创新、管理创新、科技创新、产业创新，全面提升水务治理能力现代化水平。第三部分是保障措施。从强化组织领导、落实河湖长制、强化督查激励、强化工作保障、营造良好氛围5个方面提出工作保障要求。

【《关于加快发展现代都市工业的实施意见》】 2023年8月22日，《中共广州市天河区委、广州市天河区人民政府关于加快发展现代都市工业的实施意见》印发。该文件分为5个部分共19条。第一部分为总体要求，包括指导思想和目标任务。第二部分为加快发展硬核产业。包括坚持产业规划引领、巩固提升能源供应产业、聚焦发展都市消费工业、培育壮大智能制造产业、加快布局生命健康产业等内容。第三部分为全力拓展产业空间。包括加快建设天河区现代都市工业园、科学引导专业园区转型升级、分类施策有效推动"工业上楼"等内容。第四部分为构建优质产业生态。包括梯度培育市场主体、开展产业链精准招商、加大金融支持力度、加强配套政策供给、强化高质量人才支撑、优化知识产权服务等内容。第五部分为保障措施。包括加强组织领导、鼓励担当作为、强化调度督办等内容。 （区委办公室）

重要活动选录

【天河区重大民生项目开工仪式】 2023年5月10日，广州市天河外国语学校智慧城校区、广州市天河区少年宫新校区、广东省骨科研究院（长兴院区）等三大民生项目正式开工。在清华附中湾区学校、执信中学天河校区、广州中学、广州奥林匹克中学相继建成的基础上，天河区推进教育、医疗卫生等民生项目建设，健全基本公共服务体系、提高公共服务水平，持续推动天河区高质量发展。天河区主要领导、相关职能部门和街道的负责人，项目设计及监理单位代表、学校有关负责人参加活动，并共同举行培土动工仪式。

【天河区·中山大学共建医疗项目集

中开工活动】 2023年12月7日，由天河区与中山大学共建的中山大学肿瘤医学科学中心（天河院区）、中山大学附属第六医院（珠吉院区）项目集中开工活动在中山大学肿瘤医学科学中心（天河院区）项目现场举行。天河区主要负责项目建设，院方负责医学科学中心（医院）的医疗和科研设备购置、工作人员配置及运营管理，双方资源共享、优势互补，共同促进项目建成运作，实现区院（校）共赢。活动中，广州市龙洞龙汇实业有限公司、中山大学肿瘤防治中心、广州市天河投资管理有限公司相关负责人共同签订天河生物医药大楼战略合作备忘录。（区委办公室）

组织建设

【概况】 2023年，天河区有区属党委7个、党工委24个、党组38个。全区共有基层党组织2996个，其中基层党委199个、党总支部117个、党支部2680个。全区在册党员62196名，预备党员402名，女性党员27961名。全区有市管干部34名、区管干部624名（不含公安系统）。

【干部任用】 2023年，天河区提拔正处级领导干部19名，提拔副处级领导干部39名，进一步使用11人，晋升一级调研员14名、晋升一级高级主办1名、晋升二级调研员25名、晋升二级高级主办4名、晋升三级调研员29名、晋升四级调研员34名、晋升四级高级主办10名、晋升街道六级职员10名。

【干部监督管理】 2023年，区委组织部严格执行新修订《领导干部报告个人有关事项规定》，完成563名领导干部的个人有关事项填报，查核212人，查核一致率100%。严格出国（境）管理，新增、变更、撤销备案人员129人，审批因公、因私出国（境）112人次。清理排查省审计组反馈在企业任职或出资的在职、退休、辞职、辞退人员485名，跟进10名公职人员经商办企业情况整改。建立问题线索发现机制，受理、转办各类信访举报20件，加大问题分析认定和查核处理力度，对发现存在“慵懒散”等情况的及早提醒纠正。监督检查区属单位选人用人风气和被提拔干部工作情况，组织区属46个单位2621人开展“一报告两评议”，对评议结果排名靠后单位督促整改。强化巡察整改监督，组织开展选人用人专项检查，对巡察人员开展选人用人检查专题培训，办理书记点人点事事项。

【干部培训】 2023年，区委组织部制订2023年干部教育培训计划，联合区委宣传部、区直机关工委制定印发《“学习党的二十大精神 团结奋斗新时代新征程”深化学习型机关建设工作方案》《关于认真组织学习宣传贯彻党的二十届二中全会精神的通知》，制定《关于在全区党员干部中深入开展习近平总书记视察广东重要讲话重要指示精神专题学习培训方案》《关于开展2023年“读懂天河”系列讲座的工作方案》等培训方案。选派65名处级以上领导干部参加上级培训；组织开展以处级领导干部和重点部门领导干部为主体的专题辅导报告会、研讨班、领导干部任职培训班42期（次），培训区管干部8309人次；组织全区干部通过中国干部网络学院、广东省干部网络学院、广州市干部网络平台开展网络专题培训5期（次），培训1.6万余人次。编印《天河区学习型机关建设工作简报》10期，汇编优秀案例388条，推动全区各单位开展各类干部教育培训2360场，培训11.5万余人次。

【人才建设】 2023年，天河区制定《关于加强新时代人才强区建设的若干措施》，印发《中共广州市天河区委人才工作领导小组2023年工作要点》，修订《广州市天河区推动高质量发展重点人才激励办法》。遴选26名海外博士人才参评国家重点人才项目。区级人才项目收到120余家企业300余名人才申报，为95名人才和10家设立工作站企业提供支持资金1600万元。

开展“创新到天河”行动，在广州（国际）科技成果转化天河基地打造高校科技成果转化实验室，引进18个优质科技成果转化项目入驻孵化，累计吸纳科创工作者逾600人。全区建立院士工作站5个，博士和博士后工作站25个，在站博士、博士后研究员超100名。开展“创业到天河”行动，强化粤港澳大湾区（广东）创新创业孵化基地人才培育效能，引进专业服务机构和港澳社团服务机构，联动投融资机构，构建人才、技术、资本为一体的创新创业协同体系，累计引入项目230多个，引入博士、硕士480多名。开展“学子到天河”行动，依托天河人才港搭建校企人才交流桥梁，联合高校人才网共同成立广州天河博士人才服务站，举办高校名企见面会、博士人才交流会等活动，累计吸引2.5万名高校毕业生、400余名博士人才参加。

制定区领导联系高层次人才名单，区领导节日慰问、日常走访何镜堂、陈勇、何小鹏等72名院士及高层次人才。开展第五批人才公寓分配，为各类人才配租人才公寓103套。为1.2万余名人才办理入户手续，通过人才白卡引进紧缺急需型人才800名，为重点产业领域人才发放人才绿卡278张。解决300余名人才子女教育问题，为150余名高层次人才提供免费体检服务。

【公务员管理】 2023年，区委组织部健全天河区人力资源和机构编制统一管理联席会议制度，谋划机关事业单位干部队伍建设。印发《关于加强街道综合行政执法队伍建设激励担当作为的若干措施》。坚持考录计划向中心工作和基层一线倾斜，统筹转任、军转干部和随军家属安置等进人方式，不断优化公务员队伍结构。通过省“四级联考”、选调补充公务员171名，其中研究生以上学历约占31%，急需紧缺专业公务员约占66%。接收安置军转干部和随军家属36名。安排31名选调生到社区开展基层锻炼。联合福建省龙岩市永定区委党校，首次以“一个班次、两地学员”的形式举办选调生党性修养提升培训班。区属单位选拔科级领导职务公务员103人，开展一级主任科员（一级主办）以下职级晋升240人次。审批街道属下事业单位七级以下管理岗位职员等级晋升17人次。

【基层党组织建设】 2023年，天河区高质量开展学习贯彻习近平新时代中国特色社会主义思想主题教育。全面落实“以学铸魂、以学增智、以学正风、以学促干”重要要求，完成读书班，在广州市率先开展“循迹悟学”行动，承办广州市镇街、村（社区）宣讲队互学互鉴现场交流会。区领导班子、各单位领导班子确定调研课题共598个，实现成果转化2030项，办理民生实事908项，查摆整改粤生街城市道路被乱占停车牟利等问题585个，健全完善制度机制、工作流程293项。

出台实施《天河区深化加强党对“村改居”的全面领导专项改革方案》，优化街道、社区、村改制公司党组织隶属关系，继续选派街道党工委委员兼任村改制公司党组织书记，分设超大规模社区，向75个“村改居”社区全覆盖选派第一书记或书记（主任）助理，从严把关办理22名社区党组织书记备案。印发《天河区贯彻落实〈关于进一步加强社区工作者队伍建设的若干措施〉的实施方案》，搭建“学、练、赛、干”平台，举办基层党组织书记轮训、天河区首届社区党建“争创品牌、争当先锋”比武大赛等系列活动，评选出十大社区党建品牌、20个社区党建优秀项目，挖掘、培育首批“开口能讲、遇事能干”优秀“头雁”30名。

精细化制定发展党员年度计划，健全政审联审机制，全年新发展党员382名。推进南粤党员铸魂工程、先锋工程、提质工程，落实党员教育管理。持续开展“百名书记抓项目”“百名代表做示范”行动，99名党组织书记聚焦基层治理效能提升立项99个“书记项目”，330名党代表分组联系街道社区，接待党员群众11915人次，收集意见建议807条，解决制约高质量发展和群众急难愁盼问题。开展“立足岗位作贡献”“我为天河发展献计策”“天河先锋、学在身边”活动，持续用好“双微双愿”机制，认领完成群众微心愿6763个、民生微项目981个。

【“两新”组织党建】 2023年，天河区有“两新”党组织1106个，在册党员1.5万余名。是年，天河中央商务区中区联合党委、区交通运输行业党委、区民营医疗行业党委、人工智能产业链大党委相继成立。天河区“两新”党组织新组建数连续3年排名广州市第一。全区25个“两新”党组织被评为市非公企业党委“双强六好”党组织，35名党员被评为党务工作标兵和党员先锋示范岗。车陂龙舟文化促进会党支部和启智社会工作服务中心党支部被评为省社会组织党建工作示范点。6部非公企业党员教育电视片在市非公经济组织党员教育电视片作品征集比赛活动中获奖。《构建“四大体系”探索快递外卖行业党建新模式》被评为广州市区直机关“金穗杯”工作创新大赛二等奖。

【党史学习教育】 2023年，区委组织部持续开展党史宣传，推广《广州市天河区革命老区发展史》，参与广州市地方志馆新时代广州成就展布展。梳理形成《东江纵队在天河地区的活动》，在长湴西水塘宣传长廊设置东江纵队历史宣传画。注重党史资源的保护、开发和利用，推动毛泽东视察棠下农业生产合作社旧址展陈更新升级，接待参观团体390批2.1万余人次。推动周总理视察岑村旧址提质升级，被评为广州市中共党史教育基地。

【党员电教】 2023年，天河区各党委、党工委、党组拍摄制作党员教育电视片28部，宣传在经济社会建设、基层治理、“百千万工程”等方面涌现的典型人物和先进事迹，选送3部电教片参加市党员教育电视片观摩交流活动。全年共有22579人次现场参加广东省村（社区）党员主题教育理论学习专题培训。

【干部保健】 2023年，区干部医疗保健中心完成保健对象医疗就诊会诊服务、药事服务、中医保健治疗、离退休市管干部巡诊等工作。全年组织747位区管干部开展健康体检，体检覆盖率91%。实时更新、动态管理干部健康档案。推动干部保健基地提质扩容，加强保健专家队伍建设，召开干部医疗保健业务培训会，提高保健业务水平。加强健康宣教，制作2期健康科普视频、7期健康宣传海报，其中《科学运动 健康锻炼》视频被“学习强国”平台选用。（区委组织部）

宣传工作

【概况】 2023年，天河区以习近平新时代中国特色社会主义思想为指导，围绕省委“1310”具体部署、市委“1312”思路举措和区委“在十个领域争当先锋”工作措施，围绕举旗帜、聚民心、育新人、兴文化、展形象的使命任务，推动宣传思想文化工作发展。

【理论学习】 2023年，中共广州市天河区委宣传部（以下简称“区委宣传部”）制定印发《2023年区属各党委（党工委、党组）理论学习中心组专题学习重点内容安排》《关于开展党委（党工委、党组）理论学习中心组学习列席旁听工作的通知》，组织召开区委理论学习中心组学习会15场，专题辅导报告会5场。开展基层宣讲，打造全新理论宣讲品牌“思响天河”。开展“思响天河”送课下基层——学习贯彻习近平总书记视察广东重要讲话、重要指示精神宣讲活动，举办“思响天河”——“新时代 我来讲”天河区优秀宣讲员大赛、“思响天河”基层示范宣讲活动——“踔厉奋发新征程 笃行不怠讲新篇”天河高质量发展专题宣讲会。

【舆论宣传】 2023年，区委宣传部围绕区委、区政府中心工作，着重突出经济高质量发展、创新强区、重大平台发展、绿美天河、国际天河、民生天河、平安天河等主题，深入宣传天河在推进中国式现代化建设的广州实践中争当先锋、勇挑大梁的具体举措和实际行动，讲好天河故事，引导各界更好读懂天河、热爱天河、奉献天河。全年在中央级媒体刊发报道200余次，省市主流媒体见报330余篇，新媒体和电视报道（转发）累计14000余篇（次），在天河区建区38周年推出宣传片《在天河 看中国》，向社会呈现天河高质量发展形象。

【网络信息安全】 2023年，天河区全面落实网络安全和网络意识形态工作责任制，组织开展“清朗”系列行动、网络安全自查、“天河杯”网络安全攻防演练、网络安全宣传普及等工作，持续开展属地网站平台网络综合治理，营造清朗的网络空间，全年未发生一般以上网络安全事件。

【精神文明建设】 2023年，《天河区聚焦基层治理和服务供给精神文明建设方案》《天河区市政基础设施品质提升及常态长效维护管养联席会议制度》《天河区市政基础设施功能完善及品质提升三年行动计划（2023—2025年）》等文件印发实施。推动天河海关等28家市级文明单位与区辖内21个街道新时代文明实践所开展结对共建，在广东省率先推动7家爱心企业与7个天河好人工作室（站）结对共建。举办“德润天河 情系万家”天河区新时代文明实践品牌项目培育活动暨致敬先进典型人物事迹情景分享会，发布新时代文明实践“德润天河 情系万家”2023年“十佳”品牌项目、“星星之火”计划“十优项目”，开展新时代文明实践主题月活动和“我们的节日”文明风尚培育工作。与区慈善会联合募捐天河区新时代文明实践基金资金86.6万元。全年选树“广州好人”3人、“广东好人”3人、“中国好人”1人，评选出广东百户“最美家庭”1户、广东省书香家庭1户、广州市书香家庭1户、广州“最美家庭”1户。省级新时代好少年1名，市级新时代好少年2名。

【文化建设】 2023年，区委宣传部推动“长流不息”系列艺术展、海潮宇宙音乐节、星巢秘境音乐节、“咖势”精品咖啡文化节、网易《第五人格》全球赛和夏季赛常规赛、《梦幻西游》巅峰联赛等活动落地天河。举办第四届中国电子竞技行业年会暨第六届文创产业大会•天河峰会、2023中国数字文娱行业大会，中央、省市主流媒体报道近600篇次。支持文艺院团、文化企业创作《春园•1923》《阿妈靓汤》《天河小候鸟》《智能力量》等文艺精品。其中，酷狗音乐《少年》（建党百年版）、咏声动漫《猪猪侠大电影•恐龙日记》、《百变校巴之超学先锋1》、方所文化纪录片《掬水月在手》等成功被评为2023年度省“五个一工程”优秀作品。联合博冠、酷狗、汇量科技、洋葱集团、招商银行天河支行等32家企业发起成立天河出海联盟。酷狗、趣炫、星辉、凡拓等7家企业和汇量信息科技全球AI程序化互动式移动广告平台入选2023—2024年度国家文化出口重点企业和重点项目，酷狗、钛动科技被评为全球服务实践案例。

【国防和爱国主义教育】 2023年，天河区4所幼儿园被认定为第四批“天河区国防教育特色示范幼儿园”，2所学校被评为全国国防教育示范学校，1所学校通过全国国防教育示范学校复核。加强国防教育阵地建设，辖内各国防教育基地、爱国主义教育基地开展群众性国防教育活动350余场。

（张倩倩）

统战工作

【概况】 2023年，天河区将统战工作纳入绩效考核、巡视巡察重要内容，将统战理论政策纳入区委党校教学内容，开展统战理论政策培训。区委常委会11次研究部署统战工作，审议通过有关政策文件，研究解决重大问题。发挥统一战线优势助力福建省永定革命老区高质量发展示范区建设，签订天河区、永定区统一战线对口合作协议。积极参与“6·30”广东扶贫济困日、村企结对、“万企兴万村”等活动，“同心大爱”基金募得善款约214万元，实施慈善项目30个。

是年，天河区委台办被评为2023年中央台办“两刊”对台宣传工作先进单位。撰写的《粤港澳大湾区港澳青年创新创业政策“最后一千米”落地存在问题及对策》获2022年度广东省统战理论政策研究创新成果三等奖。中共广州市天河区委统战部（以下简称“区委统战部”）获2023年度广州市统战信息工作一等奖，2人被评为市优秀信息员，获广州市统战理论政策研究创新成果二等奖2篇、三等奖7篇。《为乡村振兴注入湾区力量——天河区积极开拓港澳青年参与乡村振兴“双向奔赴”新路径》被评为2023年广州市统战工作实践创新成果。《“五个一”工程服务体系打通支持港澳青年创新创业“最后一千米”》在首届广州市区直机关“金穗杯”工作创新大赛中被评为工作创效类项目三等奖。

【多党合作】 2023年，区委统战部组织开展重要人事安排民主协商、重大决策征求意见、民主党派工作座谈会等5次。开展民主党派基层组织建设专题调研，推动区委召开民主党派工作交流座谈会。各民主党派、无党派人士开展调研并形成统战理论研究成果27篇。党外代表人士立足专业领域，提出高质量政协提案，有7件民主党派提案被列为区委书记、区政协主席、区政协副主席督办重点提案；9件提案入选《关于天河区高水平发展金融业的政策建议》，占入选提案的90%。赴福建省龙岩市永定区委党校举办天河区2023年度党外代表人士培训班。支持各民主党派、无党派人士和党外知识分子、新阶层人士等开展“凝心铸魂强根基、团结奋进新征程”主题教育。

【无党派和党外知识分子、新的社会阶层人士统战事务】 2023年，举办2023年天河区无党派人士和党外知识分子培训班。完成天河区党外知识分子联谊会（以下简称“区知联会”）换届，副区长邓萍当选为第三届知联会会长。开展党外知识分子调查摸底，全区58名优秀党外代表人士通过无党派人士身份认定。区知联会会员、区书法协会副秘书长吴嘉茵入选2023年国家艺术基金人才培训项目《书法理论评论人才培训》。开展新的社会阶层代表人士综合评价试点工作。盛达信息产业园实践创新基地被评为市级新的社会阶层人士统战工作实践创新示范点。打造“天河新e代”系列品牌活动。举办天河区新的社会阶层人士联谊会（以下简称“区新联会”）2023年年会暨“新力建功”高质量发展活动和红色观影等系列活动。指导自由职业者分会举办2023自由职业嘉年华“首届数字游民峰会”；律师分会在员村T.I.T智慧园成立区新联会律师分会工作室并举办“12·4”国家宪法日法治宣传活动；新媒体分会打造新媒体公益品牌“我在黄槐有亩地”认种活动和“岭南助残拥抱阳光”活动；盛达工作委员会成立有智青年·趣生活新社团；楼宇工作委员会开展楼宇会员企业参与社会服务等公益活动。

【民族宗教事务】 2023年，天河区成立“天河好人羊城石榴籽工作室”，区辖内广州市城市建设职业学校、广州体育文化博物馆、广州德和圆文旅发展有限公司、黄村图雅美食店等4个单位被评为广州市2023年铸牢中华民族共同体意识教育实践基地。首次利用广州文化产业交易会平台，推广天河民族文旅品牌和优质项目——德和圆民族文旅创意园。该创意园获广州电视台新闻频道《民族同心圆》栏目宣传报道。石门禅院第一期法堂工程项目完工并进入内部装修阶段，二期工程大雄宝殿完成奠基仪式。慈林寺继续作为市“攻城拔寨”重点项目开展建设。基督教天河堂被评为广东省基督教中国化示范基地。全年办理民族宗教事务行政许可事项4件，行政确认事项10件，办理“12345”政务服务热线工单20件。

2023年10月31日，基督教天河堂被广东省民族宗教事务委员会评为广东省基督教中国化示范基地

（朱雄伟 摄）

【民营经济统战事务】 2023年，天河区打造广州市首个区级政企沟通服务中心，建立“一会两员三联四日”工作制度；联动15个市、区政府职能单位建立政企沟通机制，召开天河区重点企业服务座谈会，联合区检察院成立“检联益企”工作站。选拔100余名优秀民营企业家参加“天河同舟大学堂”培养计划。举办“关于当前外经外贸形势的判断”等主题沙龙活动，累计组织“四日”活动、IT＋金融产业高质量发展专题活动等20场。组织区内企业家到广东省梅州市、兴宁市和福建省龙岩市永定区考察，发动企业与贵州省毕节市纳雍县6个村进行结对帮扶。落实“百县千镇万村高质量发展工程”，向对口联系的河水社区居委会捐赠办公桌椅，协调主席企业资助同仁天兴学校更换教室课椅。区工商联被评为2022—2023年度全国、广东省“五好”县级工商联，天园街道商会被评为2023年广东省工商联系统“四好”商会，冼村、兴华街道商会分别被评为广州市AAAAA、AAA级社会组织，109家会员企业被评为2022年度广州市劳动关系和谐企业。

【非公党建事务】 2023年，天河区构建“党建＋统战”融合互促工作格局。加强上市公司、外资企业、物流快递、新兴业态等行业党建，采取单独组建、联合组建等方式逐步实现商务楼宇、商圈市场、众创空间、孵化器等区域党组织覆盖。全区累计建立非公企业党组织927个，党员11996名，其中2023年新建党组织82家，8家党组织被评为广州市非公有制经济组织“双强六好”标杆党组织，17家党组织被评为广州市非公有制经济组织“双强六好”党组织，12人被评为广州市非公有制经济组织“党员先锋示范岗”，19人被评为广州市非公有制经济组织党务工作标兵，5人被评为广州市非公有制经济组织党建之友。发动企业党组织参与广州市非公经济组织党员教育电视片作品征集比赛，获一等奖1个、二等奖3个、三等奖2个。成立人工智能产业链大党委，构建人工智能产业链党建“1＋3＋N”体系，由天河科技园党委牵头，联动佳都集团党委、广东省人工智能产业协会党支部和时代E—park园区党支部，带动区域范围内N家企业，实行理论共学、阵地共享、项目共办、人才共育、发展共助、园区共治“六共”模式。

【港澳台事务】 2023年，天河区制定出台《广州市天河区深化支持港澳青年创新创业高质量发展实施办法》，构建以天河区港澳青年之家作为港澳青年服务前台、区支持港澳台青年来穗创新创业专项小组作为支撑后台的港澳青年全链条需求对接服务体系，推动天河成为广州市拥有最多港澳青创基地、最多港澳青创项目的区。天河区累计创建13家港澳青创基地，孵化927个港澳台项目，吸引1347名港澳青年到天河创业就业。在粤港澳大湾区（广东）创新创业孵化基地率先设立广州市首个创孵基地公共法律服务工作站。澳门青年乡村振兴协会在天河设立湾区协作中心，2家港澳青年创办企业向天河区对口帮扶地区投资超过1亿元。构建粤港澳大湾区（广东）创新创业孵化基地“一站式”双创孵化服务体系，输出“港式澳式”特色创业服务，新引进优质港澳项目68个。举办首届暑期青创嘉年华、城市土地学会大湾区年会、粤港澳大湾区学校领导力系列论坛、台湾创业青年高峰对话论坛、港澳青年就业创业湾区行等重要招商宣传和港澳台青年交流活动146场。推动区供销联社下属沙河供销社与台商签订高山乌龙茶合作协议。全年接待台湾亲民党主席宋楚瑜一行等台湾参访团14批次410人次。

【海外统战和侨务】 2023年，天河区开展“为侨服务 你我同行”活动，联合辖内知名律师事务所组建天河区为侨法律服务团，开展侨法宣传、侨益维护等工作。组织侨界代表与区“五侨”单位成员参观广州华侨博物馆和广东侨批历史文化展，发动4300名中学生参与世界华人学生作文大赛，累计提交参赛作品298份。广州欧美同学会天河分会完成换届，暨南大学国际关系学院教授、海国图智研究院院长陈定定当选为天河分会会长。举办“凝聚侨心侨智侨力，助推天河高质量发展”新侨创新创业活动，在棠下智汇Park打造天河区新侨创新创业基地，筹备成立“新侨培育计划”智库，探索“地方＋高校＋基地”的“侨智联盟”工作模式。在棠下智汇Park建设广东省首个新侨政协委员工作室，棠下智汇Park被评为广东省侨联第三批共建“南粤侨创基地”。区侨界青年、合图教育科技集团董事长刘峰和广州智汇集团有限公司总裁谭浚伟被评为全国归侨侨眷先进个人，后者还被评为第四届世界广府人十大杰出青年。

（区委统战部）

机构编制

【概况】 2023年，天河区加强机构编制管理，持续深化改革创新，优化机构职能配置，推动机构编制工作高质量发展，为全区经济社会发展提供体制机制保障。全年天河区委机构编制委员会办公室（以下简称“区委编办”）印发穗天编字文件30份、穗天编办文件10份，办理实名入编665人次。

【机构改革】 2023年，天河区学习领会党和国家关于做好地方机构改革组织实施工作的决策部署，实地调研涉改部门和街道，听取改革意见建议。对标党和国家机构改革方案梳理天河区涉改单位范围，提出改革期间机构编制、干部人事工作的办理意见。起草《广州市天河区机构改革方案（稿）》《广州市天河区街道调整优化机构设置和管理体制方案（稿）》和《广州市天河区议事协调机构优化调整方案（稿）》，统筹优化重点领域机构设置和职能配置，调整完善基层治理体系，精简规范议事协调机构设置，规范机构编制管理。提出“百县千镇万村高质量发展工程”指挥部办公室实体化设置方案，构建指挥体系和工作体系。完成国防动员体制改革，调整完善区国防动员委员会设置。推进区疾病预防控制体系改革，在区卫生健康局挂牌设立区疾病预防控制局，强化疾病预防控制行政职能。持续深化街道体制改革和综合行政执法体制改革，理顺森林防灭火体制机制，加强人民政协、党管人才、营商环境、巡察、政务公开等领域机构编制保障，持续构建优化协同高效的机构职能体系。

【机构编制保障】 2023年，天河区优化区域教育布局，设立广州市天河区智谷第一实验学校，广州市天河区高塘石小学更名为“天河区华阳教育集团高塘石小学”。完成省级统筹周转空编衔接调整工作，推动天河区2022学年公办中小学校达到国家基本编制配备标准。建立中小学校党组织领导的校长负责制，规范全区公办中小学校领导职数设置。会同区文化广电旅游体育局开展街道公共文化服务工作调研，督促街道调整公共文化服务职能分工，整合业务和工作力量，建立机关科室和有关事业单位工作联动机制，保障辖区居民群众的公共文化服务需求。

【事业单位法人登记监管】 2023年，天河区加强事业单位法人登记监管，年报报送完成率100%，组织“双随机、一公开”抽查，加强事中事后监管。建立应注销未注销事业单位工作台账，解决历史遗留问题，督促61个事业单位完成注销。完成150个科教文卫类事业单位章程备案，促进事业单位规范运作。

【机关绩效考核】 2023年，天河区开展2022、2023年度机关绩效考核，重点考核贯彻落实中共中央决策部署和习近平总书记重要讲话、重要指示精神落实情况，建立完善考核评价工作机制。印发《天河区机关绩效考核工作办法》《天河中央商务区管委会天河科技园管委会招商引资和企业服务专项考核办法》，以考促进、以考促干。

【编外人员管理】 2023年，天河区将编外人员规范管理与深化街道体制改革、党建引领城中村治理、“百县千镇万村高质量发展工程”等工作衔接配套，坚持总量控制、有保有压、统筹使用、规范管理的基本原则，起草完善《规范和加强编外人员管理的意见》《编外人员规模管理实施方案》《基层整合各类辅助力量实施方案》等系列文件，推进机关事业单位编外人员规范管理。（蔡文君）

区直属机关党建

【概况】 2023年，中共广州市天河区直属机关工作委员会（以下简称“区直属机关工委”）管辖党组织543个，其中党委25个、党总支28个、党支部490个。有党员10441名，其中在职党员7331名，离退休党员3109名。全年发展党员75人，其中35岁以下党员49人，女党员40人；预备党员转正97人。指导、审批124个机关和事业单位党组织改选、补选工作。完成879人次党员组织关系接收、迁转。

【机关党的政治建设】 2023年，区直属机关工委组织机关各党组织及时跟进学习习近平总书记最新讲话精神，专题学习党的二十大、习近平总书记视察广东重要讲话、重要指示精神等。全年区直机关党组织开展党组织书记、党务干部、党员各类培训1550场次，累计培训38120人次。组织学习中央和省、市、区委关于意识形态文件精神，全年组织理论学习中心组集中学习12次，委务会学习11次，“三会一课”学习26次。与区委老干部局、区国家档案馆联合举办读书班7期，举办区机关“笃学致远讲堂”深入学习习近平新时代中国特色社会主义思想的世界观和方法论、习近平总书记视察广东重要讲话精神等专题辅导讲座。开展联学共建，组织机关党务干部、工会、团委、老干部党员代表及街道、村居党员代表参加专题讲座，机关带基层、党建带群建，带动村居基层党员干部开展主题教育政治理论学习。

【机关党的组织建设】 2023年，区直属机关工委指导下属党组织按规定配齐书记、副书记、委员23人次，督促17个党组织按期换届。优化推进党组织书记抓基层党建述职评议考核，落实支部评星定级方案。结合主题教育开展“立足岗位作贡献”“我为天河发展献计策”“天河先锋、学在身边”活动。天河与福建省龙岩市永定区举办党组织书记培训班。开展“深学笃行党建思想 带头走好第一方阵”党组织书记培训，重走习近平总书记视察广州“中小企业能办大事”

先行示范馆、地铁红色羊角党建基地等。举办“学思想强党务 走好第一方阵”区直机关党务干部培训班。推选项目参加省市机关工作创新大赛，获市二等奖、三等奖，区直机关工委连续三年获优秀组织奖。

【机关党风廉政建设】 2023 年，区直属机关工委创新基层机关作风评议方式，构建全新评议平台，简化操作方式，扩大基层评议参与面，提高评议效率，节约评议成本。74 个被评议机关平均得分 95.25 分，满意率 84.79%，基本满意率 15.2%。结合主题教育整改整治工作，系统梳理推动发展、调查研究、巡视巡察、党建述职考核等方面存在的问题并制定整改措施，通过召开座谈会、现场调研、谈心谈话等方式调研，举办调研成果交流会，解剖式调研正、反典型案例。组织开展纪检监察干部队伍教育整顿学习教育工作，以政治教育、党性教育为重点，开展思想政治教育和纪律警示教育。持续开展纪律教育学习月活动，组织机关支部在职党员集中观看警示片、进行“党员随身微教育”。与天河艺苑举办“天河区清风书画展”。

【学习型机关建设】 2023 年，区直属机关工委开展“学习党的二十大精神 团结奋斗新时代新征程”深化学习型机关建设专项工作，打造区机关学习宣传园地，以展板和 LED 屏幕为载体，通过 6 个板块展示天河区各街道和 21 个部门学习贯彻党的二十大精神、主题教育的亮点成效。编印 10 期《天河区学习型机关建设简报》，宣传各单位在深化学习型机关建设中的工作动态、典型事迹、创新经验、工作成效。联合区委组织部、区委宣传部举办天河区“以学铸魂强党性 竞标争先建新功”党的二十大精神知识竞赛。

【“百个机关支部联百村居”行动】 2023 年，区直属机关工委推动机关党支部与社区党组织结对共建，协同开展综合整治、文明宣传、商议大事、落实政策、解决难事等“五协同”活动 600 多次，1900 多人次参与。组织部分机关党组织向挂点联系的车陂街 10 个村居党组织赠送政治理论、党建业务和高质量发展等主题学习书籍及书法作品，共建党群服务中心和阅览室。联合机关、群团、街道社区党组织在车陂街慧雅社区开展义诊活动及婚姻家庭、预防青少年违法犯罪等宣传咨询，建设“家门口”式服务驿站“青护驿站”。组织机关党组织走访慰问社区重点关爱人员。

【“第一书记领学 社区头雁争先”活动】 2023 年，区直属机关工委与区委组织部联合举办“第一书记领学社区头雁争先”活动。组织 80 多位城中村社区第一书记、书记（主任）助理前往车陂街、凤凰街现场调研党建引领城中村治理情况，召开工作交流分享会，持续做好党群“连心桥”、机关和社区的“传送带”、社区头雁“引路人”，切实把党的政治优势、组织优势转化为基层治理效能。

（戴继红）

老干部事务

【概况】 2023 年，天河区有离休干部 11 人，易地代管离休干部 5 人；市管退休干部 54 人；区管副处级以上退休干部 1027 人。

【离退休干部党组织建设】 2023 年，中共广州市天河区委老干部局（以下简称“区委老干部局”）组织离退休干部召开“话传统、谈复兴、聚力量”专题调研座谈会。开展“思想的力量”——天河区老干部学习宣传贯彻习近平新时代中国特色社会主义思想“宣讲进社区”活动。组织老干部学习《关于加强新时代离退休干部党的建设工作的意见》。联合区委组织部印发《关于推进街道（社区）“老党员之家”建设全覆盖工作通知》。举办离退休干部党支部书记培训班，为离退休干部党支部配备在职党员作为联络员。落实离退休干部党支部书记、副书记、委员工作补贴制度。选派老干部担任民办学校党支部党建指导员和非公企业党建指导员。广州市第七十五中学被评为广州市“银映红棉”示范离退休干部党支部。

【离退休干部待遇】 2023 年，区委老干部局为离退休干部党支部订阅《广东老干部政治理论读本》。组建“银龄健康卫士”志愿服务队，举办健康宣讲进社区启动仪式暨“健康天河”走基层义诊活动。在广州市率先完成离休干部居家适老化改造，落实“一人一策”精准服务，协调社区卫生服务中心为离休干部配送药品。优化提升“乐享晚晴”离退休干部服务管理工作品牌，为 23 位老干部提供“到户式”服务，增加送学上门服务。完成 36 名退休人员转隶和智慧系统数据迁移工作。做好 51 名企业离退休干部 2022 年度拉平补差发放工作，慰问去世离退休干部家属 29 人次，及时发放离休干部遗属生活困难补助。开展特困帮扶 1 人次，发放帮扶资金 5000 元。

【老年大学建设】 2023 年，天河区老年大学与广州市老年大学签订合作办学协议，成为广州市首批挂牌的区级分校。4 月，区老年大学恢复线下教学，开设科普、语言、艺术、保健四大门类课程共 21 个学习班，招收学员 542 人次，外请教师 16 名。设立广州老年大学天河分校嘉禧分教点，根据分教点及各街道社区老年人的学习需求，开展送精品课程进社区活动。举办天河区老干部“红歌颂党恩”歌唱大赛、“幸福天河　多彩重阳”2023年广州老年大学天河分校教学成果展。组织模特队编排走秀节目《情结中国》并参加“银映红棉出新彩”2023年广州市老干部文艺会演。组织乒乓球队参加2023年广州老干部乒乓球比赛获体育道德风尚奖。开展精品演出送基层活动，在社区进行文艺表演。完成区老年大学中心八楼演讲厅及书画课室信息化升级改造。

【关心下一代工作】 2023年，天河区关心下一代工作委员会联合浦发银行天河北支行开展挥春送福活动。组织“五老”志愿服务队到岭南中英文学校、银河小学、科韵路小学开展“五老携手红领巾，红色文化进校园”活动。联合爱心企业建立“启智　播爱”培训教育基地，无偿向青少年提供民乐、书画、国学等课程。联合区科学技术协会开展“童心永向党　共筑航天梦”青少年科普教育活动。联合区归国华侨联合会举办“为侨服务　你我同行”活动。联合区工商业联合会开展“同心助学　情暖天河”活动，募集善款20万元。（刘孟霞）

党校工作

【概况】 2023年，中共广州市天河区委党校（以下简称“区委党校”）学习贯彻党的二十大，习近平总书记视察广东重要讲话、重要指示精神和在中央党校建校90周年庆祝大会上重要讲话精神，推进学习贯彻习近平新时代中国特色社会主义思想主题教育，推动干部培训、思想引领、理论建设、决策咨询等各项工作。

【党校业务培训】 2023年，区委、区政府主要领导为正处级领导干部学习贯彻党的二十大精神专题培训班作开班和结业专题辅导。开设新提拔处级科级领导干部、区直机关党组织书记、社区党组织书记及村改制公司党组织第一书记和董事长、社会组织党组织书记等培训班26期，培训学员3458人次，并首次作为全国新录用公务员初任培训班分课堂。举办2023年度基层党校业务培训班，开展送教到基层活动29场次，培训基层党员群众2220人次。全年各基层党校组织培训409场次，培训党员干部35363人次。

【党校教学管理】 2023年，区委党校健全完善“一中心、两带来、三维度、四方法”教学体系。“一中心”即巩固党的理论教育和党性教育在主业主课中的中心地位，主体班理论教育和党性教育占比超过50%。“两带来”，指坚持务实管用、按需施教，收集思想理论问题13个、热点问题16个。“三维度”，指系统开设领导干部专业能力提升课程，推动理论教育、党性教育与专业化能力培训融合。“四方法”，指灵活使用研讨式、案例式、模拟式、现场式等互动式教学方法，邀请省市区领导干部授课26人次，教学效果测评满意率达98%以上。编印《领导干部应知应会知识学习手册》。开发现场教学点4个，累计18个，北京市委党校调研天河区现场教学点建设。开展街道党校年度办学质量评估，天园街被评为“广东省百个镇街党校示范点”，猎德街道党校等5个街道党校获市优秀等次。

【党校科研咨政】 2023年，区委党校“关于推动来穗港澳青年更好融入粤港澳大湾区发展的建议——以广州市天河区为例”课题首次通过市2023年度新型智库及党建研究基地（中心）课题立项，获市结项评审优秀等次。“天河区深度融入粤港澳大湾区建设的现状及策略研究”等研究报告入选粤港澳大湾区学术研讨会、“广州高质量实现老城市新活力”学术研讨会。学员撰写《天河区党建引领城中村治理的实践探索与路径思考》《天河区城中村治理调研报告》《坚持抓好城中村环境综合治理，提升管理精细化水平，促进环境高质量发展——以天河区城中村环境综合治理实践为例》《制造立市背景下天河区都市工业发展思路研究》等45篇调研论文。围绕党的建设、干部培训、作风建设等方面，精选正反面案例开展各类调研，形成专题报告6份。

【党校对口合作】 2023年，区委党校贯彻落实习近平总书记关于革命老区振兴发展的重要讲话和重要指示批示精神，围绕区委、区政府中心大局与中共福建省龙岩市永定区委党校开展对口合作。是年3月，天河区党政代表团到永定区开展对口合作，并在永定区委党校挂牌成立天河区干部教育培训基地。两地党校签订协议，加强教学培训、人才培养、决策咨询等方面资源共享与合作，打造“湾区＋老区”对口合作典范。天河区累计到永定举办培训班11班次、培训529人次；龙岩市永定区、肇庆市广宁县组织来天河开展教学活动8班次、培训336人次。（陈媛）

广州市天河区人民代表大会

综述

【概况】 2023年，天河区人民代表大会常务委员会（以下简称“区人大常委会”）组织召开常委会会议13次，听取审议各类报告42项，开展专题询问2次、满意度测评8项、重点调研监督22项、执法检查8项，备案审查规范性文件8件，依法作出决议决定10项，依法任免国家机关工作人员118名，完成天河区十届人大三次会议确定的目标任务。区人大常委会被确定为广东省唯一的全国人大常委会预算工委基层联系点；人大石牌街道工委被确定为省人大社会建设工作基层联系点；天园街道东晖片区人大代表联络站被评为第六届广东省县乡人大工作暨首批广东省人大代表联络站示范站建设创新案例和2022年度广州市十大优秀人大代表联络站。2023年6月5日，《人民日报》要闻版以“代表寻线索 高效解难题”为题，对天河区代表“随手拍”履职平台进行专题报道。

【人大代表构成】 截至2023年年底，天河区有人大代表336人。其中，男性代表223人；中共党员代表229人；妇女代表113人；少数民族代表2人；具有本科及以上文化程度的代表296人。

重要会议

【天河区第十届人民代表大会第三次会议】 2023年3月2—3日，天河区第十届人民代表大会第三次会议召开。大会主席团常务主席、执行主席、区人大常委会主任蓝小环主持大会开幕式和闭幕式。区委副书记、区长陈建荣向大会作工作报告。会议表决通过《关于天河区人民政府工作报告的决议》《关于天河区2022年国民经济和社会发展计划执行情况与2023年计划的决议》《关于天河区2022年预算执行情况和2023年预算的决议》《关于天河区人民代表大会常务委员会工作报告的决议》《关于天河区人民法院工作报告的决议》《关于天河区人民检察院工作报告的决议》。投票表决区2023年民生实事项目。

2023年3月2—3日，天河区第十届人民代表大会第三次会议召开

（何静雯 摄）

【区人大常委会会议选录】 2023年，区人大召开常委会会议13次，选录其中5次。

1月17日，区十届人大常委会召开第十六次会议，会议决定任命焦志伟为天河区人民政府副区长。听取和审议区教育局、区民政局、区住建园林局、区商务金融局、区应急管理局等政府组成部门工作情况报告，并进行工作满意度测评。听取和审议《区人大常委会2022年规范性文件备案审查工作情况报告》《区人大常委会关于检查〈广东省燃气管理条例〉实施情况的报告》《代表资格审查委员会关于天河区第十届人民代表大会代表的代表资格审查报告》。

2月27日，区十届人大常委会

召开第十七次会议，决定任命吴奕武为天河区人民检察院副检察长、检察委员会委员、检察员。会议听取和审议“一府两院”《关于区十届人大一次、二次会议代表建议办理情况的报告》《区政府、区法院关于区十届人大二次会议重点督办代表建议办理情况的报告》《关于天河区 2021 年国有自然资源资产管理情况的报告》《关于 2022 年十件民生实事完成情况的报告》《广州市天河区 2022 年国民经济和社会发展计划执行情况与 2023 年国民经济和社会发展计划草案的报告》《广州市天河区 2022 年预算执行情况和 2023 年预算草案的报告》。听取和审议区人大常委会《广州市天河区人民代表大会常务委员会工作报告（审议稿）》，决定区十届人大三次会议有关事宜。

3 月 27 日，区十届人大常委会召开第十八次会议，会议听取和审议《关于区十届人大三次会议代表提出的建议整理情况的报告》，并向区政府、区法院、区检察院交办区十届人大三次会议代表所提的议案建议。听取和审议《天河区人大常委会关于检查〈广州市绿化条例〉实施情况的报告》。听取和审议区政府关于大气污染防治工作情况的报告，并开展专题询问。通过人事任免事项。

7 月 5 日，区十届人大常委会召开第二十次会议，会议听取和审议《关于天河区第十届人民代表大会代表出缺情况的报告》；审议通过《关于补选和另行选举天河区第十届人民代表大会代表的方案及选举办法（草案）》。听取和审议区政府《关于垃圾分类及生活垃圾收运处置情况的专项工作报告》，并进行满意度测评。听取和审议区政府《关于推进医疗卫生服务体系建设情况的报告》，并开展专题询问。通过人事任免事项。

10 月 19 日，区十届人大常委会召开第二十五次会议，会议听取和审议《2022 年天河区预算绩效管理情况的报告》《天河区 2022 年财政决算（草案）的报告》《天河区人民政府关于 2022 年度区级预算执行和其他财政收支的审计工作报告》《广州市天河区国土空间总体规划（2021—2035 年）（审议稿）》、区政府关于《天河区贯彻实施〈中华人民共和国未成年人保护法〉情况的专项工作报告》。通过人事任免事项。

【区人大常委会主任会议选录】 2023 年，区人大常委会组织召开常委会主任会议 31 次，选录其中 3 次。

3 月 10 日，区十届人大常委会第三十六次主任会议召开，会议听取和审议《天河区人大代表履职能力提升专题培训班工作方案》；研究部署区人大常委会负责人“大抓项目、抓大项目”对口联系服务重大项目有关工作；审议人事事项。

6 月 20 日，区十届人大常委会第四十六次主任会议召开，会议听取和审议《关于围绕推进绿美天河生态建设和高质量发展开展“更好发挥人大代表作用”主题活动的实施方案》《关于 2022 年度有关奖励资金拨付方案的报告》《关于补选和另行选举天河区第十届人民代表大会代表的方案及选举办法（草案）》《天河区人大常委会关于合流渠箱清污分流工作情况的专题调研报告》；审议人事事项。

11 月 15 日，区十届人大常委会第五十八次主任会议召开，会议听取和审议区法院《关于诉前联调工作情况的报告》《关于 2023 年区十件民生实事 1—10 月跟踪监督情况报告》《关于调整 2023 年度监督工作计划部分事项的报告》《关于我区围绕支持〈南沙方案〉落地落实，就加强平台、科技创新、人才政策协同发展情况专题调研报告》；审议人事事项。

人大监督

【财政经济工作监督】 2023 年，区人大常委会打造人大预算审查监督的“天河样本”。通过组织代表提前介入预算审查监督工作、听取被审单位年中预算执行情况汇报，审议区政府年终决算报告、单位决算书面报告，强化资金使用绩效监督。完善预算联网监督系统功能模块，通过建立预算执行红黄灯预警功能、编印月分析报告、拓展代表参与等方式，不断增强预算审查监督的针对性、规范性和实效性，促进预算编制、执行、调整和决算更加精准。加强对审计查出问题整改、政府债务管理、国有资产管理等工作的监督，推动解决区城管大楼干部职工宿舍产权办理等问题。

【城区发展环境监督】 2023 年，区人大常委会聚焦绿美天河生态建设开展监督。分专题、分流域、分层次开展排水单元达标、合流渠箱清污分流、碧道建设、小微水体治理、华南国家植物园周边治理等调研监督 10 余次，推动解决车陂路转广园路内涝治理项目施工用地难等“卡脖子”问题 11 个，助力 73 条合流渠箱实现全部“开闸”。

【民生福祉监督】 2023 年，区人大常委会聚焦民生实事开展监督。坚持年初问计划定分工、年中问进度促落实、年末问结果增实效，推动 2023 年十件民生实事项目完成。通过对医疗卫生服务体系建设情况开展专题询问，推动天河区中医医院智谷院区（区老人院医护楼）投入使用。专题调研天河区《广州市青年创新创业促进条例》实施情况，推动政府及相关职能部门开展天河青年创新型城区建设。

【法律法规实施情况检查】 2023 年，

区人大常委会发挥人大执法检查“法律巡视”作用。综合运用代表视察调研、召开代表议事会、约见国家机关负责人等方式，检查《广州市供用电条例》《广州市物业管理条例》《广东省燃气管理条例》等法律法规实施情况。全年执法检查规范全区城中村和219个产业园区、商业综合体等转供电收费行为，推动住宅小区新成立业主组织149个、沙东新村和长湴村等城中村铺设燃气管道74千米、陶育路片区等老旧小区管网更新16.01千米。

【“百千万工程”监督】 2023年，区人大常委会开展留用地历史遗留问题调研监督，持续跟踪督促相关职能等部门加快留用地审批程序，全年推动全区62.4亩留用地指标兑现，263.5亩正在开展用地手续办理，其中已落实选址并启动用地报批组卷的233.5亩。专题调研天河区现代都市工业发展情况、高质量发展系列政策落实情况并提出意见建议。

代表工作

【代表履职】 2023年，区人大常委会制定《代表“随手拍”反映事项办理工作管理办法》，引导代表通过照片等方式随时随地反映群众诉求，推动政府职能部门第一时间办理并反馈代表。全年代表通过“随手拍”反映社情民意1686件，办结率超过90%，相关经验做法获《人民日报》《中国人大》杂志登载。对全区52个代表联络站编号赋码，422名各级人大代表全部编组进站，群众既可以进站反映问题，也可以通过扫码找代表反映问题，实现“民意码上说、实事马上办”。“民意码上说、实事马上办”相关经验做法被央视新闻客户端《有事好商量》栏目制作专题片播出。深化代表联络站“三化”建设，东晖片区人大代表联络站在广东省首批人大代表联络站示范站建设创新案例评选活动中位列第一名，被评为广东省县乡人大工作创新案例。组织开展“人大代表联动、百家民营企业调研”活动，梳理提出6个方面236个问题送区政府研究处理。全年组织各级人大代表参与进社区活动，接待或走访群众2998人次，收集群众意见建议1511件，推动解决问题1373个。持续实施《代表履职登记积分细则》，举办人大代表履职能力提升专题培训班4期。邀请39名人大代表列席常委会会议，组织1226次各级人大代表参与常委会调研视察、专业小组活动等。是年，3名人大代表履职案例入选省、市人大十大代表履职优秀案例。

2023年5月25日，广州市人大常委会研究室邀请中央及省、市媒体记者到天河区开展“全过程人民民主在广州”调研采访活动　（何静雯　摄）

【代表议案建议】 2023年，区人大常委会督办重点建议6件：《关于进一步加强对电动自行车驾驶人员安全教育的建议》《关于解决珠江新城西部住宅小区缺少便民菜市场问题的建议》《关于加强燃气规划有力推进天河区老旧小区和城中村管道燃气设施建设 确保燃气安全的建议》《关于大力发展都市工业激活高质量发展新动能的建议》《关于石东村域城中村治理工作的建议》《关于推进“一平米”青少年学习空间公益改造项目的建议》。全年协调、交办代表建议、“随手拍”、“民意直通车”等各种形式的代表意见建议近1910件，比2022年增长298.75%。

人大工作委员会

【法制工作委员会】 2023年，区人大常委会法制工作委员会商请省、市、区人大代表担任猎德、天河南两个市人大常委会基层立法联络站站长、副站长。邀请30多名群众担任立法意见建议义务收集信息员。通过“天河人大”公众号“立法参与”专栏，发动各级人大代表对相关法律法规草案提出意见建议。指导猎德、天河南街道人大工委深化拓展基层立法联络站功能。加强对区法院和区检察院工作的全面监督。加强对区政府依法履职监督。跟踪监督《广州市供用电条例》落实情况。配合上级部门做好执法检查工作。主动审查报备的规范性文件。

【预算工作委员会】 2023年，区人大常委会预算工作委员会贯彻实施《中华人民共和国预算法》及实施条例、《中华人民共和国监督法》等法律法规，落实全国、省、市人大的决策部署和区人民代表大会会议决议，对预算审查工作、财政收支情况、国企改革和政府债务情况等开展调查研究，掌握全区经济运行情况，调查结果及处理意见向主任会议报告。协助区人大常委会会议听取和审议国民经济发展计划、财政预算草案及执行情况、财政预算执行情况及其他财政收支的审计结果报告。全年承办人大常委会会议议题 14 项，开展参与式预算审查、招商引资、专项债券、惠企政策、重点督办建议、十件民生实事等专题调研工作 6 项，跟踪监督部门预决算、审计及审计整改、绩效评价、国有资产等工作 5 项，召开财经委会议 7 次，组织各类代表调研座谈活动 20 多次。

【城乡建设环境与资源保护工作委员会】 2023 年，区人大常委会城乡建设环境资源保护工作委员会开展专题调研 12 项、执法检查 3 项、专题询问 1 项，听取审议政府工作报告 2 项，进行满意度测评 2 项，审议区政府对常委会审议意见落实情况报告 8 项，起草并向区委报送、向区政府印送调研报告、执法检查报告、审议意见等书面材料 20 件，组织开展代表议事会 30 余场次。发动人大代表、专（工）委委员通过“天河人大”公众号“随手拍”反映问题。推动城乡建设环境资源领域的 1400 余个“随手拍”问题得到解决。调研广州国际金融城起步区花城大道西段、规划二横路施工用地内部路段、南方财经大厦和起步区建设指挥部，到天河科技园专题调研天河智慧城高质量发展工作推进情况，起草调研报告报送区委。

【教育科学文化卫生工作委员会（华侨外事民族宗教工作委员会）】 2023 年，区人大常委会教育科学文化卫生工委（华侨外事民族宗教工委）围绕天河经济社会发展大局和民生重点，实行正确监督、有效监督、依法监督，协助人大常委会听取和审议区政府《关于天河区推进医疗卫生服务体系建设工作情况的报告》《关于天河区教育医疗重点建设项目推进情况报告》。监督 2023 年对口民生实事项目实施情况，推动天河区中医医院智谷院区（区老人院医护楼）投入使用。全年开展专题调研 4 项，专题询问 1 项，协助常委会听取报告 2 项，督办代表建议 43 件（其中含重点督办建议 1 件），组织开展调研与视察 19 次，走访区职能部门、学校、社区卫生服务中心、企业等 38 次。

【农村农业工作委员会】 2023 年，区人大常委会农村农业工作委员会围绕村集体留用地历史遗留问题开展调研，跟踪留用地兑现办理进展，完成兑现留用地指标。实地调研街道及辖内村改制公司，形成《关于天河区村集体经济高质量发展情况专题调研报告》。到天河智慧农业公园、天河精品农业公园及潮农公社天空农场实地调研都市农业项目运营情况，形成《关于天河区美丽村居建设及都市现代农业发展情况专题调研报告》。围绕区供销合作社消费帮扶及可再生资源回收利用等方面工作情况开展调研，形成《关于天河区供销合作社工作情况的报告》。重点督办代表建议《关于石东村域城中村治理工作的建议》。开展《中华人民共和国乡村振兴促进法》《广东省乡村振兴促进条例》执法检查相关工作。

【社会建设工作委员会】 2023 年，区人大常委会社会建设工作委员会开展天河区就业服务工作情况专题调研、《广州市青年创新创业促进条例》贯彻落实情况专题调研、区人才服务工作情况调研、区贯彻实施未成年人保护法情况调研、政府部门工作满意度测评前期调研。持续督办十届人大二次会议重点督办建议，推动区老人院医护楼建设项目一期基建改造工程完成。按时办结十届人大三次会议《关于推进“一平米”青少年学习空间公益改造项目的建议》的重点督办建议。开展《广东省文明行为促进条例》执法检查。协助省、市、区三级人大代表为辖内孤儿和事实无人抚养儿童、低保户捐款捐物。制定《天河区人大常委会关于推动家庭经济困难学生资助工作方案》，倡议资助辖区患有心理疾病且经济困难的学生。

【代表工作委员会】 2023 年，区人大常委会代表工作委员会组织 409 名人大代表进街道代表联络站，接待或走访群众 2997 人次，收集群众意见建议 1511 条，推动解决问题 1373 件。指导代表通过议案系统提交传统代表建议 214 件，通过“天河人大”公众号“随手拍”提交代表建议 1686 件，通过“民意直通车”提交代表建议 10 件。各街道人大代表联组共组织代表接待选民群众活动 328 次，接待选民群众 515 人次，收集意见建议 198 条，开展代表向选民述职活动 24 次，有 70 多名代表向选民群众作履职报告，21 个街道联组督办 157 件代表建议。全年依法任免国家工作人员 116 名，人民陪审员 1 名；接受 14 名区代表辞职，3 名市代表辞职。组织补选 21 名区人大代表。（何静雯）

广州市天河区人民政府

综述

【概况】 2023年，天河区以习近平新时代中国特色社会主义思想为指导，深入学习贯彻党的二十大精神，全面贯彻中央决策部署和省委省政府、市委市政府工作部署，在区委的领导下，全力以赴拼经济、抓项目、促发展。是年，天河区经济总量位居全国各区（县）第六，被评为2023企业家幸福感最强区，连续3年位列赛迪全国创新百强区第三，第四次被评为“中国最具幸福感城区”。全年实现地区生产总值6551.3亿元，比2022年增长5.1%，占广州市的21.6%。新引入持牌金融机构21家，新增软件业营收百亿元级企业1家、十亿元级企业5家；现代服务业、数字经济核心产业增加值分别占地区生产总值71.3%、22.2%，占广州市的31.6%、37.3%。兑现各类惠企政策资金约14.4亿元，全区新增企业超10万家，占广州市的27.3%，总数突破55万家；新增“四上”企业1279家、总数8602家。实现税收收入862.3亿元，一般公共预算收入82.8亿元。实现社会消费品零售总额2152.8亿元，增长6.4%；完成固定资产投资703.8亿元，增长20%，增速居广州市首位。

【民生实事项目】 2023年，天河区人民政府完成10项重点民生实事：改善非机动车交通出行环境、公立医院提质扩容建设工程、新增基础教育公办学位、加强就业服务保障、免费为老年人接种23价肺炎球菌疫苗、增加保障性租赁住房供给、加强食用农产品安全监管、更新改造城市燃气老化管道、美丽碧道建设工程、建设天河区少年宫新校区。

【重点领域改革】 2023年，天河区实施营商环境6.0改革、数字政府2.0改革，被评为赛迪投资竞争力百强区全国第二。区政务大数据平台上线运行。天河中央商务区、天河智慧城纳入广东省数据要素集聚发展区，新增9家省数据经纪人、增量广东省第一。与87个地区实现720项高频事项多渠道“跨域通办”。天河“政企＋”服务平台投入使用，打造企业诉求收集、处理、反馈线上闭环，为全区超72万家市场主体提供精细化、个性化服务。创新开展“企业跨界赋能行动”，政府搭台支持企业跨界合作、链接资源、拓展市场。启动天河中央商务区“信用园区”“信用楼宇”建设，“信用＋金融＋创新”体系建设成效显著，16个区级定制化金融产品累计投放较低成本贷款超100亿元。启动新一轮国有企业改革深化提升三年行动，国有资产总额增长36%。

【外事服务管理】 2023年，天河区有外国驻穗领事馆55家（猎德街30家、林和街10家、天河南街9家，冼村街6家）。天河区配合省、市外事部门做好外事接待工作，协助接待国际友人5批、77人次，参与2023年全球市长论坛系列活动筹备工作。开展海外领事保护、涉外安全等工作，及时核实天河区在海外相关国家公民情况并反馈信息给上级外事部门。组团公务出访法国、德国、英国、意大利等国家，与荷兰中国商会、英中商旅文化交流协会、英中商业发展中心等协会机构签订8个合作备忘录，拓展巴西里奥博尼图市和希腊拉斐那市2个国际友好合作交流城区。承办2023年广州国际购物节，举办2023广州国际创新节等大型国际活动。市、区两级继续合作共建广州国际交流合作中心二期项目，依托天河中央商务区国家数字服务出口基地和天河区国家文化出口基地，推动资源深度对接。邀请市委外办专家为企业专题解读APEC商务旅行卡办理、邀请外国人来华等事项，开展RCEP成员国关税减让、原产地规则、海关AEO认证、企业享惠通关实务等政策宣讲，组织企业代表参加专题经贸合作交流会议。推进猎德国际化街区建设，不断完善配套设施，优化公共服务，举办各类文化活动，促进中外文化互鉴和融情交流。（区政府办公室）

重要会议

【区政府议事会议】 2023年，天河

区人民政府组织召开区政府党组专题民主生活会1次、区政府党组会议34次、区政府全体会议2次、区政府常务会议34次、区长办公会议75次，及时研究部署政府各项工作。

【区政府常务会议选录】 2023年，天河区人民政府组织召开常务会议34次，选录其中3次。

2023年3月17日，第十届天河区人民政府第42次常务会议召开，会议同意《广州市天河区行政许可事项清单》。由区政府办公室负责，以区政府名义印发，按程序报市政府办公厅备案，并向社会公布。

2023年9月8日，第十届天河区人民政府第60次常务会议召开，传达学习习近平总书记关于民营经济发展重要论述精神和《中共中央 国务院关于促进民营经济发展壮大的意见》《广州市促进民营经济发展壮大的若干措施》等文件精神，听取区促进中小企业（民营经济）发展工作情况汇报，研究部署下一步工作。

2023年12月22日，第十届天河区人民政府第70次常务会议召开，听取天河区未成年人心理健康保护工作汇报，原则同意《天河区关于加强关爱未成年人心理健康的若干措施（审议稿）》。由区未成年人保护工作委员会办公室（设在区民政局）负责，根据会议讨论意见进一步修改完善并报区政府同意后，以区未成年人保护工作委员会的名义印发，并会同区未成年人保护工作委员会各成员单位组织实施。

【区长办公会议选录】 2023年，天河区人民政府组织召开区长办公会议75次，选录其中3次。

2023年3月29日，区委副书记、区长陈建荣到体育西国控点、体育西横街、跑马地花园现场调研，随后主持召开会议，研究加快推进大气污染防治等工作。

2023年6月30日，区委副书记、区长陈建荣带队到广州希玛林顺潮眼科医院、粤港澳大湾区（广东）创新创业孵化基地现场调研，随后主持召开港澳青年创新创业发展工作座谈会，听取企业代表关于港澳青年创新创业发展的意见建议以及需区政府支持事项，协调解决问题，研究部署相关工作。

2023年10月19日，区委副书记、区长陈建荣主持召开会议，听取区社会信用体系建设领导小组办公室（设在区发展改革局）关于天河区社会信用体系建设工作情况的汇报，协调解决问题，研究部署相关工作。

（赵子杰）

重要文件选录

【《天河区居家社区养老服务管理办法》】 2023年10月31日，广州市天河区人民政府办公室印发《广州市天河区居家社区养老服务管理办法》。该文件包括总则、服务设施、服务供给、服务资助、服务奖补、监督管理和附则共7章47条。依托社区养老服务设施为本区常住老年人提供养老服务向导、助餐配餐、生活照料、定期巡访、辅具租赁、平安通、家庭照护培训、文体教育、居家适老化改造、家庭养老床位、日间托管、临时托养、医养康养、康复护理等基本养老服务，重点为有需求的失能、失智老年人提供服务，以全面构建天河区居家社区机构相协调、医养康养相结合的养老服务体系。

【《天河区加快推进政务服务标准化规范化便利化工作实施方案》】 2023年8月16日，广州市天河区人民政府印发《天河区加快推进政务服务标准化规范化便利化工作实施方案》。该文件包括总体要求、总体目标、推进政务服务全程标准化、推进政务服务全域规范化、推进政务服务全时便利化、全面提升区一体化政务服务平台服务能力、保障措施7个章节，旨在加快转变政府职能、深化“放管服”改革、持续优化营商环境，推进政务服务标准化、规范化、便利化，更大激发市场主体活力，更好满足人民日益增长的美好生活需要。

【《天河区实施市场主体梯度培育三年行动计划》】 2023年3月25日，广州市天河区人民政府办公室印发《天河区实施市场主体梯度培育三年行动计划（2023—2025年）》。该文件围绕深入推进“放管服”改革、积极推进“个转企”、大力推进“小升规”、稳步推进“规改股”、有序推进“股上市”、广泛培育高新技术企业、重点培育“专精特新”中小企业、精心培育“独角兽”企业、着力培育高成长性企业等9个方面提出22项工作任务，旨在优化市场主体培育工作机制，分级分类抓培育，加快建立优质企业梯度培育体系。

（叶子青）

重要活动选录

【2023广州国际创新节】 2023年12月18—20日，2023广州国际创新节在广州图书馆举办。本届创新节围绕“开放融合数智领航”主题，通过榜单发布、主题论坛、科技成果展示、创新“五进”等活动，促进优质创新资源集聚、优质项目和科技成果落地。活动期间召开“产创融合·赋智链企”链长制专题会议，以及“AI与知识产权创新：高质量发展的动力”人工智能专题会议。“创新未来之夜”招商推介交流活动开展“天河优创”获奖企业颁奖、“科普形象大使”颁奖、广州人工智能领域创新成

果颁奖等活动。举行“融智未来：AI赋能千行百业 驱动创新与发展”“坚持创新驱动 扎实推进新型工业化”等5场主题论坛。

【2023广州国际购物节】 2023年9月26日至12月31日，2023广州国际购物节在天河路商圈及各区分会场举办，广州市各大商圈、商业载体、品牌商家、电商平台同步开启消费联动。天河区作为此届购物节主会场联动25家商业载体举办107场主题活动，从创意集市、潮玩赛事、音乐派对、主题艺术展到线上促销活动应有尽有、应惠尽惠，全面激发消费活力。启动仪式举行天河路商圈新增境外旅客购物离境退税商店及离境退税“即买即退”商店颁牌仪式。 （丁永卷）

政务服务

【概况】 2023年，天河区政务服务数据管理局（加挂天河区行政审批局牌子）（以下简称“区政务服务数据管理局”）接待群众171.87万人次，群众满意率99.99%，区政府网站和政务新媒体建设连续四年被评为“优秀”等级，天河区获得市政务服务年度指数榜“效能之星”；“数字政府2.0”改革建设稳步推进，区政务大数据平台上线运营，2023年度广州市公共数据管理能力评估各区第一，天河中央商务区、天河智慧城纳入省数据要素集聚发展区（广州）的核心区建设范畴。是年，在广州市首推“百项解读助万企”、“政务服务体验官”、升级上线“一阅通晓”服务平台、开发“天河e企查”应用等举措，获《人民日报》“南方+”等媒体报道。

【审批服务】 2023年，《天河区加快推进政务服务标准化规范化便利化工作实施方案》印发，明确天河区到2025年政务服务优化发展目标、重点任务和推进路径。开展“百项解读助万企”事项解读行动，针对复杂事项进行办事指南二次解读，通过一问一答、一图读懂、案例讲解、动画讲解等方式直观展示。全年推出六期26篇解读材料，阅读量累计超5万次，包括企业注册登记、档案查询、政策兑现等内容。“创新领航政务服务‘最先一千米’解决企业群众‘办事开头难’”项目被评为2023年度天河区优秀“书记项目”。开设“个转企”“规改股”登记专窗，实行个体工商户注销和升级“两件事、一次办”，放宽登记名称要求，实现即来即办。中央党校（国务院办公厅）专题课题组现场考察调研相对集中行政许可权试点成效，“一枚公章管审批”、优化审批服务等做法被《广东每日汇报》《广东省委依法治省办简报》刊发。

【“一网通办”】 2023年，天河区推动全程网办事项范围和办事体验持续提升，93.2%的材料实现电子化或免提交，87.6%的事项实现全流程电子化办理，办理电子证照166.53万张、调用49.01万次。改版优化“穗好办”天河专区、广东政务网天河专栏，推出涉企经营许可类“一件事”21组，推动“政务云窗”进园区、商圈，新增“政务晓屋”8台，与20个省83个地区实现655项高频事项线上线下多渠道“跨域通办”。依托“穗好办”App，上线天河政务服务地图，提供全区政务大厅智慧导航、等候人数提醒、等候时间预估等智能服务，重构建设统一预约、排队叫号、统一评价（好差评）、自助服务，实现175个事项“红棉码上办”，构建“无感智办”政务服务新模式。

【数字政府建设】 系统谋划部署“数字政府2.0”建设 2023年，先后出台《天河区数字政府改革建设领“十四五”规划》《天河区数字政府改革建设实施方案（2023—2025年）》《天河区数字政府改革建设2023年工作要点》，明确“三网融合、四体支撑”综合架构和重点任务清单、项目列表。“三网融合”指在“一网通办”“一网统管”“一网协同”建设的基础上，推进三网之间的业务融合和创新发展；“四体支撑”指基础设施体系、数据要素市场体系、安全保障体系和运行管理体系四大支撑保障体系；两者相互作用实现政府治理

2023年4月26日，天河区参加广州市第一届市场主体数据分析大赛并获优秀奖 （徐斯亮 摄）

体系和治理能力有机衔接、相融互促的良性循环发展。加强改革实施效果评估，开展区数字政府改革建设“十四五”规划中期评估工作和相对集中行政许可权试点实施后评估工作，全面检视和总结实施进展，提供优化建议。

数字赋能经济社会发展　更新区政务信息资源共享服务平台“一张图”，接入全区6万余个视频监控并实现地图打点，上报重点场所视频资源1670路，实现区、街、社区全覆盖。试点推进区人口基础数据分析应用系统赋能基层人口数据排查，实行区城中村数据汇聚和质量评价通报机制，建成区城中村治理专项数据库，收集城中村“人、屋、车、场、网”数据121项1.148亿条。完善“穗智管”天河区级分平台，上线试运行城市运行、应急处置等城中村治理11个专题数据主题看板，建成企业政务服务信息等4个共享开放应用场景。推动数据要素配置市场化改革，天河中央商务区、天河智慧城纳入省数据要素集聚发展区（广州）的核心区建设范围，密切联系广州数据交易所，指导推动天河科技类企业注册会员、申报省数据经纪人、转型数据商，培育数据产业生态。截至2023年年底，天河区企业注册广州数据交易所会员超100家，拥有数据交易产品315项，均居全国各区县之首。

【首席数据官制度推行】 2023年，天河区初步建立“区首席数据官—区首席数据执行官—部门、街道首席数据官—部门、街道数据联络专员”的联动体系，印发《天河区全面推行首席数据官制度工作方案》及数据管理制度系列文件，上线运行数据管理重要基础设施——区政务大数据平台，全面提升数据管理能力，赋能政府治理。天河区公共数据管理能力评估位居广州市第一。

【首批“政务服务体验官”上岗】 2023年10月10日，天河区首批“政务服务体验官”聘任仪式暨体验活动举行，首批10名“政务服务体验官”在区政务服务中心上岗。这是天河区在广州市首推的“政务服务体验官”，他们围绕“办事全过程”存在的堵点、难点，以“用户视角”，从便捷性、高效性、智能性等方面，随时随地找问题、提建议，推行体验、评价、反馈、整改、核验全流程闭环工作模式，提升企业群众“双满意”工作，改善营商环境。天河区获市政务服务年度指数榜“效能之星”。

【“一阅通晓”服务平台升级上线】 2023年10月15日，天河区升级上线“一阅通晓”服务平台。该平台全面集成查阅、咨询、指南、解读、帮办等前置服务，把单一的办事指南升级为图文并茂、声像并举的“智能导办”。搭建路标式解读体系，收集整理全区114项解读材料，实现办事好查、解读好看、咨询好问、领航好办“四好”服务。

【“12345”热线】 2023年，区“12345”政府服务热线中心构建政务服务数据管理、信访、司法三部门联动预警、信息互通、联合研判工作机制，分析研判三类案件内在联系，指导相关责任单位抓早抓小、快查快结，热线工单与信访案件关联率由9.26%大幅下降至4.41%。修订完善热线评分方案、实施细则和协调机制，建立企业服务坐席接听机制，完善智能辅助系统，实现71.18%的工单自动分派，办理效能提升。全年受理各类热线工单56.62万件，工单按时办结率100%，市交办重点事项全部结案验收，涉整改工单满意率91.76%。（陈炳丰）

人力资源管理

【概况】 2023年，天河区开展人力资源管理服务，重点走访纳入统计的人力资源机构。区领导及部门走访调研企业117家次，推进招商安商稳商工作。组织参加全国第二届人力资源服务创新创业大赛广东选拔赛，天河区获奖数居广州市第一，其中4个参赛项目获省一等奖，区人力资源社会保障局获优秀组织奖。区辖内广州数智工匠信息科技有限公司参赛项目“数智工匠——核电技能人才终身成长和精准就业数智平台”在全国人力资源服务创新创业大赛初创组决赛中获特等奖。广州市北昂科技有限公司参赛项目“有人有活——服务业网约用工平台”获三等奖。

【人才综合服务】 2023年，天河区编制《天河区人才发展“十四五”规划》，建立社保尊才服务站点，协调联系华南国家植物园服务高层次人才，探索与南沙共建高端人才数据库，推动港澳专业人才职业资格认可。完成9家企业申报广州市博士后创新实践基地初审。受理职称评审、认定业务4788件。完成2022年度3名重大人才工程入选者申报人才发展培育项目资金、7家企业申报博士后站和博士工作站科研启动经费、24人申报新进站博士后和博士生活补贴、9人申报期满出站博士后和博士安家费项目初审申报。修订《广州市天河区推动经济高质量发展重点人才激励办法》。发动符合条件的人力资源服务机构申报2023年度天河区使用总量控制类指标引进紧缺急需人才入户，推荐19

家企业45名紧缺急需人才申报入户。指导6家重点人力资源服务机构开展区重点企业子女入学申报。优化人才引进业务办理流程，引进人才受理总量12049人，完成2023年天河区总量控制类指标引进紧缺急需人才入户指标800个，发放人才绿卡278张。

【粤港澳大湾区（广东）创新创业孵化基地建设】 2023年，粤港澳大湾区（广东）创新创业孵化基地引进优质项目68个，港澳项目占比96%。联动人力资源、工商财税等17家专业服务机构，香港国际青年创客联盟、天河区港澳青年之家等3家港澳社团服务机构，51家投融资机构，招募211位创业导师，形成人才、技术、资本为一体的创新创业协同体系。组织开展源来好创业、暑期嘉年华、创投会客厅、资源展销会、港澳同心圆、院士论坛等一系列主题鲜明、品牌力强的活动，累计举办302场，参与人数12722人。

【天河人才港建设】 2023年，天河人才港举办线上线下政策宣讲活动12场，服务企业465家，推出人才创业项目落户服务包，提供服务80余项，举办招聘会15场，提供岗位700余个，岗位需求超4000个。与天河区五大重点高校达成战略合作，挂牌设立“广州天河高校人才服务联络站”，成立“广州天河博士人才服务站”，为青年人才提供创新创业就业服务。

【中国（广州）人力资源服务产业园先导区建设】 2023年，中国（广州）人力资源服务产业园先导区入驻机构实现营收超38亿元，纳税额逾0.7亿元，服务58万人次，服务用人单位约3万家次，帮扶就业和流动人数超25万人次，提供就业岗位超39万个。12月，园区举行广东省人力资源研究会与广州工商学院产教融合基地挂牌仪式。

【第二届广州天河博士专场招聘会】 2023年9月20日，“聚博才之智•展湾区之彩”第二届广州天河博士专场招聘会在广州（国际）科技成果转化天河基地举办。活动中，天河人才港联合高校人才网成立广州天河博士人才服务站，并与华南理工大学、暨南大学、华南农业大学、华南师范大学、广东技术师范大学达成战略合作，挂牌设立广州天河高校人才服务联络站。现场汇集36家天河名校优企，提供工作岗位超1000个，吸引参会博士约400名。

2023年12月28日，2023第七届天河人才文化节主会场论坛在粤港澳大湾区（广东）创新创业孵化基地举行　（天河人才港供稿）

【2023第七届天河人才文化节】 2023年12月28日，2023第七届天河人才文化节在粤港澳大湾区（广东）创新创业孵化基地举办。该届文化节围绕人力资源对接、政策咨询、项目对接、人才招聘、行业交流五大板块，开展招聘会、职训营、分享会、对接会、论坛、展览等活动。现场为14家天河人才港服务站园区授牌，为2023年天河区“匠心筑梦•展翅天河”职业技能竞赛获奖人才颁奖，举办粤港澳大湾区数字化赋能人力资源高峰论坛，并推出“心动天河·人才创业项目落户服务包”4.0版本。该人才创业项目落户服务包为优质项目在天河区落地及升级发展提供人力资源、政策管家、场地支持、落地财税、人才招聘等10类服务。

（熊红敏）

应急管理

【概况】 2023年，天河区发生安全生产事故12起，比2022年（下同）下降20%，死亡12人，下降25%。未发生较大以上生产安全事故。全年启动“三防”应急响应65次。其中，防暴雨三级应急响应51次，防暴雨二级应急响应10次，防暴雨一级应急响应1次，防台风四级应急响应1次，防台风三级应急响应2次，出动抢险队伍25382人次。是年，天河区无较大以上生产安全事故发生，事故起数、死亡人数双下降。连续两年在广州市安全生产责任制及消防工作考评中获得“优秀”等级。

【安全隐患排查】 2023年，广州市天河区应急管理局（以下简称“区应急管理局”）督导检查森林防灭火工作，推进区政府与10条有林街道签订森林防灭火责任书。组织参加森林防灭火应急演练10次，督促各有林街道开展演练54次。各街、村及相关单位签订水利设施安全度汛责任书（包括水库、山塘、水闸等）19份，区“三防”指挥部与各成员单位、街道办事处签订防汛防风安全责任书46份，录入“三防”责任人并安装“一键通”共2314人。建立重点部位、关键环节台账涵盖22大类528处风险隐患点。21名区领导挂点街道，督导检查暴雨台风防御工作。“龙舟水”期间，检查各类场所507126处次，发现隐患4311处并全部整改。台风“苏拉”影响期间，全区检查各类场所82763处，发现隐患369处，均完成整改。全区危险区域135名转移人员均妥善安置。重点完成广州地铁六号线燕岭地铁站西南侧挡土墙及围墙隐患、顺盈商业大厦A栋北侧挡土墙隐患整改。

【安全生产执法】 2023年，区应急管理局巡查检查各类生产经营单位13.29万家次，下达责令限期整改指令书1026份、现场处理措施决定书71份、限期整改督办函4.01万份，发现并消除隐患43607条。立案查处安全生产违法案件754宗，实施经济处罚421.63万元，其中查处涉危化品非法违法案件23宗。

【应急救援】 2023年，天河区有城市排涝应急救援队等21支部门专业应急救援队伍，21个街道综合应急救援队伍，13支社会应急力量的队伍进驻孵化基地。组织“三防”培训100次，培训人员3281人次，开展应急演练104次，参加人员3507人次。是年，联合市应急管理局依托广州成至智能机器科技有限公司建设广州市无人机应急救援中心，为天河区突发事件应急处置工作提供专业技术保障。应急演练季期间共开展565场应急演练。联合市应急管理局举办广州市突发事件现场指挥部综合应急演练。市、区有关职能部门、街道和企业单位（队伍）350多人、120多套（台）装备参加演练，完成现场指挥部开设、无人机应急救援、水上搜救、直升机空中救援、危险化学品事故堵漏、地下车库排水、森林火灾处置等7个演练科目，强化突发事件防范应对工作，提升灾害事故应急抢险救援能力。

【减灾社区创建】 2023年，天河区建立社区辖内机团单位和居民共享互助的联动防控机制，由天河区减灾办统一为社区应急响应志愿者配置实用性较强的应急响应装备，全方位建设社区应急响应志愿者服务队。截至2023年年底，全区230个社区建立一支“四位一体”（灾害信息员、应急救护员、安全宣教员、应急协调员）的应急响应志愿者队伍约4600人。

【安全生产宣传教育】 2023年，天河区开展安全宣传“五进”活动14.6万次，受众308万人次，发布安全宣传“五进”工作动态551篇。开展开学安全第一课、“进学校”公益行、校园开放日、应急安全嘉年华等安全宣传进学校活动。邀请社会力量开展2023年安全宣传“五进”公益行活动96场，受众人群1.6万余人。学习宣传《广东省安全生产条例》和广州市地方标准《安全宣传“五进”工作规范》，举办《中华人民共和国安全生产法》《中华人民共和国消防法》等法律法规培训。开展2023年应急安全知识线上竞赛答题活动，7752人线上参与。

【《广州市天河区应急管理“十四五”规划》】 2023年11月10日，天河区印发《广州市天河区应急管理“十四五”规划》（以下称《规划》），首次实现应急管理领域专项规划（突发事件应急体系、安全生产、综合防灾减灾）“三规合一”，也是天河区应急管理机构改革后的首个五年专项规划，是未来五年内推进天河区应急管理事业发展的重要依据和行动指南。《规划》提出，到2025年天河区建设区级应急避护场所3处，新增应急避护场所面积81.27万平方米；全区21个街道所有社区创建综合减灾示范社区，搭建应急指挥立体一张网。

（曹伟）

信访

【概况】 2023年，天河区接收、转送信访事项31631件，其中来信6744件、来访760件、网上信访24127件。另外办理人民网留言件1691件。信访及时受理率、按期办结率、群众满意率均为100%。

【初次信访和重点信访】 2023年，天河区开展初次信访事项“日清日结”，第一时间将信访事项转交至责任单位，建立初次信访事项办理台账，落实全员包案督办工作。全年区信访局转交办初次信访件24833件，其中区信访局领导班子包案督办4209件，审核初件台账440件次。是年，天河区办理中央交办第三批重点信访积案253件，全部按期汇报办结。全年纳入满意度评价总量23433件，全区群众满意率97.96%。

【信访督查督办】 2023年4月，《天河区进一步推动信访工作责任落实工作机制（试行）》等5项信访工作机制文件印发，落实信访工作责任。全年印发11期《天河信访简报》、33期《每周信访动态》，向责任单位发

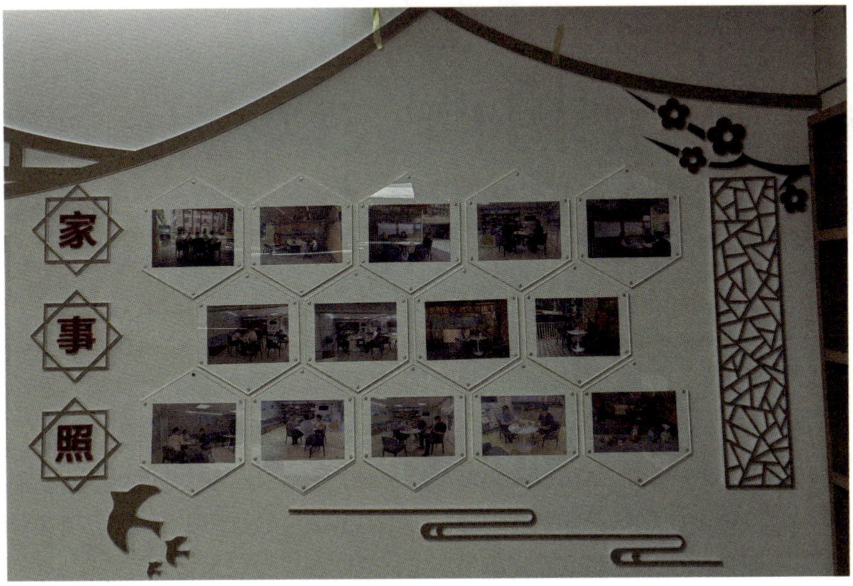

2023 年，区信访局开展信访“家文化”建设。图为家事照　（谭诗妍　摄）

出提醒函 51 份、督办函 55 份、督办提醒函 1 份、协助稳定函 27 份、扬言事项提醒函 22 份。适时提出“三项建议权”，向有关责任单位发出问责建议函 1 份、改进工作建议函 9 份、约谈通知 1 份。

【信访“家文化”建设】 2023 年，天河区指导前进街道试点先行建设信访“家文化”，推动以点带面、辐射全区。完成区来访接待场所 8 个功能室的改造升级。组织重点信访领域所涉 5 个职能部门每周轮流驻点，律师、社工等第三方力量进驻区群众信访诉求综合服务中心，服务来访群众，解答群众咨询，推进信访“家文化”建设。（陈枫婷）

机关事务管理

【概况】 2023 年，天河区机关事务管理局围绕全区中心工作和全年目标任务，以服务干部职工为主线，开展大院环境建设、会务保障、餐饮服务、公车管理等方面工作，推进智慧大院建设，确保区大院运转有序。

【机关大院建设】 2023 年，区机关事务局建成大院智通卡系统，门禁人脸识别验证和机关食堂无接触式消费系统运行，完成机关大院南北会场 LED 屏幕数字化建设和升级改造。推动平安机关建设，加强大院安防保卫。组织各类消防安全培训、演练 20 场次，清除消防安全隐患 11 处，张贴安全警示铭牌 21 块，加固防风设备 17 处。加强对大院保洁、绿化等工作服务监管，完成四害服务应急响应工作 56 次，更换绿植盆景 450 株，时花补植 1200 平方米，保洁面积 9.64 万平方米。完成“无废机关”创建和申报，通过党政机关垃圾分类达标考评。被遴选为第一批广东省碳达峰碳中和试点单位，机关大院绿色智慧综合能源示范项目建设全面启动。

【机关综合服务保障】 会务服务保障　2023 年，区机关事务局发挥“一个大院统管＋一个数字平台赋能＋N 个服务单位协同”模式，完成上级领导调研、区高质量发展大会、区“两会”等会议 633 场次。干部职工活动中心开展团课 22 节、累计接待 1.2 万人次。

膳食服务保障　2023 年，区机关事务局坚持食堂精细化、精准化、精品化管理，以“天享心安，共筑食安”为主题，开展食品安全事件应急演练“六个一”活动，全年保障机关干部职工用餐 60.1 万人次，公务接待 1042 人次。

基本修缮服务　2023 年，区机关事务局完成修缮工单 2000 余条，采购机关大院办公用房及公共区域装修等服务 6 项。完成 13 套存量公房产权证办理，区机关大院南北会场 LED 屏幕采购和安装，大院门岗伸缩门、钢质门、人行闸机的更换升级。

通信服务保障　2023 年，区机关事务局梳理清查机关大院内线电话，对大院有线电视网络信号传输进行全面测试并升级改造。维护各类电话和线路故障 360 多台（次），重新布线 120 余米，新装电话 28 门，迁移电话 45 门。发挥“一个大院统管＋一个数字平台赋能＋N 个服务单位协同”模式，完成上级领导调研、区高质量发展大会、区“两会”等会议 633 场次；干部职工活动中心开展团课 22 节，累计接待 1.2 万人次。

【公车管理服务】 2023 年，区机关事务局开展 2 次全区公务用车业务培训，及时推广使用“广州公务出行”应用程序，指导下属事业单位完成车辆编制的调整，定期通报全区公务用车使用管理情况，配合省公车办抽查部分单位车辆，全年办理公务用车定编业务 163 件，指导全区 86 个党政机关及参公事业单位完成 866 辆车辆的统计报告。本局全年安全出行公务用车 259 台（次），行驶 1.2 万千米，完成洗车服务 5300 余台次。

（帅先勇）

中国人民政治协商会议
广州市天河区委员会

综述

【概况】 2023年，中国人民政治协商会议广州市天河区委员会（以下简称“区政协”）坚持以习近平新时代中国特色社会主义思想为指导，认真学习领会党的二十大精神、习近平总书记关于加强和改进人民政协工作的重要思想，围绕全区中心工作履行政治协商、民主监督、参政议政职能，为推动天河经济社会高质量发展贡献政协力量。全年，区政协召开9次主席会议、4次常委会会议、1次全体会议。开展各类视察、调研、座谈、情况通报等活动285次；收到提案197件，立案 118件。区政协内设6个专门委员会，有市、区两级政协委员421人。

【政协委员构成】 截至2023年年底，天河区有区级政协委员324人。其中，男性215人，占66.36%；女性109人，占33.64%。中共党员122人，占37.65%；非中共党员202人，占62.35%。少数民族、宗教界委员9人。具有本科及以上文化程度290人，其中拥有博士、硕士研究生学历97人。45岁以下委员104人，占32.10%。常委65人，其中，男性46人，女性19人。

【政协宣传】 2023年，区政协在微信公众号发布文章、信息487篇，其中，自行采访编撰303篇，累计阅读量超过22万人次，推送和关注量位居全省区县政协公众号前列，《人民政协报》《南方日报》《广州日报》等主流媒体的报道超过560篇。区政协系列报道被《广州日报》评为2023年度广州市政务新媒体影响力年度榜单“最佳深度内容奖”。

【公益慈善】 2023年，区政协打造“政协＋慈善”工作品牌，动员各界别、各民主党派以及政协委员、政协顾问委员参与扶贫济困活动和公益慈善事业。区政协香港顾问委员、民国知名人士陈济棠儿媳妇陈伟君女士办理遗嘱公证，将在粤市值过亿的房产及财产捐给天河慈善会。发起“‘协’力传承 赓续文化”慈善项目，资助10所中小学开展“百场非遗普及”公益活动。组织委员参与“帮扶助农直播带货活动”。委员单位广州太平洋电脑信息咨询有限公司与天河区对口合作地区永定文旅签署合作协议，联动开展“48小时旅驾”活动。在“6·30”广东扶贫济困日活动中，发动委员、顾问委员向天河“同舟”基金捐献善款超过220万元。

【天河政协书画院】 2023年，天河政协书画院以“政协情怀——助力文艺高质量发展”为主题，举办“锦绣山河”方楚乔山水作品展、“乘物游心”宋陆京花鸟作品展、“意在笔先”陈永康中国画作品展、“人民政协为人民”专题书法展、“唯美·传承”中国画5场专题展，累计展出书画作品204件，观展人数超5100人

2023年5月11日，区政协香港顾问委员陈伟君在广州公证处立下遗嘱公证，将市值过亿财产（含房产）通过公证遗嘱方式捐赠国家。图为陈伟君女士公益慈善活动答谢仪式

（区政协办公室供稿）

（次）。组织召开“人民政协为人民”专题书法创作交流座谈会，编撰《人民政协为人民专题书法展》《政协情怀——助力文艺高质量发展 2023 年荟萃》画册。联合员村街、广州新仕诚企业发展有限公司举办“迎春送福”进园区惠民暖企活动。组织书画院部分艺术家、政协委员赴兴宁市开展对口帮扶和文化交流活动，以文化传递爱心。（林莉）

重要会议

【政协第九届天河区委员会第三次会议】 2023 年 3 月 1—2 日，中国人民政治协商会议第九届广州市天河区委员会第三次会议召开。区政协主席邵国明代表政协第九届天河区常务委员会作工作报告。区政协副主席岳朝阳向大会报告提案工作情况。会议表扬九届二次会议以来优秀提案和先进承办单位；审议通过区政协九届委员会常务委员会工作报告、区政协九届委员会常务委员会关于九届二次会议以来提案工作情况的报告、区政协九届三次会议决议；听取区政协提案委员会关于九届三次会议提案审查情况的报告。

【区政协常委会会议】 2023 年，区政协召开常委会会议 4 次。

2 月 27 日，区政协召开九届七次常委会会议。会议听取区政府关于 2023 年《政府工作报告》的起草说明和关于区政协九届二次会议提案办理工作情况的通报，以及区法院、区检察院 2022 年工作情况的通报；审议通过区政协九届三次会议日程、议程、《区政协九届委员会常委会工作报告（讨论稿）》《区政协九届委员会常委会关于九届二次会议以来提案工作情况的报告（讨论稿）》等事项，审议通过有关人事事项。

3 月 2 日，区政协九届三次会议期间召开九届八次常委会会议。会议听取各组汇报讨论情况；通过《区政协提案委员会关于九届三次会议提案审查情况的报告》，通过《区政协九届三次会议决议（草案）》。

4 月 20 日，区政协召开九届九次常委会会议。会议传达学习习近平总书记在看望参加全国政协十四届一次会议的民建、工商联界委员时的重要讲话精神，在学习贯彻习近平新时代中国特色社会主义思想主题教育工作会议上的重要讲话精神，以及视察广东重要讲话、重要指示精神和省委、市委有关会议精神；听取《关于政协第九届天河区委员会第三次会议提案情况汇报》；审议通过《天河区政协 2023 年工作要点》《中国人民政治协商会议广州市天河区委员会选聘顾问委员制度（修订稿）》等有关事项，并进行 2023 年度提案交办仪式。

10 月 26 日，区政协召开九届十次常委会会议。会议传达学习习近平总书记关于主题教育系列重要讲话和重要指示精神，以及中央和省、市、区有关主题教育会议精神；传达学习市政协“百姓提案”工作会议精神；结合区委书记、政协主席督办重点提案的办理，围绕“促进专精特新企业发展”和“加快推进天河区数字贸易高质量发展”两个主题开展专题议政协商。（林莉）

2023 年 3 月 1—2 日，中国人民政治协商会议第九届广州市天河区委员会第三次会议召开（区政协办公室供稿）

协商履职

【概况】 2023 年，区政协召开主席会议、专门委员会会议、重点提案协商办理座谈会及其他协商会议，就天河政治、经济、文化、社会和生态发展等重要问题及政协重要工作进行协商。区政协领导和政协委员应邀参加或列席区委、区政府召开的有关会议，参与重大事项研究协商。

【协商履职建设】 2023 年，区政协构建“十”字协商履职模式，配合全国和有关省市政协调研组开展联动调研 16 次，配合兄弟区县政协联动调研 40 多次。建立对外协商联动机制，与市区有关民主党派、社团、政府部门开展联动活动 160 多次。持续打造基层协商履职平台，将政协委员协商平台矩阵扩展为“1 + 21 + 10 + N”（1 个政协委员之家，21 个街道政协委员工作室，10 个楼宇园区委员工作室，N个界别委员工作室），开展座谈交流、专题协商120多次，收集建议300多条，《人民政协报》专栏刊出《天河区建立联动机制打造履职大舞台》。

【履职监督】 2023年，区政协围绕促进民营企业健康发展等10个议题开展专项民主监督。推荐30名区政协委员担任营商环境社会监督员、法治工作监督员等。开展“我为天河高质量发展献一计”专题征集活动，41名政协委员在新专栏“高质量吧”献计献策。（林莉）

政协专门委员会

【提案委员会】 2023年，区政协提案委聚焦主责，以推进“百姓提案”工作为重点，促进提案工作质效双升。上线市内首个区级政协“百姓提案”征集平台，开展“我为天河高质量发展献一计”活动，年度征集“献一计”稿件及“百姓提案”线索110条，年度审查提案197件，立案118件，规范评选出优秀提案26件、先进承办单位14个；遴选10个涉及现代产业发展、商圈经济等事关天河高质量提案作为重点提案。针对“解决棠德南路交通堵塞问题”“加快二次供水改造”等“百姓提案”开展协商办理监督。就“家族办公室”“元宇宙产业发展与智慧城市建设”等开展专题调研，形成提案建言献策。创新系列提案办理机制，首创“百姓提案”线索“十大金点子”评选活动，开辟“百姓提案工作纪实”专栏。

【社会法制民族宗教和文化文史委员会】 2023年，区政协社会法制民族宗教和文化文史委与市政协文化文史和学习委联动开展黄埔军校燕塘训练旧址保护利用专题调研，形成专题调研报告送省市宣传文化部门，组织编撰《黄埔军校燕塘训练旧址与广州分校史籍汇编考释》。开展市重点项目“慈林寺重建”协商监督性调研，推动区各方协调联动推进项目建设。收集整理有关史料，推进区政协文史馆建设。开展“‘协’力传承 赓续文化”慈善项目之“百场非遗普及”公益活动，推动非物质文化遗产传承传播。设立“天河区政协律师委员工作室”，对《广州市支持民营经济发展条例》等6个条例规章草稿提出意见建议60多条。举办“委员大讲堂”专题学习10期，举办学习贯彻《南沙方案》专题培训班，全面提升委员履职能力。

【经济委员会】 2023年，区政协经济委围绕助力天河经济高质量发展，参加督办经济建设类提案40件，提交《加快研究出台“工业上楼”政策，推动广州现代都市工业高质量发展的建议》并得到市政府主要领导批示。以“聚焦优势推动天河中小企业‘专精特新’高质量发展”为主题组织专题调研，结合区委书记重点督办《关于促进专精特新企业发展的系列提案》办理，助推区政府出台《专精特新三年行动计划方案》。联合有关职能部门就“加强就业服务保障，稳就业保民生”等主题开展协商交流，收集社情民意8篇。召开国有资产发展座谈交流会，助推国有企业做优做强。协调解决广东东篱环境股份有限公司反映税费缴纳等问题。

【教科卫体委员会】 2023年，区政协教科卫体委组织委员围绕教育、科技、医疗、体育等领域提交提案24件，开展提案办理协商座谈会27次，加速提案落地落实。围绕在天河区打造全国领先的数字金融产业集聚园区开展专题调研，形成《加速推进金融数字化发展，着力建设数字金融创新标杆城区》的报告。深化联动协商，与市政协教科卫体委开展数字教育及全民健身联合调研，上海市黄浦区政协等13家兄弟区、县政协到天河区开展专题调研；与民建市委会联合举办以“聚焦广州可信数字化生态建设”为主题的专题研讨会，推动成立可信数字化创新联合体，赋能数字经济产业转型升级。在天河区三所小学开展“2023学年同心助学、协力逐梦”项目，在兴宁市开展“阳光校园”和“跨域‘协’同，深度融合”项目在毕节市七星关区开展“养苗计划”项目，改善教学环境、饮食安全，为贫困学子送上助学“爱心包”。

【城建资源环境和农业农村委员会】 2023年，区政协城建资源环境和农业农村委围绕绿美天河建设，参加督办环保、生态类提案14件。联合市政协城建环境资源委，开展广州国际金融城起步区规划和基础设施建设专题调研，形成调研成果并以“直通车”建议形式报送市委、市政府决策参考，受到主要领导批示肯定；联合市政协城建环境资源委围绕天河智慧城核心区交通建设情况开展调研协商督办。选派10名政协委员担任园林绿化义务监督员，开展“植下一片绿，共护天河美”义务植树活动。

【港澳台侨外事和联络委员会】 2023年，区港澳台侨外事和联络委组织委员集体学习6次，邀请全国政协常委王惠贞女士进行“传达贯彻习近平总书记重要讲话精神暨全国两会精神宣讲会”专题宣讲。围绕“如何做大做强天河夜间经济”课题形成专题报告。组织港澳委员围绕“更深了解湾区，更懂广州发展，更好助力天河”主题开展专题考察调研活动。赴港交流4次，走访港澳委员33人次，慰问香港顾问委员、民国知名人士陈济

2023 年 12 月 5 日，天河区成立广东省首个新侨政协委员工作室

（区政协办公室供稿）

棠儿媳妇陈伟君，并接待香港荃湾各界协会考察团、香港青少年探访团等。修订《中国人民政治协商会议广州市天河区委员会选聘顾问委员制度》，加强顾问委员智囊团队伍建设。上线“天河政协履职平台”，实现委员履职量化评价工作标准化。打造“1＋21＋10＋N”委员一线协商平台矩阵，省内第一个新侨委员工作室正式挂牌。通过各种渠道收集社情民意 102 篇，形成《社情民意》专刊 7 篇。

（林莉）

调研考察

【概况】 2023 年，区政协组织开展考察调研 282 次，向区委、区政府报送各类专报 20 期、调研成果 14 篇，收集社情民意 102 篇。

【元宇宙产业发展与智慧城市建设专题调研】 2023 年 7 月，区政协到上海、杭州、深圳开展“元宇宙产业发展与智慧城市建设”专题调研。调研组走访了解三地元宇宙相关政策、产业基础和规划建设等情况，调研有关企业在“元宇宙”赛道布局、场景打造及智慧城市应用等方面的经验做法，梳理形成调研报告《加快构建天河特色、服务湾区的元宇宙产业生态》。

【打造全国领先的数字金融产业集聚园区专题调研】 2023 年 8 月，区政协到上海、杭州、苏州开展“打造全国领先的数字金融产业集聚园区”专题调研。调研组走访了解三地数字产业及其在产业发展、城市管理等方面的应用情况，调研三地在数字金融、科技创新、行业提质、产业赋能等方面的先进经验。梳理形成调研报告《加速推进金融数字化发展，着力建设数字金融创新标杆城区》。

【文商旅融合发展和非遗文化传承保护专题调研】 2023 年 12 月，区政协到汕头、潮州开展“文商旅融合发展和非遗文化传承保护”专题调研。调研组走访了解两地在非遗项目传承、挖掘历史文化资源、传承人队伍建设等方面的情况，调研当地扶持非遗保护传承、保育活化历史街区、推动文旅产业发展等方面的先进经验。梳理形成调研报告《深化文商旅体一体融合，推动天河高质量发展》。

（林莉）

政协提案

【概况】 2023 年，区政协委员、区政协各参加单位和各专门委员会，提交提案形式的意见、建议 197 件，经审查立案 118 件，立案率 59.9%。其中，经济建设类提案 40 件，占 33.9%，主要涉及粤港澳大湾区建设、天河区经济社会发展、营商环境建设、产业提质升级等；城建资源环境类提案 20 件，占 16.9%，主要涉及城市有机更新、基础设施完善、交通状况改善等；教科文卫体类提案 29 件，占 24.6%，主要涉及科技创新、天河历史文化保护、文艺创作、文化设施建设、文商旅融合发展等；基层社会治理类提案 29 件，占 24.6%，主要涉及法律服务、志愿服务、城中村治理等；民生福祉类提案 20 件，占 16.9%，主要涉及群众关注的教育、医疗、就业、养老等。在立案的提案中，委员提案 85 件，占 72%；集体提案 33 件，占 28%。其中区各民主党派提案 32 件，专门委员会界别小组提案 1 件。118 件立案提案交由 31 个主办单位办理并全部答复，办结答复率和委员满意率均 100%。

表 3 2023 年区政协提案先进承办单位表

序号	单位名称
1	区委办公室
2	区委统战部
3	中央商务区管理委员会
4	区政府办公室
5	区发展和改革局
6	区教育局
7	区科技工业和信息化局
8	区司法局
9	区住房建设和园林局
10	区商务和金融工作局
11	区文化广电旅游体育局
12	区卫生健康局
13	市规划和自然资源局天河区分局
14	区文学艺术界联合会

表 4　　区政协九届三次会议以来优秀提案表

名称	获奖单位（委员）
关于促进专精特新企业发展的系列提案	民革天河区基层委员会、谭倩、邱文丰、朱爱华、林蔓
关于整合广州东站商业资源，提升广州东站商圈商业发展的建议	袁少鸣
关于加快推进天河区数字贸易高质量发展的系列提案	民革天河区基层委员会、民建天河区基层委员会、九三学社天河区委员会
关于完善建设天河智慧城核心区慢行网络的建议	邹展宇
关于多措并举，推动广州国际金融城高质量发展的建议	王欣、陈胜华、李旭、贾贵亮、卢玫
关于创新城中村综合治理模式，助力提升天河区发展能级的系列提案	民建天河区基层委员会、致公党天河区基层委员会
关于推动商场高质量发展，助力天河商圈实体商业快速回暖的建议	黄瑛
关于加快抢占新消费赛道，打造国际定制家居高端产业带的建议	关少锋、曾赟盛、徐明华
关于加强高质量创新联合体建设，打造天河区制造业创新高质量发展高地的建议	民进天河区基层委员会
关于以文化艺术讲好天河高质量发展故事的建议	王芹、万测宇、刘羽珊、蒋山
关于大力发展“品牌经济”的建议	王汉弟
关于天河打造国际一流营商环境，实现后疫情时代经济高质量发展的建议	致公党天河区基层委员会
关于进一步完善校园心理健康关爱体系，确保中小学生健康快乐成长的建议	何穗芳
关于加快“天河路—珠江新城”商圈联动发展，打造国际时尚消费地标汇聚地的建议	戴志明、林穗生、潘建华、伍军、郑振霖、朱玉宝、关少锋、徐业清
关于整改贤韵街交通、消防安全隐患的建议	杜姿
关于科技赋能助推文化产业高质量发展的建议	民盟天河区基层委员会
关于推动天河区元宇宙产业高质量发展的建议	谭小瑜、芦晓燚
关于坚持系统治水，助力天河区推进全域化海绵城市示范片区建设的建议	九三学社天河区委员会
关于擦亮“红棉老兵”志愿服务品牌，助力退役军人志愿服务工作高质量发展的建议	王英来
关于分布建设智能化的废弃资源回收设施，促进居民垃圾分类的能动性和资源循环产业发展的建议	台盟天河区基层委员会
关于建设港澳青年项目展示实践平台以及导师制人才培育机制的建议	杨晓欣、黄伟健、袁少鸣
关于加强社区嵌入式养老服务，推动天河区养老事业高质量发展的建议	民进天河区基层委员会
关于驱动文旅商体一体融合，推动天河高质量发展的建议	张泽明
关于加强我区城中村二房东管理的建议	农工党天河区基层委员会
关于优化基层医疗卫生资源，有效应对大型突发公共卫生应急事件的建议	吴小妹
关于天河区高质量建设国际化康养产业园的政策建议	刘小娴、庄志强、伍军

【重点督办提案】 2023 年，区委书记督办重点提案《关于促进专精特新企业发展的系列提案》，区长督办重点提案《关于整合广州东站商业资源提升广州东站商圈商业发展的建议》，区政协主席会议督办重点提案《关于加快推进天河区数字贸易高质量发展的系列提案》《关于完善建设天河智慧城核心区慢行网络的建议》等。开展重点提案督办 12 场次，实现以商促督、以督促办，以点带面推动其他提案办理工作全面有效开展，增强提案办理实效。（林莉）

中共广州市天河区纪律检查委员会 广州市天河区监察委员会

综述

【概况】 2023年，中国共产党广州市天河区纪律检查委员会 广州市天河区监察委员会（以下简称“区纪委监委”）以开展学习贯彻习近平新时代中国特色社会主义思想主题教育为重点，履行党章和宪法赋予的职责，推进正风肃纪反腐，拓展全面从严治党成果。是年，天河区初次检举控告数持续下降，实名举报率连续四年居广州市第一，审查调查主要指标在广州市位居前列，政治生态持续向好。

【廉政宣传教育】 2023年，区纪委监委开展纪律教育学习月系列活动，举办领导干部党章党规党纪教育培训班，摄制警示教育片《错算》，编写《反面典型剖析材料》和《身边案例警示教育读本》，相关经验做法获《中国纪检监察报》刊发。摄制《红线》《廉之镜》《变脸》等廉政教育公益片，在市委大院、广州电视台、天河路商圈，以及市纪委监委“廉润羊城”专栏展播。发挥“廉洁天河”微信公众号宣传教育功能，公众号获得2023年度广州市政务新媒体影响力融合创新奖。与中国建筑第四工程局有限公司开展“纪企共建·廉洁天河”项目示范点建设。

【纪检监察队伍建设】 2023年，区纪委监委加强区纪委常委会自身建设，严格执行“第一议题”制度，贯彻执行民主集中制。严格约束和规范监督执纪执法权，修订完善审查调查工作手册、审理工作手册，制定工作指引，规范使用《廉洁办案告知书》，健全完善问题线索、案件查办督办、防止打听干预案件等机制。梳理查找干部在监督执纪执法过程中八个方面典型问题，推动靶向整治，经验做法被市纪委监委宣传推广。对年轻干部、借调人员实行“八小时外”监督。举办街道纪工委业务工作培训，提升监督水平。召开干部家属座谈会，做好干部家访，筑牢家庭廉洁防线。（黄泽龙）

重要会议

【中国共产党广州市天河区第十届纪律检查委员会第三次全体会议】 2023年2月2日，中国共产党广州市天河区第十届纪律检查委员会第三次全体会议召开。区委书记陈加猛讲话。区委常委、区纪委书记、区监委主任张文胜主持并代表区纪委常委会作工作报告。会议传达中央纪委和省、市纪委全会精神，总结天河区2022年党风廉政建设和反腐败工作，研究部署2023年工作。会议提出2023年全面加强党的纪律建设，一体推进“三不腐”。

2023年2月2日，中国共产党广州市天河区第十届纪律检查委员会第三次全体会议召开 （黄若彤 摄）

【区纪委常委会会议】 2023年，天河区纪律检查委员会召开常委会会议30次，传达学习习近平总书记重要讲话和指示批示精神以及中央、省、市、区重要会议精神，部署全局性工作，专题研究天河区党风廉政建设工作，提请审议重大决策、重要干部人事推荐、任免和奖惩、大额资金使用等重大事项，审议相关违纪违法案件等。

（黄泽龙）

监督执纪

【政治监督】 2023年，天河区围绕党中央决策部署、省委“1310”具体部署、市委“1312”思路举措和区委“在十个领域争当先锋”工作措施进行监督。整治涉中小微企业“吃拿卡要”问题；成立监督组监督检查全区重点建设项目；组建专项检查组到毕节市七星关区、大方县检查帮扶协作政策落实情况；督促整改“百千万工程”问题55个。严明政治纪律和政治规矩，落实请示报告制度、意识形态工作责任制，严查“七个有之”问题，把好选人用人政治关、廉洁关，回复党风廉政意见，并提出否定性及暂缓意见。开展区属单位年度政治生态分析，指出问题419个，提出改进意见建议394条，完成政治生态评价指标构建，相关经验做法被市纪委监委宣传推广。

【纪检监察日常监督】 2023年，区纪委监委围绕落实《中共中央关于加强对“一把手”和领导班子监督的意见》和省委、市委“两个责任”清单，协助区委首次在区委常委会（扩大）会议上开展述责述廉工作。督促各级领导干部开展党内谈话，协助区委主要负责人约谈下级“一把手”。加强编外公职人员教育管理监督，督促各单位班子成员落实“一岗双责”、完善队伍监督管理制度机制。深化纪审监督贯通协同，全年区审计机关移送问题线索比2022年增长8倍。完成年度党风廉政建设责任制考核，压实各级党组织和“一把手”主体责任。

【作风保障】 2023年，区纪委监委查办违反中央八项规定精神问题59件101人，党纪政务处分59人，其中形式主义、官僚主义问题27件54人，党纪政务处分31人。实行“八小时外”活动监督提醒制度，审核备案领导干部操办婚丧喜庆事项。专项检查“节日病”，提醒谈话75人次。天河区民情速递作风曝光台曝光问题280个次、单位158个次，问责64人次。

【《双向回路增压式基层监督机制》获“中国廉洁创新奖”提名奖】 2023年4月9日，第三届“中国廉洁创新奖”颁奖典礼暨“中国廉洁创新”高端论坛在清华大学举行。区纪委监委申报的《双向回路增压式基层监督机制》获“中国廉洁创新奖”提名奖。

随着监察体制改革不断深入，基层监督力量不足、熟人社会人情干扰等问题依然存在。区纪委监委创新提出“上下联动、系统推进，全面打造基层监督网”思路，形成“民情速递”突击暗访队伍和村改制公司（社区）监察站双线驱动的“双向回路增压式基层监督机制”，区纪委监委“民情速递”突击暗访队伍自上而下发现问题，村（社区）监察站专职监督队伍自下而上传导廉情，延伸监督触角，形成“纵向到底、横向到边”的监督体系。“双向回路增压式基层监督机制”督促干部纠正错误改进作风，推进相关单位工作整体提升，净化社会风气、优化营商环境。

（黄泽龙）

腐败治理

【概况】 2023年，天河区探索建立专项工作领衔机制，盘活“室组地”联动协同力量，推动有案必查、有腐必惩。全年共受理信访举报497件，其中初次检举控告255件；处置问题线索997条，立案524件，结案450件，党纪政务处分309人，追赃挽损8199.14万元。联合中央纪委国家监委驻交通运输部纪检监察组查办民航空管局腐败系列案。整治城市交通

2023年4月9日，区纪委监委申报的《双向回路增压式基层监督机制》获“中国廉洁创新奖”提名奖

（莫滔 摄）

拥堵问题、农村集体“三资”经营性合同突出问题，处理群众身边不正之风和腐败问题27件39人，党纪政务处分22人。追回外逃人员5人，其中境外劝返2人。到香港劝返外逃人员黄某某案件，是广东省首个通过香港廉政公署开展个案司法协助的成功案例。

【审查调查】 2023年，区纪委监委组建问题线索集中处置专班，处置积存线索，推动立案34件34人。实行审查调查挂点督导工作机制，选派骨干挂点联系街道，督促加大案件查办力度。开展案件质量抽查和交叉评查，案件质量评查成绩位于广州市前列。推行“贡献率”考核评价方法，分类统计区纪委监委机关各办案室组、街道纪工委“贡献率”情况。围绕办案安全制定工作制度，规范各类执纪执法行为，实现办案安全零事故。实行“谈话组”服务保障意见反馈制度，服务保障中央纪委国家监委和省、市纪委监委等单位安全开展谈话。

（黄泽龙）

政治巡察

【概况】 2023年，天河区部署组织开展十届区委第四轮、第五轮、第六轮共3轮巡察，对9个区直单位、9个街道、8个村改制公司以及104个社区党组织开展常规巡察，发现问题581个，推动整改完善制度169项，移交纪检监察机关办理一批问题线索，推动全面从严治党向纵深发展、向基层延伸，促进风清气正、干事创业。

【重点任务巡察】 2023年，天河区巡察发现统筹谋划推进文化强区建设不足、公共文化服务体系建设滞后、满足群众文化精神追求存在差距等问题，督促区文化广电旅游体育局党组整改。关注优化营商环境，围绕做强做大楼宇经济、繁荣活跃城市商圈、推动区域经济转型等，巡察查找街道落实暖企惠企政策、联系服务企业等方面存在的问题，推动林和街、天河南街、兴华街以巡促改，落实优化营商环境政策。关注美丽村居打造，推动天河区东北部城乡接合部地区发展，巡察凤凰街及所属村（社区），加强农用地林地资源保护，推动街道推进绿美生态建设、深化民生服务。推进县域共青团基层组织改革，紧盯团区委履职履责情况，促进问题整改，强化联系青年、服务青年的桥梁纽带作用，提升基层团组织服务力。

【重点领域巡察】 2023年，天河区重点巡察区卫生健康局及3家区属公立医院，促进行业健康发展。查找推进综合医疗改革存在偏差的问题。围绕推进分级诊疗制度建设、建强特色专科、健全绩效考核等方面进行整改。发挥巡察专报作用，推动组织部门和区卫生健康局党组加强区属医院领导班子选配，加强区属公立医院队伍建设。查找药品和医疗设备采购、小额工程项目建设、物业保洁服务等领域存在的薄弱环节、风险点，完善预防串通投标、采购岗位监督、项目全流程管理等制度管理。推动区属医院增设门诊服务满足患者需求，升级医疗信息系统，加强医德教育、绩效考核及采取核查大处方等措施，解决群众就医难的问题。

【基层治理巡察】 2023年，天河区推动构建共建共治共享的基层治理格局，加强对贯彻落实区委推动街道工作部署的巡察监督。推动街道综合体制改革，针对巡察发现的问题，调研街道环卫管理并向区委提交专题报告，推动有关部门单位和街道完善和优化基层环卫管理。推动城市环境综合整治，关注“六乱”整治、垃圾分类、消防安全、社会治安等问题，强化街道责任。

【社区巡察】 2023年，天河区规范管理村集体“三资”，查找集体资产资源脱离平台监管、项目续租规避程序、超低价续租等问题，推动巡察整改，促进集体经济健康发展。关注村（社区）党组织建设的薄弱环节，纠正社区组织生活“福利化”、民主评议党员按档次发放奖品等问题。关注村公司、经济社党组织发展，推动村公司发展年轻党员、培养后备干部。

【“三个品牌”建设】 2023年，天河区打造“‘室组地’联动监督巡察整改”品牌。贯彻落实省委巡视、市委巡察的工作要求，注重有益探索和经验总结，在广州市创立特色品牌——“提高对村（社区）巡察质效”，有关经验做法参与广东省巡视工作经验交流，被《市委巡察动态》《市纪检监察信息》刊载。区委巡察办主要领导到区委党校处级干部培训班，开展巡察主题讲座，持续打造“巡察大讲坛”品牌，增强巡察工作宣传力和影响力。

（黄泽龙）

民主党派与工商联

天河区民主党派

【概况】 2023年，天河区有中国国民党革命委员会广州市天河区基层委员会（以下简称“民革天河区基层委员会”）、中国民主同盟广州市天河区基层委员会（以下简称“民盟天河区基层委员会”）、中国民主建国会广州市天河区基层委员会（以下简称“民建天河区基层委员会”）、中国民主促进会广州市天河区基层委员会（以下简称“民进天河区基层委员会”）、中国农工民主党广州市天河区基层委员会（以下简称“农工党天河区基层委员会”）、中国致公党广州市天河区基层委员会（以下简称“致公党天河区基层委员会”）、九三学社广州市天河委员会（以下简称“九三学社天河委员会”）、台湾民主自治同盟广州市天河区基层委员会（以下简称“台盟天河区基层委员会”8个民主党派的基层组织，下设支部（支社）63个，有成员1565人。其中任省政协委员4人，市人大代表2人、市政协委员10人，区人大代表18人、区政协委员70人。担任区政协常委的民主党派成员有9人。是年，天河区民主党派成员获市优秀人大代表1人，区优秀人大代表3人、区优秀政协委员3人。

【参政议政】 2023年，民革天河区基层委员向各级人大、政协、民主党派上级组织提交提案议案20余篇，“我为广州发展献一策”7篇，统战理论课题3篇，其他稿件30余篇。其中，《浅谈发挥城市供销社辐射作用推动区域农产品品牌建设》获民革中央农业和农村委员会优秀提案；《以培育“专精特新”企业为引擎，进一步提升民营经济发展活力》获2022年广州市统战理论政策研究创新成果三等奖。

民盟天河区基层委员向各级人大和政协提出建议、提案17件，其中《推动天河路商圈文商旅体高质量融合发展的建议》《关于加快出台“工业上楼”相关政策办法，推进天河现代都市工业高质量发展的建议》2件提案被评为区政协九届会议以来优秀提案。民盟天河区基层委员会获2022年度民盟广州市委员会参政议政工作先进集体三等奖、2022年度民盟广州市委员会反映社情民意工作三等奖。

民建天河基层委员会申报各级参政议政课题30余个，申报民建广东省委会参政议政课题11个。提交提案议案40余件，其中，报送省政协集体和委员提案3件、书面发言1件；市政协集体和委员提案10件，区政协集体和个人提案14件，1件被列为区政协主席督办的重点提案，2件被列为区政协副主席督办的重点提案。各级各部门采纳社情民意55篇，其中被全国政协采用2篇，民建中央采用6篇。获得2023年广州市统一战线“我为广州发展献一策”活动优秀成果3篇。

民进天河区基层委员会向各级报送“我为广州发展献一策”、提案、社情民意信息合计35篇，其中《关于加强后疫情时代广州市新就业形态人员劳动权益保障机制的建议》被广东省委统战部刊发；《人民政协在广东推动高质量发展中的优秀作用和实践路径研究》获省政协主题征文三等奖、民进省委会参政党理论研究三等奖；《关于加强直播带货中消费者权益保护的建议》被广州市委统战部采用。6篇议政调研成果被民进广州市委会嘉奖。

农工党天河区基层委员会提交集体提案、个人提案、人大议案12件。其中区政协提案9件，区人大建议3件。《加快我区村改制公司留用地指标落地兑现》被评为区政协优秀提案。提交课题研究成果报告1份，社情民意2件。

致公党天河区基层委员会提交社情民意37篇，被致公党省委会、致公党市委会及各级部门采纳6篇，其中，《关于创新航空体制改革，加快建设航空强国的建议》《关于“一带一路”建设与数字经济出海中的地缘冲突问题和应对建议》《关于加强地方方言传承和保护，增进华人华侨归属感的建议》《关于美国政府即将出台限制对华投资的措施的影响评估和应对建议》4篇建议被致公党中央采纳。提交提案10份，其中，《关注居民用水安全，提升城区居民住宅用水品质百姓提案调研工作方案》获区政协现场调研督办，《关于加快研究出台“工业上楼”政策，推进广州现代都市工业高质量发展的提案》被市政协评为优秀委员提案，《关于建立新生儿大数据平台，助力实施健康儿童行动计划的建议》被致公党中央评为参政议政优秀成果。

九三学社天河委员会撰写各类调研课题 11 个，被评为九三学社省委重点课题 1 个、九三学社市委重点课题 1 个。提交提案议案建议 15 件，其中，区政协集体和个人提案 9 件，区人大建议 6 件，被列为区政协大会发言 1 件、区政协主席督办重点提案 1 件，被评为区政协优秀提案 1 件，被评为区人大优秀建议 1 件；向各级各部门提交社情民意 9 篇；获 2022 年广州市统战理论政策研究创新成果二等奖 1 篇。

区委统战部、台盟天河区基层委员会联合课题《粤港澳大湾区台湾科创产业的引育现状及综合服务对策研究》获 2022 年广州市统战理论政策研究创新成果优秀奖。《发挥天河种业协同优势，共创科技经济效益双赢》被列为区政协大会发言，提交集体提案《关于分布建设智能化的废弃资源回收设施，促进居民垃圾分类的能动性和资源循环产业发展的建议》《关于打造“两岸科技创新与产业发展交流品牌活动”的建议》。

【民主监督】 2023 年，民革天河区基层委员会在教育、医疗等领域履行监督职能，3 名民革党员担任特约监督员。民盟天河区基层委员会推动对口帮扶和科技创新重点难点问题解决，2 名盟员担任市直单位特约监督员。民建天河区基层委员会实地考察《关于加快抢占新消费赛道，打造国际定制家居高端产业带的建议》《以华南国家植物园建设为契机促进龙洞片区文商旅产业高质量发展》《让国际咖啡节落户天河的建议》等区政协重点提案办理情况。民进天河区基层委员会履行在教育、司法、政府机关等工作中的监督职能，3 名会员担任特约监督员。农工党天河区基层委员会担任人大代表的党员参加区人大组织的社区居民开放日，为社区居民解决问题。台盟天河区基层委员会有 5 位盟员担任省检察院特约检察员、省审计厅特约审计员、广州市人民检察院的志愿观察员等。1 名盟员作为广州市政协环境专家，先后 3 次参与市自然资源环境局论证广州市花都区 2023 年度土地征收成片开发方案。

【社会服务】 2023 年，民革天河区基层委员捐资捐物约 68.97 万元。向贵州省毕节市七星关区野角乡人民政府捐赠课桌椅，举办帮扶地区农产品推介活动。在广东省清远市横岭小学建立民革天河总支同心助学基地，累计资助困难学生 130 余人。定向为贵州省毕节市纳雍、七星关区和广东省清远市横岭村、云浮市等地提供医疗服务。参与广东扶贫救济日活动，捐资 6.5 万元；支援甘肃、青海抗震救灾，捐资捐物约 40.83 万元。

民盟天河区基层委员会被评为民盟广州市委员会社会服务工作先进集体。在兴宁市黄槐镇耕地认种活动中认种耕地 10 亩，捐赠 3 万元。改善欠发达地区教育面貌做好事、做实事，捐钱捐物等达 40 万余元。

民建天河基层委员会捐资捐物 555.5 万元。民建广州市委会企业家联谊会天河分会、民建天河政协委员工作室、民建天河会员之家正式揭牌成立，4 名会员被评为民建广东省委会 2022 年度社会服务工作优秀个人。

民进天河区基层委员会参与广东扶贫济困日活动和支援甘肃、青海抗震救灾，累计捐赠 7.5 万元。在贵州省毕节市纳雍县纳雍职业学校设立“同心圆梦助学金”。到广东省河源市东源县、清远市连山县、贵州省毕节市纳雍县送教下乡。联合天河区政协书画院在天河区员村“T.I.T 智慧园”社区开展“春联万家　奔赴新征程”特色活动。

表 5　　2023 年天河区各民主党派基本情况表

党派名称	下设支部（个）	成员（人）	人大代表（人）			政协委员（人）				优秀人大代表（人）			优秀政协委员（人）		
			省	市	区	省	市	区	区政协常委	省	市	区	省	市	区
民革天河区基层委员会	9	274			1		2	10	1						
民盟天河区基层委员会	13	251			3		1	10	1						2
民建天河基层委员会	13	286		1	4		3	15	2						
民进天河区基层委员会	9	213		1	2	1		11	2						1
农工党天河区基层委员	8	221				2	3	8				1			
致公党天河区基层委员会	5	167			3		1	6	2			1			
九三学社天河委员会	6	128			4			8	1			1			
台盟天河区基层委员会		25			1	1		2			1				
合计	63	1565		2	18	4	10	70	9		1	3			3

农工党天河区基层委员会发动党员购买扶贫产品等社会服务活动。发动党员助力乡村振兴，支持广东省从化钱岗荔枝、新疆伊犁驼奶、黔货等义卖活动。连续三年认种兴宁黄槐镇农田数十亩耕地并带动广州市企业共同参与。向甘肃省积石山保安族东乡族撒拉族自治县慈善协会捐款1350元，向中华思源工程基金会——紧急驰援甘肃临夏地震项目捐款3630元。

致公党天河区基层委员会在车陂街道开展“翰墨书香迎新春、笔墨浓情送祝福”活动，向甘肃省积石山保安族东乡族撒拉族自治县慈善协会捐款10400元。

九三学社天河委员会开展九三科技使者进社区活动，到社区开展普法宣传志愿服务活动。参与第六届“粤北洋”奖学金捐款活动。向兴宁市大坪中学捐款6万元，向甘肃地震灾区捐款8219元。购买扶贫产品超1万元。

台盟天河区基层委员会开展健康饮食公益讲座。向中华思源工程基金会——紧急驰援甘肃临夏地震项目捐款750元。开展对台联络交流和服务台胞工作，接待参加广州乞巧文化节的台湾学者一行4人、台湾苗栗县文化产业艺术协会一行11人。

（区委统战部）

天河区工商业联合会

【概况】 2023年，广州市天河区工商业联合会（以下简称“区工商联”）有会员3281人，街道商会21个，直属商会（团体会员）12个。是年，区工商联开展会员服务、商会建设、公益慈善、非公党建等工作。区工商联被评为2022—2023年度全国、广东省“五好”县级工商联和广东省工商联2023年度民营企业调查点工作先进基层单位。1个所属商会被评为全国“四好”商会，2个所属商会被评为2022年、2023年广东省工商联“四好”商会，8个所属商会被评为2022年广州市工商联“四好”商会，2个所属商会分别被评为广州市AAAAA、AAA级社会组织；1人被评为广东省工商联系统先进工作者，1人被评为《非公有制企业党建》杂志2023年度百名“两新”党建优秀通讯员。接待大连市中山区委统战部、毕节市大方县、成都金堂县工商联和三亚市崖州区委统战部等领导和企业家到天河考察民营企业工作。

【工商联非公党建】 2023年，区工商联开展民营企业党建摸排和组织建设“双同步”工作，推进商务楼宇、商圈市场、众创空间、孵化器等区域党组织覆盖，加强上市公司、外资企业、物流快递、新兴业态等行业党建。建立民营企业党员数据库，实行动态管理。天河区有非公企业党组织927个，党员11996名，其中2023年新建党组织共82个。开展“百个机关支部联百站”活动，为企业送政策、送技术、送培训、送服务。民营企业党组织利用红联共建机制平台，成立人工智能产业链大党委，构建人工智能产业链党建“1＋3＋N”体系，由天河科技园党委组织，联动佳都集团党委、广东省人工智能产业协会党支部和时代E—Park园区党支部，带动区域范围内N家企业，实行理论共学、阵地共享、项目共办、人才共育、发展共助、园区共治“六共”模式。推动产业链上中下游企业结对共建，以“党建链”赋能“产业链”。加强“双强六好”党组织培育，8个党组织被评为“双强六好”标杆党组织，17个党组织被评为“双强六好”党组织，12人被评为党员先锋示范岗，19人被评为党务工作标兵，5人被评为党建之友。2个课题成果被评为2022年广州市统战理论政策研究创新成果二等奖。组织参与广州市非公经济组织党员教育电视片作品征集比赛，获1个一等奖、3个二等奖、2个三等奖。

【工商联服务实体经济】 改善营商环境　2023年，区工商联开展“政企面对面”活动，举办恳谈日、IT＋金融产业高质量发展等6场专题活动。联动广州外商投资企业协会，召开法规政策说明会2场。2023年2月，天河区政企沟通服务中心揭牌，这是广州首个区级政企沟通中心。联动区政务服务数据管理局探索将电子政务内容入驻区政企沟通服务中心，与广州市花都区工商联、大连市中山区工商联探讨如何推进政企沟通服务中心建设工作。围绕政策解读、企业走访、行业企业发展等主题，联动南开金融论坛，联合市工商联和律所，举办和参与11场活动。实施“天河同舟大学堂”民营企业家培养计划，首批100余名优秀民营企业家参训。推荐企业家参加“新时代穗商培养工程”高质量发展研修班。举办“四日”（恳谈日、读懂日、伙伴日、惠企日）活动87场，服务企业9801家。联合区政务和数据管理局等部门开展惠企政策宣讲活动，把“企业找政策”变为“政策找企业”。完成全国季度民营企业劳动用工情况调查和民营企业运行状况调查、全国“万家民企评营商环境”工作。联合区税务局开展2023年助力小微经营主体发展“春雨润苗”专项行动，优化小微经营主体税费服务。

服务重点企业　区工商联开展重点企业联系走访活动，陪同区委主要领导调研走访1家重点企业。陪同市工商联走访智汇Park和广州星辉中心；参加区人大下企业活动，调研广州市营商环境条例执行情况。发动会员企业完成省工商联民营企业季度调查、全国工商联企业用工情况季度调查、民营企业上市情况摸底调查、2022年度全国工商联民营企业责任调研、民营经济“两个健康”问卷调查等。协助8家企业11人申报人才落户，协助1家企业1人申请子女入学，组织召开天河区重点企业服务座谈会。

维护企业权益 开展“学习贯彻二十大精神推动民企高质量发展”主题党日暨法律服务工作交流、“送法明规助企飞”之知识产权加速企业创新创造主题分享活动等3场活动，支持所属商协会举办“高水平法治护航高质量发展”等3场主题活动。开展“送法三进”系列活动，推荐企业参加“法治体检”，开展民营企业权益保障面临的问题及建议专题调研。开展2022年创建劳动关系和谐单位评审活动。协调区检察院、区法院推进民营企业“事前合规”及“大合规”工作，建立“检联益企”工作站并举办揭牌仪式及座谈活动。参与街道司法所的人民调解宣传月活动，结合知识产权法治保障工作开展2场宣传咨询活动。

【工商联基层商会建设】 2023年，区工商联加强对商会的联系、指导和服务。推荐天园街道商会参加全国、省工商联系统“四好”商会评选，指导凤凰、猎德、石牌、冼村、长兴等街道商会和区民商会完成换届选举。各所属商协会开展商务考察、税务宣讲、爱心公益等各类活动近30场。举办2023年天河区工商联所属商会、团体会员培训考察，加强现代商会制度建设。

2023年7月6日，广州市非公有制经济组织“双强六好”表扬授牌活动暨园区党建工作会议召开，天河区25个非公有制经济党组织和35名个人获表彰

（蓝雄 摄）

【工商联公益事业】 2023年，区工商联倡导民营企业、所属商协会、爱心人士参与广东扶贫济困日、“千企帮千镇 万企兴万村”行动和消费帮扶活动。13个企业（商会）在2023年统一战线扶贫济困工作推介会上捐款近200万元。签订对口帮扶协议，组织天河区企业家到广东省梅州市、兴宁市、福建省龙岩市永定区考察。完成与贵州省毕节市纳雍县6个村结对帮扶任务。推动“百县千镇万村高质量发展工程”，向对口联系的天河区兴华街道河水社区居委会捐赠办公桌椅，主席企业资助同仁天兴学校更换课椅。鼓励民营企业参与“民生微项目”“群众微心愿”等志愿活动。推动红联共建，加强精神文化教育引导，帮助企业构建积极向上的文化格局。组建民营企业党员志愿服务队，参与商圈治理、社区治理等。

（陈惠媚）

群众团体

天河区总工会

【概况】 2023年，天河区新完成建会企业230多家，发展会员1.5万余人，现有基层工会3345家，会员303024人。天河区连续5年被评为广州市经费审查工作规范化建设A级单位。1人获广东省五一劳动奖章，2人被评为广州市“最美社会化工会工作者”。

【职工思想文化建设】 2023年，广州市天河区总工会（以下简称“区总工会”）购买《习近平新时代中国特色社会主义思想专题摘编》《习近平关于工人阶级和工会工作论述摘编》等学习教材。举办“学习贯彻党的二十大精神暨学习贯彻习近平总书记视察广东重要讲话重要指示精神”专题培训班和“学习贯彻习近平总书记同中华全国总工会新一届领导班子成员集体谈话时的重要讲话精神及中国工会十八大精神”专题培训。组织劳动模范、基层工会主席、社会化工会工作者参观第一次全国劳动大会旧址、省港罢工委员会旧址、杨匏安旧居。开展学习贯彻习近平新时代中国特色社会主义思想主题教育。组织领导干部分片区下基层宣讲5批次。开展“立足岗位作贡献”“我为天河发展献计策”“天河先锋学在身边”3项活动，“通过开展劳动故事分享会等活动加强对网约车司机群体思想引领”做法被“学习强国”、《工人日报》等刊发。全年开办理论读书班4期，举行“三会一课”活动等8场次，形成调研成果6项，为群众办实事4项。

【基层工会建设】 2023年，天河区召开基层工会组织建设座谈会和组建工作推进会，承办广州市基层工会建设暨新业态工会工作现场推进会，天河区作“推进新业态劳动者建会入会”经验介绍，区总工会被评为广州市五星级工会。小微企业和楼宇工联会建设、楼宇工会职工之家建设成为广州市样板。发展新就业形态劳动者会员5000多人。区总工会“多措并举推动辖内全国互联网百强企业全部建会”做法被《南方工报》《广州工会信息》《天河信息》等刊发。印发《关于开展集体协商要约行动的通知》，要求各街道重点培育3～5家非公企业工资协商典型。组织参加民主管理集体协商专题培训。在石牌街道工会服务站建设区第一批集体协商指导服务站样板站点。与福建省龙岩市永定区总工会签订一线职工（劳模）疗休养合作协议，组织劳动模范代表到永定区劳模疗休养基地疗养。

【职工维权】 2023年，区总工会处理劳资事件舆情登记系统舆情270件；“12351”热线综合管理平台工单177宗；办理职工来电来访来信43次；为职工无偿提供工会法律援助代理服务101宗。设在区仲裁委的劳动争议三方联合联调中心调解案件2081宗，调解成功1293宗，成功率62.1%。设在区人民法院的劳动争议诉调对接工作室调解125宗案件，调解成功78宗，成功率62.4%。与区人民法院立

2023年12月12日，区总工会联合天河区公安分局举办2023年“工匠杯”警务技能竞赛闭幕式

（区总工会供稿）

案庭保持联系，分派在线纠纷多元化解平台案件21宗。加强工会劳动保护，在辖内工业园、重点企业开展“安全生产月”宣传活动。

【劳模活动】 2023年，区总工会推荐8名个人和3个集体参与全国、广东省五一劳动奖评选，1人获“广东省五一劳动奖章”。组织25名劳模参加全国、省、市、区的疗休养和体检活动。组织劳模代表、基层工会主席等开展“英雄花开英雄城·红色工运之旅”教育活动。与区教育局联合举办2023年天河区教育系统庆祝五一国际劳动节暨“感动天河的最美教师”颁奖会。

【技能竞赛】 2023年，天河区举办2023年“工匠杯”消防业务技能大赛、2023年“工匠杯”警务技能竞赛、第七届“工匠杯”环卫技能竞赛、天河区卫生健康系统“工匠杯”职业技能竞赛等。发动辖内企业参加2023年广州市人力资源服务高质量发展劳动技能竞赛。组队参加“羊城工匠杯”广州市职工心理健康服务职业技能大赛、广州市劳动争议多元化解业务技能竞赛。

【工会帮扶】 2023年，天河区各级工会慰问困难职工84人次，发放慰问金17.9万元，发放季度救助金4万元，为困难职工申领药品，帮助困难职工子女实现微心愿。常态性慰问职工5300人次，发放慰问金、慰问品67万元。推进工会关爱保障项目，办理特种重疾参续保7874人，办理女职工安康参续保4734人，申请患病赔付互助金186人；申请住院关爱补助2976人。组织职工趣味运动会、单身职工相亲交友等各类主题活动。开展天河区技术工人和先进职工疗休养示范性活动、一线职工免费心检体检活动。举办职工服务站点优秀成果报告会。区总工会“以‘三同’工作法推动职工服务阵地高质量发展”“助力来穗职工融入社区”“‘洗微境’凝聚新力量”“创新工会服务方法，以小站点撬动大资源”等经验做法被《工人日报》《南方日报》《南方工报》等媒体刊发，石牌街工会爱心驿站（暖蜂巢·小哥驿站）被中央电视台综合频道晚间新闻报道。

（何琴）

中国共产主义青年团广州市天河区委员会

【概况】 2023年，中国共产主义青年团广州市天河区委员会（以下简称“团区委”）有直属基层团委35个，其中机关团委13个，团工委24个；在册团员40300人，少先队员115107人。是年，天河区“返家乡”大学生社会实践工作获团中央嘉奖，是广州市唯一获此奖项的区。“凝‘青’聚力”行动、青年志愿服务等改革经验成果在市委《党建引领城中村治理简报》《每日快报》以及省、市共青团内部刊物登载。“绿美天河”建设、少先队工作等被《人民日报》《中国青年报》《南方日报》及省、市电视台等媒体报道。

【共青团组织建设】 2023年，天河区实施“青耕计划”，联合暨南大学、华南师范大学、华南农业大学等辖内24所大中专院校，选聘优秀青年教师担任街道团工委兼职副书记，选拔优秀大学生担任社区团组织工作骨干。成立大湾区科技企业联合团委，推动合景悠活等企业、盛达创意园等重点产业园区实现团组织覆盖，推动240余个“两新”组织规范建团，“两新”团组织总量和增量均位列广州市第一。召开中国少年先锋队广州市天河区第六次代表大会，选举产生新一届委员。召开天河区青联五届三次常委（扩大）会议，推荐7名青联委员当选省、市、区的党代表、人大代表、政协委员。常态化开展湾区青年实习、“绿美天河 青年先行”“缘聚天河”“微心愿”等品牌活动680余场，筹集社会资金468.3万元。

【志愿服务】 2023年，天河区打造“1＋21＋230＋N”志愿服务联盟（1代表天河区，21个街道，230个社区，N个国企事业单位、社会组织及志愿服务团队），搭建“纵向贯通、横向联盟”的志愿服务工作架构。志愿服务广州火车东站春运、天河迎春花市、清明祭扫、广州国际创新节等。打造华南国家植物园“志愿护绿驿站”，开展共享草坪青年志愿行动。组建华南国家植物园博士、硕士志愿服务团队，常态化开展导览讲解、园林复绿、苗木繁育、标本档案等志愿服务。组建“青治联盟”专业青年志愿服务队，到石牌村、车陂村等20个城中村开展民生领域专业志愿服务108场，排查安全隐患146宗，志愿服务时长超1万小时。指导全区21个街道、230个社区等各级团组织常态化开展社区关爱、垃圾分类、“河小青”“林小青”等志愿服务活动，服务群众超30万人次。围绕“百千万工程”、城中村治理等中心工作，依托天河区青年志愿者协会，联合15个单位组织在活动现场开展“群众需求 号手响应”青年文明号志愿服务集市活动。到街道、社区、园区和中小学开展应急救援、普法宣传、防诈反诈、燃气安全、消防安全等志愿服务活动，举办志愿服务集市活动19场，发动38个青年文明号集体、26家国企事业单位及100多家企业单位提供惠民服务清单23项，服务市民群众1.2万人次。

【青少年服务】 2023年，天河区开

展“青训计划”，举办外卖小哥职业能力提升训练营、大学生就业招聘会等，为来穗就业创业青年提供培训及岗位。打造天河“青年夜校”，推出能力素养提升课程 19 场，参与青年 720 余人次。打造“两新青年大学堂”，组织天河青年与福建龙岩永定、深圳福田、佛山南海、梅州兴宁、肇庆广宁等地青年交流互鉴。举办第十五届“缘聚天河”青年交友联谊系列活动 6 场。实施“青护计划”，打造广州市首家党群“青护驿站”，为社区青少年提供成长关爱服务。依托“青年地带”“天晴正途”“青年之家”等各类团属青少年服务阵地，处理“12355”（青少年心理咨询和法律援助热线电话）转介个案 61 项，开展“青春无欺”校园防欺凌等青少年法治宣传教育、“温暖伴童行”微心愿等来穗及困难青少年关爱、“心晴守护”青少年心理健康教育等活动 860 余场次，覆盖青少年约 22.8 万人次。

2023 年 4 月 7 日，团区委联合区委统战部、华南国家植物园、公诚管理咨询有限公司举办“绿美天河 · 青年先行”2023 年天河区青春联盟活动

（团区委供稿）

【共青团宣教活动】 2023 年，天河团区委召开“争创高质量发展，青春建功新时代”五四青年座谈会。开展港澳青年共话高质量发展嘉年华活动，组织近百名港澳青年参观“创科之路”研学路线。动员各级团组织、队组织参与“青年大学习”“红领巾爱学习”主题团课、队课，累计参与青少年 32 万人次。依托全区 45 个“青年之家”阵地常态化开展“青春读书会”168 场，覆盖团员青年 3135 人次。推动中学青年马克思主义者“育苗工程”项目升级；与华南师范大学的合作，推动大学生“朋辈”导师累计入校授课 81 场。“推优入团”比例达 100%，“推优入党”比例达 96% 以上。3 人获全国“两红两优”荣誉，36 人、11 个集体获省级、市级“两红两优”荣誉。508 人获省级、市级“最美南粤少年”、优秀共青团员、优秀少先队员称号，1733 名个人和集体获省、市“红领巾奖章”。“青春天河”微信公众号全年发布 257 期 570 篇推文，21 条短视频。

【共青团基层组织改革】 2023 年，天河区持续推进县域共青团基层组织改革。区委组织部、团区委联合印发《天河区关于贯彻落实进一步强化党建带团建 发挥团员青年在超大城市基层治理格局中生力军作用的工作方案》《天河区关于全面推进党建带团建 组织动员团员青年参与城中村专项治理工作方案》，多维度拓展天河区“凝‘青’聚力”助力“百千万工程”行动，该项目被纳入区“百千万工程”重点项目。新增社会领域团组织 1621 个，其中“两新”团组织 1173 个。构建“1 ＋ 21 ＋ N”青年之家阵地服务体系（1 代表天河区，21 个街道，N 个青年之家服务阵地、青年组织及社群力量），区辖内 21 个街道、21 个社区挂牌成立“青年之家”，推动粤港澳大湾区青年创新创业孵化基地、未来社等 6 个特色阵地加入“青年之家”服务矩阵。推动穗园小区等 40 个社区成立少工委，在花城广场连心驿站等 24 个阵地挂牌少先队校外实践教育基地。推进青年志愿者协会、青年摄影家协会、青年书法家协会等“团办青年社团”建设。根据青年社交“圈层化”特点，组建扶弱助困、志愿服务、婚恋交友等 248 个网上青年社群，覆盖青年 4.3 万余名。 （雷潇宇）

天河区妇女联合会

【概况】 2023 年，广州市天河区妇女联合会（以下简称“区妇联”）下属街道妇联 21 个，社区妇联 230 个，区直属机关事业单位妇委会 13 个，妇女发展促进会 1 个。是年，天河区 3 名优秀女性当选中国妇女十三大代表，评选出广东省三八红旗手 1 个，广东省首批儿童友好城市建设示范点 3 个，广东省书香家庭、百户最美家各庭各 1 户，广州市最美家庭、书香家庭各 1 户。获第十四届“羊城小市长”2 名，“羊城友好小使者”1 名。

【家庭建设】 2023 年，天河区首个家庭教育节举办。打造“亲子共读经典”“成长引路人”“乐参与”等亲子家庭实践活动平台和品牌。推进车陂街、棠下街家庭指导服务中心和员村街天福社区家长学校广州市试点建设。联合区文明办举办城市管理人员子女综合素养教育主题公益活动，100多名13～15岁的城管人员子女受益。组织中小学生参加广州市第十四届“羊城小市长”评选，3名选手获奖。

【天河区首届家庭教育节】 2023年5月13日，天河区首届家庭教育节在广州购书中心举办。启动仪式上，区文明办和广东省岭南教育基金会合作推出城市管理人员子女综合素养教育公益项目。区妇联与区教育局、越秀教育咨询有限公司开启家校社协同育人合作，政府、社会、学校、家庭协同联动育人，引导社会加强家庭家教家风建设。

【优秀女性选树】 2023年，市妇联和区政府联合召开“新经济 她引领”高质量发展暨首届广州女性创新创业先锋揭榜大会，广州市有40位女企业家获“首届广州女性创新创业先锋”称号，其中天河区有14位入榜，居市首位。推荐7名女性先进个人（集体）参评广州市三八红旗手（集体），均通过初审；开展全国、省三八红旗手（集体）的推荐。街道、社区两级妇联执委共3693名参与评星定级，选树产生12名广州市优秀五星执委。

【关爱妇女儿童】 2023年，天河区发挥“38613861”维权热线平台，优化省级舒心驿站建设，协同多部门联防联动合力化解婚姻家庭矛盾纠纷，开展“守护花开”“护苗成长”“把爱带回家”等关爱帮扶服务。受理来信来访，办结率100%。关爱帮扶困难妇女儿童240人次。建立“党群共建助力社区治理”工作机制，链接苏荷物业管理公司、医通软件、区妇女发展促进会等女企业家资源在城中村社区开展“党群联动办实事 服务村居解民忧”活动，举办6场家庭教育、维权关爱活动，惠及群众近千名。

【儿童友好城市建设】 2023年，天河区冼村街、车陂街“一水同舟”龙舟文化展览馆、正佳自然科学博物馆被评为首批广东省儿童友好城市建设系列示范点。8月，天河区被广州市儿童友好城市建设工作领导小组确认为广州市儿童友好试点区，辖内2个街道为试点街道，2个社区为试点社区，11个基地为试点基地。召开儿童友好城市创建工作推进会3次，研究解决区妇女儿童活动中心建设场址问题，并明确各成员单位儿童友好城区创建任务。区妇联与区检察院、区教育局、区来穗人员服务管理局、团区委、广州购书中心、市巾帼社会工作组织等签订结对共建协议，成立“天检少年未保议事会”。鼓励儿童积极参与城市建设，首个儿童议事观察团在车陂街上岗。确定建设4个重点儿童友好街道、10个儿童友好社区，打造猎德街、冼村街和天园街3条重点线路，制定儿童友好规划图。完成5条通学路径、2个老旧小区改造和儿童公园休憩亭廊建设。（王凤娟）

2023年10月7日，区妇联联合车陂街西华社区开展巾帼志愿妇儿权益保障活动 （何莉 摄）

天河区科学技术协会

【概况】 2023年，广州市天河区科学技术协会（以下简称“区科协”）围绕区委、区政府中心工作，普及科学知识，传播科学思想，提高公民科学素质，服务天河创新驱动发展战略，推进“科创中国”试点区（园区）建设。是年，天河区有基层科技团体22个，其中街道基层科协21个。全年举办各项科普活动48场次，发布微信科普推文37篇。

【线上科普活动】 2023年，区科协联合区融媒体中心，加强微信平台科普宣传，推送科普推文，内容包括疫情防控、环境保护、食品安全、医疗健康等。举办“防灾减灾”线上科普有奖竞答活动，题目涵盖火灾、地震、洪涝灾害等防灾减灾知识，参与答题10万多人，浏览量达18万次。

【主题科普活动】 2023年，天河区举办纪念“世界地球日”科普宣传活动，宣传普及环保低碳等科学知识。开展“全国科技工作者日”系列活动，组织参与广州“最美科技工作者”遴选以及广州市基层科普工作先进集体和优秀科普工作者学习宣传活动，宣传包括天河区院士在内的优秀科技工作者事迹。开展水环境治理、反邪教、平安建设等宣传教育，推进社区精神文明建设。联合区科工信局等单位举行天河区科普讲解大赛，参赛选手演讲内容涵盖现代农业、生命健康、食品安全、天文地理、前沿科技等领域。与区科工信局、区应急管理局、前进街莲溪社区联合主办防灾减灾科普活动，吸引近400名社区居民参与。举行“提升全民科学素质，助力科技自立自强”——2023年天河区“全国科普日”活动启动仪式。组织专家到社区开展科普大讲堂活动，内容包括婚姻家庭、健康养生、家庭教育等。

2023年9月19日，天河区全国科普日活动在天河第一实验小学举办

（区科协供稿）

【校园科普及研学活动】 2023年，区科协开展专家科普进校园系列活动。邀请中国卫星气象领域科学传播专家、广州气象卫星地面站原副站长曹静教授，到天河区志远小学、车陂小学、高塘石小学作题为《防灾减灾卫星助力》的科普讲座。邀请广州市海洋双碳研究会会长、中国科学院南海海洋研究所林立博士，到天河区猎德实验学校、天英小学作题为《红树林为什么不“红”》的科普讲座。联合区关工委开展“童心永向党 共筑航天梦”青少年科普研学活动。在黄村小学、吉山小学等8所学校开展“人工智能创新梦”科技体验进校园活动。组织6场中小学生科普基地行、科普亲子活动、科技研学等活动，走进文搏3D打印、小翼航空科技、从化国医小镇、南沙资讯产业园等科普基地，开展探究式体验学习。

【科技人才服务】 2023年，区科协走访慰问辖区院士、科技企业和创业园区，宣传推介天河区系列产业扶持政策。协助市科协举办第23期花城院士科技峰会。贯彻落实《广州市天河区推动经济高质量发展重点人才激励办法》，点对点指导相关企业开展网上申报，推进院士工作站项目政策兑现工作，全年给予3家设站企业共150万元科研启动经费支持。

【“新型科普合作联盟”】 2023年，天河区参与结对的科普联盟单位有49个，科普联盟单位与中小学结对88对。通过科普合作联盟，推动天河区校馆、校企深度科普合作，以“结对子”形式推进科普、科研工作，促进校、馆、企三方资源共享。

【天河区企业科协联合会成立】 2023年，在市科协、区科协的指导下，由大湾区科技创新服务中心牵头，联合中国联合网络通信有限公司广东省分公司、广东省中药研究所、广州市景心科技股份有限公司等20家天河区优秀企事业单位组建广州市天河区企业科协联合会。依托该联合会，发挥天河区科技创新资源和人才集聚优势，探索在科技企业、科研院所、投融资机构、科技园区、科技服务机构等各类创新主体间搭建交流、对接的平台，促进区域内科技工作者联系，推动各创新主体间信息融通、资源共享、协同创新、合作发展，加速推进科技成果转化工作落地。（李锡伟）

天河区归国华侨联合会

【概况】 2023年，广州市天河区归国华侨联合会（以下简称“区侨联”）依法维护侨益，扩展海外联谊，积极参政议政，弘扬中华文化，参与社会建设。是年，天河区有基层侨联会22个，其中街道侨联1个，区教育系统侨联1个。

【侨联服务经济社会】 2023年，天河区在归国留学生集聚的科技园区棠下智汇Park建设广东省首个新侨政协委员工作室。组织侨界政协委员到基层一线了解园区企业和归国留学人才需求，提供科学发展建议和服务。在棠下智汇Park建设侨界创新要素聚集的空间载体、海外高端人才智库合作基地和创新创业平台，共建“天河区新侨创新创业基地”。棠下智汇 Park 被评为广东省侨联第三批共建“南粤侨创基地”，广州智汇集团有限公司总裁谭浚伟被评为全国归侨侨眷先进个人。发动侨企参加 2023 年高新技术企业认定培训。与广东技术师范大学侨联到荔湾区调研学习，搭建地方侨联与高校侨联合作联动平台。陪同陕西省侨联代表团、山西省大同市侨联代表团调研粤港澳大湾区创新创业基地，推动创新创业孵化基地、文创企业与陕西省各地市孵化器达成战略合作。陪同市侨联、市欧美同学会调研广州数说故事信息科技有限公司、广州极飞科技股份有限公司，探讨留学生创新创业路径。陪同常德市侨联调研广州机智云物联网科技有限公司、佳都科技集团股份有限公司，对接数字化水产养殖、人工智能技术与服务合作解决方案。组织新侨调研省人工智能产业协会并开展“搭建新侨共建平台，助力高质量发展”座谈会。

【侨益维护】 2023 年，区侨联开展 2023 年度新春慰问贫困和重要归侨侨眷活动。联合兴华街鳌鱼岗社区党支部、广州汕头大学华新骨科医院开展“粽叶飘香迎端午，结对共建送关爱”活动，慰问困难归侨侨眷。联合鳌鱼岗社区党支部举办重阳节慰问活动、“关爱骨骼健康，守护生命桥梁”义诊等活动。联合区侨务局、兴华街和区委离退休干部党工委开展天河区“为侨服务　你我同行”活动。使用省、市侨联困难归侨专项帮扶资金，帮助孤寡侨众看病，解决生活困难。全年为 2 名困难归侨申请“罗焯惠侨基金”，为 6 名困难归侨发放扶贫救助金。

【广东首个新侨政协委员工作室在天河区成立】 2023 年 12 月 5 日，由区侨联、区侨务局和棠下智汇 Park 联合主办的“凝聚侨心侨智侨力，助推天河高质量发展”天河区新侨创新创业活动启动。活动举行天河区新侨政协委员工作室和棠下智汇 Park“新侨创新创业基地”揭牌仪式。工作室是广东省首个新侨政协委员工作室，由省、市、区侨界政协委员中从事高等教育、律师、金融、乡村振兴、科技创新等领域的精英人士组成，为科技园区创新创业提供专业支持。

【天河区“为侨服务　你我同行”活动】 2023 年 4 月 23 日，天河区“为侨服务　你我同行”活动在兴华街道信达金茂广场·益田假日世界举行。活动现场举行天河区为侨法律服务团授旗仪式。服务团是由区侨务局、区侨联联合区新联会律师分会以及上海中联（广州）律师事务所等区内知名律师事务所组建而成，成员多为执业经验丰富、专业能力较强的律师，主要为侨界群众提供法律咨询、法律援助等服务。同时协助区侨务部门和街道开展侨法宣传、侨益维护等工作。服务团现场开展《中华人民共和国归侨侨眷权益保护法》宣传活动。

（易斌）

天河区文学艺术界联合会

【概况】 2023 年，广州市天河区文学艺术界联合会（以下简称“区文联”）深入学习习近平总书记系列重要讲话精神特别是关于文艺工作的重要论述，把握“做人的工作”核心任务和“创作生产优秀作品”中心环节，推进天河区文艺工作发展。是年，区文联下属有书法家、美术家、摄影家、作家、音乐家、舞蹈家、民间文艺家、戏剧家、客家山歌、珠江月诗词 10 个文艺家协会。

【文艺惠民】 2023 年，区文联开展“文艺＋传统节日”“文艺＋爱警暖警”等挥毫活动。邀请书法家走进区公安分局训练大队开展暖警挥春送福活动；在区政府大院组织开展“天河区喜迎新春书画家挥春活动”。参与“情满中秋　欢度国庆”——前进街“我们的节日·精神的家园”中秋节主题活动，为机关干部、公安干警和群众送福字、对联 2000 余副。

【文化交流活动】 2023 年，天河区举办 2023“春暖花开”广州（天

2023 年 5 月 28 日，“‘艺’心跟党走　绿美谱新篇”主题文艺展演活动在华南国家植物园举办

（区文联供稿）

河）第九届女子书法作品展、“读书三余”——学人书画印展、“种春天”——林小燕老师绘画作品展暨部分学生优秀作品展等展览。组织文艺家开展学术交流活动，向省、市平台宣传、推介文艺人才。7月，区音乐家协会会员黄雅倩获第十届高等艺术院校全国歌剧展演歌剧重唱组别二等奖。8月，区书法家协会副秘书长吴嘉茵参加中国文联主办的2023年国家艺术基金人才培训项目《书法理论评论人才培训》。10月，区文联报送的《原创艺术进课堂——中小学音乐编创教学实践》被评为“第二届粤港澳大湾区文艺创新论坛优秀文艺创新案例”。开展两期“以文化艺术讲好高质量发展故事”艺术家天河鼎湖采风创作活动，组织区摄影家协会会员到鹤山市开展摄影创作3次。指导广州市青年作家协会开展“幸福广州·生态花城”2023广州音乐诗会。向区融媒体中心报送原创歌曲和朗诵作品10个，其中《将记忆绣进未来》等4首作品被“学习强国”选用。全年“天河文艺”公众号推出各类文艺资讯140条，阅读量3.2万余人次。

【文艺宣传】 2023年，区文联用“讲座＋演出”结合的方式举办“红色信仰 时代之声——庆祝中国共产党成立102周年主题讲座”。举办“天河区清风书画展”、“初心守正”——莫非、刘锐、潘永耀正书三人展等。宣传绿美天河建设，举办“‘艺’心跟党走 绿美谱新篇”主题文艺展演、“大城名园·红土情思”主题征文和“土生土长”主题摄影比赛。培育和践行社会主义核心价值观，举办“湾区春潮涌”——美术名家作品邀请展、“千人千面”——粤剧面谱展等展览。展现广州推动实现老城市新活力、“四个出新出彩”的时代风貌，举办“读懂广州”——广州市第十六届摄影艺术展巡展等。在“民法典宣传月”期间，联合区司法局开展“美好生活·民法典相伴”法治宣传教育活动。组织区书法家协会会员参加“广州交通安全大篷车嘉年华巡回宣传活动”。

【广州文艺市民天河空间（天河艺苑）建设】 2023年，区文联落实《广州文艺市民空间管理暂行办法（试行）》，依托天河艺苑打造广州文艺市民天河空间，完善展览、活动项目评审标准，策划扶持精品文艺项目，引进省级、市级文艺家协会和高校优质文艺资源。举办广东美术名师作品展第五回——锦瑟华年、“商都与瓷都之恋”——岭南名家艺术陶瓷邀请展等品牌展览。指导区摄影家协会开展“天河之夜”摄影沙龙，指导区书法家协开展“切磨箴规”书法沙龙，与区融媒体中心策划开展“发布学堂”，免费向市民提供押花、植物绘画等艺术体验课程，举办陶瓷艺术公开课、名家面对面讲座、古琴赏析等公益讲座。广州文艺市民天河空间区全年举办展览、沙龙、惠民讲座等38场，服务群众4.39万人次。 （黄洁）

天河区残疾人联合会

【概况】 2023年，广州市天河区残疾人联合会（以下简称“区残联”）落实市、区各项惠民政策，推进残疾人精准帮扶工作。是年，区残联下属有5个残疾人专门协会，21个街道残联，17个康园工疗站。天河区有持证残障人士10101人。

【残疾人康复】 2023年，天河区有1359名持证残疾人及残疾儿童得到康复服务，残疾人精准康复率100%，资助金额508万余元。资助190名精神残疾人进行专科治疗。资助23名听力语言残疾儿童、45名智力残疾儿童、97名孤独症谱系障碍儿童、1名低视力残疾儿童、84名肢体残疾人进行康复训练，资助7名残疾儿童进行人工耳蜗植入手术。为459名残疾人提供各类辅助器具，资助19人居家康复，资助440名新办证残疾人进行残疾程度评定和检查。天河区社区精神康复综合服务中心为400余名精神残疾人提供专业社会服务。

【残疾人教育】 2023年，区残联实施省、市、区残疾人教育救助扶助政策，资助在读学前教育残疾儿童51人，义务教育阶段残疾学生356名，在读中、高等教育残疾学生120名。对38名取得中高等教育文凭的残疾学生发放教育生活扶助和奖励89.47万元；对考入中、高等全日制学校的41名残疾学生发放“幸福天河”教育奖励59万元。

【残疾人就业】 2023年，天河区处于就业年龄段的残障人士有4838人，其中就业2531人。全年为2333家用人单位提供就业年审服务，动员36家企业提供47个岗位招聘残疾员工。收到59名残疾人求职申请，成功推荐10名残疾人就业。为残疾人应届毕业生推荐就业，17名高校残疾人应届毕业生中就业7人，6名学生准备继续深造暂缓就业。加大就业扶助力度，受理1家残疾人企业申请创业资金，2家工商户申请个体工商户社保补贴，1710名残疾人申请职业技能培训补贴。

【残疾人社会保障】 2023年，天河区实施《“幸福天河”残疾人服务资助管理办法》，为595名残疾人提供居家安养服务，资助全日寄宿托养残疾人643人，为321名残疾人提供日间照料服务。开展天河区盲人按摩机构生活救助，为辖区22家盲人按摩机构每家发放5000元救助金。资助残疾人专项补助 7.04 万人次，金额 447 万元；资助参加城镇职工养老保险补贴 44 人；发放残疾人机动轮椅车主燃油补贴 7.9 万元。

【区残联换届】 2023 年 1 月 12 日，区残联第八次代表大会召开，大会经过无记名投票选举产生天河区残联第八届主席团委员，以及天河区出席市残联第八次代表大会代表。新一届主席团聘请天河区残联第八届主席团名誉主席，表决通过主席团主席、副主席，推举执行理事会理事长，通过各残疾人专门协会主席、副主席人选和市残联第八届主席团委员天河区候选人。（戴沛娟）

中国国际贸易促进委员会广州市天河区委员会

【概况】 2023 年，中国国际贸易促进委员会广州市天河区委员会（以下简称“区贸促会”）以服务企业为本，以经贸活动为切入点，主动作为，强化贸易促进功能，提升商事法律服务水平，为天河经济社会高质量发展贡献贸促力量。

【商事法律服务】 2023 年，区贸促会优化商事法律服务措施，为企业代办一般原产地证 1257 份、优惠原产地证 653 份，其中优惠原产地证代签量比 2022 年增长 38%。全年向企业发送经贸摩擦预警信息约 300 条。推动《区域全面经济伙伴关系协定（RCEP）》实施，贯彻落实省、市、区高质量发展大会重要精神，进企业、进街道、进协会、进园区、进楼宇宣讲外贸惠企政策，制作 RCEP 惠企政策宣传资料投放天河 CBD 甲级写字楼。与市贸促会联合举办天河区 RCEP 服务站、广州市经贸摩擦预警中心天河区服务站授牌仪式暨外贸高质量发展政策培训活动。与区税务局、天河海关、街道等合作举办外贸高质量发展政策专题培训。组织企业参加中国贸促会企业合规师培训基地（广州）授牌仪式暨首期培训学院开班仪式等活动。

【企业服务】 2023 年，区贸促会制订《天河区贸促会走访调研制度（试行）》，定期走访企业和商协会，实地了解企业的经营情况和发展现状。对接广州市服务外资外贸企业工作专班，帮助企业解决中国进出口商品交易会展位、拓展海外市场资源等企业关注的问题。配合区有关职能部门，开展企业人才入户、子女入学、人才公寓申请等工作。组织会员企业到广汽埃安新能源汽车股份有限公司开展标杆企业参访暨资源对接活动。举办主题为“立足大湾区　发展向未来”的专题年会。举办 4 期助企赋能会员主题沙龙，先后以“元宇宙与大湾区发展”“人工智能的发展方向与机会”等为主题，邀请专家或专业人士作分享和解读。

【经贸交流】 2023 年，区贸促会继续与香港贸易发展局合作“香港秋季电子展”天河专区品牌推广项目，借助其国际化平台及渠道优势，向全球买家推介天河区高科技电子企业。组织企业参加广东 21 世纪海上丝绸之路国际博览会和中国海洋经济博览会。在会员企业微信群中推送中国国际进口博览会、中国国际供应链促进博览会、中食展、德国慕尼黑国际机器人及自动化技术博览会、澳门“粤澳名优商品展”等展览的参展信息，并组织部分会员企业参展参会。发动企业参加由香港贸易发展局主办的“Smart HK 推动高质量发展香港论坛”。发动企业参加由澳门贸易投资促进局主办的葡语国家穗澳商贸会展暨投资推介会。（区贸促会）

2023 年 3 月 31 日，中国国际贸易促进委员会广州市委员会天河区 RCEP 服务站、经贸摩擦预警服务站授牌仪式在天河区总统大酒店举办

（市贸促会供稿）

法 治

政法委及综治

【概况】 2023年，天河区政法系统以党的政治建设为统领，推进常态化扫黑除恶、市域社会治理现代化、来穗人员服务等工作，为天河区高质量发展提供安全稳定的政治社会环境。2014—2022年，天河区在平安广州考评中被评为“优秀”等级；2019—2022年，在法治广州建设考评中被评为“优秀”等级。是年，天河区获得广东省唯一“二星平安鼎”；中共广州市天河区委政法委员会（以下简称“区委政法委”）“善治天河栏目”被评为全省“优秀普法工作项目”。

2023年9月，天河区被广东省委平安广州建设领导小组办公室授予“二星平安鼎” （区委政法委供稿）

【平安天河建设】 2023年，天河区110案件类警情比2022年（下同）下降17.3%，110治安警情下降20.7%、破案数上升22.3%，刑事破案率上升10.2%。持续开展“广州街坊”品牌创建和最小应急单元培优联创，举办天河区最小应急单元大比武，建成2720个最小应急单元，实现报岗率100%。培育“天河房东”“天河群防”“天河小哥美团骑士”3个群防共治品牌。为15名见义勇为人员发放奖金，中山大学附属第六医院陈喜杰医生被评为广东省见义勇为模范。制定和完善特殊人群管控工作应急预案，将严重精神障碍患者纳入监护补助发放范围。招录798名“村改居”辅警。提档升级全区21个街道综治中心，开展街道综治中心等级评定，全区综治中心提档升级经验在《长安》杂志上刊登。前进、凤凰街道综治中心被评为广州市首批一级综治中心；天河南、猎德、棠下、长兴街道综治中心被评为广州市首批二级综治中心；黄村、沙东、天园街道综治中心被评为广州市首批三级综治中心。凤凰街综治中心化解矛盾纠纷经验在新华网刊登，猎德街“综治中心＋智能化”平台案例入选中央政法委举办的政法智能化建设技术装备展。

【法治天河建设】 2023年，天河区全面推进法治天河建设。区法院受理案件88132件，办结71495件。区检察院受理案件6885件，案件质效指标综合评价位列广州市基层检察院第一。推动区“八五”普法规划实施，打造精准普法项目59个，创建法治宣传“云端阵地”。兴华法庭、凤凰法庭与司法所合力擦亮“庭所共建”品牌，获得广州市法治建设创新项目一等奖。推动粤港澳大湾区国际商务与数字经济仲裁中心入驻天河环贸中心，支持亚太经合组织跨境商事争议在线解决机制建设项目落户天河中央商务区。在粤港澳大湾区（广东）创新创业孵化基地推进设立“一站式”公共法律服务工作站。引进粤港澳大湾区律师76人，约占广东省引进人数的20%。推进城中村公共法律服务工作站室建设，打造“猎德人家”公益法律服务站等法律服务新载体。打造“六出花”法治宣讲团和“天检少年未保观察团”，举办41场法治宣讲活动。全年接待群众法律咨询257批次，受理法律援助案件1874件。诉前化解金融商事纠纷3.32万件。天河区人民法院《社会化有偿调解对接机制》获得广州市法治建设创新项目二等奖。

【扫黑除恶】 2023年，天河区保持严惩高压态势，打掉3个涉恶势力、1个涉网犯罪团伙，一审审结涉黑涉恶案件4件25人，“9＋2”涉黑恶原始警情比2022年下降3.8%。持续开展信息网络、自然资源、交通运输、工程建设、教育、市场流通、金融放

2023年4月10日，天河区2023年“4·15”全民国家安全教育日宣传教育暨反邪教警示教育活动正式启动（邓雪滢 摄）

贷等重点行业领域整治，制发“三书一函”44份，按时完成整改，推动重点行业领域标本兼治。在2023年广州市常态化扫黑除恶斗争考评中被评为第一档，连续六年居全市前列。

【政治安全维护】 2023年，天河区做好全国“两会”等时期的政治安全和反邪教工作，全年未发生重大涉政、涉邪案事件。挂牌成立校地联合共建共治共享工作室。推进国家安全宣传教育，联合广东金融学院、华南农业大学、广东省外语艺术职业学院、广州市第七十五中学等学校开展国家安全和反间谍宣传教育活动，邀请华南师范大学教授宣讲，覆盖师生12000余人。开展反邪教警示教育宣传，创作的漫画获中国反邪教网“一网两微”优秀稿件奖，短片《邪影》获广东省反邪教公益广告大赛二等奖。持续推进“七进”活动，全年开展反邪教宣传活动838场，覆盖群众约9.3万人次。

【社会稳定维护】 2023年，天河区深入开展社会矛盾问题专项治理和基层矛盾纠纷排查化解专项行动，推动涉房地产、农村集体经济、涉众型金融、教育、涉劳资等问题化解，下发涉稳风险预警告知书，重大矛盾纠纷化解率100%。排查基层矛盾纠纷111宗，化解95宗，有效稳控16宗，全部落实领导包案限期化解。启动社会面防控等级响应机制，发动“广州街坊”、最小应急单元加强人流密集场所和高峰时段的防控勤务，未发生突发群体性事件和个人极端案（事）件。

【来穗人员和出租屋管理】 截至2023年年底，天河区登记在册来穗人员125.8万人、出租屋78.2万套，征收出租屋综合税6.5亿元，建成城中村围院式管理小区11个，新建微型消防站78个、一类微型消防站22个。全区规模以上出租屋设立楼栋长的有4.17万栋，创新建立“车陂楼栋长专业委员会”管理机制，25个城中村将出租屋纳入村规民约、集体经济组织章程。完成流动人口“粤居码”持码120.6万人，整治出租屋隐患10277处。“城中村”刑事警情比2022年（下同）下降13%，治安警情下降19.6%。3913名来穗人员通过积分制入户广州，1660名来穗人员随迁子女通过积分制获得学位，174名港澳居民随迁子女完成入学资格审核。天河区来穗人员服务示范中心（广州市首家来穗服务区级示范中心）项目获得2020—2022年度广州市市域社会治理十大创新项目奖。

【社区网格化管理】 2023年，天河区通过广州市网格化服务管理信息系统上报网格事件19.93万宗，并全部办结。上报安全隐患排查事件4.3万宗，并全部办结，其中涉消防安全事件3.84万宗。

【国际禁毒日活动】 2023年6月17日，区禁毒委员会办公室联合广州市岑村强制隔离戒毒所共同举行2023年国际禁毒日“健康人生、绿色无毒”主题宣传教育活动。活动为天园街、前进街、新塘街颁发2022年度天河区禁毒工作先进单位荣誉证书，为凤凰街社区戒毒社区康复工作指导站授牌，向蓝态幸福文化公益基金会书记张华、华南实验艺术团教授周正松颁授天河区2023年度禁毒宣传形象大使聘书。活动设置分会场，广州市轻工职业学校学生代表参观岑村所禁毒展馆。区相关街道领导、禁毒社工，区禁毒协会会员代表开展戒毒人员慰问帮教活动。2023年，天河区成功创建首批7个无毒街道、59个无毒社区，成立天河区禁毒高校联盟，在打击涉毒犯罪方面成效显著。

（王子木）

法治政府建设

【概况】 2023年，天河区学习贯彻习近平法治思想，高标准高质量推进法治政府建设。天河区连续4年法治广州建设考评优秀，连续3年获得市政府法治政府建设督查激励。

【全面依法治区】 2023年，天河区组织召开区委全面依法治区委员会第十次会议，制定实施年度依法治区委员会工作要点并列入区委督查督办重点事项。贯彻落实省“十四五”规划有关法治广东建设部署要求以及市法治建设“一规划两纲要”任务分工方案，组织开展中期评估自查。制定实施党政主要负责人履行推进法治建设第一责任人职责清单，实现党政机关主要负责人述法全覆盖。推动建设广州湾区中央法务区天河高端片区。出台《天河区关于进一步加强法治建设的工作方案》，健全基层法治建设领导体制和工作机制。建立区级法治督察专员库，首批聘任法治督察专员33名。落实法治广州考评、司法建议检察建议办理情况专项督察、道路交通安全和运输执法领域专项整治等问题整改。

【广州湾区中央法务区天河高端片区建设】 2023年，天河区推动粤港澳大湾区国际商务与数字经济仲裁中心入驻，支持广州仲裁委员会参与的亚太经合组织企业间跨境商事争议在线解决机制建设项目落户天河中央商务区，提升天河作为粤港澳大湾区高端法律服务集聚区的优势。修订完善区产业扶持政策，在营收增长奖励等方面为优质律师事务所提供政策激励。举办律师行业高质量发展研讨会，搭建律师与公检法司交流平台，深化法律职业共同体建设。联合区税务局创新推出“涉税法律交流协作伙伴计划”品牌，开展律师行业涉税情况调研。是年，天河区有律师事务所374家，从业律师13077人，律师事务所、律师数量位居广州市首位。引进粤港澳大湾区律师76人，约占广东省引进人数的20%。天河区法律服务业93家纳统企业营收59.33亿元，比2022年增长4.5%，约占市律师行业营收的七成，亿元所数量从15家增加到19家。

【行政复议】 2023年，天河区开展“复议质量提升年”专项活动，督促24宗有履行义务的败诉案件按期履行。推进败诉案件分析整改，全区一审行政应诉案件败诉率连续三年下降。多方联动实质化解行政争议，在全市率先出台《广州市天河区行政机关行政行为自我纠错暂行办法》，指导行政机关对行政行为中存在主体不适格、事实不清、证据不足等9种情形开展自我纠错，引导行政相对人撤回复议申请或撤诉。构建行政复议与调解有机衔接联动机制，开展复议全流程调解，促成110宗复议案件调解、和解结案。是年，天河区收到行政复议申请1184宗，比2022年（下同）增长49.9%。办结1259宗（含结转），增长165%。案件经复议后进入诉讼95宗，占办结复议案件总量的7.5%。收到行政诉讼案件255宗。开庭审理案件中，行政机关负责人出庭应诉162宗，出庭应诉率92.6%。

【行政规范性文件监管】 2023年，天河区严格落实规范性文件项目库管理制度、“双审”制度，加强行政规范性文件监督管理。定期举办全区行政规范性文件专题培训，严格落实规范性文件项目库管理、合法性审查、备案审查制度，合法性审查、报送备案率均为100%。

【行政执法监督】 2023年，天河区持续深化行政执法体制改革，全面推进严格规范公正文明执法，制定《天河区关于落实镇街综合行政执法规范化建设实施方案的工作方案》，形成17项工作措施，健全行政执法协调联动机制，加强基层行政执法能力建设。全区21个街道完成行政执法“三项制度”配套制度及清单的制发工作。依托省行政执法信息公示平台实现公示常态化，全年累计公开执法结果信息33万余条。采用自评自查、业务评查、重点抽查的案卷评查模式，创新案卷评查结果反馈，实现全区行政执法单位案卷评查全覆盖。

【普法与法治宣传】 2023年，天河区开展“八五”普法规划中期考评工作，打造精准普法项目59个。选送“强化多元供给 打造天河特色涉外法律服务圈”普法项目被评为广州市“谁执法谁普法”创新创先项目大赛优秀普法项目。成立天河区公益律师普法宣讲团。开展天河区2023年“宪法宣传周”活动，举行“法律进机关”活动，开办领导干部法治培训班，专题学习习近平法治思想。打造法治宣传“云端阵地”，升级改版“天河区法治宣传”公众号，开设“法治护航高质量发展”专栏。参加广州市中小学生普法创意大赛决赛并获“优秀合作单位”奖。加强法治文化阵地建设，将车陂街“一水同舟”龙舟文化展览馆打造成龙舟文化与法治文化紧密融合的法治宣传教育平台。天河区被省司法厅推荐参评全国首批守法普法示范市（县、区）。

（区司法局）

公安

【概况】 2023年，广州市公安局天河区分局（以下简称“区公安分局”）履行建设平安天河、法治天河工作职责，开展护稳定、保平安、强防控、优服务、铸铁军五大主要工作，推动天河公安事业发展。全区社会治安实现“两降两升”：110案件类警情比2022年（下同）下降17.3%，110治安警情下降20.7%、破案数上升22.3%，刑事破案率上升10.2%。区公安分局5个单位立集体三等功，34名民警立个人三等功；12名社区民警被评为天河区最美社区工作者。国保大队被公安部评定为“县级国保部门战略支撑点”，被省公安厅评定为“一级国保大队”；五山派出所被评为2022年度广州市“枫桥式公安派出所”；天园派出所骏景南社区警务室被评为2022年度广州市“标杆警务室”；机动大队被评为第五届广州公安“最美警队”。监督室民警冯佩被评为第五届广州公安“新警成长之星”金星。兴华派出所民警严涛被评为2023年第二季度“广东好人”。刑警大队民警谭素华被评为广东省优秀人民警察。天园派出所社区民警洪军梅、五山派出所社区民警陈东斌被评为广东省公安机关社区民警标兵、第五届广州公安“最美警察”。天园派出所民警洪军梅被评为广东公安“最美基层民警”、广州市“优秀社区（驻村）民警”。

【打击违法犯罪】 *扫黑除恶* 2023年，区公安分局打掉恶势力犯罪集团2个、涉网恶势力犯罪集团1个，刑拘嫌疑人440人。侦破黑恶案件286宗，破案率达90%，涉黑恶警情比2022年（下同）下降3.6%，新发命案、“两抢”案件均100%侦破，侦破命案积案6宗、性侵积案6宗。全区伤害案件100%办结，迷失警情2812起2812人全部找回，伤害类警情下降8.6%。

打击盗窃犯罪 2023年，区公安分局侦破盗窃案件826宗，打掉盗窃团伙43个，抓获盗窃嫌疑人1791人，盗窃破案率提高14.3个百分点，入室盗窃案件100%侦破，盗窃、入室盗窃、盗窃“三车”警情分别下降27%、19.3%、12.4%。

打击民生领域违法犯罪 2023年，区公安分局侦破电信诈骗案件1796宗，抓获嫌疑人1724人，110电信诈骗警情下降5.2%，累计返还冻结涉案资金7373.4万元，排名广州市第一。打击经济金融犯罪，侦破国林汇创等涉众型案件27宗，上升180%，抓获嫌疑人98人。摸排风险企业100余户，驱离维度、微聚、“货艺通”等21个不良经营企业。与北京、天津公安机关三地联动，打掉“预测赢家”非法荐股窝点，刑事拘留11人，首次实现与证监会广东监管局同时入场、同步取证、同日出具行政认定函件的突破。侦破食药环、知识产权领域案件127宗，打掉犯罪团伙32个，刑事拘留213人，涉案金额约4.5亿元。侦破“2·10”全省首宗假冒服务注册商标专案、“0201春雷”涉疫药品专案、“4·03”三七互娱网络科技有限公司被侵犯著作权专案以及“蓝剑4号”“蓝剑6号”等一批大要案件，获公安部嘉奖令1次、省公安厅贺电4次、省公安厅领导肯定批示1次。

打击“黄赌毒” 2023年，区公安分局查处涉黄嫌疑人3020人，上升70%，查处涉赌嫌疑人2496人，上升80.7%，涉赌警情下降1%，涉黄整体打防工作、涉赌整体打防工作考核均列广州市第二。严厉打击涉毒违法犯罪，管控吸毒人员，监管制毒物品，整改突出问题地区，开展禁毒宣传，全年逮捕涉毒人员132人，查获吸毒人员501人，缴获毒品270千克，禁毒执法考评全市第三。

【治安整体防控】 2023年，天河区动态设置31个“1、3、5分钟快反勤务圈”，抓获在逃人员206人，规范设置2700余个最小应急处置单元。实体运作合成作战中心，建设派出所综合指挥室，全区110案件类警情下降17.3%。在天河路商圈、美国驻广州总领事馆周边设定“一长（警长）一站（警务驿站）一区域（警务区）”。推动民警、辅警、最小应急单元、群防群治力量“四力聚合”，驻巡、步巡、联巡、协巡“四巡叠加”，全区“双抢”警情下降24.4%。针对人流密集场所等重点部位，开展153个重点单位的应急处突培训演练，排查各类矛盾纠纷，调处化解155宗。办结上级交办公安信访案件28宗。

【警务建设】 2023年，区公安分局强化基层警务建设，推动230个社区完成社区民警“进班子”工作，实现“一区一警两辅”全覆盖。建成五山汇景、龙洞南社、新塘新园等3个社区中心警务室示范点。召开“两队一室”（“两队”指社区警务队、执法，“一室”指综合指挥室）办案队警务改革推进会和“两队一室”警务改革综合指挥室建设现场会，推动22个派出所“两队一室”建设。完成辖区派出所综合指挥室、值班室等“硬件”更新改造，完成岗位规范设置、完善警务运行机制等“软件”建设，加强派出所综合指挥室运行建设。

【安全隐患监管】 2023年，区公安分局排查校园、医院安全隐患，消除涉校安全隐患132处、涉医院安全隐患18处。常态化排查全区224家列管危化物品从业单位隐患，严格做好缉枪治爆、刀具管控，收缴各类枪支29支、废旧子弹33922发、仿真枪36支、管控刀具39把。动员天河区全警参与交通整治，整改交通隐患52处。开展消防监督检查2.52万间次，整改消防隐患6962处。安全监管寄递物流、时租房、日租房等行业，实地检查寄递物流网点42931间次，整改隐患490处。

【网络安全管理】 2023年，区公安分局优化警企合作共管模式，指导企业对照新监管要求调整经营模式。审核网站备案3453家、检查App 374个、修复网站网络安全漏洞567家次；走访检查辖内企业、互联网数据中心（IDC）等单位430家次。根据国家网络安全等级保护制度的要求，累计完成840个二级系统、376个三级系统等级保护测评工作，行政处罚不履行网络安全义务企业74家。开

2023年7月，区公安分局在全区范围内组织开展第一次夏夜治安巡查宣防集中统一行动
（区公安分局供稿）

展辖内互联网企业、医院、党政机关等网络安全知识宣传普及205次。

【涉外警务】2023年，区公安分局针对涉缅北等涉外警情案件，加强“三非”外国人和偷越国（边）境刑事犯罪打击。全年查处“三非”外国人266人，查处非法聘用外国人案件、容留藏匿案件36宗，侦破妨害国（边）境管理刑事案件26宗，抓获嫌疑人32人，“0208专案”被列为国家移民局督办案件。防范涉东南亚地区诈骗犯罪，加大赴东南亚国家风险人员审查力度，通过前置性审查教育劝阻风险人群出境。

【户政管理】2023年，区公安分局户政窗口受理各项业务44.37万件次。其中，办理出生登记12556人、死亡注销5422人，迁入66746人，迁出11270人，办理身份证18.78万张、临时身份证6993张，编列门牌760个。持续实行“不见面”审批，受理网上申请办理户政业务35966件次，全区自助办证设备办理身份证64796张。全区街道公共集体户办理集体户口迁入27560人。办理港澳台居民居住证3315张。

【出入境与往来港澳管理】2023年，区公安分局出入境窗口受理出入境业务21.07万件次。2月，全面启用出入境智能设备，累计办理赴香港、澳门旅游签注32.67万件次。办理港澳居民回乡证1234人次，办理外国人签证证件业务12774件次。

【出租屋治安管理】2023年，区公安分局开展基础排查工作，排查全区城中村“人、屋、车、场、网”，推进城中村大数据智能化建设。全区流动人口中“粤居码”持码人数128.3万余人，覆盖率98.33%；实有房屋申报170.4万余套，申报率87.5%。租赁房屋申报134万余套，申报率97.5%，其中登记城中村出租屋59.52万套、居住流动人员89.56万人。

【道路交通治理】2023年，天河区发生道路交通亡人事故33起33人，比2022年下降5.06%，未发生较大以上交通事故，实现连续两年下降。因“摩电”事故多发挂牌整治一年，4月，通过广州市验收并顺利摘牌。广州大道广园东路被列入市级隐患治理道路，10月，通过市验收并顺利摘牌。缓堵治理成效显著，全年共治理52个交通拥堵点位，治理率91.7%。基础设施建设成效明显。全年完成36.26千米非机动车道建设、3处港湾式公交站和4个“内轮差”警示区建设。

【天河区第三届最小应急单元大比武】2023年6月，区公安分局组织开展天河区第三届最小应急单元大比武系列活动，模拟展示最小应急单元队伍在处置突发应急事件时人员集结、队形排列、事件处置等情况。来自校园、机关团体、医疗机构、金融机构、大型商场、城市广场、村居社区、保安服务8个方面的2000余个最小应急单元队伍参赛。经过海选、选拔赛，决出6支优秀队伍、评选出先进个人10人。10月25日，在海心沙亚运公园举行决赛汇报展演暨颁奖活动。（陈小燕）

检察

【概况】2023年，广州市天河区人民检察院（以下简称“区检察院”）办理各类案件6885件，比2022年（下同）上升39.4%，办案整体质效稳居广州市最前列。是年，区检察院被评为广东省2023年度检察工作现代化先进基层单位，16个案例入选检察系统典型、优秀案例，获区级以上表彰奖励114项。其中，“六出花”未成年人保护工程品牌相关案例被评为全国检察机关2023年度维护妇女儿童权益典型案例，5个办案团队被评为省级、市级优秀模范办案团队，5人次获省级、市级业务竞赛标兵能手称号，10人被评为市级模范办案检察官。

【刑事检察】2023年，区检察院起诉严重暴力犯罪、毒品犯罪76人，下降15.6%。提前介入天河“1·11”驾车撞人案，从严从快批捕犯罪嫌疑人温某某。打击电信网络诈骗及其关联犯罪，起诉134人。办理缅北电信网络诈骗犯罪系列专案，批捕43人。起诉涉黑涉恶犯罪26人，办理王某军等17人涉黑组织案入选广州市常态化扫黑除恶典型案例。坚持打击与挽损并重，在检察环节为群众追回损失1亿余元。受理职务犯罪案件17件19人，提前介入职务犯罪案件侦查12件，配合开展职务犯罪追逃追赃工作。起诉销假制假、侵犯食药安全等犯罪10人，办理食品药品安全领域公益诉讼案件18件，发出检察建议、磋商函18件。

【检察监督体系】 刑事诉讼监督 2023年，区检察院发挥侦查监督与协作配合机制作用，提前介入侦查案件162件。监督立案182件，监督撤案29件；对侦查活动提出纠正违法意见709件，采纳率100%。加强刑事执行监督，提出监督意见352件，采纳率100%。优化社区矫正监督，提出监督意见223件，采纳率100%。在广州市率先制定看守所检察履职清单，为巡回检察发现深层次问题做好“预诊”工作，依法保障监管场所律师会见权，此项工作经验被最高人民检察院推广。

民事检察监督 是年，区检察院持续加强民事审判程序违法监督和民事执行活动监督，监督纠正违法情形116件，采纳率100%。开展民事诉讼活动中诉讼费用应退未退和违法公民代理专项监督治理，制发检察建议52份，采纳率100%。打击虚假诉讼，筛查涉黑、涉套路贷虚假诉讼案件线索，监督立案12件。把《中华人民共和国民法典》宣讲融入辖区招商引资领域，为入驻50余家企业提供法律服务。

行政检察监督 是年，区检察院持续推进环境生态领域行政非诉执行监督，发出检察建议7件，采纳率100%。不断加强行政争议实质性化解工作，监督广州某电子有限公司恶意欠缴职工住房公积金违法行为，帮助职工追回损失10万余元。在广州市岑村强制隔离戒毒所率先启动司法行政强制隔离戒毒检察监督试点工作，成功破解病残解戒人员跨省安置难题，该试点经验被最高人民检察院推广。

公益诉讼监督 是年，区检察院履行“公共利益代表”职责，立案97件，其中对文物和文化遗产保护、妇女权益保障、AED规范配置等新领域新业态问题立案55件。坚持把诉前实现维护公益目的作为最佳司法状态，发出诉前检察建议、磋商函79份，行政机关整改率100%，推动出台长效治理机制7项。在天河公园建立公益诉讼法治宣传基地，聘请专业人员担任“特邀检察官助理”，凝聚公益保护合力。

【未成年人保护检察】 2023年，区检察院依法从严起诉性侵、虐待等侵害未成年人犯罪31人。对涉嫌轻微犯罪、有悔罪表现的未成年人附条件不起诉32人，对罪错未成年人开展特殊预防49人次，综合履职率位列广州市第一。建立未成年人司法保护检警协作机制，打造“六出花”未成年人司法保护检察品牌。举办41场法治宣讲活动，覆盖全区21个街道，受众9.5万人。创新多元普法模式被《人民日报》、“学习强国”等报道。

【检察保护特殊群体权益】 2023年，区检察院参与打击整治养老诈骗专项行动，起诉2件14人，追回赃款280万余元。支持困难劳动者提起诉讼，为16名当事人追回劳动报酬10万余元。跟进“好孕妈妈”平台支持起诉案件执行情况，促成64名困难劳动者获得司法救助。向190名因案致困的案件当事人或其近亲属发放国家救助金95万元，司法救助工作居广州市基层监察院之首。

【检察维护经济秩序】 2023年，区检察院起诉破坏社会主义市场经济秩序犯罪68件213人，从严追诉非法集资、洗钱等金融犯罪28件130人。打造“天作之合”合规工作品牌，全面推进涉案企业合规改革工作，被评为广州市检察机关2021—2023年度检察改革创新精品案例。对合规整改到位的11家企业、12名企业责任人依法不起诉。涉案企业经过合规整改后均运营良好，包括2家营收过百亿元企业。办结广东省首件涉职务犯罪企业合规案件，依法维护本辖区民营企业财产权益。针对辖区拟上市企业开展合规专题培训，建立“检联益企”工作站，畅通检察机关和民营企

2023年9月8日，区检察院联合区公安分局举办天河区“六出花”未成年人司法保护检警协作机制实施细则联签仪式 （区检察院供稿）

业沟通渠道。办理“919”涉恶专案，摸排行业管理漏洞，制发检察建议5份，引导行业主体合法有序经营。

【检察履职化解信访】 2023年，区检察院接收群众信访1300件，7日内回复率和3个月内办理过程或结果答复率均保持100%；经诉访分离、分类处理，依法受理控告申诉案件279件。首次信访案件全部由院领导包案办理，息诉率100%。坚持把化解矛盾、修复社会关系贯穿办案全过程，促成刑事和解72件、民事和解6件。派出检察官入驻21个街道综治中心，融入“1＋6＋N”基层社会治理工作体系（“1”指综治中心；“6”指综合网格及法院、检察、公安、司法行政等基层政法力量和“粤平安”云平台等信息化支撑平台；“N”指其他综治和社会力量）。对争议大、有影响的案件公开听证130次，增加2.6倍。

【警示案例公开庭审】 2023年8月4日，区检察院联合区公安分局交警支队、区法院在市车管所岑村总所对“梁某某危险驾驶案”进行公开庭审，区检察院依法指派检察官出庭支持公诉。现场邀请50名新考取驾驶员资格证的学员、有违法记录的驾驶员以及部分区人大代表、区政协委员到现场旁听庭审。此次公开庭审以案释法，用实际案例开展法治教育，让在场旁听人员及线上观众直观感受醉驾行为带来的严重法律后果，达到“审理一案、教育一片”警示教育效果。

（贺小丹）

法院

【概况】 2023年，广州市天河区人民法院（以下简称“区法院”）受理案件88132件，比2022年（下同）下降1.2%，办结71495件，上升2.07%，审判质效稳中向好，为天河区推进现代化建设提供司法服务和保障。是年，区法院立案庭被评为“平安广东建设先进集体”，16篇案例、论文、课题等获省级以上奖项。最高人民法院到区法院智慧城法庭调研并给予肯定。

【刑事审判】 2023年，区法院审结刑事案件1264件，判处罪犯1693人。审结涉黑恶犯罪案件4件25人。审结严重暴力犯罪案件102件129人，多发性侵财犯罪案件458件624人，涉“黄赌毒”、涉枪犯罪案件77件140人。审结袭警、妨害公务犯罪案件12件14人。审结贪污、贿赂等职务犯罪案件17件19人。审结破坏社会主义市场经济秩序犯罪案件84件194人；审结集资诈骗等涉众型金融犯罪案件32件121人，审结广东省首例“内保外贷”虚假转口贸易逃汇套利案。审结危害医疗卫生、食品药品、道路交通安全犯罪案件270件270人。审结电信网络诈骗犯罪案件99件194人，对“冒充老中医兜售特效神药”特大电信网络诈骗案的97名被告人集中公开宣判。加强刑事司法人权保障，对3名自诉案件被告人依法宣告无罪，免予刑事处罚3人，判处非监禁刑649人。审结未成年人犯罪案件12件13人，侵害未成年人犯罪案件37件40人。

【商事审判】 2023年，区法院审执结商事案件42979件，标的额338.94亿元。审结股东出资、股权转让等案件468件；审结商品买卖、商贸服务等案件7937件；审结涉“带货主播”“探店达人”等社交电商案件169件；审结产品责任、旅游服务等消费者权益保护案件3612件。优化营商环境，审结商业贿赂、职务侵占犯罪案件35件38人；审结执结金融案件15639件，为金融机构追回欠款9.61亿元。开展拖欠账款专项执行行动，为中小微企业追回损失22.82亿元。运用“活封活扣”“滚动解封”等柔性措施，促成2658件案件和解，确保涉案企业正常经营。审结侵犯知识产权和制售假冒伪劣商品犯罪案件15件18人；审结著作权侵权、不正当竞争等知识产权民事案件2396件，解决争议金额3.65亿元。审结网络游戏“租号”截单、“外挂”作弊等新类型案件，“腾讯诉山寨微信系统案”入选广州知识产权保护十大典型案例。审结执结环境资源案件101件，虚拟货币“挖矿”合同案入选广东省法院服务保障绿美广东生态建设典型案例。审结涉农集体土地使用、城中村改造等案件99件。执结土地、厂房、“半拉子工程”等大宗场地腾空案件12件，华南国家植物园鼎湖水库、“萝卜坑”地块等一批房地产平稳腾退，盘活空置面积超50万平方米。

【民事审判】 2023年，区法院审结执结教育、就业、医疗、住房、养老、育幼等民生案件9780件。审结婚姻家事案件893件。用好家庭教育指导令，督导离异家长依法行使探望权。支持非婚同居“搭伴养老”逾20年的老伴分得适当遗产。签发人身安全保护令6份，保护家暴受害者。审结劳动争议案件2966件，追回欠薪5578.92万元，全额执结兑现凯尔卡顿大酒店176名员工薪酬。完善“法院＋工会”机制，引导劳资双方协商共事、效益共创。审结教育培训合同案件2035件，保障学生家长合法权益。审结房地产案件1175件。审结医疗纠纷案件149件。

【案件执行】 2023年，区法院受理执行案件32073件，执结28241件，执行到位金额49.58亿元。推进执源治理，转入执行程序的诉讼案件下降

2.9%。对有能力履行却恶意逃避、抗拒执行的，加大失信惩戒力度，罚款5人次，拘留11人，限制出境28人次，移送追诉拒执犯罪1人。对核实确无能力履行义务的，不纳入失信名单。对积极履行法律义务的被执行人，及时修复信用256人次，撤下“失信”标签4221人次，解除限高措施5685人次，促使主动兑付案款8.55亿元。

【诉源治理】 2023年，区法院实施非诉讼纠纷解决机制，选聘186名特邀调解员参与诉源治理，近4万件纠纷成功化解在诉前，被评为广州市新时代“十佳枫桥式工作法”。对接6家“民办非”调解组织、11家律师事务所，调解纠纷3.39万件，调处到位金额2.22亿元，被评为广州市“一区两品牌”改革创新项目，入选广州市社会治理现代化十大创新案例。打造“庭所共建”2.0版，合力化解纠纷1872件，获得广州市法治建设创新项目一等奖。智慧城法庭被评为广东省法院“推动诉源治理工作成绩突出人民法庭”。主动融入“1＋6＋N”基层社会治理工作体系，在21个街道综治中心设立法官工作室。向类案多发高发领域主管部门、行业组织等发出司法建议35份。开展法律进校园、进社区等活动37次，向社会发布典型案例126个。

【诉讼服务】 2023年，区法院完善诉讼服务机制，实现群众“走进一个厅，事务全办清”。“12368”热线接听群众来电4.93万件次。加强司法人文关怀，对受到侵害但无法获得有效赔偿的当事人依法给予司法救助。推进信访工作法治化，落实“有信必复”工作20项措施，信访办结率95%。

【司法改革】 2023年，区法院全面落实司法责任制，加强对“四类

2023年8月15日，区法院与区司法局联合举办“庭所共建”总结推进会暨合作协议签约仪式（区法院供稿）

案件”监管，院庭长依职权阅核案件1177件，带头办结案件13209件。提请专业法官会议、审判委员会讨论案件125件。发扬司法民主传统，人民陪审员参审合议案件360件。深化繁简分流改革，速裁快执案件38431件，认罪认罚从宽制度适用率63.13%，小额诉讼程序适用率47.21%。全面加强信息化技术应用，网上立案61502件，电子送达172.14万次，“云端”开庭、调解3021次，智能归档36296件，无纸化覆盖率50%。应用“微案款”小程序，向1403名异地申领人线上放款2338万元，发放用时缩减70%。（李卿）

司法行政

【概况】 2023年，天河区推进法治政府建设，开展公共法律服务体系和平台建设。全面依法治区工作经验在广州市全面依法治市工作推进会上作交流推广。“庭所共建”机制、社会化有偿调解对接机制两个项目分别获广州市法治创新项目培育一等奖、二等奖。天河南街道、车陂街道被评为广州市第二批法治镇街。广州市天河区司法局（以下简称“区司法局”）下设21个街道司法所、1个天河区法律援助处、1个天河区公职律师事务所。

【人民调解】 2023年，区司法局联动区法院打造“庭所共建”2.0版；与区检察院建立“检调对接”工作机制。开展矛盾纠纷预防排查化解专项行动。建立“综合网格＋人民调解”工作机制，全区230个社区人民调解委员会共选聘360名综合网格员兼任人民调解员。围绕规范行业性专业性人民调解委员会建设开展调研，指导设立广州中立金融纠纷人民调解委员会。是年，全区各类人民调解组织调处矛盾纠纷3998宗，涉案金额约3.28亿元，调解成功率99.75%。

【社区矫正】 2023年，天河区发挥社区矫正委员会作用，通过“1＋1＋N”联动协调工作模式构建公检法司协同配合、各司其职的工作格局。以“多元专业”为需求导向，引导社会力量主动参与社区矫正工作，增强“四共”机制效能，打造“醉后一次机会”“女性社区矫正对象特色管理服务”“矫检律同行”等具有天河特色的帮扶品牌。推动智慧社区矫正中心建设，提升未成年人社区矫正工作质效。履行区委平安建设重点人群工作

组组长单位职责，建立常态化风险研判分析机制，加强重点人排查管控和督导。是年，天河区加强在册社区矫正对象管理，接收刑满释放人员，安置率及帮教率均为99.72%。重新犯罪率为零，未发生因两类人员造成的后果严重且社会影响恶劣的事件和严重精神障碍患者肇事肇祸案（事）件。

【律师工作管理】 2023年，天河区收到376宗对律师及律师事务所的投诉举报。开展区内律师事务所代理敏感案件的备案、监督管理，接收群体性敏感案件备案材料647宗，其中涉黑涉恶案件65宗，派员旁听天河区辖内律师代理的涉黑涉恶案件23宗。

【公共法律服务】 2023年，天河区探索组团式公共法律服务模式，建立律师参与公益法律服务工作机制。50多家律师事务所、300多名律师组团式对接21个街道司法所，进驻各级公共法律服务平台，形成“1个公共法律服务平台＋N个公益法律服务团队”的公共法律服务模式。结合“百千万工程”等区重点工作，推进城中村公共法律服务工作站室建设。打造“猎德人家”公益法律服务站、社区公法室“说事茶屋”、“公证便民联络站”等贴近社区居民的法律服务新载体。组建天河区民营企业法律服务团，在重点园区开展园所结对，探索在园区设立民营企业法律服务工作室。是年，天河区公共法律服务线上线下平台提供法律咨询服务2.9万余人次。社区法律顾问累计服务36116人次，提供包括诉讼及非诉讼服务总件数7965件，其中解答法律咨询6197人次，参与调解纠纷865次，法治讲座864次。

【法律援助】 2023年，天河区组建公益律师服务团队，为天河“1·11”驾车撞人案受害人提供法律咨询和法律援助服务。探索建立法律援助与司法救助工作衔接机制，与区检察院对接，为重大群体性案件涉案劳动者申请司法救助。为残疾人人身损害案提供异地协助，为外省户籍当事人提供省域通办。制定《广州市天河区常备法律援助人员管理工作指引》，促进法援律师入库、考核、管理更加科学。天河区法律援助案件优良率63.33%，连续两年位居广州市榜首。全年受理法律援助案件1874件，为6435人次提供法律咨询，为1733人次提供审查起诉和审判阶段法律帮助。

【博士后创新实践基地建设】 2023年，天河区畅通法学界和法律实务界合作渠道，推动法律服务机构博士后创新实践基地建设，促进法律服务高端人才集聚和培养。广东广信君达律师事务所、北京大成（广州）律师事务所设立市级博士后创新实践基地，这是广州市乃至广东省律师行业发展史上首次设立的博士后创新实践基地。基地采取“高校导师＋律所导师”培养模式，开展法律服务行业人才培养、科技创新和成果转化。

【广州市首个创新创业孵化基地公共法律服务工作站启动】 2023年7月20日，粤港澳大湾区（广东）创新创业孵化基地公共法律服务工作站（以下简称“创孵基地公法站”）正式揭牌启用。该站由区司法局牵头成立，是广州市首个直接在港澳创新创业孵化基地内设立的公共法律服务工作站。创孵基地公法站优化和整合天河区辖内优质公共法律服务资源，集聚法律咨询、法律援助、法治体检、调解、公证、普法等功能，直接面向在孵港澳项目，精准对接港澳青年在大湾区创业就业和生活中的法律需求。聚焦创业项目从初创期到成长期各个发展阶段的法律关注点，为港澳青年提供“一站式”双创法律服务。

（区司法局）

粤港澳大湾区（广东）创新创业孵化基地公共法律服务工作站

（区司法局供稿）

军 事

人民武装

【概况】 2023年，中国人民解放军广东省广州市天河区人民武装部（简称“区人武部”）学习贯彻习近平新时代中国特色社会主义思想和习近平强军思想，学习贯彻党的二十大精神，始终坚定维护核心、聚焦能打胜仗、夯实发展基础，落实广州警备区和中共天河区委、天河区政府工作部署要求，做好国防动员和后备力量建设。

【思想政治建设】 2023年，区人武部落实“第一议题”制度，统筹开展党委理论学习中心组学习和经常性思想政治教育，学习贯彻党的二十大精神，开展“学习强军思想、建功强军事业”教育实践活动和第二批次党内主题教育。狠抓理想信念、职责使命、法规政策、安全法纪等教育，开展向“新时代最美国动人”周昆训先进典型学习活动，开展军委主席负责制学习教育，筑牢思想根基。

【后备力量建设】 2023年，天河区编实建强训好民兵队伍，召开4次工作会议部署推进。到21个街道拉动点验民兵分队，完成基干民兵编建任务，是年，先后组织开展教练员骨干、民兵各分队训练、出动民兵遂行“三防”应急备勤等任务。

【国防动员体制改革】 2023年2月，天河区发展和改革局落实中央、省、市关于国防动员体制改革的工作部署，调整区国防动员委员会主要职责、成员单位和办事机构，调整组建区国防动员委员会办公室并挂牌运作。设立国防动员委员会联合办公室，建立军地协调机制，与区人民武装部（原国防动员委员会综合办公室）完成工作职责、文件资料、实物档案等交接。

【国防教育】 2023年，天河区加强全民国防教育。起草《广州市天河区全民国防教育工作实施方案（2024—2025年）》，明确目标任务和责任分工。将国防教育列入党委（党工委、党组）理论学习中心组学习重点内容，编入《领导干部应知应会知识学习手册》，纳入干部教育培训内容。组织开展习近平强军思想专题辅导报告会，组织安排区社会组党组织书记、负责人参加国家安全教育专题学习。全年开展全民国防教育宣讲活动48场，在“思响天河”专栏发布线上宣讲视频6期，组织群众性国防教育活动累计350余场。

【全国国防教育示范学校授牌】 2023年9月18日，由区委宣传部、区人民武装部、区教育局、区全民国防教育工作领导小组办公室主办，沙河小学承办的“英雄花开英雄城 强军筑梦砥砺行”——全国国防教育示范学校授牌仪式举行。活动为沙河小学、广州市第七十五中学、华南师范大学

2023年9月18日，天河区在沙河小学举办全国国防教育示范校授牌仪式
（蔡明玖 摄）

附属中学3所示范学校授牌。

【兵役征集】 2023年3月、9月，天河区分别召开上半年、下半年阳光征兵定兵大会和新兵入伍欢送大会。遴选聘请128名廉洁征兵监督员。发动适龄应征青年报名、体检，大学生征集比例达95%，大学毕业生征集比例达90%，位居广州市首位。

【党管武装】 2023年，天河区持续开展基层建设，“三个过硬”“四个坚持扭住”，落实党委议军、工作述职、双向兼职等各项制度，加大党管武装工作支持力度。推进区人武部独立营院择址新建工作。调整规范现有营区，推进基层武装部建设工作，调研基层街道武装部情况，组织各街道武装部分组交叉互检互评，督导基层武装部正规化建设达标。

（陈嘉昊、陈怡昕）

人民防空

【概况】 广州市天河区人民防空办公室（广州市天河区民防办公室）贯彻《中华人民共和国人民防空法》，开展人防指挥所建设、人防工程监察、防汛防灾、通信警报建设、人防专业队伍整组和培训等工作。

【城市人民防空演习】 2023年9月16日，天河区组织参加本次演习参加“珠三角天盾—2023”暨“羊城天盾—2023”城市人民防空演习。演习主要科目为人防指挥所开设、指挥平台互联互通、综合管廊设防平战转换演练、防空警报试鸣。演习组织周密、过程流畅，各参演单位配合到位，完成上级下达的任务。演习期间辖内防空警报100%正确鸣响。警报试鸣期间，机动指挥所前出至警报盲区，使用便携式电声警报器、手摇警报器发放空情警报信号。

2023年9月16日，“羊城天盾—2023”城市人民防空演习天河区车载、手摇防空警报器试鸣演练在前进街美林广场举行（王思宇 摄）

【人防工程管理】 2023年，天河区新增报建和验收结建式人防工程若干。巡查辖内结建式人防工程，整改人防区域违规停放电动自行车、储存易燃有毒物品等安全隐患问题36个，消除沙包、挡水板缺失不足等防汛隐患问题112个。向属地街道执法部门发送违法破坏人防工程防护设施设备问题线索告知函108份，向工程管理单位发出加强人防工程维护告知函24份。结合巡查动态更新管理责任人清单，建立点对点垂直联络机制，发出汛情预警通知65次。指导250余个物业管理单位建立人防工程管理台账，健全常态化管理制度。

【人防按纲施训】 2023年，天河区参加广东省第一防护区机动指挥平台跨区域协同训练1次、广州市短波通信训练30次、广州市音视频互联互通训练30次、广州市智能人口疏散系统训练5次。开展战备指挥所电力供应中断保障演练，验证市电断网下通过UPS不间断电源、战备发电机保障战备指挥所指挥信息系统及风水电设施设备不间断运行能力。在战备指挥所组织无人机向区基本指挥所高清图传、重要政治经济目标实时监控调取训练5次。

（陈怡昕）

退役军人事务

【概况】 2023年，天河区召开区委退役军人事务工作领导小组会议暨区双拥工作领导小组会议，制定并审议通过《关于推动新时代退役军人工作高质量发展的若干意见》等6份文件，为天河区退役军人事务工作高质量发展提供指引。开展就业安置，落实政策优待，提升服务保障能力，发挥退役军人作用，持续巩固军政军民团结。

【退役军人服务保障】 2023年，天河区打造员村街“五治融合社会治理模式”、长兴街“长洲抗战精神”、腰岗社区“细致为困难退役军人排忧解难”等特色品牌。举办天河区退役军人服务保障体系业务培训班3期，区、街、社区服务站450余人次参加。成立广州市首个区级心理服务工作站，全区21个街道建立退役军人心理服务工作站，解决退役军人军地转换调适等心理问题。开展非公企业中英保退役军人服务站退役军人政治文化宣传长廊建设。区退役军人服务保障经验“四个强化让家更暖”“聚光成塔，天河打造高质量志愿服务品牌”被《广东退役军人》刊登，经验做法在广东省推广。1人被评为2023年度广东省退役军人服务中心（站）“优秀接访员”，街道服务站3人被评为2023年广州市“最美退役军人事务员”。

【军地双拥共建】 2023年，天河区构建“党委领导、政府搭台、部门联动、社会参与”的拥军格局，完成市双拥创建考评调研组关于天河区创建广东省双拥模范区“八连冠”考评工作。春节、“八一”期间，区党政主要领导带队走访慰问现役部队、立功军人、百岁退役老人、红军老战士、军队离退休干部、烈属军属、残疾军人和转业复员退伍军人等3.8万人。开展“情系老兵，医心守护”公益体检活动。开展“丹青映初心 翰墨铸军魂”退役军人书画活动、“八一”军民联欢等活动。开展非公企业双拥共建，8家惠军企业制定23条惠军措施。协调军人子女就近入园、入学，为第四批4个国防教育特色示范幼儿园授牌，联合举办“种下一颗爱国的种子”国防教育成果展。

【安置就业】 2023年，天河区推行“安置无忧”服务，继续完善《军转干部、退役士兵管理服务工作手册》等指引。协调相关部门集中办公，实现退役士兵报到登记、预备役登记、入户办理、就业指导等“一站式”服务。接收转业军官、退役士兵、随军家属若干名。举办2023年退役士兵适应性培训。组织开展21场“春风行动2023——春风送岗暖羊城”退役军人系列招聘活动，邀请341家企业，提供岗位4951个。是年，区退役军人就业创业联盟基地正式挂牌并投入运营，形成“8＋1”（8项免费服务、1个赋能组织）服务保障体系格局。天河区就业创业基地申报孵化的7个项目获省、市退役军人创业创新大赛一等奖1个、二等奖5个、三等奖1个，2个基地获省创业孵化示范基地授牌，1个基地获省退役军人就业创业服务联盟单位签约。

【优待抚恤】 2023年，天河区印发《关于切实做好天河区优抚对象医疗救助相关工作的通知》，明确优抚对象申请医疗救助费用标准。批准新增各类享受抚恤补助待遇优抚对象，发放各类重点优抚对象补助资金，累计为226名优抚对象办理医疗救助报销，为15名优抚对象缴纳养老保险补助。

【军休服务】 2023年，天河区提升军休服务管理水平，创建军休“六好支部”，开展“适老宜居”“便捷医康”“暖心助餐”“富足精神”“荣耀银铃”五项实事工程。进行军休小区微改造，打造家门口诊疗室，试点“军休＋长者”饭堂建设，创建“军休＋非遗”服务新模式。组织军休干部志愿者开展关爱青少年“红棉花开十千万工程”志愿服务活动，即走进天河区10所中小学，遴选1000名共青团少先队先锋培育，为10000名青少年进行革命教育，引导青少年在学习中传承，在传承中成长成才。宣传表彰“十大优秀军休干部”。“无忧军休”经验做法获中央退役军人事务工作领导小组办公室和广东省退役军人事务厅简报刊发，相关经验做法在广州市交流推广。

【红棉老兵志愿服务】 2023年，天河区发挥退役军人“五种力量”，打造红棉老兵志愿服务品牌，成立广州市首支龙舟红棉老兵志愿服务队。作为广东省唯一选送的节目登上退役军人事务部2023年庆祝“八一”战友燃歌会。成立广州市首支高校退役大学生红棉老兵志愿服务队。组建红棉花开军休干部志愿服务队，入选“全国退役军人关爱青少年志愿服务项目”，开展“老兵讲堂”“老兵永远跟党走”系列活动100多场。打造心灵家园军嫂志愿服务品牌。是年，天河区红棉老兵志愿服务队中，1个团队被评为广州市“最美红棉老兵团队”，2人被评为广州市“最美红棉老兵”。

（尹雪）

经济管理

宏观经济管理

【概况】 2023年，天河区经济社会发展主要特点：经济发展稳中有进，重大平台建设加速推进，创新动能持续提升，改革开放纵深推进，营商环境持续优化，"百千万工程"建设开局良好，城市规划建设治理持续深化，生态文明建设扎实推进，民生福祉稳步提升。

2023年，天河区地区生产总值6551.26亿元，比2022年（下同）增长5.1%；全区工业总产值1118.95亿元，增长9.3%；地方一般预算收入82.8亿元，与经济社会发展水平相适应，与财政政策相衔接；全社会固定资产投资703.8亿元，增长20%，增速居广州市首位，创近5年新高；社会消费品零售总额2152.8亿元，增长6.4%。

【发展规划编制】 2023年，天河区印发"十四五"专项发展系列规划，主要有《广州市天河中央商务区"十四五"发展规划》《广州市天河智慧城"十四五"发展规划》《广州市天河区现代都市工业"十四五"发展规划》《广州市天河区现代商贸业"十四五"发展规划》《广州市天河区高端专业服务业"十四五"发展规划》《广州市天河区科技创新发展"十四五"规划》《广州市天河区数字政府改革建设"十四五"规划》《广州市天河区文化发展"十四五"规划》《广州市天河区卫生健康事业发展"十四五"规划》《广州市天河区生态环境保护"十四五"规划》《广州市天河区应急管理"十四五"规划》等。为推动市相关政策落地实施，天河区制定出台《关于贯彻落实支持市场主体高质量发展促进经济运行率先整体好转若干措施的实施方案》，推出9方面38项具体政策措施。印发《广州国际金融城2023年高质量发展任务书》《天河中央商务区2023年高质量发展任务书》，建立天河智慧城建设发展领导小组及具体工作规则，明确2023年度天河区重大平台建设的发展目标和重要任务。

【产业结构调整】 2023年，天河区印发《关于成立天河区重点产业高质量发展工作专班的通知》，成立租赁和商务服务业、软件和信息技术服务业、科学研究和技术服务业、批发零售业、都市工业、房地产业6个重点产业高质量发展工作专班；深化与三大电信运营商合作，共建电信业工作专班。实施部门街道"双责任制"和"前台执行＋后台调度"工作机制，由分管该产业领域工作的区领导担任专班组长。专班负责加强行业运行监测调度，强化企业服务，推进重点产业项目建设，推动招商引资，推进企业梯度培育。

【重点项目建设管理】 2023年，《天河区领导"大抓项目、抓大项目"对口联系服务重大项目工作方案》印发实施，推进项目加快建设。是年，天河区重点建设项目145个（含省重点建设项目3个、市重点建设项目31个、市"攻城拔寨"项目92个），总投资约6209亿元，年度计划投资约451亿元，年度投资完成约537亿元。其中，省重点建设项目年度投资完成约5亿元、市重点建设项目年度投资完成约126亿元、市"攻城拔寨"项目年度投资完成约344亿元。按项目类型，全区重点建设项目中基础设施项目31个，年度投资完成约97亿元；产业建设项目81个，年度投资完成约389亿元；社会民生项目25个，年度投资完成约16亿元；城市更新项目8个，年度投资完成约34亿元。严格审批政府投资项目，全年受理项目81个，社会稳定风险分析报告评估4个，批复72个，涉及总投资约167亿元。社会投资项目备案286例，社会投资项目信息变更82例。

【政府专项债券】 2023年，天河区发行专项债11.43亿元，其中天河区"十四五"优质高效医疗卫生服务体系建设工程发行3.47亿元、天河区水环境综合提升改造工程（二期）发行1.3亿元、天河高新技术产业开发区配套基础设施工程发行6.04亿元、天河区城市更新改造补短板工程项目发行0.26亿元、天河区学前教育提升改造工程发行0.36亿元。

表 6　　2023 年天河区被列入广东省重点建设项目表

项目名称	项目类型	建设起止年限	总投资（万元）	项目主管单位
南方财经数字金融中心（大湾区数据中心）	金融服务	2020—2025	220000	区商务局
广东省新材料与人工智能科技园	新材料与精细化工产业	2022—2027	88608	区科工信局
华南农业大学综合体育馆	文化体育	2022—2025	44553	区教育局

表 7　　2023 年天河区被列入广州市重点建设项目表

项目名称	项目类型	建设起止年限	总投资（万元）	项目主管单位
健明六路建设工程	市政路桥	2023—2026	30231	区住建园林局
广州金融城综合能源项目东区集中供冷系统	电源、热电联产和分布式能源	2023—2030	100000	区发展改革局
广州金融城起步区综合能源项目	电源、热电联产和分布式能源	2022—2026	134824	区发展改革局
鹏瑞集团金融城东区项目	商贸会展	2022—2026	1300000	区商务局
中建四局金融城东区项目	商贸会展	2022—2026	251200	区住建园林局
尚品宅配总部	总部经济	2022—2027	150000	区商务局
合景悠活集团总部	总部经济	2022—2024	279296	天河中央商务区管委会
中国人寿大厦	金融服务	2020—2024	390500	区商务局
广州太平金融大厦	金融服务	2020—2024	356409	区商务局
广东南粤银行金融大厦	金融服务	2020—2024	300000	区商务局
新华保险大厦	金融服务	2021—2024	300000	区商务局
南方财经数字金融中心（大湾区数据中心）	金融服务	2020—2025	220000	区商务局
广东华兴银行广州分行	金融服务	2020—2024	197247	区商务局
广发银行总部大楼	金融服务	2020—2024	385905	区商务局
广州城投湾区金融港城隆大厦项目（金融城AT090962 地块）	商贸会展	2020—2024	196135	区住建园林局
未来印·商业中心项目	商贸会展	2021—2025	147307	区农业农村局
天河·生活智慧谷（涅生科技大厦）	都市消费工业	2022—2024	80000	天河科技园管委会
龙狮俱乐部	文化体育旅游	2021—2024	50000	天河科技园管委会
酷狗音乐总部项目	数字创意产业	2023—2026	300000	区科工信局
诗悦创想大厦项目	数字创意产业	2023—2027	180000	区科工信局
羊城晚报社报社业务用房岭南数字创意中心建设项目	数字创意产业	2023—2025	130000	区科工信局
中国移动南方基地二期	新一代信息技术	2017—2025	224338	天河科技园管委会
小鹏科技园	智能与新能源汽车产业	2022—2025	400000	天河科技园管委会
广东省新材料与人工智能科技园	新材料与精细化工产业	2022—2027	88608	区科工信局
贪玩游戏大楼	数字创意产业	2022—2024	50000	天河科技园管委会
清华附中湾区学校二期校区	国民教育	2023—2025	198189	区教育局
中山大学肿瘤医学科学中心（天河院区）	医疗卫生	2023—2027	323742	区卫生健康局
中山大学附属第六医院（珠吉院区）	医疗卫生	2023—2026	207357	区卫生健康局
华南农业大学综合体育馆	文化体育	2022—2025	44553	区教育局
天河区冼村“城中村”改造项目	三旧改造	2010—2027	2318854	区住建园林局
天河区新塘、新合公司“城中村”改造项目	三旧改造	2015—2027	1456000	区住建园林局

【营商环境优化】 2023 年，天河区推进营商环境 6.0 改革，制定出台《天河区打造现代化国际化营商环境典范城区　争当高质量发展先锋行动方案》《天河区落实营商环境“优化提升再出发”大行动工作方案》等文件。开展“大走访”“大服务”“大宣讲”活动，探索原创性、差异性改革，以“4 个一流”（一流市场环境、一流政务环境、一流法治环境、一流开放环境）为目标，推动天河优化营商环境，打造广州市营商高地和典范城区。是年，天河区市场主体超 72 万户，企业数量超 55 万户，均为广州市第一，连续 6 年上榜赛迪中国城区高质量发展百强区，位居赛迪全国投资竞争力百强区第二，被新华社《瞭望周刊》评为 2023 年“企业家幸

福感最强区”，《每天快报》《广州市大力推动实现老城市新活力、四个出新出彩工作简报》《广州市政府职能转变和“放管服”改革简报》等党政内刊，新华社、《南方日报》、《中国经济导报》等主流媒体报道天河优化营商环境经验做法。天河区创新“四化”金融商事纠纷诉源治理模式等经验做法在全市复制推广。“行政、司法、仲裁有效衔接 助力知识产权协同保护”“建成大宗商品供应链联盟促成企业集聚协同发展”2个案例入围广州市2023年度广州营商环境改革十大最佳实践案例候选名单，其中前者入选十大最佳实践案例。

【经济体制改革】 2023年，天河区推动街属企业政企分开，梳理街属企业历史沿革、部门职责划分，编制《天河区街属企业改革工作方案》。统筹要素市场化配置改革，制定《天河区落实广州市要素市场化配置综合改革试点实施方案清单》，推进开展公共数据资源开发利用场景、广州（国际）科技成果转化基地做优做强等重点改革工作内容。对反映有违全国统一大市场建设问题的线索开展核实，规范企业迁移等办理程序，打破市场准入壁垒。是年，广州市天河区发展和改革局（以下简称“区发展改革局”）作为区域协调专班牵头单位，制定印发《天河区“百县千镇万村高质量发展工程”区域协调专班工作方案》（“百县千镇万村高质量发展工程”以下简称“百千万工程”）。推动全区经济发展壮大、促进产业转型升级和低端、低质、低效产业的转移；推进区重大发展平台协调、互补、联动发展；推动基础设施、公共服务向村改居社区、天河区东北部延伸。

【信用体系建设】 2023年，天河区在税务、消防安全、生态环境、医疗卫生等29个细分领域实施信用分级分类监管并取得成效。广泛推行信用承诺制，全区累计归集信用承诺信息超57万份。将联合奖惩措施嵌入日常行政审批、政策兑现、人才入户等业务流程，实现信用奖惩闭环管理，全区累计调用公共信用评价结果超23万次。持续推进“信用＋金融＋创新”多层次融资服务体系工作，累计输出政策企业匹配名单企业150533家、科技信用指数名单企业16244家，推送辖内金融机构投放“中银天河创新贷”“天河优创园区贷”等14种专项融资产品。开展信用园区建设试点工作，印发实施《天河中央商务区建设信用园区工作实施方案》，选取广州环贸中心、珠江城大厦为建设信用楼宇试点，配备信用管家，提供“一站式”综合信用服务。建设“信用天河”综合服务平台，打造可查、可评、可用的“信用码”。

（陈怡昕）

2023年12月1日，2023年广州市信用建设成果观摩展示活动举行，天河区获“先进单位”称号 （莫颖 摄）

财政

【概况】 2023年，广州市天河区采取有效措施强化财政收支管理，加大收入统筹力度，优化支出结构，促进经济平稳运行。是年，天河区财政一般公共预算收入82.77亿元，完成预算的101.44%，比2022年（下同）增长1.77%；区财政一般公共预算支出172.74亿元，完成调整预算的97.6%，增长31.14%。组织国内税收收入累计860.28亿元，实现区库收入累计63.84亿元。

【预算收支管理】 2023年，天河区修订《广州市天河区部门预算管理办法》，强化责任规范业务流程，强调过紧日子保障重点任务，统筹优化收入管理。加强编外人员经费管理、限制预算调剂和二次分配、规范上级转移支付资金管理。科学预测和编制全年收支预算。压减非急需非刚性支出，全额保障省定“三保”支出。围绕区委、区政府重点工作部署，足额保障疫情防控费用结算支出，重点解决稳增长政策兑现资金、中小企业欠款等，充分发挥资金效益。

【财政监督管理】 2023年，广州市天河区财政局（以下简称“区财政局”）贯彻落实《中共中央办公厅 国务院办公厅关于进一步加强财会监督工作的意见》，成立财会监督工作领导小组，制定专项整治方案和监督计划推进天河区财会监督工作。联合区纪委监委、区审计局开展财务管理专项整治行动。对区属部分单位进行会

表 8　　2023 年天河区一般公共预算收入情况表

项目	实绩（万元）	比 2022 年增长（%）
合计	827748	1.76
税收收入	638360	7.93
增值税	222866	24.92
企业所得税	71921	-1.98
房产税	93890	1.21
印花税	92263	4.11
城镇土地使用税	10591	-11.31
车船税	27894	3.19
城市维护建设税	116698	-0.58
耕地占用税	1948	68.66
资源税	7	-98.72
环境保护税	125	-0.79
其他税收收入	157	63.54
非税收入	189388	-14.68
行政事业性收费收入	14231	773.07
罚没收入	6775	-20.12
专项收入	63497	-46.08
国有资源（资产）有偿使用收入	17091	11.65
其他收入	87794	11.42

表 9　　2023 年天河区一般公共预算支出情况表

项目	实绩（万元）	比 2022 年增长（%）
合计	1727405	31.14
一般公共服务支出	186396	28.61
公共安全支出	140582	18.36
教育支出	396498	2.24
科学技术支出	109401	563.40
文化旅游体育与传媒支出	10928	146.40
社会保障和就业支出	159040	16.59
卫生健康支出	250724	60.62
节能环保支出	1989	-56.51
城乡社区支出	255952	20.55
农林水支出	42353	46.71
交通运输支出	2468	253.08
资源勘探工业信息等支出	5701	—
商业服务业等支出	6949	381.90
金融支出	7344	—
自然资源海洋气象等支出	6488	41.88
住房保障支出	118947	45.99
粮油物资储备支出	5602	17.79
灾害防治及应急管理支出	17059	56.76
债务付息支出	1929	12.81
债务发行费用支出	—	-100.00
其他支出	188	-23.89

计信息质量监督检查和日常财政财务管理监督检查。加强代理记账行业管理，实施执业质量检查。整改 2022 年度财政监督检查发现的问题；开展“三公”经费执行情况自查自纠。配合财政部广东监管局在天河区开展专项整治行动。开展对 2021 年决算公开和 2022 年预算公开的自查自纠工作，组织对 2023 年预算公开检查。配合市财政局在天河区开展直达资金执行预警问题处理的监督。

【财政资金审核管理】 2023 年，天河区加强财政投资评审和竣工财务决算审核。全年完成 9 个单位 14 个项目的竣工财务决算审核，核定金额 6.79 亿元。完成审核定案的工程预算、结算项目共 264 项，送审造价 7.64 亿元，经审核定案造价 6.99 亿元，核减金额 0.65 亿元，综合核减率 9%。加强政府采购资金评审，全年政府采购预算金额 11.69 亿元，节约财政资金 0.12 亿元，节约率 1.07%。

【政府债务管理】 2023 年，天河区政府债务余额 26.13 亿元，全部为地方政府债券，无隐性债务。各项债务风险指标均低于警戒线，没有被列入“风险预警地区”和“风险提示地区”，风险评定等级为绿色，风险可控。是年，获得转贷专项债券资金 11.43 亿元，用于广州天河高新技术产业开发区配套基础设施工程 4.73 亿元、天河区水环境综合提升改造工程（二期）1.3 亿元、天河区学前教育提升改造工程 0.36 亿元、天河区“十四五”优质高效医疗卫生服务体系建设工程 4.78 亿元、天河区城市更新改造补短板工程项目 0.26 亿元。

【国有企业改革发展】 2023 年，《天河区国有企业改革深化提升行动实施方案（2023—2025 年）》印发，文件明确完善国企监管机制，理顺监管关

表 10　2023 年天河区国有企业表

企业名称	成立时间	2023 年营业额（不含税）（万元）
广州市天河投资管理有限公司	1998 年	11804.96
广州市新塘商业运营管理有限公司	1965 年	5232.98
广州市天河保安服务有限公司	1987 年	30959.38
广州高新技术产业集团有限公司	1998 年	20314.68

系，优化国企架构，企业主责主业，加强班子建设，强化协同监管等工作任务。梳理一批可用于经营管理的区属行政事业单位资产物业合约 7.2 万平方米，无偿调拨至区属国企并按市场化、专业化方式管理运营。指导区属国企与央企、市属国企合作成立项目公司，开展育新街地块、肉联厂地块开发以及广汕路南产业带、华观路产城融合带的城中村改造等工作。指导天河投资公司与龙洞龙汇实业有限公司联合开展中山大学肿瘤医学科学中心（天河院区）项目南侧留用地的合作项目。完成广州赛马娱乐总公司商事变更登记。

【行政事业性资产管理】 2023 年，天河区推进方舱医院资产处置，统筹资产优先在行政部门间调剂循环使用，明确资产处置流程和操作细则。推进第五次全国经济普查，梳理广东省行政事业性国有资产管理系统数据，并要求各单位对照梳理存在问题做好账务处理。贯彻《关于督促落实审计整改盘活闲置物业有关工作的通知》《关于印发天河区行政事业单位国有物业管理工作指引的通知》，印发《关于报送办公及业务用房租赁有关资料的通知》等文件，加强对闲置公建配套按规定投入使用和闲置物业盘活，充分发挥国有资产使用效益。

（钟婧）

税务

【概况】 天河区实现税费收入 1634.36 亿元，比 2023 年（下同）增长 11.83%，增收 172.85 亿元。其中组织国内税收收入 860.28 亿元，增长 1.51%，增收 12.83 亿元。组织费金（指社会保险费、残疾人保障金、职业年金等非税收入）收入 772.02 亿元，增长 25.72%，增收 157.96 亿元。是年，天河区一般公共预算收入 82.77 亿元，增长 1.8%。

表 11　2023 年天河区纳税额前 10 名企业表

企业名称
中国移动通信集团广东有限公司
广东烟草广州市有限公司
广州博冠信息科技有限公司
广州银行股份有限公司
广东电网有限责任公司广州供电局
中国农业银行股份有限公司广州分行
招商银行股份有限公司广州分行
平安银行股份有限公司广州分行
国家开发银行广东省分行
中信银行股份有限公司广州分行

【税源培植】 2023 年，国家税务总局广州市天河区税务局（以下简称“区税务局”）建立局领导常态化联系重点企业工作机制，成立重点项目企业税务服务小分队。全年调研企业 79 户次，收集涉税诉求 122 条。建立安商稳商机制，运用稳市场主体“前哨式”预警系统，核实验证 307 家疑点企业，及时筛选处置企业外迁风险。

【税务服务经济发展】 2023 年，区税务部门通过区政府联席工作制度，主动参与区内重大招商引资项目效益评估。围绕重点项目建筑安装工程税款流失、广州国际金融城招商等课题开展专项研究。为区域重点项目招商引资提供税收参考。建设“1＋1”院士服务阵地，挂牌成立“产学研一体化”税收服务示范点，全年对区内 29 名院士及其科研团队提供专属涉税服务。围绕重大发展战略、发展热点、重点项目、产业集群等，累计向地方党政报送《招商引资成效初显　税收效益仍需优化——推进天河区高质量招商引资的税务思考》等税收经济分析报告 6 篇，获得党政领导批示 7 次。

表 12　2023 年天河区税务局派出机构表

名称	地址
第一税务所	棠石路 8 号
第二税务所	棠石路 8 号
员村税务所	员村三横路新街 2-4 号
车陂税务所	陂东路 2 号
石牌税务所	五山路 261 号 9 号楼 B 座
天河南税务所	广和路 23 号
兴华税务所	先烈东路 190 号
天园税务所	车陂路 113 号
猎德税务所	花城大道 19 号
黄村税务所	大观南路 12 号
龙洞税务所	龙洞东园一横路 1 号
凤凰税务所	软件路 15 号 F 栋 103 房

【税收征管改革】 2023 年，区税务局推进广东省税务局税费任务管理平台上线，以“数据＋规则”的方式，实现税费任务集成式统筹管理。推动辖内更多符合条件且有意向的企业加入乐企（国家税务总局向符合条件的企业，通过税务系统与企业自有信息系统直连的方式，提供规则开放、标准统一的全面数字化的电子发票等涉税服务的平台）。打造 5 个全面数字化的电子发票技术与应用可视答疑风格转换视频，被国家税务总局列为优秀样板并向各地税务机关宣传推广。

2023年4月11日，区税务局承办全市首场电子税务局综合业务场景技术与应用可视答疑，回答有效问题105条 （陈茁舟 摄）

【天河区地方税共治共享创新实践中心成立】 2023年10月27日，区税务局联合14个区职能单位组建天河区地方税共治共享创新实践中心，搭建涉税信息常态化共治机制，定期召开联席会议、专题会商，形成跨部门、跨职能、跨税种的协同共治格局。按照需求导向、创新发展、数据共享、协同治税的思路，加强地方税税种管理，推动地方税税收高质量发展。依托大数据治税，加强数据分析和聚合应用，形成“企业自主申报—税务部门征管—职能部门监督—社会协作共治”的一体化联动征管模式。

【纳税服务】 2023年，区税务局改造服务场所，推进海景大厦办税服务厅功能转型，实现功能区开放性建设，提升资源配置效率。完善“服务渠道融合”“诉求一体化响应”“服务资源调度”的诉求响应“三机制”，实现服务资源协同高效。提升智能咨询水平，打造7×24小时智慧咨询服务体系，率先上线“智能咨询热线＋5G消息平台”，在广州市税务系统首创将智能应答机器人嵌入热线电话。探索打造天河特色纳税服务，以热线云呼系统为平台搭建“三级互动”服务，日均处理诉求150件，化解征纳矛盾。打造“湾区通办”服务示范区，围绕线下转线上、V-Tax（远程可视化办税平台）转电子税务局、后台帮办转在线帮办推进“线上最大化”，“非接触式”办税率平均达95%。

【涉税事项“湾区通办”服务示范区建设推广】 2023年2月24日，区税务局在海景大厦办税服务厅建成广东省首批、广州市首个涉税事项“湾区通办”服务示范区。5月4日，在天园办税服务厅增设“湾区通办”区域，并将该服务嵌入区税务局办税服务厅转型升级方案。结合减税降费、便民办税春风行动和纳税人满意度等工作，走访重点企业、行业协会、涉税专业服务机构，宣传推广“湾区通办”。根据服务对象和业务需求，形成首批具有跨区域业务需求的企业名单，定向邀约企业体验“湾区通办”业务，并在税费政策集市进商圈活动、青年企业家走进天河税务交流体验活动中设置体验区域，提升“湾区通办”知晓度和美誉度。联动深圳市、珠海市、惠州市等税务部门，探索各地（尤其是广深两地）可趋同的税收政策和征管服务事项，实现两地共享税收信用评价信息、互认评价结果，初步建立可复制的通办业务清单和业务联动机制。是年，“湾区通办”清单涵盖5类57项涉税费事项，并可办理电子税务局和“视频办”全量业务，解决办税人群“两地跑”“折返跑”等问题。

【大学生创业就业税费服务站进驻暨南大学】 2023年3月31日，由省、市税务部门指导，区税务局和暨南大学学生就业指导中心共同创建的大学生创业就业税费服务站正式揭牌运行。该服务点为暨南大学学生创业就业提供涉税服务保障，同时联动四大会计师事务所及知名高新技术企业，在场地、师资、项目等方面提供帮助，推进创业就业产学研一体化。召开创业就业主题沙龙，听取港澳青年创业代表、暨南大学创业毕业生代表、暨南大学创新创业教育中心教师等意见建议，建立“税收高校伙伴计划”，营造创业就业友好的税收营商环境。

【依法治税】 2023年，天河区加大税费同管法治化探索，制定10余项工作指引，完善税费协同征收、部门协作征收等管理体系，完成森林植被恢复费征管职责划转。强化风险防范联动，与市税务局稽查局、市税务局第三稽查局、区公安分局联合行动，破获“税盾6号”医药行业虚开增值税发票团伙专案，维护公平稳定行业发展环境。

【“法税融合”推进大湾区法律服务品牌集聚区建设】 2023年，天河区通过“法税融合”推进大湾区法律服务品牌集聚区建设。区税务部门参加天河区律师行业高质量发展研讨会并提出税务建议，对来自律师事务所及高校的40余名代表开展税费政策宣传

2023 年 5 月 30 日，区税务局与区贸促会签订“走出去引进来”企业服务合作协议 （陈茁舟 摄）

辅导。走访 10 余家律师事务所，开展“问计问需”，收集涉税意见建议 20 多条并形成问题清单、任务清单、责任清单，解决律所发展难题。与重点法律服务机构建立常态化联络机制，定期收集税费政策、税务执法、司法服务等涉税诉求。

【服务华南国家植物园开展森林植被恢复费划转】 根据《财政部关于将森林植被恢复费、草原植被恢复费划转税务部门征收的通知》（财税〔2022〕50 号），2023 年 1 月 1 日起，森林植被恢复费划转至税务部门征收。区税务部门根据《华南国家植物园建设方案》编制情况，围绕植物园发展规划，对植物园可能产生的森林植被恢复费进行评估。组织业务骨干到华南国家植物园，详细讲解森林植被恢复费新规在缴款渠道、缴款凭证、受理退库部门等方面变化以及征收标准、缴费项目、优惠政策等内容，并助其排查潜在的税收风险，提升风险防范能力。

【天河退役军人税费政策服务驿站揭牌】 2023 年 7 月 28 日，天河区“穗税善治 法治护航——助力退役军人再扬风帆 勇毅前行”暨退役军人税费政策服务驿站揭牌仪式在广州骐丰科技园举办。活动现场，区税务局围绕退役士兵创业就业以及保险费等相关政策进行讲解。该驿站构建专业化税务服务团队“线下＋ V-Tax”的双线服务模式，聚焦退役军人创业项目从初创期到成长期各个发展阶段的税务关注点，精准对接税务需求，提供全链条、全周期、全方位“一站式”双创税务服务。

【税收宣传】 2023 年，区税务局推进税收法治宣传教育第八个五年规划（2021—2025 年），开展“六进”普法宣传活动 61 场次。4 月，“税惠千万家 共建现代化”税费政策集市进商圈活动开展，吸引千余人参与，实时图片直播观看 51 万余人次。5 月，以“税收服务高水平对外开放科技引领助力企业扬帆出海”为主题的“一带一路”十周年系列税收宣传活动举办，区税务局与区贸促会联合签订共同服务 RCEP、支持企业“走出去”合作框架协议。6 月，区税务局与香港工会联合会、广州市员村工人文化宫共同举办税惠大湾区税收宣讲会，为湾区双创企业介绍最新税收政策及操作指引。是年，区税务局挖掘辖区特色企业享受税收优惠、健康快速发展的实际案例，累计采访 8 次，在市级以上主流新闻媒体刊发报道 345 篇次。推出原创新媒体产品，相关内容被各级税务和地方政府微信平台采用 160 条次。其中，《税收助力他们点亮梦想》《爱你的税岁年年》分别获得第四届“税眼看发展”全国短视频大赛创新奖、优秀奖。 （喻震）

审计

【概况】 2023 年，广州市天河区审计局（以下简称“区审计局”）发挥审计监督服务职能作用，对全区 77 个一级预算单位实行常态化预算审计，开展审计和审计调查项目 12 项，提交审计报告和专项审计调查报告 19 份。查出主要问题金额 34811.23 万元，其中违规金额 1576.96 万元，管理不规范金额 33189.24 万元；应上缴财政 1540.68 万元，查出非金额计量问题 80 个。审计期间整改金额 2928.14 万元。提出审计建议 34 条，向区纪委监委移送线索 6 条。向区委、区政府、区委审计委员会提交审计专报 2 篇、审计简报 9 篇。

【部门预算执行和财政收支审计】 2023 年，区审计局对 2022 年度部门预算执行和其他财政收支情况开展审计。通过现场审计和非现场审计相结合方式对全区 77 个一级预算单位 2022 年度预算执行情况进行审计，重点审计区人力资源社会保障局、区卫生健康局等 12 个预算单位。审计结果表明，2022 年天河区各部门、各单位基本能够按照预算法等相关规定编制预算及按照预算批复组织预算收支，预算执行和其他财政收支活动基本遵守有关财经法规。审计发现问题：部分非税收入未按规定收缴，结转结余资金未按规定清理，部分经费开支不规范，决策不科学造成财政资金及资产浪费，培训费管理不规范，公务车运行维护费公示数据不准确，超标准配置固定资产，内控制度不完善，内部审计工作有待加强，已完工项目未按规定完成财政投资评审等。

【领导干部任期经济责任审计】 2023年，区审计局对12名党政主要领导干部开展任期经济责任审计，重点审计重大经济事项的决策、执行和效果情况，财政财务管理和经济风险防范情况，重大投资项目建设管理情况等。审计查出并界定领导干部负领导责任的问题21个，涉及金额2371.88万元，其他不界定领导责任问题23个，涉及金额538.51万元，提出审计建议20条。从审计情况看，被审计领导干部任职期间基本能够贯彻落实区委、区政府决策部署，推动本单位事业向前发展，较好地履行经济责任。但仍存在“三重一大”事项决策不规范，国有资产管理不规范，内部控制制度不完善，工程管理履责不到位等需改进问题。

【政策落实跟踪审计】 2023年，区审计局开展促进制造业高质量发展政策落实专项审计调查，重点揭示政策措施落实及专项资金分配、管理和使用中存在的问题及原因。开展学前教育相关政策落实情况审计调查，重点对学前教育设施规划建设、师资队伍管理、资金使用管理等方面进行审计。开展义务教育阶段“双减”政策落实情况专项审计调查，重点对压减作业负担、提升课后服务水平、规范校外培训行为等方面进行审计。

【财政审计】 2023年，区审计局对天河区2022年度财政预算执行、决算草案和其他财政收支情况进行审计，重点对人员经费支出管理、建设工程财政评审绩效、政府性债券资金使用管理等内容进行审计，促进规范财政管理和收支行为。同时，加大对财政领域各类风险隐患的审计力度，着力揭示地方政府债务风险及财政可持续性发展、“三保”支出财政保障、国库运行等方面的苗头性、倾向性、普遍性问题。是年，查出管理不规范金额20912.78万元。

【公共投资审计】 2023年，区审计局完成天河区非沥青路面整治工程审计，重点关注出行人数较多的80条市政路综合整治建设情况。审计查出竣工验收程序不合规、部分路段沥青加铺厚度不足、沥青混合料出厂温度不符合技术规范要求等方面的问题14个。促使有关单位完善制度，规范项目建设、资金使用和监督管理；督促施工企业严格按照工程质量标准；督促监理单位规范履职，保证工程质量安全。

【国有企业和国有资产审计】 2023年，区审计局完成天河投资管理有限公司2022年度财务收支情况审计。围绕国有企业落实区委中心工作，促进社会资源助力天河发展，重点审计国有企业经营活动的真实性、合法性、合规性，检查国有资产保值增值情况、内部控制制度建立和执行情况、重大经济事项决策情况及领导班子遵守有关廉政规定情况。审计查出部分物业未按规定进行公开招租、未能建立应收款项的全流程管理制度等方面的问题13个。促进国企改革推进，促进国企开展产业投资业务，严控成本费用标准和规模，完善管理风险控制机制，规范国有企业经营管理。

【民生审计】 2023年，区审计局首次对天河区学前教育相关政策落实情况进行审计，审计发现小区配套幼儿园移交不及时、师资队伍建设未达要求、课后托管不规范等问题，并提出审计意见建议。开展就业保障情况专项审计，重点审计稳岗返还、重点行业及重点群体支持、职业技能提升等政策落实情况和就业资金管理使用情况，促进提高就业资金使用绩效，充分释放中央和省稳就业政策红利。

（刘淑贤）

统计

【概况】 2023年，广州市天河区统计局（以下简称“区统计局”）持续开展国民经济各行业统计和社会民生调查，每月（季）完成7871家“四上”企业（含固定资产投资单位81家）和868家规模以下企业数据采集、审核和上报工作。开展经济运行分析和监测预警，定期报送《天河区行业统计数据监测报告》，编辑出版《2022年广州市天河区国民经济和社会发展统计公报》，撰写各类经济分析报告70余篇。完成第五次全国经济普查清查阶段工作。是年，新增“四上”企业1289家（含固定资产投资单位10家）。开展城乡一体化住户调查、月度劳动力调查、小微企业和个体经营户跟踪调查等，对1800户居民开展“万户居民调查”，完成首次人口追踪试点调查。

【第五次全国经济普查】 2023年，天河区开展第五次全国经济普查清查阶段工作。成立由区长担任组长的天河区第五次全国经济普查领导小组，联合税务、政务数据管理、市场监管等部门组建区经济普查领导小组办公室后台数据专班，统筹调度全区资源推进普查。选聘普查指导员和普查员3756人，通过“分批培训、集中授课、案例实操”等方式进行全区“两员”普查业务培训。开展经济普查宣传，在商务楼宇、重点商业载体、政务大厅等办事窗口投放普查宣传内容，动员代理记账公司、产业园区、孵化器、物管公司等配合普查工作。加强统计、税务、市场监管等部门数据清洗比对分析，每日下发精准工作清单，组织各街道普查员按照工作指引和规范要求开展入户清查。发挥区人力资源公司、代理记账机构作用，通过拨打AI语音电话等方式，动员未填报单位和灵活就业人员按时填报。全区累计清查单位37.97万户，占全市总数的28.7%，较第四次全国经济普查（18.39万户）增长1.06倍；个体户14.55万户，占全市总数的11.3%，较第四次全国经济普查（6.85万户）增长1.12倍。

【统计年报月报】 2023年，区统计局持续开展年报、定报工作，完成年报单位12577家、定期报表单位9104家、固定资产投资项目295个。其中，完成规模以上工业单位年报133家，有资质的建筑业企业年报508家，规模以上服务业企业年报3697家，限额以上批发和零售业企业年报3275家，限额以上住宿和餐饮业企业年报817家，房地产业企业年报171家，固定资产投资单位年报135家、投资项目报表295个，科技企业研发单位年报3101家，金融证券银行业单位年报193家，农业单位年报138家，规模以下工业单位年报36家，规模以下服务业企业年报373家。完成规模以上工业单位月报131家，规模以上服务业企业月报3377家，限额以上批发和零售业企业月报2972家，限额以上住宿和餐饮业企业月报718家，房地产业企业月报171家，固定资产投资项目单位月报135家、投资项目报表295个。能源统计单位月报197家、季报8家，有资质的建筑业企业单位季报502家，交通运输邮电业企业季报3家，农业单位季报22家，规模以下工业单位季报36家，资质外建筑业企业抽样调查季报79家，规模以下服务业企业季报373家，限额以下商业单位抽样季报117家，规模以下劳动工资企业抽样调查季报263家。

【统计监测分析】 2023年，区统计局建立统计“报前预判、报中监测、报后分析”监测机制，实施41个地区生产总值核算指标的监测预警和重点行业、重点企业、重大项目的动态监测，报送《天河区行业统计数据监测报告》20余份。形成软件业、批发和零售业、多式联运、租赁和商务服务业等多个行业分析建议，报送《天河区战略性新兴产业发展研究报告》《天河区商贸业高质量发展取得新成效》等各类经济分析报告70余篇，其中获广州市优秀统计分析报告一等奖1篇。

【新增“四上”企业入库】 2023年，区统计局按照“年初有计划、季度有总结、年底有考核”的要求和名录库管理维护规范，科学制定工作方案。利用招商部门、行业主管部门、税务部门等行政资料，甄别梳理形成准“四上”企业名录库，科学研判入库企业成长性和归属行业。加强企业摸查和走访，提高企业纳统积极性，全年累计新增“四上”企业1289家（含固定资产投资单位10家），占全市的19.9%，数量居全市第1位。

【统计基层基础建设】 2023年，区统计局开展统计造假问题专项治理，会同相关行业主管部门及21个街道开展自查自纠，对重点统计指标进行核查，累计核查企业（项目）1000余家次。抽查152家企业（单位），对5家统计违法企业作出行政处罚。召开全区统计工作专题会议，通报统计违法案件情况，强化典型案例警示教育。加大统计法律法规宣传，面向企业开展统计法律法规宣讲活动30余场，局主要领导进党校宣讲《中华人民共和国统计法》。探索建立企业约谈制度，形成《企业约谈工作指引（试行）》，累计约谈企业32家。召开全区统计系统高质量发展大会，招聘统计员31人，选聘街道统计员组长2人，开展统计业务培训90余场次。完成全区基层统计“7个一”（打造1支有信仰有担当的高素质基层统计队伍，健全完善1个科学规范的基层统计管理体系，落实一揽子基层统计数据质量管理工作举措，构建1个完备的基层统计工作保障机制，紧扣1个基层统计创新发展主题，建立1套镇（街）统计规范化标准，坚守1方基层统计求真求实净土）规范化建设验收工作，被评为广东省基层统计“7个一”规范化建设先进单位。（桂楠）

市场监督管理

【概况】 2023年，天河区市场监管领域形势安全平稳。天河区“深化商事制度改革、事中事后监管改革成效明显”和“知识产权创造、运用、保护、管理和服务工作成效突出”两项工作，获“广州市人民政府办公厅对2022年落实有关重大政策措施真抓实干成效明显单位予以督查激励”。是年，投入22万余元完成全区农贸市场“3个统一”（统一市场标识，统一规范指引，统一管理制度）。天河区在2022年度广州市药品安全责任考核中被评为A级。市场监管所标准化规范化建设工作被评为广东省7个试点建设工作表现突出单位之一。天河区个私协会被评为2022年度广东省个私协会系统先进单位。

【市场主体】 2023年，天河区有各类市场主体72.04万户，包括企业、个体工商户、农民专业合作社。是年，天河区有企业55.29万户，新增企业10.06万户，比2022年（下同）增长21.9%，其中新增注册资本1000万元以上企业0.38万户。天河有个体工商户16.75万户，增长6.5%；新设个体工商户2.73万户，增长0.12%。

【商事制度改革】 2023年，广州市天河区市场监督管理局（以下简称“区市场监管局”）按照“审批改为备案、实行告知承诺、优化审批服务”等方式继续开展涉企审批服务改革。完善“证照联办”“一照通行”等工作措施，开设“个转企个体工商户注销”绿色通道，加快推行全生命周期电子化登记，实现全部审批事项网上申报、网上核准等全流程办理。许可审批时限压缩在94%以上，即办率86%。

【重点企业服务】 区市场监管局以广告业、社会经济咨询业、餐饮业重点企业、总部企业、“四上”企业等为重点服务对象。为94家企业兑现天河区广告业政策支持奖励金980余万元，成功申报重点企业人才入户34人、子女入学3人，解决企业诉求60个。率先在广东省成立首个区个私协会金融财税法律专业委员会及3支志愿服务队，并授予6家银行机构为顾问单位和20位金融、财税、法律专业人士为专家库专家。

【市场主体信用监管】 信用风险分类 2023年，天河区依托信用风险分类监管系统对53.6万余户企业进行信用等级分类，并实时更新信用风险状态。建立关于产品质量、餐饮服务、医疗器械生产经营、药品生产经营等多个专业领域信用风险分类标准，建立“风险预警企业”“包容审慎监管企业”“食品生产企业”等企业主体库68个，定期动态调整，优化检查频次。检查市场主体1.5万余户，发现问题企业7191户，问题发现率48%。

包容审慎监管 2023年，天河区对“四新经济”企业实施包容期监管和触发式监管，将2833户主体纳入包容监管企业库，1827户主体纳入重点行业“白名单”企业名单库，实行“一年最多查一次”“进一次门、查多项事”等包容监管措施，促进企业健康有序发展。

风险企业监测 每季度制发《企业信用风险分类监管简报》，增设“一址多照”“一人多企”“高风险区域”等异常登记风险监测。试点开展非现场检查工作，通过“智慧执法辅助系统”对75家市场主体进行检查。支持符合信用修复条件的市场主体重塑信用，全年天河区累计有18.82万户次市场主体载入经营异常名录并公示，7.5万户次主动申请移出经营异常名录，1947户移除严重违法失信名单，28户市场主体修复行政处罚信息。

【质量强区建设】 2023年，《天河区实施质量强区战略2023年行动计划》印发实施。联合广东省公共安全技术防范协会搭建天河区首个质量基础设施“一站式”服务站点——智慧安防行业质量基础服务工作站。制定《天河区户外露营防晒装备产品质量比对研究提升工作实施方案》，开展户外露营服装产品国际质量比对提升工作。发动企业参加政府质量奖申报政策培训会和2023年“广州品牌”故事短视频作品评选活动。组织88家企业参加企业首席质量官线上培训和研修班，推动226家企业设立首席质量官，基本实现天河区规模以上制造业企业首席质量官制度全覆盖。

【标准化建设】 2023年，天河区向15家单位30个项目发放标准化战略专项资金275万元，包括国家标准制修订13项、行业标准制修订3项、地方标准制修订8项、承担广东省专业标准化技术委员会秘书处工作1项以及“标准化良好行为企业”5项。截至是年底，天河区企事业单位累计主导和参与制修订国际标准2项、国家标准167项、行业标准59项、地方标准42项，累计新增发布298项团体标准，新增370家企业发布1248项企业执行标准，涵盖1654种产品。广州海关技术中心和广州南天电脑系统有限公司获中国标准创新贡献奖。广州广电城市服务集团股份有

2023年1月9日，区市场监管局与区检察院举办天河区食品药品安全等领域加强行政执法与检察工作联动协作机制联签仪式　（区市场监管局供稿）

限公司《设备设施管理“标准化＋数字化”》案例入选广州市企业首席质量官质量变革创新典型案例。

【食品安全监管】 截至2023年年底，天河区累计有食品、食品添加剂生产企业30家，食品相关产品生产企业2家。有食品销售经营主体12061户，其中商场超市235家、食品批发市场6家、特殊食品经营资格市场主体4222户。是年，天河区继续推进食品安全示范城市创建，推进食品生产全过程动态监管平台、食用农产品市场销售监管等平台建设运用。加强食品安全“包保”（即食品生产、流通、加工、餐饮等各个环节中，明确各方责任和义务，通过加强监管和管理，确保食品安全）督导，全区“包保”覆盖率、责任与任务承诺书签订率、督导完成率均为100%。全年开展食品抽检2419批次，合格率97.68%；完成肉、菜、鱼为主品种的每日农贸市场、超市食品（食用农产品）快检290565批次，合格率99.05%。累计检查食品销售经营主体18976户次，日常监管风险问题处置率、食品安全应急处置率均为100%。查处食品安全违法案件545宗，罚没入库226.11万元，涉案货值1548.52万元。

【食用农产品安全监管】 2023年，天河区有销售食用农产品的农贸市场52个，全部实行食品安全量化分级管理。完成食用农产品快速检测10565批次，拦截销毁不合格农产品333.842千克，覆盖2家大型农贸批发市场、3家生鲜连锁企业的总仓和门店、3家生鲜电商的前置仓、20家集体用餐配送单位和50家企（事）业单位就餐食堂。

【餐饮安全监管】 2023年，天河区新增餐饮服务单位6060家，其中餐饮服务经营者5971家、单位食堂89个。至是年底，天河区有取得食品经营资质的餐饮服务单位23995家，其中餐饮服务经营者23234家、单位食堂761个。是年，区市场监管局开展餐饮业质量安全提升工程，持续推动“明厨亮灶”建设工作，全区集体用餐配送单位、中央厨房实现“互联网＋明厨亮灶”全覆盖。

【药品化妆品医疗器械安全监管】 截至2023年年底，天河区累计有药品生产经营主体12家、药品销售经营主体966家，医疗器械生产企业51家、医疗器械经营企业8393家、医疗器械使用单位1131家，化妆品生产企业5家、化妆品销售经营主体14394家。是年，天河区出台《药品日常监督检查计划》《化妆品日常监督检查计划》《“天河路”商圈化妆品安全治理区建设实施方案》等系列文件，持续开展重点领域整治。开展经营乙类非处方药综合改革试点工作，鼓励药品零售经营模式创新，保障社区居民24小时日常急需用药，推动便利店向社区健康店转型。提升“互联网＋医疗器械监管”应用服务水平，开展全品类、全链条、全覆盖风险隐患排查。持续开展“加强化妆品监管能力建设，推动化妆品行业高质量发展”专题调研。全年共检查3206家次药品生产经营使用单位，957家次化妆品生产经营企业，完成4584款化妆品备案技术核查，800余家药品零售企业信用评级，全区65个疫苗接种点监管全覆盖。天河路商圈化妆品经营企业抽检100%合格。拍摄《化妆品安全检查 护航“美丽”消费》宣传片并在广州电视台“府前直通车”栏目播出。全年累计查处药品化妆品医疗器械违法案件116宗，罚没款86.34万元，涉案货值33.89万元。

【特种设备安全监管】 截至2023年年底，天河区累计在册特种设备3.16万台（套），其中电梯2.45万部、起重机械0.3万台、场（厂）内专用机动车辆1360辆、大型游乐设施23（套）、工业锅炉68个、压力容器2670个。是年，天河区持续推进特种设备预防体系建设，开展老旧住宅电梯安全评估及加装电梯后续监管，开展医院特种设备、工业锅炉、城镇燃气安全隐患排查等工作。全面实行电梯无纸化维保，实施特种设备风险分级分类监管。全年累计检查特种设备使用单位1120家，开出监察指令书92份，消除事故隐患98起。

【计量监管】 2023年，天河区加强民生计量强制检定衡器工作。检查各类市场57个，检定衡器5598台，合格5213台，合格率93.12%；抽查酒楼30家，检定97台，合格100%。检定1个LNG加气站的4支加气机，首次检定合格率100%；检定41家加油站1193支加油机，首次检定合格率91.3%，调修后合格率100%。全年开展民生计量专项监督检查12项，包括集贸市场、商场、超市、餐饮企业、眼镜店、加油站等。严格查处计量作弊、使用“红标秤”等违法行为，检查（巡查）各类商户1.2万余家次，检查各类计量器具1.36万余台，处理投诉举报262宗，查处计量违法行为93宗，罚没4.26万元。

【工业产品质量监管】 截至2023年年底，天河区有工业重点产品生产销售企业537家。组织企业参加广州市电动自行车安全监管集体约谈。开展危险化学品、消防产品、电动自行车等23个重点产品专项整治，结合行政性检查与技术检查及现场快速筛查，实现“技术＋执法”隐患排查。检查相关产品生产、销售企业121家，执法抽样51批次。重点对电动自行车及电池质量安全等开展专项整治，完成辖内2家电池生产企业、

255家电动自行车及配件企业全覆盖检查，发出责令改正通知书8份。对电动自行车、电动自行车电池及其他配件等违法行为立案47宗，没收不合格的电动自行车58辆、电动自行车充电器10个、锂电池51组、改装控制器1台、改装轮胎1条，罚没28.3万元。

2023年11月1日，广州市天河区消费者委员会公益律师团成立大会举行
（区市场监管局供稿）

【网络市场与广告监管】 2023年，天河区持续加强网络市场监管，开展“网盾行动”“618”电商促销期间网络交易市场监管等专项行动14项。全年处理涉及网络直播营销的投诉、举报2710件，查处网络违法案件142件。围绕医疗、药品、保健食品、医疗器械、教育培训、金融理财等重点民生领域，加大违法广告监管力度。全年查处广告违法案件96件，罚没金额157.3万元。

【市场价格监管】 2023年，天河区持续加强食品、蔬菜、猪肉等重要民生商品价格检查。开展涉疫药品和医疗用品稳价保质专项行动，开展清明节期间殡葬服务收费监管、中国进出口商品交易会期间重点领域价格监管、教育收费及各种涉企收费专项检查行动。截至是年底，区市场监管局查处价格违法案件40宗，结案42宗，挽回经济损失99.13万元，罚没金额52.34万元。

【市场监管行政执法】 2023年，天河区探索“首违不罚”制度，对轻微违法经营行为实施不予处罚190宗，通过说服教育等柔性措施督促经营者整改落实。全年立案查办市场监管领域违法案件1436宗，办结1428宗，移送司法机关51宗，罚没1785.31万元。其中，查处无证无照经营案件12宗，罚没20.52万元，引导经营户办理证照186宗，移送和函告相关主管部门455件。组织打击传销行动40次，查处案件4宗，罚没367.82万元。查办侵权假冒案件294宗，罚没220.98万元。区市场监管局查办的深圳市某美容有限公司广州某分公司从事违法医疗器械广告案入选国家市场监督管理总局2023“铁拳”行动第八批典型案例。广州市某饮水科技有限公司生产经营不符合食品安全标准的包装饮用水案、某认证检测有限公司超出批准范围从事管理体系认证案被市市场监管局收录为2023“铁拳”行动典型案例。广州市某物业管理有限公司未按照住宅停车场议价规则的规定进行协商议价擅自提高机动车停放服务收费标准案被评为2023年广州市价监竞争十佳案件。某信息技术（广州）有限公司传销案被评为2023年广州市价监竞争优秀案件。

【消费维权】 2023年，天河区推进广东省民生实事“放心消费粤行动”，新增“放心消费承诺单位”225家、“无理由退货承诺店”85家。累计建立消费维权服务站145家，ODR（Online Dispute Resolution） 企业22家。截至是年底，天河区消费者协会及“12315”消费者申诉举报中心接受消费者来电来访咨询2195人次，处理申（投）诉案件353699宗，成功调解103457宗，调解成功率29.25%，为消费者挽回经济损失872.3261万元。处理举报线索99609宗，案件理结99609宗，立案3116宗。

【市场监管所标准化规范化建设】 2023年，区市场监管局开展市场监管所标准化规范化建设，全区21个市场监管所完成户外标识建设，15个市场监管所基本完成标准化规范化建设。开展市场监管所星级评定，冼村街市场监管所被国家市场监督管理总局评定为五星所，天河南街市场监管所被广东省市场监督管理局评定为四星所，龙洞街、前进街、石牌街、珠吉街、新塘街、沙河街、长兴街的市场监管所被评为市级三星所，区市场监管局被评为全省试点建设表现突出单位。 （丘月华）

粮食管理

【概况】 2023年，天河区有被纳入粮食管理部门统计范围的粮油经营企业8家，库区面积5.04万平方米，

2023 年 10 月 16 日，天河区在家和天曜广场举办 2023 年世界粮食日和全国粮食安全宣传周活动（陈君玉 摄）

仓房总容量 13.6 万吨。有 2 家粮食承储企业，分别是广州天河粮油储备管理有限公司、广州市番禺粮食储备有限公司。区发展和改革局（区粮食和物资储备局）按照市下达的储备粮储备规模，共储备原粮 11 万吨，其中小麦（原粮）8 万吨，大米（成品粮）2.1 万吨（大米按 0.7 折率折原粮 3 万吨）。

【粮食应急保障】 2023 年，天河区加强粮食流通能力建设，协调区内粮食应急系统，增强粮油应急保障能力。至年底，全区经认定被纳入应急名录的粮油应急供应网络 74 家，应急加工网络 1 个，应急配送中心 2 个，应急运输网络 2 个，实现应急网点辖区全覆盖。

【粮食管理】 2023 年，天河区确定位于春岗立交以北、迎龙路以东的春岗山物流园北部地块作为储备粮仓选址地块。全面落实粮食安全责任制，按计划推进储备粮轮换。委托第三方专业机构开展储备粮质量监管及抽检，本年度天河区抽检的储备粮超过储备粮任务的 50%，所有检验的样品均符合食品安全国家指标。落实粮食行业安全生产监管，每月每个储备库点不少于两次储粮巡查，完成 2023 年政策性粮油库存检查和秋季粮油安全普查工作。（陈怡昕）

价格管理

【概况】 2023 年，天河区依法管理列入政府定价和政府指导价管理的商品价格、服务价格及服务收费。受理 9 所民办学校调整收费的申请，对学校近三年的教育培养成本进行审核并出具初审意见。受理 4 家企业前期物业服务收费超政府指导价审核申请，并出具初审意见报市发展改革委。

【价格监测和调控】 2023 年，天河区对辖内 10 家农副产品价格调控项目库成员单位（平价商店）落实春节期间农副产品价格调控措施的情况开展巡查。会同区教育局、区市场监管局对学校开展教育收费联合检查，重点检查学校收费台账、学费、代收费、课后服务收费等情况。配合市发展改革委开展中秋节月饼销售价格、中国进出口商品交易会期间酒店房价专项监测。开展天河区住宅小区停车场收费价格的监测及数据上报。

【价格认定】 2023 年，天河区围绕价格认定公共服务主旨，打造“涉纪、涉刑和价格争议纠纷调解”品牌，持续开展涉嫌违纪违法和刑事案件的价格认定工作。全年累计办理涉刑事案件价格认定 2054 宗，涉及金额 1.56 亿元；涉纪检监察案件物品价格认定 1 件，发挥价格认定维护党章党纪、司法公正和依法行政的保障作用。（陈怡昕）

区域合作发展

粤港澳大湾区建设

【概况】 2023年，天河区持续推进粤港澳大湾区建设。与香港贸易发展局签订战略合作框架协议，在投资环境推介等方面加大合作。新设立港澳企业634户，居广州市第一。大湾区科技成果转化板新增上板项目160项。全区累计引进粤港澳大湾区律师76人，占全市总数的77.5%，占全省的20%。区内中小学与2所香港学校正式缔结为“姊妹学校”。

【湾区规则衔接】 2023年，天河区推进湾区规则衔接机制对接，“加快推动港澳居民来往内地通行证、港澳居民居住证‘两证’相互关联”“深入推进职业资格认可”等2项建议省级部门牵头推进事项列入省级规则衔接相关文件。天河区开设港澳“个转企”登记专窗，推行外资股东身份视频确认服务，实现外资企业登记服务前移、离岸全程电子化1日内办结，并在广东省率先启动税务事项“湾区通办”示范区建设。广州暨大港澳子弟学校成为全省首批香港中学文凭考试“与考学校”。广州希玛林顺潮眼科医院入选第二批“港澳药械通”指定医疗机构。新培养8名合格港式金牌医生，1家港式金牌家医诊室完成改造。

【港澳青年创业就业】 2023年，《广州市天河区深化支持港澳青年创新创业高质量发展实施办法》《港澳青年创新创业就业诉求协调解决工作方案》等文件印发实施，推进港澳青年创业就业服务保障工作。建立健全港澳青年双创诉求协调解决机制，按照常态化、体系化工作思路，打造港澳青年创新创业就业诉求收集、分发、处理、督办、反馈的联动闭环。设立广州市首个港澳创新创业孵化基地公共法律服务工作站。全区港澳青年创新创业孵化基地新引进港澳项目97个，累计967个。

【南沙—天河双区联动】 2023年1月16日，南沙—天河深化科技创新产业合作暨工业数智化产业精准对接会举办。大湾区科技创新服务中心与广州工业智能研究院、广州市香港科大霍英东研究院分别签订科技成果转化战略合作协议，共同搭建南沙高水平研究院与天河科技成果转化工作互通互融桥梁，推动南沙天河科技创新要素高效便捷流通。天河区企业广东粤信鼎能能源科技有限公司通过“揭榜挂帅”与广州市香港科大霍英东研究院达成产学研合作，该企业将联合香港科技大学开展港澳项目关键核心技术攻关，利用建筑节能与可再生能源技术探索建筑全寿命周期碳计量和碳减排方案，促进粤港澳大湾区零碳建筑设计、运维管理和工程实践，助力实现建筑领域“碳达峰、碳中和”绿色可持续发展目标。广州中望龙腾软件股份有限公司和广州工业智能研究院共同推介工业企业数智化转型解决方案。

2023年1月16日，南沙—天河深化科技创新产业合作暨工业数智化产业精准对接会举办 （唐巧燕 摄）

【天河区在全省率先启动涉税事项“湾区通办”服务示范区建设】 2023年2月24日，广东省税务局与深圳市税务局联合举行涉税事项“湾区通办”服务示范区启动仪式。天河区启动“湾区通办”服务示范区，正式提供粤港澳大湾区涉税事项跨城协同服务。“湾区通办”以智慧柜台为服务载体，通过把广东省税务局和深圳市税务局双方电子税务局、自助办税系统、远程办税系统等常用的办税缴费渠道汇聚一体，并集合远程办税、同屏帮办、线上咨询等服务能力，为湾区跨区域纳税人提供“一站式”征纳互动服务。

【“创响湾区·就约盛夏”暑期青创活动】 2023年7月14日，“创响湾区·就约盛夏”——粤港澳大湾区（广东）创新创业孵化基地首届暑期青创嘉年华系列活动正式启动。此系列活动持续两个月，以“线上＋线下”联动“1＋12＋N”港澳青年创新创业基地方式开展。主会场举办“技能世赛冠军”走进基地、创业孵化项目集中展示、港澳青年“睇湾区”体验活动、融创投机构走进基地、央企国企走进基地等专题活动。同时也在“1＋12＋N”各基地同步设立平行分会场，结合各基地区位、政策、服务、环境等优势，围绕投融资路演、创业能力提升、商机资源对接、实习就业招聘、创业导师辅导等内容开展活动。

【粤港澳大湾区（广东）创新创业孵化基地公共法律服务工作站启用】 详见司法行政“广州市首个创新创业孵化基地公共法律服务工作站启动”条目。

【粤港澳大湾区（天河）理财资管中心启动】 2023年12月22日，粤港澳大湾区（天河）理财资管服务中心启动仪式在区辖内越秀金融大厦举办。天河区利用跨境理财通在粤港澳大湾区率先落地的契机，发挥粤港澳大湾区商贸发达、产业资本雄厚的优势，推进理财和资管市场与机构发展，促进大湾区居民跨境投资便利化。依托广州国际金融城、广州期货交易所、上海证券交易所南方中心等重点平台提升理财资管发展能级。2023—2030年，天河区拟分3个阶段打造该中心。 （陈怡昕）

表13　与天河区签订经济技术友好关系协定区（县）表

序号	名　称	签订年份
1	河南省洛阳市郊区	1987年
2	河北省邢台市柏乡县	1988年
3	江苏省扬州市郊区	1988年
4	湖北省武汉市洪山区	1988年
5	新疆维吾尔自治区乌鲁木齐市头屯河区	1992年
6	新疆维吾尔自治区乌鲁木齐市天山区	1992年
7	湖南省张家界市桑植县	1997年
8	吉林省白城市通榆县	1998年
9	湖北省孝感市云梦县	1999年
10	辽宁省大连市甘井子区	1999年
11	广西壮族自治区玉林市福绵区	2000年
12	江西省赣州市兴国县	2001年
13	辽宁省沈阳市东陵区	2001年
14	广西壮族自治区南宁市青秀区	2002年
15	内蒙古自治区鄂尔多斯市东胜区	2006年
16	江苏省南京市六合区	2010年
17	湖北省孝感市	2012年
18	陕西省延安市延川县	2018年
19	陕西省延安市宝塔区	2018年

经济交流协作

【概况】 2023年，广州市天河区协作办公室（以下简称“区协作办”）加强跨地区、跨部门、跨行业国内经济交流协作，推进“粤贸全国”活动开展，组织企业参加省外经贸合作展示活动，组织辖内企业参加第31届广州博览会。

【参加第31届广州博览会】 2023年8月25—28日，第31届广州博览会在中国进出口商品交易会展馆举办，天河区以“质汇天河　智筑未来”为主题，组织28家专精特新“小巨人”和数字文创、人工智能等企业参展，展示天河区人工智能、专精特新企业的创新性成果。本次参展规模、专精特新企业数量、新一代信息技术含量，为历届最多。展示活动采取线上与线下方式传播，获得“央视新闻”和《中国日报》《南方日报》《广州日报》等10余家中央、省、市媒体报道，其中天河展区及参展的专精特新“小巨人”企业在中央电视台综合频道《晚间新闻》节目中报道。

【经济交流展示】 2023年，天河区加强与友好区（县）、市的合作交流，继续推进“粤贸全国”活动。组织区辖内广州极飞科技股份有限公司、小鹏汽车、广州亿航智能技术有限公司参加第三届中国—中东欧国家博览会暨国际消费品博览会、第四届中国—蒙古国博览会、第六届中国—阿拉伯国家博览会等参展活动，宣传推介天河企业科技创新成果和产品，帮助企业拓展国内外市场、扩大品牌知名度。截至是年底，天河区与19个区（县）签订经济技术友好关系协定，通过经贸交流、招商引资、市场与新产品开发、资源有效利用、信息交流等多种方式，推进双方经济、社会领域合作。（孔德灯）

对口支援协作与帮扶合作

【概况】2023年，天河区推进“百千万工程”，成立“百千万工程”帮扶协作专班，开展省内帮扶协作、东西部协作、对口合作、对口支援。全年全区共投入财政帮扶资金2.8217亿元，派出帮扶干部46名、支教教师82名、医生64名。截至是年底，在省内帮扶镇村引导落地投产企业33家，实际投资额1.4925亿元，带动低收入人口2487人，吸纳脱贫人口就业201人。在东西部协作地区引导落地投产企业41家，实际投资额16.18亿元，吸引农村劳动力就业7070人，吸纳脱贫人口就业982人。全年助力帮扶协作地区销售农特产品超16亿元。

是年，完善贵州省毕节市七星关“古树茶”产业体系建设并带动当地乡村振兴的做法入选国家乡村振兴局东西部协作典型案例。利用天河区服务企业经验在毕节市大方县建立“以商迎商”机制，优化当地营商环境的创新举措被《人民日报》报道。对口帮扶的广东省兴宁市黄槐镇入选省“百千万工程”首批典型镇名单，广东省梅州市梅县区大坪镇潭坑村和江门市开平市水口镇水洋村入选省“百千万工程”首批典型村名单。天河·大方粤黔协作现代农业产业园入选贵州省级产业园。

【省内帮扶协作】2023年，天河区选定穗宁智谷产业园高新工业园3期和广佛肇（怀集）经济合作区（B区）作为共建合作园区，持续推动开发建设、运营管理、招商引资等工作。推动现代（中国）电梯有限公司二期等3个重点项目落户天河·怀集合作园区，计划投资额4.47亿元。广宁—天河投资环境推介会现场签约8个重点项目，总投资19.74亿元。帮助肇庆市广宁县引进天河名优产品“吊丝丹”竹笋，建设“吊丝丹”竹笋种植示范基地。

建设兴宁·天河创新产业园，投入2300万元共建的广州天河·兴宁产业孵化中心（大厦）基本完工。在帮扶的6个镇（梅州市兴宁市黄槐镇、罗岗镇、坭陂镇、罗浮镇、水口镇、大坪镇）持续壮大丝苗米、沙田柚、蜂蜜、鹰嘴桃、肉鸽养殖等乡村特色产业，协助申请涉农贷款6228万元，帮助6家企业获得大湾区“菜篮子”生产基地及加工企业认定。推进乡村工匠培育工程，罗岗镇15名农业从业人员获得乡村工匠职称，占兴宁市被评为职称人数的75%。

【东西部协作】2023年，天河区继续协助完善七星关“古树茶”产业体系建设，邀请专家团队开展新品种选育、种苗繁育、加工工艺提升等关键性技术研发。培育毕节市首个澳门青年乡村振兴示范项目。在大方县马干山乡村振兴示范点建成“生猪繁育—有机肥生产—消纳区种植—迷迭香提取—饲料加工”绿色产业链。打造纳雍县玛瑙红樱桃农旅融合项目，建成林下轨道观光车、高铁餐厅、游客打卡交流区等，实现产业融合发展。

是年，天河区组织协作地区企业参加广州博览会、中国农民丰收节、天河迎春花市等活动。9月，举办2023年东西部消费协作毕节（大方）农特产品产销对接会，活动现场达成6个农特产品销售订单价值约2亿元，现场交易约16.7万元。同月，联合毕节市七星关区举办“贵州七星太极古茶”品牌推介会，活动现场双方企业签约金额约10.8亿元。

是年，天河区组织就业技能培训144场次，劳务协作专场招聘会8场，邀请企业73家，提供就业岗位5728个。其中依托“天河就业”微信公众号、帮扶协作地区网络招聘平台、“红海直聘”平台等举办线上招聘会3场，在协作地区开展线下招聘会5场；累计转移毕节市、黔南布依族苗族自治州、安顺市脱贫人口到天河稳定就业（即就业三个月及以上）288人。2022年度“广东扶贫济困日”活动（任务期截至2023年5月31日）筹款893.33万元。大方县、纳雍县、七星关区全年共收到社会帮扶资金、物资合计约2584.34万元。

是年，天河区通过教育集团化辐射、师资培训、校际结对、选派精干力量支教的方式并借助天河区信息化“三个课堂”课题研究，帮扶纳雍县第五中学、纳雍中等职业学校，该做法获得中共中央组织部调研组肯定。组织暨南大学附属第一医院、南方医科大学第三附属医院、区疾控中心医疗卫生专家开展医疗帮扶，培训当地医务人员3984人次，现场指导767次，手术示教243例，开展义诊46场次，指导学科建设50个，接收78名医务人员到天河区跟岗进修学习。

【对口合作】2023年，《广州市天河区与龙岩市永定区对口合作实施方案》《2023年度天河区与永定区对口合作项目责任清单》等指导性文件印发实施，天河区与福建省龙岩市永定区围绕红色文化教育、产业合作、体育赛事、文旅康养、教育科技、医疗卫生、人才交流等重点领域开展交流合作。拨付100万元专项资金，以福建省第一个农村党支部旧址为核心，共建党员教育培训实践点，是年该项目完工。推动两区党校互挂党性教育基地，组织两区党员干部相互开展异地教学 10 余次。天河区 5 个街道与永定区 5 个乡镇结对合作。依托“四季如歌游龙岩”“百万老广游龙岩”品牌，推动两区旅行社相互引流。与永定区联合举办福建土楼马拉松，组织 66 名村改制公司选手和 62 名跑团爱好者参赛，助力永定文体旅经济发展。在天河区设立永定农特产品展销馆，销售农特产品超 500 万元。

【援疆援藏】 2023 年，天河区划拨 50 万元援藏资金用于西藏自治区古乡旅游基础设施建设。划拨 50 万元援疆资金支援新疆维吾尔自治区喀什市疏附县塔什米里克乡防风林建设，筹集 65 万元社会资金支援该乡结对学校购买教学设备，帮助实现优质教育教学资源云端共享。帮扶的塔什米里克乡小学毕业生被“内初班”（在内地为优秀新疆学生设立的初中班，喀什市有 300 个名额）录取 81 人，位居喀什市各乡镇之首。（钟粤旺）

供销合作

【概况】 2023 年，广州市天河区供销合作社联合社（以下简称“区供销联社”）继续推行“供销＋帮扶干部＋企业”模式，对接广东省梅州市兴宁市，肇庆市怀集县、广宁县，贵州省毕节市纳雍县、大方县、七星关区，西藏自治区林芝市波密县，新疆维吾尔自治区喀什市，以及贵州省安顺市和福建省龙岩市等地，探索消费帮扶天河模式，对口帮扶协作合作地区在天河供销销售农产品近 5000 种。是年，区供销联社全系统实现营业总收入 8486.4 万元，其中消费帮扶销售收入 5225.7 万元。

【供销经营网点】 2023 年，天河区供销联社线上线下共有 190 家供销经营网点，服务范围包括农产品经营、帮扶产品销售、再生资源回收利用及社区服务等。其中，设置天河区供销心选帮扶专馆 1 家、天河区供销安心优选消费协作馆 1 家、广州天河—肇庆怀集农产品消费帮扶馆 1 家，天河供销农产品供应链公司对口帮扶商品展厅 1 处、天河供销消费协作馆 1 家、天河智慧供销消费扶贫专柜 24 个，用于展销特色优质帮扶产品。持续运营“供销心选”“供销安心优选”“天河供销”“天供鲜生”“五山供销”5 个网上销售平台。7 月，沙河供销社在小红书、快手、今日头条等平台开通账号，扩充电商展示平台。2023 年，线上累计开展直播带货活动 15 场。

【线下展销活动】 2023 年 1 月，在天河体育中心春节花市设置对口帮扶地区特色年货展销会。3 月，在区政府大院开展西藏林芝波密藏天麻消费帮扶推广活动。6 月，与增城区供销合作总社联合主办“品牌供销·增城好物”暨 2023 年增城荔枝签约推广会。定期举办“消费帮扶 味你而来”供销助农大集市活动。8 月，参加 SIAI 西雅国际食品展（深圳）推介帮扶地区产品。9 月，参加 2023 中食展（广州）暨广州国际食品食材展。

【供销帮扶协作】 2023 年，沙河供销社与贵州省安顺市供销社共同开发“安顺五行面”并上架脱贫地区农副产品网络销售平台（832 平台）。区供销联社与安顺供销社共同开发“穗·安社销酒”。与福建省龙岩市永定区供销社合作，注册“穗龙”品牌，开发“天岽矿泉水”，并作为 2023 福建永定土楼马拉松专用水。为广宁县驻天河区产业转移联络机构提供场地，增设广州天河—肇庆怀集农产品消费帮扶馆。（黄孜）

2023 年 8 月，区供销联社参加 SIAI 西雅国际食品展（深圳）并推介天河对口帮扶地区产品

（杨钰婷 摄）

乡村振兴

综述

【概况】 2023年，天河区以“百县千镇万村高质量发展工程”（以下简称“百千万工程”）为引领，促进乡村振兴。是年，市委实施乡村振兴战略领导小组办公室公布天河区2022年度推进乡村振兴战略实绩考核成绩为96.68分，其中“人才振兴、生态振兴、巩固拓展脱贫攻坚成果、农村综合改革”等方面工作成绩突出，在4个无行政村的区中排第1名，综合评价为“优秀”等次。

【“百千万工程”推动乡村振兴】 2023年3月，《关于全面推进“百县千镇万村高质量发展工程”促进区域协调发展的行动方案》《关于全面推进“百县千镇万村高质量发展工程”促进区域协调发展的工作方案》印发实施，构建“百千万工程”指挥体系、工作体系、目标体系、配套政策体系、评价体系，明确主要目标和发展任务。天河区组建乡村振兴专班，印发实施《天河区“百县千镇万村高质量发展工程”乡村振兴专班工作方案》。支持成立澳门青年乡村振兴协会。组织区、街以及联社干部前往浙江省学习调研“千万工程”经验做法。开展天河区乡村振兴系列培训和村改制公司党组织第一书记、书记、董事长培训，并赴海珠区、番禺区学习调研。

城中村治理

【概况】 2023年，天河区组织“百名书记抓项目”行动，街道党工委、村改制公司党组织书记围绕提升城中村治理效能立项40个“书记项目”，推动解决石东村充电桩示范点设置、沐陂公交车总站候车长廊修缮等民生实事。开展“百个机关支部联百村居”活动，辖内100个机关、企事业单位党支部与75个“村改居”社区、25个村改制公司党组织结对共建，解决河涌整治、困难群众帮扶等实事难事176件。开展“青耕计划”“青治计划”系列活动，辖内24所大中专院校与21个街道结对开展进驻服务，选聘24名优秀青年教师任街道团工委兼职副书记，组建“青治联盟”青年志愿服务队，到城中村开展“水、电、气”安心检、“健康医小时”、“消防安全盾”等志愿服务。

【“村改居”综合改革】 2023年，《天河区深化加强党对“村改居”的全面领导专项改革方案》印发实施，全面推行街道党工委委员兼任25个村改制公司党组织书记，向75个“村改居”社区选派第一书记或书记（主任）助理。健全街道“大党工委”、社区“大党委”机制，村改制公司党组织由街道党工委直接管理，组建城中村网格党组织971个，建立经济社党组织43个。

【城中村基础设施建设】 2023年，天河区出台《深化天河区“村改居”社区公共事务管理体制专项改革任务措施》。加强城中村供水供电供气保

2023年3月28日，澳门青年乡村振兴协会湾区联络中心在粤港澳大湾区（广东）创新创业孵化基地揭牌成立　　（区“百千万工程”指挥办供稿）

障，完成沙东村花生寮老旧供水管网改造工程，铺设城中村周边道路及城中村红线范围内燃气管道约74千米，立管安装覆盖超4.15万户居民。印发《天河区城中村交通环境整治（道路部分）工作方案》，整治提升城中村交通环境道路设施，优化完善慢行交通体系。持续完善消防安全设施，建成78个微型消防站、25个一类微型消防站，新建电动自行车停放场所333个（处），增建充电柜、充电桩近3500个。建设11个城中村消防培训室和消防体验中心，免费向村民开放。20余万名群众注册“全民消防学习云平台”，学习消防安全知识。

【城中村环境卫生水平提升】 2023年，《天河区城中村环境卫生整治工作实施方案》《天河区环境卫生公共服务均衡发展实施意见》印发实施，结合实际修订完善《天河区环境卫生管理标准和规范汇编》。理顺区、街、城中村环卫工作机制，印发《天河区城中村内街巷环境卫生黑点攻城拔寨、挂图作战、销号管理工作实施方案》，持续开展城中村环境卫生整治和周末大会战行动。推进“厕所革命”，新建环卫公厕4座、改建1座、微改造5座。重点加强车陂、棠下等城中村生活垃圾分类工作，全区25个城中村建成垃圾分类投放点约500个。

【城中村网格化管理】 2023年，天河南街探索“专兼结合，一格六员”的网格员队伍机制，组建40人的天河村改制社区网格队伍，实行街道、改制社区“双重管理”，实现“居委吹哨，部门报到”，网格事件处置全流程闭环运行。龙洞街龙洞村完善“平急一体”治理机制，发挥城中村“大党委”统筹资源作用，在6个片区组建8支应急分队，依托街道综治中心指挥平台汇总调度，构建全时响应人防机制、全域覆盖物防屏障、全程可控技防网络。车陂街建立城中村包干楼栋机制，统筹街道5类人员620人，下沉69个城中村网格包干4000余栋楼，定期走访了解群众需求，摸查“人、屋”情况，开展城中村安全隐患排查。

【城中村多元共治】 2023年，石牌街继续探索新就业群体党建有效路径，在“暖蜂巢·小哥驿站”基础上以“暖蜂行动”整合资源，提供8大类30多项服务，推动外卖小哥发挥“五员”角色作用参与基层治理，该做法获广州市“金穗杯”工作创新大赛二等奖。兴华街采取“一村一策”治理方式，立足城中村来穗人群特点和人员需求，定制政务帮扶措施，实现“群众点单、网格下单、党员接单”等个性化服务。

（区委组织部、区农业农村局）

农村集体经济管理

【概况】 2023年，天河区加强农村集体经济监管，推动农村集体经济转型升级。辖内有村、社两级集体经济组织243个（经济联社25个、经济社218个）。农村集体资产总额472亿元，集体经济总收入67亿元，分配总额35.7亿元，人均分配3.7万元。是年，天河区农村集体资产总额比2022年（下同）增长4.45%，收入增长7.56%。

【农村集体资产监管】 2023年，天河区以专项巡察整改为契机，加强农村集体资产监管。印发《天河区落实乡村振兴资金管理使用暨农村集体“三资”管理专项巡察反馈意见整改工作方案》，明确责任部门、整改措施和时限。整治经营性合同，超长期合同整改完成率98.28%，增加集体经济收益约1.13亿元。形成《天河区农村集体经济组织年度预算编制指南》《关于天河区农村集体资产协议续租交易情况分析报告》《天河区村集体银行存款调查情况报告》等。持续规范集体财务管理，全区18个涉村街道财务结算中心代理村级账套120个，经济联社代理社级账套281个。针对涉农财务人员开展财务管理业务培训，培训约690人次。在全市率先探索规范转租管理、农村集体资产网上一次性报价交易规则等举措，印发《天河区农村集体资产转租管理的指导意见》。截至是年底，区农村集体资产交易中心共完成交易项目3211宗，交易数量增长43.35%；交易总额90.24亿元，增长65.42%。

【农村集体经济转型】 2023年，天河区加强对棠下科韵路48层大楼复建项目，车陂“未来印”，广州国际金融城起步区石东村、车陂村、前进村改造项目，元岗健康城和龙洞留用地开发建设等重大项目建设进度跟踪。鼓励和指导农村集体经济组织通过直接参与土地开发、合作开发建设等形式，开发存量集体经营性建设用地（留用地），建设高端物业项目，发展以写字楼、星级酒店、大型商场为主的楼宇经济。以杨箕村改制公司为试点，委托具有国际先进酒店管理经验的集团参与集体物业的经营。9月20日，外商艺龙酒店正式营业。指导村集体科学制定交易方案，引入优质产业经营方，培育发展优势产业。黄村利用村社集体物业引入品牌汽车销售企业，逐步形成奥体板块汽车销售服务业。（区委组织部、区农业农村局）

经济发展

农业

【概况】 2023年，天河区农业生产累计完成农业总产值11.14亿元，比2022年（下同）增长13.5%。其中种植业产值0.31亿元，渔业产值4.85亿元，农林牧渔服务业产值5.93亿元。天河区种植业播种总面积7218亩，增加2.7%，种植业仍以蔬菜为主。

蔬菜种植 2023年，天河区蔬菜种植面积7218亩，比2022年增加76亩，主要分布在五山、员村、车陂、棠下、黄村、龙洞、长兴、凤凰、前进、珠吉、新塘11个街道，其中棠下、凤凰、龙洞3个街道蔬菜种植面积较大，分别为2037亩、1146亩和921亩。是年，天河区蔬菜产量0.64万吨，产量增长0.8%，完成产值2961万元，增长4.7%。

水果种植 2023年，天河区水果种植面积968亩，水果产量185吨，减少18%，产值237万元，减少18%。前进杨桃基地占地300亩，形成集生产、生活、生态功能于一体的都市型农业。

【农产品质量安全监管】 2023年，天河区健全农产品质量安全网格化管理体系和产地农产品质量安全监测体系，实行“区级督导、街道配合、经济联社落实”的三级联动工作机制。召开2023年农业重点工作部署推进会和豇豆农药残留突出问题治理专项工作会议，开展农产品质量安全培训7期。推进农产品质量追溯管理，开展承诺达标合格证追溯管理工作，持续推进产地准出市场准入衔接试点。2023年，天河区农产品质量安全监督检测机构检测样品650份，所检项目总体合格率98.62%，全部为种植类产品。全年未发生产地农产品质量安全问题。

【动物防疫检疫】 2023年，天河区组织开展动物疫病风险预警管理和重大动物疫病监测。全年产地检疫鸡1611.74万羽，检疫犬猫193只、马109匹、兔子1只，出具动物检疫合格证明1778张。全年免疫注射鸡禽流感疫苗3.755万羽。开展社区犬猫狂犬病疫苗注射活动，是年首次采取“街道+机构”广覆盖模式，联合街道在20家动物诊疗机构门店设置免费注射点，免疫注射犬猫疫苗1万余只。

【农业安全生产监管与执法】 2023年，天河区围绕农机、屠宰、饲料、农药和兽药生产加工、农资店、农药店、渔船等农业重点领域开展检查。检查涉农生产经营单位场所284次。加强农业投入品使用监管，每月两次对农田开展全覆盖巡查。抽取土壤、蔬菜、农田灌溉水、农田排水口水质等样品，定期开展土壤和农产品协同监测与评价。全年立案查处饲料生产经营违法案件1宗、农资生产经营违法案件5宗、农产品质量安全案件5宗、动物卫生案件2宗、制售假劣兽药案件2宗。

【红火蚁与外来物种防控】 2023年，天河区开展红火蚁防控联合检查，每

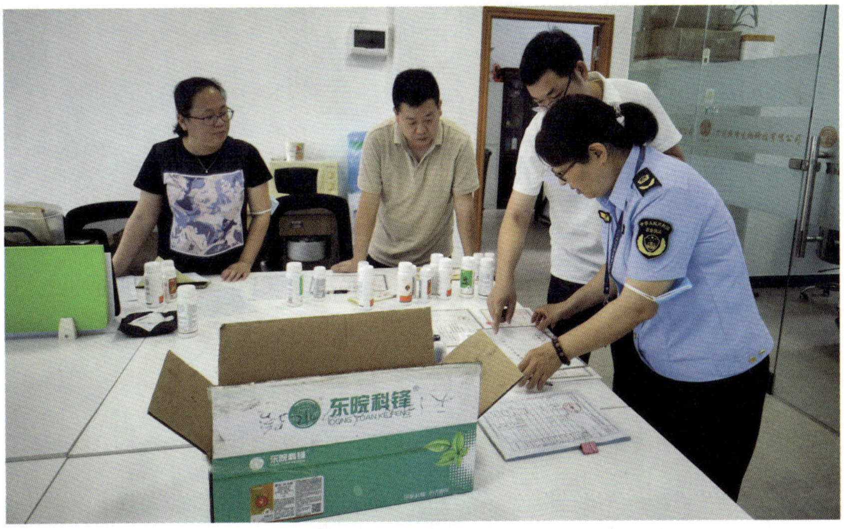

2023年6月30日，区农业农村局开展农药质量安全监督检查抽样（董霄 摄）

表 14

2023 年天河区入选“粤字号”农业品牌表

产品名称	注册商标	企业名称
老酸奶	风行（图形）	广州风行乳业股份有限公司
仙泉湖牧场鲜牛奶	仙泉湖牧场（图形）	
风行牌炼乳	风行牌＋图形	
鲜牛奶	风行牌＋图形	
纯牛奶	风行牌＋图形	
乐悠酸牛奶	风行牛奶；FENGXING MILK	
华农鲜牛奶	华农＋图形	广州华农大食品科技有限公司
华农学士酸牛奶	华农＋图形	
桑果汁	宝桑园	广东宝桑园健康食品有限公司
桑葚果干	宝桑园＋ BOSUN ＋图形	
桑果浆	宝桑园	
胚芽米	艾米会	广州艾米会生态农业科技有限公司
生态艾米	艾米农场	
软华优金丝	华南农大＋图形	广东华农大种业有限公司
中膳金勺子免洗净菜	中膳金勺子	广东中膳金勺子食品集团有限公司
黑加宝黑土猪	黑加宝	广东广垦恒之康食品有限公司
活鸡	岭南黄	广东智威农业科技股份有限公司
活鸡（Ⅱ号配套系）	岭南黄	
活鸡（3 号配套系）	岭南黄	
杜洛克种猪	广三保＋图形	广东广三保养猪有限公司
长白种猪	广三保＋图形	
大白种猪	广三保＋图形	
多旋翼植保机	XAG	广州极飞科技股份有限公司
高氨浓缩天然乳胶	广垦橡胶	广东省广垦橡胶集团有限公司
水产复合预混合饲料（Ⅱ）	特免皇	广州飞禧特生物科技有限公司
虾类用维生素预混合饲料	飞禧特	
复方富血铁	图形	广东新南都饲料科技有限公司
畜禽用微量元素预混合饲料（南都益长素）	图形	
浓缩料 640	图形	
猪用复合预混合饲料（猪宝 4303）	图形	
高级乳猪教槽配合饲料（宝宝乐）	图形	
通用型微量元素预混合饲料（红福）	图形	
混合型饲料添加剂 大豆黄酮（益元素）	图形	
浓缩料 940	图形	

表 15

2023 年天河区农业龙头企业表

级别	企业名称
国家级	广东智威农业科技股份有限公司、广东广垦畜牧集团股份有限公司、广东省广垦橡胶集团有限公司、广东省现代农业集团有限公司
省级	广东智威农业科技股份有限公司、广东广垦畜牧集团股份有限公司、广东省广垦橡胶集团有限公司、广东省现代农业集团有限公司、广州风行乳业股份有限公司、广东科农蔬菜种业有限公司、广东广垦绿色农产品有限公司、广东华农大种业有限公司、广东丝源集团有限公司、广东田联种业有限公司、广东中膳金勺子食品集团有限公司、广东宝桑园健康食品有限公司、广州极飞科技股份有限公司、广州广良畜牧发展有限公司、广东省广垦粮油有限公司、广东省农垦集团进出口有限公司

续表 15

级别	企业名称
市级	广东智威农业科技股份有限公司、广东广垦畜牧集团股份有限公司、广东省广垦橡胶集团有限公司、广东省现代农业集团有限公司、广州风行乳业股份有限公司、广东科农蔬菜种业有限公司、广东广垦绿色农产品有限公司、广东华农大种业有限公司、广东丝源集团有限公司、广东田联种业有限公司、广东中膳金勺子食品集团有限公司、广东宝桑园健康食品有限公司、广州极飞科技股份有限公司、广州广良畜牧发展有限公司、广东省广垦粮油有限公司、广东省农垦集团进出口有限公司、广州肉联帮食品有限公司、广州市强强兴乳品有限公司、广州艾米会生态农业科技有限公司、广东新南都饲料科技有限公司、广州市金牧行贸易有限公司、广东广兴牧业机械设备有限公司、广东建鹏南药种养有限公司、广州农产国际供应链有限公司、广州上善餐饮企业管理有限公司、广州安芮洁环保科技有限公司、广州市优琦食品贸易有限公司、广州大气候农业科技有限公司、广东金作农业科技有限公司、朴诚乳业（集团）有限公司、广州市天河区沙河供销合作社、广州崧源农业科技有限公司、广州市莱檬生物科技有限公司、广州飞禧特生物科技有限公司、广州鹰金钱食品集团有限公司、广州市健坤网络科技发展有限公司
区级	广州极飞科技股份有限公司、广州大气候农业科技有限公司、广东金作农业科技有限公司、朴诚乳业（集团）有限公司、广州市天河区沙河供销合作社、广州崧源农业科技有限公司、广州市莱檬生物科技有限公司、广州飞禧特生物科技有限公司、广州市绿霸种苗有限公司、广州新标农业科技有限公司、广州快行天下供应链管理有限公司、广州中苗科技有限公司

月对辖内农用地红火蚁疫情全覆盖监测一次，全年累计防治面积 3695.69 亩，农用地红火蚁发生程度控制在一级。组织薇甘菊疫情监测与防治，累计防治面积 400 亩，农用地薇甘菊疫情达到轻度攀缘或覆盖（10% ～ 30%）。完成外来入侵物种普查外业调查，截至是年底，完成 133 个踏查点的实地调查，发现入侵物种 99 种。

【现代都市农业发展】 截至 2023 年年底，天河区有 16 家省级重点农业龙头企业，36 家市级农业龙头企业，12 家区级农业龙头企业，监测合格市级农业龙头企业 3 家。34 个产品被认定为“粤字号”农业品牌产品称号。积极推进现代种业产业链建设。开展中国农民丰收节系列庆祝活动。组织 10 家农业企业参加广州市品牌农产品博览会参展工作和广州市乡村振兴暨都市现代农业招商引资引智活动。

（钟粤旺）

林业

【概况】 2023 年，天河区森林覆盖率 23.73%，比 2022 年增加 0.05 个百分点。森林主要分布在北部、西北、东北、中部低山丘陵区。林地总面积 2026.59 公顷，其中有林地 1807.38 公顷，灌木林地 143.45 公顷，无立木林地 52.56 公顷，宜林地 14.03 公顷，苗圃地 8.19 公顷，未成林地 0.98 公顷。

【林业管理】 2023 年，天河区持续加强森林资源保护管理，加强林地审批事前事中事后监管，办理使用林地 5 宗、林木采伐 2 宗、林木种子经营许可 2 宗、林木种苗检疫 5 宗。推进火炉山、龙眼洞、凤凰山 3 个市级森林公园勘界立标及总体规划修编工作。发布实施 2023 年天河区第 1、2、3 号林长令。加强野生动物保护、救助和宣传教育，初步完成区内野生动植物本底摸查，举办野生动植物宣传活动 2 场，成功救助接收野生动物超 300 次。

【绿美天河生态建设】 2023 年，启动绿美天河专项规划工作，制定绿美天河行动方案，构建“城园融合”的格局。推进华南国家植物园建设，促进华南国家植物园和火炉山“双园融合”。支持国家林业和草原局穿山甲保护研究中心建设，加快实现穿山甲系统性保护。打造火炉山森林公园绿美生态示范点，联合开展火炉山森林公园重点区域品质提升。完成多彩森林 50 亩、第一重山景林 50 亩、山地造林 15 亩、森林步道 5 千米等绿美生态建设任务。

【森林公园】 天河区有三大森林公园：火炉山森林公园、凤凰山森林公园、龙眼洞森林公园。

火炉山森林公园 位于天河区北部，东到大观路，南接岑村，西邻华南植物园，北到广汕公路，总面积 410.19 公顷。始建于 2000 年，不仅是天河区绿网工程的重要组成部分，更是天河智慧城绿核。火炉山主峰白架顶海拔 322 米，平均海拔 150 米，动植物资源、水资源丰富，处处可见黎蒴、荷树、火力楠、海南红豆、美丽异木棉等亚热带阔叶树。山中有猪头石、鸡枕石等自然景观。公园建设以山、水、石、林为主体景观，是集观光、休闲、健身于一体的郊野生态公园。

凤凰山森林公园 1999 年 12 月开始兴建，位于天河区东北部凤凰山脉南坡，总面积 577.68 公顷，北至杓麻山南坡，与白云区交界；南抵高塘石小学，以广汕路为界；西起金鸡村，与龙洞村交界；东端为凤凰山与石狮顶一线，与联和交界。公园属低山地貌，西侧大和嶂海拔 390.8 米，是天河区最高峰，次高峰凤凰山，海拔 373 米。公园内有筲箕窝水库。公园位于北回归线以南，属南亚热带季风气候区，冬暖夏凉，气候宜人，动植物资源丰富。公园建设因地制宜，随形就势，以植物造景（林分改造）

为主，园林小品为点缀。

龙眼洞森林公园　位于龙眼洞村西面山地东坡，东北与渔沙坦村交界，西北与白云区以山脊分界，南抵元岗、长湴村。总面积 391.02 公顷，1999 年 12 月开始兴建。（刘婷）

工业

【概况】 2023 年，天河区工业发展主要依赖于水电气都市能源供应产业，产业布局集中在天河中央商务区。全年天河区规模以上工业总产值 1118.95 亿元，比 2022 年（下同）增长 9.3%；工业产品生产销售衔接良好，产销率 99.4%。是年，工业 4 个细分领域累计完成产值 1103.64 亿元，其中，能源供应产业完成 951.08 亿元，增长 13%；都市消费工业完成 64.23 亿元，增长 7.1%；智能制造产业完成 69.66 亿元，下降 10.2%；生命健康产业完成 18.67 亿元，增长 37.1%。

【工业企业规模】 2023 年，天河区 10 亿元以上企业 6 家，占全区规模以上工业总产值的 88.8%；1 亿—10 亿元企业 35 家，产值占比 8.2%；亿元以下企业 90 家，产值占比 3%。其中，天河区工业总产值排名前 10 企业完成 1022.69 亿元，产值占比 91.4%。其中，广州市供电局有限公司、广州燃气集团有限公司发展较为迅速，增长速度分别达 13.2%、33.9%。

【《关于加快发展现代都市工业的实施意见》印发】 2023 年 8 月 22 日，经区委、区政府同意，《关于加快发展现代都市工业的实施意见》印发实施。该文件明确天河区将重点发展能源供应、都市消费工业、智能制造、生命健康 4 个细分领域。拓展产业空间，谋划打造 2112 工园，科学引导专业园区转型升级，推动现代都市工业"入园上楼"。围绕市场主体梯度培育、产业链精准招商、金融支持、政策供给、人才支撑、知识产权服务 6 方面构建优质产业生态，提升现代都市工业竞争力。

【《广州市天河区现代都市工业"十四五"发展规划》印发】 2023 年 12 月 28 日，经区委、区政府同意，《广州市天河区现代都市工业"十四五"发展规划》印发实施。该规划围绕促进主体提质、推动精准招商、完善创新体系、推进融合发展、加大政策支持、优化营商环境六大任务，明确"十四五"时期天河区现代都市工业发展目标。同时明确四大发展原则：市场主导、政府引导，产业引领、空间支撑，提升存量、引培增量，创新驱动、融合赋能。规划正式发布 2112 工园，即天河区广汕路以南、柯木塱南路以东、旧羊山以西、车陂涌北段生态廊道以北区域，面积 2112 亩的现代都市工业园。（蔡贞）

科学研究和技术服务业

【概况】 2023 年，天河区有科学研究和技术服务业规模以上企业 342 家，其中专业技术服务业 261 家、科技推广和应用服务业 60 家、研究和试验发展行业 21 家。行业企业集聚最多的 5 个街道依次是冼村街、五山街、天河南街、林和街、猎德街，分别有 58 家、31 家、27 家、32 家、26 家，企业总数约占全区的 50.88%。

【科学研究和技术服务业营收】 2023 年，天河区科学研究和技术服务业规模以上企业营收总额 404.67 亿元，比 2022 年（下同）增长 11.22%，占全区规模以上营利性服务业营收的 10.8%。是年，天河区科学研究和技术服务业年营收亿元以上企业 64 家，其营收总额占行业营收总额的 79.15%。年营收排名前 30 名企业营收合计 269.58 亿元，增长 24.11%，占行业营收总额的 66.62%。（蔡贞）

软件和信息技术服务业

【概况】 2023 年，天河区规模以上软件企业 1034 家，营收 2284.73 亿元，比 2022 年（下同）增长 1.3%，规模以上软件企业数量和营收分别占广州市的 46% 和 48%。营收亿元以上软件企业 251 家，占区软件业企业总数的 24%，累计营业收入 2013.4 亿元，占区软件业总营收的 88%。天河区软件业增加值 1220.74 亿元，占地区生产总值比重 18.6%。是年，天河区有 3 家企业入选中国互联网百强榜单，占全市总数的 42.9%；有 5 家软件企业

表 16　2023 年天河区规模以上工业产业结构情况表

产业结构	数量（家）	产值（亿元）	占全区规模以上工业总产值（%）
水电气都市能源供应产业	8	951.08	85
制造业	123	167.87	15

注：规模以上工业法人企业指年主营业务收入 2000 万元及以上的工业法人企业

表 17　2023 年天河区科学研究和技术服务业营收前 30 名企业情况表

行业分类	行业企业数量（家）	行业营收总额（亿元）	比 2022 年增长（%）	占年营收前 30 名企业营收总额比重（%）
专业技术服务业	22	207.5	21.7	76.97
科技推广和应用服务业	5	53.79	36.46	19.95
研究和试验发展行业	3	8.28	13.56	3.07

表 18　2023 年天河区规模以上软件业行业分布情况表

行业分类	企业数量（家）	比重（%）	营收（亿元）	比重（%）
行业应用软件	360	34.8	1183.4	51.8
数字文创	489	47.3	776.5	34
人工智能	96	9.3	186.0	8.1
信创软件	64	6.2	98.9	4.3
工业软件	25	2.4	39.9	1.7
总数	1034	100	2284.7	100

入选广州“独角兽”创新企业榜单，占全市总数的 15.2%；有 11 家软件业企业入选广州“未来独角兽”创新企业榜单，占全市总数的 10.5%。

【新型基础设施建设】 2023 年，天河区加快推动电动汽车充电基础设施建设，新增预登记充（换）电桩 623 个，新增预登记点位功率约 6 万千瓦。全区公用电动汽车公用充换电站点 373 个，充换桩 7211 个，换电工位 131 个，点位功率合约 48 万千瓦，拟发放电动汽车充电基础设施奖励资金 885 万余元。是年，天河区光纤覆盖率近 100%，全区互联网宽带接入能力达 1000M，城中村互联网宽带接入能力达 1000M；主城区、城中村宽带平均接入速率最高分别达到 500M 和 300M。至是年底，天河区累计建成 4G 基站 11884 座，4G 信号覆盖率近 100%。2023 年，新建 5G 基站 1882 座（含共享站），累计建成 5G 基站 10825 座（含共享站），5G 用户数 208 万户。

（蔡贞）

民营经济

【概况】 2023 年，天河区民营企业累计 51.8 万家，比 2022 年（下同）增长 11.9%，占广州市民营企业总量的 26.4%。全区民营企业注册资本总额累计 40792.6 亿元，占全市累计注册资本的 29.2%。规模以上民营企业 7570 家，增长 12.5%；规模以上民营企业（除房地产开发经营业）总营收 7894.4 亿元，增长 2.6%。民营企业较为集中的前三个行业依次为批发和零售业（232818 户）、租赁和商务服务业（78185 户）、科学研究和技术服务业（73390 户），分别占天河区民营企业总数的 44.9%、15.1%、14.2%。9 月 12 日，全国工商联发布“2023 中国民营企业 500 强”榜单，天河区雅居乐地产和圣丰集团 2 家企业入选。

【专精特新“小巨人”企业培育】 2023 年，天河区新增国家级专精特新“小巨人”企业 12 家、省级专精特新企业 414 家、创新型中小企业 454 家。全区累计拥有国家级专精特新“小巨人”企业 16 家、省级专精特新企业 970 家和市级专精特新企业 1350 家。

【个体经济】 2023 年，天河区推进营商环境建设，释放市场活力，个体私营经济市场主体平稳上升。是年新登记个体工商户 2.7 万户，增长 4241 户；注销 1.7 万户，增长 4487 户。截至是年底，天河区实有个体工商户 16.75 万户，增长 6.5%。

（蔡贞）

现代商贸业

【概况】 2023 年，《广州市天河区现代商贸业“十四五”发展规划》《天河区助力广州市培育建设国际消费中心城市实施方案（2023—2025 年）》等文件印发实施。推进合生骏景北、尚品宅配、鹏瑞金融城等 8 个商业项目建设。建设天河路—珠江新城和金融城—黄埔湾两大世界级地标商圈。是年，天河区社会消费品零售总额 2152.79 亿元，比 2022 年（下同）增长 6.4%。

【批发零售业和住宿餐饮业】 2023 年，天河区商品销售额 13394.25 亿元，增长 4%，其中批发业销售额 12145.56 亿元，增长 3.9%，零售业销售额 1248.69 亿元，增长 4.5%。天河区住宿餐饮业营业额 238.52 亿元，增长 29.2%，其中住宿业营业额 49.18 亿元，增长 33.4%，餐饮业营业额 189.34 亿元，增长 28.2%。是年，全区新增限额以上批发和零售业企业 503 家；新增限额以上住宿和餐饮业企业 194 家。

表 19　2023 年天河区限额以上批发零售业企业商品分类销售总额前 10 名表

商品分类	销售总额（万元）	比 2022 年增长（%）
石油及制品类	5136.25	1.76
金属材料类	1731.91	7.73
化工材料及制品类	1399.17	28.80
汽车类	785.83	3.13
煤炭及制品类	675.09	-12.04
粮油、食品类	378.23	7.94
金银珠宝类	361.58	10.35
文化办公用品类	324.32	17.06
其他未列明商品类	301.29	-7.84
烟酒类	281.98	4.44

表 20 2023 年天河区批发零售业销售额前 10 名企业表

企业名称
中国石化销售股份有限公司华南分公司
中国石油天然气股份有限公司华南化工销售分公司
中油碧辟石油有限公司
广东省电力工业燃料有限公司
建发（广州）有限公司
中国石油天然气股份有限公司广东销售分公司
周生生中国商业有限公司
小鹏汽车销售有限公司
中国石化销售股份有限公司广东石油分公司
广东中煤进出口有限公司

表 21 2023 年天河区住宿业销售额前 10 名企业表

企业名称
广州市合景领峰园酒店管理有限公司
广州雅致酒店有限公司
广州融通天河宾馆有限责任公司
广州瑞银数码港酒店有限公司
广州伊士丹顿酒店有限公司
广东农垦燕岭大厦有限公司
广州市合景创展酒店有限公司
广州首旅建国酒店有限公司
广州丽柏酒店有限公司
广州市嘉逸国际酒店有限公司

表 22 2023 年天河区餐饮业销售额前 10 名企业表

企业名称
广州太二餐饮连锁有限公司
广州市奈雪餐饮管理有限公司
广州动车组餐饮有限公司
广州九毛九餐饮连锁有限公司
广州噢耶餐饮有限公司
广州寿司郎餐饮有限公司
广州山丘餐饮管理有限公司
广州市炳胜食艺餐饮有限公司
广州真功夫快餐连锁管理有限公司
广州遇见小面餐饮管理有限公司

【百货和大型连锁超市】 2023 年，天河区有 23 家百货企业纳入统计，主要有广东永旺天河城商业有限公司、沃尔玛（广东）百货有限公司、广东粤海天河城商业有限公司、广东华南通商贸发展有限公司、广州喜市多便利连锁有限公司等。全年实现零售额 123.7 亿元，增长 7.46%，占社会消费品零售总额的 5.75%。

表 23 2023 年天河区销售额前 10 名百货企业表

企业名称
广东永旺天河城商业有限公司
沃尔玛（广东）百货有限公司
广东粤海天河城商业有限公司
广东华南通商贸发展有限公司
广州喜市多便利连锁有限公司
广州市欢乐特卖网络科技有限公司
广州市好又多百货商业广场有限公司
广州摩登百货股份有限公司
芯果科技（广州）有限公司
永旺美思佰乐（广州）商业有限公司

【专业市场】 2023 年，天河区专业批发市场有 56 家，其中服装批发市场 30 家，IT 电脑产品市场 8 家，五金建材市场 8 家，农副产品市场 5 家，此外还有汽配、工程机械等市场。从地区和行业来看，沙河片区的服装批发市场占比最大，占全区批发市场数量的 53%。至是年底，该地区有服装批发市场 30 家，商铺 1.1 万家，经营面积 38 万平方米，市场从业人员 2.1 万人。沙东有利北城申报天河区专业批发市场转型升级奖励资金 20 万元。

表 24 2023 年天河区年交易额过亿元专业市场表

序号	市场名称
1	广东益民服装城
2	万佳服装批发广场
3	沙东有利服装南城

【电子商务】 2023 年，天河区有省级电子商务示范基地 1 个，全区实现电子商务交易额 241.6 亿元。天河区被评为 2022 年度推动电子商务高质量发展事项市级督查激励优秀区。指导区辖内广州励骏智汇商业经营管理有限公司运营的西城智汇 Park 园区申报国家级优秀电商示范基地。举办广州天河第三届直播电商节，主流平台直播销售额 1218.1 万元。培育跨境电商贸易主体，智汇 Park 和广州洋葱时尚集团有限公司分别被认定为广东省跨境电商产业园区（成长型）和广东省跨境电商企业（成长型），跨境电商平台企业易网创新科技（广州）有限公司在天河区注册成立广州易芽数连科技有限公司。

【市场主体培育】 2023 年，《天河区实施市场主体梯度培育三年行动计划（2023—2025 年）》印发实施。天河区做好“个转企”“小升规”（即个体工商户升级为企业、小微企业升级为规模以上企业市场主体）培育工作。区商务金融局制定《2023 年批发零售业“个转企”“小升规”工作方案》。截至是年底，批发零售业实现“小升规”503 家、“个转企”18 家。广汽埃安天河花城汇展示中心由产业活动单位转为独立法人公司。新引入广州天河昊铂汽车销售服务有限公司珠江新城分公司、广州市有鹏汽车销售服务有限公司等企业。

【政策资金扶持】 2023 年，《天河区商务金融局高质量发展政策专项资金使用管理办法（修订稿）》《2023 年天河区商务金融局高质量发展政策兑现工作方案》印发实施，明确 4 个“免申即享”政策项目实施流程。为 50 家企业兑现第一批高质量发展政策资金共 2561.54 万元，为 3 个阶段 95 家次企业兑现稳增长工作措施支持资金 5821.51 万元。764 家批发零售业新增限额以上企业申报市新增纳统奖励。145家住宿餐饮业企业申报2023年广州市促进商务高质量发展专项资金居民服务业专题（住宿餐饮转型升级）、居民服务业专题（2022年度商务领域居民生活服务业扩大规模奖励）、资金零售与消费促进专题（住宿餐饮业新增限额以上企业奖励）等扶持资金。14家企业成功申报2023年省级促进经济高质量发展专项资金（消费枢纽建设事项）促消费综合奖励280万元。8家会展企业项目申报2023年广州市促进商务高质量发展专项资金会展业专题项目库（第一批）。广州风行乳业股份有限公司等2家企业申报“中华老字号”。新创建、合景悠活、弦梦管理、晔雅酒店、瑞盈投资、汇量科技6家企业申报《广东省进一步扩大对外开放积极利用外资若干政策措施》政策支持，共获得扶持资金4609.76万元。

【《广州市天河区现代商贸业“十四五”发展规划》印发】 2023年6月26日，经区委、区政府同意，《广州市天河区现代商贸业“十四五”发展规划》印发实施。该文件明确天河区现代商贸业在“十四五”期间的发展原则和目标定位，指出要以“推动产业可持续高质量发展”和“构建多层次商业空间体系”为发展重点。该文件部署天河区现代商贸业发展的九项主要任务：加强市场主体梯度引培、培育产业特色集聚区、打造世界级地标商圈、激活壮大发展新动能、推动文商旅深度融合、积极营造消费氛围、提升外贸综合服务能力、强化资源要素保障、探索体制机制创新。

【《天河区助力广州市培育建设国际消费中心城市实施方案（2023—2025年）》印发】 2023年10月12日，该方案印发实施。方案提出天河区要以国际消费中心城市核心承载区为定位，全面提升天河区消费领域的市场繁荣度、商业活跃度、国际美誉度、通达便利度、惠民舒适度和政策引领度。打造天河路—珠江新城、广州国际金融城—黄埔湾世界级地标商圈；打造奥体中心片区、华南国家植物园—龙洞片区、天河智慧城核心区等新型特色区域级商圈；发展新型社区商业，推进“一刻钟便民生活圈”建设；推动沙河片区、岗顶片区商品市场转型。建立优质中小企业梯度培育库，培育都会级羊城夜市先行区，加快建设智慧商圈、智慧商店。

【培育建设广州国际消费中心城市核心承载区】 消费促进　2023年，开展300余场主题促消费系列活动。举办首届天河汽车消费节，销售700余台汽车，销售总额1.5亿余元。开展多轮“约惠天河·快乐购物”促消费专项活动，发放政府消费券2700万张，社会消费总额约9.7亿元。举办2023广州国际购物节，天河路商圈假期人流量超1200万人次，累计销售额环比节前8天增长97.1%。举办天河区房博会暨家居家电消费节，有31家房企、家居家电企业、零售企业开展异业互促专题活动。

培育消费品牌矩阵　2023年，天河区发展品牌经济、首店经济、夜间经济、免税经济，累计新增Sunglass Hut、唐·尼诺（Don Nino）等国际品牌15个，鳗几、叁木司等首店49家。打造“餐饮+购物+娱乐+社交”夜间消费场景，正佳广场、天德广场、美林天地等成为广州市热点夜间消费集聚区之一。天河城百货等7家商店成为市首批离境退税“即买即退”试点商店。全区48家离境退税商店开具离境退税申请单1651份，涉及销售额5178.17万元。

建设智慧商圈　完成天河路商圈智慧体验中心建设并对外开放。正佳广场、广州友谊商店正佳店、太古汇、广百百货天河中怡店等商场加大智慧化、智能化建设；天河路智慧商圈微信小程序上线运营，广百百货天河中怡店被确认为第二批全国示范智慧商店。

【2023“Young城Yeah市”夜间消费节天河分会场活动】 2023年7—10月，2023“Young城Yeah市”夜间消

2023年1月14日至2月28日，正佳广场举办大唐千灯会活动

（区融媒体中心供稿）

费节天河分会场活动举行。本次活动以“Young 城 Yeah 市 点靓天河”为主题，按照“政府搭台、企业联动”的方式，组织天河路、珠江新城、金融城商圈等 20 家重点商贸载体、夜间特色聚集区，迎合时下热门消费热点，围绕“打造夜间消费新地标、营造夜间消费新热点、玩转夜间消费新体验、发掘夜间美食新滋味”4 个方面，举办超百场以“夜市、夜食、夜购、夜娱、夜游、夜秀”为主题的促销活动。

【天德街“乐活街区”开街】 2023 年 8 月 28 日，天德街“乐活街区”开街仪式在天德广场举行。天河商业价值创新院联动美团和天德广场推出天德街“乐活街区”，通过线上街区的线下消费场景构建，帮助商户经营提档升级，为商圈载体迭代升级提供示范，为消费者提供多元消费体验。活动期间，天河商业价值创新院和美团正式签署战略合作框架协议，双方就城市文旅 IP 打造、消费场景创新、街区商户经营提档升级等领域开展全方位、深层次合作。

【天河区首个大宗商品供应链合作平台成立】 2023 年 10 月 17 日，天河区大宗商品供应链联盟在广州信息港举行成立大会，天河区首个大宗商品供应链合作平台正式成立。大会宣读联盟公约，确立“促进天河区大宗商品供应链企业高质量发展，带动供应链上下游企业强化供需对接与交流，优化资源布局整合提升产业链，共同促进成员单位做大、做强、做优”的组织宗旨。中建四局物流发展有限公司当选为天河区大宗商品供应链联盟第一届轮值主席单位，5 家企业当选为副主席单位。是年，该联盟多次组织召开业务交流会、专题服务宣讲会、行业战略发展研讨会、企业高层上门互访等。 （房欣）

对外贸易

【概况】 2023 年，天河区实现对外贸易平稳增长。区外贸进出口总值 660.2 亿元，比 2022 年（下同）增长 5%。其中，出口 276.7 亿元，增长 9.5%；进口 383.6 亿元，增长 2.1%。区服务外包全口径执行额 71.47 亿美元，增长 29%；服务外包离岸执行额 22 亿美元，增长 5.54%。天河区服务贸易额 8.20 亿美元，下降 38.71%；其中进口额 2.88 亿美元，下降 43.97%；出口额 5.32 亿美元，下降 35.44%。

表 25 2023 年天河区外贸出口额前 10 名企业表

企业名称
广州市森大贸易有限公司
广州日产通商贸易有限公司
广东宏辉石油化工股份有限公司
广州森大供应链管理有限公司
日立电梯（中国）有限公司
广州迅力体育用品设计制作有限公司
广东省外贸开发有限公司
广东中煤进出口有限公司
广州市亿科贸易发展有限公司
本田贸易（中国）有限公司

表 26 2023 年天河区外贸进口额前 10 名企业表

企业名称
广东俊杰农产品有限公司
广东广物国际能源集团有限公司
本田贸易（中国）有限公司
广州广电国际商贸有限公司
建发（广州）有限公司
广东金作农业科技有限公司
广东省电力工业燃料有限公司
英福康（广州）真空仪器有限公司
广州日产通商贸易有限公司
广州科纳进出口有限公司

【对外贸易结构】 2023 年，从贸易方式来看，天河区一般贸易进出口额 605.86 亿元，增长 5.6%，占天河区对外贸易进出口总值的 91.77%。保税物流进出口额 35.74 亿元，增长 11.4%。从进出口商品来看，机电产品、高新技术产品、劳动密集型产品是天河区外贸出口主导产品，出口额 211.35 亿元；机电产品、高新技术产品、消费品、农产品是天河区外贸进口主导产品，进口额 299.26 亿元。

【利用外资】 2023 年，天河区新设外商投资企业 1589 家，增长 65.69%，累计外商投资企业 7793 家。涉及合同外资 12.45 亿美元，下降 49.96%；实际使用外资 3.7 亿美元，下降 55.86%。

【天河出海联盟成立】 2023 年 11 月，“万物潮新 聚势而生”2023 天河出海联盟成立仪式暨“广州有服同享”出海政策分享会在棠下智汇 Park 园区举办。联盟以政府引导、企业为主、自愿参与、资源整合、合作共赢为原则，由广州博冠信息科技有限公司、招商银行股份有限公司广州天河支行、广州汇量信息科技有限公司、广州钛动科技股份有限公司、广州洋葱时尚集团有限公司 5 家单位联合发起，由广州酷狗计算机科技有限公司、广东广信君达律师事务所、华进联合专利商标代理有限公司、广州金鹏律师事务所、智汇 Park 等 27 家成员单位共同组成。该联盟搭建全方位公共服务平台，面向粤港澳大湾区服务贸易出海企业，提供全链条公共服务和解决方案，助力企业进军海外市场。 （房欣）

金融业

【概况】 2023 年，天河区打造粤港澳大湾区跨境理财和资产管理机构中心城区聚集区、广东数字金融创新产业园和粤港澳大湾区（广东）财经数据中心。中国太平洋保险集团大湾区总部落地天河。是年，天河区金融业实现增加值1326.22亿元，占广州市金融业增加值的48.46%，比2022年（下同）增长7.9%，占天河区地区生产总值的20.24%。全区有持牌金融机构284家，其中银行业机构78家、证券期货基金业机构131家、第三方支付机构5家，保险业机构70家，占广州市金融机构数量的75%。是年，引进持牌金融机构21家，其中证券期货基金业机构19家、保险业机构2家。

表27 2023年天河区新增持牌金融机构表

机构名称	类别
中银国际证券公司广东分公司	证券类
首创证券广东分公司	证券类
安粮期货公司广东分公司	期货类
格林大华期货广东分公司	期货类
宏源期货广东分公司	期货类
首创京都期货广东分公司	期货类
一德期货广州分公司	期货类
金元期货公司广东分公司	期货类
美尔雅期货广州分公司	期货类
信达期货广东分公司	期货类
冠通期货公司广东分公司	期货类
中融汇信期货广东分公司	期货类
金瑞期货公司广州分公司	期货类
五矿期货广州分公司	期货类
盛达期货广东分公司	期货类
建信期货有限责任公司广东分公司	期货类
长安期货广州分公司	期货类
英大期货广州分公司	期货类
佛山金控期货广东分公司	期货类
亚太财产保险广东分公司	保险类
交银人寿保险广东省分公司	保险类

表28 2023年天河区重点银行机构表

序号	机构名称
1	广州银行股份有限公司
2	中国农业银行股份有限公司广州分行
3	招商银行股份有限公司广州分行
4	平安银行股份有限公司广州分行
5	国家开发银行广东省分行
6	中信银行股份有限公司广州分行
7	上海浦东发展银行股份有限公司广州分行
8	中国光大银行股份有限公司广州分行
9	兴业银行股份有限公司广州分行
10	交通银行股份有限公司广东省分行

表29 2023年天河区重点证券业机构表

序号	机构名称
1	万联证券股份有限公司
2	中信证券华南股份有限公司
3	安信证券股份有限公司广州分公司

表30 2023年天河区重点保险业机构表

序号	机构名称
1	中国平安财产保险股份有限公司广东分公司
2	明亚保险经纪股份有限公司广东分公司
3	中国太平洋财产保险股份有限公司广东分公司
4	中国人寿财产保险股份有限公司广东省分公司

【上市企业】 2023年，天河区新增境内外上市企业2家，分别是蜂助手股份有限公司、广州中旭未来科技有限公司，占广州市总数的14%；累计境内外上市企业45家，占全市总数的20%。截至是年底，“新三板”挂牌企业1家，占全市总数的14%。

【广州天河基金】 广州市天河区投资基金管理有限公司是由广州金控基金管理有限公司和广州市天河投资管理有限公司，分别代表市、区两级政府出资组建的私募股权投资基金管理公司。广州天河基金以服务天河区经济发展和区域产业转型升级为根本，通过设立产业基金等多种手段，为创新型企业创造良好的融资环境。2023年，天河基金已投企业朴诚乳业（集团）有限公司上榜2023年“独角兽”创新企业名单，广州大事件网络科技有限公司、易网创新科技（广州）有限公司和网思科技股份有限公司上榜2023年“未来独角兽”创新企业名单。截至是年底，天河基金累计接触项目208个，累计设立并管理7支基金，投资16个项目。

【金融创新】 2023年，天河区引导和推动辖内金融机构开展金融产品和服务创新。交通银行广东省分行发放省内首笔绿色电力交易贷款，广汽汇理汽车金融有限公司获得粤港澳大湾区

表31 2023年天河区上市企业市值前10名表

机构名称	总市值（亿元）	所属行业
网易	4382	软件和信息技术服务业
广州越秀资本控股集团股份有限公司	290.49	其他金融业
广东电力发展股份有限公司	251.7	电力、热力生产和供应业
粤海投资有限公司	243.4	水的生产和供应业
广州发展集团股份有限公司	223.39	电力、热力生产和供应业
越秀地产股份有限公司	171.8	房地产业
广东宏大控股集团股份有限公司	161.96	开采辅助活动
中远海运特种运输股份有限公司	135.67	水上运输业
广州中旭未来科技有限公司	108.22	软件和信息技术服务业
广州中望龙腾软件股份有限公司	100.94	软件和信息技术服务业

首单绿色车贷ABS（资产支持证券）等。4月27日，广东省公布《关于香港机动车经港珠澳大桥珠海公路口岸入出内地的管理办法》，中国太平保险集团旗下子公司中国太平保险（香港）有限公司签出“港车北上”政策落地后的首张跨境车险保单。“港车北上”的实施标志粤港澳跨境车险“等效先认”政策全面落地。

【金融服务实体经济】 2023年，天河区持续开展“信用+金融+创新”多层次融资服务体系建设。打造天河科技企业信用指数指标体系，推动金融机构向科技企业信用指数名单内的企业精准投放金融资源，缓解银企信息不对称难题。截至2023年年底，累计向区内企业推出“中银天河创新贷”“天河优创园区贷”等10余个金融专项产品，向金融机构推送科技信用指数名单企业超1.6万家，促成放贷超90亿元。天河区引导和推动金融机构落实支农支小再贷款、再贴现、普惠小微贷款支持工具等货币政策，促进普惠小微贷款持续增量、扩面。兑现天河区支持民营中小企业服务体系建设2022年奖励资金71.43万元。联合中国出口信用保险公司广东分公司，落实小微企业免费申领出口信用保险保单政策，帮助外贸企业降低经营风险。截至是年底，天河区累计有584家企业申领出口信用保险保单，政策覆盖率45%，位列广州市第一。

【金融风险防范】 2023年，天河区搭建并运行金融风险常态化处置管理系统，推动形成市—区—街三级线索发布、反馈端口，达成监测—预警—处置—反馈流程100%闭环管理。连接金融专业调解机构流程管理系统，在广东省率先推行社会化有偿调解机制。天河区防范和处置非法集资综合考核连续10年位列广州市第一。

防范和处置非法集资 研究制定处置非法集资行政执法配套制度，落实《防范和处置非法集资条例》。举办宣传活动22场次，覆盖2.2万人次。发布防范非法集资风险公告，核查处理线索67条；组织核查行动67次，将32家机构列入异常经营名录，引导11家机构注销，2家机构转业经营。

非法金融活动机构整治 开展第三方财富公司、“解债”类机构、投资公司、“伪金交所”等专项整治行动，加强与街道的联动，批量化解风险，累计列入异常经营机构209家，完成工商变更机构60家，推动机构注销40家。

【浙商银行广州分行落地天河】 2023年5月28日，浙商银行广州分行助力高质量发展签约暨天河支行开业仪式举行。这是浙商银行广州分行在天河区设立的首家机构。天河支行选址珠江新城，打造“专精特新、人才银行、私人银行”特色、综合性支行，推进国企、优质房企、供应链、科技创新、跨境、产业园区、财富管理私行“七大工程”；为政府、行业协会、商会提供金融顾问服务。活动现场，浙商银行广州分行发布《浙银—天河专属金融服务方案》。

【澳门国际银行（广州分行）大厦落地天河】 2023年9月22日，位于天河区广州国际金融城东区的澳门国际银行（广州分行）大厦举行动工仪式，这是进驻广州市的第一家澳资银行营业性机构。是年4月，该行作为重点金融机构代表之一，与广州市人民政府签署战略合作协议，支持广州市实体经济发展，并加强资源与信息共享，共同提高穗澳两地企业服务效率。

【广东数字金融创新产业园建设】 广东数字金融创新产业园是以大湾区数字金融产业集聚地为核心，数字化产业、金融科技、数字金融为主导的全新金融生态圈，是全国首个数字金融创新产业园区。广东数字金融创新产业园整体建设分为起步区和金融城园区两个阶段，其中起步区重点引进与数字金融有关的加速器、行业协会和国家级、省级重要数字金融机构及其联合研发中心和实验室等。2022年12月28日，广东数字金融创新产业园（起步区）在天河区广物中心正式挂牌运营。2023年，起步区运营交易规模53.9亿元，广东数字金融创新产业园有14家企业入驻。 *（房欣）*

文化产业

【概况】 天河区文化产业主要包含新闻信息服务、内容创作生产、创意设计服务、文化传播渠道、文化投资运营、文化娱乐休闲服务、文化辅助生产和中介服务、文化装备生产、文化消费终端生产9个行业大类。天河区文化产业以数字创意文化产业为主、传统文化产业为辅，其中数字创意文化产业以游戏动漫、数字创意、数字音乐、电子竞技为主，传统文化产业以首饰、工艺及收藏品批发、演艺影视、文具用品批发为主。

2023年，天河区有规模以上文化企业954家，比2022年增加5家，占广州市总数的28.50%。其中，纳入统计的规模以上文化服务业企业848家、限额以上文化批发零售业企业99家、规模以上文化制造业企业7家。从产业类别看，从事内容创作生产、创意设计服务的企业在天河区规模以上文化企业中占比较重。是年，天河区规模以上文化产业实现营业收入2239.84亿元，占全市总数的40.12%。天河区文化产业整体实力连续12年位居广州市前列。

2023年，羊城创意产业园、怡祥盛达创新园、时代TIT广场被评为

2022广州最具价值文化产业园区，棠下智汇Park被评为2022广州最具成长潜力文化产业园区。文化企业网易、三七互娱、四三九九、趣丸科技、汇量科技、荔支网络入选2023年中国互联网综合实力前百家企业榜单；君海网络入选2023年中国互联网成长型前二十家企业榜单。

【文化产业扶持】 2023年，天河区入选2022年度广州市文化产业和旅游产业督查激励对象。区辖内7家单位申报国家文化产业示范基地，其中广州大剧院管理有限公司、广州酷狗计算机科技有限公司2个单位入选市推荐上报名单。正佳广场获广东省文化和旅游厅“夜间文旅消费集聚区项目”20万元专项资金扶持。正佳集团有限公司正佳广场科学馆分公司、广州酷狗计算机科技有限公司等61家企业63个项目申请广州市文化和旅游产业发展专项资金，其中有30家企业30个项目获得930万元资金扶持。完成2023年天河区高质量发展政策文化产业扶持核准工作，累计扶持文化产业企业62家次，扶持金额1129万元。建立天河区文化产业企业名录库，系统掌握辖内文化企业发展规模、结构，为发展天河区文化产业和制定相关政策提供数据支持。编制完成《天河区文化创意产业链高质量发展三年行动计划（2023—2025）》等文件，加强与链主企业、重点企业和上下游企业的沟通，畅通产业链各环节，推动天河区文化创意产业高质量发展。

【文化产业交流】 2023年3月9—11日，天河区组织企业参加广州文化产业交易会，其中特色较为鲜明的是天河德和圆文旅有限公司。该公司和天河区民族团结进步协会共同打造民族文旅品牌，以民族文化产业和旅游产业高质量发展为主题，突出民族文化与旅游、商贸等领域融合发展。2023年3月23—24日，第四届中国电子竞技行业年会暨第六届文创产业大会·天河峰会举办，约450万名观众线上参与直播，50万名观众现场参与；活动吸引人民网、中国报道网、中国发展网、广东电视台等媒体报道约600篇次，百度网络搜索大会信息1040万条；活动广告在广州塔投放，网络曝光率超1亿次。2023年6月7—11日，天河区参加第十九届中国（深圳）国际文化产业博览交易会暨“文化贸易助力文化强国”圆桌会，辖内有8家企业参展。

2023年3月9日，天河区参加广州文化产业交易会。图为天河德和圆民族文旅创意园展区（区民族宗教事务局供稿）

【中国电子竞技行业年会暨文创产业大会·天河峰会】 2023年3月23—24日，第四届中国电子竞技行业年会暨第六届文创产业大会·天河峰会在区辖内广州市图书馆举办。

第四届中国电子竞技行业年会以“焕竞无界”为主题，主论坛围绕电竞正向价值、电竞出海战略、青年文化力量3个方向，邀请腾讯、网易、完美世界、虎牙、TT电竞俱乐部等国内头部电竞企业、直播平台、俱乐部，探索中国电竞发展未来。年会围绕电竞图像、电竞文字、电竞主播、电竞研究、电竞运营组织等领域向业内标杆企业、人才颁发16个年度奖项，其间，举行全国电竞专业高校电竞大赛暨“逐梦”杯年会电竞大赛。

文创产业大会·天河峰会以“探见元宇宙 驱动新文创”为主题，设置1场主论坛、1场中国数字文娱行业大会、6场分论坛，6场主题活动，围绕元宇宙、游戏、文旅、广告、艺术与科技等新兴产业领域，以高峰对话、圆桌论坛、主题活动等形式展开探讨。峰会运用AR、VR、AI、交互技术、虚拟数字人、虚拟现实、虚拟场景等多种元宇宙数字技术。

【广州王者荣耀战队】 广州王者荣耀战队（TALENT GAMING），简称“广州TTG”，是广州市唯一一支拥有王者荣耀职业联赛席位的战队。广州TTG主场位于天河文化艺术中心，该战队在2023年王者荣耀职业联赛夏季赛总决赛中获得冠军。2023年10月，广州TTG战队选手蒋涛作为第19届杭州亚运会电子竞技王者荣耀亚运版本中国国家队选手，帮助国家队获得电竞赛道第一枚金牌。

【羊城晚报岭南数字创意中心开工】 2023年2月1日，羊城晚报岭南数字创意中心项目开工现场会在天河区羊城创意产业园举行。这是广东省2023年首个大型文化产业项目。羊城创意产业园，地处广州国际金融城北区，园区聚集148家文创产业新业态新企业，累计培育9家上市公司，园区年产值超过300亿元。岭南数字创意中心项目位于羊城创意产业园东侧地块，项目总建筑面积12万平方米左右，拟建建筑层数地上32层、地下2层，建筑高度149.95米，旨在建设成为“数字文化引领地、创意产业新高地、媒体融合示范地”的岭南数字创意中心。

【天河区国家文化出口基地】 2018年，天河区被商务部、中共中央宣传部、文化和旅游部、国家广播电视总局共同认定为首批国家文化出口基地。依托国家网络游戏动漫产业发展基地、国家音乐产业基地、国家文化出口基地、国家数字服务出口基地等，天河区形成以重点园区“搭平台”、领军企业和项目“强龙头”、文化多向融合产业“激活力”的发展格局。天河中央商务区、广州国际金融城、沙河片区、天河智慧城、五山石牌高教区是展示中华传统文化、岭南文化、创新文化和数字文化的重要窗口。基地拥有羊城创意产业园（国家级）、广州酷狗计算机科技有限公司（国家级）、盛达电子信息创新园（省级）、万鹏高新技术企业孵化基地（省级）、众创五号空间文化产业园区（市级）和柯木塱艺术园（市级）、科学家之家·创工场（市级）、时代TIT广场（市级）、棠下智汇Park（市级）9个文化产业示范园区，集聚一批游戏动漫、数字创意、数字音乐、电子竞技等行业领域的特色企业。截至2023年年底，天河区累计拥有17家国家文化出口重点企业，3个国家文化出口重点项目。是年，天河区国家文化出口基地文化出口额约6.47亿美元（其中文化产品出口额1.34亿美元，文化服务出口额5.13亿美元），文化服务出口额比2022年增长19.3%。辖内有7家企业入选2023—2024年度国家文化出口重点企业，广州汇量信息科技有限公司入选2023—2024年度国家文化出口重点项目。

表32 天河区2023—2024年度国家文化出口重点企业表

序号	企业名称
1	广东趣炫网络股份有限公司
2	广州凡拓动漫科技有限公司
3	广州君趣网络科技有限公司
4	广州酷狗计算机科技有限公司
5	广东星辉天拓互动娱乐有限公司
6	广州乐牛软件科技有限公司
7	四三九九网络股份有限公司

【文化企业选介】 广州君海网络科技有限公司　该公司是一家专注于移动游戏的研发、发行运营及海外推广的高新技术企业，发行《战玲珑》《战玲珑2》《时光幻境》《蚁族崛起》等精品手游。2023年，该公司被评为中国互联网成长型前20家企业、广州市专精特新民营企业扶优计划培育企业、广州市游戏行业网络生态治理优秀企业。其子公司广州君趣网络科技有限公司入选2023—2024年度“国家文化出口重点企业”名单。

广州酷狗计算机科技有限公司　该公司是一家数字音乐交互服务提供商，旗下酷狗音乐是中国最大的P2P音乐共享软件，致力于为互联网用户和数字音乐产业发展提供最佳解决方案。2023年，该公司入选2023—2024年度“国家文化出口重点企业”名单，是其中唯一一家数字音乐出海企业。“酷狗文化助推中国原创音乐走向世界”项目被评为国家级“2023年全球服务实践案例”“2023广东省服务贸易优秀案例”。在2023第二十二届中国互联网大会上，酷狗“元宇宙领域的音乐AI技术场景应用”项目入选“2023年度互联网助力经济社会数字化转型特别推荐案例”，酷狗“一站式数字音乐商用转授权及版权保护平台”入选“中国数字发展研究案例库”。

三七互娱　该公司是全球前20名上市游戏企业、国家文化出口重点企业。公司业务包含游戏和素质教育，同时布局元宇宙、影视音乐、动漫、社交、文化健康及新消费等领域。2023年，该公司获得第十九届中国游戏行业年会6个奖项。其中，三七互娱获2023年度中国游戏行业优秀企业、游戏运营先进单位称号；三七互娱发行产品《凡人修仙传：人界篇》被评为最佳手机游戏；《最后的原始人》《叫我大掌柜》被评为优秀手机游戏。

（区协作办、区文化广电旅游体育局、天河区文化创意产业协会）

旅游业

【概况】 2023年，天河区实现旅游总收入661.8亿元，比2022年（下同）增加9.48%。全年接待游客4680万人次，增加10.36%。其中元旦、春节、清明节、劳动节、端午节、中秋节、国庆假期，天河区累计接待游客2012.4万人次。

【旅游资源】 天河区旅游资源较为丰富，截至2023年，辖内有A级景区4家，其中AAAA级景区2家，分别是华南国家植物园和正佳广场（国内首个、广东唯一一个以商业游憩为主题的A级景区），AAA级景区2家——十九路军淞沪抗日阵亡将士陵园、广东省方志馆。辖内有星级酒店18家，其中有挂牌五星级酒店8家：广州建国酒店、嘉逸国际酒店、广州海航威斯汀酒店、广州富力君悦大酒店、广州富力丽思·卡尔顿酒店、广州市圣丰索菲特大酒店、广州W酒店、广州卓美亚酒店。

天河区打造特色鲜明的主题旅游文化景点。有火炉山、凤凰山、龙眼洞三大森林公园，广州“海绵城市”首个试点项目——天河湿地公园等生态公园。有广东省历史文化名村珠村、毛泽东视察棠下农业生产合作社旧址和周总理视察岑村纪念旧址等历史文化古迹。有天河体育中心、广东奥林匹克体育中心、海心沙亚运公园以及广州购书中心、方所、西西弗书店等文体设施。有广东省博物馆、广州图书馆、广州大剧院、广州粤剧院、广州市第二少年宫、广州粤剧院、红线女艺术中心等现代人文景点，以及华南第一商圈——天河路商圈，城市客厅——花城广场等旅游资源。

【旅游资源管理】 2023年，天河区开展辖内旅游资源线索摸查和调研，收集整理各类旅游资源共3530项，形成《天河区旅游资源普查报告》《天河区旅游资源名录表》等。推动华南国家植物园全面启动旅游厕所改造工作。通过合作共建，引入社会力量开展猎德涌公共文旅空间升级改造项目。卓美亚酒店成功申报为五星级旅游酒店，广东省方志馆成功申报为国家AAA级景区。

【广东省方志馆旅游区】 2023年12月19日，经市旅游资源规划开发质量评定（认定）委员会综合评定，市文化广电旅游局确定“广东省方志馆旅游区”为国家AAA级旅游景区。广东省方志馆成为首个被评为国家AAA级旅游景区的省级方志馆。省方志馆主要由省情馆、地方文献中心、家谱中心、数字方志馆（3D展厅）四部分组成。

【旅行社】 2023年，天河区有旅行社及网点192家，比2022年增加3家，占广州市总数的17%，是广州旅游中介服务机构最为密集的区域之一。其中在区辖内设分社较多的旅行社有广东省中国青年旅行社、广州康辉国际旅行社、广州广之旅国际旅行社、广州携程国际旅行社等。

【旅游宣传推广】 2023年，天河区设计制作全域旅游宣传地图。与广东广垦旅游集团合作推出“天河手信——天河粤礼，广垦予你”活动。“一部手机游天河”小程序优化升级，在线发布全域文商旅活动信息和文商旅体项目宣传推广报道137篇。线上开展“乐游天河·新春出游”“乐游天河·五一游购”等文旅主题营销活动；线下举办“中国旅游日·乐游天河旅游展销”“替花写照·留芳天河——植物科学画赏析”等文旅活动。华南国家植物园、毛泽东视察棠下农业生产合作社旧址等47处景点（活动）入选“读懂广州”文化旅游精品线路名单。

【“中国旅游日”主题月活动】 2023年，天河区在花城广场举办“中国旅游日”·天河旅游推介活动，“中国旅游日”主题月系列活动正式开始。活动邀请酷旅、32号、要出发等10余家区内旅行社搭建展台，宣传推广各类旅游线路。活动期间，天河区围绕“国际天河、时尚天河”同步推出“天河快乐出发”“天河购物狂欢”“天河文明旅游”“天河艺术旅拍”等活动。通过推出文旅消费惠民系列措施、提高消费便捷程度、丰富旅游产品供给、发展假日和夜间经济、促进产业融合发展五大举措，推动辖内文旅产业、资源与消费融合。

【综合公园】 2023年，天河区有2个综合公园：天河公园和珠江公园。

天河公园　位于员村，西靠天府路，南连黄埔大道，北接中山大道，交通便利。公园总面积70.7公顷，其中水体面积10公顷，是广州市最大的区属综合性公园。公园前身是1929年成立的石牌林场。1933年，为纪念孙中山先生，易名为中山公园，1957年后先后改名为森林公园、东郊公园，1997年1月1日正式定名为天河公园。公园以自然生态景观为主，划分5个功能区：百花园景区、文体娱乐区、老人活动区、森林休憩区、后勤管理区。北大门门前广场横跨宽度100米，建筑风格独特，植物色彩艳丽，布置紧凑。南门中轴广场，两侧种植风景林，配置各类棕榈植物，衬托中央立体八角花坛，充满岭南园林气息。园内有极具岭南特色的粤晖园和粤秀园。占地面积8万平方米的百花园景区，内含茶花园、杜鹃园、紫薇园等园，以植物造景为主。种植上百个竹品种的翠竹园分布在公园的东北面。公园设湖心亭、圆形重檐亭、临水表演广场等。博艺馆常年展出奇石、根雕、花卉、盆景、书画等艺术展品。园内的邓世昌衣冠冢，成为青少年爱国主义教育基地。

珠江公园　位于珠江新城，于2000年9月28日建成并对外开放，占地面积28.3公顷，是广州市“三年一中变”的重要建设成果。公园以绿化造景为主，环境优美，绿地覆盖率91%，植物品种700多种，是一个集观赏、游憩、文化、休闲、科普于一体的市级综合性公园，享有“南国明珠”的美誉。公园以自然式设计手法，根据植物生态及绿化造景的不同要求，以园中园的岭南特色造园手法，通过挖湖堆山及整理地形的方式，形成以快绿湖为中心的八大园区。曾获建设部2005年度部级优秀勘察设计一等奖，岭南特色园林设计金奖，科学技术奖规划设计一等奖，广东省风景园林优良样板工程金奖，以及中国风景园林学会优秀管理奖。2023年4月，广东园林学会授予“岭南名园奖”。

【森林公园】 参见林业“森林公园”条目。

【果木公园】 2023年，天河区有2个果木公园：杨桃公园和橄榄公园。

杨桃公园 位于前进村，占地面积约20公顷，于1997年6月正式对外开放。公园盛产杨桃有100多年历史。园内杨桃连片成林，间种有荔枝、龙眼、番石榴等果树。游人可在园内采果、垂钓、烧烤，是集农业观光与休闲旅游于一体的村属生态公园。

橄榄公园 位于吉山村珠吉路终端，占地面积28.2公顷，1998年建成并对外开放，是区内一所集农业观光、休闲度假、品果与游乐于一体的村属公园。公园由3个品字形的小山组成，以种植橄榄树为主，兼种杨桃、龙眼、荔枝等果树。园内亭台布局别致，还有一眼几百年未枯竭的山泉——吉山泉。

【专业公园】 2023年，天河区有2个专业公园：华南国家植物园和广东树木公园。

华南国家植物园 位于天源路1190号，是集科普、科教、游览等功能于一体的综合性植物园。始建于1956年。植物园占地面积319公顷，迁地保育各类植物1.7万余种。园中以热带、亚热带植物为主要品种，建有展览温室群景区、“龙洞琪林”景区、珍稀植物繁殖中心，以及棕榈园、孑遗植物区、兰园、药园、苏铁园、凤梨园、木兰园、竹园、姜园等38个各具特色的专类园，被誉为“永不落幕的万国奇树博览会”“中国南方绿宝石”。其中“龙洞琪林”曾被评为“羊城新八景”之一和广州十佳旅游景点，也是岭南园林文化游景点之一。园内还有国家领导人及各国政要亲手种植的珍贵植物，如新加坡总理李光耀亲植的海南红豆、泰国诗琳通公主亲植的诗琳通木兰、柬埔寨国王西哈努克亲王和莫尼卡公主亲植的无忧树、朱德元帅和叶剑英元帅种下的青梅树和木棉树等。园内历史人文景观有小青山飞鹅岭新石器时代“广州第一村”遗址、南宋抗元名将文天祥的老师朱澄古墓。植物园先后被国家、广东省、广州市和天河区有关部门授予全国科普教育基地、全国青少年科技教育基地、森林生态旅游示范基地、广东省环境保护教育基地、广东省直属机关青年科普教育基地、广东省植物学科学普及基地、广州市环境保护教育基地等称号。2008年，被正式授予国家AAAA级旅游景区。2019年，被评为中国最佳植物园。2022年7月11日，华南国家植物园揭牌，成为全国第二个国家植物园。

广东树木公园 位于天河区广汕一路233号，隶属广东省林业科学研究院，占地面积18.75公顷。公园前身是20世纪50年代末的广东省林科所树木标本园，1998年正式被建为广东树木公园。公园内树木有1100种，其中国家级保护树种56种。1995年，被国务院发展研究中心市场经济研究所及省人民政府社会经济发展研究中心评为全省收集树种最多的树木园，并被授予“广东之最”的称号。园内有树木标本区、珍贵速生树种区、竹子实验林区、文体娱乐区、木兰区、水景区、森林博物馆、胡汉民别墅等，是集旅游、休憩、科研、教学于一体的科普公园。

【农业主题公园】 2023年，天河区有花城农园、天河精品农业公园以及天河智慧农业公园3个农业主题公园。

花城农园 位于花城广场花城汇北区，建筑面积约2万平方米，2021年9月22日开园，是大湾区首个都市现代农业园。花城农园将农业、商业、文旅、研学、科普等融合，形成集技术产品展示、特色农产品销售、科普课堂、室内体验种植等元素于一体的科创农业产业链，集中展示城市农业的新成果和新技术。园内设有展示数字农业的示范区植物工厂和与华南农业大学，省、市农业科学院共建的现代农业科研成果教育区太空种子馆等。

天河精品农业公园 位于前进小学南门对面的前进六、七社花圃种植场地块，面积43.19亩，2021年9月22日开园。天河精品农业公园集科技示范、生态观光、科普教育于一体，向市民提供农业科普、自助采摘、亲子研学等活动。

天河智慧农业公园 该园是省农业技术推广中心和区政府共同建设的现代都市农业示范项目，毗邻天河智慧城和火炉山森林公园，2021年12月12日开园。园区面积582亩，分成东、西两片区，东区是现代农业技术与装备示范基地，西区是特色作物产业创新开发示范基地。园区设置有都市休闲农业区、采摘体验区、智慧农田、绿色光伏智能温室、现代高效设施温室、数字设施区等，是集现代农业科技示范推广、智慧农业、都市休闲农业、现代农业科普教育、农业技能培训于一体的现代农业综合平台。

【天河湿地公园】 天河湿地公园位于天河智慧城高唐新建区东部，大观路西侧，背靠旧羊山，南接车陂涌的支流杨梅河。总长约3千米，总占地面积约47公顷，可容纳游人3000人。天河湿地公园于2013年9月开工，2015年建成，2016年7月2日正式向社会开放，是广州市首个按国家“海绵城市”理念试点建设的标志性生态景观。园内有花谷景观、花园绿道、亲水栈道等生态景观系统。

【其他旅游景点选介】 花城广场　位于广州市城市新中轴线珠江新城核心节点，东起冼村路，西至华夏路，北靠黄埔大道，南临海心沙，被誉为广州“城市客厅”，是广州市最大的广场。2010 年 10 月 25 日起全面向市民开放。总规划占地面积约 56 万平方米，种植超过 600 棵树木，约 2 千米长的步行木栈道和占地超过 1.5 万平方米的浮岛湖。周边建有 39 幢建筑，其中包括广州图书馆新馆、广州大剧院、广东省博物馆新馆、广州市第二少年宫、广州周大福金融中心、广州国际金融中心等，地下是超大型商业广场——花城汇。

十九路军淞沪抗日阵亡将士陵园　位于水荫路，地处广州市中心地带，1933 年由华侨捐资，为纪念国民革命军第十九路军“一•二八”淞沪抗日阵亡将士而建。陵园是一座古罗马建筑风格的纪念性公园，是国家 AAA 级景区、全国爱国主义教育基地、全国重点烈士纪念建筑物保护单位、广东省重点文物保护单位。陵园占地面积 62120 平方米，园内有凯旋门、先烈纪念碑、英烈题名碑、抗日亭、将士墓、战士墓、先烈纪念馆 7 处烈士纪念建筑物。整座陵园建筑规模宏伟，布局严谨，造型庄重典雅。主体建筑均用花岗石砌成，纪念建筑物完好保存民国时期李济深、林森、宋子文、胡汉民、陈铭、吴佩孚、蒋光鼐、蔡廷锴、戴戟等知名人士题词。1991—2001 年，经过 3 期工程整治修复，陵园成为广州市集教育、游览和休闲于一体的综合性纪念公园。

红线女艺术中心　位于珠江新城海安路，是广州市人民政府为表彰红线女对中华优秀文化做出的卓越贡献而投资兴建的，建筑面积 4000 多平方米。艺术中心是一座以展览厅、实验小剧场为主体的综合性、多功能现代艺术建筑物，是收藏、展览、展演红线女艺术成果、开展国内外艺术交流和学术探讨、培训人才的专门场所。

广州粤剧院新址　位于红线女艺术中心东侧，剧院以粤剧中正印花旦的常用服饰“凤冠霞帔”“水袖流苏”为设计理念，融传统与现代元素为一体，是广州文化新地标。剧院总建筑面积约 4 万平方米，地下 3 层地上 16 层，与西邻的红线女艺术中心在三层通过连廊相通，实现观演、展览、交流资源配置共享。2023 年初剧院向市民开放。

正佳广场　2005 年开业。位于天河路与体育东路交会处，占地面积 5.7 万平方米，总建筑面积 42 万平方米，是中国最大的贯彻体验式消费模式，集零售、休闲、娱乐、餐饮、会展、康体、旅游及商务于一体的现代化购物中心之一。正佳广场还设有极地海洋世界、野性城市非洲动物标本展、侏罗纪儿童乐园、科学馆、蜡像馆、天文馆、自然科学博物馆、雨林生态植物园、大剧院、星球图书馆等科教文娱场所。2011 年，正佳广场被批准成为华南首家 AAAA 级商业旅游示范景区。2020 年 5 月，获第 9 届艾蒂亚奖中国最佳新型旅游项目奖金奖。2021 年 11 月 5 日，正佳广场被文化和旅游部确定为第一批国家级夜间文化和旅游消费集聚区。

珠江红船　红船是粤剧象征，清末民初是粤剧最繁盛的年代，粤剧戏班以红船为交通工具，在珠三角水域游走四方，靠岸演出，极其繁盛。珠江红船长 52 米、宽 15 米，是目前珠江上最大的游船。船头借鉴 1937 年至 1967 年“广州第一高楼”爱群大厦的建筑元素，船身包含彩色满洲窗、骑楼、西关大屋趟栊门等元素，船尾参考陈家祠和佛山祖庙的设计风格，承载不同时期的岭南记忆。珠江红船还是一座移动水上剧场，船内有 4 个可移动转换、交换互置、封闭开放的观演空间，能合并成一个容纳 200 人的空间。（蒋佳凤）

建筑业

【概况】 2023 年，天河区有 505 家资质内建筑业企业，完成建筑业总产值 1410.65 亿元，比 2022 年（下同）增长 6.0%。新开工房屋建筑施工面积 122.97 万平方米，房屋建筑竣工面积 49.02 万平方米。继续推进质量管理标准化，推广项目管理信息化技术、BIM 正向设计技术、工程建设新技术应用，实施绿色建造技术、装配式施工。将天河区少年宫新校区建设工程、广州市天河外国语学校智慧城校区建设工程、广东省骨科研究院（长兴院区）3 个项目纳入精品工程培育范围。

【建设工程招投标管理】 2023 年，天河区办理房屋建筑项目招投标情况备案 68 宗、市政项目招投标情况备案 17 宗、园林项目招投标情况备案 2 宗，招标控制价 59.56 亿元、中标价 58.22 亿元，节约率 2.25%。

【建设工程质量安全监管】 2023 年，天河区在监工程 188 项，建筑总面积约 648 万平方米，总投资约 277 亿元，其中房屋建筑工程 149 项、市政工程 13 项、水务工程 26 项。开展执法检查，检查项目 2208 个次，发现隐患 8402 个，发出抽查整改通知书 1761 份，发出停工通知书 18 份，对企业和个人违规记分 437 项，上报不规范行为 24 项，行政处罚 6 项，涉及金额 34.9 万元。全年房屋建筑工程未发生较大以上安全事故。

全年开展混凝土工程安全和质量、建筑材料及构配件质量、防水工程质量、装饰装修及建筑设备安装工程、装配式建筑工程质量、人防工程质量、消防工程质量等工程实体质量监督检测和竣工前质量检测。累计抽查房屋建筑工程 19 个、市政工程 1 个，执法抽检种类 12 种，抽检样品

33组，其中合格样品32组，执法抽检合格率97%。

【工程建设项目审批】 2023年，区住建园林局继续实行建设工程规划许可证、建筑工程施工许可证、人防工程报建、特殊建设工程消防设计审查事项“四证联办”，实现“全程网办、一次申报、并联审批、同步发证”。是年，区住建园林局核发建筑工程施工许可证201件，办理建设工程消防设计审查、验收、备案业务办结511宗，审批占道挖掘申请案件358宗。

【绿色建筑】 2023年，天河区提高建筑能效水平，新建民用建筑122.97万平方米，均为城镇绿色建筑；新开工装配式建筑面积110.12万平方米，占新建建筑面积的89.55%。推动完成既有建筑节能改造36.31万平方米，推行超低能耗建筑试点项目10.4万平方米。

【国内首座超过150米的近零能耗建筑封顶】 参见广州国际金融城“国内首座超过150米的近零能耗建筑封顶”条目。（潘泓瀚）

房地产业

【概况】 2023年，天河区纳统房地产开发企业171家，其中较大规模的总部企业13家。天河区在售商品房开发项目30个，新建商品房供应面积82.75万平方米，比2022年（下同）增长8.71%，其中住宅474.52万平方米，增长68.78%；商业98.67万平方米，增长223.8%；办公92.95万平方米，下降57.43%。新建商品房网签面积61.9万平方米，增长18.64%，其中住宅36.56万平方米，增长55.63%；商业3.18万平方米，下降29.62%；办公10.98万平方米，下降44.27%；车位4.10万平方米，增长24.171%。

【房地产市场监管】 2023年，天河区加大房地产市场监管力度，防范和化解房地产市场风险。全年组织联合督导2次，开展专项整治行动3次，巡查房地产开发企业30家、中介服务机构381家，发出整改通知书37份，约谈企业负责人27次。是年，房地产中介机构总机构备案136家，分支机构备案19家，年检891家。

【房屋租赁管理】 2023年，天河区出租房屋总量42706套，出租面积691.51万平方米，办理房屋租赁登记备案42706宗。派发《天河区房屋租赁登记备案指南》《关于住房租售不当行为的风险提示》等宣传资料，防范房屋租赁风险。区住建园林局到全区21个街道开展房屋租赁登记备案工作检查和现场指导38次，抽查房屋租赁合同备案760多宗，审核“阳光租房”租赁企业房源457宗。开展来穗人员随迁子女、港澳人员随迁子女积分入学在天河区是否有合法稳定住所审核，共审核合法稳定住所证明材料2778宗。推进天河区住房租赁市场培育和发展，落实中央财政支持住房租赁市场发展试点奖补项目的后续监管。巡查华南农业大学、华南理工大学、华南师范大学、广东省新材料与人工智能科技园人才公寓项目建设，监督项目施工进度。

【物业管理】 2023年，天河区有物业项目1288个（包括住宅、写字楼、商业营业用房、工业仓储用房及其他类型房屋等），其中实施专业化物业服务住宅627个，未实施专业化物业服务住宅377个。从事专业化物业服务公司320个。全区成立业主大会、业主委员会399个，正常运行业主委员会179个。

【住房保障】 2023年，天河区保障性租赁住房筹集认定9898套，拨付保障性租赁住房补助资金5839.8万元。推动市本级配售型保障性住房（渔沙坦TH-1302）项目地块置换工作。截至2023年年底，天河区人才公寓房源有1204套，通过租赁并升级改造为人才公寓的房源94套，计划承租富力大厦中权属于沙东有利集团有限公司的房源23套。

【房屋安全管理】 2023年，天河区聘请第三方房屋鉴定单位协助开展自建房安全专项整治，完成国家、省、市自建房安全专项整治巡查组的线上线下抽检整改。累计完成天河区自建房排查、系统录入共62674栋，排查出存在安全隐患自建房266栋，整治81栋。完成90年代前天河区建造砌体结构、砖木结构、混杂结构自建房排查整治2302栋；完成天河区历史建筑安全核查36栋；完成人流密集、建成年代较久的经营性自建房整治155栋；完成经营性自建房“回头看”线上巡检3310栋。

【2023天河首届房博会暨家居家电消费节】 2023年11月10—12日，以“湾区引擎　中心天河”为主题的2023天河首届房博会暨家居家电消费节在体育中心南广场举行。该展会搭建促进天河大宗消费、多方互惠的交易平台，汇聚12家知名房地产企业和房产服务平台、10家家居家电品牌及2家金融服务银行企业，推出多重购房购物优惠。举办圆桌论坛，来自房地产、家居家电企业相关负责人和业内专家探讨天河区房地产市场优势和前景。（潘泓瀚）

城市建设与管理

国土空间规划和自然资源管理

【概况】 2023年，广州市规划和自然资源局天河区分局（以下简称“市规划和自然资源局天河区分局”）受理业务案件3475宗，出具土地和规划守法证明171宗，出文制证3356宗。不动产登记累计收件97265宗，比2022年上升（下同）23.08%；发证58500宗，上升22.21%；累计创税费30.53亿元，为天河区财政创收5684.02万元，上升15.32%。签订征地各类协议221份，其中补偿协议103份，支付资金28.96亿元；完成实物储备24.46公顷、红线储备61.31公顷，拆除建筑物31.85万平方米。收到各渠道信访件793件，均按时办结；承办热线工单5698件，按期办结率100%，群众满意率98.25%。

【国土空间总体规划】 2023年，天河区在“三区三线”基础上完成区级国土空间总体规划成果编制。科学划定城市控制线，保障区重大平台发展、重点项目用地需求。规划成果按程序多轮征求职能部门、区人大、区政协意见，召开专家评审会、公众听证会，开展公示、社会风险评估、合法性审查等工作。经区政府常务会及区委常委会审议通过、区人大常委会审议，天河区国土空间总体规划成果上报市政府审批。

【重大平台规划】 2023年，天河区编制广州国际金融城东区地下空间专项规划，其中公共部分通过市规划和自然资源局审议，金融城东区冷站地块控制性详细规划通过市政府审批。广州国际金融城北区城市设计和控制性详细规划方案完成修改后开展第二次批前公示；西区控调方案按照“交通先行，保障公服”的思路进行完善。开展金融城尚未出让地块规划条件核发，核发天河区第二棉纺厂项目规划条件，释放7.1公顷土地，增加33万平方米产业建设量；重新核发AT090927地块规划条件，为金融城起步区引入高品质商业服务设施提供用地保障。印发《天河智谷片区与智慧城核心区重点区域开发建设三年行动计划》，以土地整备承载片区开发，制定天河智谷片区与智慧城核心区各重点区域开发阶段。优化广棠产业片区规划，推动片区产城融合。从交通贯通、大观村改造、补足公服、用好生态资源等方面完善小新塘片区控调方案。

【城市公共服务设施规划】 2023年，开展天河区东部公共服务设施供给评估工作并形成评估报告。谋划天河区北部龙凤片区规划概念研究，深挖区域自然禀赋、文化本底。开展2112工园工业产业区块划定及规划编制工作，强化工业用地保障。推动华南国家植物园周边片区融入城市功能布局并形成专题研究成果，开展华南国家植物园火炉山城园融合示范区概念规划研究工作。开展金融城城市轨道交通详细规划研究，妥善协调规划轨道交通与拟开发建设用地的空间关系。

【市政基础设施规划】 2023年，天河区完成火炉山隧道管理用房、广深铁路生产配套用房、智慧城综合管廊控制中心、地铁11号线沙河站、车陂泵站等项目控规优化工作，落实重点市政基础设施项目用地。核发健明六路、悦景路、兴科路—天源路及金融城起步区临江大道、花城大道、区内交通道路（地面道路）建设工程规划许可证，完善重点片区道路网络结构，金融城起步区地上、地下城市道路全面获批。完成天河路—体育东路人行地道项目方案调整，推动天河路商圈交通环境优化提升。核发智慧城消防救援站、广氮消防救援站、智慧城综合管廊控制中心、金融城东区冷站（东1站）建设项目用地预审与选址意见书，稳定重点片区市政基础设施项目选址。核发员村一横路、员村西街、员村南街、员村二横路、员村新街、沙太南路（天河北苑对开）超50年管龄供水管网改造项目建设工程规划许可证，推进超50年管龄供水管网更新改造。

【城市更新规划】 2023年，天河区结合市规划和自然资源局组织编制的《广州市城市更新专项规划（2021—2035年）》《广州市城中村改造专项规划

（2021—2035年）》，系统梳理全区城中村改造项目的改造方式、改造模式及推进时序。持续深化吉山村城市更新单元详细规划方案，明确更新基础数据、深化研究改造范围、科学论证交通承载力。推进环五山创新策源区更新发展建设。

【历史文化名城保护】2023年，天河区引导优质文化遗产资源活化利用，指导光机电中心大院传统风貌建筑、中铁物流园地块历史建筑活化利用项目落地实施。配合省、市职能部门开展历史文化名城保护政策法规修订，邀请专家在区国家历史文化名城管理委员会会议上解读相关法律及最新文件精神。

【重点项目规划审批】2023年，天河区重点项目有145个，其中市规划和自然资源局天河区分局审批项目130个。印发《广州国际金融城东区、北区地区总师服务补充机制》，全流程跟进和服务项目建设，指导、审查及技术协调项目规划实施方案。提前开展设计方案审查服务，在土地出让前扫清意向单位疑虑，指引开展地块建设工程设计方案编制。简化规划报建技术审查流程，压缩规划报建审批时长，优化报建环节，简化建筑工程使用功能调整流程。

【土地出让】2023年，市规划和自然资源局天河区分局严格落实土地管理制度，促进节约集约用地，修订完善土地管理委员会议事规则。承接市规划和自然资源局委托下放的重点功能区产业用地的土地市场价格评估事项，优化产业用地招商出让工作流程。是年，天河区完成土地出让地块6宗，总用地面积47.78公顷，建筑面积93.97万平方米，出让总价282.3亿元，为市本级贡献土地出让收入190.2亿元，区分成收入92.09亿元。

【土地征收储备】2023年，天河区完成实物储备地块7宗，面积24.46公顷；完成红线储备地块4宗，面积61.31公顷；完成民生项目征地17.99公顷，签订征地各类协议221份。推进重点发展片区收储，广州国际金融城东区剩余5宗国有地块中，完成签约3宗，未签约2宗地块均原则同意收储。广州国际金融城北区草拟土地储备实施方案初稿，西区草拟石东村收储补偿安置方案初稿。印发《天河智谷广棠片区土地和房屋征收补偿安置方案》。完成世界大观项目范围内交地、结案，完成首期、二期、三期AT1003009地块出让等工作。完成广汕二路（原肉联厂）地块5.89公顷土地收储补偿、批后实施及出让。推进重点民生项目落地，清华附中湾区学校二期校区主体和留用地上报市规划和自然资源局正式审查；天河外国语学校智慧城校区项目获得省政府出具用地批复；中山大学肿瘤医学科学中心（天河院区）完成土地征拆；中山大学附属第六医院（珠吉院区）全部完成集体土地征收，并按时完成专项债支付。推进轨道交通线路交地，重点完成地铁18号线广州东站省冶金地块收回国有土地使用权补偿工作；完成地铁11号线华师站高科大厦新增地块借地，推进天河公园主变电站征地。地铁10号线、11号线及13号线二期、18号线、广佛环线、穗莞深城际等线路天河区段完成全部交地。

【土地开发利用】2023年，广氮四期、广州国际金融城东区取得用地批复，保障广深高速改扩建工程、悦景路、健明六路等基础建设项目用地需求。制定天河区2023年度批而未供处置计划表并上报区政府。开展航天奇观二期地块内的道路、绿化用地，以及奥体Z地块剩余道路用地的划拨公示。推进处置国务院大督查中发现的棠东村闲置土地问题。督促用地单位加快已供应地块开发建设，核发22宗提醒函或催工函，开展日常巡查109次。

【测绘管理】2023年，市规划和自然资源局天河区分局依法审批测绘管理领域行政许可事项，督促辖区内80余家测绘资质单位做好安全防范、地理信息保密工作，持续开展地图市场监督管理，加强测绘地理信息活动监管。

【耕地保护】2023年，天河区严格落实耕地“进出平衡”，印发《天河区2023年度耕地“进出平衡”总体方案》，督促街道加快恢复存在问题的耕地图斑，有效制止因农用地内部流转导致耕地净减少的现象，实现年度耕地净增加，落实“进出平衡”“总量平衡”任务。落实耕地占补平衡，购买落实水田指标100亩，划转水田指标332亩，一般补充耕地指标241亩，保障重点项目耕地指标需求。组织10宗重点报批项目完成耕作层剥离再利用方案编制审批。完成车陂北、高唐南2宗临时用地复垦。

【不动产登记】2023年，天河区落实省、市要求，筹备承接农村土地承包经营权登记业务。开展林权类不动产登记存量数据整合汇交试点工作，制定实施《天河区林权类不动产登记存量数据整合入库及汇交工作方案》，整理林权类不动产登记存量数据，同步化解林权登记历史遗留问题。梳理研究解决重点项目中存在的地块未确权登记或权属重叠等问题，推进城中村复建安置房办证发证工作，为46户林和村民及190户冼村村民颁发复建安置房不动产权证。推进跨境不动产抵押登记业务，办理跨境抵押674宗。解决历史遗留房屋合证问题，受理“7090”商品房双证合一案件34

宗。推行“二手房带押过户”，办理带押过户案件30宗。推进不动产登记相关业务全城通收转办，受理各类通收转办案件144宗。

【土地执法】 2023年，天河区印发《天河区2023年卫片执法工作方案》，结合历史存量违法用地整治、农村乱占耕地建房等专项行动，推动2023年卫片整改。天河区4个街道入选“无新增违法用地镇（街）”奖励名单，共获得75亩新增建设用地计划指标奖励。加强自然资源执法案件查办，完成中山大学附属第六医院（珠吉院区）、中山大学肿瘤医学科学中心（天河院区）、清华附中湾区学校二期校区、天河外国语学校等项目的历史违法用地查处工作。 （刘婷）

市政建设

【概况】 2023年，天河区以“绣花”功夫推动市政基础设施精细化管理，推动城市道路、桥梁隧道、交通设施、景观照明等市政设施品质化提升，加快主干路网改造，完善片区道路微循环。升级改造华南国家植物园、龙洞凤凰东北部片区等重要景区、片区周边道路。结合广州国际金融城、天河智谷、天河智慧城核心区等重大平台发展需要，推进片区道路交通建设。全面打通“断头路”“瓶颈路”，畅通片区内外交通循环。衔接重点公共服务设施主体工程建设计划，推进周边道路建设。优化城市慢行系统，加强绿道与沿线公园、广场、历史文化资源、开敞空间等资源的衔接，构建高质量的绿色休闲游憩网络。

【市政道路建设】 2023年，《广州市天河区园林绿化及道路交通“十四五”规划》印发实施。按照《天河智谷片区与智慧城核心区重点区域开发建设三年行动计划》，结合片区土地收储及出让计划，推进片区市政道路基础设施建设。是年，健明六路、悦景路项目开工建设，天坤一路—棠陂路项目完成勘察设计施工总承包招标。深化天坤三路、棠德路、中山大学附属第六医院周边道路建设方案研究论证。开展天河北部龙洞—凤凰地区和华南国家植物园、珠江花城、育新街、区委党校及区人民武装部、粤生街等周边地区交通提升方案研究。

【市政设施管养】 2023年，天河区持续推进市政交通设施管养，修复人行道约32427平方米、沥青路面约91281平方米、混凝土路面约1731平方米；修整止车石、护栏、反光桩、消能桶、路灯等设施。完成明镜路道路整治工程、路灯问题三期整治项目、非机动车道整治工程、2023年市交通拥堵点治理等项目。完成21条路段36.26千米非机动车道建设、3处港湾式公交站建设改造，持续推进高唐路—柯木塱南路、兴科路、华观路西延线及周边等2个交通条件和功能完善工程。

【电网基础设施建设】 2023年，天河区承接广州市电网建设任务27个项目67个任务节点。广州市天河区住房建设和园林局（以下简称“区住建园林局”）与天河供电局对接，梳理天河区任务的责任单位和需协调解决的问题，重点推进棠下柔直工程与天河智慧城—智谷片区高压架空线下地等项目。

【车陂南隧道通车】 2023年1月18日，车陂南隧道正式通车，工程名为车陂路—新滘东路隧道。该工程于2017年12月开始建设，全长约2.07千米，过江隧道段双向6车道，设计车速60千米/小时，是全国内河单管节最长、全断面浇筑的沉管隧道。该工程缓解琶洲大桥、东圃大桥的过江交通压力，连接广州国际金融城与琶洲人工智能与数字经济试验区，是联通天河区、黄埔区、海珠区、番禺区的重要交通动脉。

【水荫四横路通车】 2023年9月15日，水荫四横路正式通车。该工程位于广州大道与水荫路交界，2007年开始建设。连通广州大道中的东段道路完成后，连通水荫路的西段道路因征地拆迁于2012年搁置。2021年，工程重新启动，并列入市“攻城拔寨”项目及区重点建设项目。2023年7月，工程完成征拆并实现全面贯通。道路全长约400米，采用城市次干道标准设计，双向四车道，设计速度40千米/小时。水荫四横路的贯通缩短广州大道中与先烈东路之间的距离，改善沙河地区高峰时期交通拥堵状况。 （潘泓瀚）

城市更新改造

【概况】 2023年，天河区推进在改在建“三旧”（旧城、旧厂、旧村）项目建设，完成固定资产投资274.37亿元，新开工城市更新项目1个、完工4个。天河区以“政府收储为主，市场参与为辅”，探索先做地后收储。引入全资国有企业开展广州国际金融城、天河智谷片区、华观路产城融合带、广汕路南产业带与智慧城核心区重点区域开发建设，推进环五山创新策源区更新发展，推动马场地块更新改造。

【城中村改造】 2023年，天河区协调推进获批在建城中村旧村旧厂改造项目建设。冼村改造项目复建房第一、二、三期回迁，第四、五、六期完成摇珠分房，主体结构封顶。天河

2023 年 1 月 18 日晚，车陂南隧道正式通车　（张业斌 摄）

智慧城核心区新塘新合公司改造项目复建区村民住宅回迁，累计分房 5374 套，25 万平方米集体物业竣工验收备案。推进广州国际金融城起步区棠下、石东、车陂等村集体物业复建工程建设，其中起步区棠下村科韵路复建物业项目完成招商，临江大道集体物业（AT091014、AT091016 地块）主体结构封顶，石东村集体物业（AT090923 地块）主体结构封顶，车陂村集体物业（AT091017 地块）竣工验收备案。广州国际金融城东区车陂村十二社复建项目开展住宅复建地块主体结构施工，前进村集体物业复建项目招引合作企业。

【国有旧厂房改造】 2023 年，天河区员村第二棉纺厂地块建设中国人工智能（广州）产业园项目改造实施方案完成批复，实施主体组织开展地块改造工作。广垦天河商业中心、汇金中心、城际中心、南方财经大厦等 4 个项目竣工验收备案。推进广州油制气厂地块、广州汽车城 AEC 地块等国有旧厂房项目建设。

【老旧小区改造】 2023 年，《天河区老旧小区改造工作实施方案（2022—2025 年）》《天河区“十四五”时期老旧小区改造项目工作指引》等文件印发实施，完善区老旧小区改造政策体系。引导原产权单位出资参与老旧小区改造，广东省农垦集团公司出资 460 万元参与广东省农垦总局大院的改造。是年，天河区有 8 个老旧小区改造计划项目，其中 3 个完工、5 个处于工程建设阶段。启动 4 个部队老旧小区改造，涉及建筑总面积 30.05 万平方米，惠及 5047 户家庭。

（潘泓瀚）

城市管理

【概况】 2023 年，天河区实施“桶点”变“景点”，新建垃圾分类星级投放点 65 个，日常清洗、维护环卫设施，日均清运生活垃圾 2881.30 吨。实施“厕所革命”提升计划，新建环卫公厕 4 所、改建 12 所。加强违法建设拆后检查。开展市容环境卫生责任区制度全民行动、社区容貌品质全域提升行动。制定《天河区历史建筑和传统风貌建筑保护执法督导工作方案》《天河区历史建筑和传统风貌建筑保护执法工作指引》，开展历史建筑和传统风貌建筑保护督导检查 2 轮，排查并整改问题 7 处。

【垃圾分类】 2023 年，天河区打造 3 个垃圾分类体验馆、4 条垃圾分类特色线路，全区日均分出厨余垃圾 494 吨、可回收物 1588 吨，资源回收利用率 42%。将严格执法和文明执法、刚性执法和柔性执法融入垃圾分类执法的全过程，实现执法效能和群众满意度“双提升”。全年下发交办函 99 份、督办函 8 份，累计执法检查 2.61 万家（次）。教育处理 8256 宗、责令改正 3704 宗，立案处罚 2642 宗，罚款额 47.875 万元，其中处罚非法处置餐厨垃圾 595 宗，金额 12.61 万元；处罚非法废弃油脂 14 宗，金额 3.62 万元。

【违法建设治理】 2023 年，天河区推进年度治理任务，把违法建设治理与城市更新改造、重点项目建设等工作相结合。全年依法治理违法建设 196.46 万平方米，督促土地权属单位对违法建设拆后未利用地块复绿 9 宗，复绿面积 5302.8 平方米。

【环卫保洁】 2023 年，天河区落实环卫保洁“十无十净”标准，推行“一大扫、两普扫、18 小时保洁”作业模式，采取机械化清扫、精细化保洁、地毯式吸尘、定时段清洗、全方位洒水“五位一体”保洁措施。提升“一路一场”（临江大道、花城广场）高标准示范区域和 6 条环卫保洁精细化道路环卫水平。开展“创文巩卫”环境综合整治，督导发现 420 个问题并全部整改。开展周末环境卫生“大清扫、大清洗、大清理”活动，清理卫生死角 4860 处，清理垃圾 820 余吨，整治城中村卫生黑点 165 个。加强公厕日常保洁和维护管理。强化生活垃圾收运一体化改革作业质量监管，整治垃圾收运秩序，规范一般餐厨垃圾及废弃食用油脂收运管理。

【市容市貌管理】 2023 年，天河区清理整治“六乱”行为 15.75 万宗，立案处罚 810 宗，罚款 16.87 万元。规范停放共享单车 72.13 万辆次，通报共享单车公司清运调度单车 115.2 万辆次，立案处罚 2 宗、罚款 4 万元。印发《天河区 2023 年户外广告和招牌安全隐患排查整治工作方案》，检查广告招牌约 5.12 万块次。开展社区容貌品质全域提升行动，将辖内 230 个社区分为培育提升社区、巩固提升社区和常态提升社区，培育 3 个广州市容貌品质社区，培育提升面积 6.1 平方千米，惠及人口 5.7 万人。

推进落实市容环境卫生区责任制度全民行动，打造1条“门前三包”样本街，教育整改“门前三包”问题4.7万余宗。

【燃气安全管理】 2023年，天河区提升管道燃气用户普及率和使用率，开展全区城镇燃气专项整治督导检查。是年，全区累计完成新增管道燃气居民用户5253户、新增管道燃气居民安装用户9056户、旧楼居民用户（点火数）2825户、“瓶改管”非居民安装用户390户。重点推进沙东新村、珠村东横三路城中村发展项目，员村四横路5号大院重建项目，马蹄岗幼儿园及广州现代信息工程职业学院“瓶改管”项目。完成老旧管网更新累计长度16.01千米，完成519条燃气内立管迁改。检查燃气经营站点1350家次，检查用气餐饮场所3.03万家次，检查涉管工地393个，发现并整改隐患问题1720宗，发出整改通知书405份，立案处罚69宗，处罚金额12.89万元。

【第七届“工匠杯”环卫技能竞赛】 2023年4月26日，第七届“工匠杯”环卫技能竞赛在吉沥路等赛场举办，133支队伍共283名环卫工人参赛。此届环卫技能竞赛设知识竞赛、清扫保洁技能竞赛（人工清扫＋果皮箱清洗＋快速保洁车）、洒水车冲洗技能竞赛、垃圾分类桶点管养技能竞赛4个项目。

【入选广州市环境卫生精品区】 2023年12月12日，市城市管理和综合执法局公布广州市100个环境卫生精品区名单。天河区辖内黄埔大道、广州大道、火车东站片区、新中轴线片区、天河客运站、银河公墓周边、花城广场6个重点保障区域，临江大道（广州大道—琶洲大桥底）、天河北路（天河北天寿路天桥—广州大道天桥）、高普路（高普路北—高普路南）、花城大道（广州大道中—潭村路）、天源路（天河客运站华快桥头—龙洞人民桥桥头）、天河路（天河立交—天娱广场人行天桥）6条精细化作业示范道路入选。入选的环境卫生精品区域发挥辐射带动作用，提升天河区城市道路环卫保洁机械化、精细化、智慧化作业水平。

（叶雅婷）

城市项目建设

【概况】 2023年，广州市天河区建设工程项目代建局（以下简称“区代建局”）组织实施教育、医疗卫生等本级财政投资建设项目和市政设施建设项目共33个，其中市“攻城拔寨”项目9个、区重点项目18个、区十件民生实事项目5个。完成预算支付约3.46亿元，其中市区级财政预算1.82亿元，专项债1.64亿元。

【道路项目建设】 2023年，区代建局推进大观街道路扩建二期建设，完成工程总体形象进度的20%。广园快速路黄村立交桥和五山路（天河路—翰景路）品质化提升工程2个项目于2023年4月完工并开放通行。华南理工大学五山校区南北（长江路）下沉隧道工程、天河外国语智慧城校区周边道路工程、长兴路及华南东侧路交通改善及品质化提升工程正在推进。

【教育类项目建设】 2023年，龙口西小学太阳广场校区工程、骏景小学改扩建工程、中海康城小学改扩建工程等项目完工。天河区少年宫新校区工程、广州市第一一三中学五山校区扩建工程、广氮九年一贯制学校建设项目、珠江新城K2-4地块幼儿园建设项目、员村五小综合楼扩建工程等项目开工建设；完成清华附中湾区学校二期控规调整工作；天河外国语智慧城校区工程、广州中学凤凰校区加扩建工程（二期）完成施工招标工作；广州市幼儿师范学校附属幼儿园祥云园区建设工程完成立项，正在开展前期工作。

【医疗类项目建设】 2023年，区代建局推进3个医疗类项目建设。广东省骨科研究院（长兴院区）于2023年5月10日开工建设，正在进行现场施工。中山大学肿瘤医学科学中心（天河院区）处于施工图设计和报建报批阶段。中山大学附属第六医院（珠吉院区）方案通过区委、区政府专题会议审议。

【复建房项目建设】 2023年，区代建局推进广州国际金融城市政基础设施和公建配套设施建设，推进集体物业和村民复建安置房工程建设。推进前进村复建房项目建设，前进村提出复建房项目从政府代建调整为代建代运营模式的程序。

【广园快速路黄村立交桥通车】 2023年4月24日，广园快速路黄村立交桥全线通车。黄村立交桥于1999年竣工通车，为转盘式全互通立交，跨越广深铁路，连通广园快速路、奥体南路和黄村大道。2013年被评定为D类桥（技术状况处于差的状态，部分重要构件有较严重缺损或部分次要构件有严重缺损，正常使用功能明显降低，承载能力降低但尚未直接危及桥梁安全）。2018年10月，黄村立交实施全封闭维修。维修分为2个阶段，第一阶段是全封闭加固黄村立交桥二层转盘、东西匝道及北引桥，2020年底完成并开放通行。第二阶段是封闭施工南引桥，2023年3月完成施工。

【天河区龙口西小学太阳广场校区建

表 33　　2023 年天河区重点建设项目表

名称	项目类别	总投资（万元）	项目进展情况	责任单位	建设时间（年）
清华附中湾区学校二期校区	教育类	198189	前期阶段	区代建局	2021—2026
广州中学凤凰校区加扩建工程（二期）	教育类	51894	前期阶段	区代建局	2022—2026
天河外国语学校智慧城校区建设工程	教育类	137256	建设中	区代建局	2022—2026
广氮 AT0607118 地块九年制学校工程	教育类	29829	建设中	区代建局	2019—2025
珠江新城 K2-4 地块幼儿园	教育类	1248	建设中	区代建局	2022—2024
广州市第一一三中学五山校区扩建工程	教育类	5405	建设中	区代建局	2023—2024
天河区少年宫新校区建设工程	文化事业类	51557	建设中	区代建局	2022—2026
天河区龙口西小学太阳广场校区建设工程	教育类	8606	完工	区代建局	2020—2022
天河区骏景小学改扩建工程	教育类	5565	完工	区代建局	2019—2023
天河区中海康城小学改扩建工程	教育类	3623	完工	区代建局	2019—2023
广东省骨科研究院（长兴院区）	医疗卫生类	58828	建设中	区代建局	2022—2026
中山大学肿瘤医学科学中心（天河院区）	医疗卫生类	323742	前期阶段	区代建局	2022—2027
中山大学附属第六医院（珠吉院区）	医疗卫生类	207357	前期阶段	区代建局	2022—2028
大观街道路扩建二期	市政道路类	19484	建设中	区代建局	2019—2024
广园快速路黄村立交桥大中修工程	市政道路类	6684	完工	区代建局	2018—2023
天河区五山路（天河路—翰景路）品质化提升工程	市政道路类	4281	完工	区代建局	2022—2023
第三批排水单元达标建设	排水单元类	642	完工	区代建局	2022—2024

设工程】 该工程位于龙口东路西侧，天阳路南侧地块，与太阳广场小区相邻。总建筑面积 1.34 万平方米，建设内容包括新建一栋地下 2 层、地上 6 层的教学楼，室外工程及配套公用工程等，总投资约 8605.63 万元。2023 年 7 月，该工程建设完成；8 月，交付使用。

【天河区少年宫新校区建设工程】 位于广州国际金融城西区，是天河区 2023 年十件民生实事之一。项目总用地面积 8774 平方米，建设内容包括剧场及辅助用房、多功能馆、科技馆、美术馆、音乐教室、舞蹈教室、配套功能区、地下停车场和设备用房等。该工程定位为天河区青少年社会教育的总部基地，2023 年 12 月开工建设。

【广东省骨科研究院（长兴院区）】 位于长兴路，分为南北院区 2 个地块，总用地面积 2.02 万平方米，医院定位为一所集医疗、医学科研、成果转化等功能于一体的现代化骨科医学研发机构。项目由南院区骨科医院项目、北院区功能完善和环境改造项目以及用地红线范围内规划支路项目三部分组成。项目总投资约 58236 万元，2023 年 12 月开工建设。

（李婉琦）

水务

【概况】 2023 年，天河区坚持系统治水、科学治水、依法治水，持续推行河湖长制，以流域为体系、网格为单元，统筹水资源、水环境、水生态、水安全协同治理。73 条合流渠箱完成清污分流改造，排水单元达标 65.95 平方千米，建成碧道 58 千米，区内未发生重大内涝及财产损失。2022 年度广州市全面推行河湖长制工作考核获得“优秀”等次；被水利部评为第六批节水型社会达标区（县）。纳入中央、省、市监管平台的 30 条河涌持续实现不黑不臭、长制久清，珠江猎德断面水质稳定达到 IV 类，2023 年水质改善幅度排名全市第一，车陂涌、猎德涌、程界东涌、棠下涌、深涌主涌等 5 条河涌水质较 2022 年提升一个类别。

【黑臭水体治理】 2023 年，天河区河（湖）长累计巡河 2.13 万次，推动解决问题 1200 余宗。整治新增“散乱污”场所 112 家，巩固涉水违建整治任务 36 宗 11611 平方米，整改突击检查污染源、有奖举报问题 427 个。建立区级明察暗访工作机制，采用“四不两直”的方式督导，整改问题 539 宗。完成排水单元达标创建 65.95 平方千米，占市总河长令第 4 号部署任务的 98.80%。完成 73 个合流渠箱清污分流治理任务并通过验收评定。大观净水厂东侧进厂管及泵站通水运行。支援华南国家植物园水域保洁；落实《华南国家植物园水环境治理工作方案》，推动 13 个水环境治理项目实施，至是年底完成 5 个。完成 7 千米碧道建设，累计建成市区两级碧道 58 千米。开展“清漂”和“洗河”专项行动，常态化清理河涌漂浮物和垃圾。全区水环境质量持续改善，珠江猎德断面水质稳定达到 IV 类水质。

【水旱灾害防御】 2023 年，天河区落实防汛责任，优化防汛抢险调度、河涌水库预腾空等机制，实行雨前清疏、雨中清理、雨后清障的“三清”措施，全年未发生重大内涝及财产损失。完成车陂路转广园路、东圃大马路、棠德西三街铁路涵洞等内涝点治理工程。推进区在册25处水浸风险点整治，完成17处，剩余8处按计划分年度推进。

【海绵城市建设】 2023年，天河区抽查海绵城市建设项目151次。推进柯木塱南路工程提升整改。猎德涌北片示范区3.88平方千米海绵城市建设任务完成并通过市海绵城市建设领导小组办公室审核。全区海绵城市面积累计59.97平方千米。

【水资源管理】 2023年，天河区年度取水总量不超过4万吨。拓展再生水用于生态补水、工业生产和市政杂用等领域，实现用水消耗总量和强度双控。开展老旧用户供水服务到终端工作改造，累计改造5868户。完成花生寮片区城中村老旧风险供水管网改造工程。管理与维护市政消火栓，完成158个市政消火栓补建项目前期工作，监测辖内8475个二次供水出水口、7条主管网。在华南国家植物园举办“节水齐参与 共护母亲河”大型宣传活动，发动民间河长和志愿者参与巡河护涌，常态化开展“进企业、进机关、进校园、进社区”宣传活动。

【水务行政审批与执法】 2023年，天河区受理水务行政审批业务290件，办理“12345”热线716宗，处理信访投诉案件66宗。开展48项水务职权事项下放街道综合行政执法指导培训，打击影响河湖安全、违法排水、供水、水资源等水事违法行为，发出限期责令整改通知书227份，立案85宗，行政处罚67.3万元。

【水务安全生产与巡查管理】 2023年，天河区严格要求在建水务工程安全文明施工，发现并整改隐患378个，发出责令整改通知书16份，全年未发生安全事故。加大水土保持监管，监督检查项目14宗，验收项目3宗。全面排查40条河涌、34个人工湖、27座塘坝、5座水库、8处水闸、6座泵站等水利设施安全运行情况，发现并整改问题7600余宗，修复堤岸塌方11处。开展龙洞水库等水域防溺水工作，组织属地街道、村公司加强水域巡查，安装警示标志850余个。

【大观净水厂东侧进厂管及泵站工程投入使用】 2023年3月30日，大观净水厂东侧进厂管及泵站工程通水并投入使用。该工程位于大观净水厂东侧，属车陂涌流域，于2021年10月开工，是广州市“攻城拔寨”重点项目之一，纳入二沙涌水环境治理实施方案，是天河区2022年水环境治理1号攻坚任务。项目总投资1.58亿元，新建污水泵站1座约2000平方米，污水提升设计规模25万立方米/日，安装设备处理规模20万立方米/日；新建D1524泵站出水管0.717千米、DN1524污水管0.04千米、DN3048污水管0.087千米；深基坑工程开挖深度为18米。该项目解决大观净水厂东北侧片区污水收集传输问题，降低猎德净水厂系统负荷，削减车陂涌雨季溢流污染，降低棠下涌主管网长期高水位和溢流风险。

【河涌简介】 2023年，天河区有40条（不包括珠江前航道）河涌，长度98.83千米（含暗渠），按照汇入珠江方式，分为13个小流域，从西至东依次为沙河涌、猎德涌、潭村涌、员村涌、程界西涌、程界东涌、棠下涌、简下涌、油脂厂涌、车陂涌、石溪涌、深涌、乌涌。其中沙河涌、乌涌为跨区过境河涌。

【水库山塘湖泊简介】 2023年，天河区有小（1）型水库1座，小（2）型水库4座。其中，小（1）型水库是龙洞水库；小（2）型水库有乌蛇坑水库、岑村水库、麓洞水库以及新塘水库。有人工湖34个，其中比较重要的人工湖有天河公园天河湖，华南国家植物园人工湖，华南理工大学东湖、西湖，暨南大学南湖等。有塘坝

表34　2023年天河区主要河涌情况表

名称	发源地	集雨面积（平方千米）	主涌长度（千米）	平均坡降（‰）
沙河涌	耙齿沥水库，京溪净水厂	32.9	15（天河区段7.038）	1.35
猎德涌	华南理工大学西湖	14.1	5.135	2
潭村涌	广州无线电厂	2.2	0.9	1.4
员村涌	广州市化工设计所	1.2	1.04	1.2
程界涌	广州玻璃厂（程界西涌）	1.0	0.51	1.1
	天河公园（程界东涌）	3.2	2.09	1.3
棠下涌	广铁石牌站车辆段（广深铁路员工宿舍）	8.6	3.6	0.8
简下涌	骏景花园	1.5	1.11	1.0
油脂厂涌	黄埔大道	0.4	0.62	1.0
车陂涌	龙洞水库	80	26.591（主涌18.449、杨梅河支涌7.7）	1.5
石溪涌	前进石溪村	0.8	0.38	0.7
深涌	长鹅头和钟岭（珠吉街吉山）	16.7	16.87（含横支涌、左支涌、中支涌、右支涌）	0.7

27 座，其中主要塘坝有大坦湖、石陂湖、榄元水库、东边坑、东大湖等。（赵中华）

交通

·交通管理

【概况】 2023 年，天河区加强交通运输行业治理，推进交通运输行业安全生产专项整治三年行动。推进道路综合整治，加强占道施工挖掘管理，保障交通出行环境安全有序。

【春运道路客运】 2023 年 1 月 7 日至 2 月 15 日春运期间，天河区按照“统筹协调、属地管理、重点保障、分级响应”的工作原则开展春节旅客运输工作，未发生旅客滞留情况和交通运输安全生产事故。春运期间广州东站客运站发送旅客 16.5 万人次，天河客运站发送旅客 2 万人次。

【道路综合整治】 2023 年，天河区按照“应设尽设”原则，推进既有道路非机动车道建设工作，完成科新路、天河南一路等 21 条路段累计 36.26 千米非机动车道增设，在条件允许的路段加设机非隔离栏 1.47 千米，保障慢行交通安全。改造港湾式公交站，完成柯木塱南路省农技推广中心站、天河智慧农业公园站、地铁高塘石站等 3 处港湾式公交站建设改造。完成交通拥堵点治理项目 5 个。

【联运和运输代理业服务】 2023 年，天河区联系省多式联运协会，组织行业专家培训。为企业在有关地区投资运营提供法律咨询和风险保障，帮助外贸企业解决汇款固定额度限制等问题，邀请银行对企业进行业务指导。上门走访辖区 9 家多式联运和运输代理头部企业，收集企业诉求，加强业务指导，精准统计企业营收数据。是年，9 家多式联运和运输代理业头部企业营业收入 30.85 亿元。（潘泓瀚）

·广州东站地区管理

【东站地区】 广州东站位于天河区东站路 1 号，在林和西路与林和中路之间。始建于 1940 年，原名天河站，为广九铁路货运站。中华人民共和国成立后，多次扩建。1988 年 4 月，改名广深铁路广州东站，因位于流花路广州火车站东面而得名，为客货运站。广州东站隶属广州铁路集团广深铁路股份有限公司，现为一等站。主要轨道线路有广九铁路、广深铁路、广梅汕铁路和广汕铁路。广州东站具备口岸功能，是广九直通车始发站和广深城际列车“和谐号”停靠站。每天接发旅客列车逾 230 趟，其中超 180 趟为广深城际列车，实行公交化运营，发车间隔 5～10 分钟；其余为开往各地长途列车。2023 年，东站日均到发列车 140 余对，到发旅客 8 万人次，每天进出东站地区客流量 30 余万人次。

广州东站为地面铁路车站，主要由站前广场、客运楼、塔楼、站场四部分组成。站场配套设施包括绿化广场、地铁站、广州市最大室内公共汽车站、二层旅客进出站绿化广场、大型人工瀑布等。候车厅面积 1.6 万多平方米，设 12 个候车室，可同时容纳 2 万名旅客进站候车。

广州东站地区交通网络完善，广州东站出口处南端是东站公交站场，有 38 条运营线路，其中多条线路接驳广州市客运站、天河客运站、黄埔客运站、滘口客运站、海珠客运站、番禺客运站和夏茅客运站等。广州东站出站地下是地铁，有 1 号线和 3 号线，分别可直达芳村西塱和番禺广场。广州东站出口处西边是广州东站汽车客运站，有开往深圳、佛山、清远、东莞等地班车。

【东站站场管理】 2023 年，广州市天河区广州火车东站地区管理委员会办公室（以下简称“东站地区管委办”）做好旅客服务，优化调整进出站乘车线路，保障深夜客流疏运。提升运输保障应急处置能力。在重大节假日增设警力，加强重点区域视频监控，开展站场安检、维稳反恐、社会综合治安等工作。强化应急值守和信息报送，优化完善春运应急预案。东站地区全年未发生重大安全事故、重大刑事案件、旅客滞留等。组织开展联合执勤和专项整治，规范交通标线，安装隔离护栏，增设电子警察。

2023 年 4 月 24 日，广园快速路黄村立交桥全线通车 （区代建局供稿）

处理乱摆卖和违规宣传186宗，劝离救助流浪人员435名，劝离乱停放电动自行车3312辆，清理乱停放共享单车7183辆，规整单车停放点2363处，清理乱堆放杂物。

【东站地区春运任务】 2023年1月7日至2月15日春运期间，东站地区管委办开展旅客运输服务保障工作。在车站二层平台临时候乘区域加装电子显示屏指引点，明确车次指引。优化候乘环境，安装大型便民热水器，提供6台饮水机和3座手机充电桩，设置10座临时厕所等。在出站口设置1个医疗点和1个春运执勤点，配备急用药品、雨具、御寒衣被等应急物资。

春运期间广州火车东站到发旅客346.9万人次，比2022年（下同）增长33.4%，其中发送旅客172.8万人次，增长34%；到达旅客174.1万人次，增长33.3%。广州东站地铁站到发乘客511.5万人次。穗港高铁于1月15日恢复通行，春运期间发送52330人次，到达48801人次，日均到发3889人次。

【广州东站将升级为高铁站】 2023年10月，中国铁路广州局集团有限公司发布《新建广州铁路枢纽广州东站至新塘站五六线工程环境影响评价征求意见稿公示》。根据该文件，工程投资估算总额333.37亿元，总工期为5年。整套工程除新建广州东至新塘五六线外，还包括广州东站升级改造工程，广州东站将按照“地面+地下贯通车场”双层车场方案改建车站。改造后广州东站升级为高铁站，车场总规模有14个站台，比现有规模增加一倍。 （吴则波）

·公共交通

表35 2023年天河区地铁线路表

地铁	起止点	天河区境内区段	天河区站点数（个）
1号线	西塱—广州东站	体育西路—广州东站	3
3号线	番禺广场—天河客运站	珠江新城—天河客运站	7
3号线北延线	体育西路—机场北	体育西路—梅花园	5
4号线	黄村—南沙客运港	黄村—车陂南	3
5号线	文冲—滘口	三溪—珠江新城	8
6号线	浔峰岗—香雪	沙河顶—高塘石	9
18号线	冼村—万顷沙	冼村	1
21号线	员村—增城广场	员村—天河智慧城	6
APM线	林和西—广州塔	林和西—海心沙	8

【城市快速公共交通系统】 广州快速公共交通系统西起天河体育中心，东至黄埔夏园，以下简称“GBRT”（Guangzhou Bus Rapid Transit）。它是利用现代化公交技术配合智能交通和运营管理，开辟公交专用道路和建造新式公交车站，实现轨道交通运营服务，达到轻轨服务水准的一种独特的城市客运系统。GBRT试验线西起天河体育中心，东至黄埔夏园，共设26个BRT站点。包括体育中心、石牌桥、岗顶、师大暨大、华景新城、上社、学院、棠下村、棠东、天朗明居、车陂、东圃镇、黄村、珠村、莲溪、茅岗、珠江村、下沙、乌冲、黄埔客运站、双岗、沙浦、南海神庙、庙头、南湾及夏园站。

【主要长途汽车站场】 2023年，天河区主要有天河客运站、广州东站汽车客运站2个长途汽车站场。

天河汽车客运站位于燕岭路633号，1997年1月建成投入使用，占地面积4.6万平方米，是国家交通管理部门核定的一级主枢纽站场。车站主停车场面积2万余平方米，发班卡位70多个，可供200多辆候发班车同时停放。天河汽车客运站推进信息化建设，陆续投入500多万元对客运管理等信息系统进行升级改造，2001年建立并通过ISO9001质量管理体系认证。客运站经营班车线路110条，其中省际线路37条、省内线路73条。参营班车481辆，日均发班365个班次，日均发送旅客4343人次，高峰日最高发送旅客29510人次，全年客运量约158万人次。

广州东站汽车客运站位于禺东西路43号（广州东站地铁站H、J出口）。班车线路以省内珠三角地区班线为主，覆盖增城、花都、从化、佛山、东莞、深圳、中山、珠海、清远、肇庆、江门、阳江、茂名、湛江、惠州、汕尾、汕头、潮州、福建、海南、广西、湖南、湖北、山东24个地区、60余条线路。全年客运量46.68万人次，日均客流量1279人次。

【广州珠江新城旅客自动输送系统】 广州珠江新城旅客自动输送系统（以下简称“APM线”）于2010年11月8日开通，全长约4千米，地处广州城中轴线，穿过珠江，连接天河区和海珠区。与其他地铁不同，APM线列车只有两节车厢，没有驾驶室，运行全部实现自动化控制。APM线连通广州中央商务区，经过中国第一高塔广州塔，穿越亚运开幕式表演地海心沙公园，从花城广场一直延伸到天河体育中心。 （天河年鉴编辑部）

生态环境

环境保护

【概况】 2023 年，天河区空气质量综合指数比 2022 年（下同）改善 2.0%，优良天数比例提升 5.7 个百分点。天河区水质指数 4.9597，下降 15.49%，水质指数改善幅度位列广州市第一；墩头基断面水质状况为 III 类，达到考核要求。天河区受污染耕地安全利用率 100%、污染地块安全利用率 100%。危险废物、医疗废物、一般工业固体废物年度申报和年度危险废物管理计划备案完成率均达 100%；建成"无废细胞"282 个，数量居全市首位。查处全市首宗工业噪声超标限制生产行政处罚案，处理工业类噪声信访投诉件 17 宗；开展"绿色护考"行动 10 次。推进国家生态文明建设示范区创建，完成天河区生态文明建设公众参与度及满意度问卷调查。完成广东省骨科研究院等 33 个项目环评审批，涉及总投资 185166.92 万元、环保投资 2673.5 万元。推行环评审批和排污许可融合办理，被列为天河区打造"畅悦天河，优无止境"政务服务品牌有力举措。与华南国家植物园建成广州市首个生态环境损害赔偿与生态修复科普示范基地，全市首宗大气污染损害赔偿在华南国家植物园成功实施异地替代修复，并被评为 2022—2023 年广州市国家机关"谁执法谁普法"优秀普法项目。立案查处环境违法案件 72 宗、查封扣押 4 宗，分别增加 10%、300%；免罚金额 691.9 万元，增加 182%。全区 21 个街道建成空气质量监测站点。

【大气环境质量】 2023 年，天河区空气质量优良天数为 326 天，比 2022 年（下同）增加 21 天，环境空气质量指数（AQI）达标率 89.3%，上升 5.7 个百分点。空气中细颗粒物（$PM_{2.5}$）、可吸入颗粒物（PM_{10}）、二氧化硫（SO_2）、二氧化氮（NO_2）、一氧化碳（CO）日均值第 95 百分位、臭氧（O_3）日最大 8 小时平均第 90 百分位和降尘的平均浓度分别为 23 微克 / 立方米、42 微克 / 立方米、5 微克 / 立方米、34 微克 / 立方米、0.9 毫克 / 立方米、163 微克 / 立方米和 0.92 吨 / 平方千米·月。

【水环境质量】 2023 年，天河区地表水环境水质指数 4.9597，比 2022 年下降 15.49%，改善幅度排名全市第 1。

表 36　　2023 年天河区空气质量达标情况表

单位：天

达标天数比例	达标天数	空气质量情况					
		优	良	轻度污染	中度污染	重度污染	严重污染
89.3	326	160	166	36	3	0	0

注：标准为《环境空气质量标准》（GB 3095-2012）

表 37　　2023 年与 2022 年天河区水环境质量比较表

单位：毫克 / 升

项目		溶解氧	化学需氧量	五日生化需氧量	氨氮	总磷	总氮
河涌	2023 年	5.07	—	—	0.791	0.16	5.16
	2022 年	4.68	—	—	1.03	0.19	—
湖库	2023 年	5.01	32	4.5	0.175	0.17	0.98
	2022 年	5.41	27	5.5	0.438	0.16	0.97
标准		≥3.00	≤30	≤6	≤1.5	河涌≤0.3 湖库≤0.1	≤1.5

注：标准为《地表水环境质量标准》IV 类标准

表 38　　2023 年与 2022 年珠江猎德断面水质比较表

单位：毫克 / 升

年份	溶解氧	化学需氧量	五日生化需氧量	氨氮	总磷	水质类别
2023	4.75	12	1.9	0.383	0.14	IV 类
2022	3.83	13	2.2	0.439	0.17	IV 类
标准	≥3.00	≤30	≤6	≤1.5	≤0.3	—

注：标准为《地表水环境质量标准》IV 类标准

表 39　2023 年天河区重点考核断面周边一级支流水质情况表

单位：毫克／升

序号	名称	行政区	水质目标	水质情况	达标情况	氨氮浓度	总磷浓度	溶解氧浓度
1	猎德涌	天河区	IV 类	III 类	是	0.654	0.14	5.61
2	潭村涌		IV 类	IV 类	是	0.811	0.16	4.89
3	员村涌		III 类	III 类	是	0.596	0.15	5.53
4	程界东涌		IV 类	III 类	是	0.518	0.15	5.22
5	程界西涌		IV 类	IV 类	是	0.658	0.16	4.79
6	棠下涌		IV 类	III 类	是	0.730	0.18	5.42
7	沙河涌	越秀区 白云区 天河区	V 类	V 类	是	1.91	0.32	4.23
8	深涌主涌	天河区	IV 类	III 类	是	0.399	0.14	5.41
9	车陂涌		IV 类	III 类	是	0.839	0.15	5.03
10	白沙浦涌		IV 类	IV 类	是	1.01	0.18	4.46
11	油脂厂涌		IV 类	IV 类	是	1.31	0.17	5.31
12	前进石溪涌		IV 类	IV 类	是	0.441	0.14	4.25
13	乌涌	黄埔区 天河区	III 类	III 类	是	0.401	0.09	5.78

注：标准为《地表水环境质量标准》IV 类标准

墩头基断面水质为 III 类，水功能区（海珠桥）水质为 IV 类，均达到考核要求。珠江猎德、广州大桥断面水质为 IV 类，与 2022 年同期持平。东圃大桥断面水质为III类，优于 2022 年 1 个水质类别。重点流域一级支流涉及天河区的 13 条河涌均达到年度水质目标，其中 7 条河涌水质达到 III 类，5 条河涌优于考核目标 1 个水质类别。辖内 30 条河涌继续保持不黑不臭，未出现新的黑臭水体。

【声环境质量】 2023 年，广州市生态环境局天河分局（以下简称“市生态环境局天河分局”）在广东金融学院（二类声环境功能区）和北明软件楼北楼（三类声环境功能区）开展噪声监测。广州金融学院 24 小时噪声昼夜等效声级平均值为 52.6 分贝，比 2022 年下降（下同）2.5 分贝；北明软件楼北楼昼夜等效声级平均值为 50.9 分贝，下降 2.9 分贝，两个声功能区昼、夜间噪声达标率 100%。是年，天河区 28 个网格测点的昼间平均等效声级为 57.6 分贝，夜间平均等效声级为 49.8 分贝，昼间、夜间区域噪声评价为三级（一般）。道路交通噪声共监测 29 个路段，昼间路段长度加权平均等效声级为 70.9 分贝，评价等级为三级（一般）；夜间路段长度加权平均等效声级为 68.9 分贝，评价等级为五级（差）。

【大气污染防治】 2023 年，《天河区 2023 年大气污染防治工作计划》《天河区 2023 年秋冬季强化大气污染防治专项治理工作方案》印发实施。开展“随手拍”问题交办，累计交办问题 132 批 332 件并全部完成整改。

制定《天河区建筑施工生态环境保护管理要点（1.0 版）》。开展扬尘管控情况巡查督导，检查工地 2.04 万余家次。推广使用“塔吊高空压尘＋雾炮中空降尘＋围挡低空拦尘”立体式工地扬尘治理模式，13 个工地加装 29 套塔吊高空喷淋降尘设施。检查汽修喷漆、加油站等涉气行业单位 5800 家次；检查涉气企业 5800 家次，督促企业更换活性炭 9.9 吨、吸附棉 5.68 吨、加油枪集气罩 402 个。推动天河区锅炉低氮改造，完成 33 家单位 70 台锅炉改造。路检、遥感监测机动车 15.36 万辆，责令 446 辆超标车辆限期维修合格。

编印《天河区餐饮服务企业大气污染控制暨常见环境管理指引》，检查餐饮 2.5 万余家次，发出整改通知书 58 份，查处油烟污染 24 宗，制止露天焚烧 78 宗。推进天河区大气环境质量监测预警体系和能力建设，全区 21 个街道完成“一街一站”大气环境监测预警体系和能力建设。监测体育西、五山、奥体、龙洞 4 个站点周边 VOCs 及大气常规六参数，完成体育西、五山站点源解析工作。开展道路积尘走航巡查、臭氧雷达扫描，及时发现存在问题并到现场核实、整治。是年，天河区优良天数比例为 89.3%，改善 5.7 个百分点。

【水污染防治】 2023 年，《天河区 2023 年水污染防治工作计划》印发实施。对 28 条河涌开展入河排污口“查、测、溯”工作，新增登记 455 个排口。会同区河长办加大涉水污染源监督与排查整治工作，强化水污染防治措施落实情况督导及水质监测预警。提高猎德污水处理厂和大观净水厂进水氨氮浓度及城市生活污水集中收集率。

【土壤与地下水污染防治】 2023 年，《天河区 2023 年土壤与地下水污染防治工作计划》印发实施，确定持续开展环境质量状况调查、系统推进土壤污染源头防控、稳步推进耕地分类管理等 8 个方面 22 项具体任务。开展地下水考核点周边工业污染源、生活污染源和农业污染源的排查整治，确保天河区地下水环境质量考核点位水质达标。加强污染地块安全管理，检查纳入《广东省建设用地土壤污染风险管控和修复名录》的地块，暂未发现相关违法问题。加强耕地污染源头控制，严格执行涉重金属新建项目环境准入制度，禁止在重点区域、基本农田保护区和主要农产品生产基地等区域内新建、改建、扩建重金属污染排放的项目。

【固体废物和辐射污染防治】 2023年，《天河区2023年一般工业固体废物环境管理工作方案》《2023年度危险废物规范化管理评估工作要点和责任清单》印发实施。开展天河区危险废物环境风险隐患排查整治、电动自行车废旧蓄电池回收污染隐患排查等专项行动。开展2022年度化学物质环境信息统计调查工作。组织街道和产废单位学习固体废物管理操作相关知识。开展固体废物申报工作，天河区830家危险废物产生单位、951家医疗废物产生单位、93家一般工业固体废物产生单位完成2022年度申报和2023年度危险废物管理计划备案等四项工作。

组织召开天河区重点医疗单位专题工作会议，印发《广州市生态环境局天河分局 广州市天河区卫生健康局 广州市天河区城市管理和综合执法局关于转发优化调整天河区医疗废物收运处置管理措施的通知》。召开2023年天河区诊疗机构生态环境保护工作规范化管理培训会议。制定印发《天河区诊疗机构生态环境保护管理要点（1.0版）》《2023年辐射环境管理工作方案》。开展2023年度放射源安全专项执法行动和核子水分—密度仪排查工作。

【“无废细胞”创建】 2023年，《关于加快推进天河区首轮“无废细胞”试点建设工作的通知》印发实施，天河区“无废细胞”创建工作启动。全年建成10个类型共282个“无废细胞”，包括11个“无废工厂”、61个“无废学校”、77个“无废机关”、3个“无废商场”、1个“无废农场”、2个“无废景区”、13个“无废酒店”、14个“无废工地”、39个“无废加油站”、61个“无废汽修店（4S店）”。

【噪声污染防治】 2023年，天河区开展工业企业噪声污染监管执法，对噪声敏感点附近企业加大执法力度，依法查处环境违法行为，督促工业企业加强噪声治理。全年受理工业类噪声信访投诉20件并全部办结。查处4宗工业噪声超标案件，其中不予处罚1宗，处罚3宗，涉及2家单位，处罚金额15万元。开展“绿色护考”行动，在各考点周边开展巡查和噪声监测，及时处置噪声污染投诉。

【环保行政审批】 2023年，天河区加强对基础设施项目环评和重大项目用地土壤评审指导服务工作。实施建设项目环境影响评价审批“免办、速办、严办”三级分类管理，完成广氮奥体片区九年制学校等33个项目审批。优化土壤初调报告评审，采取“提前踏勘地块现场、提前审核项目材料、提前开展监测质量监督检查”模式，累计完成12个地块的土壤污染状况初步调查报告评审工作，平均办结用时10.5个工作日，比规定的时限提前19.5个工作日。推行建设项目环评和排污许可融合办理改革，实行“一套材料、同步受理、并联审批、一次办结”，节省企业办事成本。

【创建国家生态文明建设示范区】 2023年，《广州市天河区创建国家生态文明建设示范区工作实施方案》《广州市天河区创建国家生态文明建设示范区2023年工作计划》印发，天河区对照创建生态文明建设示范区的9项基本条件，制定创建任务分工表、建设指标分解表。总结区生态文明建设经验做法，开展创建申报工作。完成天河区生态文明建设公众参与度及满意度问卷调查，公众对生态文明建设的满意度94.48%、参与度94.28%。委托技术团队制作专题宣传片，组织专题摄影比赛。

【生态环境执法】 2023年，天河区印发《2023年广州市生态环境局天河分局执法工作计划表》《广州市生态环境局天河分局实验室专项执法行动方案》《广州市生态环境局天河分局诊疗机构专项执法行动方案》。召开重大违法案件集体审议会议，集体审议案件50宗。公示128宗行政许可事项。法制审核19宗行政处罚案件、1宗限产案件、4宗查封扣押案件。完成生态环境守法核查1703家次。市生态环境局天河分局全年检查企业4670家次，下达责令改正违法行为决定书55份，立案查处72宗，作出行政处罚决定19宗、行政处理49宗，罚款145万元。各街道下达责令改正违法行为决定书133份，立案查处67宗，作出行政处罚决定32宗、行政处理29宗，罚款30.29万元。广州市首宗大气生态环境损害赔偿在华南国家植物园成功实施异地替代修复，建成全市首个生态环境损害赔偿与生态修复示范基地，被评为2022—2023年广州市国家机关“谁执法谁普法”优秀普法项目。市生态环境局天河分局执法履职效能评估位列广州市第一。

【环境安全管理】 2023年，天河区开展环境安全检查，检查企事业单位3670余家次，发现问题隐患26个，并整改落实。建立市生态环境局天河分局、重点企业单位环境应急联动响应机制。举办突发环境事件应急培训演练。加强突发环境事件应急预案编制、修订和备案管理，19家单位完成环境风险源应急预案备案、514家完成简化备案。全年天河区未发生一般（含）以上级别的突发环境事件。

【首例环保“两证合一”联动审批】 2023年9月，市生态环境局天河分局按照《天河区建设项目环境影响评价文件与排污许可证联动申报指引（试行）》，开展“两证”融合办理工作。对广东省骨科研究院（长兴院区）建设项目开展专家评审、技术审查、现场踏勘等工作，严格审查申报材料是否符合法律法规、政策文件以及标准规范等要求，及时开展环评受理公告、审批前公示等信息公开，3天内完成环评审批及排污许可审批两项许可，一次性向建设单位发出环评批复和排污许可证。广东省骨科研究院（长兴院区）建设项目成为天河区推行“两证合一”“联动办理、协同审批、一次办结”试点以来首家受益单位。

（刘晓华）

节能减排

【概况】 2023年，天河区推进碳达峰工作。编制《天河区碳达峰实施方案》，实施八大行动。申报全省第一批碳达峰碳中和试点项目。是年，天河区区域集中供冷项目有2个，分别是已投运的珠江新城核心区集中供冷项目和正在建设的广州国际金融城起步区综合能源项目。新基建加快推进，分布式光伏发电新增并网容量6.4兆瓦，新建充（换）电桩623个，5G基站1130座，光储充一体站2座。

【重点用能单位】 2023年，天河区地区生产总值比2022年增长5.1%，单位地区生产总值能耗下降0.76%。天河区重点用能单位包括工业、建筑业、公共机构、交通运输业、大型公建、住宿和餐饮业、批发和零售业、信息传输（软件和信息技术服务业）8个行业。

【绿色低碳发展】 2023年，广州国际金融城、天河区机关大院、中建四局科创大厦项目、广州市净水有限公司、广东国地规划科技股份有限公司5个项目成功申报广东省第一批碳达峰碳中和试点项目，占全省总数的10%，占全市总数的71%。广州国际金融城东区冷站地块控制性详细规划获第四届广州市规划委员会地区规划专业委员会第十三次会议审议通过。中建四局科创大厦被评为全国首例超高层近零能耗建筑设计认证。2023年7月12日，区发展改革局组织开展节能宣传周、低碳日活动，通过发放宣传海报、播放宣传片、开展重点行业企业节能减碳宣传活动等形式，普及碳达峰、碳中和基础知识，传递绿色低碳发展理念。

【再生资源回收】 2023年，区供销联社推进天河区大件垃圾分类收运处理，完成收运处理大件垃圾6703.5吨。在2022年天河区大件垃圾分类回收处理项目验收考评中获得“优秀”等次。区供销联社管理“两网融合”站点67个，累计回收可回收物665.28吨，回收量持续增长。推进社会再生资源回收站纳入区供销联社管理，全年新增再生资源回收站15个，累计管理再生资源回收站156个。

（陈怡昕、黄孜）

园林绿化

【概况】 2023年，天河区围绕“一园三山六河”推进绿美天河生态建设。在重要路段、重要节点布置时花，保持8136.5平方米花带、6233.31平方米花境、431组栏杆挂花、1016个花箱及3349平方米隧道绿墙的彩化美化效果。推进生态公园、城市公园、社区公园、口袋公园建设，提升各类公园管理维护及服务水平。

【立体绿化建设】 2023年，天河区开展道路立体绿化建设。建成天源路中间分车带3段立体绿化示范点，面积2660平方米。完成广州国际金融城东区黄埔大道沿线立体绿植围蔽，面积2500平方米。新建5.2千米森林步道、7.2千米碧道，提升天河公园、天河儿童公园绿道10千米，新增城市绿地面积27.25万平方米。

【公园建设】 2023年，天河区打造“生态公园—城市公园—社区公园—口袋公园”四级公园体系，完成1个社区公园及5个口袋公园建设。提升华南国家植物园及周边环境品质，促进华南国家植物园和火炉山“双园融合”。围绕火炉山森林公园打造绿美生态示范点，完成多彩森林改造3.62万平方米。改造天河公园水体周边约600平方米堤岸。是年，天河区辖内有107个公园，主要有火炉山森林公园、凤凰山森林公园、龙眼洞森林公园3个生态公园，花城广场、珠江公园、天河公园和临江带状公园等8个城市公园，杨桃公园、长湴公园、银排岭公园等33个社区公园和63个口袋公园。

【火炉山森林公园周边环境品质化提升工程】 2023年4月19日，天河区开展火炉山森林公园周边环境品质化提升工作。该工程铺设、修缮沥青路面2.1千米，重建人行道443平方米，调整路面井盖，科学设置道路两旁机动车指示牌。清理残次植物，修剪大叶榕、木麻黄等树木约100株，补种火山榕、竹子等约420株，种植草本、蕨类植物等约360平方米。全面改造水电线路。7月，火炉山森林公园周边环境品质化提升工程完成。

【古树名木保护】 2023年，天河区有登记在册古树名木104株，其中二级古树2株、三级古树94株、名木8株，主要树种为荔枝。完成全区104株古树名木登记建档、挂牌、签订古树名木管护协议等工作。委托广州市林业和园林科学研究院开展古树名木巡查和专业养护，其中3级古树一年巡3次，2级古树一年巡4次，巡查数据实时上传至广东省古树名木信息管理系统。有针对性地开展古树名木抢救复壮。完成天河区745株古树后续资源调查并挂牌管理。

表40　　2023年天河区部分古树名木表

编号	树种	地址	备注
44010601700100001	龙眼楠	华南植物园蒲岗自然保护区山顶亭旁	1937年华南植物园建园时保护下来的乡土树种 2003年第4批公布保护
44010601700100003	人面子	华南植物园	1961年2月朱德手植 1985年第1批公布保护
44010601700100004	无忧树	华南植物园办公楼旁	1986年1月柬埔寨西哈努克亲王和夫人手植 2003年第4批公布保护
44010601700100005	海南红豆	华南植物园办公楼旁	1992年10月新加坡前总理李光耀先生手植 2003年第4批公布保护
44010601700100007	青梅	华南植物园	1965年1月董必武手植 1985年第1批公布保护
44010601700100008	青梅	华南植物园	1965年1月朱德手植 1985年第1批公布保护
44010601700100009	红花天料木	华南植物园办公楼旁	1964年11月阿富汗国王和王后手植 2003年第4批公布保护
44010601700100011	木棉	华南植物园办公楼侧	1982年叶剑英手植 1985年第1批公布保护
44010601700400012	细叶榕	岑村东外街3号	2003年第4批公布保护
44010600700900014	樟树	沙河路85号	1985年第1批公布保护 1989年市政府曾拨款17万元保护
44010600400100015	大叶榕	星海音乐学院附属中等音乐学院工字楼后	2003年第4批公布保护
44010600900300016	大叶榕	中国人民解放军体育学院54栋门前（禺东西路38号）	1999年第3批公布保护
44010600603400018	细叶榕	穗园小区天阳路食得香面包屋对面	2003年第4批公布保护
44010600603400019	细叶榕	穗园小区天阳路2	2003年第4批公布保护
44010600603400020	细叶榕	穗园小区天阳路3	2003年第4批公布保护
44010600603400021	细叶榕	穗园小区天阳路4	2003年第4批公布保护
44010601600100022	细叶榕	黄村北环路（玄文星太公园西侧）	1999年第3批公布保护
44010601600100023	细叶榕	黄村北路黄村公园（近铁路）	1999年第3批公布保护
44010601600100024	木棉	珠村铁路边上社大街八巷10号	1999年第3批公布保护
44010601600100025	木棉	黄村东路文化中心对面	1999年第3批公布保护
44010601600100026	细叶榕	黄村东路25号木棉对面十字路口处	1999年第3批公布保护
44010602000100027	细叶榕	中山大道中中国人民武装警察部队广东省总队停车场	2003年第4批公布保护
44010602000100028	细叶榕	中山大道中中国人民武装警察部队广东省总队停车场	2003年第4批公布保护
44010600301400029	细叶榕	车陂公园外围边（车陂幼儿园旁）	1999年第3批公布保护
44010600301400030	细叶榕	车陂高地大街西华社区流动人员和出租屋管理服务站	1999年第3批公布保护
44010602000400031	细叶榕	官溪北路23号	2003年第4批公布保护

（潘泓瀚）

科学技术

综述

【科学技术基础研究】 2023年，天河区科学技术基础研究实力雄厚，特别是辖内的环五山创新策源区科研资源高密度集聚。28平方千米内汇集5所高校，11家科研院所，16所职业院校，10家国家重点实验室，117家省级重点实验室，同时集聚9家国家工程技术研究中心，126家省级以上重点实验室，4家粤港澳联合实验室，1家“一带一路”联合实验室。是年，天河区有国家级科研院所8所、省级科研院所35所、市级科研院所2所；国家级以上工程技术研发中心9家、省级工程技术研发中心431家；国家级重点实验室10家、省级重点实验室89家。

【研究与试验发展投入】 根据2023年核算数据，2022年天河区全社会研究与试验发展投入198.64亿元，投入强度为3.20%，比2021年（下同）提高0.38个百分点。其中企业投入经费105.94亿元，增长8.2%；高校及其附属医院投入经费56.17亿元，增长2.9%；科研机构投入经费35.94亿元，下降1.6%；其他全社会研究与试验发展投入经费0.59亿元，下降91.3%。

【创新创业人才】 截至2023年年底，天河区战略性新兴产业领域有创新创业人才65名，其中具有突出贡献的领军人才24名、具有发展潜力的精英人才28名和初创型企业的新锐人才13名。是年，天河区发放领军人才支持资金320万元、精英人才支持资金200万元、新锐人才支持资金120万元。

表41　2023年天河区国家级工程技术开发中心表

序号	工程中心名称	所属单位
1	国家钛及稀有金属粉末工程技术研究中心	广东省科学院资源利用与稀土开发研究所
2	国家农业机械工程技术研究中心（南方分中心）	广东省农业机械研究所
3	国家金属材料近净成型工程技术研究中心	华南理工大学
4	国家植物航天育种工程技术研究中心	华南农业大学
5	国家人体组织功能重建工程技术研究中心	华南理工大学
6	国家移动超声探测工程技术研究中心	华南理工大学
7	造纸与污染控制国家工程研究中心	华南理工大学
8	聚合物新型成型装备国家工程研究中心	华南理工大学、广州华新科实业有限公司
9	基因工程药物国家工程研究中心	暨南大学

表42　2023年天河区国家级重点实验室表

序号	实验室名称	依托单位	成立年份
1	有机地球化学国家重点实验室	中科院广州地球化学研究所	1989
2	制浆造纸工程国家重点实验室	华南理工大学	1991
3	亚热带建筑科学国家重点实验室	华南理工大学	2008
4	畜禽育种国家重点实验室	广东省农业科学院畜牧研究所	2010
5	稀有金属分离与综合利用国家重点实验室	广州有色金属研究院	2010
6	发光材料与器件国家重点实验室	华南理工大学	2011
7	亚热带农业生物资源保护与利用国家重点实验室	华南农业大学	2011
8	同位素地球化学国家重点实验室	中科院广州地球化学研究所	2011
9	细胞类产品质量研究与评价重点实验室	中山大学附属第三医院	2021
10	创新生物材料医疗器械研究与评价重点实验室	华南理工大学	2021

【《广州市天河区科技创新发展“十四五”规划》印发】 2023年5月12日，经区委、区政府同意，《广州市天河区科技创新发展“十四五”规划》印发实施。该规划提出“一核引领、两区协同、多极支撑”科技创新格局，其中“一核”即环五山创新

表 43　　2023 年天河区省级以上科研院所表

序号	单位名称	序号	单位名称
1	广州信息技术研究所	24	广东省农业科学院农业资源与环境研究所
2	珠江水资源保护科学研究所	25	广东省农业科学院农业质量标准与监测技术研究所
3	珠江水利委员会珠江水利科学研究院	26	广东省林业科学研究院
4	广州海关技术中心	27	广东省现代农业装备研究所
5	中国科学院广州能源研究所	28	广东省体育科学研究所
6	中国科学院华南植物园	29	广东省农业科学院农业生物基因研究中心
7	中国林业科学研究院热带林业研究所	30	广东省科学院生态环境与土壤研究所
8	中国科学院广州地球化学研究所	31	广东省家禽科学研究所
9	广东省科学院产业技术育成中心	32	广东省农业科学院水稻研究所
10	广州气象卫星地面站	33	广东省社会科学院
11	广东省地质环境监测总站	34	广东省农业科学院作物研究所
12	广东省农业科学院	35	广东省农业科学院蚕业与农产品加工研究所
13	广东省农业科学院农业经济与信息研究所	36	广东省农业科学院蔬菜研究所
14	广东省林业调查规划院	37	广东省农业科学院动物卫生研究所
15	广东省水利水电科学研究院	38	广东省农业科学院动物科学研究所
16	广东省特种设备检测研究院	39	广东省农业科学院果树研究所
17	广州半导体材料研究所	40	广东省科学院半导体研究所
18	广东省农业科学院环境园艺研究所	41	广东省科学院资源利用与稀土开发研究所
19	广东省科学院化工研究所	42	岭南现代农业科学与技术广东省实验室
20	广东省农业科学院茶叶研究所	43	广东省科学院新材料研究所
21	广东省科学院中乌焊接研究所		
22	广东省农业科学院设施农业研究所		
23	广东省农业科学院植物保护研究所		

策源区，“两区”指天河智慧城、广州人工智能与数字经济试验区广州国际金融城片区，“多极”指天河中央商务区、科韵路软件业集聚区、沙河片区。该规划提出科技创新主体稳健发展、原始创新能力显著增强、科技创新服务持续优化、创新效率效益明显提升 4 个发展目标及 12 个细化指标，以及面向未来区域重点产业发展方向的九大技术领域，实施培育高能级创新平台等 5 项任务，为天河区科技创新整体实力高水平发展提供行动指南。（蔡贞）

科技创新

【概况】 2023 年，天河区推进科技高水平自立自强，在赛迪全国创新百强区榜单中连续 3 年排名前三。《广州市天河区科技创新发展“十四五”规划》《天河区环五山创新策源区更新发展建设三年行动计划》等重要文件印发实施。是年，天河区有 73 个项目获广东省科学技术奖，其中科技进步奖 47 个，科技发明奖 5 个。举办 2023 年广州国际创新节。中国工业互联网研究院广东省分院落地天河区。

【科技成果转化】 2023 年，天河区为科技成果落地提供全方位服务，高标准运营广州（国际）科技成果转化天河基地。截至是年底，天河基地引进 18 个优质科技成果转化项目入驻孵化，入驻项目新增股权融资累计超 1.3 亿元，新增债权融资超 5000 万元。472 家科技企业申报重点领域研发计划“揭榜挂帅”技术攻关项目 49 个，筛选高质量技术创新需求 182 项，组织 20 多家高校院所提供解决方案 134 项，推动横向技术合作达成意向签约近亿元。

【创新主体梯度培育】 2023 年，天河区完善创新主体梯度培育体系，激发“科技型中小企业—高新技术企业—规模以上高新技术企业、省级专精特新中小企业—‘独角兽’企业、国家专精特新‘小巨人’企业—上市高新技术企业”的科技企业梯度培育体系活力。2023 年，天河区新增科技类企业 2.7 万家，比 2022 年增长 30.4%。累计有国家高新技术企业 2367 家，占全市的 18%。国家科技型中小企业库入库企业 4242 家，占全市的 20%。新增 10 余家国家级专精特新“小巨人”企业，工业企业实现“零突破”。入选 2023 广州拟上市高企百强榜单及后备百强榜单 30 余家，占全市近四成；2023 年“独角兽”“未来独角兽”“种子独角兽”创新企业 45 家，占全市超两成。蜂助手、中旭未来（贪玩游戏）成功上市。培育赛意、亿迅 2 家跨行业跨领域工业互联网平台企业。

【创新生态营造】 2023 年，天河区升级天英汇 2.0 平台。举办 2023 广州国际创新节。实施创新载体“以亩产论英雄”，辖内科技企业孵化载体省级评价优秀数量连续三年全市第一。新增国家级孵化器 1 家，科技企业孵化器和众创空间累计 254 家。其中，国家级孵化载体 40 家，省级孵化载体 26 家。完善“信用＋金融＋创新”多层次融资服务体系，建立天河区科技企业信用指数指标体系，为区内企业推出“中银天河创新贷”“天河优创园区贷”等 14 个金融专项产品。截至是年底，累计向金融机构推

2023 年 12 月 18 日，2023 年发现广州“独角兽”创新企业颁奖仪式举办（区科工信局供稿）

送科技信用指数名单企业超 1.6 万家，促成放贷超 80 亿元。

【中国工业互联网研究院广东省分院落地天河】 2023 年 12 月，天河区人民政府与中国工业互联网研究院共同签署合作协议，中国工业互联网研究院广东省分院暨国家工业互联网大数据中心广东省分中心落地天河，旨在成为立足天河、服务广东、辐射大湾区的工业互联网创新发展枢纽、平台和高地，支撑区域数字经济高质量发展。

【2023 广州国际创新节】 2023 年 12 月 18—20 日，以“开放融合 数智领航”为主题的 2023 广州国际创新节在广州图书馆举行。本届创新节发布 2023 年广州市“独角兽”企业榜单，其中天河区有“独角兽”创新企业 9 家，“未来独角兽”创新企业 16 家，“种子独角兽”企业 20 家，2 家“超级独角兽”企业（估值超 100 亿美元）：希音国际和广汽埃安。发布 2023 年广州市隐形冠军企业榜单，其中天河区有 17 家。发布 2023 年广州标杆孵化器榜单，其中天河区有 2 家十大标杆孵化器。本届创新节还举行湾区新药研究院（天河）项目落地天河签约仪式、中国工业互联网研究院与天河区人民政府签约仪式、国家工业信息安全发展研究中心华南分中心落地广州市签约仪式。创新节发布天河“环五山”创新策源区、天英汇 2.0 平台、2112 工园 3 个创新赋能产业项目。

（蔡贞）

知识产权

【概况】 2023 年，天河区正式启动国家知识产权强县建设试点县建设，加强知识产权管理，优化知识产权服务。全区专利授权量 19298 件，其中发明专利授权量 9438 件，比 2022 年（下同）增长 29.6%；PCT 国际专利申请量 284 件，占全市总量的 15.3%；每万人口发明专利拥有量 189.7 件，每万人口高价值发明专利拥有量 78.7 件。全区获得第二十四届中国专利奖 20 项，其中小鹏汽车获得外观设计金奖 1 项；获得第九届广东专利奖 11 项。全区商标申请量 75214 件，商标有效注册量 544197 件；作品登记总量 29148 件，其中软件 26190 件，其他类型作品 2958 件。全区发明专利授权量、有效发明专利总量、有效商标注册量位居全市之首。

【知识产权司法保护】 2023 年，区法院审结侵犯知识产权和制售假冒伪劣商品犯罪案件 15 件。审结知识产权与不正当竞争民事案件 2396 件，解决争议金额 3.65 亿元。审结涉网络游戏“租号”截单、“外挂”作弊等新类型案件。《喜剧之王》诉《喜剧之王 2018》不正当竞争纠纷案入选最高人民法院电影知识产权保护典型案例。审结腾讯公司诉珍分夺秒公司侵害商标权及不正当竞争纠纷案，认定抓取微信公众号用户信息构成不正当竞争，入选省法院第一批数字经济知

2023 年 9 月 14 日，“知引创新 智汇天河”知识产权高质量发展论坛在广州（国际）科技成果转化天河基地举办（区知识产权局供稿）

表 44　　2023 年天河区获二十四届中国专利奖项目表

获奖类型	专利名称	专利权人
中国外观设计金奖	汽车整车	广州小鹏汽车科技有限公司
中国专利优秀奖	用于被动式直接甲醇燃料电池的热／流管理系统	华南理工大学
中国专利优秀奖	一种酚水水煤浆用木质素系分散剂及其制备方法与应用	华南理工大学
中国专利优秀奖	一种在铝合金表面制备铈锰／钼多元复合转化膜的方法	华南理工大学
中国专利优秀奖	生长在 Si 衬底上的 InGaAs 薄膜及其制备方法	华南理工大学
中国专利优秀奖	基于合成时反的结构损伤迭代聚焦成像监测方法	华南理工大学
中国专利优秀奖	一种莲子剥壳去芯留芯磨白集成加工设备	广州市华晟健康产业有限公司
中国专利优秀奖	一种脉冲电场协同超微粉碎生产强化全谷物粉的方法	华南理工大学、广州派虎科技有限公司
中国专利优秀奖	一种高熵合金颗粒增强铝基复合材料及其搅拌铸造制备工艺	华南理工大学
中国专利优秀奖	一种高速无损伤理瓶、贴标、检测及包装生产线	广东伊茗药业有限公司
中国专利优秀奖	一种柔性精密薄壁轴承故障诊断寿命试验机	华南理工大学
中国专利优秀奖	基于充电失败风险排序的电动汽车充放电控制方法	华南理工大学
中国专利优秀奖	一种基于 BIM 和 GIS 的参数化结构化建模设计方法	奥格科技股份有限公司
中国专利优秀奖	一种载淫羊藿苷和去铁胺的聚乳酸基骨组织支架及制备方法和应用	暨南大学
中国专利优秀奖	基于路径覆盖测试用例自动生成的单元测试方法	华南理工大学、北明软件有限公司
中国专利优秀奖	纠正伴奏和干音之间的时延的方法、装置及存储介质	广州酷狗计算机科技有限公司
中国专利优秀奖	基于嵌入式系统的外设控制系统	广州致远电子股份有限公司
中国专利优秀奖	一种利用单测点响应的桥梁实时安全状态监测方法	暨南大学
中国专利优秀奖	一种锁相环的频率锁定方法及电路	华南理工大学
中国专利优秀奖	一种城轨高架站轨行区抗风防震吊顶构造及施工方法	广东省建筑装饰工程有限公司

识产权保护典型案例。区公安分局全年累计侦破知识产权案件 80 宗，刑事拘留 150 人，逮捕直诉 60 人，打掉犯罪团伙 27 个，涉案金额超 4 亿元。查处辖内“啊强酸菜鱼”公司假冒注册商标“阿强”一案，该案是全省侦破的首宗假冒服务类商标案件。

【知识产权行政保护】 2023 年，区市场监管局办结专利侵权纠纷案件 15 宗、假冒专利案件 1 宗。办结商标侵权案件 100 宗，违法金额 52.75 万元，罚没款 128.19 万元。区市场监管局选送的“全市首创线上执法办案＋调解消费纠纷利民便企新举措”案例获广州市市场监管系统首届法治获得感十佳案例称号；“知识产权‘行政投诉转为仲裁调解’全国首案”和“广州诞生首宗‘行政处罚＋行政调解＋司法确认’商标侵权案”两个案例被评为首届法治获得感十佳案例提名奖。“广州某某建设有限公司销售侵犯‘TOTO’洁具商标专用权案”适用国家知识产权局指导案例。区市场监管局开展 2023 年“清源”地理标志保护、“护航—2023”新会陈皮地理标志保护、杭州亚运会和亚残运会知识产权保护等专项行动。全年检查各类线下市场 51 个、市场主体 163 个、电商平台 1 个、电商平台商户 2 个；核查上级交办的地理标志案件线索 3 条，查处违法使用新会陈皮地理标志行为 1 宗。

【知识产权协同保护】 2023 年，天河区推动司法、行政、仲裁三方衔接，强化知识产权协同保护。与广州知识产权法院合作，首创知识产权诉讼案件转为行政投诉案件的办案新模式。与天河区人民法院合作，首创“行政处罚＋行政调解＋司法确认”的知识产权办案新模式。与广州仲裁委员会合作，首创知识产权行政诉讼案件转为仲裁调解案件的办案新模式。区市场监管局建立“三个通道”推动知识产权协同保护的举措入选 2022 年度广东省知识产权基层改革创新举措复制推广清单。

【知识产权服务】 2023 年，区辖内华南理工大学、暨南大学、华南师范大学、广东技术师范大学 4 家高校被认定为高校国家知识产权信息服务中心，广东技术师范大学被认定为广东省知识产权公共服务网点。围绕辖内产业园区设立知识产权工作服务站，在元岗智汇 Park、前进盈科智谷、天河科技园管委会、天河中央商务区管委会等 8 个园区设立知识产权质押融资服务工作站。构建“一会三站一平台”工作模式，即天河区知识产权联合会、重点产业知识产权保护工作站、知识产权调解工作站、商业秘密保护站以及天河区知识产权维权援助平台，为辖内企业提供知识产权服务。全年化解知识产权纠纷 107 件。

【知识产权质押融资】 2023 年，天河区在元岗智汇 Park 等园区举办"入园惠企"知识产权质押融资政策宣讲会，强化"政企银保服"联动，推动区域知识产权质押融资规模较快增长。全年完成知识产权质押融资金额 53.19 亿元，其中专利质押融资金额 52.19 亿元、商标质押融资金额 0.99 亿元，居全市第二。

【专利转化许可】 2023 年，天河区组织软件与信息服务产业、智能家电行业、新一代信息技术等领域开展校企对接活动、专利成果推介会共 5 场。促成天河区企事业单位实现专利权转让、许可 181 项，并在国家知识产权局登记备案，交易金额 1512.28 万元。搭建专利开放许可展示运营平台，运用大数据、人工智能等新技术，按产业细分领域向企业匹配推送；畅通开放许可流程，形成天河特色的专利开放许可工作机制。

（丘月华）

科学技术普及

【概况】 2023 年，天河区有科普教育基地 39 个。天河区依托辖内众多高校、科研院所、科普基地开展各类科普宣传活动。开展天河区科普大使优秀典型评选与新型科普合作联盟示范单位评选活动，评出科普达人、科普宣传大使、科普形象大使、科普明星讲师共 17 名，天河区新型科普合作联盟示范单位 3 个。2 月 15 日，天河区向第二批共 23 家单位授予"新型科普合作联盟"牌匾，累计有 49 家单位加入该联盟。

【天河区科技活动周】 2023 年 5 月

表 45　　2023 年天河区科普教育基地表

单位	被命名基地类别
中国科学院华南国家植物园	广东省环境教育基地
	广东省植物学科学普及基地
	广州市环境教育基地
	全国科普教育基地
	全国青少年科普教育基地
	广东省直属机关青少年科普教育基地
	天河区青少年科技教育基地
	广州市科学技术普及基地
	广州市青少年科技教育基地
	广州市天河区科普教育基地
	广东省青少年科技教育基地
广东现代农业科普园	广东省科普教育基地
	广州市科学技术普及基地
中国科学院广州地球化学研究所	广州市爱国主义教育基地
	中国科学院广州地学与资源科普基地
中国科学院广州能源所	广东省青少年科技教育基地
	广州市科学技术普及基地
	天河区长兴街科普教育基地
	广东省科普教育基地
	广东省青少年科技教育基地
	广州市天河区科普教育基地
	全国科普教育基地
广州图书馆	广州市科学技术普及基地
广州货币金融博物馆	广州市科学技术普及基地
	广东省青少年科技教育基地
广东省博物馆	广东省科普基地
广东树木公园	广州市科学技术普及基地
	全国科普教育基地
广东省农业科学院蚕业与农产品加工研究所	广东省科普教育基地
华南农业大学食品安全科普基地	广州市科学技术普及基地
广东实验中学附属天河学校科普教育基地	广州市科学技术普及基地
华南师范大学生物标本馆科普基地	广州市科学技术普及基地
广州风行牛奶科普基地	广州市科学技术普及基地
华南农业大学艺术学院广东民族服装服饰艺术博物馆	广州市科学技术普及基地
《中国家庭医生》健康科普基地	广州市科学技术普及基地
华南农业大学亚热带农业生物资源保护与利用国家重点实验室	广州市科学技术普及基地
广州市水生野生动物保护科普基地	广州市科学技术普及基地
《中国家庭医生》健康科普基地	广州市科学技术普及基地
青少年心理健康科学传播培训基地	广州市科学技术普及基地
广州市智慧健康科普基地	广州市科学技术普及基地
工业机器人科技应用创新科普基地	广州市科学技术普及基地
广州市岭南中草药科普基地	广州市科学技术普及基地
非遗传承大师工坊科普基地	广州市科学技术普及基地
刘金山地球历史与生命演化科普基地	广州市科学技术普及基地
珍稀兰花科普基地	广州市科学技术普及基地

续表 45

单位	被命名基地类别
体感教育科普基地	广州市科学技术普及基地
广东省工业分析检测中心材料评价科普基地	广州市科学技术普及基地
广州市正佳海洋世界生物馆有限公司	广东省科普教育基地
	全国科普基地
广州正佳自然科学博物馆科普基地	广州市科学技术普及基地
半导体科技科普基地	广州市科学技术普及基地
广东省科学院产业技术育成中心	广州市科学技术普及基地
广东交通职业技术学院	广州智能交通技术科普基地
中环宇恩（广东）生态科技有限公司	广州中环宇恩海洋科普基地
广州体育文化博物馆（挂广州亚运会亚残运会博物馆牌子）	广州体育文化博物馆科普基地
广东省科学院新材料研究所	广州市先进材料及制造科普基地
华南农业大学	广州华南农业大学 3D 打印技术及应用科普基地
	广州华南农业大学昆虫学科普基地
	广州华南农业大学博物馆科普基地

2023 年 5 月 20 日，天河科技活动周上，趣丸科技人工智能研究中心讲解数字人虚实融合新载体　　（区科工信局供稿）

20—31 日，天河区科技工业和信息化局（以下简称“区科工信局”）、区科协联合主办 2023 年天河区科技活动周。本届活动周以“热爱科学，崇尚科学”为主题，联动高校与科研院所、科技企业、科普基地等，开展 30 多场科技开放日活动。启动仪式上，科普联盟单位与学校、科普基地“结对子”签约，促进校、馆、企资源共享。同时发布“天河科普”小程序 2.0 版本上线预告。

【天河区首条自然探索科普基地游路线】 2023 年，天河区首条自然探索科普基地游路线上线“天河科普”小程序，该精品路线包含四大科普基地。第一个科普基地是广东树木公园，位于广汕一路 233 号广东省林业科学研究院，占地面积约 700 亩，内有一条自然教育学堂“珍贵树种长廊”主题自然教育路径，全长 500 米。第二个科普基地是广东省土壤科学博物馆，开放“土壤科学发展史”展厅和“土壤标本”展厅。第三个科普基地是广东省中药研究所，位于高唐路 229 号，向参观者展示广东省各类中草药及其制作到制备的全过程。第四个科普基地是广州地学与资源科普基地，总面积 300 多平方米，开放“宇宙形成与元素诞生”和“地质”展厅。

【华南国家植物园入选首批国家林草科普基地】 2023 年 5 月 30 日，中国科学院华南植物园被国家林业和草原局授予首批国家林草科普基地。该园立足活植物收集和迁地保育，致力于知识传播和科学普及，注重科学与自然融合体验。年均接待人数超 170 万人次，其中青少年约 20 万人次。年均开展科普活动 240 场，线上线下受众超 300 多万人次。

（蔡贞、潘泓瀚）

教育

综述

【概况】 2023年，天河区以“优品教育，成在天河”为引领，继续推进教育强区建设。截至是年底，天河区辖内有中小学125所（其中公办中小学78所、企事业办学校9所、社会力量办学38所），幼儿园219所，特殊教育学校3所（区属公办1所、省市办2所）；在校中小学生185770人，在园幼儿50053人，特殊教育在校生1148人，教职工22671名，其中在编公办中小学、幼儿园教职员7803人。区属公办高中高考上特招控制线人数1541人，上线率51.9%；全区本科上线人数3222人，上线率88.74%。

是年，天河区新开办智谷第一实验学校、华康小学海欣校区、龙口西小学天阳校区3所中小学校（区）和5所幼儿园（区）。中海康城小学、骏景小学完成扩建并投入使用，累计新增学位超4000个。清华附中湾区学校二期校区、天河外国语学校智慧城校区、区少年宫新校区开工建设。

【教育经费保障】 2023年，天河区教育经费总投入64.07亿元，比2022年（下同）增长10.66%。其中投入国家财政性教育经费（主要包括一般公共预算安排的教育经费，政府性基金预算安排的教育经费，国有及国有控股企业办学中的企业拨款，校办产业和社会服务收入用于教育的经费等）45.70亿元，占是年区地方生产总值的0.7%。按在校生人数平均的一般公共预算教育经费支出为学前教育1.57万元、小学教育1.96万元、初中教育3.21万元、高中教育4.15万元、职业教育3.49万元，分别增长8.06%、-10.52%、-7.81%、0.46%和-39.64%。

【教育资助】 2023年，天河区资助家庭经济困难学生4873人次，资助金额166.51万元。其中，学前教育阶段资助1160人次，资助金额35.94万元；义务教育阶段资助3512人次，资助金额106.91万元；普通高中资助201人次，资助金额23.66万元。

【教育集团】 2023年，天河区累计有教育集团8个，分别是广州中学教育集团、广州天河外国语教育集团、广州市第一一三中学教育集团、广州奥林匹克教育集团、广州华阳教育集团、广州体育东教育集团、广州先烈东教育集团、广州天府教育集团。集团开展共同备听评课活动、教学视导活动、领导层调研、科研课题指导等活动。全年进行核心校调研指导25次，集团内交流任教一年以上教师15人，举行教师培训活动136次，共同培训教师17.8万人次，师徒结对381对，举行集备活动167次，听评课活动138次，教学视导活动34次，科研课题指导19次。

是年12月，广州奥林匹克教育集团、广州天府教育集团成立。广州奥林匹克教育集团以广州奥林匹克中学为核心校，广州市第十八中学、广州市泰安中学、广州市天河区智谷第一实验学校为成员校。广州天府教育集团以天府路小学为核心校，华融小学、昌乐小学、车陂小学、棠东小学、柯木塱小学、石东小学为成员校。

【教师队伍建设】 2023年，天河区幼儿园专任教师大专以上学历占比97.98%，小学专任教师本科及以上学历占比95.70%，初中专任教师本科及以上学历占比98.72%，高中专任教师研究生学历占比36.68%，比2022年分别提高1.60%、1.44%、0.43%、3.08%。是年，天河区招聘教职员624人，完成教师资格认定3521人。继续实施中小幼教师三年培训规划，完善“三阶四层”常规培训体系。2023年，新入选广东省中小学名教师、名校（园）长、名班主任工作室主持人11名，广州市名教师工作室主持人37名。新增正高级教师7人。在2023年广州市中小学青年教师教学能力大赛中，获一等奖56人、二等奖81人、三等奖111人，获奖人数位居全市前列。5所学校入选广州市首批中小学师德师风建设优秀学校。

（苏笑玉）

教育管理

【教育项目建设】 2023年，天河区推动重大教育项目建设。清华附中湾区学校二期校区、天河外国语学校智慧城校区、广州中学凤凰校区加扩建工程（二期）、区少年宫新校区建设工程正在推进。广州海关石牌西路配套小学建设工程、天河龙口西小学天阳校区建设工程完工并投入使用，累计新增学位1620个。

【智慧教育】 2023年，天河区在广东省能力提升工程2.0省级试点县（市、区）绩效考核中获广东省第二名，在市创建全国智慧教育示范区绩效考核中评为优秀。天河区推进广州市信息技术赋能教学“十百千万”人才培养项目和人工智能教育普及工作，联合市电化教育馆、腾讯公司在体育东路小学等学校开展15场人工智能教育现场交流活动。开展国家中小学智慧教育平台先行先试工作。完成教育系统2023年信息化项目、6所新开办学校信息基础设施建设项目等立项工作。完成5所学校电脑语音室升级改造。完成城域网链路租赁（二期）项目建设，新增接入校区91个。更新“天河教育在线”平台，围绕课堂变革，融合共建网络学习空间、精准教学等资源体系，至是年底，平台注册学校174所，注册教师8849名，注册学生116065名，月均访问量超5000人次。

【教育“双减”】 2023年，天河区持续做好四个“聚焦”（即聚焦课堂质量、课后服务、审批办证、监管治理），巩固“双减”成果。与华东师范大学课程与教学研究所合作开展天河区基础教育课程与教学质量提升项目，实行“五点联动”，即专家团队指导、区教育局行政推动、区教师发展中心教研推进、区“种子校”先学先行、区“联盟校”互助共进。设置“基本托管服务”和“素质拓展服务”两种服务模式。截至是年底，全区122所义务教育学校报名参加校内课后服务的学生逾11万人。做好非学科类校外培训机构的审批和规范管理，构建“区—街道—社区”三级网格化动态检查机制。天河区21个街道共配备网格员211名，实现网格化综合治理全覆盖。推动全国校外教育培训监管与服务平台应用，天河区持证校外培训机构全部纳入平台监管，资金监管总额1.83亿元。

【校园安全】 2023年，天河区高度重视校园安全管理工作，落实学校安全联席会议工作制度及市、区、局三级校园安全督导检查机制，推进安全宣传“进学校”。组织开展7轮校园安全隐患排查整治工作，累计检查学校1354家次、校外培训机构1336家次。会同第三方风险评估公司对全区337所学校开展2轮校园安全风险隐患评估。联合公安、司法、交通、消防、水利等部门加强校园安全联合监管执法。

【教育帮扶】 2023年，天河区开展教育帮扶的地区有13个（省内7个、省外6个），在2022年度全口径全方位融入式帮扶粤东粤西粤北地区基础教育高质量发展工作考核中获得优秀，位列全省50个市县区级第一名。“芝麻视导、跟踪提升”调研工作取得初步成效，通过“集体视导—点亮寻潜—协商清单—论证谋计—输入输出—跟踪提升”六步法，推动视导学校教育高质量发展。围绕“巨变天河”“智慧天河”“南粤人文”“科技兴农”四大主题，组织贵州省毕节市及广东省梅州市兴宁市的66名贫困家庭子女赴穗研学。（苏笑玉）

表46　2023年天河区投入使用教育项目表

项目名称	项目地址	拟提供学位（个）
华康小学海欣校区	石牌西路36号	540
龙口西小学天阳校区	华阳阁东门东90米	1080
中海康城小学改扩建工程	中海康城花园香雪兰二街2号	585
骏景小学改扩建工程	福庭街38号骏景花园内	585
天河区天晖幼儿园南园区	黄埔大道中金兴一街50号	180
天河区智谷第二幼儿园	棠馨中二街2号	540
侨怡幼儿园时代园区	广园东路2193号	180
雅贝幼儿园北园区	华观路1413号	180

基础教育

【学前教育】 2023年，天河区有幼儿园219所，在园幼儿数50053人，幼儿园专任教师4168人。其中公办幼儿园70所，是年新增5所，在园幼儿数26004人，占比全区在园幼儿总数的51.95%；普惠性民办幼儿园107所，新增2所，在园幼儿数18155人，占比36.27%。

【4个幼小衔接方案获省级奖项】 2023年5月，广东省教育厅公布首届幼小衔接活动方案遴选结果。广州市有10个方案获得“优秀方案”等次，天河区童睿幼儿园、天河区昌乐小学“我的运动我做主”，广州市幼儿师范学校附属幼儿园、天河区奥体东小学“我们不一样”列入其中。广州市有15个方案获得“入围方案”等次，其中天河区东圃幼儿园、天河

表 47

2023 年天河区新增幼儿园基本情况表

名称	地址	性质	幼儿园规模			
			学生数（人）	教工数（人）	占地面积（平方米）	建筑面积（平方米）
天河区四季幼儿园	花间南四街 5 号	公办	358	51	4288	6668.55
天河区智谷第二幼儿园	棠馨中二街 2 号	公办	112	20	5819.4	5819.4
天河区塾唐幼儿园有限公司	兴盛路 8 号三层 301 号铺	民办	7	26	1643.6	1643.6
天河区同仁起点幼儿园	鸡颈坑大街 32 号 101 房	民办	205	39	2650.22	1798
天河区雅贝幼儿园（北园区）	华观路 1413 号	公办	59	13	1802.55	1474.50
天河区天晖幼儿园（南园区）	黄埔大道中金兴一街 50 号	公办	46	12	2449.81	1793.96
天河区侨怡幼儿园（时代园区）	广园东路 2191 号、2193 号	公办	45	11	2316	3120.7

区东圃小学“幼小携手，科学衔接”，天河区悦教智慧幼儿园、天河区昌乐小学“科学衔接，我们在行动”入列其中。

【义务教育】 2023 年，天河区有小学 74 所，在校学生 126855 人。其中，公办小学 59 所，在校学生 90404 人；企事业办小学 4 所，在校学生 7685 人；民办小学 11 所，在校学生 28743 人。有小学编制教师 3433 人，临聘教师 2184 人。天河区有初中（含九年一贯制学校）37 所，在校学生 41240 人。其中，公办初中 11 所，在校学生 25625 人；民办、企事业办、集体办初中 26 所，在校学生 15615 人。有初中编制教师 982 人，临聘教师 1990 人。

4 月 28 日，天河区教育局公布《2023 年天河区义务教育阶段学校招生工作细则》。是年，天河区义务教育阶段招生平台网上报名登记学生 24170 人，其中公办（企事业办）学校 18992 人、民办学校 5178 人；线下报名 164 人。

是年，天河区参加中考学生人数 11946 人，比 2022 年（下同）增加 158 人；达到普通高中录取最低控制分数线（545 分）以上 8040 人，增加 650 人，占考生人数的 67.3%，与 2022 年持平。其中，区属公办初中学校参加中考学生人数 1985 人，增加 762 人。

表 48

2023 年天河区义务教育入学升学情况表

教育阶段	学校数量（所）	在校学生（人）	学龄儿童入学率（%）	毛入学率（%）	毕业生升学率（%）
小学教育	74	126855	100	101.03	—

2023 年 9 月 4 日，广州市天河区智谷第一实验学校举行开学典礼和揭牌仪式　（区教育局供稿）

【义务教育新课程改革成果发布】 2023 年 12 月 20—21 日，2023 年广东省义务教育新课程改革成果推广暨广州市天河区课程教学改革深化行动项目成果展示活动举行。会上，总结新一轮基础教育课程改革成果的“天河行动”丛书正式发布。丛书共 5 册，内容主要包括从学校层面制定的国家课程实施方案，整体

表 49

2023 年天河区新增初级中学基本情况表

名称	地址	学校规模				
		学生数（人）	教工数（人）	专任教师数（人）	占地面积（平方米）	建筑面积（平方米）
广州市天河区智谷第一实验学校	大观路棠馨雅街 1 号	261	37	27	18904	12090.37

规划学校育人蓝图；从学校教研组层面编制的“学期课程纲要”，规范教与学；从学校备课组或教师编写的单元学历案，落实学科素养目标；“学为中心的课例研究”的新教研范式。除《育时代新人 绘课程蓝图》《聚核心素养 做学科规划》出版外，还有《新教研 学为中心的课例研究》《新教案Ⅰ 小学单元学历案精选》《新教案Ⅱ 中学单元学历案精选》三本书即将出版。

【普通高中教育】 2023年，天河区有高中（含完全中学、十二年一贯制学校）13所，在校学生16020人。其中，公办高中7所，在校学生10725人；企事业办高中3所，在校学生2027人；民办高中3所，在校学生3268人。有高中编制教师2345人，临聘教师1062人。8月，《关于实施新时代基础教育扩优提质行动计划的意见》印发，该文件指出：“推动普通高中多样化发展。建设一批具有科技、人文、外语、体育、艺术等方面特色的普通高中，积极发展综合高中。”天河区加强新课程和新教材的改革研究，提高初高中学生贯通培养力度，推进高中全面开展个性化、情景化教学。加强示范校建设指导，增加示范校和示范学科数量。联合公办、民办学校开展教研活动，提升管理与教学水平。是年，天河区参加高考文化科类考生3631人，比2022年（下同）增加105人，特招控制线上人数1770人，增加167人，上线率48.75%，提高4.35%，连续7年全市第一。全区本科上线人数3222人，增加103人，上线率88.74%，提高2.34%。其中，区属公办高中参加高考文化科类考生2969人，与2022年持平，特招控制线上人数1541人，增加154人，上线率51.9%，提高6.48%；本科上线人数2765人，增加35人，上线率93.13%，提高2.59%。

【特殊教育】 2023年，天河区有特殊教育学校1所（天河区启慧学校），开设5个特教班。全年有义务教育应安置特殊儿童少年440人，其中就读普通学校204人，就读特教育学校154人，就读特教班54人，送教上门28人，义务教育阶段安置率100%。非义务教育阶段享受15年免费教育补助32人，其中幼儿园24人、普通高中8人。

【5个特殊教育项目获省级立项】 2023年10月，省教育厅发布2024年特殊教育精品课程建设、内涵建设示范项目立项名单和2023年广东省基础教育精品课遴选结果。天河区在广州市获立项数量最多，有4个特殊教育内涵建设示范项目和1个特殊教育精品课程建设项目获得立项，2节特殊教育精品课获推荐参与国家级精品课遴选。

【素质教育】 2023年，天河区重视学生“五育”发展，全面推动育人方式变革。依托正面教育、立志教育两大联盟，深化德育“天河模式”，区教育局入选教育部大中小学思政课一体化共同体成员单位。区辖内有省级心理健康特色学校3所，市级心理健康特色学校11所。拓展科普教育资源，丰富科技教育活动，2023年完成14项区级赛事活动，获得国家级奖项393个、省级奖项1097个、市级奖项643个。2所学校入选首批全国中小学科学教育实验校。构建教科研、活动、训练、竞赛、培训“五位一体”的学校体育发展机制，整合体育课堂、大课间、课外锻炼3个载体，重点打造广州市唯一的全国青少年校园足球“满天星”训练营，推动体教深度融合，举办中小学运动会。全区中小学生体质健康优良率达72.32%。提升学生艺术素养，全区各学校共有455个类型丰富、覆盖全面的学生艺术团。有全国中华优秀传统文化传承学校1所，中华优秀传统文化传承学校5所。获全国第七届中小学生艺术展演活动奖项3个，并获“优秀组织奖”。案例《中小学艺术综合素质评价轻量化实践探究》在国家级案例评选中获一等奖。多所学校入选广州市中小学劳动教育试点学校及其他劳动特色示范校。

【2所学校被认定为广州市首批教育国际化窗口学校】 2023年9月11日，天河外国语学校、广州华美英语实验学校入选广州市首批教育国际化窗口学校。天河外国语学校以“外语＋科技”为教育特色，在学科竞赛、科技创新、发明创造等方面打造研究性学习、小课题研究、社团活动和综合实践活动的宽松环境，培养学生的科学精神和科学素养、提升创新思维和实践能力。广州华美英语实验学校以“兼融东西方教育文明、培育全球型未来精英”为办学宗旨，除设置近百种素质教育

表50　2023年天河区特殊教育项目获省级以上立项表

立项等级	项目名称
省级特殊教育内涵建设示范项目	天河区：随班就读示范区建设
	天河区特殊教育指导中心：优质特殊教育资源中心建设
	天河区御景小学：随班就读示范学校（园）建设
	天河区华港幼儿园：随班就读示范学校（园）建设
省级特殊教育精品课程建设项目	天河区启慧学校：地方课程专题化建设项目
参与国家级精品课遴选	天河区启慧学校：陈晖《禁止和警告标志》
	天河区启慧学校：叶叶秀《认识5》

课程外，还设置跨学科的融创课程及“中国课程＋”的全课程融创体系，学生在学校体验“教学微创新＋智慧课堂＋华美智慧 2.0”。

【15 所学校成为市级国际理解教育试点校】 2023 年 9 月 26 日，广州市天河区国际理解教育市级试点校启动仪式在华阳小学（天河东校区）举行。经过广州市教育研究院评审，天河区有 15 所学校被评为市级国际理解教育试点校。启动仪式以“连接世界 · 共塑未来”为主题，围绕本土文化认同、跨文化理解、全球命运共同体三大领域，拓宽学生的国际视野。启动仪式上天河区介绍推进国际理解教育的工作思路：打造“天河特色”，形成“天河方案”，实施“六大行动”，即共同体建设行动、规划研制行动、学校特色培育行动、领航教师培养行动、教学质量提升行动、成果提炼推广行动，推动区域特色发展，探讨国际理解教育的“天河路径”，把天河区打造成国际理解教育区域推进的市级示范区。

表 51　2023 年天河区市级国际理解教育试点学校表

序号	学校名称
1	天河区体育西路小学
2	天河区暨南大学附属实验学校
3	天河区天英小学
4	天河区先烈东小学
5	天河区珠村小学
6	天河区智谷第一实验学校
7	天河区龙口西小学
8	天河区第一实验小学
9	天河区华阳小学
10	天河区华康小学
11	天河区天府路小学
12	广州市南国学校
13	广州市华颖外国语学校
14	广州天省实验学校
15	广州市天河外国语学校

2023 年 12 月 23 日，天河区第五届“天英汇”青少年科技创新成果展现场展示

（区教育局供稿）

【天河区幼儿园第二届科技节】 2023 年 12 月 1 日，天河区幼儿园第二届科技节在华南理工大学幼儿园举行开幕仪式。本届科技节以“科技赋能未来，弘扬创新精神”为主题，依托幼儿园科学教育研究联盟，开展幼儿园科学游戏活动案例遴选、幼儿园科学教育环境创设评比等系列活动，从 500 余件投稿作品中评选出优秀科学游戏活动案例 50 项、优秀环境创设案例 25 项、优秀科学绘本设计 47 项。幼儿园科技节是天河区贯彻落实《教育部等十八部门关于加强新时代中小学科学教育工作的意见》精神、推进区域学前教育发展的活动。

【青少年科技创新成果展】 2023 年 12 月 23 日，天河区第五届“天英汇”青少年科技创新成果展暨科技教育品牌建设活动在广州中学凤凰校区举行。本届活动以“耀少年红芯，圆强国梦想”为主题，展示天河区两年科技创新成果，推动天河科技教育品牌建设。开幕仪式上举行天河区第二届“十佳天河小院士”颁奖仪式，对 2021 学年和 2022 学年天河区科技教育创新十佳学校给予表彰。（苏笑玉）

职业教育和高等教育

【中等职业教育】 2023 年，天河区有中等职业学校 1 所——天河职业高级中学。2023 年，该校有毕业生 625 人，通过中高职贯通三二分段、“3＋证书”高职高考等途径升学 575 人，学生升学率 92%。其中，384 名学生通过“三二分段中高职贯通”直接升学到高职院校就读；191 名学生参加“3＋证书”春季高考专科上线率 100%，录取率 98%。2023 年，天河职业高级中学组织学生参加广州市中等职业学校学生职业技能竞赛 7 个赛项，获得一等奖 2 个、二等奖 3 个、三等奖 7 个。参加广东省职业院校学生职业技能竞赛 10 个赛项，获得一等奖 1 个、二等奖 4 个、三等奖 6 个。组织教师参加广州市中职学校教师教学能力大赛，3 位教师获一等奖。

【高等职业院校选介】 广州体育职业技术学院　位于长兴路 338 号。前身为创办于 1973 年的广州市体育运动学校和创办于 1976 年的广州市体工队，1996 年更名为广州市伟伦体育运动学校。2004 年，升格为全日制高等体育职业院校。2023 年，学院设有 9 个管理机构、6 个教学机构、8 个教辅机构、1 个附属机构以及 14 个项目运动队，在读高职学生、运动员 4000 余人。学院是全国 21 个“国家综合体育训练基地”之一，连续 4 个周期被国家体育总局评为“国家高水平体育后备人才基地”，先后培养 10 名奥运冠军、37 名世界冠军，夺得世界冠军 184 人次。学院构建校政行企协同育人平台，是全国 18 所体育职业院校中仅有的两所省级示范院校之一，获得国家级教学成果二等奖等多项国家级成果。

广东工程职业技术学院　位于渔兴路 18 号，创办于 1958 年，前身为广东省成人科技大学，2005 年转制为高职院校，是一所以工科专业为特色，文、经、管、艺等专业综合发展的高职院校。有 9 个二级学院、7 家特色产业学院、3 个登记式事业单位独立法人研究所。校内外实践基地 230 个，其中中央财政支持实训基地 3 个，省财政支持实训基地 11 个，省级产教融合实训基地 2 个。开设工科类为主的专业 47 个，是全国首个开设电梯专业的学校。2023 年，学院有国家骨干专业 1 个，教育部现代学徒制试点专业 5 个，省级高水平专业群 3 个，省级示范专业 2 个，省重点专业 1 个，省二类品牌专业 2 个，高本协同应用型本科人才培养专业 3 个。

表 52　　2023 年天河区主要高等职业院校表

院校名称		地址
广东省外语艺术职业学院	五山校区	瘦狗岭路 463 号
	燕岭校区	燕岭路 495 号
	龙洞校区	龙洞东路 128 号
	天平架校区	天平架兴华直街 338 号
广东工贸职业技术学院（天河校区）		广州大道北 963 号
广东交通职业技术学院	南校区	天源路 789 号
	科技校区	天源路 818 号
	国际校区	迎龙路 481 号
广东工程职业技术学院		渔兴路 18 号
广州工程技术职业学院（龙洞校区）		天源路 1121 号
广东水利电力职业技术学院（天河校区）		天寿路 122 号
广东司法警官职业学院（龙洞校区）		龙腾路 245 号
广东体育职业技术学院		奥体路 52 号
广东食品药品职业学院		龙洞北路 321 号
广东农工商职业技术学院（粤垦路校区）		粤垦路 198 号
广东邮电职业技术学院（广州校区）		中山大道西 191 号
广东科学技术职业学院（广州校区）		科华街 351 号
广东科贸职业学院	天河校区	科华街 273 号
	天河凤凰校区	柯木塱南路 39 号
广东青年职业学院（天河校区）		沙太南路 66 号
广东舞蹈戏剧职业学院（天河校区）		沙河顶水荫横路 11 号
广州卫生职业技术学院	天河校区	渔沙坦西坑大街 1 号
	永福校区	先烈东横路 60-1 号
广东生态工程职业学院（天河校区）		广汕一路 297 号
广州体育职业技术学院		长兴路 338 号
广东南华工商职业学院（天河校区）		天平架沙太南路 113 号
私立华联学院		合景路 99 号
广东岭南职业技术学院（广州校区）		大观中路 492 号
广州现代信息工程职业技术学院		珠吉路 660 号

【本科院校】 2023 年，天河区有本科院校 10 所，分别是华南理工大学（五山校区）、暨南大学（校本部）、华南农业大学、华南师范大学（石牌校区）、广东技术师范大学（校本部）、广州体育学院、星海音乐学院（沙河校区）、广东金融学院（校本部）、广东工业大学（龙洞校区）、广州新华学院。

（苏笑玉）

文化体育

综述

【概况】 2023年，天河区继续推进文化强区建设，印发《广州市天河区文化发展“十四五”规划》等指导性文件。提升公共文化服务水平，建设区图书馆新馆，10家公共文化空间入选广州新型文化空间展示项目。举办天河区龙舟文化节系列活动、广州乞巧文化节等惠民文化活动。制定天河区文物保护管理工作制度，出台广州市第一个区级非物质文化遗产代表性传承人认定与管理办法。正佳广场获省文化和旅游厅“夜间文旅消费集聚区项目”专项资金扶持。开展群众体育活动，为国家重大体育赛事做场馆筹备。

【《广州市天河区文化发展“十四五”规划》印发】 2023年3月4日，《广州市天河区文化发展“十四五”规划》印发实施。该文件明确天河区文化发展的四大发展思路和5个具体发展目标。规划同时重点提出区辖内重大发展平台的文化发展目标。依托天河中央商务区构建城市文化地标型创意集群，依托广州国际金融城构筑数字文化创新发展高地，依托沙河片区打造活力文化艺术专区，依托天河智慧城打造数字文化创意产业高地，依托五山石牌高教区提升文化科创人才培育水平。

【推进文化强区建设大会召开】 2023年3月21日，天河区推进文化强区建设大会召开，研究部署新发展阶段天河区文化强区建设工作重点。会议指出，天河区要围绕推动城市文化综合实力出新出彩，以新技术赋能文创产业发展，形成游戏动漫、电子竞技、数字音乐、数字创意引领发展的文化产业格局，发展壮大国家文化出口基地和国家文化产业示范基地，建设粤港澳大湾区创新文化产业新业态的策源地。

【《广州市天河区文化强区三年行动工作方案（2023—2025年）》印发】 2023年11月29日，《广州市天河区文化强区三年行动工作方案（2023—2025年）》印发实施。该文件围绕举旗帜、聚民心、育新人、兴文化、展形象的任务，实施文化强区“六大行动”。加强党的创新理论武装，打造“德润新苗”思政品牌和“德润天河·情系万家”新时代文明时间品牌；推进公共文化提质增效，构建“演艺之城”“书香之城”；推动全域旅游高质量发展，打造“时尚天河”“绿美天河”旅游品牌；守正创新赓续历史文脉；培育壮大文化产业集群，打造“竞游之都”“音乐之都”“创意设计中心”；着力优化提升营商环境。

【文化市场管理】 2023年，天河区有出版物零售企业142家，电影院38家，受理电影放映经营许可行政审批11家，受理出版物行政审批1087宗，其中新设出版物零售企业370家。有高危体育场所177家，互联网上网经营单位86个，电子游戏游艺场所11个，艺术品经营单位78个，歌舞娱乐场所51家。是年，天河区开展剧本娱乐活动场所、游戏游艺娱乐场所、营业性演出市场、境外卫星电视接收秩序等专项整治，开展高危险性体育经营活动场所专项执法检查，开展电竞酒店专项检查行动。检查文化旅游体育经营单位1004家次，责令整改84家，办理案件30宗，罚款13.7万元，没收违法所得24652元，警告25家次。

【版权保护管理】 2023年，区版权局牵头区文化市场执法队伍组织开展“青少年版权保护季”行动，推进打击网络侵权盗版“剑网2023”专项行动，处理“12345”热线涉网络版权投诉案件41件，对8家存在侵权行为的场所作出警告。开展“净网”“护苗”“秋风”等专项行动，严厉打击政治性有害信息和非法出版物。举办区“扫黄打非”暨版权执法业务培训会议，巩固“扫黄打非”基层站点规范化标准化建设。开展打击网络侵权盗版专项行动等各项版权保护专项整治，宣传引导市民树立“尊重版权、鼓励创新”的版权意识。

（蒋佳凤）

公共文化

【概况】2023年，天河区推动现代公共文化服务高质量发展，完善“区—街—社区”三级公共文化服务体系，区图书馆和区文化馆均为国家一级馆，21个街道文化站均为省特级文化站，天河湿地文化角获2022年乡村公共文化空间设计展示活动“最美乡村公共文化空间”第一名。建设公共文化服务设施，持续开展图书馆、文化馆总分馆建设。成立广州市首个区级全民文化艺术普及联盟。持续打造“天河迎春花市嘉年华”“天河龙舟”“绚丽天河”等活动品牌，培育“粤韵村晚”活动品牌，开展各类群众文化活动，提升公共文化服务水平。

【《关于推进天河区现代公共文化服务高质量发展的实施方案》印发】2023年6月2日，《关于推进天河区现代公共文化服务高质量发展的实施方案》印发实施。该文件坚持正确导向、统筹建设、改革创新、共建共享四大原则，聚焦公共文化服务均等化水平持续提升、空间布局均衡、资源配置高效、社会参与度高、品牌效应凸显，以及城市文明程度和市民文化素养明显提升等目标，提出五大主要任务，构建公共文化服务网络新格局，丰富公共文化产品新供给，构筑公共文化服务数字化建设新高地，激发公共文化服务新动能。

【广州市首个区级全民文化艺术普及联盟】2023年12月28日，天河区全民文化艺术普及联盟成立大会暨沉浸式成果体验展在天河区文化艺术中心举行，这是全市首个区级全民文化艺术普及联盟。联盟首批会员单位有广东南方文化发展有限公司（佑声书画苑）等30家社会机构，围绕全民文化艺术知识普及、欣赏普及、技能普及和活动普及四项主要任务，面向社会开展公益性文化艺术展演、展览展示和培训等活动，共同构建天河区公共文化艺术普及体系。大会为区联盟首批会员单位授予会员单位牌匾，为区联盟主席、副主席颁发聘书，并为阿牙街舞分馆等6个天河区文化馆社会分馆颁发牌匾。同时表彰2023年度天河区文化馆优秀志愿者和优秀志愿服务团队、2023年天河区原创音乐舞蹈大赛获奖节目和2023年度“绚丽天河”天河区文化艺术节优秀组织单位。

【图书馆服务体系建设】2023年，天河区有区级图书馆1座（2个馆舍），纳入全市公共图书馆通借通还系统分馆47个，学校服务点29个。区图书馆（含分馆）拥有纸质藏书134.52万册，音像资源26551件（套），数字资源35.79TB，订阅报

表53　2023年天河区入选广州市新型公共文化空间展示项目表

项目申报单位	项目名称
广州励骏智汇商业经营管理有限公司	天河区图书馆智汇 Park 分馆
广州与亨文化传播有限公司	天河湿地文化角
广州市尚榕文化传播有限公司	尚榕美术馆
广州金发科技孵化器有限公司	金发科技创新社区新型公共文化空间

表54　2023年天河区图书馆社会合作分馆表

名称	地址	建筑面积（平方米）
天河科技园分馆	思成路16号	3500
天河区来穗人员服务中心分馆	宦溪西路22号	500
天河区税务局分馆	天河北路600号26楼	500
天河人才港分馆	软件路13号孵化器二期E栋7楼	5500
天河科贸园分馆	天河北路886号	500
龙洞党群服务中心分馆	龙洞东路219号	2000
猎德街社工站分馆	平月路南国一街11号2楼	100
天年分馆	新塘街道天年街399号	500
银龄分馆	龙怡路89号	2000
天河区退役军人事务局分馆	荷光路123号	500
T.I.T智慧园超级城市客厅分馆	员村西街2号大院19号	3000
智汇 Park 分馆	博汇街6号棠下智汇 Park 园区	1800
苏荷创意园分馆	燕岭路133号六区首层	500
金发科技分馆	高普路38号金发科技园	1244
佳都·未来社区分馆	建工路4号	550
创锦产业园分馆	科韵北路100～108号	500
星辉分馆	黄埔大道西122号星辉中心16楼	1500
汇景新城分馆	汇景南路64号	1500
骏景花园分馆	中山大道190号骏景花园小区	550
宝翠园分馆	宝翠路1号	2300
茵德分馆	悦景路33号（金地公馆8栋112铺）	500
万科泊寓分馆	涌东路南边大街四巷18号泊寓八舍店	630
当兔艺术中心分馆	天源路401号	2000
华农酸奶分馆	华南农业大学校内华农酸奶文化馆	2500
区委党校分馆	龙口西路569号	100
龙口中路幼儿园分馆	龙口中路55号	120

刊 754 种。2023 年度区图书馆（含分馆）读者到馆 158.28 万人次，比 2022 年（下同）增长 128%；文献外借 100.71 万册（件），增长 23%；数字资源使用量 520.75 万篇次；新增注册读者 13256 人。

是年，天河区图书馆在第七次全国县级以上公共图书馆评估中定级为“一级图书馆”，被评定为“广东省亲子阅读体验基地”。是年，区图书馆新增 6 个社会合作分馆，在汇景新城、骏景花园等社区设立儿童绘本主题、亲子阅读等特色分馆；打造苏荷创意园分馆、当兔艺术中心分馆等艺术普及特色馆；对文物建筑活化利用，设立华农酸奶分馆。新增湿地文化角（天河科技园分馆）、汇景阅动空间、苏荷创意园分馆、T.I.T 智慧园超级城市客厅分馆、广州粤剧院 5 个“粤书吧”。

是年，区图书馆推动与辖区中小学“馆校合作”，为 1862 名师生办理读者证，累计办证 1.4 万人。为 3 个示范学校服务点编目加工 1.5 万册藏书。开展“爱阅读·乐志愿”馆校合作特色活动，被评为“广州市最美未成年人阅读推广项目”。以“总馆带动分馆实施”的方式，举办首届“童真天河”雪糕节，吸引 2000 余人参与。

【第十七届天河读书节】 2023 年 4 月 23 日，由区委宣传部、区文化广电旅游体育局指导，区图书馆主办的“书香致远 悦读天河”第十七届天河读书节启动仪式在 T.I.T 智慧园超级城市客厅举行。活动现场为天河区馆校合作联盟成员单位授牌。推动图书馆服务进校园，促进“书香校园”建设。读书节持续至 6 月，其间，开展校园诵读大赛、全民线上朗读活动、网红书店打卡活动、元宇宙数字阅读主题展、名人名家图书捐赠等活动。

2023 年 4 月 23 日，第十七届天河读书节活动现场为天河馆校合作联盟成员单位授牌　　（区图书馆供稿）

表 55　　2023 年天河区文化馆社会合作分馆表

名称	地址	建筑面积（平方米）
阿牙街舞分馆	黄埔大道 551 号汇田大厦 B 座 B208	445
当兔分馆	天源路 401 号之 219 房、220 房	3500
安格分馆	祥圃街 3 号安格画室	1590
阅动空间分馆	汇景南路 64 号亚太国际文化交流中心 2 楼	1500
森艺树分馆	花城大道 1 号南天广场首层森艺树	334
与享分馆	思成路 18 号	1500

表 56　　2023 年驻天河区专业文艺团体表

名称	地址	成立时间
广州话剧艺术中心有限公司	沙河顶新二街 13 号	1975 年
广州芭蕾文化艺术有限公司	天源路 1070 号	1995 年
广州市杂技艺术剧院有限责任公司	水荫四横路 37 号	1996 年
广州天河芳华十八艺术团	水荫四横路 34 号 B 座 2 楼	2005 年
广州市天河区员村同曲异工乐团	员村四横路自编 8 号 5 楼 519 房	2010 年
广东歌舞剧院有限公司	水荫四横路 34 号 1 栋 503 房	2011 年
广东民族乐团	水荫四横路 34 号演音大楼 B 座 5 楼	2011 年
广州华南实验艺术团	合景路 83 ～ 93 号甲栋 1 楼	2013 年
广东现代舞团有限公司	水荫四横路 32 ～ 34 号自编 15 栋 1 楼自编 1 号	2017 年
格莱美交响乐团有限公司	林和西路 9 号 2812 房	2023 年

【文化馆服务体系建设】 天河区文化馆位于汇彩北路 8 号天河区文化艺术中心，建筑面积 22332 平方米，是国家一级文化馆和广东省特级文化馆。区文化馆下属天河爵士合唱团、天河国乐团、天河舞蹈团、天河话剧团、天河新民乐团、天河魔术实验剧团、梅兰·天河流行交响乐团、天河书画院、天河文创青年联盟、广州天河水滴青少年弦乐团等群众文艺团队。指导全区 21 个街道打造“一街一品牌”“一社区一特色”的群众文化阵地，设街道分馆 21 座，社会合作分

馆 6 座。2023 年，区文化馆总馆开展广州乞巧文化节、天河花市嘉年华、绚丽天河文化节、非遗进校园、天河慕课等各类文化品牌活动 1200 余场，各分馆开展各类公益文化活动 6000 余场，线上线下累计服务 4015 万人次。

【文艺团体与创作】 2023 年，天河区有 10 个在区注册的专业文艺团体。区文化馆属下的天河爵士合唱团、天河体育中心基地艺术团、广州天河水滴青少年弦乐团和天河时光合唱团被评为“2023 年群星工程——广州市群众文艺团队建设项目”群艺之星。广州泰晟龙狮团和广州黄飞鸿文化促进会黄飞鸿非遗文化功夫龙狮团被评为“2023 年群星工程——广州市群众文艺团队建设项目”传承之星。天河区获得 2023 年度广州市群众文化创作综合排名第一，2023 广州乞巧文化节活动获“2023 年羊城之夏基层社区文化节”优秀活动案例二等奖。是年，天河区文艺作品获市级以上奖项 62 个，其中国际性 2 个、国家级 4 个、省级 9 个、市级 47 个，获奖作品涵盖音乐、舞蹈、美术等多个领域。

【刘氏家庙恢复开放】 刘氏家庙建于清光绪二十六年（1900），原为清末爱国将领刘永福驻军沙河时居住的寓所，其后人起名为刘氏家庙，是广州市保存最为完整的刘永福遗迹之一，为广东省文物保护单位。2004 年，移交给天河区管理。2007 年，刘氏家庙作为天河区博物馆对外开放。2016 年

表 57

2023 年天河区获省级以上奖项文艺作品表

获奖作品 / 获奖单位	奖项名称	获得奖项
原创魔术剧目《爱丽丝秘密花园》	第十五届泰国国际魔术节	最具创意节目奖
天河魔术实验剧团	第十五届泰国国际魔术节	“梅林奖——最佳魔术剧团”称号
舞蹈作品《天天向上》	第十二届“小荷风采”全国少儿舞蹈展演	“小荷之星”称号
舞蹈作品《大大向上》	第十二届“小荷风采”全国少儿舞蹈展演	“小荷园丁”称号
舞蹈作品《天天向上》	第十二届“小荷风采”全国少儿舞蹈展演	“小荷之家”称号
天河舞蹈团	“舞动巾帼风采 悦享健康生活”2023 年全国妇女广场舞（健身操舞）大赛（广东站）	中年组团体奖第一名
舞蹈《沂蒙春晓》	第七届广东省中老年舞蹈展演	学习作品组表演金奖
舞蹈《越跳越快》	广东省第七届少儿舞蹈大赛	作品金奖
舞蹈《假如我飞上蓝天》	广东省第七届少儿舞蹈大赛	作品金奖
舞蹈《激情速道》	广东省第七届少儿舞蹈大赛	作品金奖
舞蹈《智能力量》	2023 广东省群众艺术花会	银奖
音乐作品《单指琴缘》	2023 广东省群众艺术花会	银奖
音乐作品《阿妈靓汤》	2023 广东省群众艺术花会	银奖
舞蹈《粤乐悠悠》	2023 广东省群众艺术花会	银奖

表 58

2023 年天河区主要博物馆表

博物馆名称	地址	展陈内容 / 特色
广东省博物馆	珠江东路 2 号	国家一级博物馆。展陈方向以广东历史文化、艺术、自然为主，分为历史馆、自然馆、艺术馆和临展馆，藏品总数 32 万余件（套）
广州体育文化博物馆（广州亚运会亚残运会博物馆）	天河路 299 号	第一座亚运专题博物馆。设广州亚运会展、广州亚残运会展、广州马拉松赛展、“冠军之家”体育雕塑展。有珍藏品、图片、影像资料 2000 余件（套）
天河区博物馆	汇彩北路 8 号天河区文化艺术中心	展陈方向涵盖自然人文，藏品 1000 余件（套）
华南农业博物馆	五山路 483 号华南农业大学	华南地区首个华南农业与自然资源为主题的农业博物馆，藏品 1.4 万余件（套）
广州货币金融博物馆	迎福路 527 号广东金融学院	华南地区最大的货币金融主题博物馆。设中国古代货币、民国时期货币、根据地货币、新中国货币、金银纪念币、粤港澳台货币、货币反假、金融票证、电子货币、世界货币 10 个展区，藏品 1 万多枚
广东土壤科学博物馆	天源路 808 号	开展热带亚热带土壤标本采集、收藏、展示以及土壤科学知识宣传
正佳自然科学博物馆	天河路 228 号正佳广场 6 层	设 8 个主题展区，参照国际标准与理念打造的新型自然科学博物馆，收藏千余件珍稀古生物化石和矿物标本，拥有全国唯一的梅杜莎角龙化石
广州乞巧文化博物馆	珠村祠前横路 11 号	全国第一个以乞巧为主题的博物馆。设多媒体厅、历史溯源厅、供案厅、华夏乞巧厅、传统祠堂区 5 个展区，收集多件国家、省、市级非物质文化遗产传统手工艺传承人乞巧作品

10月，闭馆开展修缮保护工程。2023年8月，刘氏家庙修缮工程完成；10月25日，恢复对外开放。区博物馆策划临时展览——岭南传统建筑装饰艺术展，该展通过刘氏家庙这座岭南传统祠堂式建筑活动标本，介绍岭南传统建筑装饰艺术之美和岭南传统建筑中的中国智慧。（蒋佳凤）

文化遗产保护

【概况】 2023年，天河区完善文物保护工作制度，召开天河区文物管理和历史文化名城保护委员会2023年第一次会议，印发《天河区文物保护管理工作制度》《天河区文物保护工程工作指引》。健全非物质文化遗产保护体系，印发《广州市天河区非物质文化遗产代表性传承人认定与管理办法》。建立“职能部门—街道—村（居委）”三级联络机制和文物巡查机制，在人工巡查的基础上利用无人机协助开展全区文物航拍，录制巡查视频，提高文物保护工作效率。

【文物保护利用】 天河区文物以明清时期古建筑、古墓葬和民国时期近现代史迹占大多数，其中宗祠79处、墓葬85处、近现代建筑120处。截至2023年年底，天河区有各级不可移动文物229处（296个文物单体），其中全国重点文物保护单位1处，省级文物保护单位5处，市级文物保护单位17处（80个单体），区级文物保护单位73处（77个单体），一般不可移动文物133处（其中市登记5处、区登记124处、文物普查线索4处）。

2023年，天河区完成辖内珠村民居、邓泽如墓等7处文物抢险加固或保养维护工作，正在推进的16项文物保护工程取得进展。其中，抗日战争革命老区根据地长湴村旧址、晋庆庙、刘氏家庙、简佛祖庙、世韬潘公祠、云从龙墓修缮工程竣工。毛泽东视察棠下农业生产合作社旧址修缮、展陈活化利用项目，被评为广州市第二批文物保护典型案例，周总理视察岑村纪念旧址、抗日战争革命老区根据地长湴村旧址正在备展待对外开放。

【非物质文化遗产保护】 截至2023年年底，天河区有56项各级非物质

表59　2023年天河区市级以上文物保护单位表

名称	地址	年代	级别
黄埔军校燕塘分校	禺东西路解放军体育学院内	近现代	全国重点文物保护单位
十九路军淞沪抗日阵亡将士陵园	沙河街水荫路113号	中华民国	广东省文物保护单位
云从龙墓	兴华街银河村伍仙桥马仔岭云家山	元元贞二年（1296）	广东省文物保护单位
刘氏家庙	林和街广州大道中大洲地2号	清光绪二十六年（1900）	广东省文物保护单位
新一军印缅阵亡将士公墓	沙东街广园东路2133号、广源中农贸市场、濂泉路28号	1947年	广东省文物保护单位
粤军第一师诸先烈纪念碑	兴华街燕岭路牛眠岗	1937年	广东省文物保护单位
陈恭尹墓	凤凰街柯木塱村塘石三街二巷11号门口	清康熙三十九年（1700）	广州市文物保护单位
朱执信墓	沙河街先烈东路127号、执信南路152号	1921年	广州市文物保护单位
沙基惨案烈士墓	兴华街燕岭路银河公墓烈士山	1925年	广州市文物保护单位
邓世昌衣冠冢	天园街中山大道220号天河公园内	清光绪二十年（1894）	广州市文物保护单位
朱澄墓	长兴街华南植物园蒲岗	南宋景炎二年（1277）	广州市文物保护单位
许应鏼墓	龙洞街龙洞村火界头	清光绪二十四年（1898）	广州市文物保护单位
广州市界碑	元岗街上元岗村大街市界一巷1号左侧	民国	广州市文物保护单位
中山大学石牌旧址建筑	五山街五山路、东莞庄	1935—1939年	广州市文物保护单位
胡汉民墓	广汕一路297号广东生态工程学院银屏岭	1936年	广州市文物保护单位
毛泽东视察棠下农业生产合作社旧址	棠下街达善大街27号、49号	1958年	广州市文物保护单位
秦悦会家族墓	新塘街凌塘村背底山	元代	广州市文物保护单位
晴川苏公祠	车陂街车陂祠前大街2号	明、清	广州市文物保护单位
车陂苏氏墓群	车陂街车陂石狮山南坡	明万历年间（1573—1620）	广州市文物保护单位
林伟民墓	兴华街银河革命公墓内	1927年	广州市文物保护单位
李是男墓	沙河街沙河顶65号	1937年	广州市文物保护单位
石仁隆蓄水湖碑	棠下街上社村公园	1946年	广州市文物保护单位
周总理视察岑村纪念旧址	长兴街岑村南街	1974年	广州市文物保护单位

表 60 2023 年天河区市登记保护文物单位表

名称	地址	年代	级别
龙母庙	猎德街猎德村东南大街	清代	市登记保护
莲池寺普同塔	兴华街广州大道北五仙桥	清代	市登记保护
潘达微祖居	棠下街棠东村启明大街 27 号	清代	市登记保护
胡绍宗墓	凤凰街柯木塱鸡冠山	清代	市登记保护
日军侵华飞机库遗址	石牌街龙口东横路 28 号	1938—1945 年	市登记保护

表 61 2023 年天河区市级以上非物质文化遗产项目表

项目名称	项目保护单位	项目类别	项目级别	入选时间
象牙雕刻	天河区沙太路 3 号大新象牙工艺厂	传统美术	国家级	2009 年
七夕节（天河乞巧习俗）	天河区文化馆	民俗	国家级	2013 年
咏春拳（广州天河）	广州市米机王文化传播有限公司	传统体育、游艺与杂技	省级	2015 年
端午节（车陂龙舟景）	天河区车陂经济发展有限公司	民俗	省级	2022 年
广州客家山歌	天河区文化馆	传统音乐	市级	2009 年
莫家拳	广州市林荫堂国艺院	传统体育、游艺与杂技	市级	2013 年
扒龙舟	广州猎德经济发展有限公司	民俗	市级	2015 年
茶艺（广州茶艺）	广东省茶文化研究院	民俗	市级	2022 年
岭南押花艺术	广州真朴苑工艺美术品有限公司	传统美术	市级	2022 年
洪拳	广州虎鹤体育文化发展有限公司	传统体育、游艺与杂技	市级	2022 年

文化遗产，其中国家级 2 项、省级 2 项、市级 6 项。主要包括民间文学、传统音乐、传统舞蹈、传统戏剧、曲艺、传统体育、游艺与杂技、传统美术、传统技艺、民俗八类。有各级非物质文化遗产代表性传承人 33 人，其中省级 1 人、市级 5 人。有珠村小学、天河中学、广州市米机王文化传承中心等非物质文化遗产传承基地 14 处，有正佳广场（广正街）、广州体育学院武术学院 2 处非物质文化遗产工作站。

2023 年 4 月 26 日，《广州市天河区非物质文化遗产代表性传承人认定与管理办法》印发，该文件是广州市第一个为非物质文化遗产传承人认定和管理提供遵循的区级管理办法。开展第八批市级非物质文化遗产代表性传承人申报，新增市级代表性传承人 1 名。评审第十二批区级非物质文化遗产代表性项目申报材料，“娘妈诞”等 10 个非物质文化遗产项目通过。天河区参加国家、省、市区举办的各项非物质文化遗产类活动 230 余场。举办 2023 年天河区“文化和自然遗产日”系列活动，惠民 2.2 万人次。

表 62 2023 年天河区新增区级以上非物质文化遗产项目表

项目名称	项目保护单位	项目类别	入选时间
广式炖汤烹饪技艺（吴式山泉炖汤）	广州市山泉汤馆饮食管理有限公司	传统技艺	2023 年 2 月 13 日

2023 年 8 月 17 日，2023 广州乞巧文化节在珠村开幕

（区文化广电旅游体育局供稿）

【2023 广州乞巧文化节】 2023 年 8 月 17 日，广州乞巧文化节在区辖内珠村七夕文化广场开幕。本届文化节以“七夕天河·出彩广州”为主题，推出“7 天 7 场”主题系列活动，珠村七夕文化广场为主会场，广州乞巧文化博物馆、乞巧苑、明德堂、与亨美术馆、琪林里文旅产业园、棠下智汇 Park 设分会场，广州塔、正佳广场、合利天德广场、广州购书中心、翌方 181 创意园等作为联合会场。文化节持续至 8 月 22 日。（蒋佳凤）

融媒体

【概况】 2023年，天河区有“广州天河发布”微信公众号、微信视频号、微博公众号，《天河新时代》报刊、“学习强国”、“新花城”6家官方传媒，由天河区融媒体中心（以下简称“区融媒体中心”）负责管理运营。年内，各平台围绕党的二十大和天河区委、区政府中心工作开展新闻宣传报道，适应全媒体时代融媒体传播需求，推进短视频等新媒体产品创作，传播天河声音讲好天河故事。截至2023年年底，区级媒体资产管理系统储备天河建区以来图片104232张、新闻报道图片21106张、视频资料1000小时、视频素材10869条。

【网端平台宣传】 2023年，区融媒体中心利用“学习强国”“新花城”两大官方网端开展宣传。是年，“新花城”天河频道刊登稿件1654篇；向“学习强国”平台推送稿件965条，刊登588条；推上全国总平台65条，其中13条被总平台首屏推荐。天河区制作的广州美景视频《广州：日出日落 流动彩霞》被总平台采用，播放量110多万次，点赞量近万次。

【社交平台宣传】 2023年，区融媒体中心通过“广州天河发布”微信公众号发布推文1067条，累计阅读量1800.1万次。截至是年底，平台粉丝数93.3万，比2022年减少2.2万人，降低2.3%。“广州天河发布”微信视频号发布短视频247条，累计浏览量超157万次，累计点赞3.8万人次，分享12.2万人次，平台粉丝数26594人，是年新增粉丝487人。“广州天河发布”微博平台发布文章1578条，累计阅读量1.2千万次，平台粉丝数16.4万人。

是年，区融媒体中心在社交平台推出天河龙舟活动主题报道，发布《时隔多年，鼓声再起！本月回归！》《担凳仔，霸头位！天河区“睇龙船”指南新鲜出炉》《广州天河：港澳队伍首次亮相CBD龙舟赛》《直击车破龙舟竞渡“嗨哟！嗨哟！”锣鼓喧天》等图文、视频作品，呈现天河龙舟风采。另外，首设“天河发布学堂”融媒品牌，推出以“天河四季”为主题的系列作品，串联文化与生态，以“线上招募＋线下活动”方式，与市民共赏绿美天河。“广州天河发布”开设“天河PLOG”栏目，以“城市之眼，方寸之间”为主旨，鼓励群众用镜头记录城市影像，分享在天河发展过程中的所感所想、所见所闻，从微观处感受天河发展。

【《天河新时代》改版】 《天河新时代》报刊创办于1986年1月1日，原名《天河报》，是天河新闻宣传的基础传播平台。2023年，该报发行36期。为提升《天河新时代》影响力和传播力，是年7月，《天河报》进行优化提升。改版后的报纸保持原有四版四开纸规格，从一周一期改为每两周出一期，每期内容设置4个版面，分别是“政经头条”“聚焦高质量”“区势观察”“乐活天河”。其中，“政经头条”结合案例宏观解读全区重大事件、政策。“聚焦高质量”围绕天河区高质量发展和重点工作采取的行动举措、工作成效经验等。“区势观察”主要是商界热点人物、天河区新兴产业“一把手”的系列访谈，展现天河区营商环境、产业活力、人才吸引力。“乐活天河”聚焦天河文体文娱、生活方式、文旅消费、年轻态社交圈等内容。（谢晋桦）

地方志

【概况】 2023年，广州市天河区地方志编纂委员会办公室（简称区志办）持续发挥地方志“存史、资政、育人”作用，编纂天河年鉴，收集整理年报，借助新媒体宣传地情文化，鼓励有条件有意向的行政村或自然村续编村志，启动《广州市全面小康志》天河区部分的编纂工作。全区有1个区级方志馆、1个方志驿站、1个村史馆。

【年鉴编纂】 2023年，《天河年鉴（2022）》被评为广州市区级优秀年鉴、广东省区县级综合年鉴三等奖。12月，《天河年鉴（2023）》由方志出版社出版发行。该年鉴是天河区委、区政府主持编纂的综合性地方年鉴，全面、客观、系统地记录2022年天河区自然、政治、经济、文化和社会的基本面貌和发展情况。该卷年鉴学习效仿国家精品年鉴，对分目设置及组稿规划进行适当调整，删除信息滞后或真实性有待考证、参考性不强的表格，增强附录文献资料性功能。结合区情和年度特色，在彩页中设置“喜迎党的二十大”“创新创业”“民生福祉”“城区品质”4个图片专题。全书设16个类目，收录表格135个、图照100幅。

《天河年鉴（2023）》封面

（区志办供稿）

【地情宣传】2023 年，区志办向省、市、区地情宣传平台投送稿件。向“方志广东”微信公众号“志说广东”栏目投送稿件《周总理视察岑村纪实》，向“广州市情”微信公众号“鉴知广州”栏目投送稿件《嗨起来！羊城夜·生活》《天河有家“国字号”的植物园，你来过吗？》等 10 篇。向《新时代广州之最》报送《全国首个数字金融创新产业园区——广东数字金融创新产业园》《首批全国示范智慧商圈——天河路商圈》等稿件 10 篇。（张硕）

体育

【概况】 截至 2023 年，天河区有区级以上体育场馆 2 个。有体育场地 3766 个，总面积 399.57 万平方米，人均体育场地面积 1.8 平方米。其中，篮球场地 882 个，羽毛球场地 391 个，乒乓球场地 515 个，足球场地 197 个，游泳场地 248 个。天河区社会体育指导员协会全民健身服务指导中心揭牌，有社会体育指导员 6543 名，每千人拥有社会体育指导员 2.9 名。全年申报运动员等级称号的有 322 人，其中一级运动员 58 人，二级运动员 244 人，三级运动员 20 人。是年，天河区对辖内 138 个健身路径和儿童游乐设施盛情建设选址进行实地考查。新建或更新健身路径 20 条、维修翻新篮球场 6 个，维修维护辖内公共体育设施 100 余处，社区公共体育设施正常使用率保持在 98% 以上。筹备第十五届全国运动会和全国第十二届残疾人运动会暨第九届特殊奥林匹克运动会广州赛区天河赛事。

【群众体育】 2023 年，天河区开展群众体育活动 30 余场，累计 10 万人次参与全民健身赛事，超 20 万人次受益。4 月 22 日，2023 国际垂直马拉松巡回赛广州珠江城站开赛。5 月 21 日至 8 月 8 日，举办天河区亲子跳绳嘉年华活动。6 月，车陂街、猎德街、珠吉街等街道举办龙舟竞渡活动；是月 17 日，车陂村、石牌村和猎德村参加广州国际龙舟邀请赛；是月 23 日，天河区龙舟文化节系列活动之赛龙夺锦暨天河龙舟嘉年华活动开幕。7 月，2023 冲峰赛——火凤火站开跑。8 月 6 日，2023 国际垂直马拉松公开赛广州万菱汇站落幕。8 月 8 日，以“全民健身 绘就幸福生活”为主题的天河区全民健身日主题活动暨“奥体运动城”全民健身周系列活动启动。8—11 月，天河区机关街道干部职工乒乓球、羽毛球、足球赛相继开赛。9—11 月，举办 2023“天河 CBD 杯”羽毛球邀请赛、篮球邀请赛、笼式足球赛等系列赛事。11—12 月，举办广州农商银行·乡村振兴杯”第三届广州千村足球天河锦标赛；“市长杯”乒乓球、羽毛球（天河赛区）赛事。12 月 3 日，开展 2023 国际垂直马拉松总决赛广州周大福金融中心站；是月 10 日，2023 广州马拉松赛保障任务完成。

【首届区级龙舟赛】 2023 年 6 月 23 日，天河区龙舟文化节系列活动之赛龙夺锦暨天河龙舟嘉年华活动在车陂涌开幕。这是天河区首届区级龙舟赛。活动由天河区文化广电旅游体育局、车陂街道办事处、车陂经济发展有限公司主办，天河区文化创意产业协会承办，共有 16 支队伍参赛。比赛项目设置 22 人龙舟 300 米直道竞速，比赛分为两轮，采用计时方法，两轮时间相加，用时少者名次列前。天河区车陂龙舟文化促进会以 2 分 27 秒 35 的总成绩获得冠军。

【竞技体育】 2023 年，天河区培养输送的运动员获国际性赛事奖牌 5 枚，国家级赛事奖牌 25 枚，省级赛事奖牌 157 枚。其中，在杭州第 19 届亚运会篮球项目女子决赛中，中国队夺得冠军，其主力队员、队长杨力维由天河区培养输送。

【青少年体育赛事和后备人才培养】 2023 年，天河区组织参加 2023 年广州市青少年体育锦标赛 30 个项目夺得 134 枚金牌、73 枚银牌、102 枚铜牌。区文化广电旅游体育局与 18 所学校、14 家体育机构开展 19 个项目共建训练，与 14 家社会体育机构开

2023 国际垂直马拉松公开赛广州万菱汇站 （丁宁远 摄）

2023年7月，“奔跑吧·少年”中国体育彩票2023年广州市青少年棒、垒球锦标赛在天河体育中心开赛 （区少年儿童业务体校供稿）

展13个项目合作训练。有30个体育训练项目供青少年运动员注册，606名业余运动员新注册，3610名业余运动员注册确认，日常参训运动员2790名。

【广东奥林匹克体育中心】 广东奥林匹克体育中心位于黄村，2001年9月23日竣工，用地面积101万平方米，建筑面积32.8万平方米。体育场主馆位于奥林匹克体育中心南部，可容纳观众8万余人。其飘带式顶盖新颖独特，为广东省新世纪标志性建筑。奥林匹克体育中心的体育设施及辅助设施包括足球场、射箭场、田径场、游泳馆、曲棍球场、马术场、射击馆、棒垒球场、手球馆及手球练习馆、体育科技中心、新闻会议中心、药检中心、体育俱乐部、会所、商场、宾馆以及大型休闲、娱乐、康复设施等。奥林匹克体育中心是目前亚洲规模最大、配套设施最好的体育场之一。第九届全运会开幕式和田径、足球等比赛项目、中国对巴西国际足球邀请赛、四国女足锦标赛、全国女子足球超级联赛第三阶段比赛等多项重要赛事在这里举办。2010年广州亚运会、亚残运会期间，足球、田径、射箭、射击、游泳、棒球、垒球等多项赛事在这里举行。

【天河体育中心】 天河体育中心位于天河路，1986年落成，总建筑面积12.47万平方米，是中国改革开放后第一个大型综合体育中心。1987年，第六届全运会在这里举行。主要建筑有体育场、游泳馆、体育馆，体育场可容纳6万多名观众。附属建筑设施有足球训练场2个，网球场12块，网球馆1座，田径副场、球类练习馆、体操技巧馆、棒垒球场、大型旱冰场各1座，还有办公大楼和新闻中心等。1995年，天河体育中心修建全国第一条健身路径，增建树林舞场、露天羽毛球场、乒乓球活动区、儿童活动区、健身小区、篮球俱乐部等各种设施。体育中心既可举办各种体育比赛和群众体育活动，又可举办各类大型博览会，是集健身、娱乐、休闲和展示于一体的大型多功能综合性活动场所。2010年广州亚运会、亚残运会期间，足球、羽毛球、水球、网球、垒球、保龄球及轮椅网球等多项赛事在此举行。30多年来，天河体育中心承办第六届全运会、第九届全运会和广州亚运会，还举办第一届世界女足锦标赛、斯坦科维奇杯洲际篮球赛、乒乓球团体世界杯、羽毛球世锦赛、世界摔跤锦标赛、WTA女子网球公开赛、金砖国家运动会等大批国际赛事。2011年，天河体育中心成为广州恒大足球队主场，助力恒大连续6年夺得中超联赛冠军、2次亚冠登顶。天河体育中心注重体育为民、体育惠民，实现场地设施从专业办赛向全民健身的转变，向市民开放的健身运动项目有20多个。天河体育中心建成以来，使用各类体育设施和进入场馆市民累计超1亿人次，开放时长累计超150万小时。2015年11月17日，国家体育总局确定天河体育中心为国家体育产业示范单位。

【“十五运会和残特奥会”赛事场馆筹备】 2023年6月，第十五届全国运动会和全国第十二届残疾人运动会暨第九届特殊奥林匹克运动会（简称“十五运会和残特奥会”）广东赛区筹备委员会成立大会暨第一次工作会议在广州市举行。根据会议要求，区辖内天河体育中心和广东奥林匹克体育中心须升级改造。10月，《第十五届全国运动会广州天河体育中心体育场维修改造项目、广州天河体育中心体育馆维修改造项目、广州天河体育中心游泳馆维修改造项目施工监理招标计划》《第十五届全国运动会广东奥林匹克体育中心改造升级项目施工总承包招标计划》相继公布。天河体育中心主要建设内容为改造赛事功能用房、配套设施；改造比赛场地、赛事专用系统设备等。体育场改造主要包括出入口、赛事通道、室外广场等区域，并对景观绿化及配套设施进行设计。广东奥林匹克体育中心主要建设内容为体育场及副场、游泳馆、总平面景观提升、智慧场馆等改造，以及新建竞赛功能用房等。

表 63　2023 年天河区各级体育传统项目学校表

级别	项目	学校
国家体育传统项目学校	田径	华南师范大学附属中学
广东省体育传统项目学校	田径	华南师范大学附属中学
	篮球	天河中学
	羽毛球	先烈东小学、华南师范大学附属中学
	游泳	华南师范大学附属中学
广州市体育传统项目学校	田径	华南师范大学附属中学、先烈东小学、东圃小学、广州中学、广州市第七十五中学、广州市第一一三中学、华南师范大学附属小学、新元小学、华阳小学、汇景实验学校、广州奥林匹克中学、天河中学
	游泳	华阳小学、先烈东小学、华南师范大学附属中学、天河中学
	羽毛球	先烈东小学、华南师范大学附属中学、御景小学、广州中学、天河中学
	足球	高塘石小学、渔沙坦小学、华南师范大学附属中学、暨南大学附属实验学校小学部、龙口西小学、广州市第八十九中学、广州中学、天河中学、广州市第七十五中学、南国学校
	射击	广州市第七十五中学、广州奥林匹克中学
	篮球	员村小学、广州中学、华南师范大学附属小学、长兴小学、暨南大学附属实验学校小学部、天府路小学、天河区第一实验学校、华阳小学、汇景实验学校、天河中学、广州市第七十五中学、南国学校
	乒乓球	石牌小学、员村小学、广州市第一一三中学、长兴小学
	棒球	岑村小学、华景小学
	手球	盈采美居小学、新元小学、广州奥林匹克中学
	武术	华阳小学、广州中学
	击剑	华融小学、石牌小学、汇景实验学校
	跳绳	长湴小学、柯木塱小学
	健美操	骏景中学、天河外国语学校、广州中学、天河中学
	排球	银河小学、广州市第七十五中学
	轮滑	骏景中学、棠东小学
	中国象棋	东圃小学
	围棋	南国学校
	国际象棋	长兴小学
	体育舞蹈	广州市第八十九中学

表 64 2023 年天河区体育协会表

协会名称	成立年份
天河区高尔夫球协会	2008
天河区游泳协会	2011
天河区乒乓球协会	2012
天河区网球协会	2013
天河区篮球协会	2015
天河区足球协会	2015
天河区龙狮运动协会	2015
天河区登山户外运动协会	2015
天河区体育联合会	2016
天河区武术协会	2017
广州市定向运动协会	2017
天河区棋类协会	2021
天河区田径协会	2021
天河区社会体育指导员协会	2021
天河区体育舞蹈协会	2022
广州市天河区跆拳道协会	2023

【体育协会与体育传统项目学校】 2023 年，天河区有体育协会 16 个。体育传统项目有田径、足球、武术、中国象棋、游泳、羽毛球、射击、乒乓球、篮球、跆拳道等 19 个。华南师范大学附属中学、天河中学、先烈东小学 3 所学校为省级以上体育传统项目学校。

【体育彩票】 2023 年，天河区销售体育彩票 13.24 亿元，比 2022 年（下同）增长 52.87%，全区体育彩票销售为国家筹集公益金 3.05 亿元，增长 46.2%，其中区级公益金 4115.78 万元。全区共开设体育彩票实体店 423 个。（蒋佳凤）

卫生健康

医疗卫生

【概况】 2023年，天河区有各类医疗机构1075家，其中医院69所（不包含妇幼保健院和专科疾病防治机构）、基层医疗卫生机构994个、专业公共卫生机构7个、其他卫生机构5个。全区医院中，三级医院8所、二级医院24所、一级及未定级医院37所；按经济类型分，公立医院14所、民营医院55所。基层医疗机构中，社区卫生服务机构42个（其中社区卫生服务中心26个、社区卫生服务站16个），门诊部451个，诊所、医务室、护理站等501个。专业公共卫生机构中，妇幼保健机构1个、专科疾病防治机构1个、疾病预防控制机构3个、卫生监督机构1个、健康教育所1个。

区辖内实有床位数1.53万张，每千人口床位数6.82张。有卫生技术人员3.17万人，执业（助理）医师1.16万人，注册护士1.5万人，中医执业（助理）医师1500人，每千常住人口医生数5.2人。

【医疗卫生机构基础设施建设】 2023年，广东省骨科研究院（长兴院区）北侧大楼建成并移交至南方医科大学第三附属医院，南侧大楼进入施工阶段。中山大学附属肿瘤医学科学中心（天河院区）完成土地征收，开展施工图设计、医疗工艺三级流程设计和报批报建工作。中山大学附属第六医院（珠吉院区）获得同意调整项目建议书的批复，并会同职能单位优化调整项目建筑设计方案。实施区人民医院、区中医院、区妇幼保健院提质扩容工程。其中，区人民医院将医院本部康复医学专科升级为康复医学中心；区中医院老人院医护楼一期改造工程完工并投入使用，同时开设老年门诊等科室；区妇幼保健院本部发热门诊升级改造工程完工并投入使用。

【医疗机构服务】 2023年，天河区总诊疗2512.19万人次、入院52.9万人次，住院病人手术40.93万人次，基层诊疗量比2022年增长18%。是年，《天河区社区卫生服务中心建设五年行动方案（2023—2027年）》《天河区卫生健康局落实“百县千镇万村高质量发展工程”实施基层卫生健康服务能力提升五年（2023—2027年）行动计划》印发实施。开展“优质服务基层行”活动，创建国家推荐标准社区卫生服务中心7家。

【家庭医生服务】 2023年，天河区组

表65　2023年天河区部分公立医院表

名称	地址	建立时间	医院等级	类别	床位数（张）	诊疗量（万人次）
中山大学附属第三医院	天河路600号	1971年	三级甲等	综合医院	2692	385.53
中山大学附属第六医院	员村新街19号	1965年	三级甲等	综合医院	1497	157.11
暨南大学附属第一医院	黄埔大道西615号	1981年	三级甲等	综合医院	1878	189.24
南方医科大学第三附属医院	中山大道西183号	1988年	三级甲等	综合医院	1180	109.57
广州市妇女儿童医疗中心	珠江新城金穗路9号	2009年	三级甲等	其他专科医院	1703	385.58
广州市第十二人民医院	黄埔大道西天强路1号	20世纪90年代	三级（未评）	综合医院	432	35.02
广州市残疾人康复中心	天河北龙口西路375号	1985年	二级（未评）	康复医院	50	5.46
广州市社会福利院康复医院	龙湖路233号	20世纪70年代	二级（未评）	康复医院	110	1.07
广东燕岭医院	粤垦路533号	1982年	二级（未评）	综合医院	232	5.93
天河区人民医院	东圃大马路13号	1962年	二级	综合医院	218	46.14
天河区妇幼保健院	天河北路367号	1986年	二级甲等	妇幼保健院	80	23.58
天河区中医医院	棠石路9号	1996年	二级甲等	中医（综合）医院	240	44.97

织家庭医生服务团队培训班，培训学员93名。打造"1＋3＋4"家庭医生服务模式，其中"1"是"一精准"，即实现医群精准对接；"3"是"三联合"，即医护联合、医医联合、医养结合；"4"是"四支撑"，即人才体系支撑、信息化体系支撑、质改体系支撑、绩效考核体系支撑。由1062名家庭医生和2271名工作人员组建219个服务团队，开展签约服务，居民签约105.39万人，居民签约率47.4%，其中重点人群签约数35.53万人，重点人群签约率89.70%。是年，3名家庭医生被评为广州市十大"五星级家庭医生"、2名家庭医生被评为广州市十大"五星级网络家庭医生"。培训港式金牌家庭医生14人，参加"广东医生"演讲获优秀奖1名。

【公立医院和社会医疗机构】 2023年，天河区有公立医院14所，其中综合医院7所、中医（综合）医院1所。三级甲等公立医院有5所，分别是中山大学附属第三医院、中山大学附属第六医院、暨南大学附属第一医院、南方医科大学第三附属医院、广州市妇女儿童医疗中心。天河区有社会办医疗机构972家，其中诊所、医务室、护理站453家、门诊443家、医院55家。

【中医药服务】 2023年，天河区促进中医药传承创新发展，印发实施《天河区创建全国基层中医药工作示范区实施方案》《广州市天河区中医药文化进校园工作实施方案》《天河区关于进一步开展中医治未病服务提升工程项目实施方案（2023—2025年）》等文件。截至是年底，天河区中医类别医师1572人，占医师总数的13.45%。加强区中医医院"治未病"科室建设，发挥省中医"治未病"健康工程试点单位优势，在各社区卫生服务中心开展"治未病"试点

表66　　2023年天河区部分社会医疗单位表

名称	地址
慈惠医院	科韵北路20号
扶元堂中医医院	黄埔大道161号2楼32～35房
福瑞馨养老护理院	鳌鱼岗大街6号9层
广东美恩整形美容医院	天河路108号西侧
广州家家乐康复医院	车陂北街大岗二巷96号
广州爱博恩妇产医院	龙口东路2、4、6号自编0333号
广州博研医疗美容医院	中山大道建中路3号首层01铺（部位：之五）、2、3层
广州长安医院	黄埔大道西888号国防大厦西裙楼
广州长峰医院	广州大道北741号
广州长泰医院	中山大道1003号
广州复大医疗有限公司复大肿瘤医院	棠德西路2号及2号之二
广州韩后医疗美容医院	海安路7号之六首层、二层商铺
广州华港中医肝病医院	中山大道中1033号C座及B座顶楼
广州华美医疗美容医院	黄埔大道西493号
广州华新骨科医院	鳌鱼岗大街6号1～8层
广州华兴康复医院	沙太南路牛利岗大街85号
广州勤正中医医院	鳌鱼岗大街89号
广州仁爱天河医院	天河路108号
广州穗华口腔医院	黄埔大道西413号2楼202、3～5楼
广州天河凤凰医院	凤凰街渔东路88号
广州天河珠吉护理院	珠吉街吉山新路街109号之一
广州天河岑村护理院	岑村东外街2号1、2、3楼
广州希玛林顺潮眼科医院	天河北路183～187号
广州现代医院	沙河濂泉路42号
广州紫馨整形外科医院	黄埔大道西122号裙楼1～5层
广州蕙心医院	华观路（自编）1965号
广州暨博口腔医院	马场路16号富力盈盛广场1～2楼
吉山医院	吉山村新路街109号
嘉禧中医医院	龙怡路89号1楼自编01房
健安康复医疗中心	花城大道1号第6层622、623、624房
建康医院	沙东街兴华路38号1号楼2～7层
可玉医疗美容医院	天河东路108号1～2层、118号夹层、130/A号地下室
六一儿童医院	燕岭路130～136号
龙洞人民医院	龙洞村龙洞东路二横路2号
明心康复医疗中心	五山路1号A栋1楼07单元
启维心智医院	凤凰街柯木塱坳头南街一巷3号
瑞合康复（广州）医疗科技有限公司黄埔大道康复医疗中心	黄埔大道西495号第6层
小懂健康互联网医院	迎龙路199号之三310室
心联医互联网医院	华观路1933号901房
颐年护理院	元岗路399号自编1号楼108房
暨德济互联网医院	林和中路136号302自编A自编K22号

工作。加强中医药适宜技术在基层医疗机构的推广应用，全区社区卫生服务中心及护理站规范开展6类10项以上、4类6项以上的中医药适宜技术。将中医药服务与家庭医生签约服务融合，为签约对象提供针灸、推

拿、拔罐、刮痧等中医药适宜技术和中药茶饮、食疗、养生保健指导等个性化服务。

【医疗体制改革】 2023年，天河区推动医疗体制改革，印发实施《天河区推进卫生健康高质量发展实施方案》《天河区推动公立医院高质量发展实施方案》《天河区家庭医生签约服务高质量发展实施方案》《天河区政府办社区卫生服务机构绩效激励金实施方案（试行）》《2023年天河区加快推进分级诊疗制度建设工作方案》等文件。区人民医院急救专科能力建设在全省获得表彰。发挥辖区高水平医院带动作用，推进药学联盟、胸痛救治联盟、卒中专科联盟、远程影像中心等专科医联体建设。区人民医院与辖区三甲医院合作共建胸痛中心通过国家基层版胸痛中心认证。探索紧密型城市医疗集团建设试点，由暨南大学附属第一医院牵头组建天河区城市医疗集团。天河区药学服务案例入选2023年全国合理用药榜单。

【医疗卫生行业监管】 2023年，天河区联合第三方机构开展消防安全隐患专项排查，检查医疗卫生机构946家次、托育机构75家次，发现安全隐患问题4201个，完成整改3792个。指导955家医疗机构、75家托育机构完成消防安全自查。落实医疗卫生行业综合监管相关工作要求，加强下放综合行政执法职权事项衔接。整治“两非”（非医需要的胎儿性别鉴定和选择性别的人工终止妊娠）、代孕、养老诈骗和黑诊所等违法行为，查处案件259宗，吊销医疗机构执业许可证1家，责令2名医师暂停执业活动。区卫生监督所获得2023年度广东省卫生监督突出贡献奖。

【广东省骨科研究院（长兴院区）开工】 2023年5月10日，天河区与南方医科大学第三附属医院共建的广东省骨科研究院（长兴院区）开工。该项目位于长兴街，是集医疗、医学科研、成果转化功能为一体的现代化骨科医学研发机构。北院区于2022年8月正式启用，举行动工仪式的南院区定位为骨科医院和成果转化中心，规划床位300张，建筑面积约4.88万平方米，同步建设3000平方米的公办社区卫生服务中心。

【区校共建医疗项目开工】 2023年12月7日，天河区与中山大学共建的中山大学肿瘤医学科学中心（天河院区）、中山大学附属第六医院（珠吉院区）集中开工。区校共建医疗项目旨在优化天河区医疗资源，带动东北部医疗服务能力提升。

中山大学肿瘤医学科学中心（天河院区） 该项目位于广河高速以南、华南快速以东、食品药品学院以西地段，总建筑面积约29.97万平方米，新建1栋地下4层、地上15层的医院综合楼。设计等级为三级甲等医院，规划床位数1100张。该院定位为中山大学肿瘤防治中心主院区，是集医疗、医学科研、成果转化等功能于一体的现代化肿瘤医学研发机构，同时配套社区卫生服务中心。

中山大学附属第六医院（珠吉院区） 该项目位于珠吉路以西、广园东快速路以北地段，总建筑面积约19.85万平方米，规划床位数1000张。该院定位为中山大学附属第六医院主院区，是集医疗、急救、预防、康复、教学、科研于一体的现代化三级甲等综合医院，同时加挂“天河区第二人民医院”牌子，在完整的综合学科群基础上，建设胸痛、卒中、创伤、危重孕产妇救治、儿童重症救护中心等急诊急救五大中心。

【广州医科大学附属中医医院天河院区启用】 2023年12月22日，广州东部第一家三级甲等综合性中医医院——广州医科大学附属中医医院天河院区启用。该院位于天坤三路95号，总建筑面积12.2万平方米，设有门急诊楼、综合楼、后勤保障楼、医技楼和住院楼等。开放床位1200张，日门（急）诊可达5000人次，是集医疗、科研、教学、预防、保健和康复“六位一体”的智慧型现代中医医院。 （陈宇川）

公共卫生与健康发展

【概况】 2023年，天河区继续开展健康天河建设，完善公共卫生服务体系，推动全民健康理念，为群众提供全方位全周期健康服务。注重预防为主和健康促进，加大传染病、慢性病、地方病等疾病预防控制力度。推进卫生健康公共资源向基层延伸、向生活困难群众倾斜，做好重点人群健康服务，推广“积极老龄化”理念。

【“五好”镇（街）公共卫生委员会建设】 2023年，天河区完善基层公共卫生委员会体系、制度建设，开展基本公共卫生服务、爱国卫生运动、健康支持性环境建设等重点工作。12月26日，2023年度广州市“五好”镇（街）公共卫生委员会建设首场现场评审会在天河区石牌街道召开，天河区有5个街道被评为优秀。其中，石牌街构建党建引领公共卫生医疗工作体系，整合社区特色资源，以“一社区一品牌”为工作思路，形成社群合作、政企协同的公共卫生格局。天河南街建立党建公共卫生服务“大平台”，形成“组织共建、阵地共享、活动共办、队伍共训”的公共卫生服务局面。长兴街建立红色景点、绿色公园、金色体校的健康宣传阵地，组建志愿服务队伍，打造多条独具特色的健康文旅路线。五山街依托辖内7

所高校资源，联动开展各种体检活动及健步走活动，打造社区特色文化健步路径。兴华街建立“三级”公共卫生服务网格体系，依托辖内医疗机构、社区网格建立27支志愿服务队，发挥“专业带队+社区协助”作用。

【爱国卫生管理】 2023年，天河区通过国家卫生城市复审。开展第35个“爱国卫生月”等爱国卫生运动，组织各街道每周开展病媒生物防制统一行动。开展夏季病媒生物防制“百日攻坚”专项行动，在城中村、小区、内街内巷、农贸市场、学校、公园、工地、垃圾站点等重点区域开展环境卫生整治和病媒生物防制。在集水井、污水槽、水池等积水处投放苏云金杆菌和灭蚊幼颗粒，消除蚊虫栖息和滋生条件；对绿化带、垃圾桶堆放点、杂物堆放点等进行全面消杀，降低蚊媒密度。组织各部门、各街道等有关单位开展迎接国家卫生城市复审专项主题培训，全年举办培训共计18场次，累计培训1434人次。

在餐饮场所、娱乐场所、学校、香烟销售点、汽车客运站等控烟难点，每月开展一次控烟专项执法。全年检查单位1449家次，巡查面积47910平方米。在校园周边加大控烟政策法规宣传，禁止在校园周边零售店张贴烟草销售广告，督促经营者在店内显著位置张贴“吸烟有害健康”和“严禁向未成年人出售烟草产品(电子烟)”标识。

【公共卫生管理】 2023年，天河区监督检查各类场所8533间次，发出卫生监督意见书6352份。发放公共场所卫生许可证1946张，饮用水供水单位卫生许可证16张。根据国家“双随机”任务安排，监督检查公共场所730间次。是年，天河区处置新型冠状病毒感染、猴痘、急性出血性结膜炎、其他感染性腹泻病、登革热、流行性感冒、手足口病、水痘等突发公共卫生事件共46起。完成食品安全风险监测样品360宗，甄别食源性聚集性事件8起，接报并现场调查疑似食物中毒事故14起，每季度开展管网末梢水和二次供水监测。

【疾病预防控制】 2023年，天河区印发《天河区2023年登革热、寨卡病毒、基孔肯雅热等蚊媒传染病防控工作方案》《关于进一步加强天河区登革热疫情防控工作的通知》等文件，组织区疾控中心、各社区卫生服务中心、各街道等有关单位开展传染病防控、慢性病防治、健康教育等业务培训、会议、演练共43场次，约4100人次参加。制定《天河区严重精神障碍患者排查工作方案》，建立常态化严重精神障碍患者排查工作机制，召开天河区精神卫生工作推进会。组建天河区心理危机干预队伍，开启区级心理危机防控工作。是年，天河区通过国家慢病综合防控示范区复审。

【职业健康】 2023年，天河区随访调查25名职业性尘肺病患者，完成12家工作场所职业病危害因素检测，帮扶5家中小微型企业开展职业病危害监测。完成重点职业病监测、非医疗机构放射卫生检测、职业性化学中毒防范、防暑降温等，推进职业卫生分类监督执法试行工作。2家企业完成职业病危害专项治理，处理各类危害职业病咨询、信访5宗，处理疑似职业病7例。建设职业健康小屋2间，推荐2名工人参评广州市职业健康达人，1家企业参评广州市健康企业。

【人口监测】 2023年，天河区常住人口223.8万人，出生率8.34‰，自然增长率6.23‰，性别比118.25；户籍人口109.47万人，出生率9.5‰，自然增长率5.5‰，性别比120.71。全年发放独生子女父母计划生育奖励金16222.52万元、计划生育特别扶助金1975.8万元。

【妇幼保健服务】 2023年，天河区持续开展母婴安康生育综合保障服务行动，为新生儿、孕产妇受理理赔92例，理赔金额44万元。实施婚前保健、孕前优生健康检查、免费产前筛查和新生儿疾病筛查，构建涵盖婚前、孕前、孕期、新生儿、儿童期各阶段的出生缺陷三级预防体系。落实《广州市人口与计划生育服务规定》《广州市优化生育政策促进人口长期均衡发展若干措施》及配套政策，加快发展多种形式的婴幼儿照护服务机构。建成6家普惠托育机构120个普惠托位，每年为辖区群众减少入托费300余万元。

【老年健康】 2023年，天河区65岁及以上老年人135909人，建立65岁及以上老年人健康档案129105份，健康体检91548人；纳入规范健康管理86445人，规范健康管理率63.61%。全区有养老机构21家，其中养老机构办医疗机构14家，医疗机构办养老机构7家，与医院签约养老机构21家，医养结合率100%。全区有养老床位4315张。新增医养结合机构1家，辖区26家社区卫生服务中心全部与街道综合养老服务中心或养老机构签订合作协议，为老年人提供医疗健康服务。为全区1.84万65岁及以上常住老年人接种23价肺炎球菌疫苗。 (陈宇川)

社会生活

劳动就业

【概况】2023年，天河区城镇新增就业87601人，城镇登记失业人员15789人，登记失业人员再就业7522人，就业困难人员再就业3425人。特困失业人员就业率、“零就业”家庭一人就业率保持100%。

【重点群体就业帮扶】2023年，广州市天河区人力资源和社会保障局（以下简称“区人力资源社会保障局”）印发《2023年天河区开展创建充分就业社区活动工作方案》，辖区163个社区达到充分就业社区创建评估要求，创建率70.87%。创建就业驿站，引入人力资源服务机构等社会力量参与就业驿站的建设和运营管理。是年6月，天河区就业驿站在棠下街正式揭牌运行。开展登记失业人员就业状态跟踪调查服务45.8万人次，为失业人员推送就业岗位7000余个，实现再就业5935人。发布灵活就业岗位信息16534条，收集灵活就业求职者信息4385条。组织特色灵活就业人员（零工）招聘活动19场，举办“招聘夜市”，该做法在人社部信息刊物刊发。举办高校系列招聘活动28场，提供就业岗位1.6万余个。服务2023届天河区离校未就业高校毕业生1857人，离校未就业高校毕业生就业去向率90.85%。优化就业补助资金和技能培训专项资金审核发放

表67　2023年天河区高校创业基地表

序号	基地名称	级别
1	华南农业大学大学生创新创业孵化基地	省级、市级
2	广州现代信息工程职业技术学院大学生创业（孵化）基地	市级
3	广东邮电职业技术学院大学生创业（孵化）基地	市级
4	广东金融学院大学生创业基地	市级
5	广东技术师范大学大学生创业（孵化）基地	市级
6	华南师范大学创新创业（孵化）示范基地	市级
7	广东省外语艺术职业学院大学生创新创业孵化基地	市级
8	广东工程职业技术学院大学生创业（孵化）基地	区级
9	华南理工大学大学生创新创业（孵化）基地	区级
10	广东食品药品职业学院创新创业孵化基地	区级

表68　2023年天河区公共就业服务机构表

序号	机构	地址
1	天河区劳动就业服务管理中心	石牌东路117号
2	天河区沙河街道便民服务中心	沙河大街89号1层
3	天河区五山街道便民服务中心	五山岳洲路39号
4	天河区员村街道便民服务中心	员村新街十号之一
5	天河区车陂街道便民服务中心	东圃大马路16号1楼
6	天河区石牌街道便民服务中心	石牌东路127号1楼
7	天河区天河南街道便民服务中心	体育西横街193号1楼
8	天河区林和街道便民服务中心	林和西横路101号
9	天河区沙东街道便民服务中心	广州大道北范屋路145～149号首层
10	天河区兴华街道便民服务中心	银燕路166号
11	天河区棠下街道便民服务中心	华景北路279号棠下街政务服务大厅
12	天河区天园街道便民服务中心	东方三路2号
13	天河区冼村街道便民服务中心	平云路167号
14	天河区猎德街道便民服务中心	海明路20号1楼
15	天河区元岗街道便民服务中心	元岗路600号
16	天河区黄村街道便民服务中心	荔苑路5号
17	天河区龙洞街道便民服务中心	龙洞北路1号
18	天河区长兴街道便民服务中心	长兴路289号
19	天河区凤凰街道便民服务中心	华美路88号
20	天河区前进街道便民服务中心	盛荟横街7号
21	天河区珠吉街道便民服务中心	珠村东环路99号1楼政务大厅
22	天河区新塘街道便民服务中心	合景路141～147单号首层

流程，审核发放就业创业补贴等资金3.62亿元，惠及企业4.85万家次，惠及劳动者14.23万人次；发放技能培训补贴352.69万元，惠及1947人次。完成就业补助资金重点项目核查5222.14万元。

【港澳青年创新创业服务】 2023年，《天河区深化支持港澳青年创新创业高质量发展实施办法》印发，文件指出每年投入财政资金1300万元用于保障来天河创新创业的港澳青年。天河区管理和服务辖内13家港澳青年创新创业基地，完成6家区级创业孵化基地认定、21家区级创业孵化基地评价和20家市级创业孵化基地评价工作。累计办理创业担保贷款申请人资格认定业务54宗，申请金额2.3亿元，促进创业5446人，创业带动就业14393人。围绕服务港澳青年创新创业，制定基地专项扶持政策，推进项目培优、环境优化、服务升级。是年，辖内港澳青年创新创业孵化基地新引进港澳项目97个，开展港澳青年就业创业湾区行活动132场，与省人力资源社会保障厅联合举办“创响湾区·就约盛夏”首届暑期青创嘉年华活动，吸引超过3000名粤港澳青年参与。

表69　2023年天河区部分经营性人力资源服务机构表

序号	机构	地址
1	广东邮电人才服务有限公司	龙口东路362号402房自编01房
2	广州南方人才发展有限公司	天河路198号7层
3	广东方胜人力资源服务有限公司	金穗路3号1301室
4	广东锐博人力资源服务有限公司	海安路13号之一2601室（部位：自编之一）
5	广州仕邦人力资源有限公司	天河北路183～187号2101～2116单元
6	广东民企人力资源开发服务中心有限公司	华穗路406号之二1323房
7	广东羊城人力资源管理有限公司	华穗路263号2201、2202房
8	广州七方人才服务有限公司	体育西路103号维多利广场B2305
9	广州智唯易才企业管理顾问有限公司	黄埔大道西33号5楼A-H
10	广州骏伯人力资源有限公司	中山大道西140号803～805房
11	广州智服人力资源有限公司	体育东路122号之二3302室
12	广东银雁科技服务有限公司	天河北路894号502房自编505房、508房
13	广州南方人才市场有限公司	天河路198号901～903、905～907
14	广州海纳人力集团有限公司	黄埔大道西76号3202
15	广州市锐旗人力资源服务有限公司	体育西路103号之一3601房
16	广东沃德人力资源咨询有限公司	金硕一路11号1902室
17	广州精英人力资源有限公司	体育西路191号B塔1310房
18	广州政方人力资源有限公司	科韵北路106号205-A119室
19	广州友方国际劳务有限公司	中山大道中288号503室
20	广州和众人力资源服务有限公司	华强路9号2305室
21	广州市南方人才服务有限公司	天河路198号908房
22	广州市达智人力资源有限公司	珠江东路12号2901（部位：自编01B单元）
23	广东前锦众程人力资源有限公司	华穗路406号之二1324房
24	广州易维人力资源有限公司	兴民路222号之一1705、1709室
25	广东允公人力资源服务有限公司	元岗路73号301室B303
26	广州华信人力资源有限公司	粤垦路607号201～212房
27	晟一弘（广东）人力资源有限公司	中山大道西140号716房
28	广州市北昂科技有限公司	高唐路261号1207房
29	广州空间无限人力资源服务有限公司	天河北路179号23层2317F房
30	广州仕丰人力资源有限公司	天河北路183～187号2113单元

【职业技能培训】 2023年，天河区开展新业态新模式从业人员技能培训，支持跨境电商、互联网营销师等现代服务业职业技能培训。开展“三项工程”羊城行动，推动“粤菜师傅”传承，推荐餐饮企业参加“星级粤菜师傅”认定。开展“广东技工”产教融合行动，辖内100余家企业、培训机构和职业院校开展企业职业技能等级自主认定和社会评价申报工作。持续打造“南粤家政”品牌，辖内家政企业、家政服务培训基地完成南粤家政培训3488人次。打造6个“南粤家政”省级基层服务示范站，推进21个街道在社区建立42个二级站点。开展职业技能赋能行动，职业指导和技能培训逾3.3万余人次。举办2023年天河区“羊城工匠”职业技能竞赛。

【就业驿站建设】 2023年，天河区打造基层就业综合服务平台，健全就业服务体系，在全区范围内建设“21＋N”个基层就业驿站（“21”是指在各街道至少建设一个就业驿站，“N”是指结合社会资源创建的特色就业驿站）。就业驿站将灵活就业人员纳入就业公共服务范围，就近就地提供招聘、培训、劳动争议调解、权益保障等一站式服务。截至是年底，天河区建成25个就业驿站，天河区就业驿站为9560人提供就业服务。

【劳务协作帮扶】 2023年，《天河区促进贵州省毕节市七星关区、大方县、纳雍县脱贫人口转移就业稳岗补贴方案》印发实施，天河区在三地开展劳务协作对接，签订劳务协作框架协议，举办招聘活动8场，推送岗位6000余个，累计转移对口帮扶地区脱贫人口288人到天河区稳定就业。持续打造“山海心连之家”品牌，创建天河“数字化+”一体化智能服务站，累计服务2.1万余人次。

【劳动关系综合治理】 2023年，天河区集中整治拖欠农民工工资问题，开展人力资源服务活动和用人单位招工用工情况检查，清理整顿人力资源市场秩序，检查企业2728家，涉及人数4.06万名。检查用人单位5108家，涉及劳动者20.28万人。受理劳资纠纷3.4万件（宗），为4092名劳动者追回2576.57万元劳动报酬。处理各类劳动人事争议仲裁案件9512件，互联网异步审理办结2795件。街道调解、劳动三方调解、仲裁委调解累计调解案件30655件，调解成功率85.55%。妥善处理88名劳动者诉广州环音网络科技有限公司等重大集体争议案件。 （熊红敏）

社会保障

【概况】 2023年，天河区企业职工养老保险参保147.21万人，城乡居民养老保险参保28889万人，失业保险参保149.84万人，工伤保险参保155.94万人。推进工伤认定业务办理，受理工伤案件2910件。审核各类就业创业和技能培训补贴3.63万元，惠及4.85万家企业14.17万人次。

【社保制度改革】 2023年，天河区查漏补缺退休“中人”信息，指导相关单位核实修正人员信息，及时办理转移和职业年金贴息补缴等业务，基础数据清理工作修正完成率93.94%。推进城乡居民基本养老保险采用统一社会保险费征收模式，深化机关事业单位养老保险改革。推进落实新就业形态就业人员职业伤害保险。

【被征地农民社会保障】 2023年，天河区开展被征地农民社会保障政策解释工作。拟定13个批次的城市建设用地项目被征地农民养老保障方案并推进报批，督办8个获批项目资金分配，加快重点建设项目的征地社保报批。

【社保经办服务】 2023年，天河区推动构建以基本养老保险（第一支柱）为基础，以企业年金和职业年金（第二支柱）为补充，与个人储蓄性养老保险和商业养老保险（第三支柱）相衔接的“三支柱”养老保险体系。落实企业职工基本养老保险全国统筹和失业保险省级统筹制度，实施灵活就业人员参加失业保险和特定人员参加工伤保险，推动新就业形态就业人员职业伤害保障试点工作。截至是年底，企业职工参加养老保险、失业保险、工伤保险合计452.99万人次。发放企业职工养老保险待遇114.46万人次48.11亿元，发放失业金16.82万人次4.80亿元，失业补助金5.01万人次0.59亿元，失业技能补贴8730人次0.13亿元，职业伤害待遇370人次897.07万元，工伤保险待遇11633人次1.91亿元。

【社保基金监督】 2023年，天河区处理基金监管系统预警信息601条，核查疑点信息18.76万条。加大违规领取社保基金稽核力度，开展打击短缴核查工作，核查4958名失业短缴人员实际工作关系情况，开展社保待遇业务核查案件72件，追回社保待遇477.64万元。移交稽核处理社保待遇需整改人员101名，送达稽核通知书、行政处理决定书、协办函等文书601份。

【退休人员社会化管理】 2023年，天河区社会化管理退休人员比2022年增长7.8%。发放春节、中秋节慰问品8556份，为18.53万人次发放慰问金。举办文体活动216课时，参加人员约7000人次。累计为4万人次提供退休人员社会化管理服务政策咨询、个人信息修改查询服务，协助社会化管理退休人员领取养老待遇资格认证4500人。 （熊红敏）

民政事务

【概况】 2023年，天河区做好社会救助、养老服务、婚姻服务等民政事务。发放困难群众救助补助资金4554.12万元，其中，困难群众救助资金2448.53万元（含“爱心天河”扶助金203.19万元）、残疾人两项补贴2105.59万元。天河区被评为2022年广州市“养老服务体系建设成效明显区”，市政府予以督查激励。区民政局被评为“2022年广州市养老护理职业技能大赛突出贡献单位”。有5家养老机构获得“广东省星级养老机构”称号，其中五星级1家、四星级2家、三星级2家。棠下街被评为2022年广州市“未成年人保护示范建设成效明显街道”，市政府予以督查激励。

【社会救助】 2023年，天河区发放低保金1288.29万元、特困供养金295.73万元、临时救助金49.96万元、分类救济金146.51万元、节日慰问金186.29万元。服务精神障碍社区康复服务对象，开展个案服务431人次。开展“寒冬送温暖”、“夏日送清凉”、特殊天气应急救助流浪乞讨人员等专项行动，救助流浪乞讨、露宿人员1478人次。

【养老服务】 2023年，天河区印发《广州市天河区居家社区养老服务管理办法》《天河区2023年社区颐康服务站建设奖补方案》，明确服务和资助范围，优化三级服务网络设施建设要求，增加站点建设、租金补贴，支持社会力量参与养老服务，指导开展社区颐康服务站建设。全区建成社区颐康服务站211个，社区建设颐康服务站完成率100%。全区有养老机构22家，总床位数4350张，养老机构医养结合覆盖率100%。天河区老人院被评为广东省五星级养老机构，天河南街颐康中心、长兴街颐康中心被评为广东省四星级养老机构；凤凰街颐康中心和天园街、棠下街颐康中心分别被评为广州市四星级综合养老服务中心和广州市三星级综合养老服务中心。组织全区养老机构护理员参加养老服务专业培训。开展老年人照顾需求等级评估，依据评估结果为老人提供个性化、专业化的上门生活照料服务，累计评估1382人，居家上门服务1.83万人次。是年，全区111个长者饭堂为辖内老年人和18～59周岁重度残疾人累计提供助餐配餐服务197.4万人次，送餐服务6639人次。天河区共享高校或企业事业单位食堂开展助餐服务的做法在广州市甚至全国推广。为89.53万人次70周岁及以上长者发放长寿保健金5407.15万元。

【困境儿童保障】 2023年，天河区建立困境儿童台账，巡访困境儿童4012人次，提供个案服务52节次。组建高校志愿者“梦之学”服务队，为困境儿童提供线上辅导。向困境儿童发放慈善物资。完成全区100名困难青少年家庭“一平米”学习空间改造。指导街道未成年人保护工作站运营，棠下街被评为2022年广州市“未成年保护示范建设成效明显街道”，市政府予以督查激励。开展政策宣传、教育支持、安全自护能力提升、健康知识普及等255场惠童活动。

【慈善募捐】 2023年，天河区先后制定《广州市天河区慈善会冠名基金管理办法》《广州市天河区慈善会社区慈善基金管理办法》，并设立首个企业冠名基金——骏伯“一盏灯”慈善基金。在2023年广东省扶贫济困日暨羊城慈善为民活动、羊城慈善月活动中征集并备案慈善项目30个，全年筹集善款1515.77万元。稳步推动“互联网＋慈善”的模式创新，开发上线“广州市天河区慈善会”小程序，涵盖线上捐赠、慈善项目展示、社区基金情况公示、电子票据开具等功能，营造“指尖慈善”良好氛围。

表70

2023年天河区养老机构情况表

序号	机构名称	地址	机构性质	床位数（张）	建筑面积（平方米）
1	天河区老人院	天年街399号	公办	1298	76139
2	广州市孝逸园养老院有限公司	粤华路1号	民营	208	5260.9
3	广州椿萱茂养老服务有限公司	科林路18号G栋	民营	383	16500
4	天河区富民养老院	龙洞村富民路69号	民营	60	900
5	广东颐康达医疗养老有限公司	广和路27号首层自编102房	民营	27	1300
6	广州鸿福霖林和养老服务有限公司	林和西路169号首层101、103号铺	民营	24	940
7	广州清雅堂养老服务有限公司	员村二横路昌乐园65号	民营	36	992.1
8	广州珠江家园健康养老服务有限公司〔天河区长兴街综合养老服务中心（颐康中心）〕	嘉苑北大街9号101室、201室、301室、402室、404室	民营	92	2500
9	鸿福霖（广州）养老院有限公司	道渔西路148号	民营	470	20580
10	广州七喜集团有限公司〔天河区五山街综合养老服务中心（颐康中心）〕	东莞庄路114号3～7层	民营	67	1570.4
11	广州市孝慈康养老年服务有限公司〔天河区凤凰街综合养老服务中心（颐康中心）〕	渔东路88号5楼	民营	35	975
12	广州福瑞馨养老院	鳌鱼岗大街6号负1层、4～15层	民营	636	46576
13	天河区珠吉街养老院	吉山新路街109号之一（3楼、5楼）	民营	70	2200
14	天河区岑村养老院	岑村东外街2号	民营	50	900
15	天河区长寿村养老院	广汕二路7号之一	民营	50	1400
16	天河区长兴养老院	乐意居美景街146号	民营	40	600
17	天河区凤凰长者康复中心	柯木塱背坪打石坳街9号	民营	30	880
18	广州谷丰梅花园老人康护中心	广州大道北牛利岗北街168号自编14号	民营	38	1116.6
19	天河区龙洞养老院	龙洞东路二横路2号	民营	65	980
20	广州市燕岭颐养院	粤垦路533号	民营	100	2253
21	天河区颐年养老院	元岗路399号之四101～640	民营	562	9754
22	广东嘉禧养老服务有限公司	龙怡路89号1层自编A123房	民营	20	200

建立三级联动长效工作机制，开展社区慈善基金专项培训，推动22个社区设立社区慈善基金。

【婚俗服务】 2023年，天河区推进婚姻登记“跨省通办”，办理异地婚姻登记7373宗，占登记总量的5%。深化“守护家庭，见证爱情”婚姻家庭辅导品牌内涵，建立天河区首个“花城有喜”婚姻登记户外颁证点＋“花城有爱”婚姻家庭辅导服务示范点驿站，培育文明婚俗文化。是年，天河区办理结婚登记11451对，离婚登记2999对，补领结婚登记证476宗，补领离婚登记证164宗，出具婚姻登记记录证明12份。

【殡葬服务】 2023年，天河区清明期间辖内殡葬服务机构累计接待祭拜群众约190万人次，各拜祭场所、森林公园及周边治安交通秩序良好，未发生安全事件、交通事故。落实户籍人口殡葬基本服务费减免政策，累计减免550.33万元，涉及6482人。推行节地生态安葬的工作，划拨长兴街长涖仙人居专项补贴经费2.81万元。

（庞碧容）

基层治理

【概况】 2023年，天河区开展城中村社区治理调研，撰写的《城中村社区治理困境和对策研究——以广州市天河区城中村为例》获民政部2023年民政政策理论研究三等奖。天河区优化调整珠吉街等4个街道的12个社区居委会，新设立8个社区居委会。推进员村街天福社区、天园街环宇社区、猎德街猎德社区开展广州市城乡社区治理体系和治理能力现代化创新试点社区建设；建设38个广州市和谐社区。招聘社区专职工作人员187人。评选出天河区2022年度40个先进社区居委会和80名最美社区工作者；4名社区工作者被评为广州市最美社区工作者。开展和谐社区建设、社区工作者业务能力提升等专题培训12场次，培训1875人次。全年社区议事会累计开展议事9153次，形成决议9173件，执行落实决议9173件。

【社工服务】 2023年，天河区推动实施“天河兜底民生服务社会工作双百工程”，在基层社区构建“五社联动”共治共建共享体系。全区持证社工约450人，21个街道“双百工程”社工站、230个社区“双百工程”社工点开展居家探访及电访服务7.7万人次、个案服务1603个、小组服务2774节。开展社区活动1528场，持续跟进在册困难群众和特殊群体5205名，累计服务176045人次。是年，五山街社工站入选全国社工站建设优秀案例。

【志愿者服务】 2023年，天河区持续完善志愿服务体系和工作制度，壮大志愿队伍，优化社区志愿服务站点建设和管理，推行“慈善＋社会工作＋志愿服务”融合发展机制，促进社区志愿服务资源整合。是年，天河区有志愿队伍993支、在册志愿者29.8万人、社区志愿服务站251个。全年开展志愿服务活动超2万场次，志愿服务时数约140万小时。

【社会组织管理】 2023年，天河区新组建社会组织党组织4个，创建省社会组织党建工作示范点2个。选树市社会组织优秀共产党员2名、优秀党务工作者1名，优秀党组织2个。引导社会组织开展志愿服务2383场，服务约53万人次。天河区15个公益创投活动项目被选为第十届广州市社会组织公益创投活动资助项目，获得公益创投扶持资金218万元。设立社会组织评估委员会及专家库，9家社会组织通过等级评估，其中AAAAA级3家、AAAA级2家、AAA级4家。全区有社区社会组织3037个，平均每个社区拥有社区社会组织13.2个。常态化清理整治非法社会组织、“僵尸型”社会组织，加强社会组织法人治理，核查涉嫌非法社会组织线索2宗。鼓励各行业协会、商会结合自身和会员企业情况减免会费，全年9家行业协会、商会减免会费96.21万元。

【地名管理】 2023年，天河区推动执信中学天河校区周边3条道路的规范命名，推进天园、冼村、龙洞、凤凰街道办事处驻地迁移整改。完成“越秀天河线”“海珠天河线”界线联检，完成与越秀、海珠、白云和黄埔4个相邻区的区级界线界桩及辖内21个街道44条街级界线的日常维护管理。

表71 2023年天河区新增社会团体登记表

序号	社团名称	业务主管部门	登记日期	性质
1	广州市天河区跆拳道协会	广州市天河区文化广电旅游体育局	2023年2月1日	一般性社团
2	广州市天河区青年书法家协会	中国共产主义青年团广州市天河区委员会	2023年6月2日	一般性社团
3	广州市天河区供销协会	广州市天河区供销合作社联合社	2023年6月16日	一般性社团

（庞碧容）

行政街

沙河街

【概况】 沙河街建于1950年7月，由原白云区沙东乡沙河大街地区组成，因辖内沙河大街、沙河墟、沙河涌而得名。沙河街位于天河区西部，东起广州大道中、禺东西路、沙河立交桥，与林和街相依；南达水荫横路、菜寮村，与越秀区东风公园、福来花园相连；西到内环路、广深铁路，与广州动物园、永福西约相接；北至广深铁路，与沙东街相邻。全街面积1.26平方千米，下辖7个社区居委会：左竹园、西街、新一街、先烈东横路、濂泉西、水荫四横路、永福正街社区居委会。2023年，沙河街户籍人口33291人，出生222人；常住人口41552人，出生336人；流动人口（居住1个月以上）21557人，出生164人。

沙河街辖内近现代史遗迹较为丰富，沿先烈路轴线，有1923年修建的朱执信墓、1932年为纪念“一·二八”淞沪抗日战役中阵亡将士建设的十九路军淞沪抗日阵亡将士陵园和十九路军牌坊、李是男墓、邓镜人夫妇合葬墓等。

沙河街辖内演艺文化底蕴也较为深厚，有星海音乐学院、广东舞蹈戏剧职业学院等演艺高校，以及广东现代舞团、广东民族乐团、广州杂技团、广州话剧团、广州歌舞团等一批省、市演艺团体。沙河还具有演艺活动的场地资源优势：广东艺术剧院、广东艺术剧院小剧场、广东现代舞团小剧场、广东歌舞剧院小剧场、十三号剧院等演艺活动场地，共同构成广州乃至粤港澳大湾区内最大的沙河剧院群。

沙河街服装产业经济活跃，是广州三大服装批发集散地之一，影响辐射华南地区，并吸引国内及东南亚、中东、非洲的客商前来采购。辖内主要有沙东有利服装批发市场（南城）、长运服装市场、万佳服装批发市场、金马服装城、灏丰网络服装城、金富丽网络服装批发城等25个大中型服装（批发）市场，有档口1.37万间。

【沙河街推进“百千万工程”】 城区建设　2023年，沙河街持续以“云河芯·粤文坊”为发展定位，推动“文化＋科技＋商贸”融合发展。打通水荫四横路“断头路”，该工程被市列为“攻城拔寨”项目以及区十大民生实事之一，两年间共征收国有、集体土地9541.93平方米、房屋面积4442.58平方米。2023年9月7日，此路段试运行；9月15日，正式通车。美化城市面貌，将档口卷闸门改为玻璃门、阻车石升级为立柱、清理广告和破旧交通锥。推动垃圾分类站桶点变景点。严控违法建设，全年拆除违法建设超1万平方米。

城中村社区治理　2023年，沙河街制定印发《沙河街党建引领城中村治理专项工作任务分工表》《沙河街党建引领城中村治理专项工作经费使用计划表》《沙河街党建引领城中村治理专项工作考核发现问题整改分工表》《沙河街领导干部驻点普遍直接联系群众和网格化工作方案》。重点开展永福正社区城中村治理，实施光亮工程、整饬排危、围院管理、门禁人脸识别等五大提升工程。在社区背街小巷安装路灯54盏，在“五口”（路口、村口、巷口、门口、档口）安装视频监控，安装人脸识别门禁系统50套。品质化提升社区道路近800米，将13块空闲地进行微整理，发动机团共建单位捐赠9个中型花箱，翻新美化墙面。

2023年，驻点领导开展社区调研51次，协调解决问题10件，召开城中村治理专项工作会议3次、现场会3次。重新优化细化党员责任区，将原来28个责任区增划至90个；通过“党员＋团员”“党员＋楼栋长”“党员＋志愿者”的办法充实网格力量，将419名下沉党员、39名团员、60名志愿者纳入网格，开展治理活动76场次。

协作帮扶与乡村振兴　2023年，沙河街两次到兴宁市罗浮镇开展乡村振兴调研工作，确定2023年帮扶项目和76.3万元帮扶资金。发动企业筹集资金20万元，用于建设罗栋村文化广场、浮西村光伏发电、高坑村文化广场等罗浮镇帮扶项目。其中光伏工程为村集体每年产生约5万元经济效益，高坑文化广场被评为罗浮镇

2022年十大民生项目。助力乡村复耕增收，发出“我在罗浮有亩田”耕地认种活动倡议书，认种耕地66亩，金额13.2万元，带动就业人员15人。优先购买东西部协作和对口支援地区的消费帮扶产品，累计消费帮扶35万元。发动商会、道路协会、企业购买兴宁市罗浮镇大米、腐竹、茶油等农产品，消费帮扶5万元。

【街道经济】 2023年，沙河街成立街道全面优化营商环境领导小组，制定《沙河街2023年服务重点企业工作方案》，实地走访53家企业59次，电话访问21家企业24次。走访广东工业大学科技园、天溢大厦、粤海凯旋大厦等商务楼宇（园区），掌握重点商务楼宇（园区）空置率、租金等情况，形成招商资源信息情况表，提供招商项目线索6条。

2023年，沙河街辖内生产总值68.70亿元，比2022年（下同）增长8.7%；规模以上营利性服务业营业收入17.97亿元，增长7.4%；规模以上批发和零售业商品销售总额7.27亿元，增长19.4%；规模以上住宿和餐饮业营业额0.30亿元，增长32.3%；资质内建筑业总产值9.06亿元，增长29.1%。

【沙河街推进绿美天河生态建设】 2023年，完成沙河顶市场和水荫横路2个口袋公园建设。聘请专业园林绿化管养单位开展园林绿化应急抢险7次，修剪街道管养绿化树木31次，开展病虫害消杀2次。在辖内星海音乐学院门外见缝插绿，提升街区绿化景观。开展古树名木巡查工作，辖区有1株3级古树，6株古树后续资源（树龄在80年以上100年以下的树木），均位于星海音乐学院。督促权属单位定期开展抢救复壮、修剪等，建立工作台账。全年开展治水宣传活动4次。引导辖区内居民群众参与治水，增强公众保护河涌的责任意识。各级河长巡河669次，发现问题23宗并全部整改。

【平安沙河】 2023年，沙河街开展禁毒宣传活动170场次。组织寄递物流企业检查行动48次，向30家企业发出整改书，当场整改20家，排除隐患10家。开展“双反”（反走私反偷渡）宣传活动5次，开展打击外国人“三非”（非法入境、非法居留、非法就业）宣传活动4次，开展交通安全宣传活动22次。是年，沙河街治安类警情427宗，比2022年（下同）下降16.8%；刑事类警情255宗，下降15.9%。其中，“两抢”警情2宗，下降60%；盗窃警情344宗，下降20.6%；诈骗警情174宗，下降9.4%；“黄赌毒”警情15宗，下降11.8%。

【安全监管】 2023年，沙河街开展安全生产领域检查，检查单位10756家次，排查隐患3295项，现场整改888处，下达限期整改通知书2407份，开具现场巡查记录4545份，复查书2265份。安全生产领域行政处罚36宗，处罚金额8.5万元。开展安全宣传“五进”宣讲活动，累计“进企业”宣讲2250次，参加企业2250家，参加人数13250人次；“进学校”宣讲1次，参加人数1000余人；“进社区”宣讲62次，参加人数1960人次。指导企业开展节后复工复产全员安全教育“同堂听课”活动30场，参加培训人数约500人。

【民生服务】 2023年，沙河街累计在册最低生活保障家庭52户69人，最低生活保障边缘家庭4户12人，特困供养人员11人，困境儿童25人。开展困难群众医疗救助30户56人次，救助3.26万元；开展困难群众临时救助16户16人次，救助6.14万元。劝导流浪人员267人次。

持续开展“每天一社区、一周全覆盖”爱国卫生运动。开展登革热疫情防控，增设灭蚊灯1435盏。全年开展健康讲座24场，公众健康咨询活动12次，公共卫生知识培训4次。完成老年人健康体检3106人，体检率61.05%。完成5个颐康服务站点建设。成立沙河街老年人联动服务小组。6月，在水荫四横路社区增设海南人酒家长者饭堂。辖内5个长者饭堂累计提供配餐服务41230人次，送餐服务2664人次。沙河街有

2023年7月3日，“文化自信 汇演沙河”——庆祝建党102周年文艺会演活动举办
（全伟民 摄）

表 72　　2023 年沙河街道社区居委会情况表

社区名称	居委会地址	居委会主任
左竹园	先烈东路 159 号 10 栋 102 房	钟藩
西街	龙岗东 5 号	王凤清
新一街	新二街 9 号之二 108 房	黄小珍
先烈东横路	先烈东横路 11 号大院 5 号楼 102 房	邓广华
濂泉西	先烈东横路 40 号大院 15 栋 103 房	吴海燕
水荫四横路	水荫横路 15 号 201 房	刘家崧
永福正街	水荫一横路 87 号之一	曹显森

政府资助的居家养老服务对象 20 位，全年提供上门生活照料服务 735 人次。为 4819 位长者发放长寿金。

2023 年，沙河街组织 320 对夫妇参加孕前检查，发放独生子女父母奖励 65625 人次，发放计划生育家庭特别扶助金 1391 人次。慰问计划生育特别扶助人员 230 人次。区域免费避孕药具覆盖率 49.83%。慰问辖内单亲特困母亲 4 人次、困难妇儿等 35 人次，对辖内 4 户计生困难家庭送温暖。完善沙河街未成年人保护工作站建设，设置一台宣传用电视屏及未成年人保护专用热线，全年入户探访 360 人次、服务 488 人次、扶助 36036.2 元。为辖内 2 名涉家暴受害人员提供法律援助，举办“一起行动，向家暴说不”反家暴普法讲座。

是年，沙河街受理公租房新申请 170 户，期满审查 208 户。辖内有出租屋 14584 套，登记在册来穗人员 18611 人。受理来穗人员随迁子女积分制入学咨询 386 人次。开展 5 场送法进社区“城中村”活动；1 场“春风行动”就业专场招聘会；2 场线上广府文化分享学习活动；组织 20 对“拉力君”老乡开展“春意盎然夜游珠江”交流活动；组织 67 对家庭开展“一小一老”关爱以及“小手拉大手”活动。

沙河街完成登记失业人员再就业 294 人，就业困难人员再就业 134 人，应届高校毕业生就业去向率 96.49%。办理灵活就业社会保险补贴申领 884 人次；自谋职业随军家属补贴申领 6 人。针对未就业退役军人推送就业岗位 3 个。慰问退役军人 69100 元。开展红棉老兵志愿服务活动 197 场，参与志愿服务 797 人次。累计电话慰问辖内特殊人员 4779 人次，上门探访 1308 人次。为 415 位社会化退管人员发放春节慰问品，为 310 位发放中秋慰问品。

【社区建设】 2023 年，沙河街累计建成全民体育路径 8 条，开展新一街社区龙岗路 6 号华翠苑及濂泉西先烈东横路 48 号星海音乐学院 2 条公共体育设施维修申报。举办“关爱一小一老、绘就幸福色彩”“小手拉大手、安全伴童行”等主题惠民活动 26 场。开展“文化自信　汇演沙河”迎建党 102 周年文化汇演、“向美而行”公共文化产品配送暨全民艺术普及和“小手拉大手，沙河文化进校园”系列活动等 27 场。街道文化站服务群众 6359 人次，街道图书馆接待 1100 人次，书籍借还 57 人次，外借 231 人次。每周巡查文物保护单位，排查安全隐患，与 4 家文物管理单位签订《广州市天河区文物保护协议书》。

（钟思文）

五山街

【概况】 五山街建于 1953 年，前身是白云区五山镇。五山街位于天河区中央，东起汇景新城东边山冈，与棠下街相依；南到广深铁路，与石牌街、林和街相连；西到东莞庄，与兴华街相接；北至北环高速公路，与长兴街相邻，面积 10.41 平方千米。街下辖 13 个社区居委会：茶山、岳洲、东莞庄、华工、华农、广外艺、瘦狗岭、五所、粤垦、农科院、白石岗、高胜、汇景社区居委会。2023 年，五山街户籍人口 8.16 万人，出生 553 人；常住人口 14.23 万人，出生 597 人；流动人口（居住一个月以上）6.09 万人，出生 134 人。

中华人民共和国成立前，五山地区主要为中山大学校区；中华人民共和国成立后，五山成为广州高校和科研单位密集的地区，也是广州著名文化街区。街辖内有华南理工大学、华南农业大学、暨南大学华文学院、广东外语艺术职业学院、广东科学技术职业学院、广东科贸职业学院、广州中学（五山校区）等院校；有中科院广州地球化学研究所、中科院广州能源研究所、广东省农业科学院、广东省蚕业技术推广中心、广东省钢铁研究所等科研单位。

五山街内有华南东侧路、华南快速路、五山路、岳洲路、粤汉路、汇景北路、东莞庄路、粤垦路、翰景路、广园快速路、长福路、能源路、大丰路、茶山路、东莞庄一横路、东莞庄二横路、汇景南路、广州环城高速、科韵路等主要道路。辖区内有汇景新城、半山雍景苑、五山花园、半山翠庭、地化所、农科院、茶景苑、华农茶山小区、睿峰园、石牌南门苑、馨晖园、东莞庄花苑、工商宿舍、广工大五山教师村、消防总队宿舍、侨英花园、春晖苑、丽晴轩、农垦总局大院、富力院士庭、高胜花园、嘉逸花园、翰景轩、园田居、天华苑、金山轩、天工大厦、九州海誉居、天一新村等住宅小区。

【五山街推进“百千万工程”】 城区建设　2023 年，五山街推进华南农业大学校内住宅小区微改造项目和广东省农垦总局大院改造项目。办理既有住宅加装电梯开工建设信息管理手续9份、加装电梯补贴23宗，发放补贴230万元。完成贤韵街茶景苑路段、五山地铁广场和翰景轩门口路段人车分流隔离护栏设置，更新贤韵街周边道路标线，提升华南东侧路沿线环境，修护翰景街道路护栏，增设东燕街道路警示柱，常态化开展双向两车道及以下道路市政设施和绿化养护。推进茶山社区容貌品质全域提升。完成第四批4个星级垃圾投放点建设，开展166场垃圾分类宣传活动，行政立案处罚生活垃圾分类案件145宗，罚款17400元。全年开展环境卫生整治行动56次，辖内各单位开展爱国卫生活动300余次，发现问题整改200余宗。应对登革热疫情19例。拆除违法建设4.33万平方米。综合整治广园路以南区域环境，开展区域内建构筑物现状核查。整治环保违法违规行为163宗，开展工地专项整治行动82次，教育流动商贩3156宗。整治超出门窗经营行为1188宗、乱堆放148宗、乱拉挂30宗、乱张贴5宗。立案处罚超出门窗和外墙设摊经营、乱摆卖12宗，罚款2950元。

城中村治理　2023年，五山街召集城中村居民代表召开城中村议事会，征求居民对加强东莞庄南街公共基础设施建设、消防安全、改善生活治安环境等事项的意见。修复东莞庄南街路面，清理乱摆放物品。安装网络型烟感报警器1370个。升级改造微型消防站，按照“一主柜两分柜”模式，增设分柜2个，增配微型消防车1辆。在南街环卫站大院旁新建电动自行车集中充电点1处、路边充电桩位96个。

协作帮扶与乡村振兴　2023年，五山街发动辖内7家企业和街道商会与贵州省毕节市纳雍县4个村结对，累计捐赠20万元。帮扶高山田村修复饮用水管道、火把村建设火把小学教学楼、阿楷箐村安装20盏太阳能路灯、合心村修建篮球场。发动3家单位和企业助力天河·兴宁产业园共建产业园孵化中心大厦建设项目，捐赠12万元。组织爱心企业家到纳雍县考察，为火把村小学、高山田村小学送爱心物资。

【街道经济】2023年，五山街提升营商环境，制定《2023年五山街高质量发展暨招商引资工作方案》，走访“四上”企业、创意园区300余家次，新增“四上”企业45家。协调解决企业诉求60余个。完成辖内第五次全国经济普查工作任务。

是年，五山街累计有“四上”企业359家，其中限额以上批发零售业企业103家、限额以上住宿餐饮业企业20家、资质等级建筑业企业53家、房地产开发经营企业3家、规模以上服务企业171家，规模以上工业企业9家。重点企业有广州鑫保房地产开发有限公司、华南理工大学建筑设计研究院有限公司、广东景龙建设集团有限公司、广东金作农业科技有限公司、广东科农蔬菜种业有限公司、广州朗途体育文化传播有限公司、广州凯乐石运动用品有限公司、广州维德科技有限公司、金税信息技术服务股份有限公司、广州卓腾科技有限公司、广东省农垦集团公司等。主要产业园区有乐天创意园、中创汇赛宝园区。

是年，五山街辖内生产总值219.6亿元，比2022年（下同）增长2.4%。其中，规模以上工业总产值7.85亿元，增长4%；规模以上营利性服务业营业收入108.9亿元，下降4.3%；批发和零售业商品销售总额100.4亿元，下降4.4%；住宿和餐饮业营业额2.49亿元，增长11.7%；资质内建筑业总产值37.39亿元，下降21.3%。

【五山街推进绿美天河生态建设】2023年，五山街持续推行林长制，落实两级护绿员“网格化”管理。处理树木修剪类投诉20余宗，处置树木倒伏问题13个。累计增绿7000平方米。组织绿美宣传活动5场，开展以“春风十里，正‘植’有你”为主题的植树节活动。持续开展河涌治理，截至2023年年底，辖内完成排水单元达标创建责任书签订单元172个，达标认定单元150个，认定面积683公顷。处理小微水体漂浮垃圾、周边救生装置破损、水体富营养化等问题6次，关停“散乱污”场所1家，典型排水户巡检率100%。

【平安五山】2023年，五山街开展禁毒和寄递物流主题宣传活动189场，检查寄递物流企业312家次。组建五山街辖区禁毒高校联盟。开展“扫黄打非”行动，检查印刷企业4间次、酒店旅馆6间次、网吧14间次。开展校园周边出版物市场整治6次，检查书店文具店16间次。开展“扫黄打非”入社区宣传活动12次。常态化开展扫黑除恶，开展《反有组织犯罪法》主题宣传活动。加强诈骗犯罪防范宣传，开展入户宣传行动52次。处理各类劳资纠纷541宗，结案率100%，追回欠薪1010万元，主动监察用人单位1400余家，涉及劳动者近1.2万人。2023年，五山派出所被评为广州市“枫桥式公安派出所”。

是年，五山街刑事治安警情1052宗，比2022年（下同）上升4.6%。其中，“两抢”警情0宗，与上年持平；盗窃警情308宗，下降1.9%；诈骗警情530宗，上升9.5%；“黄赌毒”警情18宗，下降10%；涉黑警情101起，下降13.7%。

【安全监管】2023年，五山街持续开展安全生产隐患排查。建立企业安全生产主体责任“一企一清单”，监督检查各类生产经营单位3747家次，发出限期整改告知函1789份。开展消防安全检查，累计检查场所718家次，发现并消除隐患212处，移交线索20宗。在重点场所开展24次消防安全宣传活动，督促辖内46家单位建成微型消防站。

完善街道、社区应急管理工作人员架构，组建一支50余人综合应急救援队伍，制定《五山街综合保障中心（环卫站）“三防”应急联动方案》，督促居委制定“一页纸”操作预案，定期开展队员业务培训。全年启动防暴雨应急响应46次，发现并整改隐患56处。开展“三防”应急宣传活动5次、演练活动2次。

常态化开展道路交通安全整治。向公安机关移送违停线索5000余次，重点整治华南东侧路沿线人行道占道违停的机动车。开展摩电整治行动，处罚非机动车交通违法行为、查扣“五类车”。

【民生服务】 2023年，五山街创建“五好”镇（街）公共卫生委员会，推动13个社区成立公共卫生委员会，实现二级公共卫生委员会全覆盖。打造“五好”公卫委凉亭、健步路径等项目，“万步有约，金秋健步行”“国家基本公卫服务宣传活动”等服务品牌。开展宣传服务活动134场，推进老年人免费体检进社区、家庭医生签约服务。五山街被评为2023年公共卫生委员会建设广州市级优秀街道，五所社区被评为广东省健康社区，瘦狗岭社区、茶山社区成功创建广州市健康社区。

是年，受理城镇独生子女父母奖励金申请1156人次，为107位特别扶助对象发放计划生育家庭特别扶助金。为辖内286名常住适龄妇女提供免费“两癌”检查服务。累计在册最低生活保障对象23户34人、最低生活保障边缘家庭2户4人、特困人员4人。重大节日走访慰问困难群众34人、计生特殊困难家庭9户。救助流浪乞讨、生活困难人员10人次。

开设11个长者爱心助餐配餐点，全年累计助餐配餐服务64.7万余人次。完成1个颐康中心与12个颐康服务站建设，接收21位长者全托入住。按时完成长者长寿金发放工作。为3022名退休人员完成养老待遇认证，健全退休人员健康档案。推进全国社区示范型退役军人服务站创建，组织23名军转干部参加体检。

华工社区儿童公园提档升级，华工社区入选第一批广州市儿童友好试点社区。完善五山街道未成年人保护工作站场地建设，设置未成年人“一站式”保护室、儿童乐园、儿童庇护室、临时监护室、个案服务室、图书阅览等服务场室，整合区图书馆、广州购书中心等资源，为图书阅览区配备500册绘本。服务48名困境未成年人，为困境未成年人捐赠物资超4万元。在汇景实验学校、广州中学开展普法、禁毒、防欺凌、防诈骗宣教活动15场。

2023年，五山街城镇登记在册失业人员497人，实现就业人员416人，就业率83.7%。申领灵活就业补贴人员212人，实现就业212人，就业率100%。办理单位录用备案3586人次，发布空岗信息3345个，灵活就业岗位532个。录入求职者信息442条，推荐就业306次，无“零就业”家庭和特困下岗失业人员。开展“零距离就业•零距离服务”线下招聘会2场、团体职业指导1场、一对一职业指导113人次。

是年，街道登记来穗人员3.7万人，出租屋0.92万套，流动人口粤居码持码率98.31%。分级分类管理出租屋，划定放心类7200间、关注类1988间、严管类23间、禁租类2间。受理来穗人员随迁子女积分制入学申请74人。开展出租屋清查整治行动72次。深化网格建设，为95个综合网格配齐网格员，上报网格事件工单3604件，办结率97.06%。

【社区建设】 2023年，五山街指导岳洲社区、东莞庄社区创建广州市和谐社区。指导华农社区成功创建广州市慈善社区。指导五所社区创建优秀颐康服务中心。以中外文化融合、公共卫生、文物保护、垃圾分类、消防安全、传统节日等为主题，开展社区活动超1000场。

五山街加强64处不可移动文物、15处历史建筑和10处传统风貌建筑保护，安排专人每周巡查并建立台

表73 2023年五山街道社区居委会情况表

社区名称	居委会地址	居委会主任
五所	东莞庄路112号5号楼205、206房	邓晓婕
岳洲	岳洲路33号2楼	钟晓洁
白石岗	半山雍景苑小区大堂半山道4号	贺碧梅
粤垦	东莞庄路33号省农垦总局大院43栋1楼	余楚贤
华农	华南农业大学嵩山区41栋旁	周伟健
汇景	汇景北路164～168号负一层366单元龙熹山联合大堂左侧	邱穗冬
东莞庄	东莞庄一横路3号	毛泰虎
广外艺	瘦狗岭路463号大院旧行政楼106	郑丽娜
高胜	东莞庄伟逸街33号	贺淑芬
瘦狗岭	瘦狗岭路567号3楼	童英
茶山	茶山路268号226房	李媛媛
华工	五山路381号华南理工大学东区辽河路28号	叶少君
农科院	金颖路21号	王政平

2023年5月27日，天河区五山街禁毒高校联盟成立暨2023年国际禁毒日系列宣传活动启动仪式在华南农业大学举行 （康达文 摄）

账。在华工社区、华农社区推出“金秋十月·万步有约”文物建筑健步打卡活动，以文化导赏的方式引导居民开展健康运动，以打卡游戏的形式带动华工、华农社区慈善文化发展。以五山“文化小城”品牌为载体，举办桥牌赛、书画作品展等文化活动。依托街道、社区二级文明实践活动阵地，组织开展活动1110场次。

【“阅动空间”开放运营】 2023年2月5日，位于汇景南路亚太国际文化交流中心二楼的“阅动空间”开放运营。该空间是天河区图书馆汇景分馆，占地面积超1000平方米，藏书总量1万余册，有红色经典、国学典籍、文学艺术、科普绘本、养生保健等书籍。设有少儿阅读区、果咖、文创展示区、体适能训练室、AR趣动馆等区域。

【五山街禁毒高校联盟成立】 2023年5月27日，天河区五山街禁毒高校联盟成立暨2023年国际禁毒日系列宣传活动启动仪式在华南农业大学举行。启动仪式现场，区禁毒办为五山街道授予“天河区五山街禁毒高校联盟”牌匾，为华南农业大学公管学院授予“天河区禁毒高校联盟办公室”牌匾，五山街道为五山街禁毒高校联盟7所高校成员单位授牌。禁毒高校联盟通过禁毒工作者发掘并动员高校学生成为禁毒志愿者，组织并开展多元化的禁毒宣教服务，提升辖区内高校学生群体禁毒防艾意识与能力。

【“华工益＋”慈善空间揭牌】 2023年6月8日，“创益五山·华工益＋”华工创益空间共创日暨慈善空间揭牌仪式在辽河路28号正式启动。辽河路28号是华工党群服务中心、华工新时代文明实践站，也是广州市文物保护单位。“华工益＋”慈善空间的启动旨在整合社区商企资源、居民力量，组织高校及社区志愿团队，打造涵盖社交互动、文物保育、红色文化宣传、社区公益等功能的慈善空间，同时传承社区文物建筑红色精神。

（邓成菊）

员村街

【概况】 员村街建于1960年7月，由东圃镇划出员村、程界村地区组成。员村街位于天河区最南部，东起简下涌西岸、广州国际金融城起步区；南达珠江南岸，与海珠区广州国际会展中心隔江相望；西到华南快速干线，与冼村街、猎德街相接；北至黄埔大道中南侧，与天园街相邻，面积5.32平方千米。员村街下辖16个社区居委会和1个村改制公司，分别是二横路、新村、绢麻、侨颖、山顶、华颖、南富、程界西、程界东、美林海岸、新墟、四横路、新街、昌乐园、天福、怡景社区居委会和石东实业有限公司，全街划分成126个基础网格，实行网格化管理。2023年，员村街户籍人口51743人，出生388人；常住人口116592人，出生971人；流动人口（居住1个月以上）69985人，出生570人。

员村地区生活服务设施较为完善，辖内有三甲医院1家，社区卫生服务中心1家，社区卫生服务站1家；公办中学2所（其中包含1所9年制学校）、公办小学4所、民办小学2所、民办中学1所（九年制学校）、特殊教育学校1所、大专院校1所、公办幼儿园5所、民办幼儿园11所、国企幼儿园1所。20世纪50年代起，员村地区为广州轻工业基地，国有企业较多。2000年以来，因广州城市规划东进，企业相继关停、转型或搬离。2013年6月，辖内广州国际金融城正式开工建设，对广州加快新型城市化发展具有重大战略意义，也为员村地区经济及各项事业发展提供重大机遇。

【员村街推进“百千万工程”】 城区建设 2023年，员村街对有加装电梯需求的居民楼开展业务指导，开出加装电梯《广州市临时性建筑和限额以下小型工程开工建设信息录入管理证明书》20份，发放电梯补贴110万元。推进员村西街4号大院、公安宿舍（员村）、员村四横路1号大院、华荣楼和新街19号中六宿舍5

个老旧小区改造工程。开展“三线”整治，规整员村三横路东巷整段500米的架空缆线、南街和南富大街约800米架空线。组织各大运营商开展空中缆线整改，发现问题112宗并全部整改。清理棠下涌岸边散乱线路约1000米。员村一横路保利项目工地完成对出人行道专变迁移工作。

建设海景中心、恒业大厦、南富社区——第一片区3个星级投放点，日常巡查垃圾分类300余次，开展垃圾分类宣传活动160次，开展党员、志愿者“站桶”活动160次。商户签订广州市市容环境卫生责任区告知书788份，巡查督导员村街环境卫生67次，发现问题1536宗并全部整改。

是年，拆除违法建设、乱搭建49宗，面积75470平方米，治理违法建设9宗，面积176073平方米。完善辖内基础设施建设，建立“员村街城管工作群”，反映问题351宗并全部整改。开展辖内文物保护，对子富冼公祠、程介西村李氏宗祠、程界东李氏宗祠、广州南方面粉厂南筒库区4处文物保护单位开展安全巡查109次。

城中村治理　全年开展村民自建房房屋巡查230次1128栋房屋。加强对老旧危房巡查防护，消除墙体裂痕、屋顶漏水、屋内积水等安全隐患。石东村怡景社区新增1个一类微型消防站，配齐7个二类站的消防器材。推进围院式管理，子富新村完成围蔽管理建造区域外围、内部公共空间、门楼出入口、重点核心部位“四道防线”。与2454名出租屋主（二手房东）签订楼栋长协议书，签署出租屋屋主（二手房东）安全责任明白卡。将出租屋管理纳入石东村村规民约，按照“谁受益、谁履责”的原则，落实出租屋业主信息申报、安全隐患自行整改等安全责任。

协作帮扶与乡村振兴　2023年，组织11家企业向结对帮扶镇贵州省毕节市纳雍县曙光镇捐款30万元。2023年广东扶贫济困日活动筹款94940元，并用于怀集县残疾人康复中心厨房建设。组织村企结对，开展资金基础设施建设项目6个。购买对口帮扶、对口协作、对口合作地区农特产品37754元。

【街道经济】 2023年，员村街完善“领导分片包干”“一重点企业一服务专员”服务机制，组建安商稳商突击小队，累计走访辖内企业270多次，收集企业诉求10余条，成功挽留20家有迁出动向企业。培育引进“四上”企业，新增纳入统计企业32家。服务广州国际金融城建设，协助金融城起步区12栋楼宇开展招商引资。2023年，员村街辖内生产总值124.45亿元，比2022年（下同）增长4.6%。其中，规模以上工业总产值0.83亿元，增长13.3%；规模以上营利性服务业营业收入62.07亿元，减少10.1%；批发和零售业商品销售总额121.43亿元，增长15.6%；住宿和餐饮业营业额3.87亿元，增长20.5%；资质内建筑业总产值41.45亿元，增长27.4%。

【员村街推进绿美天河生态建设】 2023年，员村街街级河长巡查137次，村级河长巡查868次，上报并整改问题51次。整治河涌偷倒偷排、乱堆杂物、排放黄泥水等问题，立案处罚河涌偷排1宗，罚款金额4万元。推动排水单元达标创建，完成自筹资金排水单元达标建设任务8个，总面积12.25公顷。完成员村南街、建华路合流渠箱清污分流改造，实现“污水入厂、清水入河”。将城中村内4个小微水体纳入“一点一策”管治范围，实现小微水体“三无”。加强对餐饮、汽修、医疗、加油站、工地等污染源的巡查，全年巡查1650家次，现场指导整改872次。按照社区网格化管理模式，把树木管养工作列入街、社区、村16个网格，加强树木巡查。开展山边、水边、路边、镇村边、城边“五边”绿化和“四旁”植绿活动，结合义务植树、社区微改造等工作增加绿地面积400平方米。

【平安员村】 2023年，员村街综治中心前台和广东省一体化信访信息系统共受理群众信访诉求461宗，接待来访群众584人。广州市网格化服务管理信息系统全年办理网格化事件26238宗并全部办结。其中，当场处置22708宗，处置率86.55%；上报事件并立案分派3530宗。受理“12345”政务服务热线工单11304件并全部按时办结。处理劳资纠纷485宗，涉及1257人，追讨欠薪1113.1万元。开展学校、企业禁毒宣传活动360场。

全年处理办结“12345”违章停车类投诉件782宗，信访投诉10宗。整治违章停车2.3万辆，清理报废车5辆。收运共享电动车1413台。查扣“五类车”72辆，拘留无证驾驶及行政拘留人员26人。摩电整治查处力度连续6个月天河区排名第一。

是年，员村街治安类警情765宗，比2022年（下同）下降18.6%；刑事类警情442宗，上升2.1%。其中，“两抢”警情7宗，上升133.3%；盗窃警情634宗，下降10.45%；诈骗警情606宗，上升14.64%；“黄赌毒”警情154宗，下降15.85%。

【安全监管】 2023年，员村街开展安全生产检查，检查4732家次，开出限期整改告知函1536份并全部整改。开展消防安全检查5421家次，发出整改通知书64份，口头整改1034家次。发现特种作业人员未携带特种作业证上岗、燃气使用场所未设置可燃气体浓度报警装置等隐患12项。完成安全生产行政执法28单，罚款9.3万元。查处消防行政执法处罚案件42宗，处罚42360元。开展消防安全演练54场，6048人参加培训。开展广州应急安全全民体验馆移动宣教车活动3场，约1000人次参加。与辖内单位签订安全生产、消防安全目标责任书334份。区政府挂牌督办的重大火灾隐患单位天一庄小区整改取得成效。全年辖内单位签订防汛防风安全目标责任书17份，举办防灾减灾应急演练3场，发布防范台风等提示信息64次。汛期出动318人次对辖内危房、围墙、易涝点、车库、工地等安全隐患点排查整治。

【民生服务】 2023年，员村街新增特困户6户6人，新增低保户15户21人，新增低保边缘家庭4户9人；新增事实无人抚养儿童4人；累计在册特困户20户20人、低保户64户98人、低保边缘家庭2户5人、事实无人抚养儿童9人。发放临时救助金16071.53元。全年累计救助流浪乞讨、露宿人员57人次。

员村街以绢麻社区为试点，推进辖内16个社区结合老旧小区微改造打造“一刻钟便民生活圈”。以街道颐康中心为主，以社区颐康服务站为辅，整合党群服务中心、社工站、羊城家政服务站、新时代文明实践中心、社区卫生服务中心等社会组织、企业资源，构建街道、社区、家庭一体化养老服务网络。为员村街辖内常住老人建立健康档案并提供养老服务向导、助餐配餐、适老化改造、家庭养老床位、托养服务等，累计服务40359人次。

全年办理新增独生子女父母奖励金998人，特别扶助金12人；受理1958例生育登记。持续推进员村街“五好”镇（街）公共卫生委员会建设，举办国家基本公共卫生服务项目宣传和义诊活动23场、65岁以上老年人免费健康体检活动5场，各类健康知识讲座8场。

全年累计核查出租屋52367（套），办理房屋租赁合同登记备案1177份，办理居住证19895份，代征出租屋综合税2366.08万元，印花税21.67万元。与2454名出租屋主（二房东）签订楼栋长协议书和安全责任明白卡。录入新增流动人员信息14841条，系统纳管人数增至83649人，81167名来穗人员申报“粤居码”，完成率98.45%。累计受理来穗人员积分入户申请468人；受理来穗人员随迁子女积分入学申请162人，成功入学146人。在春节、建军节、烈士纪念日慰问走访退役军人1657人次。为立功受奖现役军人家庭送喜报，举行迎接退役军人返乡仪式，为军人家庭悬挂光荣牌。

【社区建设】 2023年，员村街有243个社会组织，涵盖公益慈善、社区事务、社区服务、文体活动。街道发挥“五社联动”机制并整合社区内外部资源，为特殊困难群体链接资源33.63万元。改善新村社区5栋楼房环境，惠及居民8251人次，实现“无碍出行”。社工站发展志愿者87人，累计登记志愿者1347人，服务社区困境群体2049人次，服务社区居民85944人次，年度总服务时长2196小时。培育社区慈善基金1个，筹集资金35005.69元、物资31.43万元，累计服务困境群体超5000人次。全街16个社区完成城乡社区居民议事厅平台建设，全年议事次数214次，形成决议206次，完成执行并落实162件，落实决议涉及金额87552.42元。全年开展春节、六一儿童节、端午节、中秋节、重阳节等文化会演30多场，联合石东实业有限公司举办党建引领文化赋能——“龙腾石东·琴系珠江”惠民迎新音乐会，组队参加天河区机关街道干部职工羽毛球比赛获街道组第二名。

【首个老年脑健康管理试点项目启动】 2023年5月25日，由区卫生健康局主办，员村街公共卫生委员会、员村街社区卫生服务中心承办的天河区老年脑健康管理试点项目启动仪式在天河都市广场举办。这是天河区首个老年脑健康管理试点项目单位，项目主要从前期筛查、健康宣教、高风险人

表74 2023年员村街道社区居委会情况表

社区名称	居委会地址	居委会主任
山顶	员村黄埔大道恒隆街25号	刘丽华
华颖	员村一横路七号大院50栋首层	高歌
员村四横路	员村四横路二号大院27号103房	黄有珍
员村二横路	员村康湖大街93号103房	徐雪华
侨颖	员村西街6号大院2号102房	陈铁城
新村	员村新村53号1楼	张春辉
绢麻	员村二横路兰亭街E1座101室	范红梅
昌乐园	员村昌乐园51号102房	叶婉玲
新街	员村三横路东巷1号首层	李建泉
新墟	棠下荷光路一横路12号701房	李剑明
美林海岸	员村椰林路74号	唐美娇
程界东	员村四横路百合院30号102房	陈兴亮
程界西	程界西子富新村四街1号101房	江小州
南富	南富社区东社大街18号2楼	麦海
天福	黄埔大道中186号负一层	蔡燕
怡景	员村大道怡景大街99号	刘建安

表 75　　2023 年员村街道集体股份公司情况表

名称	注册资本（万元）	股东（人）	经营总产值（万元）	董事长	总经理
石东实业有限公司	280	2802	2537.19	何伟雄	何伟雄

2023 年 7 月 7 日，广州国际金融城汇金中心党群服务站暨员村街政企服务驿站启动　（王卉　摄）

群健康管理三方面着手，以 2023—2025 年为试点期限，分为试点启动阶段、探索推进阶段、总结推广阶段，推动辖区内老年脑健康管理工作发展。

【广州国际金融城设立首个政企服务平台】 2023 年 7 月 7 日，广州国际金融城汇金中心党群服务站暨员村街政企服务驿站举行启动仪式。这是广州国际金融城内设立的第一个政企服务平台，该平台设置党建服务、政策宣讲咨询服务、小额零星工程备案预约服务、租赁备案预约服务等项目，企业通过平台了解最新惠企政策、预约办理业务、提出企业诉求、促进业务交流等，政府职能部门通过平台加强与企业对接交流，做好安商稳商。作为党建阵地，还可以发掘企业人才优势、管理优势与产业优势，推动党建工作与企业服务工作深度融合。全年平台累计接待企业 131 人次，协助解决事项 19 件。

【石东村(石东实业有限公司)】 1951 年，由石牌村东边几个自然村组成石东乡，后改名石东生产队，1986 年改为石东村委会。石东乡当时隶属石牌区管辖，因位于石牌东边而得名。石东村包括程界东村、程界村、员村、潭村、甲子村 5 个自然村。各自然村建立于南宋年间，村民均由南雄珠玑巷迁入，主要姓氏为李、冼、钟、姚、利五大姓。石东村东接棠下新墟村，南临珠江，西邻猎德村、新庆村，北至中山大道，面积约 3 平方千米，原村民经济收入以种植蔬菜、水稻、药材为主。自 1956 年国家开始征地建设以来，村情村貌发生巨大变化。1995 年，石东村从东圃镇划归员村街管辖。1999 年 6 月，完成撤村改制，成立广州市石东实业有限公司，经济收入以物业租赁为主。

（王卉）

车陂街

【概况】 车陂街建于 1981 年 5 月，由东圃公社划出车陂地区组成。车陂街位于天河区东南部，状似不规则长方形。东起天力街、东圃二马路等街巷，与前进街、黄村街相接；南达珠江，与海珠区相望；西到车陂路、简下涌（白沙浦涌），与员村街、天园街、棠下街相接；北至北环高速公路、车陂涌，与新塘街相邻，面积约 5.61 平方千米。街下辖 17 个社区居委会和 1 个撤村改制公司，分别为东圃、西湖、天雅、龙口、西岸、沙美、东岸、美好、广氮、车陂北、旭景、假日园、天坤、西华、新涌口、慧雅、智源社区居委会和车陂经济发展有限公司。2023 年，车陂街户籍人口 53507 人，出生 522 人；常住人口 135332 人，出生 1302 人；流动人口（居住 1 个月以上）93030 人，出生 820 人。

街辖内有美好居、城市假日园、旭景家园、富力天禧、广氮花园、阳华国花苑、天健上城、江源半岛等多个较大规模小区，还有近万人口的原广氮集团生活区。辖内有联合社区（东西北片区）、四季时尚荟、时尚 TIT 广场、东圃购物中心、摩登商业城、美华超市等园区和大型商场，天河区人民医院、暨南大学附属第一医院东圃分院、车陂街道社区卫生服务中心、广州家家乐康复医院等医疗机构。街内环境优美，有车陂公园、沙美公园和车陂涌沿岸绿道。

【车陂街推进“百千万工程”】 城区建设　2023 年，车陂街持续开展空中缆线、渠箱污水、地面脏乱差整治，修整散乱空中缆线 56 处，巡查治理 6 个风水塘小微水体，联合村公司巡查 35 条冷巷排污终端管道。探索“五网”（管理、投放、收运、责任、宣传）融合共治的城中村垃圾分类工作模式。推进过涌桥梁加固拓宽。政企合作推进2处立体停车场项目启动建设。新铺设双社大街、清溪大街等9条街巷。在旭景西街设置可移动式隔离栏，在东圃二马路安装300米道路中间隔离护栏，在金东路安装307个U形桩，解决车辆乱停放。对车陂村40处165平方道路进行改造，更新施画6500米的道路标线。推进车陂公园城中村治理展览馆项目建设，增加公园公共便民设施。

城中村治理　2023年，车陂街建立“1个街道党工委—5个社区党组织—20个片区支部—69个网格党支部—620个楼栋包干区”五级组织，完善网格化管理基层治理体系。打造数据、设备、应用三大管理中心；升级数据共享系统，一次采集、多方共享；开展一个平台、二级协会、三方纳管、四类标准、五方服务“12345”组合攻关行动。上线“车陂易房东”网上租房交易平台，该做法入选“2023年广州基层治理优秀案例”。平台累计注册用户8997人，登记房源1844套，出租房屋207套。加强便民服务信息网络建设，安装547个街、道、巷三级标识牌。开展城中村消防安全“六大行动”，形成火灾扑救“1分钟响应圈”，车陂村2023年火灾警情下降18%，初始火灾扑灭率85%。河涌沿岸投放50套河道救援设备。全年城中村未发生治安消防安全事故。

协作帮扶与乡村振兴　2023年，车陂街发动广州沙河兆联经济发展有限公司、广州有志公益基金会等向贵州省毕节市大方县捐资捐物15万余元。投入东西部协作帮扶资金200万元用于大方县对江镇石桅村辣椒基地修建蓄水池、滴灌设施和冷库等。引入华南农业大学技术指导，辣椒亩产从1500千克提升至2500千克，带动当地就业200余人。投入东西部协作帮扶资金2900万元用于打造大方天麻产业集群，建成“中国·贵州天麻交易中心”并投入使用。组织18个企业代表为梅州市兴宁水口镇乡村振兴帮扶车间建设项目捐资20.7万元。

是年，车陂街提升村公司集体资产管理水平，通过减免递增、延期交租等方式扶持租户企业。以临时托管方式对市场进行自主经营管理，实现集体资产保值增值。村、社两级在交易平台进行交易221宗，交易底价约2.1亿元，集体收入同比持平，村民分配稳定增长。

【街道经济】 2023年，车陂街保障重点项目建设，持续推动广州国际金融城和天河智谷片区项目建设。完成华云铝业地块、白云一建地块收储；明确广东海警局地块“置换＋货币补偿”方案。中建四局总部大楼、金融城起步区车陂村集体物业复建项目、天河智谷片区车陂村广氮征地留用地合作建设项目主体结构封顶，金融城东区住宅复建项目主体结构建至9层。推进第五次经济普查工作，完成单位清查1.2万余家、个体户清查1万余家。是年，车陂街辖内生产总值89.14亿元，比2022年（下同）增长3.0%。其中，规模以上工业总产值2.91亿元，下降10.1%；规模以上营利性服务业营业收入46.81亿元，增长19.9%；批发和零售业商品销售总额202.13亿元，下降1.2%；住宿和餐饮业营业额2.68亿元，增长29%；资质内建筑业总产值11.14亿元，增长13.5%。

【车陂街推进绿美天河生态建设】 2023年，车陂街全面摸查辖内9834棵树木，其中市政管养树1739棵、古树名木2棵、古树后续资源10棵。辖内有种植树木的村级公园7个。在慧雅社区建设口袋公园1个。组织17个社区居委会巡查辖内树木，处理安全隐患27宗。聘请第三方绿化管养单位管养辖内重点路段树木，修剪树木1200余棵、补种车陂八社公园两侧植被约10平方米。持续推进排水单元达标创建，完成验收16宗，达标面积15.05公顷。车陂路东渠箱27个问题排水口已整改21个。督促建设工地落实洒水喷雾等降尘措施，巡查建设工地125次。东圃小学配合区生态环境分局实施建设空气质量自动检测站。组织绿美天河宣传活动12场次。

2023年5月10日，广州国际金融城起步区车陂集体物业拆迁安置用地项目天财大厦主体结构完成封顶　（车陂经济发展有限公司供稿）

【平安车陂】 2023年，车陂街辖区未发生重大恶性治安案件和治安灾害事故。全年接收群众信访案件393件，及时受理率100%，按时答复率100%。调解劳资纠纷692宗，涉及人数1322人，追回金额约1206万元。禁毒工作落实“一人一档”管理，社区戒毒和社区康复人员报到率、执行率保持100%，执行情况并列全区第一。是年，车陂街治安类警情1202宗，比2022年（下同）下降8.5%；刑事类警情374宗，下降23.7%。其中，“两抢”警情3宗，同比持平；盗窃警情527宗，下降25%；诈骗警情409宗，下降18.8%；“黄赌毒”警情75宗，下降2.6%。

【安全监管】 2023年，车陂街检查各类生产经营单位3566家次，发现各类隐患1983条，发出责令限期整改指令书1983份，安全生产执法24宗，行政处罚9.6万元。开展安全生产、防灾减灾等主题宣传活动1871次，参与企业、学校和社区累计1094家次。2023年，投入52.88万元加强微型消防站建设，投入31.11万元加强城中村消防安全建设。辖内17个居委会全部建成微型消防站并更新消防物资器材，为13个无物业小区设置微型消防柜，为5个城中村社区的关键点位配备消防战备柜，为1176栋无消防器材自建房每栋补充2个灭火器。新建11处电动自行车停放场所，28处电动自行车集中充电场所，12个电动自行车换电柜，16个电动自行车充电桩。做好街道应急抢险队伍管理，定期开展火灾防控演练，举办防汛业务技能培训。

【民生服务】 2023年，车陂街有低保家庭55户98人，低边家庭5户14人，特困家庭17户17人。发放70岁以上老人长者长寿金补贴4.63万人次，发放金额274万元。综合养老服务中心（颐康中心）有上门生活照料服务对象9人，签订上门医疗服务30人，签订精神慰藉服务30人。辖内设有2个长者饭堂，累计服务约1.3万人次。开展公共卫生健康宣传活动80场，为4856位65岁以上老年人提供体检服务，对4646人进行健康管理。推动未成年保护工作站建设，对65名困境儿童开展线上线下探访296人次，开展未成年人普法宣传、安全教育、知识宣传、心理辅导等活动11场，服务873人次；提供法律咨询460余（场）次，提供公证服务100余次。

是年，车陂街在册残疾人622人，发放困难残疾人生活补贴1189人次，金额23.19万元；发放重度残疾人护理补贴4204人次，金额109.72万元；发放“幸福天河”困难残疾人生活补贴1070人次，金额12.25万元；发放重度残疾人护理补贴3782人次，金额18.91万元。以“电话＋上门走访”等多种形式为残疾人提供帮助1377次，发放慰问品222份，解决问题12个。

举办“春风行动2023”线上招聘会，“就业携行”“就业零距离”线下招聘会，累计提供岗位1289个。街道政务服务大厅受理业务72844件，按时办结率100%，2023年“12345”政务服务便民热线工单综合评分在天河区排名第一。羊城家政基层服务站开展服务13次，服务对象满意率达到90%以上。在春节、八一建军节、中秋节等节日举办优抚对象及其他退役军人座谈交流会，并派发慰问金及慰问品，对退役军人患疾家属给予紧急救助。

【社区建设】 2023年，车陂街新建儿童游乐设施2套、健身路径1条、乒乓球台2张，完成慧雅社区口袋公园升级改造工作。全年累计对辖区12处文物开展巡查223次，发现问题并督促整改6项，对苏氏宗祠墙体开裂、柱顶开裂等情况进行抢险加固。

2023年，车陂街围绕辖区特色非遗项目，举办“走进车陂龙舟景”2023年一水同舟·车陂端午龙舟盛会，承办天河区龙舟文化节系列

表76　2023年车陂街道社区居委会情况表

社区名称	居委会地址	居委会主任
东圃	东圃大马路7号汇友苑小区汇宁阁F层	黄志庚
西湖	车陂明豪三街5号125	潘仲灵
天雅	中山大道中266号首层	吴淑艺
龙口	龙口大街2号3楼	邹成桃
西岸	北牧大街28号	黄沛泉
沙美	启明大街南7巷2号3楼	叶锐标
东岸	北正大街27号3楼	李庆辉
美好	车陂路426号2楼	刘金洲
车陂北	富力天禧花园A2栋首层	梁淑华
广氮	车陂北街22号广氮新村52栋1楼	苏艳凤
旭景	旭景东街35号C8首层	郭艳红
假日园	假日北街17号A5栋首层	梅晶
天坤	广氮花园南环街2号楼首层	刘玉清
西华	车陂东溪大街24-1号	杨惠芹
新涌口	车陂南路江源半岛9号商铺	郝小红
慧雅	和祥街1号首层	汤燕
智源	上城东街7号首层118～120室	李州坤

表 77　2023 年车陂街道集体股份公司情况表

名称	注册资本（万元）	股东（人）	经营总产值（万元）	董事长	总经理
车陂经济发展有限公司	300	9981	26471	简铭钜	麦子豪

活动之赛龙夺锦暨天河龙舟嘉年华活动，派队参加广州国际龙舟邀请赛活动。举办摆中原活动，以手工艺品展示车陂风俗。开设古筝公益课堂 18 场；举办舞蹈公益课集训 5 场。举办“无联不成春”迎春送福、“迎国庆　庆中秋”文艺汇演、“金秋群文结硕果　文化振兴耀车陂”——车陂街道宣传党的二十大精神文艺演出、“翰墨书香迎新春　笔墨浓情送祝福”等群众文艺活动 14 场。选送 5 个舞蹈类作品、4 个书法类作品分别参加“羊城之夏”广州市民文化季“舞出风采　奏响未来”广州市第四届原创音乐舞蹈大赛、广州市群文美术书法摄影作品联展，获得银奖 1 个、铜奖 2 个、优秀奖 2 个。

依托车陂街道“一水同舟”龙舟文化展览馆建设宪法宣传广场、民主法治宣传长廊、普法课堂、法律图书角、法治文化活动室，将龙舟文化与法治宣传工作融合，打造具有车陂特色的法治教育实践基地，为各类群体定制“专属”法治课程，举办知识竞赛，放映法治电影，开展亲子学法等活动。

【区首个楼栋长专业委员会成立】2023 年 10 月 20 日，车陂街楼栋长专业委员会（以下简称“专委会”）成立大会暨第一次会员代表大会在天河区来穗人员服务示范中心举行。专委会有 23 位成员，包括 1 名政府工作人员、1 名社会组织代表、1 名出租屋第三方代管企业代表、1 名社工和 19 名出租屋二手房东。成员被赋予“七员”功能，即社情民意“信息员”、邻里守望“巡防员”、来穗人员矛盾纠纷“调解员”、社区平安法治“宣传员”、消防安全应急处置“支援员”、广州创文“示范员”和“宣传员”。专委会通过整合多方力量，形成“政府＋社会组织＋企业＋社工＋出租屋房东＋来穗人员”的城中村多方共治模式。

【车陂村（车陂经济发展有限公司）】车陂在宋元时属永泰乡，后称龙溪村，再改车陂。据《简氏族谱》记载，宋末元初居住村东岸的王道夫裔孙中有一位名叫龙溪，在村中很有名气和影响力，后人为纪念他，将流经村中心的河流取名龙溪，龙溪村因此得名。清康熙二十五年（1686）番禺鹿步司设 12 个堡，龙溪村归属车陂堡，为车陂堡办公所在地，以堡为名而称车陂。车陂之名，有两种说法：一种说法是该处用水车抽取陂水，灌溉农田，取其意称作“车陂”。另一种说法是，明清时期车陂北侧有一条官路（今中山大道）通往京城，村民出行十分方便，是有“车”；龙溪上游筑陂拦水，自流灌溉农田，是有“陂”，故取名“车陂”。车陂村分四约、东岸、沙美三部分，四约位于车陂涌西侧，东侧称东岸，沙美在车陂涌西侧南端。中华人民共和国成立后，水上人家集居珠江河边的新涌口村并入车陂，划归东岸。世居车陂的村民主要姓氏有 9 个：郝、苏、王、梁、黄、简、黎、马、麦，村民先祖大部分由南雄珠玑巷迁入。

车陂村龙舟传统文化积淀深厚，龙舟活动保留起龙、采青、赛龙、藏龙、散龙等传统步骤，是广府龙舟文化的代表。2017 年，“车陂村扒龙舟”入选广州市第六批非物质文化遗产代表性项目。2021 年 12 月 5 日，车陂村被广东省文化和旅游厅授予 2021—2023 年度“广东省民间文化艺术之乡”称号。2022 年 4 月 29 日，“车陂龙舟景”入选广东省省级非物质文化遗产代表性项目名录扩展项目名录。

1999 年 5 月，原车陂村撤村改制，组建车陂经济发展有限公司。11 月，车陂街接管公司各项工作，公司下属机构有 15 个经济社。（高艳梅）

石牌街

【概况】石牌街位于天河区中西部，形似一面迎风飘扬的旗帜，东起华南快速干线，与棠下街、天园街相依；南至黄埔大道西，与冼村街相连；西至猎德涌，与林和街、天河南街相接；北至广深铁路、华南师范大学，与五山街相邻。1987 年 3 月 20 日由原沙河镇划出石牌村组建岗顶街道办事处。1987 年 8 月 3 日，更名为石牌街并沿用至今。全街面积 4.08 平方千米。下辖 23 个社区居委会和 1 个撤村改制公司：绿荷、南镇、朝阳、逢源、南大、东城、东海、石东、冠军、龙口西、松岗、南苑、穗园、瑞华、暨大、华师大、金田、金帝、鸿景园、华标、龙口花苑、芳草园、龙口东社区居委会和石牌三骏企业集团有限公司。2023 年，石牌街户籍人口 125113 人，出生 1098 人；常住人口 199408 人，流动人口（居住 1 个月以上）74295 人。

石牌街道教育、医疗事业发达。辖内有华南师范大学、暨南大学等高校，有华南师范大学附属中学、暨南大学附属中学、广州市第一一三中学陶育实验学校、龙口西小学、石牌小学等中小学校。有广州华侨医院、中山大学附属第三医院共 2 所三甲医院，有石牌街社区卫生服务中心、石牌街华师社区卫生服务中心共 2 家

“全国百强社区卫生服务中心”。石牌街道商业氛围浓厚，有集文化、休闲、购物于一体的天娱广场、被评为“金鼎百货店”的摩登百货岗顶店。辖内以石牌西为中心，汇聚百脑汇、总统数码港、展望数码广场、天河电脑城等IT电子产品批发市场，是珠三角及华南地区最大的电子产品贸易集散地之一。

【石牌街推进“百千万工程”】 城区建设　2023年，石牌街推进城中村综合整治。完成6处供水管网流量监测设施安装，推进石牌村供水改造工程前期监测工作并制定改造方案。推进逢源大街道路、豪居大街及市头大街路段道路升级改造。建设环卫驿站3处。推进村内120栋楼的“三线”整治。推进空置集体用地保障性租赁住房建设。打造融合商业办公、健身公园、便民简餐等元素的广州市新型文化空间，推动村集体物业转型升级。深化道路优化提升工程，在村口岔路新建道路导览图和统一路牌标识52块。推进“光亮工程”，新增、更换内街内巷街灯约510套。

城中村治理　2023年，石牌街举办“爱心义诊”“爱心雪糕”“爱心暑假”等公益子项目，全年累计开展活动70多场次。打造“小哥大能量，志愿骑士团”志愿服务品牌，发挥志愿服务团作用，累计参与志愿服务440余人次。新就业群体“服务＋志愿”双提升模式得到中央电视台等媒体报道，并入选广州日报报业集团评选的“2023年广州基层治理优秀案例”。

是年，石牌街打造石牌村平安村居“智治”模式，全年村内案件类警情772宗，比2022年下降1.53%，石牌街探索城中村平安建设工作做法在广州市城中村平安建设暨社会治安综合治理工作推进会中做经验推广。建设朝阳东围院式管理试点。加强出租屋管理，制定楼栋长制，推进智能门禁安装。在全区首推消防安全险，174栋出租屋购买，村集体物业购买率100%。增设9个消防战备柜，器材取用半径缩小到500米，落实24小时值班值守，参加区消防大赛获村（居）组单项奖。

协作帮扶与乡村振兴　2023年，石牌街帮扶兴宁市黄槐镇，与福建省龙岩市下洋镇结对。组织辖区9个党组织与黄槐镇当地党组织开展结对共建；两次赴兴宁市黄槐镇开展对口帮扶，组织“我在黄槐有亩田”耕地认种111亩，认种经费66.6万元，超额完成撂荒耕地认种任务。依托“832”平台及扶贫专馆采购农副产品，实现消费帮扶21万余元。与龙岩市下洋镇签订结对共建协议，深化两地交流。

【街道经济】 2023年，石牌街持续优化辖区营商环境，推进招商引资和企业服务工作。摸查辖内商业楼宇载体租赁情况，对接有场地租赁需求的企业。引进广州首家“仁树”私立医院等4家优质企业落户石牌。石牌街在库纳统企业664家，其中服务业257家，批发和零售业324家，住宿和餐饮业45家，房地产开发企业8家，工业4家，有资质建筑业企业26家；各类众创空间（孵化器）20家，其中国家级6家，省级3家；申报高新技术企业61家；专精特新企业66家，其中国家级2家，省级64家。是年，石牌街实现地区生产总值570.4亿元，比2022年（下同）增长5.1%。其中，规模以上工业总产值2.14亿元，下降14.9%；营利性服务业营业收入127.75亿元，下降0.3%；批发和零售业商品销售总额336.64亿元，增长2.38%；住宿和餐饮业营业额9亿元，增长38.2%；资质内建筑业总产值27.61亿元，增长10.3%。

【石牌街推进绿美天河生态建设】 2023年，石牌街完成6个垃圾分类星级投放点建设工作。开展双向二车道及以下道路维护管养，修复辖内291处道路破损问题。修剪、补种及养护树木92次552棵，排危、抢险30次。采取“环境卫生专项整治＋常态化保洁”相结合方式，开展环境卫生综合整治行动129次，清理垃圾约75.4吨，清除乱张贴约8580处。开展大气污染防治工作，“一企一册”建档登记916家，督促辖内4处建设工地落实扬尘污染防治“6个100%”要求，巡查332次。推进排水单元达标创建，已达标认定188个面积280.12公顷。5处小微水体基本实现“三无”治理目标。河湖长制年度工作考核结果为优秀。

【平安石牌】 2023年，石牌街打造禁毒流动课堂，提升群众禁毒意识。城中村安装规模以上出租屋智能门禁系统安装完成率70.50%，安装数量和完成率均位居全区前列。辖内未发生重大负面网络舆情事件。是年，石牌街治安类警情1019宗，较2022年（下同）下降27%；刑事类警情596宗，下降7.4%。其中，“两抢”警情2宗，下降60%；盗窃警情657宗，下降29.6%；诈骗警情109宗，下降11.7%；“黄赌毒”警情186宗，下降2.1%。

【安全监管】 2023年，石牌街开展安全生产和消防安全重大隐患排查整治。检查各类场所4583家次，整改安全隐患2124处；安全生产及消防安全委托执法处罚83宗，处罚金额17.65万元。组织“五进”宣传活动8318次，应急演练56场次，全街未发生重大安全生产事故。持续开展重点路口路段交通劝导工作；专项治理“五类车”，全年查扣“五类车”165辆，查处2615辆。做好“三防”应急值班值守，积极应对“海葵”等强台风和龙舟水强降雨影响，妥善处置树木倒伏、道路水浸等突发情况。

【民生服务】 石牌街在2023年广州市“五好”镇（街）公共卫生委员会建设评估验收中获市、区级优秀街道称号，并承办天河区“五好”镇（街）公共卫生委员会提效增速学习交流活动。利用辖内医疗资源，开展系列义诊16场次，为1260名群众提供健康问诊，推进家庭医生签约77978人。老年人体检服务累计10312人次。开展12场急救技能培训演练，形成“固定＋候补＋潜力＋N”立体式公卫队伍。持续推进颐康中心建设，上门生活照料2818人次，开展社区活动34场，连续三年居家养老服务评估工作被评为优秀。建立多样化养老助餐配餐模式，养老配餐点7个，累计服务约38.95万人次。石牌街羊城家政服务站打造“服务＋实训＋就业”三大功能模块，提供家政服务1173人次。

是年，石牌街为48户困难家庭、92名困境儿童、819名残疾人员提供兜底民生服务，做好9421名社会化退休人员管理服务，开展流浪乞讨和露宿人员空间管理联合督导行动27次。举办线上线下招聘会，提供就业岗位5473个，登记失业人员再就业524人、就业困难人员再就业228人。

发放长寿保健金12.25万人次766.22万元；受理住房保障新申请110人（户），做好公共集体户13174人服务，入户2214人。受理办结全街“12345”政务服务热线工单11338件，满意率90.14%。推广“粤居码”，石牌街持码人数75505人。石牌街122人成功申请来穗人员随迁子女积分入学；304人次申请办理来穗人员积分制入户，成功入户84人。是年，开展出租屋安全隐患排查整治行动70次，发现隐患并限期整改618处。

【社区建设】 2023年，石牌街穗园社区“1520”暖心民生项目和鸿景园社区养老示范项目获全区社区党建“争创品牌、争当先锋”比武大赛优秀奖。建立“党建＋网格＋自治”体系，依

2023年6月7日，石牌街举办“暖‘新’关爱 与你同在”——新就业群体爱心义诊活动
（石牌三骏企业集团供稿）

表78　2023年石牌街道集体股份公司情况表

名称	注册资本（万元）	股东（人）	经营总产值（万元）	董事长	总经理
石牌三骏企业集团有限公司	5000	7834	47290	池锦玲	池荣斌

表79　2023年石牌街道社区居委会情况表

社区名称	居委会地址	居委会主任
绿荷	和喜里1号2楼	李蔚
南镇	南镇东大街6巷17号1楼	潘艳明
朝阳	朝阳东大街38号2楼	池淑雯
逢源	逢源大街14号1楼	潘绍发
东城	五山路116号101房	陈建帆
东海	石牌西直街25号102房	吕明亮
石东	陶育路19号	冯穗欢
冠军	天河路590号武警部队大院13栋102房	温玉珊
龙口西	龙口西路天龙街5号201房	魏伟萍
松岗	龙口中路134号首层	冯敏玲
南苑	黄埔大道西465号102室	何淑娴
穗园	天阳路132号首层	孙明芳
南大	石牌东路127号南楼2楼	郑素云
瑞华	五山路265号瑞华大厦6楼	林爱帆
暨南大学	虹口街18号首层	陈涛
华南师范大学	华师南区9栋101房	曾仕珍
金田	龙口西路金田西街6号107房	方旭灿
金帝	龙口中路3号首层	朱文辉
鸿景园	龙怡路117号首层	彭飞燕
华标	龙口东路329号首层	徐晓玲
龙口花苑	龙口西路龙盛街72号101房	喻婷
芳草园	天润路94号1楼	杨智萍
龙口东	龙口中路182号首层	焦豫荣

托视频云平台，强化网格服务管理，指挥调度1590宗网格事件，处置11302宗网格事件，办结率100%。

是年，石牌街组织社区开展主题月文明实践活动及“我们的节日”主题活动160多场次。发展石牌村龙舟文化，开发利用村内祠堂、文物保护单位等资源，开展“推进五社联动关爱一小一老”主题宣传活动。实施“青耕计划”，推进高校与街道结对进驻服务，动员广大青年学生参与城中村治理、文明创建、青年发展和青少年服务等工作。石牌街“双百工程”社会工作服务站“古祠育新风”项目在《人民日报》等媒体刊登。石牌村举办北帝诞、妈祖诞大型巡游活动；举办龙舟竞渡活动，有3支龙舟队参加2023年广州国际龙舟邀请赛，其中彩龙队获彩龙竞艳比赛二等奖。

【石牌村（石牌三骏企业集团有限公司）】 石牌村始建于南宋咸淳九年（1273），因该地有较多石雕，故名石牌。村内主要姓氏有池、董、潘、陈、冼、谢、罗等。村辖有石牌、东石牌、新庆村3个自然村。其中，东石牌村于1965年被暨南大学征用而搬到现在的石牌村。新庆村于2000年划归冼村街，2002年为配合珠江新城的发展进行整体拆迁。20世纪80年代起，石牌村土地陆续被征用，村经济逐步转向物业出租，第三产业代替农业。1997年5月，石牌街率先在全区进行撤村改制工作，撤销石牌村民委员会，组建石牌三骏企业集团有限公司，其股东由石牌股份合作经济联社以及属下27个经济社组成。

（石牌街党政办）

天河南街

【概况】 天河南街于1993年8月由石牌街划出部分地区组建而成，因位于天河体育中心南侧，故名。天河南街位于天河区西南，东靠猎德涌，南临黄埔大道，西靠广州大道中，北接天河北路。全街面积2.57平方千米。街下辖12个社区居委会：南一路、育蕾、体育西、体育东、南雅苑、天河东、体育村、天河直街、广州大道中、天河村、天荣、广和社区居委会。2023年，天河南街户籍人口95383人，出生899人；常住人口77062人，出生748人；流动人口（居住1个月以上）27985人，出生218人。

天河南街地处广州中心城区，位于天河路商圈核心区域，大型商场和金融机构多，人口密度和人流量大，体育赛事频繁，商贸发达，经济总量位于天河区前列。辖内交通四通八达，有主干道11条，街巷15条，公交车线路70多条，多条地铁线路交会。街辖内有天河城广场、正佳广场、万菱汇、天环广场、维多利广场等大型商场；有天河城粤海喜来登酒店、正佳广场万豪酒店、皇家国际酒店、新天河宾馆、广州华侨友谊酒店、天河大厦等；有天河体育中心、广州市购书中心、天河南街文化站等文化、体育场所。

辖内天河城于1996年8月18日正式开业，是广州现代商业标志和市民游客购物观光休闲首选场所。正佳广场总建筑面积42万平方米，是集零售、休闲、娱乐、餐饮、会展、康体、旅游及商务于一体的现代化购物中心之一。天环广场于2015年建成，建筑面积11万平方米，包括地上2层、地下3层，拥有大面积户外绿化广场和下沉式主题广场。广州市购书中心于1994年11月23日开业，占地面积5475平方米，2017年被评为“中国最美新华书店”、全国“百佳文化地标”，是广州市跨世纪文化工程。天河体育中心占地面积58万平方米，周长3.8千米，是中国改革开放后第一个大型综合体育设施，也是第六届全运会和第九届全运会主要赛场。

【天河南街推进“百千万工程”】 城区建设　2023年，天河南街完成1个老旧小区改造，2个老旧小区改造后期管养移交，推进2个老旧小区改造前期准备工作，完成东川智慧新街市升级改造。维护市政基础设施，全年修复沥青砼路面约1571.2平方米，维修人行道透水砖、大理石约937.5平方米，安装侧石、平石、高侧石约17.5米，更换车止柱68根，修复压边条8条，设置道路隔栏（水马）50个，修复装饰井盖8个，维修人行道护栏314米，维修水泥路面1平方米，疏通下水道约2300米，共享单车停放区域划线3690米。“三线”整治2535米。整治乱摆卖1222宗，乱拉挂、乱张贴494宗，占道经营3587宗。

是年，天河南街受理加装电梯备案14宗，其中9台电梯正在建设。改造4个垃圾分类投放点，创建4个星级投放点。开展爱国卫生运动，清理垃圾杂物约53吨，打磨冲洗路面累计10.64万平方米，清洗垃圾分类亭608个，清洗沙井742处，清理绿化带3500平方米，消除卫生死角1345处。在天河村开展“三清三洗”环境卫生专项整治行动358次，清洗面积约31.2万平方米。

城中村治理　2023年，天河南街更换修复横街小巷破损路面石材600块。改造天河村足球场，翻新足球场雨棚、休闲小公园、休息长凳。规范空调外机滴水软管。完成天河村社区及周边“三线”规整约2220米。将出租屋规定纳入《天河村村规民约》，393栋出租屋设置楼栋长，“粤居码”领码率99%。完成“五口”视频补点建设，增设村内视频监控点位69个，安装城中村智能门禁系统115栋。开展城中村矛盾纠纷排查69次。推进城中村公共法律服务阵地建设，开展“送法进城中村”活动68场，为居民提供法律咨询服务200件（次）。建成天河村村口便民充电柜（桩）456个。完成天河村微型消防站标准化建设，配备装备器材126件、小型消防车1台，增配消防应急战备柜8个。城中村有市政消防栓13个，开展消防安全演练等5场、微型消防站拉练6次。开展出租屋“二合一”“三合一”消防安全检查、燃气安全检查，检查发现问题并全部整改。推进城中村治理数据库建设，申请开通区基础人口分析应用系统账号3个。处理“12345”涉城中村工单并设置数据台账。推进政务服务自助一体机进天河村社区。

协作帮扶与乡村振兴　2023年，天河南街开展消费帮扶。来自兴宁市大坪镇、肇庆市怀集县的企业在天河迎春花市销售商品。促成兴宁润丰农业合作社（广东米粒农业发展有限公司）与广州客语餐饮管理有限公司建立长期合作关系，全年采购优质大米超150万元，带动全镇丝苗米产业发展。持续推进广州市第七十五中学与兴宁市大坪中学结对帮扶，投资18万元改造大坪中学图书馆。募得善款5万元，为兴宁市大坪镇金坑村罗岗河段村道安装22盏太阳能路灯。

【街道经济】　2023年，天河南街新增“四上”企业107家。全面跟踪服务辖内743家“四上”企业和48家重点企业。2023年4月26日，天河南街道商会成立天河南高质量发展联盟，南方联合产权交易中心、中国电信广州天河区分公司、粤海天河城集团、广东省福建商会、广东省客属海外联谊会等企业及社会组织加入。

是年，天河南街辖内生产总值817.83亿元，比2022年（下同）增长5.8%。其中，规模以上工业总产值855.22亿元，增长13%；规模以上营利性服务业营业收入233.57亿元，增长12.4%；批发和零售业商品销售总额4867.07亿元，增长0.7%；住宿和餐饮业营业额48.42亿元，增长25.8%；资质内建筑业总产值313.69亿元，下降10.5%。

【天河南街推进绿美天河生态建设】2023年，天河南街推行林长制。完成10019平方米道路绿化、971株道路行道树、170米绿化隔离网的管养。维护行道树树池砖1054.8平方米，行道树树池花岗岩压条5058米。绿美天河生态建设工作复绿面积433平方米。申报新建2个四级公园。是年，街级河长巡河47次，村（居）级河长巡河345次，发现并上报问题43个，办结率100%。打击水污染行为，组织12次联勤执法行动。认定达标排水单元11个，面积17.51公顷。

【平安天河南】　2023年，天河南街召开协调会45次，处置辖内聚集维权42次，受理群众来访、转办信访161宗，均已办结。受理劳资纠纷134宗，为191名劳动者追回金额约89.9万元。“四位一体”帮扶小组累计帮扶88人次。为198名严重精神障碍患者监护人发放补贴。

寄递物流行业持续落实“五个100%”。更新辖内19家寄递物流经营单位名录信息，开展联合执法行动11次，12家寄递物流停业整顿。核查辖内涉嫌非法集资企业线索50条，整治不合规限期整改企业2家。常态化巡逻天河路商圈。在“广州街坊”小程序发起群防共治巡防活动约720次，超20万人次参与社会面治安防控。推进反走私综合治理示范点工作，摸查辖区13家冷库、2家农贸市场、4家大型商场以及经营市场的基本情况并登记造册，对重点商户开展巡查65次，受理商圈涉进口产品投诉25宗并全部化解。结合平安建设、扫黑除恶、反诈骗等主题开展活动186场。定期开展道路交通整治行动，累计劝导非机动车闯红灯、未规范佩戴头盔、行人不走斑马线等行为5.2万余次，抄写非机动车、行人交通安全“八不准”法规条文1416份。开展“五类车”整治行动，查扣“五类车”115辆。是年，天河南街治安类警情763宗，较2022年（下同）下降17.8%；刑事类警情440宗，下降6.2%。其中，“两抢”警情3宗，下降50%；盗窃警情586宗，下降22.3%；诈骗警情389宗，下降4.4%；“黄赌毒”警情91宗，上升40%。

【安全监管】　2023年，天河南街开展安全生产检查行动16次，检查各类生产经营单位4545家次，发现隐患1465处并全部整改，行政处罚37宗，处罚金额11.9万元。事故隐患排查治理系统累计注册企业174家，上报隐患企业174家，上报率100%，累计上报一般隐患4716条，并全部整改。召开各类安全生产工作会议58次，培训企业主要负责人和安全生产管理人员346人，开展安全宣传“五进”活动3550次，2.3万余人次参加。

是年，天河南街开展各类应急救援演练85次，128家企业购买安全生产责任保险。开展消防安全检查12次，检查各类场所企业3894间次，发现隐患1638处并全部整改。处理“12345”消防安全投诉228宗，处罚30宗，罚款2.49万元。组织各类消防宣传活动91次。

【民生服务】　2023年，天河南街为234人次发放低保金合约32万元；为21人次发放低边救助金合约0.5万元。为136人次发放特困供养金合约24.34万元；为14名在册困难群众申请爱心扶助合约6.75万元；为9户困难群众申请临时救助合约3.32

万元。为1680位退休人员办理养老资格认证，节日慰问1283人次，住院探访慰问28人次，协助23位全国劳模申领医疗和生活困难补助金，协助9位孤寡老人申领平安通和居家养老服务。为7033位老人发放长寿保健金521.31万元；为百岁老人发放慰问金1.8万元。为307对夫妻发放免费产前筛查和诊断券，167人参加免费孕前优生检查项目。慰问辖内98个计生特殊困难家庭。

2023年，天河南街帮扶639名城镇登记失业人员实现再就业，扶持就业困难人员实现就业171人；受理灵活就业社会保险补贴3581人次，补贴金额286.4万元。就业登记总人数6257人，其中灵活就业登记人数988人。网办就业登记5746人，就业登记网办率91.83%。网上有效发布空岗信息4341个，录入求职登记960人。举办专场招聘会3场，邀请企业30家，提供岗位信息987个。巡查辖内用人单位245家，涉及人数3703人。天河南街登记在册出租屋22946套，新增录入来穗人员信息36591条，注销55516条，系统纳管来穗人员30438人。受理来穗人员积分申请577份。是年，天河南街为20多名退役军人安置公益性岗位。开展双拥活动，发放慰问金（品）15.23万元。

表80　　2023年天河南街道社区居委会情况表

社区名称	居委会地址	居委会主任
南一路	六运一街5号102房	梁沛瑜
天河东	天河东路德欣街1号之二	徐泽微
体育西	天河南一路124号102房	肖文丹
南雅苑	体育东横街14号104房	—
广和	广和路20号	何秀芳
天荣	体育西路7号骏汇大厦2楼	林欣
育蕾	体育西路育蕾三街4号102房	廖锦标
体育村	天河北街18号102房	劳德军
天河直街	天河直街146号首层	马世强
广州大道中	广州大道中964号104房	甘佩莹
天河村	天河村龙溪里26号1楼	—
体育东	天河南二路25号德兴阁首层	许海

2023年8月1日，中共广州市第十二人民医院委员会和中共广州市天河区天河南街道工作委员会联合开展“关爱社区群众健康”专题科普宣传系列活动

（天河南街供稿）

【社区建设】 2023年，天河南街完成1个小区业委会换届，成立1个小区业委会，完成组建6个物业管理委员会。升级改造12家颐康站，与街镇综合养老服务中心（颐康中心）共同形成辖内“1＋12＋N”服务网络，为辖内有需求的老年人提供养老服务向导、居家上门、日间照料、助餐配餐、文体教育等服务。是年，天河南街举办“友你友我”青少年社区日活动、“迎春暖人心”游园会、“邂逅女神，时尚丽人”职场公益课堂、“春风十里·我们在这里”、“学习雷锋好榜样，社企同行共奋进”主题党课学习活动、“弘扬雷锋精神，拓展生命宽度”志愿服务活动、“巧手装扮花样世界”职工创意DIY活动、“探索自我，缓解压力”团体沙盘活动、“童行有你，春日相约”关爱流动儿童活动、“科学控血压，健康享生活”养生讲座等。

【天河南街与市第十二人民医院建设医疗联合体】 2023年8月1日，广州市第十二人民医院和天河南街道党工委联合开展“关爱社区群众健康”专题科普宣传系列活动。活动现场，该医院与天河南街社区服务中心签订《深化医疗联合体建设协议》。针对社区疾病谱，医院派出心血管内科、内分泌科、肿瘤科等专家定期出诊，实现专家坐诊常态化。选派专科医生参与社区服务中心家庭医生签约服务，为签约居民提供“一站式”全专结合服务，开通双向转诊绿色通道、联合开展科普讲座和义诊活动等。

【天河村】 天河村位于天河南街南部，中山一路立交桥东北处。明末清初建村，原名大水圳。清康熙年间，溪面扩宽，河水清澈似天河，故有“跨过天河大水圳”之说。1917年，全村老人集体商议，决定将大水圳村改为天河村。李湛（1884—1913），清朝番禺县鹿步司大水圳村（今天河村）人，中国同盟会会员，民团团长。清宣统三年（1911），组织暗杀广州将军凤山并光复广州，后在剿匪战斗中阵亡。（邓心怡）

林和街

【概况】 林和街建于1995年12月，由沙河镇划出林和村与石牌街、天河南街、沙河街、五山街划出部分组建而成。林和街位于天河区中部，东起猎德涌，与石牌街相依；南达天河路、天河北路，与天河南街相连；西到广州大道中，与沙河街相接；北沿禺东西路至兴华路口、瘦狗岭，与沙东街、兴华街相邻，面积3.19平方千米。街下辖13个社区居委会：雅康、华新、侨庭、德荣、天寿、天誉、恒怡、紫荆、润和、天河北、禺东西、花生寮、林和西社区居委会；1个撤村改制公司——林和润杨经济发展有限公司。2023年，林和街户籍人口67356人，出生504人；常住人口 59890人，出生422人；流动人口（居住1个月以上）16477人，出生 112人。

林和街位于广州市商务、金融、外事中心区域，也是广州市高档住宅和人居环境特色区。林和街商务名片是中信广场和太古汇。中信广场坐落于广州市商业、金融业繁盛的天河北路，楼高391米，由一座高80层的主楼和左右两座各高38层的副楼，以及高5层的中天购物城裙楼组成。太古汇位于天河中央商务区核心地段，人流密集，总楼面面积约35.8万平方米，由1个大型购物商场、2座甲级办公楼、1个文化中心、广州首家文华东方酒店及酒店式服务住宅构成。太古汇云集逾180家国内外知名品牌，是集休闲娱乐、商贸活动、文化艺术于一体的综合商业体。旅游名片是广州火车东站及其水景瀑布——天河飘绢。文物名片是刘氏家庙（广州市文物保护单位）和冯如坠机处遗址。

【林和街推进“百千万工程”】 城区建设　2023年，林和街电视台小区、体委宿舍、林和西路115号3个老旧小区微改造基本完成，待安全评价和验收；三茂宿舍改造项目于12月18日进场施工。新增加装电梯备案10宗，提交申请补助梯口15宗。开展“五类车”整治行动52次，暂扣“五类车”120宗，整治乱停放共享单车19614宗，整治“六乱”7200宗。开展道路交通秩序整治，考核总排名居全区前列。市容管理、生态环境、消防安全等授权（委托）执法事项立案231宗，处罚、罚没金额39.83万元。治理违法建设1.99万平方米。开展病媒生物防治消毒消杀2490次，清运垃圾、淤泥、杂物43319吨，清理卫生死角1795处，清理乱张贴乱涂写5385处。

城中村治理　2023年，林和街推广应用“粤居码”系统，流动人员持码率99.07%，房屋申报率97.36%。林和苑回迁小区设置门禁系统13套，涵盖城中村出入口的物联感知设备，涉及回迁房6栋，房屋2107套，并在社区设置24小时“粤智助”平台一体便携机。推进城中村围院式管理模式，花生寮社区5个通道全部设闸安装门禁，新增电动自行车充电车位70个，修复监控摄像设备18个。完成花生寮供水改造工程。

协作帮扶与乡村振兴　2023年，林和街与福建省龙岩市永定区大溪乡坑头村的福建永诚利矿泉水有限公司签订瓶装饮用水购销合同，累计消费帮扶40390元。发动社会力量参与东西部协作。辖内小迈网络科技有限公司捐赠2万元，用于大溪乡人居环境整治。在坑头村设立永定大溪—天河林和研学旅行合作基地，开发坑头村土楼文化资源。

【街道经济】 2023年，林和街走访服务企业774家，对辖内重点企业实行“一企一档”“一企一专班”；收集企业诉求，搭建交流平台，推动企业互动合作。举办外贸、多式联运、专精特新等主题沙龙4场次。完成新增“四上”企业106家。

2023年，林和街辖内生产总值1055.87亿元，比2022年（下同）增长5.2%。其中，规模以上工业总产值32.22亿元，增长14.6%；规模

2023年5月12日，林和街青年高质量发展座谈会“未来社”青年之家授牌仪式举行（殷朋帅　摄）

以上营利性服务业营业收入317.58亿元，增长7.6%；批发和零售业商品销售总额1070.55亿元，下降3.3%；住宿和餐饮业营业额42.23亿元，增长19.3%；资质内建筑业总产值20.78亿元，下降23.5%。

【林和街推进绿美天河生态建设】2023年，林和街加强生态环境保护，完成达标认定单元排水9个，面积10.99公顷。完成沙河涌（林和西横路—天河北路）碧道建设，长度0.7千米。处理来电投诉及“12345”政府热线转办的涉环保类投诉工单201件并全部整改，整治“散乱污”场所2家。排查并修复瘦狗岭林区挡土墙、围墙、台阶，新增安全护栏。绿化管养20条二车道以下道路，日常排险32次，应急台风排险6次。

【平安林和】2023年，林和街完成街道综治中心提档升级，完善“综治中心＋网格化＋信息化”工作体系。受理上级交办信访件208宗，办结198宗，按期结案率100%。司法调解206宗，成功办结率100%。受理劳监案件945宗，办结934宗，挽回经济损失339.72万元。开展扫黑除恶、反诈骗、禁毒等专题宣传活动100多场。

是年，林和街治安类警情438宗，较2022年（下同）下降14.8%；刑事类警情293宗，下降10.9%。其中，“两抢”警情0宗，下降100%；盗窃警情258宗，下降18.4%；诈骗警情315宗，下降13.7%；涉黄警情52宗，下降10.3%。

【安全监管】2023年，林和街巡查出租屋52447套次，排查安全隐患226条并全部整改。上报网格事件14717宗，办结14578宗，办结率99.06%。开展燃气安全执法，排查辖区餐饮场所1543家次，录入系统275家，发现问题252宗并全部整改。消防执法立案41宗，其中警告教育2宗，处罚68350元。加强安全生产监管，要求辖内生产经营单位落实安全生产主体责任，检查各类场所2700家次，发现事故隐患900处，现场整改770项，发出限期整改指令书130份并全部整改。开展以“人人讲安全，个个会应急”为主题的全国第22个“安全生产月”宣传活动，开展应急技能竞赛活动，开展消防安全演练、消防疏散演习、应急救援活动50多场次。

【民生服务】2023年，林和街推动创建广州市“五好”公共卫生健康委员会。设置4个固定便民健康体检点，开展老年人免费健康体检31场。开展健康知识讲座17场、义诊17场，累计服务1300余人次。天寿、雅康社区被评为“广州市健康社区”。发放长寿保健金66784人次，累计发放417.38万元。设置配餐服务点7个，提供长者配餐服务72097人次。社区颐康服务站建设全覆盖，与街道综合养老服务中心（颐康中心）形成“1＋N”服务网络。颐康中心设有全托床位20张，累计15人全托入住。

是年，林和街累计在册特困户9户10人、低保户25户47人、低保边缘家庭2户3人、事实无人抚养儿童4人。为40位符合条件的困难群众办理“爱心天河”补助。广东中烟工业有限责任公司捐赠慈善资金40万，其中15.45万元用于帮扶辖内困难家庭，累计帮扶157户。就业困难人员认定187人次，灵活就业补贴1181人次。完成公共租赁住房保障受理申请67例。受理来穗人员积分入户申请481人次，来穗人员随迁子女积分入学申请35人。推进未成年人保护工作站特色项目建设，开展“一平米书桌”来穗儿童阅读空间改造项目，为19名来穗儿童实现书桌心愿。为5名困难职工申请补助金2万元；160人次工会会员申请“住院关爱计划”，发放慰问金12.36万元。组织“两代表一委员”进社区开展走访接待活动，收集并办结群众反映问题74件。

表81　2023年林和街道集体股份公司情况表

名称	注册资本（万元）	股东（人）	经营总产值（万元）	董事长	总经理
林和润杨经济发展有限公司	600	933	3453	何荣清	何荣清

表82　2023年林和街道社区居委会情况表

社区名称	居委会地址	居委会主任
侨庭	天河北路372号首层	张钻芬
华新	天河东路77号首层	黄小兰
花生寮	花生寮七巷3号首层	黄嘉乐
雅康	天河东路信成南街1号104房	尹燕
德荣	天河东路262号105	黎可智
天誉	林和中路140号6楼	赖焕银
润和	林和东路269号润和居委会	李小平
紫荆	林和东路133号101房	邓志涛
恒怡	林乐路侨林街70号首层	黄美红
天河北	天寿路2-12号243室	杨斌
禺东西	瘦狗岭路313号庆云街5号2楼	杨秀敏
天寿	天寿路164号2楼	张勇超
林和西	林和西路109号101室	庄丽凤

【社区建设】 2023年，林和街举办社区瑜伽教学课程、太极拳教学课程、美术主题活动、社区优秀电影展播活动12场次，“向美而行”2023年广州市公共文化产品配送活动3场。街道工会组织开展香薰蜡烛、扎染体验、户外摄影、诗歌朗诵、快乐健步行、应急技能竞赛等主题活动。申请新建健身路径2处，维修健身路径设施3处。加强对刘氏家庙、冯如坠机处、黄埔军校燕塘分校3处不可移动文物日常巡查和保护。

【花生寮供水改造工程】 花生寮是林和街辖内的城中村，村内出租屋密集，多为20世纪八九十年代的合资建房，供水管网腐化，跑冒滴漏、水压低、水质较差等问题严重影响居民正常生活。2023年3月，花生寮城中村供水改造工程启动。工程投入资金500万元，涉及345栋自建房，改造供水管道9000米，惠及居民约5500人。广州自来水公司在社区内全面使用智能水表并移表出户，共建设74个阀门、4个二级监控表实施分区水量水压监控；同时新增19个消防取水点，保障消防用水。该工程于8月底完成。

【林和村（林和润杨经济发展有限公司）】 林和村村名由来有2种主流说法：一说林和村原是明崇祯三年（1630）一位林姓状元买下庄田，由其太婆看管，故被称为“林婆庄”，后因称呼不雅改称“林和庄”。另一说该处地势较高，灌溉不便，需要人工挑水淋禾，故称“淋禾庄”，后改为“林和庄”。该村居民先祖均是清代陆续迁入，所以村内姓氏较多，主要有陆、何、池、丁、余、梁、刘、凌。其中，陆姓源自黄埔区乌冲，何姓源自增城新田，池姓为石牌村分支，丁姓源自黄埔，余姓源自东莞交界的伯江，梁姓源自猎德及车陂两地，刘姓源自河水，凌姓源自东圃。

林和行政村原辖林和村和沙东解放新村2个自然村。中华人民共和国成立前，林和村隶属广东省番禺县十六区。中华人民共和国成立初期，隶属石牌区，后石牌与沙河合并为白云区，该村隶属白云区沙东乡。人民公社时期，林和村成为沙河人民公社沙河营的一个连，后改为白云区的生产大队——林和生产大队。1999年5月撤村改制，组建林和润杨经济发展有限公司。

（廖文波）

沙东街

【概况】 沙东街建于1995年12月，由沙河镇划出沙东村地区组成，因辖区内有沙东村，故名。沙东街位于天河区西北部，东起沙太南路、兴华路，与兴华街相依；南达广深铁路，与沙河街相连；西到广园东路和永福路交会处永福桥，与沙河街和越秀区西坑村、白云区相接；北至五仙桥街，与兴华街相邻，面积2.08平方千米。街下辖6个社区居委会和1个撤村改制公司：沙和、濂泉、天平架、范屋、天河山庄、陶庄社区居委会和沙东有利集团公司。2023年，沙东街户籍人口21921人，出生205人；常住人口41074人，出生249人；流动人口（居住1个月以上）23311人，出生127人。

沙东街有广园东路、禺东西路、广州大道北、沙太路、兴华路、濂泉路6条主要道路。街辖内集聚不少大型批发市场，如沙东有利国际服装批发城、益民服装城、新天地服装城、天平架装饰材料城、广园中综合市场等。其中，沙东有利国际服装批发城是沙东有利集团有限公司打造的辐射华南，面向全国和世界的现代化专业服装批发市场。

沙东街以“互联网＋”为理念，推进村集体物业升级改造，将陶庄路5号、甘园路51～52号、广州大道北83号商业广场等闲置集体物业盘活并打造成众创空间。陶庄互联网生态家园是智慧沙东探索互联网与社区生活深入融合的阵地，带动辖内环境整体提升及经济发展。陶庄路五号空间先后被授予“国家级众创空间”“海峡两岸青年创业基地”“广东省港澳台众创空间”等称号。广州大道北83号五号服装小镇成为广州市第一批转型升级公共服务空间试点市场。

沙东街军民工作扎实，连续多年被评为广州市军警民共建先进单位、广州市拥军优属标兵单位，沙东街道办事处被评为2020年度广东省爱国拥军模范单位。

【沙东街推进“百千万工程”】 城区建设 2023年，沙东街推进省粮油宿舍和广州市第七十五中学教师宿舍改造工程的前期工作。珠江住房租赁发展投资有限公司与沙东有利集团公司签署合作框架协议，对范屋片区开展微改造。是年，完成污损楼道墙面整饰10处，修复破损路面259处，更换沙井盖28处，整治“三线”120处。持续推进沙和社区容貌提升工程，增设人行道护栏140米，新增、更新垃圾分类宣传栏28个，升级改造江园街路口口袋公园。优化垃圾分类管理机制，升级改造沙东新村垃圾收集点设施4个。开展垃圾分类全民行动、“小手拉大手”活动、垃圾分类“五进”宣传活动252场。开展垃圾分类执法及联合行动72次，检查垃圾分类单位1219家，教育处理644宗，责令限期改正185宗，约谈教育30宗，辖内垃圾分类行为明显规范。开展“两违”“六乱”治理，整治“六乱”8844宗，拆除违法建设2.21万平方米。

城中村治理 2023年，沙东街开展城中村消防安全、平安建设、出租屋管理等专项治理工作。检查各类生产经营单位3759家次，现场排查安全隐患1563处，责令整改293处。组建1支城中村朝夕互助队伍，累计开展社区巡护服务730人次。持续开展“人、屋”信息数据摸排，辖内有18251名流动人口持有“粤居码”，持码率99%。持续推进城中村出租屋智能门禁升级改造；整合网格化管理系统，实现城中村治理跨部门数据共享，调度处理城中村社区网格员上报事件4341宗。配备城中村微型消防站2个、微型消防柜3个。安装建设电动自行车充电桩300个，新增充电设备点15个。

协作帮扶与乡村振兴　2023年，沙东街组织实施“千企帮千镇、万企兴万村”行动，发动辖内8家企事业单位与东西部协作地区的8条村结对，开展村居环境整治、民生服务保障等帮扶工作。结对帮扶学校的师生到广州开展游学活动。是年，落实帮扶资金55万元，完成帮扶项目8个，筹集慈善金8万，完成为期5天的研学任务。推动村集体经济转型升级，引导村公司加快发展保障性租赁住房建设，将富力大厦集体物业升级打造成人才公寓。

【街道经济】　2023年，沙东街推进沙河片区传统服装批发市场产业升级，完成益民服装批发市场由传统到展贸转型升级。开展第五次全国经济普查清查工作。扶持村集体经济发展，完成沙东有利投资有限公司（南城）714个商铺项目承租权公开竞投工作，推动村集体资产保值增值，五年租金收益超42.6亿元，溢价200%。是年，推进安商稳商和重点企业服务，新增“四上”企业12家，实地走访企业103家，提供政策服务12次，解决企业诉求5条。辖内企业溪木源被认定为国家高新技术企业及广东省专精特新中小企业，入围广州“独角兽”企业榜单。2023年，沙东街辖内生产总值40.73亿元，比2022年（下同）增长8.4%。其中，规模以上营利性服务业营业收入6.16亿元，增长3.6%；批发和零售业商品销售总额40.9亿元，增长34.3%；住宿和餐饮业营业额1.78亿元，增长50.1%；资质内建筑业总产值9.38亿元，下降8.6%。

【沙东街推进绿美天河生态建设】　2023年，沙东街推进绿化、“散乱污”整治、河涌治理、巡绿护绿和古树保护修复等工作。是年，开展义务植树，升级改造小公园、文化广场，超额完成绿美沙东建设任务858平方米。召开林长制专题会议3次，研究解决林业园林资源保护发展、古树保护和绿美天河生态建设的重点难点问题。依托“广州市智慧林长管理平台”开展街村（居）长巡绿护绿300余次。开展绿美天河宣传活动12场次。开展辖内251家餐饮企业的环保检查或复查行动，发现并整改“散乱污”场所3处。完成街级河长巡河87次，居级河长巡河143次，上报并协调解决问题42宗。完成排水单元达标认定9个，面积25.72公顷。

2023年7月6日，珠江租赁公司与沙东有利集团沙东范屋村改造项目合作意向签约仪式举办（李颖　摄）

【平安沙东】　2023年，沙东街持续推进“综治中心＋综合网格＋最小应急单元＋智能化”建设。依托“五室一厅”街道综治中心，排查矛盾纠纷956次，化解矛盾纠纷3宗。完善优化网格58个；建成最小应急单元58个。街道禁毒工作成效评估居全区第一，交通整治考评总体居全区前列。捣毁20个制假点，没收制假工具6套，重点打击伍仙桥周边地区制假售假违法犯罪行为。受理劳动争议案件258单，追回金额25.73万元。开展防范电信网络诈骗、反邪教、寄递物流管控、法治宣传教育等专项行动。辖内社会环境总体安全稳定有序，街道平安建设考评连续两年位列全区第一，并在平安广州建设工作会议上作为全市唯一街镇代表作经验介绍。是年，沙东街治安类警情234宗，比2022年（下同）下降19.3%；刑事类警情134宗，下降10.1%。其中，“两抢”警情1宗；盗窃警情161宗，下降29.7%；诈骗警情86宗，下降16.5%；“黄赌毒”警情42宗，与2022年持平。

【安全监管】　2023年，沙东街推进安全生产、消防安全隐患排查和源头治理。检查各类场所4113家次，消除安全隐患 1707 处。建成电动自行车库棚 15 个，安装集中充电装置 18 套，查处电动自行车违规案件 18 件，处罚金额 1.12 万元。建成综合应急救援队伍 3 支，标准化微型消防站 6 个，完善防灾减灾应急组织框架，组织开展消防安全知识培训及消防演练活动 4 场次，开展防灾减灾救灾宣传活动及培训 9 场次。辖内未出现安全生产、消防安全亡人事故。

【民生服务】 2023 年，沙东街实施“粤菜师傅”“广东技工”“南粤家政”工程，推进街一级羊城家政服务站、社区二级服务站点及“五好”镇街公共卫生委员会建设工作。是年，沙东街累计在册特困户 5 户 5 人、低保户 31 户 40 人、低保边缘家庭 1 户 1 人，发放临时救助金 2476 元。发放长者长寿健康金 160.94 万元。完成独生子女计划生育奖励发放 2696 人，计划生育特别扶助发放 40 人。受理来穗人员随迁子女积分入学申请 90 人，受理港澳积分入学申请 3 人。举办“春风行动 2023”就业专场线上线下招聘会 1 场，零距离招聘会 2 场，帮助就业和再就业 152 人，发放灵活就业人员社会保险补贴 124 万余元。发放困难残疾人生活补贴和重度残疾人护理津贴约 55.24 万元。社保、民政、老龄、残疾人等各项公共服务实现“一窗通办”。

【社区建设】 2023 年，沙东街搭建“1＋6＋1”“一老一小”服务保障网，推进社区适老化改造、“一米阅读空间”建设、促进公共服务均等化。与社区卫生服务中心签订战略合作协议，开展医养结合服务。设立社区“五好”村（居）公共卫生委员会 6 个，整合辖内外优质医疗资源，开展健康咨询、主题宣教、义诊等健康服务活动。是年，新增颐康中心长者饭堂 1 个，开展社区长者助餐服务 10535 人次，送餐服务 405 人次。为老旧楼宇增设楼道扶手 16 栋，完成“一米阅读空间”建设 21 户 22 人，依托“青春志愿行计划”，为青少年提供生理心理健康知识辅导及心理支持 920 人次。

【沙东街建设爱心驿站】 2023 年 5 月，沙东街天平架社区党委与广州市公用公交站场管理服务有限公司第一党支部签订党建共建协议，整合天平架公交站场周边资源，改造站场原报刊亭和绿化地及周边环境，建设便民服务驿站。该驿站分为爱心驿站小屋和休闲小广场 2 个功能区。7 月 12 日，位于天平架公交站场和地铁站点交界处的沙东爱心驿站对外开放。该驿站由沙东街道办事处、广州市一汽巴士有限公司及广州市公用公交站场管理服务有限公司共同建设。驿站在解决户外工作者“喝水难、避暑难、歇脚难、热饭难”等问题的同时引导他们参与基层治理。

【范屋社区实施“社区合伙人”治理模式】 2023 年，沙东街范屋社区建立“党建引领＋社区合伙人＋志愿服务”机制，社区通过“居民点单、社区派单、社区合伙人接单”的服务模式对接群众需求，同时推广“同屋同建”“范屋说事茶室”“树下说事点”“幸福来敲门”等工作做法并得到群众认可。5 月，范屋社区举办“社区合伙人”集中签约暨共建共治共享活动启动仪式。12 月，举行第二批范屋“社区合伙人”签约、社区慈善基金捐赠签约仪式，并为白云山鸣春谷景区管理中心、沙东甘园农贸综合市场等 10 个单位颁发沙东街范屋社区首届最佳“社区合伙人”牌匾。是年，范屋社区与辖内 100 多家企事业单位、个体户，400 多名党员、志愿者、居民签订“社区合伙人”协议，建立合作项目 40 余项，合伙人向社区慈善基金捐赠 3 万元，累计开展各类志愿服务 600 余次，举办各类活动 60 余场次。

【沙东村（沙东有利集团有限公司）】 沙东村建于清乾隆年间，至今已有 280 年历史。因位于沙河和沙河墟东侧，故名。沙东村原属沙河镇管辖，1995 年 8 月划归沙东街。村辖内有花生寮、沙河新村、江屋、范屋、菜寮、塘寮、左竹园、甘园、桐油岗、石鼓岭、陶庄、涂屋、南蛇坑、天平架、大洲地、沙河顶、永福村、田心村、墟地街等 20 多个自然村。在农村城市化进程中，沙东村历经沙东乡、沙东高级农业合作社、沙东大队革命委员会、沙东村委员会等建制。1989 年 11 月 18 日，沙东村完成农村社区

表 83　　2023 年沙东街道集体股份公司情况表

名称	注册资本（万元）	股东（人）	经营总产值（万元）	董事长	总经理
沙东有利集团有限公司	5000	1342	40766	张国耀	黎贵棠

表 84　　2023 年沙东街道社区居委会情况表

社区名称	居委会地址	居委会主任
天河山庄	江园街 165 号 107 房	赵翠环
陶庄	侨乐街 96 号	何倩文
沙和	江园街 128 号大院 8 栋 1 楼	李振宏
范屋	广州大道北冠庭园绿安街 38 号	刘雅兰
濂泉	广园东路 1850 号金园大厦	李腾飞
天平架	天平架兴华路 1 号天河峰景 B 栋 1 楼	龚敏维

集体经济产权制度改革，建立起“还股于民、按份共有”的新型共有股份合作制产权制度。1999年4月，在区委、区政府的指引下，沙东村撤销村民委员会，同年7月，改制成立广州市沙东有利集团有限公司。公司是沙东联社资产的运营管理企业，内设党委会、董事会、监事会机构，拥有8家下属企业，下设13个职能管理部门，以第三产业为主体，以自营市场、物业租赁为支柱，物业分布范围：东至沙太路71号，南至水荫直街六巷20～22号，西至永福北约10号，北至南蛇坑52号。（李颖）

兴华街

【概况】兴华街建于1995年12月，由原沙河镇银河村及五山街划出地段组成，因辖内兴华路而得名。兴华街位于天河区西北部，北临白云山风景区，形状像一片树叶。东起银河公墓，与五山街华南理工大学相依；南达瘦狗岭山脊北坡、兴华路，与林和街相连；西到五仙桥街、白云山东侧山脚，与沙东街、白云区相接；北至黄猄坳、石油培训中心、沙太南路，与白云区相邻，面积4.12平方千米。广州地铁3号线、6号线在辖内设有燕塘、天平架、梅花园3个站点；北环高速、广州大道北、沙太路、燕岭路、粤垦路、兴华路等城市主次干道横贯辖区，路网四通八达，交通便捷，地理位置优越。辖区内有11个社区居委会和1个村改制公司：燕塘、侨源阁、鳌鱼岗、牛利岗、伍仙桥、兴华、苏庄、河水、金燕、建武、沙太社区居委会和银河经济发展有限公司。2023年，兴华街户籍人口54044人，出生560人；常住人口110098人，出生1289人；流动人口（居住1个月以上）68132人，出生769人。

辖区内主要有广东省地质环境监测总站、省地质装备中心、省国土资源测绘院、省水文地质大队，以及广州市军队离退休干部疗养所、市殡葬服务中心、市银河烈士陵园管理处等省、市机团单位。有南华工商学院（广东省总工会干部学校）、广东省外语艺术职业学院（天平架校区）、广东农工商职业技术学院、广东工贸职业技术学院等5所院校；广州市第七十五中学、四海小学、银河小学等13所中、小学；广州市民政局幼儿园（金茂府园区），区第二、第三实验幼儿园，金燕幼儿园（总园）等20所幼儿园。有燕岭大厦（四星）、银河大酒店（三星）等星级酒店。有力达广场、金燕大厦、燕东大厦、燕都商务大厦、粤垦华资大厦等10多个商业办公楼宇。有西派天河序、越秀天河和樾府、天河金茂府、时代花生雅苑、新燕花园、金燕花苑、日出观山苑等30多个住宅小区。有鸡颈坑公园、牛利岗文化广场、信达金茂广场·益田假日世界以及哈哈银利城等娱乐休闲场所。有武警部队广东省总队医院、广东省妇幼保健院（天河院区）、广东省第二人民医院天河医院（广东省燕岭医院）3间区级以上医院。有福瑞馨养老院、广东燕岭医院炎康楼、谷丰养老等养老机构。辖内的广州市银河烈士陵园（又称广州市银河革命公墓）是民政部、广东省委、省政府和广州市委、市政府分别授牌的爱国主义教育基地，是广州市党员教育基地、广州市中共党史教育基地。辖内还有云从龙墓、沙基惨案烈士墓、粤军第一师诸先烈纪念碑、林伟民墓等省、市、区级文物保护单位。

【兴华街推进“百千万工程”】城区建设　2023年，兴华街在银河公墓周边、燕岭路、七十五中学东门对出路段、牛利岗南街、燕园路、鳌鱼岗大街、伍仙桥街等路段安装、翻新人行道护栏，新建电动自行车停放点156处，止车石墩82个，铁护栏96米，修剪树木285棵。在银锭塘前街路口至后街路口划设人行道标线，在8个涉村社区设置16个信息公示栏、更新2个废置公示栏。改造银利街、华兴康复医院两侧广告招牌，修复阿罗砂锅粥门前路面及人行道；修复河水大街东段破损道路及老旧墙面，墙面翻新807平方米，铺设沥青路面1100平方米。

城中村治理　河水、苏庄、建武、牛利岗和伍仙桥社区党群服务中心提档升级。完善兴华村小公园、社工站和牛利岗社区文体广场设施。在环城高速DK14＋200涵洞、鸡颈坑公园、兴华村公园打造家风家教和廉洁文化教育宣传阵地约1000平方米。伍仙桥城中村社区鸡颈坑村（鸡颈坑大街区域）纳入城中村二级围院式管理试点。加快城中村社区电动车充电桩和“五口”视频的补点建设，全年建成电动车充电点153处、充电端口2149个，城中村出租屋安装智能门禁549套。街道“粤居码”持码率98.98%。

协作帮扶与乡村振兴　2023年，兴华街制定《银河公司租金、综合管理费优惠帮扶方案》，为77位租户减免租金和综合管理费，村公司物业出租率97.39%。制定《银河经济联社续租交易管理办法》，完成2165份物业合同签订。依托区“三资”交易平台，引入资金1050万元完成对红旗市场改造，引入资金1800万元推动哈哈银利城升级项目落地实施。

是年，兴华街两次赴兴宁市罗浮镇调研中坑村光伏工程、高坑村广场等帮扶项目，慰问高坑村5户返贫监测户，参与兴宁市罗浮镇撂荒耕地认耕认种等活动。开展广东扶贫济困日活动，募集捐款约21.43万元。购买对口帮扶地农副产品约29.27万元。

【街道经济】 2023年，兴华街推动燕塘、粤垦路、金茂三大重点商圈品质升级。成立党员走访联系企业工作组，制定“一企一策”暖企方案。全年走访辖内规上企业240多家次。协助1家企业申报广州市农业龙头企业，25家科技企业申报2023年高新技术企业认定。协助2家规模以上企业申报高端专业服务业营收增长奖励，2家规模以上企业申报高端专业服务业产业贡献人才奖励。协助29家2021、2022年新增“四上”企业申报新增限额以上企业奖励等。邀请1家“四上”企业加入兴华街商会。全年辖内新增“四上”企业22家。

2023年，兴华街辖内生产总值93.36亿元，比2022年（下同）增长4.2%。其中，规模以上工业总产值7.87亿元，下降17.1%；规模以上营利性服务业营业收入17.73亿元，下降18.6%；批发和零售业商品销售总额88.96亿元，下降7.1%；住宿和餐饮业营业额3.9亿元，增长16.5%；资质内建筑业总产值46.69亿元，增长0.1%。商品房销售面积累计64482平方米，增速287.7%。

【兴华街推进绿美天河生态建设】 2023年，兴华街配合区水务局推进合流渠箱清污分流工程、渠箱开闸工作。排水单元达标认定21家，面积30.64公顷。开展“全民治水护水，共绘水韵兴华”“守护幸福河湖，共享水美中华”等主题宣传活动。9月11日，广东电视台移动频道推出专题报道《兴华街聚焦水环境综合治理 沙河涌再现水清鱼肥岸绿白鹭飞美景》。每季度通过“广州排水”App巡查整治辖区193家典型排水户。各级河长巡河806次。

全年各级林长巡林3956次。开展主题为“全面推行林长制，全力建设绿美兴华”的宣传活动。开展军地联合植树活动，种植树苗100多株。推进燕岭公园提升建设、市第七十五中学校园微改造工程，开展银锭塘村、瑞兴路、银利街、牛利岗大街周边综合环境整治。

开展污染源巡查，登记420家企业单位，录入广州市生态环境局移动执法系统1563家次。加大危险废物企业监管，专项检查32家产废单位。处理“12345”热线环保类工单566件、信访案件6件。整治3家“散乱污”场所。处理违法排污投诉、问题40宗。加强2个在建工地扬尘措施监管。督促辖内6家喷漆汽修企业、4家加油站安装并维护治污设施、在线监控数据系统，督促30家产废单位完成突发环境事件应急预案简化备案工作。开展规范管理回收电动自行车废旧电池工作，督促电动车销售维修单位对废旧铅蓄电池建立回收台账。

【平安兴华】 2023年，兴华街以燕岭路兴华路口、沙太南路牛利岗南街路口和北环高速路口、沙太南路、燕岭路为重点，整治电动自行车不戴安全头盔、闯红灯、逆行、不按规定车道行驶等交通违法行为，劝导教育13300余人。开展“五类车”整治行动，举办交通安全宣传讲座22场。全年未发生交通亡人事故。

组建兴华街平安促进会，发动群众参与社区治理。开展普法宣传活动81场次，开展反邪教宣传进社区、进学校活动38次。处理劳资纠纷436宗，追回经济损失1188.62万元，结案率100%；受理人民调解案件130宗并全部调解成功，涉及金额417.66万元。兴华街连续5年被评为“广州市劳动关系和谐镇（街）”。

开展反诈骗宣传讲座15场，受益群众1200余人次。开展多次“扫黄打非”专项整治行动，累计巡查相关单位、娱乐场所120间次。开展扫黑除恶宣传活动48场，累计线上线下宣传覆盖20万人。兴华街道被区委全面依法治区委员会办公室评为综合行政执法优秀街道；盗窃专项整治工作通过市有关部门检查验收。

2023年，兴华街治安类警情757宗，比2022年（下同）下降14.4%；刑事类警情237宗，下降13.2%。其中，“两抢”警情1宗，下降80%；盗窃警情308宗，下降30%；诈骗警情221宗，下降14.3%；“黄赌毒”警情130宗，上升34%。

【安全监管】 2023年，兴华街城中

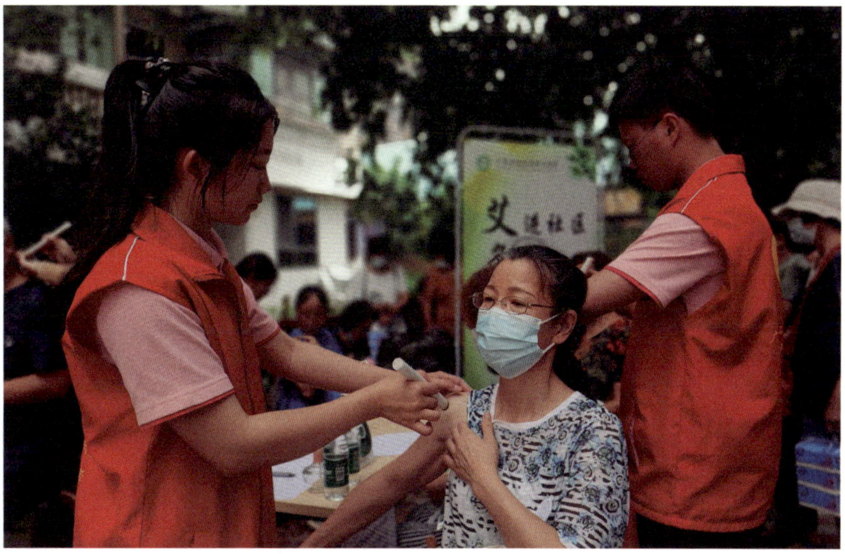

2023年6月16日，兴华街开展艾灸护理服务进社区活动

（兴华街党政办供稿）

村消防安全项目列为2023年度街道党工委书记项目，完善11个微型消防站配套建设。全年检查各类场所3610个，发现并整改隐患1320处；开展各类演练活动105场，覆盖5.1万人。安全生产行政处罚38宗，罚款32.70万元；消防安全行政处罚25宗，罚款9.38万元。组织144名微型消防站队员开展街级消防安全大比武活动，参加区级比武竞赛。加强“一键通”灾害信息员业务培训，全面排查各类安全风险点140处，协调完成瘦狗岭地铁主变电站和白云山鸡颈坑段、成龙中学段边坡治理。天平水果批发市场、广州长峰医院摘牌“区挂牌督办重大火灾隐患单位”。是年，街辖内火情下降39%。

【民生服务】 2023年，兴华街被评为2023年度广州市“五好”镇（街）公共卫生委员会建设工作区级优秀街道，获得“第三届中国老年健康知识大赛”优秀组织奖。全年党员干部认领“群众微心愿”215个，党组织承接“民生微项目”30个。办理公租房业务198户。为困难残疾人办理医疗救助资助参保28人次15374元。组建3支健康志愿服务队，全年开展12次普惠性专业服务，累计服务群众6000余人次。走访低保户25户51人，帮扶困难家庭人员59人次75.43万元。长者饭堂为13922人次提供服务。接收社会化退管人员1004人，参加老年大学学习11人，节日慰问老人420人，慰问重病老人24人。打造燕塘、牛利岗沙太社区颐康服务站（合社）两个示范点。为11名困境儿童和3名外来务工人员儿童落实“一平米”学习空间改造计划。

发放出生缺陷干预产前筛查券620份、婚前孕前优生检查券337份。开展“母亲节暨幸福工程救助贫困母亲”活动，募集善款6802元。发放独生子女父母奖励4567人821.655万元，特别扶助家庭71人116.4万元。组织职工参加全国第八届“万步有约”健走激励大赛，2名队员获得市级奖项、12名队员获得区级奖项。

是年，兴华街举办“春风行动”“零距离”招聘会，提供岗位265个，初步达成就业意向20多人。申请灵活就业补贴382人，登记审核城镇失业人员1015人，审核就业登记791条，“零就业家庭”、特困失业人员就业率100%。完成“一对一”就业帮扶服务4例；发布空岗信息3610条、灵活就业岗位731个、求职者信息852条，失业人员职业介绍服务426人。春节和“八一”期间发放退役军人慰问金和慰问品13.95万元。为4户烈属家庭发放慰问金3200元，为2名三等功军人军属送上立功喜报及奖励金。

【社区建设】 2023年，兴华街道机关获“广东省健康促进机关”称号，牛利岗社区被评为“广东省健康社区”。建武社区、伍仙桥社区被评为天河区2022年度先进社区居委会。兴华街政务服务中心受理业务54561件；受理“12345”热线工单8888件，工单办结完成率100%。开展红棉老兵志愿活动121场。动员青年志愿者参与城中村专项治理、垃圾分类、爱国卫生运动、“河小青”护河、“绿美兴华”植树等志愿服务活动86次。加强辖区25处文物保护单位保护工作。开展新时代文明实践活动1045场，服务到馆借阅图书6082人次。培育兴华特色优质群众文化品牌。其中，乐乐群艺团民乐队入选广州民族乐团基层团队，群众艺术团4个参演节目获2023广州市“美在金秋”大舞台展演活动金奖。组队参加天河区体育竞技比赛。

【兴华街社区卫生服务中心新址落成】 2023年7月28日，兴华街社区卫生服务中心新址落成仪式暨全民健康素养宣传活动举行。该中心位于沙太南路163号富贵楼之一，是年正式对外服务。社区卫生服务中心与天河区中医医院组签订医疗联合体协议，实现医疗管理、人才培养、专科建设、远程医疗资源共享。

表85　2023年兴华街道集体股份公司情况表

名称	注册资本（万元）	股东（人）	经营总产值（万元）	董事长	总经理
银河经济发展有限公司	500	1944	7960	周少波	刘德伟

表86　2023年兴华街道社区居委会情况表

社区名称	居委会地址	居委会主任
河水	河水西大街自编1号	邓智勇
鳌鱼岗	鳌鱼岗大街自编13～15号	刘建文
金燕	燕都路32号首层	叶丽琴
燕塘	燕兴路128、130号	房韵莉
牛利岗	牛利岗大街一巷5号2楼	薛晓燕
侨源阁	粤垦路163号首层	许海城
兴华	兴华直街33号2楼	林金梅
苏庄	时代花生雅苑一期商铺20号	罗飞雁
建武	燕岭路242号	黄广明
伍仙桥	广州大道北鸡颈坑30号	何燕玲
沙太	牛利岗大街110号夹层	胡建飞

【银河村（银河经济发展有限公司）】银河村居民先祖自清嘉庆年间陆续从各地迁徙到银河村，大多是客家人，未形成特别大的姓氏。比较大的姓氏有邱姓，其中，银锭塘和苏庄邱姓来自梅县松口，始祖为邱昌富兄弟；河水邱姓来自花县紫坭庄。另有陈姓，从嘉庆州长乐大岭背陈洞村迁至太和后，再分支迁到河水村。伍仙桥李姓始祖为甘肃陇西人，先迁至福建上杭，尔后迁往广东梅县大埔，再迁至太和谢家庄，最后定居伍仙桥。牛利岗刘姓是清光绪年间自惠州冷水坑迁来，始祖为两兄弟。兴华村邓、黄、刘三姓村民于清光绪十五年（1889）自开平蚬岗牛仔湖迁至燕塘龙船岗，清光绪二十四年（1898）移居至兴华村。鸡荔村陈姓从五华县迁来，钟姓来自增城黄村，还有部分自外地迁来的姓氏。

中华人民共和国成立初期，原银锭塘、河水、兴华村一带均属番禺龙洞乡第十保，伍仙桥、鸡荔村、苏庄、牛利岗一带则属同安乡。不久，银锭塘、河水、兴华村一带合并为一乡，并从银锭塘、河水各取一字，名“银河乡”，后来与同安乡合并，沿用“银河乡”名字。1953年互助合作运动后，银河乡逐步分成10个初级农业合作社：一社兴华村、二社马蹄岗、三社银锭塘、四社鸡荔村、五社伍仙桥、六社苏庄、七社牛利岗、八社河水西、九社河水中、十社河水东。1955年，一批印度尼西亚华侨回国定居，在鳌鱼岗买地建华侨果木场。1956年，上述11个单位组建为银河农业高级合作社。1985年，天河区成立，银河乡随沙河区公所划归天河区。两年后，成为沙河镇管辖下行政村。1995年12月，天河区设立兴华街，银河村划归兴华街。1999年6月，撤销银河村村民委员会，成立银河经济发展有限公司。2023年，银河经济发展有限公司经营总收入2.72亿元，比2022年增长（下同）5.68%；纳税4607万元，增加10.71%。

（麦蕙雯）

棠下街

【概况】棠下街建于1997年12月，由东圃镇、石牌街、棠下街、五山街划出地段组成，因辖内有棠下村，故名。2002年12月，东圃镇撤镇设街，将棠东村划入棠下街管辖。棠下街位于天河区中南部，形状似金字。辖区以棠下村为基础组成，东北面边界不规则。东起车陂路，与车陂街相依；南到中山大道西，与天园街相连；西至华师大东围墙旧铁路棠下支线，与石牌街相接；北面边界不规则，为丘陵地区，从汇景中路、丫髻岭、北环高速公路北侧车陂涌拦河水坝一带，与五山街、长兴街、新塘街相邻，面积6.91平方千米。街下辖22个社区居委会和2个撤村改制公司：棠德南、棠德北、华景东、华景西、华景北、尚景、达善东、达善西、枫叶、邮电、荷光东、荷光西、加拿大花园、祥龙、丰乐、东南、天安、广棠、泰安、东升、棠悦、棠德东社区居委会和棠下、棠东经济发展有限公司。2023年，棠下街户籍人口85861人，出生740人；常住人口232207人，出生1843人；流动人口（居住1个月以上）175615人，出生518人。辖内主要住宅小区有华景新城、加拿大花园、历德雅舍、珠江俊园、棠德花苑、天朗明居、春江花园、泰安花园、信华经理人家园等。辖内棠下智汇Park是天河区标杆性产业创意园区及天河区首批元宇宙试点园区之一，近年被评为广州市级文化产业示范园区、广东省跨境电商产业园区（成长型）、广州市科技企业孵化器。

【棠下街推进“百千万工程”】城区建设　2023年，棠下街开展道路设施养护，修复破损路面、井盖、护栏约500处。建成电动自行车集中充电设施192处，缓解电动自行车“充电难”问题。完成5个星级垃圾投放点升级改造，开展专项行动64次，发出整改通知书113份，整改完成率100%。组织垃圾分类入户宣传、守桶站桶、“全民行动日”等各类主题宣传活动139场次，居民生活垃圾分类知晓率99%。开展粤生街道路综合整治，解决道路设施安全隐患。培育枫叶社区特色项目，升级改造信华花园南门原疏导点，推动人居环境和公共服务质量提升。

城中村治理　严格监管城中村村民自建房、集体装修工程，落实街道备案施工要求。完成违法建设治理102宗，面积18.86万平方米。以祥龙社区棠下北社新村一巷至十六巷共80栋出租屋为示范点，推进城中村出租屋围院式管理。建立楼栋长管理制，落实出租屋主（代理人）管理责任，建设出租屋智能门禁70套，推广“粤居码”扫码申领。

协作帮扶与乡村振兴　2023年，棠下街棠下经济发展有限公司捐赠7万元、棠东经济发展有限公司捐赠5万元用于兴宁市坜陂中学至陂宁村下角屋段主村道扩宽升级改造项目。棠下街联合辖内村公司在兴宁市开展消费帮扶，采购农特产品及广东红旗体育有限公司的户外体育健身器材共5.36万元。棠下街向陂宁村派驻第一书记，协助陂宁村引进晟农农业、利雅农业有限公司承包800多亩撂荒土地并规模化种植丝苗米、甜玉米。针对陂宁村部分耕地缺水问题，协调上级帮扶资金用于改造陂宁村新塘山塘蓄水灌溉工程，清淤修闸恢复蓄水功能。

【街道经济】2023年，棠下街推动广州国际金融城、天河智谷广棠片区开发。完成金融城北区棠下村集体土地收储前期数据摸查工作。临江大道棠下新墟集体复建物业1项目封顶。推动天坤一路—棠陂路道路项目，完成棠下村、棠东村的征收补偿预付款框架协议签订，棠东村3号、4号、5号、6号地块开始施工。是年，棠下街服务重点企业，实行街道领导挂点企业制度，完善专员服务，开展政策宣传，实地走访“四上”企业72家，收集19家企业的26条诉求。

2023年，棠下街辖内生产总值333.01亿元，比2022年（下同）增长4%。其中，规模以上工业总产值2.13亿元，增长25.2%；规模以上营利性服务业营业收入204.4亿元，增长4.4%；批发和零售业商品销售总额145.03亿元，增长5.6%；住宿和餐饮业营业额5.16亿元，增长31.6%；资质内建筑业总产值7.61亿元，增长1.5%。

【棠下街推进绿美天河生态建设】 2023年，棠下街持续推行河长制、湖长制、林长制，防治水污染。完成545户典型排水户信息录入工作，对38户问题排水户、5宗遥感图斑开展整治，产权方退让违规土地600余平方米。完成排水单元达标创建，面积29.89公顷，达标认定率30%。处理林业事宜3宗，林业树木抢险2宗。开展污染源环境监察，检查企业1405家次，涉生态环境违法案件立案2宗。

【平安棠下】 2023年，棠下街社区戒毒、社区康复执行率100%。开展各类禁毒宣传活动284场，居民识毒、防毒、拒毒能力提升。是年，棠下街综治信访维稳中心受理投诉案件194宗，办结信访案件159宗。开展交通整治行动，劝导交通不文明行为2100人次，查扣“五类车”190台。

是年，棠下街治安类警情1020宗，比2022年（下同）下降26.2%；刑事类警情531宗，下降9.4%。其中，“两抢”警情0宗，下降100%；盗窃警情653宗，下降26.0%；诈骗警情540宗，下降9.7%；“黄赌毒”警情263宗，上升23.8%。

【安全监管】 2023年，棠下街开展安全生产和消防安全“五进”宣讲活动累计2023次，约3.1万人次参加。开展消防安全培训演练活动132场，参加人数9393人次。每季度召集村民、出租屋屋主、二手房东、物业小区业主代表等相关人员开展消防安全“五进”专题宣讲活动，累计45场。开展森林防灭火应急救援演练15场，约364人参加培训。推进安全生产和消防安全隐患排查整治，排查各类单位8192家次，发出限期整改告知函3235份，整改3025项，整改率93.8%，签署安全生产责任保险142份，推进率111%。

是年，棠下街启动防汛、防风、防暴雨应急预警响应67次。其中启动雷雨大风黄色预警信号4次，防暴雨三级应急响应49次，防暴雨二级应急响应9次，防暴雨一级应急响应1次，防台风四级应急响应2次，防台风三级应急响应2次。

【荷光地区火灾隐患整治】 2023年，棠下街棠下村荷光地区被确定为市政府挂牌督办火灾隐患重点地区。棠下街制定整治方案，成立专班，引入第三方专业技术力量，推进该地区火灾隐患整治。召开荷光地区专题整治研讨会6次，街、村两级累计投入450多万元，用于增设消火栓、补建消防管网、在重点路段安装禁停桩和防护栏；新建电动自行车集中充电点34处、集中停放点13处；在科韵路东侧路口新建消防主题公园1座。全面排查荷光地区各类场所819家，完成隐患整改，配齐各类消防设施设备。督促各出租屋、个人物业做好防盗网开设逃生窗工作。建成城中村一类微型消防站1个、二类微型消防站1个，在荷光路东侧增设1个微型消防站点，构建消防管理动态防控网络。召开荷光地区村民、出租屋主、二手房东消防安全宣讲大会6场，通过多种宣传途径提升辖区消防安全意识。是年，荷光地区消防行政立案21宗；发生一般性火警灾情9宗，比2022年下降40%。

棠下街就业驿站　（陈琳　摄）

【民生服务】 2023年，棠下街累计在册特困户 28 户 28 人、低保户 129 户 226 人、低保边缘家庭 11 户 23 人、事实无人抚养儿童 10 人，发放临时救助金 111689 元。发放长者长寿健康金 224.45 万元。建成 1 个街（镇）级综合养老服务中心、20 个社区颐康服务站，累计服务长者 11875 人次。7 间长者饭堂助餐配餐累计服务 96815 人次。实现群众“微心愿”82 个。棠下街未成年人保护工作站围绕“六大保护”，开展各类活动 23 场，服务 1898 人次。拥军优抚，解决退役军人诉求 10 余项。加强对企业支付劳动者工资的监督管理，检查用人单位 512 家，受理拖欠农民工工资案件 1270 宗，涉及农民工 2967 人，追回工资 1620.05 万元。

是年，棠下街建设就业驿站，线上线下同步举办 1 场“春风送暖，精准服务”招聘会，现场举办 1 场“零距离”招聘会、3 场灵活就业专场夜市招聘会，为劳动者求职就业和用人单位用工招聘搭建公共人力资源供需平台。

表 87　2023 年棠下街道社区居委会情况表

社区名称	居委会地址	居委会主任
尚景	华景北路 193 号首层	李浏美
华景西	华景街 31 号 104 房	罗丽菁
华景东	华晖街四号 102 房	黄冬梅
枫叶	华景东路 210 号首层	罗碧英
邮电	中山大道西 139 号 34 栋一楼	姚丽贤
加拿大花园	枫叶路 8 号之五	陈若芸
荷光西	上社横街 8-1 号	谢结英
荷光东	荷光路 8 号金雅苑首层	王诒东
达善西	涌东路棠莲苑 A 座外	黄玲
达善东	中山大道西 501 号广州 501 创意园 C 栋 101-104	钟达海
祥龙	棠下农科路 5 号 202	钟浩强
棠德南	棠德东二街 70 号首层	黄彩清
棠德北	棠德西四街 3 号后座 2 楼	刘丹
丰乐	中山大道西自编 787 号	叶慧娟
东南	棠东富华东街 34 号首层	陈慧文
天安	天朗路 313 号首层	杨彩梅
广棠	珠江东境 1 街 3 号 101	钟础添
泰安	车陂路 471-2 号	陈超豪
东升	上社东升大街五巷 28 号 102 房	钟志安
华景北	华景路 80-118 号 103 房	郑晓霞
棠德东	棠德北路 244 号首层	易霞
棠悦花园	棠悦西街 3 号首层	巫国坚

棠下街粤生街整治效果　（尹威　摄）

【粤生街环境综合整治】 2023 年，棠下街开展粤生街环境综合整治。召开整治工作协调会 20 余次，收集民意 300 余条。摸查 6 个停车场、约 700 个停车位权属关系和经营现状。每天对粤生街及周边主干道路实行 16 小时常态化保洁，累计清理各类垃圾杂物约 700 余吨，冲洗路面 27.7 万余平方米。每周 3 次“六乱”专项执法，累计整治“六乱”行为 1400 余宗，规范和清理共享单车 2500 余辆次。开展消防安全检查 20 余次、“三合一”场所 150 间次，发现隐患 25 项并完成整改。清理违规住人 13 人，清理历史违建收费亭及雨棚等 29 个，清理交通锥、石墩、止车柱等 1000 余个。

【天和数字创意产业创新孵化基地落户棠下街】 2023 年 2 月 9 日，棠下智汇 Park 与天和文化艺术交流促进会签署《天和数字创意产业创新孵化基地战略合作框架协议》。按照协议，该基地与棠下智汇 Park 将整合国内游戏电竞资源和商业资源，打造集粤港澳大湾区游戏电竞领域人才培养和培训基地（国际人才培训中心）、游

表 88　　2023 年棠下街道集体股份公司情况表

名称	注册资本（万元）	股东（人）	经营总产值（万元）	董事长	总经理
棠下经济发展有限公司	280	6481	75632	钟浩华	—
棠东经济发展有限公司	300	3716	27401	潘美春	潘炜熙

戏电竞档案馆、电竞发展研究院（分院）、游戏电竞企业创新孵化平台、专家工作室、数字文化产业成果转化中心、专业综合电竞馆等为一体的产业孵化基地，并开展游戏电竞工作坊、国际创新竞赛、展览等活动。3 月 30 日，天和数字创意产业创新孵化基地揭牌成立。

【棠德花苑燃气埋地管道更新改造】 棠德花苑位于中山大道原棠下村北侧，始建于 20 世纪 80 年代，居住人口约 4.5 万人，在用燃气用户 7970 户。小区原燃气管网始建于 1997 年，管道运行年限超 25 年，管道防腐层老化和杂散电流造成管道腐蚀，导致数次泄漏停气抢修。2022 年，棠德花苑燃气埋地管道更新改造项目获得第三批中央预算内投资计划下达资金 1181 万元。9 月，广州燃气集团有限公司东区分公司正式施工，2023 年 3 月完工。项目将小区内燃气旧埋地钢管全部更换为 PE 管道，总长度 9297 米，盘立管安装总长度 3081 米，更换户内燃气橡胶软管 5045 户。埋设新管施工完成后对原断裂、坑洼较多、高低不平的道路修复升级。

【棠下村（棠下经济发展有限公司）】 棠下村形成于南宋时期，村名起源有二，一是先祖在“甘棠树下”开村，故名；二是出自典故“周朝召公出巡”，曾在路边甘棠树下听讼决狱，后人感其恩德，不忍砍伐，故“甘棠树下”历来有缅怀先人遗德的意思。村民以钟、潘、梁等姓为主。1958 年 4 月，毛泽东视察该村农业生产合作社，随后周恩来、贺龙及朝鲜领导人金日成先后视察该村。村原属东圃镇管辖，1997 年划归棠下街，下辖达善、上社、新墟 3 个自然村。1999 年 5 月，原村民委员会撤销，组建棠下经济发展有限公司，下设 15 个股份合作经济社。

【棠东村（棠东经济发展有限公司）】 棠东村形成于宋代，历史上曾是棠下村一部分，1953 年划出成为独立行政村，因位于棠下村东侧，故名。该村东邻车陂街，西靠棠下村，南临中山大道，北达广深（九）铁路、广州氮肥厂，包括东南村、东北村和丰乐村等自然村。2002 年 12 月 4 日，棠东村从东圃镇划归棠下街管理。村民以钟、潘、李等姓为主。曾冒险收殓黄花岗起义七十二烈士遗体的著名民主革命活动家潘达微是棠东村人。1999 年 5 月，原棠东行政村撤村改制，组建棠东经济发展有限公司，下设 9 个股份合作经济社。

（王潇颖、林晓敏）

天园街

【概况】 天园街建于 1999 年 9 月 30 日，由石牌街、员村街、棠下街、车陂街划出部分地区，以及由原东圃镇棠东村划出部分地区组成，因辖内有天河公园而得名。天园街位于天河区南部，形状似长方形。东起车陂路，与车陂街相依；南达黄埔大道中，与员村街、车陂街相连；西到华南快速干线，与石牌街相接；北至中山大道西，与棠下街相邻，面积 4.2 平方千米。街下辖 13 个社区居委会：科韵、腰岗、翠湖、华港、穗东、骏景北、骏景南、东成、东晖、东方、环宇、文昌、东逸社区居委会。2023 年，天园街户籍人口 72228 人，出生 506 人；常住人口 92655 人，出生 714 人；流动人口（居住 1 个月以上）27611 人，出生 167 人。

广州国际金融城北区位于天园街辖内（文昌、骏景南、骏景北 3 个社区），东至车陂路，西至科韵路，北至中山大道西，南至黄埔大道，总用地面积 1.44 平方千米。街辖内中高档住宅小区较多，主要有骏景花园、翠湖山庄、东方新世界、东逸花园、隽园、熹园、天逸花园等。

街辖内有天河科技园科韵园区、羊城创意产业园、黄洲工业园 3 个园区，有中国石油天然气股份有限公司、中国建筑第四工程局有限公司等传统支柱产业，有网易、酷狗音乐等新兴产业，有东方国际商业广场、麦德龙、百安居、金海马、沃尔玛、卜蜂莲花等专业卖场，规模以上企业 284 家。其中，天河软件园科韵园区集国家高新技术产业开发区、国家软件产业基地、国家火炬计划软件基地、国家网友动漫产业基地、国家软件出口创新基地、中国软件出口欧美工程试点基地和中国服务外包基地城市广州示范区于一身，是天河区、广州市乃至广东省高新技术产业的经济增长点。羊城创意产业园聚集酷狗音乐、荔支集团、洋葱集团、百度小度等 140 多家文化创意、数字经济企业，成为年产值超 300 亿元的数字经济集聚区，被评为国家文化产业示范基地、全国版权示范园区（基地）、广东国家音乐产业基地广州主园区。辖内天河公园以自然生态景观为主，占地总面积 70.7 公顷，是全国第一个以扶残助残、残健共融为主题的爱心公园。

【天园街推进“百千万工程”】 城区

建设　2023 年，天园街在 2023 年度广州市实施“百县千镇万村高质量发展工程”考核评价中获得“优秀”档次；被推荐为“百千万工程”建设示范街道，东晖社区、科韵社区、翠湖社区被推荐为“百千万工程”建设示范社区。完成坑洼路面修整 80 处，铺设面积约 7300 平方米。持续推行生活垃圾分类，累计投入使用分类投放亭 132 个，全部完成优化提升。推动老旧小区微改造、旧楼加装电梯、容貌社区建设等民生工程。

城中村治理　2023 年，天园街开展城中村常态化综合执法整治行动，累计检查各类场所 280 家，排查隐患 20 处，食品安全单位包保签约 462 家，燃气安全检查 933 家次。开展环境卫生治理，投放垃圾桶 300 余个，6 个垃圾分类投放点优化升级。配备保洁人员 26 名，落实 18 小时保洁措施，每日“三清三洗”，常态化开展周末大清扫，全年清运各类垃圾约 930 吨，清理小广告 3 万多宗。投入 50 余万元用于升级改造儒林大街，包括党建文化氛围营造、增设消防管道、“三线”整治等。更换涌西路中间石墩和河涌边宣传画报，水泥路面改为沥青路面 1000 多平方米，安装消防地下栓接口 20 个，总长度 510 米，整改电力线路约 5 万米。

协作帮扶与乡村振兴　2023 年，天园街组织辖内 20 余家企业帮扶兴宁项目，动员爱心企业和个人向兴宁捐款近 20 万元。两次到兴宁市罗岗镇富强村开展慰问帮扶，举办党支部结对共建仪式。天园街商会向富强村委会和甘村小学捐赠善款 2.3 万元，用于建设路灯、自来水工程和购买教学器材等。

【街道经济】 2023 年，天园街有“四上”企业 463 家，其中头部企业 89 家，腰部企业 124 家。累计访问企业 130 余家次，收集企业诉求 14 条。科韵园区引进广州酒家项目，资金总规模超 5 亿元。项目位于科韵路 16 号自编 4 栋，建筑面积 2.2 万平方米。是年，天园街辖内生产总值 548.89 亿元，比 2022 年（下同）增长 3.9%。其中，规模以上工业总产值 14.87 亿元，下降 32.4%；规模以上营利性服务业营业收入 792.23 亿元，下降 0.7%；批发和零售业商品销售总额 1268.72 亿元，增长 42.9%；住宿和餐饮业营业额 2.49 亿元，增长 24.8%；资质内建筑业总产值 678.02 亿元，增长 18.5%。

【天园街推进绿美天河生态建设】 2023 年，天园街绿化覆盖面积 140.67 公顷，公园绿地面积 46 公顷，古树名木 44 株，绿道长度约 15 千米。建设城市绿地 900 平方米。街道设置街级林长 3 名，社区林长 13 名及社区网格林长 26 名。是年，街级林长巡林 50 余次，社区林长巡林 600 余次，对辖区 5800 余株林木开展常态化管理，设立更新天河公园邓世昌衣冠冢等 14 处林长公示牌。辖内有主涌棠下涌天园街段、支涌大塘涌，天河公园天河湖。设置河长 3 名，网格片长 13 名，网格员 116 名，街级河长巡河 182 次，村级河长巡河 505 次。

【平安天园】 2023 年，天园街开展禁毒预防宣传活动 500 余场，开展防邪教、防诈骗宣传活动 180 余场。推动华港社区创建 2023 年广州市“扫黄打非”进基层示范点评选工作。处置群众来信来访件 162 宗并全部办结，办结“12345”政府服务热线工单 1 万余宗，受理人民调解 347 宗。成立街道城市运行服务保障和综合整治工作督导小组，开展“五类车”专项整治和道路交通秩序整治，常态化开展“六个督导”。整治乱停放共享单车近 2 万辆次，查扣“五类车”411 辆次，教育劝导不文明交通行为逾 19 万人次，天河公园环带等重点区域治理成效明显。是年，天园街治安类警情 554 宗，比 2022 年（下同）下降 16%；刑事类警情 423 宗，下降 10.2%。其中，“两抢”警情 0 宗，与 2022 年持平；盗窃警情 302 宗，下降 20%；诈骗警情 413 宗，下降 8.1%；“黄赌毒”警情 70 宗，上升 42.9%。

【安全监管】 2023 年，天园街开展安全生产检查，累计检查企业场所 1872 家次，发现并整改隐患 310 处，上报重大隐患 12 项并全部整改。开展消防安全检查，累计检查各类场

表 89　　2023 年天园街道社区居委会情况表

社区名称	居委会地址	居委会主任
骏景南	骏景花园骏景路 107 号（骏灏轩 H 座首层）	张丽军
骏景北	骏景花园骏逸轩 C 座 2 楼	池冠华
东晖	天府路 161 号隽园商务楼 204	赵六林
东方	中山大道西东方新世界丽阳街 12 号首层	杨玲
文昌	棠下涌边一横路自编 18 号	邓春生
科韵	建华路 27 号 2 楼	蒋华平
腰岗	棠石路锦明街 93 号 2 楼	刘美玲
穗东	棠石路鸿运花园伟诚街 10 号 102 房	李智云
东成	黄埔大道中 159 号首层	吴金枝
华港	华港南街 18 号首层	彭赞
环宇	翠园街 8 号	雷群燕
翠湖	翠湖街 4 号楼负一层	王彩凤
东逸	天府路 11 号之一方圆小院首层	李晓燕

2023年1月3日，天园街科韵社区第一届网络治安保卫委员会选举大会举行
（天园街党政办供稿）

所1220家次，发现并整改隐患190处。开展居民警示宣传教育1540次。开展燃气安全专项检查，累计检查1319家次，整改隐患732个，发出执法文书87份，其中立案2宗，行政处罚金额400元。建设微型消防站，配备消防器材800余件。严格落实行政执法公示、执法全过程记录、重大执法决定法制审核，立案22宗，处罚金额13.25万元。全年街辖内未发生重大安全责任事故。

【民生服务】 2023年，天园街建立社会救助四级常态化主动跟进机制，累计慰问服务4882人次，在册建档困难群众和特殊群体共460户507人，实现100%建档和服务。发动爱心单位、企业参与公益慈善事业，募得物资、资金累计19.18万元。开展爱心慰问活动12场，收集“微心愿”46个，服务各类困难群众607人次。

全年组织4511名65岁及以上老年人参加健康体检，为4720名70岁以上老人发放长寿金，为2878位老人提供69050次配餐服务，为400余位老年人安装“平安通”。建成1个颐康服务中心和10个社区颐康服务站。开展2022—2025年全面推进慢性病综合防控示范区创建工作和全面推进“五好”镇（街）公共卫生委员会建设工作，开展多样化健康宣传活动和建立健康档案工作。组织209对夫妻参加婚孕前检查，129对夫妻参加产前筛查并进行随访。

推进综合服务窗口建设，增设“湾区社保通”服务专窗，实现线上线下“一站式”同步受理，办理社保医保、住房保障、城乡养老等业务8万余件。扶持就业创业政策，实现成功就业476人，发布空岗信息2496条，提供工种164个，失业人员职业推荐541人次。做好来穗人员服务和管理，登记在册来穗人员35424人，出租屋23707套。推进出租屋门禁系统建设，安装识别系统235个。开展“小手牵大手，暑期亲子游”等来穗人员融合活动。成立14支红棉老兵志愿服务队，走访慰问优抚对象600余人次，为51名退役军人申请参战参试人员身份认定，为8名优抚对象申请医疗补助。

【社区建设】 2023年，天园街科韵社区政务服务一体化平台完工。东晖片区人大代表联络站被推荐评选广东省“群众最满意的人大代表联络站”，被评为“广州市十大优秀人大代表联络站”。翠湖社区被国家卫生健康委老龄司评为“2023年全国示范性老年友好型社区”。推进“1＋13”（1个街道社工服务站和13个社区社工服务点）社工服务社区站点建设，涵盖志愿者、义工954人，开展志愿服务累计时长7000余小时。街道有占地2000平方米的省级文化设施场地，打造天园合唱团、京昆社等特色团队和项目。开展街、居两级年度主题文艺汇演，全年举办各类文体活动和培训60场次。

【全国首个网络治安保卫委员会在天园街成立】 2023年1月3日，天园街科韵社区第一届网络治安保卫委员会（以下简称“网络治保会”）成立。该网络治保会由天园街道党工委牵头，区网络信息办公室、广州市公安局天河分局等部门配合，科韵路软件园区数家互联网企业共同发起，是国内首个以互联网企业为主体的治保会。第一届网络治保会由7名委员组成，其中主任委员由科韵社区党委书记担任，监察委员由社区民警担任，其他5名委员均由治保会成立单位代表选举产生。网络治保会为互联网企业与地方党委、政府搭建沟通平台，约束企业主动承担社会责任，维护风清气正的网络环境。

【天河区首个新型社区文化空间在骏景花园成立】 2023年4月，天河区首个新型社区文化空间在骏景花园成立，其前身为社区闲置空间骏晖轩。它由社区业委会发起，广州联合书店和天河区图书馆共同打造。在全国首创“3＋1”合作模式，即由社区提供运营场所，联合书店输出品牌、图书与文化活动策划，公立图书馆提供便民借阅服务，第三方合作方出资建设和运营，让社区文化空间成为居民人文精神场所。 （贾永纲）

冼村街

【概况】 冼村街建于1999年12月，由沙河镇划出冼村地区组成，因辖内有冼村，故名。冼村街位于天河区西南部，形状似长方形。辖区四面是主干道，四至规则。东起华南快速干线，与员村街相依；南达花城大道，与猎德街相连；西到广州大道中路，与越秀区杨箕村相连；北达黄埔大道，与石牌街、天河南街相邻，面积3.6平方千米。街下辖8个社区居委会和1个撤村改制公司：冼村、杨箕东、新庆村、潭骏、跑马地花园、金城、金园、金珠社区居委会和冼村实业有限公司。2023年，冼村街户籍人口51582人，出生630人；常住人口51404人，出生524人；流动人口（居住1个月以上）23498人，出生122人。

街辖内楼宇众多，经济发达。有超甲级商务写字楼6栋，甲级商务写字楼11栋，准甲级商务写字楼4栋，世界500强企业有57家，中国500强企业有21家。有广州K11购物艺术中心、高德置地广场、天河领展广场、花城汇等购物休闲场所；有广东省国家税务局、广东省人民检察院、广东省党史研究室、广州市人民检察院、广州海关、广东烟草、广州赛马娱乐总公司、广州无线电集团、中国联通广东省分公司、广东省农村信用社联合社等企事业单位。有嘉裕君玥、星汇云锦、星汇园、跑马地花园、星汇雅苑、誉峰苑、中海观园、汇峰苑、领峰苑、保利心语、隽峰苑、中海景晖华庭、珠江别墅、尚东美御、粤海丽江花园等高档住宅小区。辖内珠江公园位于珠江新城中心腹地，占地面积28万平方米，是集观赏、游憩、文化、休闲于一体的公园。

【冼村街推进“百千万工程”】 城区建设　2023年，冼村街开展环境卫生综合整治行动57次，清理卫生死角258处，清运各类垃圾约33.8吨。累计整治占道经营和乱摆卖4529宗，清拆乱拉挂、乱堆放144宗。治理社区道路、消除路面坑洼破损等安全隐患800余处。整治黄埔大道西—华南快线桥底及掉头位、平云路、兴国路、兴盛路违停问题，整治花城大道35号乱停放问题等。加装止车柱380余支，新增、更新50余处非机动车停车位置，新装停放点指示牌、禁停牌14个。完成21个垃圾分类星级投放点建设，持续提升96个垃圾分类投放点环境。开展垃圾分类培训活动14场，培训保洁、物业人员1000人；开展垃圾分类联合巡查218场次，专项执法检查行动53次。

城中村治理　2023年，冼村街开展“城中村”隐患排查整治工作，累计开展联合整治行动24次，当场整改11宗安全隐患。

协作帮扶与乡村振兴　2023年，冼村街与贵州省毕节市七星关区柏杨林街道结对，对口帮扶资金20万元用于柏杨林街道开展老年人助餐服务项目。发动辖内9个爱心企业与七星关区6个村结对帮扶，捐赠资金30万元用于当地公路堡坎硬化建设、小学教学设备采购、操场环境亮化、“四小园建设”等项目。动员辖内企业单位、社会组织、干部职工、群众团体和各界人士捐款，筹集善款约20万元，用于天河·兴宁产业园共建产业园孵化中心大厦建设项目。在“832平台”、广州市消费扶贫专馆采购扶贫特色农产品，累计31.7万元。

【街道经济】 2023年，冼村街辖内生产总值1446.95亿元，比2022年（下同）增长22.1%。其中，规模以上工业总产值3.68亿元，下降19.0%；规模以上营利性服务业营业收入648.28亿元，增长9.8%；批发和零售业商品销售总额2573.60亿元，增长3.8%；住宿和餐饮业营业额30.11亿元，增长39.1%；资质内建筑业总产值74.14亿元，增长11.7%。

【冼村街推进绿美天河生态建设】 2023年，冼村街各级河长累计巡河310次，巡河里程444.09千米，上报并处理问题48宗。推进排水单元达标创建，业主自行整改排水单元达标创建任务共13个，面积13.46公顷，通过认定的排水单元5个，面积8.92公顷。通过“广州河长智慧系

2023年9月24日，冼村街举办“粤韵冼村”弘扬红线女精神暨迎中秋、庆国庆文艺会演活动　　（余思桦　摄）

统平台”处理并办结达标单元监督检查问题18宗。开展治水宣传活动12次，600余人次参与。是年，开展日常巡林460次，消除有害生物松材线虫树木危害349棵。开展植树节宣传活动1次，种植红背桂100棵、桂花树6棵。开展林长制宣传活动5次。对金穗路星球口袋公园进行绿植补种，面积约50平方米。开展日常污染源巡查监督70余次，巡查“散乱污”单位60余次，巡查建设工程扬尘100余次，巡查汽修企业50余次，巡查餐饮企业84余次、巡查医疗机构67余次，督促整改8宗。

【平安冼村】 2023年，冼村街处理信访210件，比2022年（下同）增长98%。处置纠纷案件39宗，增长30%。开展“无毒街道”创建，组织8个社区开展禁毒宣传活动192场。构建毒情环境监测体系，投入经费2.7万元，开展18个污水采样检测点筹备工作，全年未发现涉毒情况。对辖内2家寄递物流点检查20余次，督促负责人落实“五个百分百”制度。

是年，冼村街建立“警企共建平安群”，开展大规模“五进”反诈宣传。开展专项整治行动10余次，全民反诈宣传约500次，全年发生110电诈警情262宗，下降7.2%。开展扫黑除恶、《中华人民共和国反有组织犯罪法》宣传工作60余次，举办学习活动8场。辖内涉黑案件立案5宗，破获6宗。制定《2023年冼村街“扫黄打非”行动方案》，开展联合专项整治行动1次，检查书店、复印打印店、报刊亭、出版物企业、物流企业等58家次，未发现违法违规现象。是年，冼村街建成最小应急单元213个，联合冼村派出所开展现场巡查2407次。

是年，冼村街治安警情869宗，比2022年（下同）下降5%；刑事警情551宗，下降16.64%。其中，“两抢”警情2宗，下降60%；盗窃警情614宗，上升1.49%；诈骗警情729宗，上升22.52%；“黄赌毒”警情200宗，上升56.25%。

【安全监管】 2023年，冼村街巡查企业6071家次，督促整改隐患3134处，开出限期整改告知函2521份，移交安全生产违法行为线索204条。全年启动防暴雨三级响应28次，二级响应10次，一级响应1次，防台风四级响应2次，防台风三级响应1次。开展安全生产“五进”宣讲活动，宣讲企业9000余家次，4.6万余人次参加。开展应急演练140余次，参演人数约1.6万人次。

【民生服务】 2023年，冼村街累计在册特困户3户3人、低保户4户4人。为1户困难家庭申请医疗资助零星报销1200元；为1户低保家庭申请“爱心天河”救助，每月领取200元生活补助金。劝离流浪乞讨人员190余人次，安置工作1人。为辖内11户失独家庭送去暖心健康包，向6户计生困难家庭发放慰问金3000元。开展“幸福工程帮扶贫困母亲”活动，筹集善款5449元。建成冼村街未成年人保护站并投入运营，辖内有40名困境儿童被纳入监控保护范围。开展各类儿童活动6场，开设专题小组2个。是年，冼村街建成7个社区颐康服务站，升级2个示范颐康站，形成“1＋7”社区养老服务体系。长者配餐累计就餐人数1436人，累计服务人次90717人次。开展康复护理服务120人次。开展“有幸遇见，牵手相伴”长者生日会、“耆欢乐，欢乐多”长者手工活动、反诈骗电影观影等活动12场。

冼村街开展大型义诊活动19场，进社区免费体检活动50场次。冼村街65岁及以上老年人接受健康管理服务（免费体检）3383人，健康管理率64.73%。家庭医生一般人群签约服务率52.56%。组织205对夫妻参加出生缺陷干预工程免费重点病种产前筛查，441对夫妇免费婚前孕前健康检查。发放独生子女父母奖励金35070人次579.2万元，发放计划生育特别扶助金330人次46.68万元。

是年，冼村街政务服务大厅开设办证窗口15个，进驻政务事项147项，业务总量45396件。办理失业登记407人次，结转上期累计在册失业714人，失业人员实现再就业411人，就业困难人员实现就业132人，无“零就业”家庭，无“特困”失业人员家庭。办理灵活就业登记1043人次。受理灵活就业补贴申请653人次200.96万元。举办就业现场招聘会2场，提供就业岗位350个，进行职业介绍396人次。处理各类劳资纠纷案件1743宗，挽回经济损失5609万元。

为退役军人优待对象申请医疗补助16人次。开展退役军人专场招聘会1场，提供岗位近100个，帮助4名退役军人提升学历。春节、八一建军节期间走访慰问重点优抚对象、困难退役军人、现役军人家属等173人次，发放慰问品约3.6万元。开展8场退役军人志愿者活动。

【社区建设】 2023年，冼村街金珠社区创建2022—2023年和谐社区，金城社区创建老年人友好社区，金珠社区及跑马地花园社区创建健康社区。设立冼村街首批社区慈善基金——天河区慈善会冼村社区慈善基金和金珠社区慈善基金。组织8个社区重新修订社区居民公约。落实社区居民协商议事制度，在居民议事厅议事约100次，形成决议约100次，决议成功率100%。辖内8个社区建设“15分钟社区生活圈”。探索社会工作者、社区、社区社会组织、社区志愿者和社区慈善资源“五社”联动机

表 90　　2023 年冼村街道集体股份公司情况表

名称	注册资本（万元）	股东（人）	经营总产值（万元）	董事长	总经理
冼村实业有限公司	1200	4782	28404.6926	卢洪健	冼嘉龙

表 91　　2023 年冼村街道社区居委会情况表

社区名称	居委会地址	居委会主任
杨箕东	黄埔大道西 30 号首层	何川
金城	金穗路 70 号保利心语花园 H 栋首层	张力文
金园	珠江新城海乐路 11 号南国公馆 D 栋首层	利淑宜
冼村	珠江新城兴国路 32 号之一盈嘉花园 A 栋 4 楼	严小玲
新庆村	金穗路 719 号（中海观园 F 栋）209	陆铭源
跑马地花园	平云路 177 号之三首层	温宇涛
潭骏	潭村路 16 号星汇雅苑 A3 栋首层	吕远东
金珠	华穗路 392 号 2 层	刘锋

制，整合社区各类资源，完成杨箕东小区复绿、光亮工程微项目，依托贝壳公司场地建成金城社区长者饭堂取餐点。

全年冼村街举办文体活动 54 次，其中大型文艺活动 6 场，文化艺术类讲座、培训 9 场，文化艺术展览 2 场，粤曲粤剧进校园活动 2 场，为社区居民群众播放电影 9 场，组织社区居民群众观看粤曲粤剧演出 3 场，体育健身活动 3 场。

是年，冼村街累计实名注册志愿者 660 人，通过“i 志愿”“广州志愿时”等平台发布活动并开展“河小青”、“林小青”、巡河护林、垃圾分类、关爱老人、文明实践等活动 31 场，参与人数 600 多名，累计志愿服务时长 7000 多小时。

【冼村（冼村实业有限公司）】 冼村建于明代中期，村中以冼姓居多，故名。村民主要有罗、梁、冼、卢、潘等姓。冼姓始祖冼皋宗于南宋绍兴六年（1136）自南雄珠玑巷迁居而来。卢姓始祖卢元前于南宋咸淳元年（1265）从番禺县慕得里司神山村迁居而来。清末民初，潘姓自番禺县鹿步司棠下上社迁入冼村定居。1999 年 8 月，冼村撤村改制，组建冼村企业公司，主要企业有广州市天河区冼村经济发展公司、广州市冼村物业管理有限公司、广州市冼村实业有限公司。

（卢嘉蓉）

猎德街

【概况】 猎德街建于 1999 年 12 月 30 日，由沙河镇划出猎德村地区组成。猎德街位于天河区西南部，形状似长方形，辖区三面是主干道，一面临江，四至较为规则。东起平月路南国花园社区，与员村街相依；南至珠江中心航线，与海珠区隔江相望；西至广州大道中远洋明珠社区，与越秀区五羊邨相接；北至花城大道，与冼村街相邻，面积约 3.6 平方千米。街辖 7 个社区居委会和 1 个撤村改制公司：猎德、利民、远洋明珠、誉城苑、南国花园、华海、广粤国际社区居委会和猎德经济发展有限公司。2023 年，猎德街户籍人口 38723 人，出生 493 人；常住人口 42432 人，出生 452 人；流动人口（居住 1 个月以上）11974 人，出生 72 人。

猎德街位于天河中央商务区核心区域，商业楼宇资源丰富，100 米以上超高建筑 19 座，90 ～ 100 米建筑 90 余座，甲级写字楼 20 余栋，进驻世界 500 强企业 100 余家。辖内现有录入基本单位名录库的企业 7900 余家，其中规模以上企业 660 余家、大型国企 40 余家。有“红棉双塔”之称的广州东塔、西塔是广州市高端产业的聚集地。其中，东塔被誉为融合中外法律服务的“律师楼”，西塔则以服务业和金融业著名。

猎德街旅游景点众多，有花城广场、临江大道休闲带、海心沙珠江夜游码头、猎德宗祠群、天德广场、猎德涌两岸岭南特色文化街等，节假日单日接待游客量达数十万人次。文体赛事活动有广州国际灯光节、广州马拉松、广州园博会、猎德涌端午龙舟等大型活动 10 余项，以及其他省、市、区组织的活动 30 余项。街辖内有广东省博物馆、广州图书馆、广州大剧院、广州市第二少年宫等重要公共基础设施，有花城广场、海心沙亚运公园、广州国际金融中心、广州周大福金融中心等地标建筑，有猎德大道、临江大道、华夏路等交通要道，有 3 号线、5 号线、APM 线等地铁干线。辖内猎德村不仅保留象征家族文化的祠堂古建筑，还延续龙舟竞渡、醒狮、粤剧等传统文化。

【猎德街提升城区品质】 2023 年，猎德街以花城广场为重点，结合登革热防治，开展日常垃圾清运、环境保洁、消毒杀毒，管养街属两车道及以下宽度道路市政设施。加强城市管理综合行政执法，教育整改占道经营、乱摆卖、乱张贴等 5200 余宗，处理江边垂钓、电动自行车违规骑行、共享单车乱停放等 2 万余宗。开展燃气安全执法，累计检查 670 余家次。拆除违法建设 17 宗，面积 5001 平方米。是年，猎德街开展垃圾分类工作。召开全面推进生活垃圾分类投放工作动员会，组织辖内 7 个社区居委会、34 个物业小区参加。组织 43 个强制分类单位学习垃圾分类基本知识以及生活垃圾分类实操等，累计培训18次。开展垃圾分类主题宣传活动108次。打造第四批星级垃圾分类投放点，完成3个星级投放点的选址。监督物业小区整改问题3000余次，巡查辖内小区2600余次，完成53个垃圾分类点位的设施维修。厨余垃圾回收量达标。是年，猎德街带队赴梅州市兴宁坭陂镇考察调研，消费帮扶30万余元。

【街道经济】 2023年，猎德街走访辖内578家重点及“四上”企业，收集40家企业59项诉求，解决诉求46项。宣传《广州市天河区推动经济高质量发展的若干政策意见》。全年新增“四上”企业123家。推进全国第五次经济普查工作。推动广州湾区中央法务区天河高端片区建设。发挥市律师行业党校天河分校（分教点）平台作用，加强天河区律师行业党员突击支队作用，建立完善律师事务所党组织联系重点楼宇机制，优化区域法治化营商环境。

2023年，猎德街地区生产总值453.7亿元，比2022年（下同）增长6.7%。其中，规模以上工业总产值112.59亿元，增长6.7%；规模以上营利性服务业营业收入202.31亿元，增长19.3%；批发和零售业商品销售总额1397.04亿元，下降0.4%；住宿业餐饮业累计营业额59.17亿元，增长39.1%；“四上”建筑业企业总产值2.72亿元，增长181.6%。

【猎德街推进绿美天河生态建设】 2023年，猎德街持续开展林长制工作，宣传推广《广州市绿化条例》等文件，累计巡林520余次。加大河涌治理力度，累计巡河480余次，开展联合执法行动15次，打击各类污染水质、破坏环境的违法行为。排水单元达标认定率100%。常态化开展大气、水、噪声、固体废物等污染综合防治工作，巡查餐饮场所520余次、建设工地及施工工程330余次、医疗机构110余次。录入广州市生态环境移动执法系统检查数据1400余条。

【平安猎德】 2023年，猎德街推进街道综治中心提档升级，打造综治中心和花城广场城市运行指挥中心“双中心一体化”运行模式，形成“综治中心+综合网格+最小应急单元+智能化”工作体系。猎德街被评为2023年天河区最小应急单元综合管理先进街道，2个最小应急单元获季度优胜奖，2个最小应急单元获季度突出奖。打造国际警务驿站（富力中心），联合公安、物业、志愿者组建广州公安第一支“义警”队伍。开展道路交通秩序整治专项行动，制定实施《猎德街共享电动自行车管理工作方案》，查处各类交通违法7850余起，处罚650余人次。

是年，猎德街治安类警情496宗，较2022年（下同）下降4.4%；刑事类警情317宗，上升1%。其中，“两抢”警情5宗，上升400%；盗窃警情357宗，下降8%；诈骗警情277宗，上升3.4%；“黄赌毒”警情17宗，下降50%。

【安全监管】 2023年，猎德街加强安全生产建设，常态化开展“三防”巡查，涵盖辖内5个地铁站、70余家物业单位。开展安全生产、消防安全宣传教育3000余家，培训1.2万余人次。开展安全生产巡查，检查辖内危化品单位、在建工地、物业单位、临街商铺等3720余家次。每周开展2次以上出租屋消防安全隐患排查专项行动。

【民生服务】 2023年，猎德街举办“春风行动2023”网络招聘会。退休人员社区管理率100%。为2400余位70岁以上长者发放长寿保健金约120.7万余元。提供综合专业化养老服务，累计服务2.5万余人次，其中助餐配餐服务1.8万余人次。是年，猎德街累计在册特困户5户5人、低保户9户12人、事实无人抚养儿童1人，发放临时救助金10398.43元。救助流浪乞讨、露宿人员60余人次。推进街道未成年人保护工作站建设，推动辖内公共空间适儿化改造。推进“五好”街道公共卫生委员会建设，猎德街被评为广东省健康促进机关，

2023年12月2日，“爱满猎德 益路同行”第11届猎德街全民公益马拉松在临江带状公园举行（猎德街供稿）

广粤国际社区被评为广东省健康社区。发放计划生育特别扶助金32.6万余元、独生子女奖励金158.9万余元。猎德街累计在册出租屋套数约1.8万套，来穗人员约2.7万人，来穗人口持“粤居码”约1.3万人。走访慰问辖内100余位重点优抚对象。猎德街道武装部被广州国防动员委员会评为优秀基层武装部。

【社区建设】 2023年，猎德街推进国际化街区建设，制定《猎德街国际化街区建设工作方案》，引入第三方设计机构提出意向方案和运营方案，形成猎德街国际化街区主题City Walk路线。整合广粤国际社区服务中心和外国人管理服务站服务事项，打造国际化街区建设示范样板。

2023年，猎德街完善社情民意感知平台，开展法律援助等服务事项130余次。成立文化传承、文明指引等志愿服务队伍10支480余人，开展党史宣讲、醒狮宣传等16项活动，累计服务2万余人次。开展反诈、禁毒、宠物义诊等主题志愿服务活动482场，累计服务1.6万余小时，服务居民近3.8万人次。依托猎德人家图书馆、康体厅、非遗传承室、猎德村史馆等服务阵地，开展精神文明建设，开展智能手机应用教学、瑜伽等各类活动600余场，服务1.1万余人次。依托猎德人家申报的猎德村文旅融合发展项目入选广州基层文化共同体试点项目库。猎德人家羊城家政基层服务站被广州市人力资源和社会保障局评为优秀等级。

是年，猎德龙舟在广州国际龙舟赛游龙、艳龙项目中获一等奖。猎德龙狮少年团志愿服务队的“狮承有道——雄狮少年培育计划”被评为2023“繁星行动”广州市文旅志愿服务重点培育项目。

【猎德村（猎德经济发展有限公司）】猎德村名源自古籍，意为追求道德完美。自宋代开村，至今有800多年历史。猎德村位于珠江新城南部，南临珠江。猎德涌自北向南贯穿猎德村，将猎德村分为东村和西村。猎德先辈从粤北珠玑巷南迁，最后落籍猎德村，历代繁衍生息，至今已发展至7000余人，姓氏有李、梁、林、麦等81个。村民民风淳朴，崇尚礼仪文化。猎德地理位置得天独厚，水网交错，土地肥沃。祖辈以农业耕种为主，少部分人经商，极少数人海外谋生。历史上猎德盛产杨桃、甜橙等水果，是知名水果产地和集散地。民国时期，猎德村属番禺县第四区。中华人民共和国成立后，曾划入广州市白云区、郊区、东山区。1985年，天河区成立，由天河区管辖。1999年从天河区沙河镇划出由猎德街道办事处管理。2002年12月撤村改制，组成猎德经济发展有限公司。2007年10月16日，猎德村拆迁工作正式启动，成为广州城中村改造的第一村。2010年9月27日，猎德村改造全面完成，村民正式回迁。

（张曼佳、孙振林）

表92　2023年猎德街道集体股份公司情况表

名称	注册资本（万元）	股东（人）	经营总产值（万元）	董事长	总经理
猎德经济发展有限公司	5000	4554	43000	李炽焕	李曼成

表93　2023年猎德街道社区居委会情况表

社区名称	居委会地址	居委会主任
南国花园	珠江新城南国花园小区A2夹层	谭润坚
猎德	海文路20号1楼	周策、李捡
利民	珠江新城兴民路214号2楼	朱虹、李楚珉
誉城苑	海清路9号108房	曹容榕
远洋明珠	珠江新城华利路23号远洋明珠大厦东塔首层	谢春慧
华海	珠江新城华府街9号首层	戴立良
广粤国际	清风北街24号1楼	周航

元岗街

【概况】 元岗街成立于2001年12月25日，由沙河镇划出元岗行政村组建而成。因辖内有元岗村，故名。元岗街位于天河区西北部，形状似长方形，四至不规则。东起广东交通职业技术学院、天源路，与长兴街三宝墟、长湴村相依；南达燕岭路，与五山街华南理工大学、兴华街银河村相连；西至犀牛角山、富胜村、市水暖器材厂、广州华丰电子工业公司，与白云区相接；北达银坑岭，与龙洞街、白云区相邻，面积3.24平方千米。街下辖5个社区居委会和1个撤村改制公司：上元岗、下元岗、中人、南兴、天源社区居委会和元岗经济发展有限公司。2023年，元岗街户籍人口10634人，出生162人；常住人口53276人，出生445人；流动人口（居住1个月以上）38266人，出生288人。

街辖内主要道路有元岗横路、元岗北街、元岗路、中元路等。有广东省交通职业技术学院、广东外语艺术职业学院、广州市城市建设职业学院和元岗小学等学校。有智汇创意产业园、天汇创意产业园、慧通创意产业园、天河汽车客运站、天河新天地、广州汽车市场等。其中天河汽车客运站是广州公路主枢纽的第一个现代化客运站，位于燕岭路633号，占地面积4.6万平方米。

【元岗街推进“百千万工程”】 城区建设　2023年，元岗街入选广州市2023年“门前三包”样本镇（街），南兴社区被评为2023年广州市容貌品质社区。启动元辉路人行道建设和沿线整治提升工作。整治天源路、燕岭路、咸岗龙沿线。完成建筑垃圾和大件垃圾临时存放房建设以及2个星级生活垃圾分类投放点建设，升级改造5个垃圾分类投放点，全街48个投放点完成“六要素”达标升级。完善城中村地下雨水、污水管网约200米。对400余米的黑臭污水渠进行清理并硬底化，对咸岗龙路段300多米“三不管”地段安装污水管道。完成电动自行车集中充电场所建设63处，设置充电口1677个。

城中村治理　2023年，元岗街健全“1个街道党工委—2个社区党组织—33个网格党支部—36个网格党小组—36个党员责任区”的城中村治理五级架构。完成城中村三级围院式管理标准建设，规范城中村出入口设置，开展3轮城中村基础数据摸排。安装智能门禁系统462套、烟雾报警系统150套、燃气报警系统178套。排查出租屋发现各类隐患193宗，完成整改182宗，限期整改11宗。

协作帮扶与乡村振兴　2023年，元岗街融合社会力量推进帮扶协作。对口帮扶梅州市兴宁市罗岗镇，广东扶贫济困日筹集捐款39.4万元并用于罗岗镇红旗村路面拓宽工程，结合迎春花市助力罗岗镇销售农特产品48480元。与福建省龙岩市永定区抚市镇建立结对关系，签署对口合作备忘录，签订干部教育培训交流、教育对口合作协议，在天河新天地举办龙岩市永定区抚市镇福仕兴村党建示范带农产品上架销售启动仪式。

【街道经济】 2023年，元岗街推动元创汇、南越SYNT文创园等重点项目落地，盘活智汇创意产业园、天汇创意产业园、慧通创意产业园等产业园区和天河新天地商业楼宇资源。全年累计服务企业182家，接待来访企业85家，协助企业解决诉求17条，协助17家企业完成高新技术企业申报，新增“四上”企业33家。

2023年，元岗街道实现地区生产总值66.52亿元，比2022年（下同）增长4.5%。规模以上工业总产值1.11亿元，增长29.8%；规模以上营利性服务业营业收入28.36亿元，下降2.9%；批发和零售业商品销售总额48.64亿元，增长3.3%；住宿餐饮业营业额4.08亿元，增长18.9%；建筑业总产值16.19亿元，下降18.1%。

2023年10月25日，天河区元岗街道与永定区对口合作——抚市镇福仕兴村党建示范带农产品上架销售启动仪式在天河新天地举行　（欧阳霈　摄）

【元岗街推进绿美天河生态建设】 2023年，元岗街推动上元岗篮球场更新改造、上元岗文化公园地面改造，打造村内口袋公园。完成排水单元达标任务12个，完成“广州河长”App系统交办排水单元问题116宗，清理沙河涌远洋天骄段绿化带的垃圾与杂草，并对裸露黄土进行覆绿。深入开展“散乱污”排查整治，检查餐饮等场所310家，完成整治整改7家。

【平安元岗】 2023年，元岗街推动解决人大代表接访群众收集的问题81件，处理群众信访投诉90件。开展涉黄问题专项整治行动，检查疑似涉黄店铺、出租屋等共150家，查封涉黄出租屋9间，下元岗社区涉黄问题“摘帽”。常态化开展交通安全秩序整治，通过交通劝导岗亭劝导违规骑行人员超9000人次，开展“五类车”整治行动12次，查扣“五类车”296辆。是年，元岗街治安类警情304宗，比2022年（下同）下降29%；刑事类警情174宗，下降0.6%。其中，“两抢”警情0宗，下降100%；盗窃警情192宗，下降15%；诈骗警情210宗，下降14%；“黄赌毒”警情120宗，上升10.1%。

【安全监管】 2023年，元岗街持续开展各项安全生产、消防安全检查工作及燃气安全执法行动，累计排查各类场所4094家次，发现并整改隐患1851处，全年未发生重特大安全事故。新建、改造5个社区和1个村公司微型消防站，购置1台小型消防车，在元岗北街咸岗龙和中人社区千禧花园小区各配置1个消防器材存放点。组织防洪防汛演练2次、消防安全应

表 94　　2023 年元岗街道集体股份公司情况表

名称	注册资本（万元）	股东（人）	经营总产值（万元）	董事长	总经理
元岗经济发展有限公司	1000	2249	16615	谭桂宁	谭健辉

表 95　　2023 年元岗街道社区居委会情况表

社区名称	居委会地址	居委会主任
上元岗社区	上元岗东大街 19 号 2 楼	梁思慧
下元岗社区	下元岗东大街 14 号	谭淑明
中人社区	中成路 324 号	张吉盛
南兴社区	元岗路 303 号 101 房	谭安慧
天源社区	元岗路 613 号 A 栋 6101 ～ 6104	钟建伟

急演练 21 次、森林防火应急演练 7 次，开展各类现场宣传活动 38 次。

【民生服务】 2023 年，元岗街新增低保户 1 户 1 人，新增低保边缘家庭 3 户；累计在册低保户 5 户 5 人、低保边缘家庭 4 户 17 人。累计开展临时救助 4 次，发放临时救助金 21503 元。救助流浪人员 6 人次。元岗街通过助餐配餐、上门照料等形式提供养老服务 10809 人次。服务困境儿童、孤寡老人家庭 98 次。失业人员实现再就业 92 人，其中就业困难人员 36 名。帮助 74 人申领灵活就业社会保险补贴 75.92 万元。举办 2 场招聘会，邀请 21 家企业提供就业岗位 537 个，达成就业意向 20 余人。落实“一村（居）一法律顾问”全覆盖，2 个城中村社区培养“法律明白人”10 名。处理劳动监察力量投诉举报案件 315 宗，涉及金额 280 余万元。

【社区建设】 2023 年，元岗街组建“红星耀元岗”“红色调解员”“红色安全员”等党群服务队参与城中村社区治理，围绕社区服务、公共卫生、环境管理等开展活动 30 次，服务群众 3000 多人次。完成 5 个社区颐康服务站建设，初步形成“1 ＋ N”养老模式。更新下元岗文化广场公共体育设施，为区图书馆元岗分馆添置图书 470 余册。举办“放飞梦想 • 快乐起航”——2023 元岗街道迎“六一”文艺会演、“活力绽放 • 悦享健康”2023 年社区舞蹈大赛、“浓浓团圆意 • 暖暖邻里情”——2023 元岗街道“庆中秋　迎国庆”文艺晚会等大型文化活动，组织参加“舞出风采奏响未来”广州市第四届原创音乐舞蹈大赛、“花城少年向未来”广州市第五届少儿艺术大赛等活动。

【南兴社区创建民主法治示范社区】 元岗街南兴社区利用党代表、人大代表、驻点领导联系群众等活动，强化民主法治创建规范化管理，优化社区法治建设。通过制定推广居民公约，增强社区居民责任意识和主人翁意识，促进和谐社区发展。建立学法制度，运用各类媒体平台和宣传渠道传播法律知识。建立法治学校、法律图书室、调解室、“党建文化”和“廉洁法治长廊”等法治文化阵地，营造社区法治氛围。发挥“法律明白人”和社区法律顾问作用，开展法治、普法宣传教育活动，提升社区居民法治素养。推行居民“一事一议”制度，重要事项“民事民提、民事民议、民事民决、民事民评”。发挥人民调解员作用，做到“小事不出社区、大事不出街道、矛盾不上交”。南兴社区被评为 2023 年广东省“民主法治示范村（社区）”。

【元岗村（元岗经济发展有限公司）】 元岗村位于广汕公路西侧，东邻长湴村，南接银河村与河水交界，西接新沙太路，北与龙洞村交界，属丘陵地带。元岗村分上元岗村、下元岗村 2 个自然村。北宋中叶，凌姓在下元岗开村。元至正二十八年（1368），谭姓先祖谭明远先由开平迁往番禺县石牌乡石马嘴，再迁往下元岗村。上元岗开村于南宋，南宋淳祐年间（1241—1252）谭姓先祖谭贡元居羊城，其子桂芳带兄弟 3 人迁居上元岗，上下元岗谭姓同出一祖。元岗村以谭、梁、陈三姓为主，其中谭姓最多，占 70%；梁姓次之，约占 20%。梁姓始祖梁子富于清雍正六年（1728）由长湴迁入下元岗。陈姓原是九佛山龙村人，清道光十四年（1834）大旱，下元岗与长湴因争水发生械斗，由于村小寡不敌众，便请萧岗、九佛等地的村民救援。为防再次械斗，下元岗父老决议，请陈姓在此定居。现陈姓约占全村的 10%。清代凌姓逐渐迁出该村。民国时期，下元岗已没有凌姓人家。2001 年 12 月元岗街成立，元岗村从沙河镇归元岗街管辖。2002 年 12 月，元岗村撤村改制，成立元岗经济发展有限公司。村中农业人口全部转为居民户口后，村委会建制自然撤销，由社区居委会的自治组织取代。（黄思源）

黄村街

【概况】 黄村街建于 2001 年 12 月 25 日，由原东圃镇划出黄村行政村组成，因辖内有黄村，故名。黄村街位于天河区东部，辖区由黄村、大观村及前进龙步村组成，形状似长方形，四至不规则。东起钟岭、马坟山，与珠吉街钟岭、大灵山相依；南达中山大道中，与前进街相连；西到车陂涌，与车陂街、新塘街相接；北至横岗涌、大观街，与新塘街相邻，面积6.17平方千米。街道下辖9个社区居委会和1个撤村改制公司：江夏、荔苑、庙元、天雅、黄村西、康城、体委基地、大观、龙步社区居委会和黄村实业有限公司。2023年，黄村街户籍人口29205人，出生325人；常住人口51493人，出生621人；流动人口（居住1个月以上）6074人，出生47人。

辖内有东圃汽车客运站、奥体中心客运站公交车场。住宅小区有中海康城、东圃广场、帝景山庄、天雅居等。重点企业有广州天银大厦、广州天银科创投资有限公司（TIMETABLE粤港澳青年之家）、优托邦购物中心、广州贪玩信息技术有限公司、广州找塑料网络科技有限公司、迪卡侬（广州）体育用品有限公司、广州市锦龙汽车发展有限公司、宝悦（宝马）汽车服务有限公司、广东中汽南方汽车销售服务有限公司、广州粤港澳交通发展有限公司、广州中京环境监测有限公司等。

黄村体育事业较发达，作为省体育训练基地和国家棒球队训练基地，培养出许多世界冠军；2001年建成的广东奥林匹克体育中心有各类国际竞赛标准体育场馆，成功承办第九届全国运动会和2010年广州亚运会、亚残运会等国内、国际体育赛事。

康城社区先后被评为广东省科普示范社区、广东省儿童之家示范项目、广州市优秀社区家长学校、广州市妇女之家示范项目、广州市十大最幸福社区、广州市创先争优先进基层党组织，是广州市幸福社区、智慧社区和社区党建工作“三重”示范点，也是广州市低碳示范社区创建单位和社会管理体制改革试点观察项目。2018年5月，中海康城社区被授予广东“最美儿童之家”称号，为全市唯一；2021年10月，被授予天河区党群服务中心示范点、天河区健康促进社区。2022年10月，被评为天河区十大老党员之家；2023年6月，被授予天河区社区党建十大品牌项目。

【黄村街推进“百千万工程”】 城区建设　2023年，黄村街开展大观村改造基础数据摸查，梳理人口、楼栋等情况。推进广东奥林匹克体育中心周边市政设施功能完善和品质提升工程。推动黄村停车场建设。黄村街开展“三个一”（一路、一园、一河涌）升级改造工程，荔苑社区文化广场改造设计方案基本拟定。管养城中村破损道路18处，修复车行道坑洼36处。提升城中村人居环境，全年开展“大清扫、大清洗、大清理”环境卫生整治行动68次，累计清理卫生死角997处、各类垃圾杂物275吨、乱张贴23156处，清洗天桥和路面人行道约4.2万平方米。开展“六乱”整治行动78次，整治“六乱”行为3860宗，行政处罚215宗，罚款金额50350元。

城中村治理　2023年，黄村街制定党建引领城中村治理六大领域27项任务。持续开展城中村住户使用直排式热水器整改，组织专项行动350次，检查餐饮户4427户，入户检查涉及居民9万余人次，拆除直排式热水器52台次。检查燃气便民服务部、经营点253次，汽车加气站253次，发现一般隐患115处，严重隐患2处，整改115处，发出责令改正通知115份，发出协助调查通知2份。暂扣燃气瓶56瓶，立案2宗，罚款2600元。通过燃气安全专项整治工作系统录入燃气用户449户，录入隐患54处并全部整改。

辖内建成村内一类微型消防站1个、二类微型消防站（点）4个；日常补充维护城中村微型消防站器材设备，落实执勤人员补助，开展队伍培训演练等，建立健全24小时值班值守等工作机制。联合区自来水公司、黄村实业有限公司等单位，在村内建成30个消防栓，保障村内消防救援用水。

协作帮扶与乡村振兴　2023年，黄村街走访贵州省毕节市纳雍县3个对口帮扶村镇，落实帮扶机制。是年，向纳雍县划拨村企结对资金45万元，用于扶持纳雍县天麻种植、产业配套设施、基础设施建设等。

【街道经济】 黄村街以小规模销售企业、服务业企业为主，依托天河智谷片区，通过世界大观改造、航天奇观国有储备用地出让等，引进5个项目。

2023年，黄村街辖内生产总值83.93亿元，比2022年（下同）增长2.5%。其中，规模以上工业总产值2.72亿元，下降19%；规模以上营利性服务业营业收入59.64亿元，增长35.1%；批发和零售业商品销售总额176.72亿元，下降5.4%；住宿和餐饮业营业额2.19亿元，下降14.7%；资质内建筑业总产值13.34亿元，下降8.3%。

【黄村街推进绿美天河生态建设】 2023年，黄村街有街级河长1名，村（居）级河长7名。召开河长制工作会议6次；街级河长巡河146次，发现并解决问题55个。完成全部典型排水户巡检，录入排水户管理信息系统241家。整治小微水体7个，完成排水单元3个面积11.61公顷。开展提升三丫涌水质治理品质及两岸美化绿化工作。整治7家新增“散乱污”企业（场所）。开展“散乱污”场所整治“回头看”行动3200次。广州移动执法系统录入巡查企业1575家。

为黄村东路、黄村北环路2棵古树设置护栏。开展森林资源保护、绿化和生态修复、灾害防控等宣传活动，参与居民500人次，入户宣传500多户；开展黄村街2023年全民义务植树暨五级林长植树活动，参加人员50余人。

【平安黄村】2023年，黄村街重点打击涉黄涉赌行为，警示教育40余人次，关停涉黄涉赌商铺20余家，查封5家。采取“戒、管、帮、教、治、宣”六大禁毒措施，创新禁毒宣传新模式，黄村街禁毒工作取得成效，得到国家禁毒办、公安部禁毒情报技术中心肯定，是年辖内无新增吸毒人员。开展防邪教防诈骗平安宣传活动108场、普法宣传活动40场次。全年受理信访案件201宗，处理“12345”政务服务热线市民投诉6853单。受理劳资纠纷420宗并全部办结，涉及人数1285人，累计挽回经济损失2238.5万元。

是年，黄村街刑事治安警情892宗，比2022年（下同）下降14.9%；刑事类警情263宗，下降12.6%。其中，盗窃警情430宗，下降20.2%；入室盗窃警情14宗，下降41.7%；诈骗警情281宗，下降6%；“黄赌毒”警情113宗，下降8.9%。

【安全监管】2023年，黄村街开展安全生产与消防安全宣传教育活动5500场次，受益群众1.1万余人。新增安全生产责任险投保企业144家。巡查各类生产经营单位5592家次，限期整改1615家次，整治隐患1648处。安全生产行政处罚立案44宗，处罚金额23.6万元；消防行政处罚立案36宗，处罚金额13439元；整治森林消防隐患12处。组织开展森林防火、灭火应急演练及防汛演练48场次。完成9个村（社）微型消防站标准化建设，城中村建成30个消防栓。启动综合应急救援队伍备勤力量225人次，安全转移危险区域人员8人次。

【民生服务】2023年，黄村街累计在册低保户3户8人、低保边缘家庭1户4人、事实无人抚养儿童2人，发放临时救助金5400元。全年为长者派餐5685份，为169名户籍老人办理老人优待卡。上门服务孤寡长者389人次，探视长者2108人次。慰问独生子女特别扶助家庭7户，为7户计生困难家庭发放慰问金；为困境群众建档273户，服务1138人次。建设社区颐康服务站。为2名立三等功的军人送立功喜报。推进“粤居码”申领，来穗人员持码率97.89%。出租屋安装智能门禁753套；开展出租屋安全隐患专项行动114次，排查6121栋73142套，发现安全隐患786处，现场整改411处。签订黄村街出租屋屋主（代理人）安全责任“明白卡”2756份。是年，黄村街跟踪服务未就业高校毕业生51人，促进就

表96　2023年黄村街道集体股份公司情况表

名称	注册资本（万元）	股东（人）	经营总产值（万元）	董事长	总经理
黄村实业有限公司	500	5000	13700	黄浩斌	—

表97　2023年黄村街道社区居委会情况表

社区名称	居委会地址	居委会主任
黄村西	黄村西路84号	丘秀
荔苑	黄村荔苑邨G栋1楼	李美玲
天雅	黄村路天雅居东侧3部	罗玉意
江夏	黄村中心街29号	胡锦秀
体委基地	黄村奥体路818号4栋东1梯	谢彩萍
大观	黄村大观村门前商铺1～5号	刘银霞
康城	黄村蝴蝶兰街27号1楼	吴绚
龙步	黄村龙步北商业街自编3-66号3楼	张干凡
庙元	黄村围福里马路边6号	麦锦发

2023年6月30日，黄村街“庆‘七一’感党恩　喜迎建党102周年”主题文艺会演活动举行　（庞任余　摄）

业 46 人，完成率 90.2%，其中高校困难毕业生就业率 100%。为辖内 15 家重点企业提供就业创业政策推送宣传服务 212 次，企业发布空岗信息 3328 条，采集求职者信息 1115 条。开展一对一职业指导，帮助 2 名求职者成功上岗。举办现场招聘会 2 场，提供岗位 300 余个。举办职业指导与职业技能培训 2 场惠及 43 人次。举办就业支持小组活动 18 场惠及 714 人次。

【社区建设】 2023 年，黄村街便民服务中心接待群众 3 万余人次，累计办理各项业务 27643 人次。受理并办结“12345”政务服务热线工单 84 件，其中投诉 3 单、求助工单 81 单，均让群众满意，其中非常满意 3 宗。辖内有志愿服务组织及团体 9 个，累计 335 人次参加志愿活动，开展志愿活动 245 个。全年举办“庆‘七一’感党恩 喜迎建党 102 周年”主题文艺会演、“德润天河 孝老爱亲”重阳节主题活动、“踔厉奋发新征程 勇毅前行新时代”知识竞赛、“以球会友促交流 红色精神进人心”羽毛球竞赛、“传承红色基因 争做时代新人”党史进校园等活动 16 场次。

【黄村（黄村实业有限公司）】 黄村于南宋嘉定五年（1212）建村。黄村古称梅林，因盛产青梅而得名。明嘉靖年间更名为黄村，并沿用至今。黄村包括 2 个自然村：黄村和黄村新村。黄村村民是在魏晋、五代时期的民族大迁徙中，从中原地区南迁过来的移民，而黄村新村村民是 1958 年从水口水库迁过来的移民。黄姓是黄村大姓，占总人口的 99% 以上，另有简、魏、温、何、钟、朱等姓氏。黄村历史文化悠久，自建村以来，每年农历九月二十八日“黄村会”（建村纪念日）举行游龙、舞狮、唱大戏等一系列纪念活动。黄村人热爱体育锻炼，乒乓球、篮球曾是黄村人传统体育强项。黄村环境优美，道路四通八达，高楼林立，建有休闲公园 4 个、村民公寓小区 4 个，大型综合体育运动场 1 个，辖内学校幼儿园、商场、医院、农贸市场等各类生活基础配套设施齐全。2002 年 12 月，黄村正式撤村改制，成立黄村实业有限公司。

（庞益萌）

龙洞街

【概况】 龙洞街建于 2002 年 12 月 31 日，以原沙河镇辖内龙洞村地区为基础组成，因街内有龙洞村，故名。龙洞街位于天河区西北部，东起广东金融学院、迎福路与华美路交会处，与凤凰街相依；南达广汕公路三宝墟、火炉山猪头石，与元岗街、长兴街相连；西到洞旗峰、园岗顶（银坑岭），与白云区金盘岭隧道、耙齿沥水库相接；北至大和嶂，与白云区太和镇相邻，面积 11.7 平方千米。街下辖 8 个社区居委会和 1 个村改制公司：中社、南社、上社、西社、育龙、绿洲、林海、瑜翠社区居民委员会和龙洞龙汇实业有限公司。2023 年，龙洞街户籍人口 36507 人，出生 277 人；常住人口 80544 人，出生 824 人；流动人口（居住 1 个月以上）68096 人，出生 544 人。

街内主要单位有沙河兆联经济发展公司、龙洞第一工业区、矮岭工业区、兴楠创意园、龙山工业园、龙洞第三工业区；有广东工业大学龙洞校区、广东金融学院、广东司法警官职业学院、广东食品药品职业学院、广东省林业科学研究院等院校和科研机构；有龙洞农贸市场和龙洞商业步行街。街辖有文化活动中心和文化体育广场。文化活动中心于 2000 年建成，投资 400 多万元，占地 3500 多平方米，设有党建工作室、歌舞厅、书画室等 10 多个活动场地，均免费向群众开放。文化体育广场于 2002 年建成，投资 1000 多万元，占地 1.4 万多平方米，内有露天剧场、足球场、篮球场、羽毛球场、健身路径和休闲公园等设施。街道先后被授予广东省特级文化站、广东省十优文化广场、广东省先进体育社区、广州市科普进社区示范街、广州市十佳农村文化室、广州市城市体育先进街等称号。

【龙洞街推进“百千万工程”】 城区建设　2023 年，龙洞街投入 314 万元建设基础设施，涉及市政维修、垃圾分类和道路养护等。整治华南植物园周边环境，特别是广汕二路、广汕一路、天源路沿线环境。完成华南快速路石门堂山隧道扩建工程天河区段土地及房屋征收补偿项目征地交付和补偿款支付，涉及辖内土地 40 亩。完成广东电子信息职业技术学院（筹）首期工程征收补偿项目征地交付 180 亩和补偿款支付。完成中山大学肿瘤医学科学中心项目征地交付 155 亩和补偿款支付。推动第二轮土地承包到期后试点项目，对龙洞股份合作经济联社确权户（股东）再延长 30 年延包进行登记公示并完成专家验收。拆除违法建设 130 宗，面积 13.13 万平方米。持续开展市容环境巡查督导，整治“六乱”行为 4716 宗。

是年，龙洞街开展生活垃圾分类专项执法检查行动 225 次，检查并整改垃圾强制分类机关单位 187 家、餐饮垃圾单位 304 家、其他垃圾分类相关行业及小区 213 家，立案处罚 99 宗，罚款 10550 元。规范辖区环卫保洁和垃圾清运，日均清运垃圾 119.5 吨。

城中村治理　2023 年，龙洞街推进城中村围院式管理建设，借助视频监控、车辆自动识别进出系统、智能门禁管理系统、智慧化电子地图管理系统数据，构建立体社会安全防范体

2023年4月28日，中山大学肿瘤医学科学中心（天河院区）项目集体土地征收补偿协议签约仪式举行　（龙洞街供稿）

系。启动龙洞西大街入口环境整治提升项目、樊氏大宗祠周边环境整治提升项目和西社公园微改造项目，全面提升“村改居”社区人居环境。加强辖内城中村电动自行车消防安全管理，联合社区居委会、村公司在闲置空地增建充电桩场所15个，集中充电桩装置35套。开展安全宣传教育，派发消防、燃气、反诈骗、登革热、禁毒等各类安全宣传资料。

【街道经济】 2023年，龙洞街辖内生产总值50.8亿元，比2022年（下同）增长4.7%。其中，规模以上工业总产值4.14亿元，增长16.57%；规模以上营利性服务业营业收入15.46亿元，增长0.3%；批发和零售业商品销售总额50.61亿元，增长4.94%；住宿和餐饮业营业额0.77亿元，增长20%；资质内建筑业总产值5.29亿元，增长28.62%。

【龙洞街推进绿美天河生态建设】 2023年，龙洞街投入100万元用于开展天河区龙洞街道森林城镇建设规划项目（2023—2027年）申报，以建设华南国家植物园和美丽村居为契机，打造“龙洞”森林城镇，盘活森林自然资源和教育文化资源，发展生态经济，促进生态惠民，把生态效益转化为经济效益。完善智慧林长平台的街村（社区）林长、监管员、护林员、护绿员等人员信息，实施“广州林长”App巡查系统巡查制度。常态化推动巡河湖、巡林，各级河长累计巡河1830次，发现问题106宗并全部办结。

【平安龙洞】 2023年，龙洞街受理各类信访投诉58宗，调处率100%。持续开展禁毒、扫黄打非、反邪教、反恐、反走私反偷渡、反诈骗、扫黑除恶等宣传。检查寄递物流网点360家次。通过广州市网格化服务管理信息系统上报事件6635宗，办结率100%。成功调处劳资纠纷446起，为群众挽回经济损失149.16万余元。是年，龙洞街治安类警情581宗，比2022年（下同）下降12.6%；刑事类警情263宗，下降8.4%。其中，盗窃警情301宗，下降32.4%；诈骗警情345宗，上升8.2%；“黄赌毒”警情117宗，同比持平。

是年，龙洞街持续整治道路交通，累计劝导纠正交通违规行为6000余次，查处非法“五类车”80辆。加大道路交通建设力度，拓宽天源路植物园红绿灯口斑马线，增设迎龙路段“机车分离”带，清理取缔重点路段占道经营、摆摊等行为。加大共享电动车清理整治，清理共享电单车3005辆、电动车电池148个。加强交通安全宣传教育，取缔无牌电动便民车非法营运活动。

【安全监管】 2023年，龙洞街开展各类安全生产整治行动，检查企业3047家次，完成整改1557项，行政立案处罚37宗，行政罚款15.54万元。推动辖区消防隐患排查和整治提升，排查各类场所14509家次，排查隐患5147处，消防安全立案处罚45宗，罚款6.5万元，实现2023年度火灾事故“零伤亡”。联合企业开展安全应急救援培训与演练29场。开展消防宣传“五进”活动，参与企业、学校和社区1052家次，累计培训宣传12000余人次。开展消防救援38场。开展新修订《中华人民共和国安全生产法》《中华人民共和国消防法》《广东省消防工作若干规定》宣贯培训班8场，累计培训1000余人。

【民生服务】 2023年，龙洞街慰问计生特殊家庭、计生贫困家庭4户。开展免费孕前优生检查1144人；“两癌”筛查280人次；开出203份出生缺陷检查券，完成随访185人。是年，龙洞街制定《龙洞街国家慢性病综合防控示范区建设管理工作方案》《龙洞街健康街区建设工作方案》《龙洞街健康促进单位建设工作方案》等文件，开展多次应急救护培训课堂、卫生健康服务、公共卫生宣传活动等，推动龙洞街“五好”镇（街）公共卫生委员会建设。

龙洞街开展病媒生物防制，放置防蚊闸120多个，新增鼠屋560多个，投放老鼠诱饵约1800多公斤。开展城中村登革热防控覆盖性消杀20次。辖内单位、物业小区平均每月常规消杀3次，月均消杀面积约

154 万平方米，消耗各类灭蚊药物约 6400 公斤。

全年龙洞街开展出租屋清查整治行动 181 次，整治隐患 907 处。累计核查出租屋 108900 间次（套），新增录入流动人员信息 76022 条，注销 97344 条，系统纳管人数增至 66221 人。代征出租屋综合税 552.8 万元，印花税 8.6 万元。推广“粤居码”，流动人员持码 68007 人，持码率 99.8%。为 99 名来穗人员随迁子女办理积分入学审核，为 286 名来穗人员办理积分入户审核，成功入户 79 人。5 月 31 日，龙洞街开展关爱“来穗候鸟儿童”宣传活动，42 名来穗儿童参加；8 月 10 日，龙洞街开展暑期“书香伴我成长”来穗子女读书会活动，30 名来穗儿童参加。

是年，龙洞街累计在册特困户 683 户 683 人、低保户 5 户 6 人、低保边缘家庭 1 户 3 人、事实无人抚养儿童 1 人，发放临时救助金 7125.46 元。为 1509 名长者发放长寿健康金 96.60 万元。举办 2023 年天河区龙洞街春风行动就业专场招聘会，提供就业岗位 1413 个。持续开展拥军优抚，组建 9 支红棉老兵志愿服务队，吸收 42 名新成员，开展红棉老兵系列活动 40 次。

【社区建设】 2023 年，龙洞街实行“街党工委—社区党组织—网格党支部—网格党小组—党员责任区”五级基层组织架构，有 91 个网格党组织、194 个党小组、2459 个党员责任区。开展“您的心愿、我的志愿”——党组织、党员为群众办实事“双微”行动，发动属地党组织、党代表、党员实现辖区群众微心愿 331 个、微项目 113 个。组团式联系服务群众，街道党员领导干部到驻点社区联系服务企业、群众 13622 户次、解决问题 148 个，街道联组党代表联系服务群众 389 人次、解决问题 42 个。

表 98　　2023 年龙洞街道集体股份公司情况表

名称	注册资本（万元）	股东（人）	经营总产值（万元）	董事长	总经理
龙洞龙汇实业有限公司	1000	6067	27502	樊倩玉	樊建明

表 99　　2023 年龙洞街道社区居委会情况表

社区名称	居委会地址	居委会主任
育龙	天源路育龙居小区 A5 栋首层	樊润明
绿洲	天源路品翠街 60 号	林碧兴
上社	迎福路 289 号	樊翠玲
中社	龙洞东路二横路 1 号	樊伟明
林海	林海小区林泊街 12 号地下室 5 层 08 室	樊文耀
西社	龙洞迎龙路 201 号 201 室	刘带娣
南社	迎龙路 163 号	樊淑贞
瑜翠	荟龙路十四号之二首层	樊月梅

【毕节（大方）农特产品产销对接会】 2023 年 9 月 8 日，为期 5 天的 2023 年东西部消费协作贵州省毕节（大方）农特产品产销对接会在龙洞街海悦城广场举行。此次活动由天河区与大方县两地政企联合举办，以“粤黔同心·助乡村振兴”为主题，通过官方主题宣传、产品集中展销、文艺演出等方式推介大方县优质农特产品及手工工艺品，拓宽大方县农产品销售渠道。活动当天，广东赛丽斯产业咨询中心与大方县农业农村局签订产销订单 1 亿元，天河区供销社合作联社与大方县商务局签订农特产品意向订单 1200 万元，云湖农业供应链（广东）有限公司分别与贵州 4 家公司签订意向合同约 1.8 亿元。

【龙洞村（龙洞龙汇实业有限公司）】 龙眼洞又称龙洞，其村名的由来有多种说法。一是据龙眼洞村《樊姓族谱》记载，龙眼洞村曾称龙岗、龙峒、龙洞村，北宋徽宗时期（1101—1125）时称乌涌龙眼洞村。二是由于龙眼洞村四面环山，中间形成小盆地（古称窝）。风水学称山脉为龙，窝为洞，龙眼洞建在山窝里，故称龙洞。三是说罗浮山、帽峰山、大和嶂、峒旗峰、白云山群山连绵起伏，像一群出海蛟龙，龙眼洞西山有一条山脉直下龙眼洞方向，而龙眼洞村建于龙眼上，故称龙眼洞。四说由于村南北向长 800 米，宽 300 米，村中间岗头像龙头，左面元头岗和右面西元岗像一对龙眼，前面蒲岗像龙鼻，故称龙眼洞。五是据民国《白云、越秀二山合志》载：此处广植龙眼树，故称龙眼洞村。六是根据“九龙归洞”而名。这“九龙归洞”又有三个解释，一是龙眼洞村周围有 9 座山：尧子峰、火罗岭、虾公岭、飞鹅岭、水冲岭、长行岭、峒旗峰、鬼王山、大和嶂，这 9 座山像 9 条龙，故称龙洞；二是当时龙眼洞周围有 9 个较大的自然村，伏塘岗村、三岗头村、西元庄、梁婆山村、瓦窑岗村、村喃、林屋山村、陈村岗、上村等，这 9 个村像 9 条龙，故称龙洞；三是龙眼洞周围有 9 条溪水，东边坑、乌蛇坑、龙眼仔坑、石陂坑、官塘窿坑、大坦坑、白虎窿坑、三松坑汇聚一起，流经岑村到车陂坑。古时人们以水为龙，故称龙洞。龙洞有樊、谭、凤、马等姓，樊为大姓。2002 年 12 月，龙洞街建立，龙洞村由沙河镇划归龙洞街管辖。2005 年 6 月，龙洞村完成撤村改制工作，组建龙洞龙汇实业有限公司。（吴晓婷）

长兴街

【概况】 长兴街建于2002年12月4日，以原沙河镇辖内长湴村、岑村地区为基础建成。长兴街位于天河区中部偏北，东起凌塘新村，与凌塘村相依；南达环城高速公路，与五山街相连；西到天源路，与元岗街相接；北至华南国家植物园的天源路东侧，与龙洞街相邻，面积12.6平方千米。街下辖12个社区居委会和2个村改制公司：长湴东、长湴西、岑村西、岑村东、科艺、兴科、乐意居、天鹅、建丽、兴安、兴韵、慧兴社区居委会和长湴、岑村经济发展有限公司。2023年，长兴街户籍人口32976人，出生415人；常住人口111626人，出生677人；流动人口（居住1个月以上）78033人，出生411人。

街辖内有中国科学院华南国家植物园、广东省工业技术研究院（广州有色金属研究院）、中科院广州化学有限公司、广东省生态环境与土壤研究所、广州市体育研究所、广州市绿化公司长虹苗圃等科研院所；有长湴小学、广州市体育职业技术学院、广州市轻工职业学校、广东省科学技术学校、广州市艺术学校、广东省城市建设技工学校等各类学校，其中长湴小学是全球500佳和全国绿色环保学校之一；有长湴公园、岑村火炉山森林公园、长湴村文化活动中心等文化体育娱乐休闲场所；有“广州第一村”飞鹅岭新石器时代遗址、周总理视察岑村纪念旧址、抗日战争革命根据地长湴村旧址。

【长兴街推进“百千万工程”】 城区建设 2023年，长兴街升级改造91个生活垃圾投放点，整治小区卫生黑点，打造厢房式投放点2个。在长兴路、兴科路、天源路等道路的关键路口实施“三线”下地，对火炉山森林公园周边及天鹅花园老旧小区进行“三线”改造。中国铁塔公司在辖内完成6处5G基站建设。完成乐意居小区自来水管网改造。完成辖内小区旧楼加装电梯开工备案11宗。修复车行道沥青约1317.1平方米，修复侧石及平石约25米，标线约56平方米，修复井盖6个，清理杂草约136平方米，修复护栏48米，修复人行道透水砖约563.3平方米，更换止车柱14根。

持续整治华南国家植物园、火炉山森林公园、小鹏汽车公司周边及地铁站、市场周边的市容环境秩序，清运共享单车。整治乱摆卖2510宗、占道经营2447宗、乱堆放88宗、乱拉挂156宗。全面巡查天源路、华观路、云溪路、科韵路两侧等区域的户外广告和招牌，拆除违规设置户外广告招牌135处，面积约1039平方米。实施道路扩宽改造工程和雨水管网铺设工程，将长湴西路从11.7米拓宽至15米，2车道变3车道，解决水浸堵塞问题。打通萌芽断头路，实现萌芽创意产业园与长湴村对接。完善8条街路巷整改，3条路的重新命名，重新制作符合标准的街路巷牌。

城中村治理 2023年，长兴街开展城中村燃气整治254次，检查餐饮场所2238家，发出整改通知32份，立案查处9宗，罚款3500元。整治岑村行云街旱塘尾、长福路、长湴中路等内涝点。长湴村新增13个消火栓，岑村新建23个消防栓；长湴村、岑村完成用电报装扩容50户。城中村规模以上出租屋累计安装智能门禁1931栋，完成率53.46%。开展出租屋专项清查行动48次，检查商铺3250余间，出租屋67500余套，发现安全隐患并当场整改843宗，开具整改通知156份。指导长湴西、岑村西等城中村社区进行居民委员会委员补选。完成长湴旧村长湴北街“三线”整治，长湴新村及东区片区的燃气管道铺设。

协作帮扶与乡村振兴 2023年，长兴街实施“千企帮千镇、万企兴万村”行动，向对口帮扶协作地区兴宁市水口镇开展消费帮扶。购买梅州琴怀柚子、大米，在扶贫网采购米、油等约10万元。2022—2023年向兴宁产业园项目累计捐款25万余元；向宋声小学、光夏红军小学等捐赠电脑桌、办公用品、书籍、文体用品、净水器等；向兴宁市政府捐赠应急演练迷彩服等物资累计近16万元。长湴村、岑村与贵州省毕节市纳雍县新房乡纸厂村、永德村结对，2021—2025年每年提供帮扶资金5万元。

长湴村完成长湴白沙水工业区北门地块项目前期建设，园区停车场年度增收约187万元。平整牛公塘停车场，增加车位约100个。岑村留用地指标落地华观路以北地段，助力华观广场经济发展。

【街道经济】 2023年，长兴街辖内生产总值79.90亿元，比2022年（下同）增长5.8%。其中，规模以上工业总产值3.60亿元，下降5.8%；规模以上营利性服务业营业收入32.5亿元，下降21.6%；批发和零售业商品销售总额321.2亿元，下降0.8%；住宿和餐饮业营业额2.49亿元，增长66%；资质内建筑业总产值10.69亿元，增长5.2%。

【长兴街推进绿美天河生态建设】 2023年，长兴街各级林长开展巡林巡绿605次，定期巡查103株古树后续资源，宣传推进林长制19次。处理“12345”绿化相关工单30余宗，发现存在安全隐患的树木21株。在火炉山南路沿线周边种植706棵灌木，连片面积约1000余平方米。在“五边”（山边、水边、路边、镇村边、城边）“四旁”（宅旁、村旁、路旁、水旁）补苗补绿，补植面积 2705 平方米；种植乔木 9 棵，造绿 666 平方米。街级河长开展有效巡河 45 次，村（居）两级河长开展有效巡河 395 次，发现并处理各类河涌问题 45 宗，清理水域周边砂石约 95 吨，处理辖内水域及周边违法建设 7 宗，拆除面积 5682 平方米。处置“广州河长”App 交办投诉 89 宗。完成排水单元达标认定 13 宗，面积 69.83 公顷。依托华南国家植物园的生态湖、火炉山森林公园的岑村水库和周总理视察岑村纪念旧址门口的鱼塘等水域，开展水环境治理宣传活动 113 次。盘活长湴村山林顶闲置地块，建设长湴山林顶口袋公园，释放约 3000 平方米的绿色活动空间。

【平安长兴】 2023 年，长兴街累计接受群众信访投诉事项 101 宗，并全部按期办结；排查化解矛盾纠纷问题 305 宗，成功化解 298 宗；化解民间纠纷 65 宗，成功调解 64 宗。开展重点人群吸毒防范，社区戒毒执行巩固率、社区康复执行巩固率均为 100%。结合禁毒专项行动开展寄递物流专项整治，检查辖内 51 家快递网点“五个 100%”落实情况。全年开展防范电诈、扫黑除恶、扫黄打非、禁毒防邪、打假打私等宣传活动 320 余场。在辖区 2 个主干道和 3 个路口设置交通劝导和执勤岗，日均劝导违规骑乘 300 余人次，每月查扣“五类车”30 余台。长湴村最小应急单元获 2023 年广州市第一季度最小应急单元突出奖。巡查用工单位 301 次，处理劳资案件 251 宗，挽回损失 385.61 万元。

2023 年，长兴街治安类警情 554 宗，比 2022 年（下同）下降 12.3%；刑事类警情 253 宗，下降 18.6%。其中，“两抢”警情 2 宗，上升 200%；盗窃警情 352 宗，下降 16%；诈骗警情 260 宗，下降 23.5%；“黄赌毒”警情 101 宗，上升 12.2%。

【安全监管】 2023 年，长兴街检查各类安全生产企业 1953 家次，发现并消除一般安全隐患 953 处，清理违规存放和充电电动自行车 457 台，消防行政立案 25 宗，行政处罚金额 26933 元。成立 6 支防汛抢险队伍。入汛以来，启动一级、二级、三级应急响应 59 次，召开紧急调度会议 20 次，转发气象防暴雨预报预警信息 500 条，转移群众 20 余人次，组织开展洪水及地质灾害应急演练 2 次。加大对电动自行车违规问题治理，省政府挂牌督办重大火灾隐患单位华南御景园一期“摘牌”。开展“全国防灾减灾日”“安全生产月”等宣传活动 182 次，累计参加安全教育培训 8000 余人次。

【民生服务】 2023 年，长兴街华南御景园和天鹅花苑的羊城家政基层服务站二级站正式揭牌启用，服务日托长者 6520 人次，长托长者 28 人，长期居家上门服务 5 人，8 个长者饭堂累计提供配餐 93067 人次。为 433 名长者发放长寿健康金 154.85 万元。是年，长兴街累计在册特困户 8 户 8 人、低保户 40 户 60 人、低保边缘家庭 5 户 9 人，发放临时救助约 7.3 万元。新建 1 条社区健身路径，更新 3 条健身路径。社工站（点）实现 100% 覆盖，困难群众和特殊群体社会工作服务全覆盖。完成全部社区颐康服务站建设。通过上门走访或集中座谈的方式慰问退役军人，累计慰问 160 人次约 5 万元。来穗人员积分制服务 1162 人。举办就业现场招聘会 2 场，提供岗位 730 个。帮扶灵活就业人员 1127 人次，单位就业人员 1095 人次，推进失业人员再就业。

【首批社区慈善基金在长湴设立】 2023 年 9 月 24 日，天河区首批社区慈善基金成立仪式在长兴街道长湴公园广场举行，天河区慈善会长湴西、长湴东社区慈善基金正式成立。基金由广州美天使文化传播有限公司、广东天闽实业集团有限公司等爱心企业共同发起捐赠成立，基金用于促进社区治理、支持社区服务、推动社区健康发展等方面。

【社区建设】 2023 年，长兴街利用华南国家植物园—火炉山森林公园“双园融合”的生态绿核，打造“绿色长兴、健康长兴”特色公共卫生项目品牌。以革命抗日根据地长湴村旧

2023 年 9 月 24 日，“心手相连，喜迎国庆”文艺会演——广州市天河区慈善会长湴东社区、长湴西社区慈善基金成立仪式举行 （长兴街供稿）

表 100　　2023 年长兴街道集体股份公司情况表

名称	注册资本（万元）	股东（人）	经营总产值（万元）	董事长	总经理
长湴经济发展有限公司	258	1798	13400	梁国华	梁国华
岑村经济发展有限公司	160	3525	8862	黄耀初	黄剑光

表 101　　2023 年长兴街道社区居委会情况表

社区名称	居委会地址	居委会主任
天鹅	长兴路 127 号首层	梁杏婷
岑村西	岑村南街自编 2 号（旧村委 2 楼）	罗惠青
建丽	长兴路 344 号首层	万海林
科艺	兴科路自编 721 号	彭春荣
长湴西	长湴中路 2 号（党群服务中心 2 楼）	梁志英
长湴东	长湴东路 58 号 1 楼	吴非凡
兴科	长兴路 297 号首层之一、长兴路 363 号大院综合大楼一楼东侧	黄美芳
乐意居	长兴路翠景街 46 号	梁小凤
兴安	华观路 1404 号 104	于启玲
岑村东	岑村圣堂大街 20 号	马骏腾
兴韵	长兴路与美景路交叉口东 100 米	梁凤娥
慧兴	华观路 1417 号 1 层 01 房	文小玲

址为辐射点，打造“抗日战争事迹展示馆—风水塘党史学习教育展览—党群服务中心体验实践区—长湴村志公园”红色教育路线，建立社区红讲台和健康教育宣讲台，打造“党建＋团建＋队建”的爱国主义教育和健康教育示范点。调整兴安、岑村东、岑村西社区居委会辖区范围，增设慧兴社区居民委员会。

是年，长兴街组织居民代表 906 人次参与居民议事会 60 次，商议居民事务 62 项，落实 60 项。联合社区开展 44 场活动。其中开展“我们的节日”主题活动 8 次，活动内容涉及文艺演出、游园、手工制作，惠及社区群众 600 多人次；科普活动 4 次，惠及群众 100 多人次；体育赛事 8 场，吸引 300 多人参与。联动区足球协会、区龙狮运动协会、广州体育职业技术学院团委等单位，举办长湴足球队梯队纳新、2023 年长湴“大学村规划杯”七人制足球邀请赛、第二届长湴“大学村规划杯”青年三人制篮球赛、“狮意长湴，武出精神”2023 年长湴红色醒狮运动、武术传习班、长湴青年非遗体验、艺术舞蹈社招新、足球队招募、“羽你有约”羽毛球赛等活动。

【长湴村（长湴经济发展有限公司）】长湴村位于天河区东北部，广汕公路东侧，东连岑村，南与五山街交界，西接元岗村，北临华南国家植物园。长湴村开村于宋末，村内主要姓氏有梁、招、陈，村民先祖均于明代从北方迁来。古时候长湴一带都是沼泽地，地下六七米深处有古河道。沼泽地称湴，所以取名长湴村。长湴村历史悠久，辖内有“广州第一村”的飞鹅岭新石器时代遗址。1992 年，长湴村集资兴建高标准别墅式住宅小区——长湴新村。长湴新村占地面积 17.56 万平方米，总建筑面积 215.30 万平方米。新村东面建有占地面积 160 亩的大型公园——长湴公园。公园前门广场 3000 多平方米，园内绿树成荫，绿地面积 10000 多平方米。新村建成后大大改善人居环境，先后被授予全国造林绿化千佳村、广东省生态示范村、广州市小城镇建设样板工程等荣誉称号。2002 年 12 月 4 日，长湴村从沙河镇划归长兴街管辖。2005 年 5 月，该村完成撤村改制工作，组建长湴经济发展有限公司。

【岑村（岑村经济发展有限公司）】岑村位于天河区东北部，东邻凌塘村、沐陂村，西接长湴村、华南国家植物园，北邻柯木塱、龙洞村，南接棠下村、五山街。岑村始建于宋代，古名金村，后改为岑村。村民先祖自南宋淳祐年间至清顺治年间分别由东圃、车陂、石井小坪、汕头河浦等地迁入。村中主要姓氏有黄、罗、刘、陈、苏。村内有黄氏宗祠（贻燕堂）、远耕公祠（贻谷堂）、敬恒公祠（崇德堂）等文物古迹，其中远耕公祠（贻谷堂）是 1972 年周总理视察岑村旧址，2008 年广州市人民政府将其列为广州市文物保护单位。兴建于 2000 年初的岑村火炉山森林公园是国家级风景名胜区，内有著名景点——周总理视察岑村纪念林。2002 年 12 月 4 日，岑村从沙河镇划归长兴街管理。2005 年 5 月，该村完成撤村改制，组建岑村经济发展有限公司。（高蕾）

凤凰街

【概况】凤凰街建于 2002 年 12 月 31 日，是由原沙河镇撤镇建街时划出渔沙坦村和柯木塱村组建而成，因辖内有凤凰山而得名。凤凰街位于天河区东北部，东起广汕公路方屋村，与现黄埔区联和街相接，南至省良种繁殖场，与新塘街相连；西至黄屋村，与龙洞街相邻；北至太和嶂山，与白云区太和镇相依，面积 22.98 平方千米。街辖内有 6 个社区居委会（渔沙坦、凤凰、柯木塱、高塘石、渔兴、背坪社区居委会）和 2 个村改制公司（渔沙坦盛达经济发展有限公司、柯木塱经济发展有限公司）。2023 年，凤凰街户籍人口 19535 人，出生 261 人；常住人口 70454 人，出生 305 人；流动人口（居住 1 个月以上）10831 人，出生 334 人。

凤凰街三面环山，林地面积约 1.4 万亩，森林覆盖率 50%；东面凤凰山森林公园和南面火炉山森林公园树木葱郁，是“火龙凤”生态休闲区重要景点；北面太和嶂层峦叠翠，筲箕窝水库风景秀丽。广州地铁 6 号线在街辖内设有柯木塱、高塘石 2 个站点，广州通往粤东及福建的广汕公路贯穿柯木塱村 4.2 千米。街辖内有柯木塱农贸市场、渔沙坦综合市场等农贸市场 5 个；有 5 所大中专院校、9 所中小学校。凤凰地区是广州市客家人主要集聚地之一，客家山歌、婚俗等民间传统风俗保持完好。2004 年 10 月，凤凰街成立天河区第一个以民间艺术形式命名的协会——凤凰街客家山歌协会；同年 12 月，举办凤凰地区首届客家山歌大赛，此后凤凰街客家山歌成为天河区对外宣传的一个文化品牌。

【凤凰街推进“百千万工程”】 **城区建设**　2023 年，凤凰街配合推动广州白云机场第二高速公路、火炉山隧道等重点工程项目建设。配合推进龙洞—凤凰道路交通提升方案，畅通内部微循环和提升对外通行能力。新建、修复破损路面、人行道 810 平方米，安装隔离护栏 400 米，非机动车道划线 10000 米。规整渔沙坦中山、旺岗等 3 个经济社周边“三线”4260 米。治理违法建设 77 宗，面积 16.06 万平方米。

城中村治理　2023 年，凤凰街推进出租屋“赋码”（粤居码）管理，来穗人员持码 7.87 万人、登记率 98.33%。划分“放心类、关注类、严管类、禁租类”出租屋并分类管理。引导出租屋主和二手房东落实主体责任。在渔沙坦蓝屋经济社试点围院式管理，达到区二级围院式管理标准。将城中村环境综合整治与爱国卫生运动、周末“大清扫、大清洗、大清理”活动相结合；完善病媒生物防制基础设施、全面清理病媒生物孳生地。整治市容“六乱”行为 8978 宗。

协作帮扶与乡村振兴　2023 年，凤凰街帮扶贵州省毕节市纳雍县阳长镇胡家寨村改善陈家寨小学班班通教学设施、米落村中寨篮球场 2 个项目，帮扶百兴镇大坪地村维修路灯及通组路段、德科村大冲组环境卫生综合整治、坐窝底村环境卫生综合整治 3 个项目。引导街辖内 2 个村公司推进集体物业改造。柯木塱村公司分批建设村集体留用地三大项目，其中柯南科技研发中心项目于 4 月动工。摸查村集体资产资源，开展对接型招商引资，提高用地效率，提升单位土地面积产出效益。天河供电局在柯木塱村推进家庭电表“单改三（单相表改三相表）”电力服务试点，完成“单改三”633 户，解决居民用电难、用电贵问题。

【街道经济】　2023 年，凤凰街强化市场主体培育，新增“四上”企业 25 家。推进制造业立市，配合开展天河区现代都市工业园规划、建设和广汕路以南产业带征收、净地出让工作。推进广州中学凤凰校区（二期）、祥云幼儿园、天河国际教育园区、慈林寺、天河新监所等重点项目土地征收工作。

是年，凤凰街辖内生产总值 54.4 亿元，比 2022 年（下同）增长 6.3%。其中，规模以上工业总产值 26.52 亿元，增长 1.7%；规模以上营利性服务业营业收入 28.02 亿元，增长 26.1%；批发和零售业商品销售总额 84.19 亿元，增长 10%；住宿和餐饮业营业额 4.37 亿元，增长 23.9%；资质内建筑业总产值 8.57 亿元，下降 2%。

【凤凰街推进绿美天河生态建设】 2023 年，凤凰街持续保持辖内 29 个责任河段“三无”（污水无直排、水面无垃圾、水质无黑臭）；推进 9 个排水单元达标挂牌，处置截污管道错接混接、渗漏等问题 9 宗，水质持续转好。开展日常监管，查处污染源和典型排水户偷排偷倒、未规范设置污

2023 年 9 月 26 日，凤凰街开展客家山歌进校园活动　（凤凰街供稿）

水处理设施等问题13宗，整治“散乱污”场所等73家，立案查处生态环境违法案件11宗。推进华南国家植物园和国家林草局穿山甲保护研究中心“一园一中心”建设、华南国家植物园与火炉山森林公园“双园融合”工作，加大森林资源巡查保护，保护辖内19棵古树名木及其后续资源。开展“五边”“四旁”绿化美化活动。

【平安凤凰】 2023年，凤凰街推进综治中心提档升级，融合公安、司法、检察、劳动监察等力量，推行重大案件联动联调，排查矛盾纠纷473宗，成功化解470宗，化解率99.4%。成功调解劳资纠纷271宗，指引群众申请劳动仲裁142宗、司法维权14宗。加强快递行业的检查和督导，关停未落实“5个100%”制度的门店9家。开展反邪教、防诈骗、扫黄打非、扫黑除恶等宣传活动。凤凰街综治中心被评为广州市镇（街）一级综治中心，凤凰街被授予广东省信访工作示范街道。

开展道路交通秩序整治，在华美路口和广汕一路、二路沿线劝导纠正非机动车逆行、闯红灯、不戴头盔等交通违法行为，整治查扣“五类车”646辆，清理“僵尸车”8辆，处理违规停放机动车3650辆。是年，凤凰街治安类警情549宗，比2022年（下同）下降10.6%；刑事类警情305宗，下降18%。其中，“两抢”警情1宗，与上年持平；盗窃警情344宗，下降14.1%；诈骗警情324宗，下降16.5%；“黄赌毒”警情130宗，上升31.3%。

【安全监管】 2023年，凤凰街联合相邻街道巡查龙洞水库，保障游人安全。开展“铁拳2023”、危险化学品“打非治违”、燃气安全等11项重点行动，严格落实安全生产“一线三排”，检查各类生产经营单位、场所2923家次。整改安全隐患1867处；立案处罚消防安全违法违规行为为28宗，罚款15.6万元；立案处罚安全生产违法违规行为为37宗，罚款16.46万元。指导78家企业购买安全生产责任保险。开展安全宣传“五进”活动等1754家次。新增电动自行车充电桩设施176套，充电端口1437个，缓解村（居）民充电难和动态监管等问题。规范建设6个微型消防站，联动辖内龙凤消防站，开展应急演练41场次。

【民生服务】 2023年，凤凰街累计在册低保户15户22人、低保边缘家庭3户5人、事实无人抚养儿童3人，发放临时救助金7553元。发放长者长寿健康金69.336万元；组织老年人免费体检2070人。凤凰街打造健康教育实践教学、科普宣传“双基地”，家庭医生签约44951人。适龄妇女“两癌”免费筛查服务295人。联动南方医科大学第三附属医院等提供“一站式”中医服务。组织“春风行动”“零距离”2场招聘会，170家企业提供岗位4400多个，达成就业意向720人。开展未成年人“六大保护”行动，帮扶49名特殊困难家庭与困境儿童。发放困难残疾人生活补贴和重度残疾人护理补贴200多人，并提供康复资助、扶残助学等服务。主动服务优抚对象，医疗救助13人次，为退役军人推荐就业6人次。

【社区建设】 2023年7月2日，区政府批复同意凤凰街新设渔兴社区居委会和背坪社区居委会。推进街道、社区两级公共卫生委员会机制、队伍和能力建设，构建“五社”联动机制。凤凰街便民服务中心和6个社区便民服务站累计受理业务36045项，比2022年增长5.5%。街道便民服务中心周六上午提供延时服务。

是年，凤凰街开展“翰墨飘香迎新春，砥砺奋进谱新篇”书画活动，免费为群众送春联600余幅。组织客家山歌协会创作《唱响二十大、迈进新时代》新山歌。举办“童心创山歌、唱绿美凤凰”青少年原创客家山歌比赛、文化培训、文艺演出、“非遗进校园”等活动32场次。街道图书馆提供“通借通还”借阅服务约1000人次。开展“向美而行”系列公共文化产品配送活动，如香道修养、皮具DIY和香薰蜡烛制作、“插花”艺术等体验课。修缮公共体育设施点5处。柯木塱村公司参加“广州农商银行——乡村振兴杯”足球比赛，进入广州千村足球锦标赛8强。

【渔沙坦村（渔沙坦盛达经济发展有限公司）】 渔沙坦相传原名渔沙潭，后淤积为滩（坦），改现名。渔沙坦

表102　2023年凤凰街道集体股份公司情况表

名称	注册资本（万元）	股东（人）	经营总产值（万元）	董事长	总经理
渔沙坦盛达经济发展有限公司	200	3967	8995	杨丽芸	张子龙
柯木塱经济发展有限公司	50	4908	13930	杨九胜	涂国富

表103　2023年凤凰街道社区居委会情况表

社区名称	居委会地址	居委会主任
渔沙坦	渔兴路41号3楼	童丽
凤凰	渔沙坦蓝屋新街4号	肖敏
高塘石	柯木塱塘石二街一巷7号	顾东培
柯木塱	榄元街62-1号	李俊

地处广州市东北部丘陵地区，三面环山，北高南低，东北方向群山耸立，主要有凤凰山、太和嶂等；南部地形较为平坦，大坝河、旺岗河、蓝屋河流往龙洞。渔沙坦村有12个自然村：中山村、金鸡村、黄屋村、水口村、旺岗村、张屋村、大坝村、楼角村、李屋村、梁屋村、廖屋村、蓝屋村。村民大部分是在明末清初和清乾隆年间先后从粤东等地迁移来的客家人。渔沙坦主要姓氏有李、黄、陈、徐、廖、范、梁、蓝、张、曾、温等。中华人民共和国成立后隶属广州市凤凰公司（原广州市畜牧场）。1987年9月14日，渔沙坦村划入天河区作为代管村，但行政上仍属广州市凤凰公司管理。1994年划归天河区沙河镇管辖，2002年12月划归凤凰街管辖。2005年5月，渔沙坦村完成撤村改制工作，组建渔沙坦盛达经济发展有限公司。

【柯木塱村（柯木塱经济发展有限公司）】 传说柯木塱村过去到处都是柯树（客家人称河树），故称柯木塱。柯木塱属丘陵地形，周边有石狮顶山、公坑顶山、火炉山，地域狭长，沿广汕公路南北两侧分布成15个自然村：背坪村、新欧村、榄元村、贺屋村、新村、新元村、新屋村、上涂村、下涂村、邹屋村、杨屋村、方屋村、欧岗村、元墩村、大坪村。村民主要由兴宁、焦岭、河源、木强等地迁来，主要姓氏有杨、张、涂、徐、贺、廖、刘、曾、彭、李、黄、邹等。中华人民共和国成立后，隶属广州市凤凰公司（原广州市畜牧场）。1987年9月14日，柯木塱村划入天河区作为代管村，但柯木塱村在行政上仍属广州市凤凰公司管理。1994年划归天河区沙河镇管辖。2002年12月，划归凤凰街管辖。2005年5月，柯木塱村完成撤村改制工作，组建柯木塱经济发展有限公司。（李华州）

前进街

【概况】 前进街成立于2002年12月4日，以原东圃镇前进村地区为基础组成，由此得名。前进街位于天河区东南角，东起深涌右支涌，与黄埔区相依；南达珠江北帝沙岛，与海珠区黄埔村隔江相望；西到东圃二马路、车陂涌珠江入口处，与车陂街相接；北至中山大道，与黄村街、珠吉街相邻，面积4.86平方千米。街下辖11个社区居委会和1个村改制公司：石溪、宦溪、莲溪、美林湖畔、羊城花园、天力居、怡东、盈彩、桃源、菁品、兰亭社区居委会和前进置业发展有限公司。2023年，前进街户籍人口33441人，出生435人；常住人口74687人，出生894人；流动人口（居住1个月以上）48792人，出生504人。

前进街地理位置优越，交通便利，位于两大交通动脉——中山大道和黄埔大道之间。辖内杨桃公园占地约16公顷，杨桃树林连片，环境优美。天河精品农业公园集科技示范、生态观光、科普教育于一体。辖内单位主要有中国人民武装警察部队广东省总队、武警总队广州市支队、天河区人民法院、华润万家、福朋喜来登、美林基业集团、北京居然之家投资控股集团有限公司、宜家家居、山姆会员店、广东省出版集团数字出版公司等。大型楼盘有羊城花园、美林湖畔花园、盈彩美居、中兴花园、阳光桃源、上品菁园、菁品园、远洋明苑、兰亭盛荟、宝兴翠园、鹏润一号等。

【前进街推进“百千万工程”】 城区建设 2023年，前进街整治乱摆卖8000余宗，占道经营3259宗，规整乱停放共享单车8.9万余辆，责令清理乱堆放建筑废弃物31宗，拆除违规户外广告40宗。落实“门前三包”责任制，辖内恒信客家王餐饮店被评为“羊城第二届最美商铺”。开展垃圾分类，检查物业小区、机团单位683家次，发现问题1225处，现场教育整改380处，发出责令改正通知书54宗，立案处罚69宗，罚款7400元。拆除各类违法建设94宗，面积10.39万平方米。

城中村治理 2023年，前进街打造城中村治理“五强五提升”模式，在“五强”（政治、思想、组织、队伍、监督）方面着力，促进社区“五提升”（公共服务、环境管理、平安建设、发展质量、信息支撑）。加强城中村消防安全治理，排查城中村“三小”场所11548家，出租屋、自建房748栋，发现隐患2574处，整改隐患2051处。整治“三合一”场所57家，清理违规住人48人。开展城中村电动自行车专项整治，检查各类场所2657家，发现隐患489处，整改隐患348处，清理违规电动自行车341辆。城中村累计有电动自行车集中充电设施98套、充电口1268个。前进村纳管出租屋约2500栋3.35万套（间）。

协作帮扶与乡村振兴 2023年，前进街推进贵州省毕节市纳雍县张家湾镇自左村、普洒社区、老翁社区太阳能路灯建设项目，推进张家湾镇明山村、糯石社区太阳能路灯安装建设项目，惠及近600户农户约3000人。维修纳雍县文昌街道大屯社区板板房组的老旧水管，惠及农户74户273人。

【街道经济】 2023年，前进街推动经济转型升级，完成庄姓地块收储补偿协议和省环保集团收储意向协议的签订工作。以居然之家、美林天地、漫广场等商业载体为龙头，打造集新零售、新科技、新体验、商业孵化、创业投资、众创服务于一体的广州市首个商业创新整合服务平台。引进诗悦创想大厦、九江银行广州总部等项目，打造临江综合体地标。是年，美林天地人流量超4000万，山姆会员店营业收入超25亿元、税收超7千万元。是年，前进街辖内生产总值57.48亿元，比2022年（下同）增长4.4%。其中，规模以上营利性服务业营业收入21.68亿元，增长1.8%；批发和零售业商品销售总额173.23亿元，增长7.1%；住宿和餐饮业营业额3.34亿元，增长43.5%；资质内建筑业总产值18.28亿元，增长37%；商品房销售面积96840平方米，增长33.1%。

【前进街推进绿美天河生态建设】2023年，前进街加强在册古树名木巡查监管，对广东武警总队内的三级在册古树进行诊治和保护。推进南边塘东塘、西塘水环境提升项目，实现宦溪片区三处小微水体水环境和周边道路的统一管护。摸查排水户1208户，完成9家排水单元户达标任务。开展河涌整治行动47次，清运垃圾杂物110次60余吨。

表104　　2023年前进街道集体股份公司情况表

名称	注册资本（万元）	股东（人）	经营总产值（万元）	董事长	总经理
前进置业发展有限公司	3000	4969	20557	刘明森	梁志标

表105　　2023年前进街道社区居委会情况表

社区名称	居委会地址	居委会主任
宦溪	宦溪北路3号	曾志涛
石溪	石溪永宁街22号1楼	谢懿璐
莲溪	莲溪东路3号2楼	朱铮
怡东	前进街康乐新村一巷4号	凌昊星
天力居	东圃二马路天力街天力居6号1楼	周玉清
羊城花园	中山大道羊城花园康苑二街6号101房	陆秀娟
盈彩	中山大道1092号中心花园G栋2楼	蓝晓倩
美林湖畔	桃园南二街198号1楼（美林湖畔小区内）	刘雪婷
桃源	桃园路33号1楼（阳光桃源8栋1楼）	鄢程
菁品	中山大道中1120号A1栋外围101	潘树柠
兰亭	盛荟横街3号1001	张则鸣

美林天地商业二期　　（前进街供稿）

【平安前进】2023年，前进街道综治中心被选树为广东省、广州市“枫桥式”综治中心示范点，被评为2023年度广东省“1＋6＋N”基层社会治理工作体系建设先进典型。开展禁毒、“双反”、防邪教、防诈骗、扫黄打非、扫黑除恶等宣传活动100余场次。加强平安建设巡查，开展专项行动30余场次。疏导化解矛盾纠纷，全年办理云信访案件142宗，综治中心前台受理215宗，均全部办结。实施“畅通前进”工程，根据现状和功能把城中村道路分为村干路、村支路和巷道三级，推动城中村道路按等级管理，优化交通秩序，改善拥堵情况。全年开展摩电整治行动14次，签署交通安全承诺书4155份，依法暂扣无证共享电动车1700余辆，查扣无证电动自行车、“五类车”60辆次，处罚非机动车违法行驶130余宗。是年，前进街治安类警情1142宗，比2022年（下同）下降16.2%；刑事类警情389宗，下降20.6%，其中，“两抢”警情0宗，下降100%；盗窃警情484宗，下降24.4%；诈骗警情340宗，下降13.7%。

【安全监管】2023年，前进街开展应急演练26场，参与人数6887人次。开展应急安全宣传教育培训23场，参与人数2180人次。检查生产经营场所4152家，发现安全隐患1443处，发出限期整改告知函1443份，全部隐患已复查整改。完成区三防总指挥部应急响应65次，转移临灾人员108人次，处理倒伏树木6棵。

【民生服务】2023年，前进街为辖内低保户、低收户发放救济金约40.11万元，发放临时救助金32095.63元，救助流浪人员7人。发放长者长寿保健金约63.5万元。推进社区颐康服务站建设，开展长者饭堂大配餐服务，居家养老大配餐服务2587人次。

免费服务婚前孕前优生健康检查夫妇539对、产前优生检查夫妇788对。推进“五好”公共卫生委员会创建工作，开展健康教育宣传活动50多场；举办健康知识讲座10多场。受理来穗人员随迁子女积分入学申请121人，入围118人。开展应届高校毕业生就业帮扶跟踪工作，辖内登记失业的应届高校毕业生就业率达到90%以上，困难家庭高校毕业生就业率100%。打造“福袋”计划、“窗外有晴天”等党建引领服务品牌，党组织及党员通过微心愿认领帮扶36名特殊困难群众，结对帮扶特殊困难群众29名，帮扶志愿时1489小时，累计投入约50万元。

【社区建设】 2023年，前进街兰亭社区居委会入驻新办公场所，各社区更新“全国基层政权建设和社区治理信息系统”基础信息。天力居社区和桃源社区开展“和谐社区”创建工作，2个社区居委会被评为天河区2022年度先进社区居委会，2名社区工作者被评为天河区2022年度最美社区工作者。开展各类文体活动135场次，参与群众近2万人。有3720人次参与各项志愿服务活动，服务群众约2.5万人。

【前进村（前进置业发展有限公司）】 前进村建于南宋，原名石宦龙村，取其自然村石溪、宦溪、龙水埗三者首字而名。姓氏以凌、刘、屈、秦姓为主。村辖下有石溪、宦溪、龙水埗、莲溪4个自然村。各村中姓氏宗祠较多，尤其是石溪，已形成一个古建筑群，其中绿筠溪馆被列为天河区文物保护单位。1958年，改名为前进大队管理委员会。1987年，改名为前进村民委员会。1991年，成立前进村股份合作经济联社，属东圃镇管辖。2005年6月，前进村完成撤村改制工作，组建广州市前进置业发展有限公司，与前进股份合作经济联社同时并行运作，下辖12个经济社。

（郑聪逊）

珠吉街

【概况】 珠吉街建于2002年12月4日，以原东圃镇辖内的珠村、吉山村地区为基础组成，取两村名第一字而得名。珠吉街位于天河区东部，东起科珠路、岐山路，与黄埔区广州科学城、茅岗村相依；南达中山大道，与前进街相连；西到钟岭、马坟山、奥体西路，与黄村街相接；北至牛山、大石鼓岭，与新塘街相邻，面积8.26平方千米。街下辖11个社区居委会和2个改制公司：珠村南、珠村北、吉山东、吉山西、岐岗、翠屏苑、安厦、悦景、均和、金龙、文华社区居委会和珠村、吉山实业有限公司。2023年，珠吉街户籍人口32469人，出生525人；常住人口115102人，出生1346人；流动人口（居住1个月以上）92822人，出生961人。

辖内有天河区儿童公园、珠村公园等自然景观，也有乞巧“摆七娘”、端午龙舟会、祠堂建筑群等传统人文风俗。有广州现代信息工程职业技术学院、广州市蓝天高级技工学校、珠村小学、吉山小学、灵秀小学、奥体东小学等学校以及安厦花园、富力花园、翠屏富通雅苑等住宅小区。

【珠吉街推进“百千万工程”】 城区建设 2023年，珠吉街推动吉山改造项目，调整完善吉山片区策划方案、详细规划方案，推动引进国有企业合作改造，妥善解决2022年度临迁补偿款问题。

是年，珠吉街推动基础设施升级，灵山东路口硬化地面260平方米，安装护栏191米。岐山村口设置雨水管道333米，解决雨季水浸通行不畅问题。珠村孖塘安装大理石护栏451米，吉山大陇渠安装镀锌钢管护栏343米，改善水域周边综合环境。珠村农贸市场厕所升级改造，面积从44.03平方米扩建为68.94平方米，提高辖内公厕管理和公共服务水平。

城中村治理 2023年，珠吉街以城中村内用电、燃气、自建房、出租屋、电动自行车为重点强化安全主体责任。开展火灾风险专项排查整治，加大对人员密集场所、劳动密集型企业、易燃易爆场所、建筑施工工地、“三小”场所、“三合一”场所、校园、养老机构、高层建筑、“九类场所”的消防安全管理。全年开展安全隐患整治排查76次，检查各类生产经营场所3468家次、自建房7852栋、出租屋95115套次，发现并整改隐患8084处。完成8个社区二类微型消防站和2个村级一类微型消防站建设，完善消防装备，每站额定执勤人员6人，定期考核队员业务技能、消防知识，开展拉动演练。

是年，珠吉街“粤居码”持码人数92450人，持码率99.60%。召开出租屋屋主大会8次，楼栋长业务培训2次，4200余栋出租屋安装楼栋长公告栏，累计安装智能门禁出租屋1160栋。全年排查出租屋22万余间（套），整改安全隐患4686处。累计开展出租屋安全宣传教育活动23场次。

协作帮扶与乡村振兴 2023年，珠吉街联合街道商会前往贵州省毕节市纳雍县寨乐镇、化作乡开展村企结对帮扶工作，考察寨乐镇农旅融合产业示范园游览步道、大营村吴茱萸中药种植基地等项目建设情况。联合辖内优质企业资源，采取结对形式对口帮扶贵州省毕节市纳雍县5个行政村，签订为期5年（2021—2025年）的帮扶协议。截至是年底，珠吉街累计向结对村捐赠75万元。充分发挥山海心连之家服务站职能，服务贵州籍在穗务工人员1653人次、脱贫人口207人次。是年，珠吉街结合区域产业布局，加强对辖内农村集体资产交易的产业引导，指导辖内农村集体开展交易申请10宗。

【街道经济】 2023年，珠吉街做好对重点企业以及重点新注册企业的服务，完善企业困难反馈机制，形成以商业企业为主体、其他行业协同发展的经济格局。辖内主要有广州锦星行汽车贸易有限公司、广州骏佳凌志汽车销售服务有限公司等车企，以及广州市淘本本数码科技有限公司等互联网零售企业。引入广州势成汽车销售有限公司以及天河润府、执信花园等房地产项目。

是年，珠吉街辖内生产总值65.64亿元，比2022年（下同）增长6.1%。其中，规模以上营利性服务业营业收入18.23亿元，增长34.6%；批发和零售业商品销售总额184.21亿元，增长11.9%；住宿和餐饮业营业额1.44亿元，增长16.8%；资质内建筑业总产值15.34亿元，增长28.8%。

【珠吉街推进绿美天河生态建设】 2023年，珠吉街推进城市园林绿化，修剪辖内树木110棵，清理珠吉路往广园路（东行）方向入口两侧绿篱带杂草约100平方米。加强口袋公园、社区公园建设，珠村六社小公园铺设花岗岩砖588平方米，安装花岗岩侧石54米、装饰井盖4座、排水管道54米，补种台湾草、翠芦莉、灰莉球等绿植。

是年，珠吉街持续开展河涌治理。开展典型排水户巡检4次。协调村公司整治排污口，累计整治垃圾问题32处、水质问题9处、“散乱污”2处、排水设施15处、护栏设施2处、乱搭乱建类违章4处以及其他类型问题15处。推进排水单元达标，协调村公司督促村级工业园、商业楼宇等实施雨污分流工程，完成达标23家，面积28.63万平方米，占达标总任务面积的50%。加强护河志愿者队伍建设，开展7次护河志愿者行动。

【平安珠吉】 2023年，珠吉街开展反邪教、反诈骗、禁毒、“双反”、“三非”、网格化治理、扫黑除恶、扫黄打非、交通整治、国家安全等主题宣传活动130余场次。开展各项整治行动60余次，查封有违法行为的出租屋15栋85套，处罚涉案出租屋主15人。查扣“五类车”1330余辆，开出罚单331宗。加强信访纠纷化解，依托街道综治中心接待群众来访来电1068批1699人次，成功调处劳资纠纷、民事纠纷等356起，维护群众合法权益425万元。受理电子信访事项1472件，成功化解1467件，获群众感谢信1封、锦旗3面。是年，珠吉街刑事治安警情1174宗，比2022年（下同）1526宗下降23.1%；盗窃警情520宗，下降30.2%；伤害类警情65宗，下降13.3%；诈骗警情370宗，下降21.3%；电诈警情173宗，下降34.7%；涉毒警情4宗，下降33.3%。

2023年3月25日，区人力资源和社会保障局第一支部与天河区珠吉街珠村南社区党委联合开展“百个机关支部联百村居”行动，组织社区党员、志愿者开展垃圾分类宣传（珠村南社区供稿）

【安全监管】 2023年，珠吉街开展各类安全整治行动287次，检查企业、场所5068家次，发现并整改隐患2483条，发出执法文书11039份，立案查处28宗，行政罚款22.15万元。开展综合减灾示范社区建设宣传，辖内所有社区完成省减灾办下达的基层减灾能力“十个有”建设任务和天河区综合减灾示范区创建工作。

是年，珠吉街组建一支由各职能部门、村公司组成的30人的应急救援队。开展应急演练23次，参演人员1000余人。开展3场安全宣传“五进”公益行活动，组织1场应急救援，累计开展安全宣传“五进”活动2542次，参加人员2.3万余人次。

【民生服务】 2023年，珠吉街开展临时救助11次，发放临时救助金约3.5万元。为1249名70岁以上老人发放长寿金约75.72万元。为长者提供上门生活照料服务，累计服务945人次。为103名长者提供配餐送餐服务。为长者提供日托午休、健康监测等服务，开展3场健康饮食宣传活动和6场保健宣传活动，累计服务492人次。为70名长者提供康复咨询、器材训练、康复训练及康复理疗项目，累计服务297人次。是年，辖内新增低保户 13 户、低收户 3 户，发放低保金约 61.41 万元。全年管理服务退休人员 1417 人，探访 1528 人次。帮助 2 名退休人员申请生活困难补助金 6909.48 元，帮助 2 名患重大疾病的退休人员申请医疗困难帮扶救助金 95377.03 元。

是年，珠吉街失业人员实现再就业 268 人，其中就业困难人员 148 名。帮助 323 人申领灵活就业社会保险补贴 201.26 万元。为 44 名属地高校毕业生开展就业跟踪服务，辖内登记失业的应届高校毕业生就业率达 90% 以上。服务用人单位 825 家，办理就业登记 2678 人次。发布空岗信息 2928 条，其中灵活就业岗位数 533 条。组织线下招聘会 2 场和职业技能提升培训 1 场。帮助吉山东、吉山西、珠村南、悦景、珠村北和岐岗等 6 个社区申报充分就业社区。

是年，珠吉街累计受理广州市积分制服务申请 4049 人，其中提交积分制入学申请 171 人（港澳 5 人），积分制入户申请 224 人。开展来穗人员积分制服务宣传活动 4 次。办理生育登记 1823 例、婚育证明 293 例。发放独生子女父母奖励 1100 人。1266 人参加免费孕前优生健康检查、1534 人参加免费出生缺陷干预检查。开展计生困难家庭慰问活动 3 次，慰问 9 户家庭。开展无偿献血活动 3 次。

是年，珠吉街为 1 名现役军人送立功喜报，为 2 名退役回乡军人举办迎接仪式，协助 2 名困难优待退役军人申请应急救助，为 2 名参战老兵申请医疗补助。成立珠吉街红棉老兵志愿服务队，弘扬和传承非遗民俗文化。龙舟赛期间开展红棉老兵志愿者服务 45 场；乞巧节期间红棉老兵志愿者服务 150 余人次，累计志愿服务工作超 1200 小时。

表 106　2023 年珠吉街道集体股份公司情况表

名称	注册资本（万元）	股东（人）	经营总产值（万元）	董事长	总经理
珠村实业有限公司	200	5242	6786	潘锦城	—
吉山实业有限公司	100	3974	20557.05	梁礼忠	梁柱深

表 107　2023 年珠吉街道社区居委会情况表

社区名称	居委会地址	居委会主任
珠村南	珠村东桥大道 68 号首层	林小芳
珠村北	珠村祠前横路 10 号	戴婷婷
吉山东	吉山坑尾路 13 号 13 ～ 15 铺	潘柳玉
吉山西	吉山村上街 48 号之 3	梁晓华
岐岗	吉山大粒沙路 4 号	周丽惠
翠屏苑	富通街翠屏富通雅苑 E 栋首层	李小芳
安厦	珠吉路安厦一街 25 号首层	郭娟
悦景	雍华东四街 3 号 01 房	杨奇

【社区建设】 2023 年，珠吉街加强基层群众性自治组织规范化建设，推进文华、均和、金龙社区居委会的增设筹建工作。珠村北社区居委会建立“熟人社区”工作机制，打造具有乞巧文化特色的邻里小广场，开展邻里节、乞巧传承等活动，被评为 2022—2023 年度广州市和谐社区（幸福村）。2023 年，区文化馆珠吉分馆举办文体活动 15 场，服务群众 88650 人次。联合珠村、前进村、黄村组织 2023 年第二届天河区深涌杯龙舟赛。申报 1 条社区体育健身路径维修项目，定期维护辖内体育设施。开展辖内 42 处不可移动文物的日常保护，累计巡查 218 次。开展珠村民居抢险加固工程、珠村满聚钟公祠保养维护工程。

【珠村（珠村实业发展有限公司）】 珠村东邻黄埔区，南接前进村，西临黄村，北至广深高速公路，村内有多条河涌，是典型岭南水乡。珠村始建于南宋绍兴元年（1131），历史悠久，因村旁有 3 个小山岗而得名，初称三珠岗，后称珠村。自南宋开始，先后有潘姓、钟姓、陈姓等族人迁入，形成以潘、钟两姓村民为主体的传统村落。其中潘姓有 11 个房支，钟姓有 2 个房支，随着宗族繁衍分支，13 个房支经传统发展演变，形成 13 个经济社。2002 年 12 月，珠村由东圃镇划归珠吉街管辖。2005 年 6 月，珠村完成撤村改制工作，组建珠村实业发展有限公司。

珠村有丰富多彩的传统民俗文化生活，如祭北帝、唱大戏、端午节赛龙舟、拜七娘（又名乞巧节）等岭南民间风俗。每年端午节，在珠村深涌段都举办龙舟竞渡。农历七月初七是传统民间节日拜七娘，珠村村民延续传统手工工艺，制作各种各样向往和反映美好生活的展品。2005 年起，珠村每年举办广州乞巧文化节，吸引海外来宾众多，成为广州的文化名片。2011 年 6 月，天河乞巧习俗正式入选第三批国家非物质文化遗产名录。2012 年，以珠村乞巧习俗为代表的天河区珠吉街被文化部评为 2011—2013 年度“中国民间文化艺术之乡”。珠村尚有文物建筑 44 处保存完好，剩下的历史建筑群建筑面积约 8000 平方米，珠村农民协会旧址、海军一条巷、民国海军将领潘文治故居等均在其内。

【吉山村（吉山实业发展有限公司）】 吉山村位于天河区东部，东邻黄埔区茅岗，南接珠村、中山大道、广九铁路、广园东路，西到珠村，北靠广州科学城，下辖吉山、岐山、大淋岗3个自然村。吉山建村于明洪武十三年（1380），主要为梁姓人居住。岐山建村于清顺治年间（1644—1661），大淋岗建村于清光绪二十六年（1900），这两个村庄原属珠村，由珠村潘姓人分支居住。东园桃李、西郊牧笛、南涧潮平、北岭寒梅、山亭远眺、松径禽音、三山荔赤、十里橙黄为原吉山八景，现村内建有供村民休闲娱乐的橄榄公园和岐山公园。吉山传统民间文娱活动有大戏（粤剧）、飘色游行、唱八音、盲公唱盲音等。2006年，恢复纪念清顺治年间抗匪英雄大型村会。2002年12月，吉山村由东圃镇划归珠吉街管辖。2005年6月，吉山村完成撤村改制工作，组建吉山实业发展有限公司。（张文龙、叶佳宜）

新塘街

【概况】 新塘街建于2002年12月4日，以原东圃镇内新塘、凌塘、沐陂、玉树村4个村为基础建成，因辖区原属广州市新塘农工商公司管理、辖内有新塘村得名。2005年6月7日，玉树村划归萝岗区（现黄埔区）。新塘街位于天河区东北部，东起科翔路、光宝路，与黄埔区广州科学城相依；南部与珠吉街、黄村街、车陂街相连；西至凌塘新村凌塘小学，与长兴街相接；北部与黄埔区科学城、凤凰街相邻，面积10.8平方千米。街下辖8个社区居委会（新塘、新园、新景、迎宾、沐贤、高塘、云溪、天慧）和4个村改制公司（广州市亿骏置业发展有限公司、广州市沐陂置业有限公司、广州市云溪实业有限公司、广州市新合经济发展有限公司）以及广州市国营新塘农工商联合公司。2023年，新塘街户籍人口13128人，出生236人；常住人口65533人，出生932人；流动人口（居住1个月以上）26447人，出生664人。新塘街交通便利，广深高速公路横贯东西，大观路连通南北。街辖内有私立华联学院、广东岭南职业技术学院、广东食品药品职业技术学校、广东省电子商务技术学院、大观学校、新塘小学、沐陂小学、凌塘小学、天英小学等大中专院校和中小学校。

【新塘街推进“百千万工程”】 城区建设　2023年，新塘街推动广州白云机场第二高速公路重要交通枢纽建设。推动大观街二期征拆。完成改造范围常住人口户籍数据核定及土地勘测定界。提升天慧社区容貌品质，打造新型公共文化空间——天河湿地文化角。在新岑四路、新岑五路、天智三路、软件西路、软件路、高唐路安装“机非隔离”护栏约5.4千米，清理乱停车3400辆。探索镇街全域服务治理新模式，成立天慧社区物业管理联盟，由多家物业管理企业组建社区容貌服务队，强化商圈公共区域巡查管理，解决乱停车、乱摆卖等问题。建成约3000平方米的非机动车免费停放场地，缓解地铁口非自行车围堵现象。继续开展垃圾分类，建立垃圾分类信息化系统。在88个垃圾投放点的基础上，打造星级垃圾投放点15个。开展生活垃圾分类“全民行动日”主题宣传活动80场，约9500人次参与。收运生活垃圾约4.4万吨，厨余垃圾约0.73万吨。

城中村治理　2023年，新塘街对辖内7个社区开展出租屋、火灾防控、燃气具使用、电动自行车等安全隐患排查整治。累计排查出租屋6526栋32326套，发现消防安全隐患422处，现场整改199处。整治占道经营1658宗、乱摆卖1712宗，规范停放共享单车2438辆次。治理违法建设81宗，面积18.86万平方米。提升新塘街城中村及内街内巷环境卫生水平，每周末开展环境综合整治行动。全年清理公共区域卫生死角4800处，清理乱张贴3.8万多张、乱涂写780多条。

协作帮扶与乡村振兴　2023年，新塘街赴贵州省七星关区考察调研东西部协作工作。辖内4个村公司向亮岩镇关沟村、桥头村，团结乡营坪村，田坝镇茨朗村捐赠12万元教育帮扶资金。全年累计为对口帮扶村镇捐助32万元。

【街道经济】 2023年，新塘街新增“四上”企业56家，规模以上企业突破400家。互联网、软件和信息技术服务业规模不断扩大，时代E-park（天河）园区两年内超30家企业被评为广东省“专精特新”中小企业，软件业营收位居全区第三。跟进服务新引进项目企业96家。完成第五次全国经济普查，上门核查24598户单位、9352户个体户。

是年，新塘街辖内生产总值229.88亿元，比2022年（下同）增长5.1%。其中，规模以上工业总产值27.85亿元，下降5.6%；规模以上营利性服务业营业收入308.17亿元，增长11.1%；批发和零售业商品销售总额113.05亿元，增长25%；住宿和餐饮业营业额4.99亿元，增长20.1%；资质内建筑业总产值46.7亿元，下降3.7%。

【新塘街推进绿美天河生态建设】 2023年，新塘街街级河长巡河252次，村（居）级河长巡河1589次，河段长巡河620次。完成排水单元达标建设任务33个，面积68.94公顷。辖内森林覆盖率24%，绿化覆盖面积约259公顷，公园绿地面积约93公顷，人均公园绿地面积23平方米。辖内有古树名木4株，分布在高塘、沐贤2个社区（凌塘村、沐陂村）。

街道联合区规划和自然资源分局对森林督查违法图斑处罚、林业有害生物防治和自然保护地问题整改落实情况进行专项巡查60余次，发出整改通知书1份，立案查处擅自改变林地用途案件1宗，处罚金额4.2万元。清理整治“散乱污”场所7家，7家拟升级改造。

【平安新塘】 2023年，新塘街接办信访案件203宗并全部办结。调处重大矛盾纠纷案件6宗，调解成功率100%。处理劳资纠纷案件1391宗，涉及人数3487人，为劳动者追回劳动报酬6499.21万元。开展禁毒宣传活动143场，媒体宣传报道17篇。开展社会治理、反邪教、扫黑除恶、扫黄打非、防诈骗等系列宣传活动750余场，受益群众7万余人。

是年，新塘街治安类警情754宗，比2022年（下同）下降13.8%；刑事类警情443宗，下降5.9%。其中，“两抢”警情1宗，下降0%；盗窃警情472宗，下降12.9%；诈骗警情448宗，下降8.9%；“黄赌毒”警情167宗，上升49.1%。

【安全监管】 2023年，新塘街与辖内社区居委会、村改制公司以及65家重点企业单位签订安全生产和消防工作责任书。持续推进企业安全生产和消防安全综合整治，开展专项检查行动32次，检查各类生产经营单位6700家次，发现并整改事故隐患2112项，开具限期整改告知函1991份。完成安全生产委托执法行政处罚案件26宗，行政处罚金额11.2万元。58家企业购买安全生产责任保险。开展消防安全“扫雷”行动，排查出租屋4656栋28276套；微型消防站扑灭初起火情39宗。办理涉消防安全处罚案件52宗，处罚金额3.015万元。

组建1支“三防”抢险队伍，指导辖内12个村（居）制定“一页纸”灾害防御应急预案。开展“五进”宣讲活动8242场次，覆盖企业、学校、社区8242家次，培训人数2.5万余人。开展各类应急演练23次。

组织志愿者在高普路—软件路口、大观路—新塘大街路口等重点地段开展交通引导，规劝交通违规违法人员4.6万人次。开展“五类车”整治18次，查扣“五类车”342辆。

【民生服务】 2023年，新塘街累计在册特困户2户2人、低保户18户21人、低保边缘家庭2户5人、事实无人抚养儿童4人。为辖内60岁以上老年开展生活照料、助餐配餐、日间托管、医养康养、家居改造等服务，开展“平安通”“银龄安康”“适老化改造”“家庭养老床位”等惠老工作1万人次，发放长者长寿金42万元。开展65岁以上常住人口老人免费体检活动。为113人发放独生子女父母奖励金，为5人发放计划生育家庭特别扶助金；为35人办理独生子女综合保险。为365对夫妇提供免费婚前孕前检查，为627位孕妇提供产前筛查。

是年，新塘街办理就业登记2228人，失业登记694人，登记失业人员实现再就业176人，就业困难人员再就业59人。发布空岗信息2287条，发布求职者信息937条。跟踪服务离校未就业高校毕业生28人，职业技能提升培训50人。开展团体职业指导活动1场，举办“零距离”招聘会2场，职业指导成功案例4个。审核灵活就业社保补贴843人。常态化慰问退役军人，走访率100%；组织“红棉老兵”志愿活动40次，为17名优抚对象申请办理季度医疗补助，为符合政策的参战老兵申请免费体检，为1名重病退役军人申请应急救助。

是年，新塘街向出租屋主、来穗人员推广应用“粤居码”，82373人申领。新塘街受理来穗人员积分入户申请5993人，有253位申请人通过初审。新塘街新增录入流动人员信息88006条，注销151696条，系统纳管人数增至92830人。

【社区文体】 2023年，新塘街组织开展形式多样的群众文化活动，包

2023年8月2—5日，新塘街辖内4个村公司赴贵州省毕节市七星关区与结对村社进行考察交流。图为新塘街沐陂置业有限公司向关沟村捐赠3万元教育帮扶资金

（新塘街供稿）

括“迎新春送春联”活动、第十五届“绘童真、圆中国梦”暑期绘画公益培训班、“九九重阳节 浓浓敬老情”文艺演出活动等28场文化活动。新塘街获2023年度“绚丽天河”天河区文化艺术节优秀组织奖。

【新塘村（亿骏置业发展有限公司）】 新塘村建于元代，简姓人于明代初年迁入，后发展成大姓。明代，因村中新挖10多口鱼塘后形成30多亩大塘而得名。1999—2000年，因国家建设新塘村征地4230.5亩。村里利用征地补偿金，加大对第二、第三产业投入，投资数千万元，建成南北两片工业园及1.5千米长的商业街。2005年6月，新塘村完成撤村改制工作，组建广州市亿骏置业发展有限公司（公司起用前沿用原广州市天河区东圃镇新塘村民委员会），公司于2007年9月12日注册成立，下设4个股份合作经济社。

【沐陂村（沐陂置业有限公司）】 南宋末年，沐陂村先祖潘克常在珠村去世，葬于珠村西北面约6千米的木陂。受五行思想影响，为与火炉山相协调，故在“木”旁加“水”字，称“沐陂”。潘克常的第四子潘长吉为父守墓，到此结庐而居，后子孙繁衍，渐成村落，至今祖墓保存完整。自清代起，石牌、棠下、珠村、沐陂四大房及其分支的潘氏子孙于清明节前一天齐聚拜祭，该习俗一直延续至今，逐渐成为沐陂村年中盛事，香火鼎盛，相当热闹。清嘉庆十二年（1807）

表108　2023年新塘街道集体股份公司情况表

名称	注册资本（万元）	股东（人）	经营总产值（万元）	董事长
广州市亿骏置业发展有限公司	200	1594	15919	简树华
广州市沐陂置业有限公司	150	1211	1585	潘成畅
广州市云溪实业有限公司	500	1548	11209	陈展林
广州市新合经济发展有限公司	50	2282	4106	简焯基

表109　2023年新塘街道社区居委会情况表

社区名称	居委会地址	居委会主任
新塘	新塘长庚大街大塘边10号2楼	陈华
新园	大观中路新园新村一横路49号2楼	廖志冰
新景	合景路89号天河星作东区2栋1楼28～29号	赵龙
迎宾	大观中路新泰街D栋1楼	胡卫海
沐贤	沐陂大街7号3楼	邹荣泉
高塘	凌塘上街南1号2楼	王强
云溪	新村北街路上十六巷5号	单文锋
天慧	软件路11号5楼501室	刘国荣

修建文祖潘公祠、天德潘公祠。2012年，潘贞夫妇合葬墓挂牌成为天河区文物保护单位，文祖潘公祠挂牌成为天河区登记保护文物单位。2005年5月，沐陂村撤村改制，组建沐陂置业有限公司，并于2005年11月注册成立，下设2个股份合作经济社。

【凌塘村（云溪实业有限公司）】 相传于宋代建村，村民认为住在火炉山脚，须有冷水相助，故名。凌塘开村时仅有梁、韦两姓。民国时期广东省省长陈济棠的侄子陈元宝在凌塘村开办农场，从今白云区太和镇穗丰村、增城区、韶关市新丰县、惠州市龙门县和博罗县、梅州市梅县区等地招聘民工，其中温姓者多为太和穗丰和新丰人氏。中华人民共和国成立后，此批人便在凌塘村落户。1958年，又有陈、李、范、魏等姓从天鹿湖迁居凌塘，人数占全村的30%，至今凌塘村姓氏有39个。2005年6月，凌塘村完成撤村改制。2008年，组建广州市云溪实业有限公司，下设5个股份合作经济社。

【谭村（新合经济发展有限公司）】 谭村原为新塘村的1个自然村。2010年10月，新塘街新塘村三、四、五、六、七社及谭村6个生产社的新塘村简氏和谭村林氏村民组成并建立联社——天河区新塘街谭村股份合作经济联社。同时，组建广州市新合经济发展有限公司，属独立法人，主营租赁厂房、铺位场地及物业管理。

（王丹）

人物和荣誉

先进人物选介

· 张来仔

张来仔，男，1965年3月生，中共党员，广东省龙眼洞林场护林员。张来仔自1987年4月调入林场以来，始终坚守护林防火、保护野生动植物的职责。多年来，他无惧严寒酷暑、蚊虫叮咬、毒蛇出没，每日白天巡山15千米，夜间在林间小屋值守。他看护的4000多亩林区从未发生过一起火灾或偷盗案件。张来仔曾获得“全国优秀护林员”“全国绿化奖章”“国土绿化突出贡献人物”“全国五一劳动奖章”“广东好人”等荣誉。2023年1月，张来仔入选2022年第四季度“中国好人榜”。

· 唐建锋

唐建锋，男，1980年2月生，天河区城市管理第二保洁所环卫工人。2022年8月23日上午，正在体育西路进行保洁作业的唐建锋发现一个塑料垃圾袋里装着10万元现金，他立刻将失物交给民警并归还失主。2023年4月，唐建锋入选2023年第一季度“中国好人榜”。

· 雷群燕

雷群燕，女，1977年12月生，中共党员，市人大代表，天河区天园街环宇社区党支部书记、居委会主任。她从事基层社区工作十余年，坚持为民办实事，推动辖区华南快速路桥底卫生黑点整治、翠园街人行道路升级改造、翠雅小区增设充电桩、“长者”饭堂、黄埔第三军休所助餐服务点等民生实事落地。她开创“1234”社区治理工作法（“1”即坚持党建引领，为社区治理提供坚强保证；“2”即建立两个平台，为社区治理提供活动场所；“3”即建设三支队伍，为社区治理提供人力保障；“4”即健全四项机制，为社区治理提供制度支撑）。针对社区驻军单位多、退役军人和军人家庭多、无军籍人员多、优抚对象多的特点，开创“1＋1＋1＋N”（搭建一系列交流服务平台、一系列工作制度机制、一系列政治文化建设、N支志愿者服务队）工作模式，帮助退役军人解决“急难愁盼”问题300余个。2023年3月，雷群燕被评为全国退役军人服务中心（站）百名优秀主任（站长）、广东省三八红旗手和广州市学雷锋志愿服务最美志愿者。

· 严涛

严涛，男，1987年9月生，中共党员，广州市公安局天河区分局兴华派出所副所长。2023年3月19日，严涛在深圳休假探亲期间，途经深圳湾婚庆公园海边，发现一名女子轻生跳海。他不顾个人安危，迅速跃入海中施救。上岸后他不顾被礁石划伤的身体，坚持陪同该女子到属地派出所办理手续后才处理伤口，翌日返回工作岗位。其事迹被广东广播电视台等媒体报道，深圳警方向广州警方发来表扬函。2023年6月20日，严涛被广东省精神文明建设委员会办公室评为2023年第二季度“广东好人”。

2023年区属单位、个人获市级以上荣誉名录

表110　　2023年区属单位获市级以上（含市级）荣誉称号表

颁奖时间	获奖部门	荣誉称号	颁奖单位
2023年1月	天河软件园	2022年度高质量发展园区	中国软件园区发展联盟
2023年1月	天河区司法局	组织宣传人民调解工作先进集体	中华全国人民调解员协会
2023年1月	中共广州市天河区委员会办公室	2022年度全省党委办公厅（室）系统信息工作先进单位	中共广东省委办公厅

续表 110

颁奖时间	获奖部门	荣誉称号	颁奖单位
2023 年 1 月	天河区人民检察院	省检察院信息直报点先进单位	广东省人民检察院
2023 年 2 月	天河区教育局	全国第七届中小学生艺术展演活动优秀组织奖	教育部
2023 年 2 月	国家税务总局广州市天河区税务局（税收风险管理局）	2020—2021 年度广东省青年文明号	共青团广东省委员会、国家税务总局广东省税务局
2023 年 2 月	中共广州市天河区委员会办公室	2022 年度广州市党委系统信息工作表扬单位	中共广州市委办公厅
2023 年 3 月	天河区兴华街侨源阁社区居民委员会	2022 年度广东省最美志愿服务社区	广东省精神文明建设委员会
2023 年 3 月	天河区兴华街侨源阁社区居民委员会	2022 年度广州市最美志愿服务社区	广州市精神文明建设委员会
2023 年 3 月	国家税务总局广州市天河区税务局猎德税务所	2022 年度广东省三八红旗集体	广东省妇女联合会
2023 年 3 月	天河区	2022 年度广州市十佳新闻发布单位	中共广州市委宣传部、广州市人民政府新闻办公室
2023 年 3 月	天河区人民政府沙河街道办事处	2022 年广州市全面推行河湖长制工作先进集体	中共广州市委员会、广州市人民政府
2023 年 4 月	天河区市场监督管理局	市场监管所标准化规范化建设试点工作表现突出单位	广东省市场监督管理局
2023 年 4 月	共青团国家税务总局广州市天河区税务局委员会	2022—2023 年度广东省五四红旗团委	共青团广东省委员会
2023 年 6 月	天河区民政局	2023 年广州市社会救助知识竞赛三等奖	广州市人民政府
2023 年 9 月	天河区	二星平安鼎	广东省委平安广州建设领导小组办公室
2023 年 9 月	中共广州市天河区委台湾工作办公室	2023 年中央台办“两刊”对台宣传工作先进单位	中共中央台湾工作办公室宣传局
2023 年 9 月	天河区司法局	“法治新时代”法治动漫微视频铜奖	广东省普法办公室、广东省司法厅
2023 年 9 月	中共广州市天河区委员会办公室	节约型机关	国家机关事务管理局、中共中央直属机关事务管理局、国家发展和改革委员会、财政部
2023 年 9 月	中共广州市天河区纪委监委	节约型机关	国家机关事务管理局、中共中央直属机关事务管理局、国家发展和改革委员会、财政部
2023 年 9 月	中共广州市天河区委组织部	节约型机关	国家机关事务管理局、中共中央直属机关事务管理局、国家发展和改革委员会、财政部
2023 年 9 月	中共广州市天河区委统战部	节约型机关	国家机关事务管理局、中共中央直属机关事务管理局、国家发展和改革委员会、财政部
2023 年 9 月	中共广州市天河区委政法委	节约型机关	国家机关事务管理局、中共中央直属机关事务管理局、国家发展和改革委员会、财政部
2023 年 9 月	天河区教育局	节约型机关	国家机关事务管理局、中共中央直属机关事务管理局、国家发展和改革委员会、财政部
2023 年 9 月	天河区文化广电旅游体育局	节约型机关	国家机关事务管理局、中共中央直属机关事务管理局、国家发展和改革委员会、财政部
2023 年 9 月	天河区信访局	节约型机关	国家机关事务管理局、中共中央直属机关事务管理局、国家发展和改革委员会、财政部
2023 年 9 月	天河区科学技术协会	节约型机关	国家机关事务管理局、中共中央直属机关事务管理局、国家发展和改革委员会、财政部
2023 年 9 月	天河区人民政府沙河街道办事处	节约型机关	国家机关事务管理局、中共中央直属机关事务管理局、国家发展和改革委员会、财政部
2023 年 9 月	天河区人民政府石牌街道办事处	节约型机关	国家机关事务管理局、中共中央直属机关事务管理局、国家发展和改革委员会、财政部
2023 年 9 月	天河区人民政府林和街道办事处	节约型机关	国家机关事务管理局、中共中央直属机关事务管理局、国家发展和改革委员会、财政部
2023 年 9 月	天河区人民政府天园街道办事处	节约型机关	国家机关事务管理局、中共中央直属机关事务管理局、国家发展和改革委员会、财政部

续表 110

颁奖时间	获奖部门	荣誉称号	颁奖单位
2023 年 9 月	天河区人民政府元岗街道办事处	节约型机关	国家机关事务管理局、中共中央直属机关事务管理局、国家发展和改革委员会、财政部
2023 年 11 月	天河区市场监督管理局冼村市场监督管理所	五星市场监督管理所	国家市场监督管理总局
2023 年 12 月	天河区民政局	2023 民政部政策理论研究三等奖	民政部
2023 年 12 月	天河区统计局	2023 年广东省基层统计“7 个一”规范化建设先进单位	广东省统计局
2023 年 12 月	天河区司法局	广东省人民调解创新经验提名奖	广东省司法厅、广东省人民调解协会
2023 年 12 月	天河区教育局	广东省中小学教师信息技术应用能力提升工程 2.0 项目总结与成果展示活动嘉奖	广东省教育厅

表 111　　2023 年个人获市级以上（含市级）荣誉称号表

颁奖时间	获奖人	所属单位	荣誉称号	颁奖单位
2023 年 1 月	雷群燕	天河区人民政府天园街道环宇社区	全国优秀主任（站长）	退役军人事务部办公厅
2023 年 1 月	林希丹	中共广州市天河区委员会办公室	2022 年度全省党委办公厅（室）系统信息工作先进个人	中共广东省委办公厅
2023 年 1 月	贺小丹	天河区人民检察院	广东省信息工作先进个人	广东省人民检察院
2023 年 1 月	池剑铭	天河区人民检察院	广东省信息工作先进个人	广东省人民检察院
2023 年 2 月	钟华	天河区人民检察院	广东省从检 30 年检察荣誉章	广东省人民检察院
2023 年 2 月	彭军	天河区人民检察院	广东省从检 30 年检察荣誉章	广东省人民检察院
2023 年 3 月	雷群燕	天河区人民政府天园街道环宇社区	广东省三八红旗手	广东省妇女联合会
2023 年 3 月	罗璇梓	中共广州市天河区委宣传部	2022 年度广州市政府系统新闻工作先进个人	广州市人民政府办公厅
2023 年 4 月	古华堂	天河区市场监督管理局	参加整治借党的二十大进行商业炒作和医疗美容行业突出问题专项治理工作成绩突出个人	国家市场监督管理总局
2023 年 4 月	陈玙	天河区人民法院	2022—2023 年度广东省优秀共青团员	共青团广东省委员会
2023 年 6 月	严涛	广州市公安局天河区分局兴华派出所	2023 年第二季度“广东好人”	广东省精神文明建设委员会办公室
2023 年 7 月	储颖超	天河区人民检察院	广东省民事检察工作支持起诉工作成功案例	广东省人民检察院
2023 年 7 月	徐鸿	天河区人民法院	2022—2023 年度广州市优秀共青团员	共青团广州市委员会
2023 年 8 月	熊宝玲	天河区人民检察院	广东省案件管理业务能手型人才	广东省人民检察院
2023 年 8 月	邓庚辉	广州市公安局天河区分局猎德派出所	广东公安“平安厅”信箱工作成绩突出个人	广东省公安厅
2023 年 9 月	谭素华	广州市公安局天河区分局刑警大队五中队	广东省优秀人民警察	广东省人力资源和社会保障厅、广东省公安厅
2023 年 9 月	符斌	广州市公安局天河区分局训练大队	广东省公安优秀教官	广东省公安厅
2023 年 9 月	洪军梅	广州市公安局天河区分局天园派出所	广东省公安机关社区民警标兵	广东省公安厅
2023 年 9 月	陈东斌	广州市公安局天河区分局五山派出所	广东省公安机关社区民警标兵	广东省公安厅
2023 年 9 月	洪军梅	广州市公安局天河区分局天园派出所	广东公安“最美基层民警”	广东省公安厅
2023 年 10 月	肖晚霞	天河区人民检察院	第三届广东省检察机关刑事执行检察业务标兵	广东省人民检察院
2023 年 10 月	谢艺	天河区人民检察院	2023 年广东省检察机关未成年人检察典型案例	广东省人民检察院
2023 年 11 月	杨帆	天河区人民检察院	第七批广东检察教育培训精品课程	广东省人民检察院
2023 年 11 月	储颖超	天河区人民检察院	广东省行政检察工作典型案例	广东省人民检察院
2023 年 11 月	杨惠芹	天河区人民政府车陂街道西华社区	广州市三八红旗手	中共广州市委员会、广州市人民政府
2023 年 12 月	孔锦玲	天河区民政局	2023 民政部政策理论研究三等奖	民政部
2023 年 12 月	王朝阳	天河区民政局	2023 民政部政策理论研究三等奖	民政部
2023 年 12 月	谢艺	天河区人民检察院	检察机关 2023 年度维护妇女儿童权益典型案例	最高人民检察院
2023 年 12 月	常肖磊	天河区司法局	2023 年“法在心中晴朗天”省、市直机关干部法治演讲比赛优秀奖	广东省普法办公室

附　录

2023 年天河区组织机构名录

附表 1

天河区四套领导班子及纪委监委班子成员表

机构名称	班子成员
中国共产党广州市天河区委员会	书记：陈加猛 副书记：陈建荣、刘武鹏（任至 5 月） 常委：饶洁怡、张文胜、黄凯旋、刘庆进、查显春、谢长林、张鉴君（任至 6 月）、杨海涛、邵文新（6 月任职）
广州市天河区人民代表大会常务委员会	主任：蓝小环 副主任：李笑娟、黄泽鹏、石泽润、吴杰、林泽波
广州市天河区人民政府	区长：陈建荣 常务副区长：黄凯旋 副区长：刘庆进、郭华、袁笑一、段希、邓萍、黄卓丰
中国人民政治协商会议广州市天河区委员会	党组书记、主席：邵国明 党组副书记：谢长林、陈祖进 党组成员：王亚平、姚忠伟、邱裕辉 副主席：陈祖进、岳朝阳、王亚平、张海玉、曹利元、姚忠伟
中国共产党广州市天河区纪律检查委员会、广州市天河区监察委员会	区纪委书记、区监委主任：张文胜 区纪委副书记、区监委副主任：黄鹏（区纪委副书记任至 6 月，区监委副主任任至 8 月）、张广前 区纪委常委、区委巡察办主任：梁彬 区纪委常委、办公室主任：李小玲 区纪委常委、区监委委员、案件监督管理室主任：尹霞（3 月任职） 区纪委常委、区监委委员、第三纪检监察室主任：唐源杨 区监委委员：吕星（任至 3 月）、吴智锋

附表 2

中国共产党广州市天河区委员会工作机构表

机构名称（全称）	简称	负责人
中共广州市天河区委办公室	区委办公室	主任：查显春（兼）
中共广州市天河区委组织部	区委组织部	部长：杨海涛（兼）
中共广州市天河区委宣传部	区委宣传部	部长：饶洁怡（兼）
中共广州市天河区委统一战线工作部	区委统战部	部长：谢长林（兼）
中共广州市天河区委政法委员会	区委政法委	书记：刘武鹏（兼，任至 5 月）、查显春（兼，8 月任职）
中共广州市天河区委机构编制委员会办公室	区委编办	主任：陈志贤
中共广州市天河区直属机关工作委员会	区直机关工委	书记：赵用能
中共广州市天河区委老干部局	区委老干部局	局长：王永芝
中国人民解放军广东省广州市天河区人民武装部	区人武部	部长：邵文新

续附表 2

机构名称（全称）	简称	负责人
中共广州市天河区委党校	区委党校	校长：杨海涛（兼）
广州市天河区国家档案馆	区国家档案馆	馆长：魏兵
广州市天河区融媒体中心	区融媒体中心	主任：余彦

附表 3　广州市天河区人民代表大会常务委员会工作机构表

机构名称（全称）	简称	负责人
广州市天河区人民代表大会常务委员会办公室	区人大常委会办公室	主任：陈小林
广州市天河区人民代表大会常务委员会法制工作委员会	区人大常委会监察法制工委	主任：曾晓元（任至 4 月）、熊永光（9 月任职）
广州市天河区人民代表大会常务委员预算工作委员会	区人大常委会预算工委	主任：黎文涛（任至 9 月）、刘建（9 月任职）
广州市天河区人民代表大会常务委员会城乡建设环境与资源保护工作委员会	区人大常委会城乡建设环境资源工委	主任：张盛旺（任至 3 月）、黄伟平（3 月任职）
广州市天河区人民代表大会常务委员会教育科学文化卫生工作委员会（广州市天河区人民代表大会常务委员会华侨外事民族宗教工作委员会）	区人大常委会教育科学文化卫生工委（区人大会常委会华侨外事民族宗教工委）	主任：吕懿华
广州市天河区人民代表大会常务委员会农村农业工作委员会	区人大常委会农村农业工委	主任：杨演锋
广州市天河区人民代表大会常务委员会社会建设工作委员会	区人大常委会社会工委	主任：林惠娜（任至 3 月）、左建方（3 月任职）
广州市天河区人民代表大会常务委员会代表工作委员会	区人大常委会代表工委	主任：郭民（任至 9 月）、叶春青（9 月任职）

附表 4　广州市天河区人民政府工作机构表

机构名称（全称）	简称	负责人
广州市天河区人民政府办公室	区政府办公室	主任：王海鸿
广州市天河区发展和改革局	区发展改革局	党组书记、局长：邹学仁
广州市天河区教育局	区教育局	党组书记、局长：龚维
广州市天河区科技工业和信息化局	区科工信局	党组书记、局长：宋爱平
广州市天河区民政局	区民政局	党组书记、局长：杨建新
广州市天河区司法局	区司法局	党组书记、局长：刘奇志
广州市天河区财政局	区财政局	党组书记、局长：李强
广州市天河区人力资源和社会保障局	区人力资源社会保障局	党组书记、局长：刘开勤
广州市天河区住房建设和园林局	区住建园林局	党组书记、局长：陈志宏
广州市天河区水务局	区水务局	党组书记、局长：张绍辉
广州市天河区农业农村局	区农业农村局	党组书记、局长：刘宏海（任至 9 月）、全球（9 月任职）
广州市天河区商务和金融工作局	区商务金融局	党组书记、局长：王鹤
广州市天河区文化广电旅游体育局	区文化广电旅游体育局	党组书记、局长：江波
广州市天河区卫生健康局	区卫生健康局	党组书记、局长：唐德成
广州市天河区退役军人事务局	区退役军人事务局	党组书记、局长：何淳（任至 3 月）、于俊营（3 月任职）
广州市天河区应急管理局	区应急管理局	党组书记、局长：林穗炜
广州市天河区审计局	区审计局	党组书记、局长：黄永常
广州市天河区市场监督管理局	区市场监管局	党组书记、局长：肖泽顺
广州市天河区统计局	区统计局	党组书记、局长：张昶
广州市天河区城市管理和综合执法局	区城市管理综合执法局	党组书记、局长：刘建华

续附表 4

机构名称（全称）	简称	负责人
广州市天河区信访局	区信访局	党组书记、局长：丘立峰
广州市天河区政务服务数据管理局	区政务服务数据管理局	党组书记、局长：侯利荣
广州市公安局天河区分局	区公安分局	党组书记、局长：郭华（任至 1 月）、焦志伟（1 月任职）
广州市规划和自然资源局天河区分局	区规划和自然资源分局	党组书记、局长：刘俊杰
广州市生态环境局天河分局	区生态环境分局	党组书记、局长：庄雄
广州市天河区协作办公室	区协作办	党组书记：曾晓东（任至 5 月） 主任：谭小瑜
广州市天河区机关事务管理局	区机关事务局	局长：杨立鸿
广州市天河区广州火车东站地区管理委员会办公室	东站地区管委办	党组书记、主任：马东升
广州市天河区供销合作社联合社	区供销联社	党组书记:朱焕周（任至 1 月）、钟伟峰（9 月起任） 理事会主任：吴小妹
广州市天河区建设工程项目代建局	区代建局	党组书记、局长：曹建强（3 月任职）

附表 5　　中国人民政治协商会议广州市天河区委员会工作机构表

机构名称（全称）	简称	负责人
中国人民政治协商会议广州市天河区委员会办公室	区政协办公室	秘书长：邱裕辉
中国人民政治协商会议广州市天河区委员会提案委员会	区政协提案委	主任：郑桂金
中国人民政治协商会议广州市天河区委员会社会法制民族宗教和文化文史委员会	区政协社会法制民族宗教和文化文史委	主任：黄启林
中国人民政治协商会议广州市天河区委员会经济委员会	区政协经济委	主任：潘巧玲
中国人民政治协商会议广州市天河区委员会教科文卫体委员会	区政协教科文卫体委	主任：吴文章
中国人民政治协商会议广州市天河区委员会城建资源环境和农业农村委员会	区政协城建资源环境和农业农村委	主任：暂缺
中国人民政治协商会议广州市天河区委员会港澳台侨外事和联络委员会	区政协港澳台侨外事和联络委	主任：薛健斌

附表 6　　广州市天河中央商务区管理委员会、天河科技园管理委员会表

机构名称（全称）	简称	负责人
广州市天河中央商务区管理委员会	天河中央商务区管委会	主任：饶洁怡（兼） 常务副主任：袁晓文
广州市天河科技园管理委员会	天河科技园管委会	党委书记：詹延遵 党委副书记、主任：许文进

附表 7　　广州市天河区人民法院、人民检察院表

机构名称（全称）	简称	负责人
广州市天河区人民法院	区法院	党组书记、院长：杜传杰
广州市天河区人民检察院	区检察院	党组书记、代理检察长：何素梅（4 月任代理检察长）

附表 8　　民主党派与工商联天河区基层组织表

机构名称（全称）	简称	负责人
中国国民党革命委员会广州市天河区基层委员会	民革天河区基层委员会	主委：吴小妹
中国民主同盟广州市天河区基层委员会	民盟天河区基层委员会	主委：邓谦
中国民主建国会广州市天河区基层委员会	民建天河区基层委员会	主委：张海玉

续附表 8

机构名称（全称）	简称	负责人
中国民主促进会广州市天河区基层委员会	民进天河区基层委员会	主委：曹利元
中国农工民主党广州市天河区基层委员会	农工党天河区基层委员会	主委：吴文章
中国致公党广州市天河基层委员会	致公党天河区基层委员会	主委：刘建
九三学社广州市天河委员会	九三学社天河委员会	主委：谭小瑜
台湾民主自治同盟广州市天河区基层委员会	台盟天河区基层委员会	主委：林峥
广州市天河区工商业联合会	区工商联	党组书记：陶小民 主席（会长）：应华江

附表 9

广州市天河区群众团体表

机构名称（全称）	简称	负责人
广州市天河区总工会	区总工会	主席：石泽润
中国共产主义青年团广州市天河区委员会	团区委	书记：王沫
广州市天河区妇女联合会	区妇联	主席：蔡进
广州市天河区科学技术协会	区科协	主席：李春兰
广州市天河区文学艺术界联合会	区文联	主席：王芹
广州市天河区归国华侨联合会	区侨联	主席：陈健生
广州市天河区残疾人联合会	区残联	理事长：汤达凡
中国国际贸易促进委员会广州市天河区委员会	区贸促会	党组书记：梁克强 主任：刘小娴

附表 10

广州市天河区街道党工委、办事处表

街道机构名称（全称）	简称	负责人
中共广州市天河区沙河街道工作委员会	沙河街党工委	党工委书记：潘海彪
广州市天河区人民政府沙河街道办事处	沙河街办事处	办事处主任：曾晓东
中共广州市天河区五山街道工作委员会	五山街党工委	党工委书记：张妙娟
广州市天河区人民政府五山街道办事处	五山街办事处	办事处主任：陈胜蓝
中共广州市天河区员村街道工作委员会	员村街党工委	党工委书记：赵端生
广州市天河区人民政府员村街道办事处	员村街办事处	办事处主任：林晓刚
中共广州市天河区车陂街道工作委员会	车陂街党工委	党工委书记：范继军
广州市天河区人民政府车陂街道办事处	车陂街办事处	办事处主任：黄沛泉
中共广州市天河区石牌街道工作委员会	石牌街党工委	党工委书记：林泽波
广州市天河区人民政府石牌街道办事处	石牌街办事处	办事处主任：刘励枫
中共广州市天河区天河南街道工作委员会	天河南街党工委	党工委书记：张海波（任至 11 月）
广州市天河区人民政府天河南街道办事处	天河南街办事处	办事处主任：田从华
中共广州市天河区林和街道工作委员会	林和街党工委	党工委书记：徐佳
广州市天河区人民政府林和街道办事处	林和街办事处	办事处主任：林剑辉
中共广州市天河区沙东街道工作委员会	沙东街党工委	党工委书记：李桂明
广州市天河区人民政府沙东街道办事处	沙东街办事处	办事处主任：梁业敏
中共广州市天河区兴华街道工作委员会	兴华街党工委	党工委书记：周舟
广州市天河区人民政府兴华街道办事处	兴华街办事处	办事处主任：黄东成
中共广州市天河区棠下街道工作委员会	棠下街党工委	党工委书记：钟铭兴
广州市天河区人民政府棠下街道办事处	棠下街办事处	办事处主任：欧阳习中
中共广州市天河区天园街道工作委员会	天园街党工委	党工委书记：柳恩铭
广州市天河区人民政府天园街道办事处	天园街办事处	办事处主任：岳海川
中共广州市天河区冼村街道工作委员会	冼村街党工委	党工委书记：姚忠伟

续附表 10

街道机构名称（全称）	简称	负责人
广州市天河区人民政府冼村街道办事处	冼村街办事处	办事处主任：冯海涛
中共广州市天河区猎德街道工作委员会	猎德街党工委	党工委书记：李明（任至 9 月）、刘建波（9 月任职）
广州市天河区人民政府猎德街道办事处	猎德街办事处	办事处主任：刘建波（任至 9 月）、李铧屹（9 月任职）
中共广州市天河区元岗街道工作委员会	元岗街党工委	党工委书记：刘杨新
广州市天河区人民政府元岗街道办事处	元岗街办事处	办事处主任：刘华
中共广州市天河区黄村街道工作委员会	黄村街党工委	党工委书记：黄海文
广州市天河区人民政府黄村街道办事处	黄村街办事处	办事处主任：何旭权（任至 3 月）、陈树博（9 月任职）
中共广州市天河区龙洞街道工作委员会	龙洞街党工委	党工委书记：李新辉
广州市天河区人民政府龙洞街道办事处	龙洞街办事处	办事处主任：王澄彬
中共广州市天河区长兴街道工作委员会	长兴街党工委	党工委书记：李永辉
广州市天河区人民政府长兴街道办事处	长兴街办事处	办事处主任：姚永营
中共广州市天河区凤凰街道工作委员会	凤凰街党工委	党工委书记：李汶强
广州市天河区人民政府凤凰街道办事处	凤凰街办事处	办事处主任：肖敏
中共广州市天河区前进街道工作委员会	前进街党工委	党工委书记：黄德树
广州市天河区人民政府前进街道办事处	前进街办事处	办事处主任：龚政权
中共广州市天河区珠吉街道工作委员会	珠吉街党工委	党工委书记：左建方（任至 3 月）、何旭权（3 月任职）
广州市天河区人民政府珠吉街道办事处	珠吉街办事处	办事处主任：蓝蓝
中共广州市天河区新塘街道工作委员会	新塘街党工委	党工委书记：黄伟平（任至 3 月）、黄新锋（3 月任职）
广州市天河区人民政府新塘街道办事处	新塘街办事处	办事处主任：王强

2023 年广州市天河区国民经济和社会发展统计公报

2023 年是全面贯彻党的二十大精神的开局之年，是三年疫情防控转段后经济恢复发展的一年。面对经济恢复波浪式发展、曲折式前进的新形势新挑战，我区坚持以习近平新时代中国特色社会主义思想为指导，在市委市政府和区委区政府的正确领导下，坚决扛起经济大区真正挑大梁的责任担当，全力以赴拼经济、抓项目、促发展，勇当广州高质量发展主阵地和动力源，经济总量连续 17 年领跑全市，荣获 2023 企业家幸福感最强区，连续四年位列赛迪全国创新百强区前三，第四次被评为“中国最具幸福感城区”。

一、综合经济

生产总值

根据广州市地区生产总值统一核算结果，全年地区生产总值（GDP）6551.26 亿元，比 2022 年（下同）增长 5.1%，总量连续 17 年全市第一。三次产业比例为 0.04∶7.18∶92.78。其中，第一产业增加值为 2.77 亿元，增长 27.6%；第二产业增加值为 470.52 亿元，增长 8.0%；第三产业增加值为 6077.98 亿元，增长 4.8%。人均 GDP29.38 万元，增长 5.0%。

现代服务业增加值 4672.90 亿元，增长 4.7%，占 GDP 比重 71.3%。数字经济核心产业增加值 1454.51 亿元，增长 4.9%，占 GDP 比重 22.2%。五大主导产业增加值 4523.15 亿元，增长 5.2%，占 GDP 比重 69.0%。其中，金融业增加值 1326.22 亿元，增长 7.9%，占 GDP 比重 20.2%；新一代信息技术增加值 1220.74 亿元，增长 4.1%，占 GDP 比重 18.6%；现代商贸业增加值 903.42 亿元，增长 4.7%，占 GDP 比重 13.8%；高端专业服务业增加值 706.28 亿元，增长 2.4%，占 GDP 比重 10.8%；现代都市工业增加值 366.49 亿元，增长 6.5%，占 GDP 比重 5.6%。

财政收支

全年税收收入 860.28 亿元，增长 1.5%。其中，增值税 331.47 亿元，增长 19.7%；企业所得税 242.73 亿元，下降 10.6%；个人所得税 142.15 亿元，下降 5.5%。现代服务业税收收入 631.62 亿元，增长 0.5%。五大主导产业税收收入 663.29 亿元，下降 1.4%，占全区税收收入比重 77.1%。其中，金融业税收收入 187.98 亿元，下降12.0%;新一代信息技术税收收入168.06亿元,增长0.2%;现代商贸业税收收入146.13亿元,增长2.1%;高端专业服务业税收收入127.90亿元,增长10.2%;现代都市工业税收收入33.22亿元,增长4.2%。

一般公共预算收入82.77亿元,增长1.8%。其中,增值税22.29亿元,增长24.9%;城建税11.67亿元,下降0.6%;印花税9.23亿元,增长4.1%;房产税9.39亿元,增长1.2%;企业所得税7.19亿元,下降2.0%。来源于税收的收入63.84亿元,增长7.9%,占一般公共预算收入比重77.1%。

一般公共预算支出(含市资金)180.19亿元,增长30.8%。区级一般公共预算支出172.74亿元,增长31.1%。其中,教育支出39.65亿元,增长2.2%;城乡社区支出25.60亿元,增长20.6%;一般公共服务支出18.64亿元,增长28.6%;卫生健康支出25.07亿元,增长60.6%;公共安全支出14.06亿元,增长18.4%。

市场主体

现有各类市场主体72.04万户。其中,企业55.29万户,占全市企业总量比重26.3%。新增企业10.06万户,增长21.9%,占全市新增企业比重27.3%。其中,新增注册资本1000万元以上企业0.38万户,增长0.7%,占全市同类新增企业比重23.7%。

从行业类型看,新增企业主要集中在批发和零售业4.6万户、科学研究和技术服务业1.5万户、租赁和商务服务业1.4万户、信息传输及软件和信息技术服务业1.2万户,分别占天河区新增企业比重45.9%、15.3%、13.5%、11.9%。新增企业增长最快的三个行业是农、林、牧、渔业,制造业,教育业,分别增长72.7%、67.3%、60.5%。

固定资产投资

全年固定资产投资额(按项目在地)增长20.0%。按产业分,第二产业固定资产投资额增长81.0%,第三产业固定资产投资额增长15.0%。按构成分,其他固定资产投资额增长7.6%,房地产开发投资额增长37.3%。建筑安装工程投资额增长17.9%。145个重点建设项目完成投资536.76亿元,完成年度投资计划的118.9%。

对外经济

全年外贸进出口总值660.2亿元,增长5.0%。其中,出口276.7亿元,增长9.5%;进口383.6亿元,增长2.1%。服务外包全口径执行额71.47亿美元,增长29.0%;服务外包离岸执行额22亿美元,增长5.54%。服务贸易额8.20亿美元,下降38.7%。

合同利用外资12.45亿美元,下降50%;实际利用外资3.70亿美元,下降55.9%。新设外商投资企业1589家,增长65.7%,其中,合同外资超千万美元的企业15家。合同外资增资的企业中合同外资超千万美元的企业12家。

重点发展片区

天河中央商务区(建成区)全年规模以上工业总产值1003.70亿元,增长11.6%;建筑业企业总产值411.33亿元,下降7.5%;社会消费品零售总额1078.15亿元,增长2.0%。天河中央商务区新增亿元税收楼宇2栋,合计92栋。国家数字服务出口基地数字服务出口额20.5亿美元、增长14.8%。天河路—珠江新城商圈新入驻首店71家,新增全国示范智慧商店1家。

天河智慧城竣工投产重点产业项目5个,计划投资总额超亿元企业33家。全年规模以上工业总产值202.23亿元,增长7.0%;建筑业企业总产值64.69亿元,下降7.3 %;社会消费品零售总额119.69亿元,增长14.2%。天河智慧城核心区和智谷开发建设提级推动,出让产业用地1宗。天河科技园技工贸总收入3290.61亿元,增长6.7%;软件园软件业务收入1721.80亿元,增长8.2%。

二、行业经济

工业

全年规模以上工业总产值1118.95亿元,增长9.3%。工业产品生产销售衔接良好,产销率达99.4%。按规模分,大型企业工业总产值945.94亿元,增长13.8%;中型企业工业总产值70.20亿元,增长5.6%;小型企业工业总产值102.81亿元,下降16.5%。按行业分,电力、热力、燃气及水生产和供应业工业总产值951.08亿元,增长13%;制造业工业总产值167.87亿元,下降6.3%。四大硬核产业"三正一负",其中,能源供应产业951.08亿元,增长13%;智能装备产业69.66亿元,下降10.2%;都市消费工业完成64.23亿元,增长7.1%;生命健康产业18.67亿元,增长37.1%。

建筑业

全年建筑业总产值1410.65亿元,增长6.0%。分行业看,房屋建筑业851.63亿元,增长10.1%;土木工程建筑业346.28亿元,下降2.3%;建筑安装业80.54亿元,下降5.4%;建筑装饰和其他建筑业132.19亿元,增长12.2%。

国内商业

全年社会消费品零售总额2152.79亿元,增长6.4%,占全市比重19.5%。主要商品中,限额以上新能源汽车类商品零售额增长11.1%,限额以上金银珠宝类商品零售额增长13.6%,限额以上粮油、食品类商品零售额增长16.7%。网上零售保持平稳增长,限额以上批发和零售业通过公共网络实现的商品零售额297.13亿元，增长4.8%。

金融业

全区持牌金融机构288家，占全市比重达75%以上。其中，法人金融机构23家，占全市比重约40%。金融业增加值1326.22亿元，增长7.9%。新增境内外上市企业2家，占全市比重14.3%；累计境内外上市企业45家（正常存续），占全市比重19.5%；累计新三板挂牌企业60家（正常存续），占全市比重26.5%。

房地产业

全年房屋施工面积966.68万平方米，下降2.9%；房屋竣工面积76.00万平方米，下降59.9%。商品房销售面积124.23万平方米，增长34.0%。其中，现房销售面积14.96万平方米，下降54.1%；期房销售面积109.27万平方米，增长81.9%。

营利性服务业

全区规模以上营利性服务业营业收入合计3745.66亿元，增长5.6%。其中，软件和信息技术服务业营业收入2284.73亿元，增长1.3%；租赁和商务服务业营业收入946.85亿元，增长11.1%；科学研究和技术服务业营业收入404.67亿元，增长11.2%；文化、体育和娱乐业营业收入81.38亿元，增长69.7%；居民服务、修理和其他服务业营业收入28.04亿元，增长5.7%。

三、科技创新

创新主体

新增科技类企业2.7万户，增长30.4%，占全市新增企业比重35.4%。国家高新技术企业2367家，占全市比重18.0%；国家科技型中小企业库入库企业4242家，占全市比重19.9%；入选2023年中国互联网百强企业3家，占全市比重42.9%；省级企业技术中心数量累计59家。现有省级以上重点实验室136家，省级以上工程技术研究中心480家。2022年全社会R&D经费投入198.64亿元，占GDP比重3.2%。

创新服务

区政务大数据平台上线运行。与87个地区实现720项高频事项多渠道“跨域通办”。天河“政企＋”服务平台投入使用，为全区超72万市场主体提供精细化、个性化服务。港澳青年创新创业孵化基地新引进港澳项目97个、累计达967个。国家数字服务出口基地数字服务出口额20.5亿美元，增长14.8%。新增国家级孵化器1家，科技企业孵化器和众创空间总数达254家。其中，国家级孵化载体40家，省级孵化载体26家。

创新环境

广州（国际）科技成果转化天河基地累计注册展示科技成果437项。授牌设立10大元宇宙试点园区，落地15个元宇宙应用场景建设项目。专利授权量1.93万件，其中，发明专利授权量9438件，增长29.6%。PCT国际专利申请量284件，占全市比重15.3%。商标申请量7.52万件，商标有效注册量54.42万件。每万人发明专利拥有量达189.7件，是全市平均水平的2.3倍。

四、社会事业

教育

高考全区公民办特招控制线上线率创历史新高，连续7年位居全市第一；来穗人员随迁子女入读义务教育阶段学校比例达到100%。全区公办园在园幼儿数占比52.7%，普惠性幼儿园在园幼儿数占比达90.6%，提前完成学前教育“5085”目标，新开办5所优质公办幼儿园。核增教育事业编制190名，公开招聘624名在编教职员。新增正高级教师7名、副高级教师94名、中级教师435名。

文化

区图书馆和区文化馆均为国家一级馆，21个街道文化站均为省特级文化站。现有2个区级总馆，21个街道文化馆分馆，6个文化馆社会分馆，21个街道图书馆分馆，34个社会合作图书馆分馆，29个学校图书服务点。举办群众文化活动7219场，公益文化艺术普及活动224场。获得82个国家、省、市级文艺大赛奖项，39节精品慕课荣登“学习强国”平台。

体育

全区共有体育场地3766个，体育场地面积为399.57万平方米，人均体育场地面积1.80平方米。全民健身路径387条，新建或更新健身路径20条，升级改造6个篮球场、维修维护辖内公共体育设施100余件。区体校与区教育局共建训练学校增至35个，区体校与社会共建训练基地共计23个。全区取得省、市体育专业比赛获得金牌136人次、银牌73人次、铜牌102人次，向省、市输送运动员16名。

卫生

全区共有医疗卫生机构1075个，包括：69个医院，994个基层医疗卫生机构，7个专业公共卫生机构，5个其他卫生机构。医疗卫生机构床位数1.53万张，其中，医院1.49万张。全区社会办医院床位数4643张，占医院床位总量比重为30.4%。在岗职工3.93万人，其中，卫生技术人员3.17万人，注册护士1.50万人，执业（助理）医师1.16万人，中医执业（助理）医师0.15万人。医疗卫生机构总诊疗量2512.19万人次，住院人数52.90万人次。医疗病床使用率76.8%，出院者平均住院日7.47天。

五、城区建设

规划建设

完成立体绿化建设5160平方米、新增绿道2千米、绿道提升10千米。完成体育西路G出口、沙河顶市场、水荫横路等5个口袋公园的建设。结合全民义务植树活动，打造执信四路社区公园1个。完成广州金地、珠江花城1.04千米缓跑径建设。

市容环卫

建成星级生活垃圾分类投放点65个，培育“无废细胞”282个。打造3个垃圾分类体验馆、4条垃圾分类特色线路，全区日均分出厨余垃圾489吨、可回收物1563吨，资源回收利用率达42.0%。治理违法建设196.5万平方米，更新改造燃气老化管道16.61千米，新建、改建公厕16座，教育整改“门前三包”问题3.6万余宗。

环境保护

2023年，天河区环境空气质量综合指数为3.43；空气质量达标天数比例89.3%；SO_2、臭氧第90百分位和CO第95百分位的年均浓度分别下降16.7%、10.4%和10.0%。全区地表水环境水质指数为4.96，下降15.5%；13条重点区域一级支流均达到水质目标，其中猎德涌、棠下涌、车陂涌、程界东涌、深涌主涌5条河涌优于考核目标1个水质类别；全区30条黑臭水体持续保持不黑不臭、“长制久清”。

安全生产

2023年，全区发生生产安全事故12宗，死亡12人，分别下降20.0%、25.0%，未发生较大以上生产安全事故。检查、巡查各类生产经营单位13.3万家次，发现并消除安全隐患4.14万条，立案查处安全生产非法违法案件754宗，实施经济处罚421.63万元；开展安全宣传“五进”宣讲活动14.6万次，受众308万人次，对外发布安全宣传“五进”工作动态551篇。

综合治理

全区案件类110警情下降16.5%。累计清理整治各类“六乱”行为14.3万宗，立案处罚623宗，罚款12.56万元；开展“随手扶”等规范停放共享单车65.82万辆（次），通报共享单车公司清理、调度单车106.5辆（次）。出动人员7018次，检查广告招牌近5万块。培育提升社区面积6平方千米，巡查并完成整改问题775宗。出动燃气安全检查人员2.17万人次，检查燃气经营站点1855家次，检查用气餐饮场所3.15万家次，检查涉管工地501个次，发现并整改隐患问题1831宗，发出整改通知521份，立案处罚105宗，处罚金额18.03万元。

法律服务

受理人民调解案件3998宗，调解成功3988宗，调解成功率达99.8%。公共法律服务线上线下平台共提供法律服务咨询2.9万人次。社区法律顾问累计服务对象4.4万人次，提供包括诉讼及非诉讼服务总件数0.95万件。法律援助处提供法律援助咨询6435人次，受理法律援助案件1874件，提供审查起诉阶段和审判阶段法律帮助1805人次。

六、人民生活

人口

年末常住人口223.80万人，增长0.7%；年末户籍人口109.47万人，增长2.1%；户籍人口出生数0.98万人，出生率9.5‰，死亡率4.1‰，自然增长率5.5‰。城镇居民人均可支配收入94717元，增长1.2% 。

就业

全区城镇新增就业人数8.7万人。全年帮助登记失业人员实现再就业7522人，就业困难人员实现再就业3425人。举办各类公益性招聘会135场，开展高校系列专场招聘活动28场。开发空岗信息逾8.6万个，为失业人员提供岗位推荐服务逾7200次。

社区服务

21个“双百工程”社工服务站、230个“双百工程”社会工作服务点持续跟进在册特殊困难群体5205名，累计服务17.6万人次，实现辖内困难群众和特殊群体社会工作服务100%覆盖。开展居家探访或电访服务8万人次，个案服务1830个，小组服务3039节，社区活动1686场，服务社区居民达30万人次。依托社工站平台共设立社区慈善捐赠站点21个、“时间银行”志愿服务站点21个、街道级社区慈善基金16个，组建志愿服务队伍327支，发展在册志愿者2.5万人；组织开展各类社区志愿服务活动3167场，服务居民约37万人次。

民生保障

向困难群众发放各类社会救助金4554.12万元。救助流浪乞讨、露宿人员1478人次。打造高品质“家政＋养老”服务，累计服务7.32万人次。111个长者饭堂为3.32万名老人提供就餐服务，累计服务195万人次，送餐服务6649人次。发放70周岁及以上长者约89.53万人次，长寿保健金5407.16万元。

说明：

1. 本公报数据为年度初步统计数，正式数据以《2023年广州市天河区国民经济统计资料》为准。

2. 本公报地区生产总值、各产业增加值和工业总产值绝对数按当年价格计算，增长速度按可比价格计算。

3. 本公报中部分数据取自相关部门统计数据。

4. 部分数据因四舍五入的原因，存在着与分项合计不等的情况。

新闻选载

附表 11

2023 年新闻媒体报道天河区选载题录

标题	主要内容	媒体名称 报道时间
保障互联网企业安全，广州天河天园街成立首个“网络治保会”	3 日，天园街科韵社区第一届网络治安保卫委员会选举大会举行，宣告天园街科韵社区首届网络治保会成立。该网络治保会是国内首个以互联网企业为主体的治保会	大洋网 1 月 3 日
家门口也能感受“国际范” 广州公布 12 个国际化街区试点	中共广州市委外事工作委员会审定印发《广州市国际化街区试点建设名单》，公布同意在广州市各区 12 个国际化街区开展试点建设，其中包括天河区猎德街区	《信息时报》 1 月 5 日
华南国家植物园被评为首批广东省环境教育基地示范单位	广东省生态环境厅印发通知，华南国家植物园等 16 家单位被命名为 2022 年广东省环境教育基地示范单位	《广州日报》 1 月 5 日
首届“兴智杯”全国人工智能创新应用大赛行业赋能专题赛颁奖 全球选手竞逐人工智能新赛道	5 日，由广州市人民政府主办，广州市工业和信息化局、广州市天河区人民政府、中国信息通信研究院承办，广州公共算力中心协办的首届“兴智杯”全国人工智能创新应用大赛行业赋能专题赛颁奖典礼暨人工智能行业赋能高峰论坛在线上举办	《南方日报》 1 月 6 日
天河区花市“线下为主”，各街道打造“一街道一品牌”主题花市	2023 年，天河迎春花市采取“线上线下相结合、以线下为主”的模式举办，重点依托中轴线、珠江新城内街道主题花市及主干道沿线赏花带打造“串珠成链、连线成片”的赏花点。6 日，天河首个“政府搭台、企业唱戏”的主题迎春花市——天河优托邦迎春花市在广东奥林匹克体育中心优托邦商场南门正式开市。各街道打造“一街道一品牌”，设置至少 1 个小型主题花市，另外设置若干个延伸到社区的购花点	《广州日报》 1 月 7 日
商务部公布首批全国示范智慧商圈、全国示范智慧商店名单	9 日，商务部官网公布首批全国示范智慧商圈、全国示范智慧商店名单，天河路商圈被评为全国示范智慧商圈，正佳广场、广州友谊商店正佳店被评为全国示范智慧商店	央广网 1 月 9 日
商务部印发《广州市服务业扩大开放综合试点总体方案》	10 日，商务部发布关于印发《广州市服务业扩大开放综合试点总体方案》，同意在广州等 6 个城市开展服务业扩大开放综合试点，试点期三年。方案提出，在天河中央商务区深化打造国家数字服务出口基地、国家文化出口基地，加快建设粤港澳大湾区金融合作示范区	《广州日报》 1 月 11 日
广州天河路体育东路口发生小车碰撞行人事故　造成 5 死 13 伤	11 日，天河路体育东路口发生一起小车碰撞行人的交通事故，造成 5 死 13 伤，肇事司机温某（男，22 岁，广东揭阳人）已被警方控制	央视网 1 月 11 日
天河区第十批区级非遗传承人名录公布，7 人符合条件入选	11 日，区文化广电旅游体育局公布区第十批区级非物质文化遗产代表性项目代表性传承人，7 人符合条件入选	新花城 1 月 13 日
广深港高铁香港段恢复运营 广州东站开出首趟往西九龙站列车	15 日，广深港高铁香港段恢复运营，广州东站首次开行往香港九龙站方向的高铁列车，全程最快运行时间 1 小时 37 分	中国新闻网 1 月 15 日
新力量！广州天河再添一座消防救援站	17 日，广州市最新、功能最全的模块化消防站的龙凤消防救援站揭牌。该消防救援站进驻启用填补天河区东北部消防救援力量的空白点	《广州日报》 1 月 17 日
非遗大师齐聚，满满年味迎新春！广州天河邀您体验不一样的花市	19 日，“多彩非遗迎新春　锦绣粤韵满天河”天河迎春花市非遗展示及嘉年华开幕，设置传统花市，集中展示 26 个非遗手工艺品及文创项目	南方 Plus 1 月 19 日
广州举行市属国企项目新年集中开工活动　一季度开工竣工签约项目 45 个　总投资超 1000 亿！	30 日，中国人工智能（广州）产业园项目开工动员大会在广州国际金融城西区举行。该项目由广州无线电集团联合广州轻工集团合作建设，规划总用地面积约 10 万平方米，总建筑面积超 40 万平方米，总投资额约 80 亿元	《南方都市报》 1 月 31 日
羊城晚报岭南数字创意中心开工 打造引领湾区的文化地标	1 日，羊城晚报岭南数字创意中心项目开工。该项目位于羊城创意产业园东侧地块，总建筑面积 12 万平方米左右，拟建建筑层数地上 32 层、地下 2 层，建筑高度 149.95 米	《羊城晚报》 2 月 2 日
广州首个区级政企沟通服务中心在天河揭牌，助力民营企业高质量发展	2 日，“践行高质量发展 民营企业来献策”天河区高质量发展政企恳谈会召开。会上，天河区政企沟通服务中心揭牌，这是广州首个区级政企沟通服务中心	南方 Plus 2 月 5 日
天河区图书馆汇景分馆（阅动空间）正式开馆运营啦	5 日，天河区图书馆汇景分馆（阅动空间）揭牌并开馆运营。该馆位于汇景南路亚太国际文化交流中心二楼，设有阅读区、儿童绘本区、多功能厅、AR 趣动馆等活动区域	新花城 2 月 10 号
天河：实干争春开新局	6 日，天河区高质量发展大会召开，全区党政机关和街道主要负责人以及优秀企业家代表参与，会上提出新一年的发展目标及对应措施	南方 Plus 2 月 7 日
首场走进天河共商新消费！广州启动“电商名企进各区”系列活动	7 日，首场“电商名企进各区”系列活动电商名企进天河之新消费专场座谈会举行，为政企深入交流沟通搭建直接高效的平台	《广州日报》 2 月 10 日

续附表 11

标题	主要内容	媒体名称 报道时间
选址定了！清华附中湾区学校二期地块规划公示	9 日，《天河区清华附中湾区学校二期地块及相关地块（AT0602、AT0304 规划管理单元）控制性详细规划调整》在市规划和自然资源局网站公示。该学校选址天河智慧城核心区华观路两侧，北接凌塘村，西邻岑村车管所，东接岑村大井凉大街	南方 Plus 2 月 10 日
助力打造游戏电竞新名片！天河又一创新孵化基地签约	9 日，棠下智汇 Park 与天和文化艺术交流促进会签署《天和数字创意产业创新孵化基地战略合作框架协议》，共建天和数字创意产业创新孵化基地	“广州天河发布”微信公众号 2 月 10 日
持续打造社区退役军人服务站品牌，广州天河这位站长被评为全国优秀	退役军人事务部办公厅公布 2022 年度全国退役军人服务中心（站）“百名优秀主任（站长）”名单，天园街道环宇社区退役军人服务站站长雷群燕入选	新花城 2 月 10 日
第二批“新型科普合作联盟”授牌，推动科技资源科普化	15 日，2022 年广州市天河区科普大使颁奖典礼暨第二批“新型科普合作联盟”授牌仪式在区来穗人员服务示范中心举行，现场为第二批“新型科普合作联盟”和 23 家进驻科普联盟的单位授牌	大洋网 2 月 16 日
从现在出发，走读一线发展强音！广州高质量发展媒体调研行启动	20 日，广州高质量发展媒体调研行在广州环贸中心启动，来自中央、省、市的媒体记者组成采访团 7 天内走访 15 条路线 77 个采访点	南方 Plus 2 月 20 日
首期 8 个站点完成建设！天河加快推进空气监测“一街一站”	覆盖全区 21 个街道的“一街一站”环境空气质量监测站点项目首期 8 个站点完成建设，该项目在原有 4 个街道建有空气质量监测站的基础上，分 2 期新建设 17 个街道空气质量监测站，项目首期于 2022 年 5 月启动	《广州日报》 2 月 22 日
广州 ICC 获国际建筑设计金奖，天河 CBD 楼宇凸显商务区活力	广州环贸中心（广州 ICC）获 2023Berlin Design Awards（柏林设计奖）商业建筑类别金奖，为该奖项的最高级别奖项	新花城 2 月 23 日
粤港澳大湾区“湾区通办”服务示范区正式启动	24 日，涉税事项“湾区通办”服务示范区启动，设置在天河区等 4 个地区	《广州日报》 2 月 24 日
小集市，大平台！我为妇女群众办实事	24 日，天河区“三八”国际妇女节 113 周年暖心服务月启动仪式暨“我为妇女群众办实事”服务集市活动在中信广场举行，该活动设置 1 个暖“新”小屋体验区和 6 个分别提供法律维权、心理咨询、南粤家政、创业就业、家庭教育、健康保障的服务摊位	“广州天河发布”微信公众号 2 月 24 日
创意赋能数字化，这场论坛这样建言高质量发展	24 日，创意加速·企业数字化峰会暨广州市创意经济促进会第三届二次会员大会在广州（国际）科技成果转化天河基地举行，多位企业家、专家学者分享创意经济的实践成果	南方 Plus 2 月 27 日
广州天河 3 个社区入选广东省最美志愿服务社区	兴华街侨源阁、车陂街旭景、天园街道环宇社区入选广东省最美志愿服务社区	新花城 2 月 27 日
同舟奋进促发展！天河民营企业有了学习平台	26 日，“同舟奋进，筑梦远航”——天河同舟大学堂在广州（国际）科技成果转化天河基地开班，面向天河区民营企业家开展培训	南方 Plus 2 月 28 日
数字人民币火了，消费更旺了！天河推动 26 类应用场景落地	28 日，天河路商圈举办数字人民币推广会，为天河路商圈 5 家数字货币推广顾问、24 家消费示范场景、14 家应用商家授牌	南方 Plus 2 月 28 日
数字技术赋能经济发展“新穗新彩”2023 网络主题采访活动启动	28 日，中共广州市委网信办主办、新华网广东公司承办的“新穗新彩：互联网＋科技赋能城市高质量发展”2023 网络主题采访活动启动，走访区辖内凡拓数创等 8 家广州互联网代表性企业	《广州日报》 2 月 28 日
40 位女企业家获“首届广州女性创新创业先锋”	28 日，“新经济 她引领”高质量发展暨首届女性创新创业揭榜大会在广州（国际）科技成果转化天河基地召开，40 位女企业家被评为首届广州女性创新创业先锋	《广州日报》 3 月 1 日
广州市天河区十届人大三次会议开幕	2 日，广州市天河区第十届人民代表大会第三次会议在区机关大院大会场召开。会议表决通过政府工作报告、2022 年国民经济和社会发展计划执行情况与 2023 年计划等决议事项，票决产生区 2023 年民生实事项目	金羊网 3 月 3 日
广州老年大学天河分校揭牌	14 日，广州老年大学天河分校揭牌，这是广州老年大学首批区级分校	《广州日报》 3 月 15 日
天河区孵化载体“年度大考”启动	15 日，天河区孵化育成体系高质量发展促进会在广州（国际）科技成果转化天河基地举办。会上发布“天河优创”科技创新载体高质量发展观察报告，解读天河区科技创新载体的成长态势，并正式启动 2023 年“天河优创”科技创新载体高质量发展绩效评价工作	《南方都市报》 3 月 16 日
天河将规划建设 9 所公立三级医院和 1 所民办三级医院	《广州市天河区卫生健康事业发展“十四五”规划》印发，规划提出 7 个主要任务，规划建设 9 所公立三级医院和 1 所民办三级医院，提供床位数约 7400 张	南方 Plus 3 月 17 日

续附表 11

标题	主要内容	媒体名称 报道时间
天河路商圈联动探索城市内容创新，天河商业价值创新院成立	21 日，天河路商圈城市内容创新峰会暨天河商业价值创新院成立仪式举行，天河商业价值创新院由天河路商圈一批商业大咖组建，是一家专注城市内容创新、商业项目孵化以及专业人才培训输出的创新孵化智库机构	《广州日报》 3 月 21 日
新增 91 个图书馆，天河区公布文化发展“十四五”规划	21 日，《广州市天河区文化发展“十四五”规划》印发，规划新增图书馆 31 个、体育传统特色项目学校 40 所	《广州日报》 3 月 21 日
无人机点亮广州城市客厅！海心沙上演元宇宙音乐会	22 日，“宙响天河”——海心沙元宇宙音乐会在海心沙举行。活动现场热闹沸腾，音乐、舞蹈、艺术、科技、无人机表演共同呈现	南方 Plus 3 月 22 日
中国文化娱乐行业协会数字文娱分会在广州天河成立	22 日，中国数字文娱行业大会举行，会上成立中国文化娱乐行业协会数字文娱分会	南方 Plus 3 月 25 日
第四届中国电子竞技行业年会暨第六届文创产业大会·天河峰会举办	23—24 日，第四届中国电子竞技行业年会暨第六届文创产业大会·天河峰会举行。年会上，国内头部电竞企业代表围绕 3 个议题进行探讨，向业内标杆企业、人才颁发 16 个年度奖项。峰会上推出虚拟数字主持人，运用多种元宇宙数字技术，设置 1 场主论坛、1 场中国数字文娱行业大会、6 场分论坛、6 场主题活动	中国新闻网 3 月 25 日
赛迪创新百强区（2023）发布	28 日，赛迪顾问城市经济研究中心发布《2023 年赛迪创新百强区研究报告》，天河区位列第三	光明网 3 月 29 日
搭建双向奔赴平台，澳门青年乡村振兴协会湾区联络中心揭牌	28 日，澳门青年乡村振兴协会湾区联络中心在粤港澳大湾区（广东）创新创业孵化基地揭牌成立	南方 Plus 4 月 1 日
尚天河文化季年度盛典在天河举办，共探文化产业高质量发展	29 日，2022·尚天河文化季年度盛典暨尚天河文化沙龙在广州（国际）科技成果转化天河基地举行，现场为 13 个活动主办方颁发尚天河文化季年度特别贡献奖，解读文化产业类扶持政策	《广州日报》 3 月 30 日
一张地图、一个传送门，来天河畅游元宇宙	30 日，元宇宙数字艺术节城市嘉年华在棠下智汇 Park 启动，天和数字创意产业创新孵化基地、粤港澳电竞发展研究院国际人才培训中心、粤港澳电竞赛车高校联盟揭牌	南方 Plus 3 月 30 日
天河智慧城地下综合管廊工程主线隧道全线贯通	30 日，天河智慧城地下综合管廊工程主线隧道全线贯通。该项目是国家综合管廊试点项目之一、市重点工程，管廊全长 19.4 千米，其中盾构段全长 8.6 千米	《广州日报》 3 月 31 日
通水！天河区大观净水厂东侧进厂管及泵站工程投用	30 日，大观净水厂东侧进厂管及泵站工程实现通水并投入使用。该项目投产将解决大观净水厂东北侧片区污水收集传输问题，降低猎德净水厂系统负荷	南方 Plus 3 月 31 日
织密企业“服务网”，市贸促会在天河设立两大服务站	31 日，广州市贸促会天河区 RCEP 服务站、广州市经贸摩擦预警中心天河区服务站授牌仪式暨外贸高质量发展政策培训在区辖内总统大酒店举办。会上，广州市贸促会天河区 RCEP 服务站、天河区经贸摩擦预警服务站揭牌成立	南方 Plus 4 月 1 日
首个香港高中生公民科内地考察团来了！4 个月内 4.5 万名学生接着来	3 日，香港高中公民与社会发展科学生内地考察首发团活动在执信中学天河校区启动。该活动将持续至 8 月，约 4.5 万名香港学生赴广东考察，涉及 22 条线路 460 余个团组	南方网 4 月 3 日
广发银行总部大楼全面封顶！金融城双子塔地标现雏形	6 日，广发银行总部大楼主体结构封顶。该建筑与 3 月 17 日封顶的中国人寿大厦同属中国人寿南方金融中心项目，位于广州国际金融城起步区核心地块，总建筑面积约 28 万平方米，建筑高度 230 米，是一对“双子塔”	《广州日报》 4 月 7 日
最高补贴 3000 元，天河汽车消费节开幕	7 日，2023 年广州天河汽车消费节在天河体育中心南广场开幕。布展面积约 2 万平方米，展销车辆 150 多台	《信息时报》 4 月 8 日
获“岭南名园奖”！这个在天河的绿洲氧吧藏不住了	在 3 月 26 日举行的庆祝广东园林学会成立 60 周年大会及系列活动中，广州珠江公园被授予岭南名园奖	“广州天河发布”微信公众号 4 月 13 日
“协同创新，科技湾区”香港科大霍英东研究院科技成果对接会（天河专场）成功举办	11 日，广州（国际）科技成果转化天河基地联合广州市香港科大霍英东研究院举办科技成果对接会（天河专场）。会上发布天河区企业技术需求，开展五大港澳成果项目路演，40 家需求企业对接	南方 Plus 4 月 14 日
天河区校企合作加强产教融合，人才智库助力高质量发展	14 日，2023 年天河区人才发展高峰论坛暨天河区校企对接交流峰会在天河人才港举行。会上探讨校企合作育人模式，进行校企合作签约，举办 2023 年天河区人才发展智库专家聘任仪式	新花城 4 月 17 日
天河区：招即奖、来即奖！招商引资“大礼包”来啦	18 日，“汇天河　筑未来”第九届中国广州国际投资年会天河平行分会举办，现场发布招商引资若干措施	羊城派 4 月 18 日

续附表 11

标题	主要内容	媒体名称 报道时间
死刑！广州天河“1·11”驾车撞人案一审宣判	18日，广州市中级人民法院对被告人温庆运以危险方法危害公共安全案进行公开审理，并于当日宣判。法院审理查明，被告人温庆运为发泄个人情绪，在天河区故意驾车冲撞行人和道路设施，造成多人伤亡及财产损失等严重后果，依法判处温庆运死刑，剥夺政治权利终身。案件经进一步调查，公诉机关指控该案受害人数为6死29伤	央广网 4月19日
一节智能物理课，亮出天河智慧教育建设新成果	20日，广州市第二届智慧教育成果展（广州奥林匹克中学站）在广州奥林匹克中学车陂路校区举行，以物理课例展示该学校“i—思维课堂”的建设成果	南方Plus 4月20日
阅读服务更贴近，天河区图书馆已建成50个分馆	23日，“书香致远　悦读天河”第十七届天河读书节启动仪式在T.I.T智慧园超级城市客厅举行，现场为天河区馆校合作联盟成员单位授牌	《广州日报》 4月24日
广州成立青年创新创业税务服务工作站，提供“全周期”税收服务	23日，“广州青年企业家走进天河税务”交流体验活动在区税务局举行，青年创新创业税务服务工作站揭牌成立	羊城派 4月24日
出行更便利！广园快速路黄村立交桥全线通车	24日，广园快速路黄村立交桥大中修工程竣工验收，广园快速路黄村立交桥全线通车	羊城派 4月24日
全市首个知识产权维权援助服务平台在天河上线	24日，天河区2023年知识产权宣传周系列活动之“天河智造，知引未来”主题宣传活动在广州（国际）科技成果转化天河基地举行。活动上，全市首个知识产权维权援助服务平台上线，天河区国家知识产权强县建设试点县建设启动	大洋网 4月24日
今年“全球独角兽榜单”发布　广州企业数量增长最快	胡润研究院发布“2023年全球独角兽榜”，天河区中旭未来、简爱、极飞科技3家企业入选	《羊城晚报》 4月25日
广州试点离境退税“即买即退”，广百、友谊等10间商店入选首批名单	25日，国家税务总局广州市税务局官网发布关于开展离境退税“即买即退”便利措施试点的通告，区辖内广州市广百股份有限公司天河中怡分公司、广州友谊集团有限公司正佳商店等7家商店入选	《广州日报》 4月26日
粤港澳大湾区消费季暨第三届直播电商节启动	26日，粤港澳大湾区消费季暨第三届直播电商节在海心沙开幕。该活动以“广货带天下，广带天下货”为主题，推出涵盖汽车、美食、家电、家居、服饰、文旅等消费板块的一系列线上线下惠民让利、促进消费活动	央视网 4月27日
五四青年节，百名港生来穗体验“科创之路”	4日，“青春同心来广州”之“创科之路”香港创科青年大湾区（广州）创业就业交流考察活动举行。近百名香港师生先后到区辖内网易广州总部、极飞科技公司等企业参观，并在天河E—Park产业园区举行香港创科青年大湾区（广州）创业就业交流座谈会。交流会上成立青年之家（穗港澳供应链人才发展服务站）	大洋网 5月4日
天河：三大民生项目今日正式动工	10日，天河外国语学校智慧城校区、天河区少年宫新校区、广东省骨科研究院（长兴院区）3个项目开工	羊城派 5月10日
大湾区再起新地标！广州新华保险大厦项目全面封顶	10日，位于广州国际金融城起步区的广州新华保险大厦项目封顶	《中国基建报》 5月11日
对超高层公共建筑消防安全“体检”！广东启动了这项工作	11日，省消防救援总队在天河区召开全省超高层公共建筑消防安全教学培训式检查动员部署会，启动全省超高层公共建筑消防安全教学培训式检查	羊城派 5月11日
华兴银行广州分行大楼封顶，金融城将添“漂浮盒子”	12日，位于广州国际金融城起步区的广东华兴银行广州分行办公大楼项目封顶	《广州日报》 5月12日
最盛大的一次！天河石牌妈祖诞巡游祈福	12日，石牌街举行2023年妈祖诞巡游祈福活动，200余人组成巡游队伍	大洋网 5月13日
助推家校社协同育人，天河首届家庭教育节启动	13日，天河区首届家庭教育节暨向劳动者致敬活动在广州购物中心举行，同时启动首届家庭教育综合素养教育公益活动项目与家校社协同育人项目	金羊网 5月13日
广州召开市域社会治理创新成果交流会	19日，2020—2022年度广州市市域社会治理十大创新项目公布，区委政法委、区来穗人员服务管理局报送的《打造全市首家来穗服务区级示范中心》入选	《广州日报》 5月19日
天河：“花城有喜”户外颁证点启用，12对新人参加集体颁证	20日，区民政局首个“花城有喜”户外颁证点＋“花城有爱”婚姻家庭辅导服务示范点一站式服务驿站在员村工人文化宫穗港澳双创基地揭牌，现场为当天登记结婚的新人举办集体颁证仪式	羊城派 5月20日
面向公众的科技盛会，2023年天河区科技活动周5月20日启动	20日，2023年天河区科技活动周启动，设置涵盖航天航空、智能制造、人工智能等高科技类及文化、艺术和生物医药等科普性展位。科技活动周持续至31日	新花城 5月20日
广州天河首个老年脑健康管理试点项目启动	25日，天河区老年脑健康管理试点项目在天河都市广场启动，员村街社区卫生服务中心入选天河区首批老年脑健康管理试点项目单位	新花城 5月25日
两大志愿者服务平台双双上线	26日，“天河志愿”“花城益善”两大志愿服务平台上线	《广州日报》 5月30日

续附表 11

标题	主要内容	媒体名称 报道时间
浙商银行举行助力高质量发展签约暨广州天河支行开业仪式	28 日，浙商银行广州分行助力高质量发展签约暨天河支行开业仪式举行。现场宣布浙商银行广州分行在天河区设立的首家机构——浙商银行广州天河支行正式开业	中国经济新闻网 5 月 30 日
天河区成立红棉老兵龙舟志愿服务队	9 日，天河区红棉老兵龙舟志愿服务队成立，这是一支独具广州传统文化特色的红棉老兵专业队伍	《信息时报》 6 月 12 日
广东唯一！羊城创意产业园获“全国版权示范园区（基地）”称号	13 日，国家版权局公布 2022 年度全国版权示范单位、示范单位（软件正版化）和示范园区（基地）名单，区辖内羊城创意产业园获“全国版权示范园区（基地）”称号	羊城派 6 月 16 日
稳就业 促民生——天河区就业驿站正式揭牌运行	20 日，天河区就业驿站揭牌成立，该驿站位于棠下街道达善牌坊附近，为外来人口提供零工岗位和相关就业服务	新花城 6 月 20 日
文化产业园赋能增效 广州文化产业高质量发展开新局	21 日，价值文化园区赋能广州文化产业高质量发展研讨暨广州文化产业园区系列榜单发布会在羊城创意产业园举行，2022 广州最具价值文化产业园区 10 强、2022 广州最具成长潜力文化产业园区 10 强榜单发布，区辖内羊城创意产业园等 3 个园区入选 2022 广州最具价值文化产业园区 10 强榜单，棠下智汇 Park 入选 2022 广州最具成长潜力文化产业园区 10 强榜单	金羊网 6 月 21 日
天河：锣鼓起航，龙腾四海！ 16 支“猛龙”上演速度与激情	23 日，天河区龙舟文化节系列活动之赛龙夺锦暨天河龙舟嘉年华活动在车陂涌开幕，16 支队伍参赛	金羊网 6 月 23 日
首批广东省文化和科技融合示范基地	28 日，首批广东省文化和科技融合示范基地名单公布，区辖内羊城创意产业园入选	“广东科技发布”百家号 6 月 30 日
38 支龙舟队参赛，粤港澳健儿于广州 CBD 劈波斩浪	2 日，“天德杯”天河湾区国际标准龙舟大奖赛在猎德涌天德段开赛，来自广东、香港、澳门的 38 支龙舟队伍参赛	《广州日报》 7 月 2 日
“育龙计划”第二季启动，“小扒仔”再次奋力划桨上演“飞驰竞渡”	8 日，“育龙计划”车陂扒龙舟非遗传承人培育项目第二季启动	《广州日报》 7 月 10 日
强国有我，逐梦未来！广东省“国防教育进社区”首场活动启动	11 日，广东省“国防教育进社区”主题活动首站在猎德街道启动	羊城派 7 月 11 日
广州再次启动夜间消费节 超 600 场活动点燃暑期消费热情	12 日，2023 年广州夜间消费节启动。本届广州夜间消费节将涵盖第三季度，以“Young 城 Yeah 市”（谐音“羊城夜市”）为总主题，以“食在广州”“享在广州”“爱在广州”“美在广州”为分主题，全市 11 区超 90 个重点商圈和商业综合体、超 60 个平台企业和金融机构报名参与，策划主题活动超 600 场	中国新闻网 7 月 12 日
创响湾区，港澳青年聚天河！首届暑期青创嘉年华在穗启动	14 日，“创响湾区・就约盛夏”——粤港澳大湾区（广东）创新创业孵化基地首届暑期青创嘉年华系列活动粤港澳大湾区（广东）创新创业孵化基地启动，推动粤港澳青年交流交往	南方 Plus 7 月 14 日
企业拿地即用电！广州国际金融城东区将全覆盖临电租赁业务	14 日，由天河区住建园林局、天河供电局、南方电网大数据公司、中建四局公司共同组织的“党建碳联”金融城东区数字用电共建共享签约仪式在天河供电局举行。国际金融城有 11 家企业采用片区式临电租赁模式推进项目建设，平均接电时间缩短至 1 个月内，临时施工用电平均接电时间压缩 50% 以上，高质量营商服务助力企业“轻装上阵”	南方 Plus 7 月 14 日
广州市无人机应急救援中心成立，直击首场无人机森林火灾应急救援演练	20 日，广州市无人机应急救援中心在广汕一路 500 号揭牌成立，举行首场森林火灾应急救援演练。该救援中心依托广州成至智能机器科技有限公司建设	羊城派 7 月 20 日
粤港澳大湾区（广东）创新创业孵化基地公共法律服务工作站揭牌成立	20 日，由区司法局牵头成立的粤港澳大湾区（广东）创新创业孵化基地公共法律服务工作站揭牌启用	金羊网 7 月 24 日
发明专利、注册商标全市第一！广州天河首次发布知识产权白皮书	天河区发布的《广州天河知识产权发展与保护状况（2022 年）》（白皮书），这是天河区首次发布知识产权发展与保护状况白皮书	南方 Plus 7 月 26 日
广州天河：暖心！退役军人有了专属税费政策服务驿站	28 日，国家税务总局广州市天河区税务局退役军人税费政策服务驿站（骐丰科技园站）揭牌，该服务驿站为退役军人提供“一站式”双创税务服务	羊城派 8 月 2 日
国际垂直马拉松赛广州万菱汇站收官	6 日，2023 国际垂直马拉松公开赛广州万菱汇站举行	南方 Plus 8 月 8 日
2023 赛迪百强区发布，广州天河位列全国第三	8 日，2023 赛迪百强区名单发布，天河区位列全国第三	新花城 8 月 9 日

续附表 11

标题	主要内容	媒体名称 报道时间
广东新一轮中小学名教师、名校（园）长、名班主任工作室主持人名单公布	广东省教育厅公布广东省中小学名教师、名校（园）长、名班主任工作室主持人（2024—2026 年）名单，天河区 8 人入选	羊城派 8 月 9 日
普法宣讲团成立！天河区启动律师参与公益法律服务工作机制	天河区启动律师参与公益法律服务工作机制，成立天河区公益律师普法宣讲团	南方 Plus 8 月 17 日
广州乞巧文化节来了！到中国乞巧第一村珠村领略七夕之美	17 日，2023 广州乞巧文化节在珠村七夕文化广场开幕，分多个主分会场举办 7 天 7 场主题系列活动	《南方都市报》 8 月 18 日
培养粤港澳大湾区电竞人才！“造极电竞培训计划”在广州启动	18 日，粤港澳大湾区青年电竞交流活动暨湾区青年电竞友谊赛在粤港澳大湾区（广东）创新创业孵化基地启动，该活动是面向香港的专业导向电竞培训计划——“造极电竞培训计划”的一部分	金羊网 8 月 20 日
全国首票“十四五”科普事业项目减免税货物在广州通关	20 日，全国首票“十四五”科普事业项目减免税货物在广州通关入境，为正佳自然科学博物馆申请的一批进口陨石标本	《广州日报》 8 月 22 日
绕桩、捡起、倒车入库……这些技能上身，哪是环卫保洁这么简单	26 日，第七届“工匠杯”环卫技能竞赛启动。本届竞赛设知识竞赛、清扫保洁技能竞赛、洒水车冲洗技能竞赛、垃圾分类桶点管养技能竞赛四大项目，天河区 133 支队伍 283 名环卫工人参加	《广州日报》 8 月 26 日
天河商业价值创新院与美团签署战略合作框架协议，打造夜经济“线下+线上”新场域	28 日，天德街“乐活街区”开街仪式在天德广场举行。活动中，天河商业价值创新院和美团签署战略合作框架协议，将在城市文旅 IP 打造、消费场景创新、街区商户经营提档升级等领域开展更深层次合作	中国经济新闻网 8 月 30 日
第一批广州市儿童友好系列试点名单公布	21 日，天河区入选第一批广州市儿童友好试点区	大洋网 9 月 1 日
快来打卡天河区首条自然探索科普基地游路线！	天河区首条自然探索科普基地游路线上线，该精品路线包含广东树木公园、广东省土壤科学博物馆、广东省中药研究所、广州地学与资源科普基地四大科普基地	大洋网 9 月 6 日
服贸会上看天河：什么是“广州服务”的硬核力量？	2—6 日，2023 年中国国际服务贸易交易会在北京举办，15 家天河企业参展。区辖内酷狗、钛动科技被评为全球服务实践案例，汇丰软件被评为科技创新示范案例，中航云被评为发展潜力示范案例	《CBDTIMES》 9 月 7 日
天河区水荫四横路 9 月 7 日开始通车试运行	7 日，市“攻城拔寨”项目及区重点建设项目——水荫四横路建设工程建成通车	大洋网 9 月 7 日
广州·鹏瑞 1 号金融城超高层地标正式动工，综合体配套加速呈现	7 日，鹏瑞集团位于广州国际金融城的广州·鹏瑞 1 号超高层地标项目开工	《广州日报》 9 月 8 日
粤港澳大湾区技术转移研究院（筹）在广州揭牌	7 日，由大湾区科技创新服务中心和中国科技评估与成果管理研究会共同发起筹建的粤港澳大湾区技术转移研究院（筹）在广州（国际）科技成果转化天河基地揭牌	南方新闻网 9 月 8 日
强化对口协作！广宁—天河产业转移联络办公室揭牌	8 日，肇庆市广宁县驻天河区产业转移联络机构——广宁—天河产业转移联络办公室揭牌，天河—广宁“反向飞地”合作基地成立	羊城派 9 月 8 日
点赞！天河 5 校入选广州首批中小学师德师风建设优秀学校	8 日，广州市首批中小学师德师风建设优秀学校名单公布，天河区 5 所学校入选	南方 Plus 9 月 9 日
刷新本土电竞成绩，广州 TTG 夺得 2023 年 KPL 夏季赛总冠军	10 日，广州 TTG 获 2023 年王者荣耀职业联赛（KPL）夏季赛总决赛冠军	金羊网 9 月 11 日
提供优质学位 540 个，天河区华康小学海欣校区正式启用	11 日，华康小学海欣校区正式启用，该校区位于石牌西路 36 号，占地面积 5063 平方米，提供优质学位 540 个	《广州日报》 9 月 12 日
2023 中国民营企业 500 强公布！	12 日，2023 中国民营企业 500 强榜单发布，天河区 2 家民企上榜，分别是雅居乐地产（第 200 名）和圣丰集团（第 262 名）	光明网 9 月 12 日
优秀！天河两所学校入选广州首批教育国际化窗口学校名单	广州首批教育国际化窗口学校名单公布，区辖内广州华美英语实验学校、天河外国语学校入选	南方 Plus 9 月 13 日
“2023 企业家幸福感最强市（区）”调查结果发布	19 日，2023 企业家幸福感最强市（区）调查推选结果发布，天河区入选	新华网 9 月 19 日
36 家名校优企、超 1000 个岗位！广州天河举办博士专场招聘会	20 日，“聚博才之智·展湾区之彩”第二届广州天河博士专场招聘会在广州（国际）科技成果转化天河基地举办。天河人才港与天河区 5 所重点高校达成战略合作，挂牌设立广州天河高校人才服务联络站，并联合高校人才网成立广州天河博士人才服务站	羊城派 9 月 22 日
广州举行“羊城邀约”粤港澳大湾区专场招聘会	21 日，广州“源来好创业”青年创业资源对接服务季暨 2023 年“羊城邀约”粤港澳大湾区青年就业创业嘉年华活动在暨南大学举行，揭牌成立广州首个大湾区职场导师工作站	《广州日报》 9 月 22 日

续附表 11

标题	主要内容	媒体名称 报道时间
澳门国际银行（广州分行）大厦动工	22日，位于广州国际金融城东区的澳门国际银行（广州分行）大厦（暂定名）开工建设，该银行是首家进驻广州市的澳资银行营业性机构	中国日报网 9月22日
AI赋能企业数字化转型！2023年中国企业出海高质量发展创新大会在广州天河召开	22日，“风起AI　智赢全球”——2023中国企业出海高质量发展创新大会在天河召开，钛动科技、人工智能与数字经济广东省实验室（广州）（即琶洲实验室）和华南理工大学未来技术学院签约并启动人工智能出海营销战略合作	羊城派 9月25日
激发社区慈善活力，广州天河成立首批社区慈善基金	24日，天河区首批社区慈善基金成立仪式在长湴公园广场举行，天河区慈善会长湴西、长湴东社区慈善基金正式成立	羊城派 9月24日
广东首次在省级层面颁授“平安鼎”！看看谁成功“问鼎”了	25日，广东首次在省级层面开展“平安鼎”颁授活动，天河区获“二星平安鼎”表彰，是全省唯一获此奖项的县（市、区）	《广州日报》 9月25日
拿下亚运会历史电竞首金！他是代表中国队出战的天河力量	26日，中国队获杭州亚运会电竞项目王者荣耀（亚运版本）冠军，这是亚运历史上首枚电竞项目金牌，队员蒋涛（广州TTG阿豆）来自天河	南方Plus 9月26日
数字经济点亮消费新色彩！2023广州国际城市论坛举行	26日，2023广州国际城市论坛在广州正佳广场万豪酒店举行。论坛以“数字经济下的新消费新增长”为主题，通过主题演讲、圆桌对话等形式展开探讨	羊城派 9月27日
超百场活动＋亿元消费券！2023广州国际购物节福利不断到年底	26日，2023广州国际购物节在正佳广场北广场启动。天河区作为主会场联动25家商业载体举办超百场主题活动，购物节持续至12月31日	大洋网 9月27日
全省首个律师事务所“博士后创新实践基地”正式启动运行	9月25日，全省首个律师事务所博士后创新实践基地——广东广信君达律师事务所博士后创新实践基地在珠江新城启动运行	“广东省司法厅”官方网站 10月7日
28家市级文明单位、天河21个街道现场签约，共建拓展新时代文明实践阵地建设	12日，“文明实践聚合力　德润天河必有邻”文明单位与新时代文明实践所、爱心企业与好人工作室（站）共建签约仪式举行，28家市级文明单位与21个街道新时代文明实践所、7家爱心企业、7个好人工作室（站）签订共建协议文本	《广州日报》 10月12日
工匠竞技！天河区“羊城工匠”职业技能竞赛启动	14日，2023年天河区“羊城工匠”职业技能竞赛初赛启动。该竞赛以“匠心筑梦·展翅天河”为主题，设保育师、电子商务师两个比赛工种项目，178人参赛	《广州日报》 10月15日
广州天河上线“一阅通晓”服务平台，打通群众办事“最先一公里”	15日，天河区“一阅通晓”服务平台上线，该平台设查阅、咨询、指南、解读、帮办等前置服务，为办事群众提供“智能导办”服务	金羊网 10月16日
老兵别愁，帮你解忧！广州首个区级退役军人心理服务工作站成立	16日，天河区退役军人心理服务工作站揭牌成立，这是广州市首个区级退役军人心理服务平台	南方Plus 10月16日
喜讯！广州市天河区被评为第六批节水型社会建设达标县	水利部公布第六批节水型社会建设达标县（区）名单，广州市天河区等8个行政区上榜	新快网 10月17日
广州天河成立首个大宗商品供应链联盟	17日，天河区大宗商品供应链联盟在广州市信息港举行成立大会，宣告成立天河区首个大宗商品供应链合作平台	金羊网 10月19日
探索城中村多方共治模式，天河区首个楼栋长专业委员会成立	20日，天河区首个楼栋长专业委员会——车陂街楼栋长专业委员会成立	《广州日报》 10月20日
“码”力全开，“最强大脑”共聚2023环五山开发者社区程序员节	22日，“超级码力　碰撞未来”——百度文心1024程序员节·环五山AI SHOW在广州（国际）科技成果转化天河基地举行	《广州日报》 10月23日
超燃！直击天河区最小应急单元大比武	25日，2023年度天河区最小应急单元大比武活动决赛汇报展在海心沙举行。活动自6月始，有8个行业2000余个最小应急单元队伍参赛，经过海选、选拔赛决出6支决赛队伍	《广州日报》 10月25日
第五届“咖势”精品咖啡文化节在广州天河开幕“一站式”打卡超百个咖啡品牌	27日，第五届“咖势”精品咖啡文化节在海心沙开幕，该届文化节以“千帆踏浪”为主题，集聚超170种咖啡品牌	金羊网 10月28日
全省首个！天河区个私协会金融财税法律行业专业委员会成立	1日，天河区个私协会金融财税法律行业专业委员会成立，这是全省首个为“小个专”打造金融财税法律服务的专业委员会	南方Plus 11月2日
天河出海联盟成立，首批27家成员单位“有服同享”	9日，“万物潮新　聚势而生”2023天河出海联盟成立仪式暨“广州有服同享”出海政策分享会举行，天河出海联盟成立，首批27家成员联盟单位被授牌	《广州日报》 11月13日
房地产业和家居家电消费“双联动”燃起来　天河积极搭建大宗消费平台以节为媒，助力广州国际消费中心城市建设	10—12日，“湾区引擎，中心天河”——2023广州天河区首届房博会暨家居家电消费节在天河体育中心南广场举办	《南方都市报》 11月15日
远程工作、共居社区，这群年轻人用实践实现了职业自由！	18—19日，2023自由职业嘉年华“首届数字游民峰会”在东方宝泰广场举行，这是国内首次举办数字游民峰会	《广州日报》 11月20日

续附表 11

标题	主要内容	媒体名称 报道时间
第十二届广州国际灯光节亮灯	21 日，以“炫美湾区・光耀羊城・智造未来”为主题的第十二届广州国际灯光节在主会场花城广场开幕	中国新闻网 11 月 22 日
员村工人文化宫入选首批全国标准化工人文化宫名单	中华全国总工会办公厅发布关于确认首批全国标准化工人文化宫名单的通知，全国 48 家工人文化宫被确认为首批全国标准化工人文化宫。其中，广州市员村工人文化宫入选该名单	大洋网 11 月 22 日
2023 中国最具幸福感城市调查结果发布	24 日，2023 中国最具幸福感城市调查推选结果公布，天河区入选	京报网 11 月 25 日
新侨创新创业有了家！广东首个新侨政协委员工作室天河成立	5 日，“凝聚侨心侨智侨力，助推天河高质量发展”天河区新侨创新创业活动在棠下智汇 Park 举行，揭牌成立天河区新侨政协委员工作室、棠下智汇 Park 新侨创新创业基地	南方 Plus 12 月 6 日
肿瘤防治“国家队”落地天河！中肿天河院区今日开工	7 日，由天河区与中山大学共建的中山大学肿瘤医学科学中心（天河院区）、中山大学附属第六医院（珠吉院区）两个项目开工	《广州日报》 12 月 7 日
9 项目入选，广州天河第十二批区级非遗项目公示	天河区第十二批区级非物质文化遗产代表性项目名录公布，凉茶（黄振龙凉茶）、碌鹅制作技艺、糕点制作技艺（广式马拉糕传统制作技艺）、传统香制作技艺（龙涎香制作技艺）、广式家具制作技艺（天河）、广式腊味煲仔饭制作技艺、布拉肠制作技艺 7 项传统技艺，天后习俗（石牌村娘妈诞）、广府茶艺（天河）2 项民俗入选	大洋网 12 月 7 日
广州天河举行庆祝国际志愿者日活动，首个“志愿护绿驿站”揭牌	10 日，天河区庆祝国际志愿者日暨青年文明号集市活动在华南国家植物园开展，天河区首个“志愿护绿驿站”揭牌	金羊网 12 月 10 日
广东聚力打造世界级种业创新高地	12 日，第二十二届广东种业大会暨“百千万工程”种业交易中心启动仪式在柯木塱举行。会上，启动“百千万工程”种业交易中心，公布广东农技推广矩阵名单、首批 18 个广东甘薯提升行动重点县名单，举行广东种业大会服务“百千万工程”典型县镇村进驻仪式	中国新闻网 12 月 13 日
广州国际创新节——打破供需壁垒，“天河方案”助力科技成果转化	18 日，以“开放融合 数智领航”为主题的 2023 广州国际创新节在广州图书馆开幕。现场发布《2023 年广州市独角兽企业榜单》《2023 年广州市隐形冠军企业榜单》《2023 年广州标杆孵化器榜单》，湾区新药研究院（天河）落地天河，国家工业信息安全发展研究中心华南分中心落地广州，中国工业互联网研究院与天河区政府签订合作协议	《广州日报》 12 月 19 日
大咖云集、盛况空前，首届广州精品美食周正式开幕	20—24 日，2023 年广州精品美食周在广州天河体育中心南广场举行，米其林、黑珍珠、美食林、金梧桐等榜单在内的超 100 家品牌餐饮参与	央广网 12 月 21 日
“家门口”看名中医、用好药！广州医科大学附属中医医院天河新院启用	22 日，广州医科大学附属中医医院天河院区启用，该院是广州东部第一家三级甲等综合性中医医院	南方新闻网 12 月 22 日
粤港澳大湾区（天河）理财资管服务中心启动	22 日，粤港澳大湾区（天河）理财资管服务中心启动	金羊网 12 月 23 日
AI 配药、看病、造汽车……十位院士聚广州，把脉人工智能应用落地	22 日，机器人智能与产业应用研讨会暨大湾区人工智能与产业发展院士论坛在粤港澳大湾区（广东）创新创业孵化基地举行，10 名国内外院士、行业专家围绕大数据、大算力等专题开展交流。会上，粤港澳大湾区（广东）创新创业孵化基地与湾区元宇宙数字艺术研究创新基地进行战略签约，并成立粤港澳大湾区 AI 创新应用开发实验室、粤港澳大湾区 AI 及网新人才实训中心	《广州日报》 12 月 23 日
粤海天地启幕！珠江新城再添新地标	24 日，位于珠江新城北区的粤海天地开业。该项目建筑面积超 3 万平方米，地上 3 层，地下 2 层，业态以高端餐饮为主	南方 Plus 12 月 25 日
广州国际金融城再上新！国内首座超 150 米近零能耗建筑封顶	26 日，位于广州国际金融城东区的中建四局科创大厦项目封顶，这是中国首座高度超 150 米的近零能耗建筑	《南方都市报》 12 月 26 日
党建引领探新路！天河区退役军人就业创业联盟基地成立	27 日，天河区退役军人就业创业联盟基地启动仪式在天河棠下怡祥・盛达创新园举行	南方 Plus 12 月 28 日
全市首个！广州天河成立全民文化艺术普及联盟	28 日，广州首个区级全民文化艺术普及联盟——天河区全民文化艺术普及联盟成立。首批会员单位 30 家，业务涵盖舞蹈、形体培训、非遗技艺、绘画、魔术、文创产品制作等	《南方都市报》 12 月 28 日
2023 天河人才文化节举行，五大板块发挥“以才引才”作用	28 日，“人才荟萃 魅力天河”——2023 第七届天河人才文化节在主会场粤港澳大湾区（广东）创新创业孵化基地开幕，围绕人力资源对接、政策咨询、项目对接、人才招聘、行业交流五大板块，开展招聘会、职训营、分享会、对接会、论坛、展览等活动。现场为 14 家天河人才港服务站园区授牌	金羊网 12 月 28 日

索 引

说明：

一、本索引采用主题分析方法编制，设条目索引、表格索引、随文图片索引三个分目，按索引款目首字的汉语拼音字母（同音字按声调）顺序排列，依次类推。

二、文中的篇目题、分目题、子分目题用黑体字标明，其余用宋体字排印。

三、索引款目后的数字表示内容所在页码，数字后面的 a、b、c 分别表示该页码的左、中、右栏。

四、同一主题内容在文中多次出现的，在其款目后用不同页码注明。

五、“特载”“专记”“大事记”“附录”篇目不做索引。

条目索引

数字

A

B

T

表格索引

随文图片索引